Le guide de l'utilisateur

UML

Chez le même éditeur

Technologies objet – Méthodes et outils d'anamyse et conception

P. Roques- F.Vallée. – **UML en action**.
N°9127, 2000, 350 pages.

P. Kruchten. – **The Rational Unified Process**.
N°9104, 2000, 220 pages.

P.-A. Muller. – **Modélisation objet avec UML**.
N°9122, 2e édition 2000, 600 pages.

N. Kettani, D. Mignet, P. Paré, C. Rosenthal-Sabroux. – **De Merise à UML**.
N°8997, 1998, 448 pages + CD-Rom PC.

M. Bouzeghoub, G. Gardarin, P. Valduriez. – **Les Objets**.
Concepts, langages, bases de données, méthodes, interfaces.
N°8957, 1997, 2e édition, 456 pages.

M. Ezran, M. Morisio, C. Tully. – **Réutilisation logicielle**.
Collection Informatiques Magazine. N°9066, 1999, 256 pages.

Bui Minh Duc. – **Conception et modélisation objet des systèmes temps réel**.
N°9027, 1998, 360 pages.

C. Soutou. – **Objet-relationnel avec Oracle8**.
N°9063, 1999, 480 pages.

Développement orienté objet

J.-C.Bernadac – F.Knab. – **Construire une application XML**.
N°9081, 1999, 510 pages.

D. Zak. – **Visual basic 6**.
N°9105, 1999, 832 pages.

J.-M. Chauvet. – **Composants et transactions**.
Corba/OTS, EJB/JTS, DCOM/MTS
Collection Informatiques Magazine. N°9075, 1999, 250 pages.

P. Chan. – **Le dictionnaire officiel Java 2**.
N°9089, 1999, 890 pages.

C. Delannoy. – **Programmer en langage C++**.
N°9138, 5e édition, 2000, 650 pages.

Le guide de l'utilisateur

UML

Grady Booch
James Rumbaugh
Ivar Jacobson

Traduit de l'anglais par la société Alinter

Eyrolles

ÉDITIONS EYROLLES
61, Bld Saint-Germain
75240 Paris Cedex 05
www.editions-eyrolles.com

Traduction autorisée de l'ouvrage en langue anglaise intitulé
The Unified Modeling Language User Guide,
The Addison-Wesley Object Technology Series,
Addison-Wesley, 1998, ISBN 0-201-57168-4

Traduit de l'anglais par la société Alinter
Relecture technique par Marc Derrien, Nasser Kettani
et Jean-Pierre Schoch de la société Rational France,
Pierre-Alain Muller de la société Objexion,
Jean Bézivin de l'université de Nantes
et Thierry Cros de la société Twam

Table des matières

Préface vii

Objectifs vii
Comment utiliser cet ouvrage viii
Organisation et caractéristiques particulières ix
Bref historique d'UML x
Remerciements xii
Pour de plus amples informations xiv

Partie 1 : Premiers pas 1

Chapitre 1 : Pourquoi la modélisation ? 3

L'importance de la modélisation 4
Les quatre principes de modélisation 8
Modélisation orientée objet 10

Chapitre 2 : Présentation d'UML 13

Vue d'ensemble d'UML 14
Modèle conceptuel d'UML 18
Architecture 33
Cycle de développement logiciel 36

Chapitre 3 : Hello, World ! 39

Abstractions clés 40
Mécanismes 44
Composants 45

Partie 2 : Modélisation de structures élémentaires 47

Chapitre 4 : Classes 49

Premiers pas 49
Termes et concepts 51
Techniques de modélisation courantes 57
Trucs et astuces 61

Chapitre 5 : Relations 63
Premiers pas 64
Termes et concepts 65
Techniques de modélisation courantes 71
Trucs et astuces 77

Chapitre 6 : Mécanismes communs 79
Premiers pas 80
Termes et concepts 82
Techniques de modélisation courantes 89
Trucs et astuces 95

Chapitre 7 : Diagrammes 97
Premiers pas 98
Termes et concepts 99
Techniques de modélisation courantes 105
Trucs et astuces 111

Chapitre 8 : Diagrammes de classes 113
Premiers pas 113
Termes et concepts 115
Techniques de modélisation courantes 116
Trucs et astuces 123

Partie 3 : Modélisation de structures avancées 125

Chapitre 9 : Classes avancées 127
Premiers pas 128
Termes et concepts 129
Techniques de modélisation courantes 141
Trucs et astuces 143

Chapitre 10 : Relations avancées 145
Premiers pas 146
Termes et concepts 147
Techniques de modélisation courantes 162
Trucs et astuces 163

Chapitre 11 : Interfaces, types et rôles 165
Premiers pas 165
Termes et concepts 167
Techniques de modélisation courantes 173

Trucs et astuces 177

Chapitre 12 : Paquetages 179

Premiers pas 180
Termes et concepts 181
Techniques de modélisation courantes 188
Trucs et astuces 192

Chapitre 13 : Instances 195

Premiers pas 195
Termes et concepts 197
Techniques de modélisation courantes 203
Trucs et astuces 206

Chapitre 14 : Diagrammes d'objets 207

Premiers pas 207
Termes et concepts 209
Techniques de modélisation courantes 211
Trucs et astuces 214

Partie 4 : Modélisation de comportements élémentaires 215

Chapitre 15 : Interactions 217

Premiers pas 218
Termes et concepts 219
Techniques de modélisation courantes 229
Trucs et astuces 231

Chapitre 16 : Cas d'utilisation 233

Premiers pas 234
Termes et concepts 236
Techniques de modélisation courantes 244
Truc et astuces 246

Chapitre 17 : Diagrammes de cas d'utilisation 249

Premiers pas 250
Termes et concepts 251
Techniques de modélisation courantes 252
Trucs et astuces 258

Chapitre 18 : Diagrammes d'interaction 261

Premiers pas 262

Termes et concepts 263
Techniques de modélisation courantes 269
Trucs et astuces 275

Chapitre 19 : Diagrammes d'activités 277

Premiers pas 278
Termes et concepts 279
Techniques de modélisation courantes 291
Trucs et astuces 296

Partie 5 : Modélisation de comportements avancés 299

Chapitre 20 : Événements et signaux 301

Premiers pas 301
Termes et concepts 302
Techniques de modélisation courantes 307
Trucs et astuces 311

Chapitre 21 : Automates à états finis 313

Premiers pas 314
Termes et concepts 316
Techniques de modélisation courantes 332
Trucs et astuces 335

Chapitre 22 : Processus et threads 337

Premiers pas 338
Termes et concepts 339
Techniques de modélisation courantes 346
Trucs et astuces 349

Chapitre 23 : Temps et espace 351

Premiers pas 351
Termes et concepts 353
Techniques de modélisation courantes 356
Trucs et astuces 361

Chapitre 24 : Diagrammes d'états-transitions 363

Premiers pas 364
Termes et concepts 365
Techniques de modélisation courantes 368
Trucs et astuces 372

Partie 6 : Modélisation d'architectures 373

Chapitre 25 : Composants 375

Premiers pas 375
Termes et concepts 377
Techniques de modélisation courantes 383
Trucs et astuces 390

Chapitre 26 : Déploiement 391

Premiers pas 391
Termes et concepts 392
Techniques de modélisation courantes 396
Trucs et astuces 399

Chapitre 27 : Collaborations 401

Premiers pas 401
Termes et concepts 404
Techniques de modélisation courantes 409
Trucs et astuces 413

Chapitre 28 : Patterns et frameworks 415

Premiers pas 415
Termes et concepts 417
Techniques de modélisation courantes 421
Trucs et astuces 426

Chapitre 29 : Diagrammes de composants 429

Premiers pas 429
Termes et concepts 431
Techniques de modélisation courantes 433
Trucs et astuces 442

Chapitre 30 : Diagrammes de déploiement 445

Premiers pas 445
Termes et concepts 447
Techniques de modélisation courantes 449
Trucs et astuces 456

Chapitre 31 : Systèmes et modèles 459

Premiers pas 460
Termes et concepts 461
Techniques de modélisation courantes 464

Trucs et astuces 467

Partie 7 : Conclusion 469

Chapitre 32 : Appliquer UML 471

La transition vers UML 471
Pour en savoir plus 473

Annexe A : Notation d'UML 475
Éléments 475
Relations 478
Extensibilité 479
Diagrammes 480

Annexe B : Éléments standard d'UML 483
Stéréotypes 484
Étiquettes 488
Contraintes 489

Annexe C : Rational Unified Process 491
Caractéristiques du processus 491
Phases et itérations 493
Workflows de processus 496
Artefacts 497

Glossaire 501

Index 521

PRÉFACE

UML (Unified Modeling Language) est un langage graphique conçu pour représenter, spécifier, construire et documenter les artefacts d'un système à dominante logicielle. Il permet d'écrire avec un langage standardisé les plans d'élaboration et de construction de logiciels. Il prend en compte aussi bien des éléments conceptuels tels que les processus d'entreprises et les fonctions du système, que des éléments concrets tels que les classes écrites dans un langage de programmation, les schémas de bases de données et les composants logiciels réutilisables.

Ce livre est un guide d'apprentissage du langage et de sa mise en œuvre.

Objectifs

Cet ouvrage permet au lecteur :

- d'apprendre ce qu'est UML et ce qu'il n'est pas, afin de cerner son importance pour le développement de systèmes à dominante logicielle.
- de maîtriser les aspects syntaxiques du langage : le vocabulaire, les règles et les locutions d'UML.
- de comprendre les mécanismes d'UML qui lui permettront de résoudre la plupart des problèmes courants en matière de modélisation.

Ce livre explique l'utilisation des caractéristiques spécifiques à UML, mais n'est toutefois pas un manuel complet de référence du langage. Reportez-vous pour cela à l'ouvrage *UML, Reference Manual* (de Rumbaugh, Jacobson, Booch, Addison-Wesley, paru en 1999), à paraître en version française aux Éditions Eyrolles dans les mois à venir.

De même, ce livre présente un processus de développement à utiliser avec UML, mais n'est toutefois pas un manuel complet de référence de ce processus. Reportez-vous pour cela à l'ouvrage *UML, The Unified Process* (de Jacobson, Booch, Rumbaugh, Addison-Wesley, paru en 1999), à paraître en version française aux Éditions Eyrolles dans les mois à venir.

Enfin, ce livre propose de nombreux trucs et astuces pour appliquer UML dans des problèmes courants de modélisation. Il ne donne cependant aucune explication quant à la manière de modéliser. Il ressemble en cela à un guide de l'utilisateur dédié à un langage de programmation, qui donne toutes les bases du langage mais n'enseigne pas la façon de programmer.

UML intéressera toute personne chargée de la production, du déploiement et du suivi de logiciels. Ce livre s'adresse particulièrement aux membres d'une équipe de développement qui créent des modèles UML, mais sera également utile aux personnes amenées à lire ces modèles. Ainsi, il sera d'une grande aide aux personnes chargées de construire, de tester et de mettre sur le marché un système à forte composante logicielle :

- analystes et utilisateurs finals, qui précisent la structure et le comportement requis d'un système,
- architectes, qui conçoivent les systèmes qui répondent à ces exigences,
- développeurs, qui transforment ces architectures en code exécutable,
- personnes chargées de l'assurance qualité, qui vérifient et valident la structure et le comportement du système,
- bibliothécaires, qui créent des composants, les répertorient et les classent,
- chefs de projet, qui, en règle générale, luttent contre la désorganisation, assurent la gestion et la direction des projets et des ressources nécessaires à la réalisation d'un système réussi.

Pour être en mesure de bien comprendre le contenu de ce livre, le lecteur est supposé avoir un minimum de connaissances en matière de concepts orientés objet. L'expérience d'un langage de programmation ou d'une méthode orientés objet lui sera utile, mais pas indispensable.

Comment utiliser cet ouvrage

Le développeur qui découvre UML a tout intérêt à le lire du début à la fin, sans brûler les étapes. Une attention toute particulière devra être accordée au chapitre 2 qui présente les différents concepts d'UML. Chaque chapitre s'appuie sur le contenu du précédent ; le livre se prête donc à une progression linéaire.

Les développeurs expérimentés qui cherchent des réponses à des problèmes de modélisation habituels avec UML n'ont pas besoin de suivre ce cheminement linéaire. Les problèmes de modélisation courants font l'objet de développements particuliers au cours des chapitres.

Organisation et caractéristiques particulières

Le guide de l'utilisateur est organisé en sept parties :

- Partie 1 Premiers pas
- Partie 2 Modélisation de structures élémentaires
- Partie 3 Modélisation de structures avancées
- Partie 4 Modélisation de comportements élémentaires
- Partie 5 Modélisation de comportements avancés
- Partie 6 Modélisation d'architectures
- Partie 7 Conclusion

Un glossaire des termes courants et trois annexes qui présentent un résumé de la notation UML, une liste des éléments standard d'UML et un résumé du Rational Unified Process complètent cet ouvrage.

Chaque chapitre présente l'utilisation d'une caractéristique particulière d'UML. De façon générale, leur structure est la suivante :

- Premiers pas
- Termes et concepts
- Techniques de modélisation courantes
- Trucs et astuces

La troisième partie présente un ensemble de problèmes de modélisation courants et leur solution. Pour faciliter la consultation du guide et la recherche des cas d'utilisation appliqués à UML, chaque problème est signalé par un titre, comme suit :

Modélisation de patterns architecturaux

Chaque chapitre commence par un résumé des sujets qu'il traite, comme suit :

Dans ce chapitre :

- Objets actifs, processus et threads
- Modélisation de flots de commande multiples
- Modélisation de la communication entre processus
- Construction d'abstractions utilisables en accès concurrents

---

Les commentaires et les conseils généraux supplémentaires apparaissent sous forme de remarques, comme suit :

Remarque : Il est possible de spécifier des multiplicités plus complexes à l'aide d'une liste, telle que `0..1, 3..4, 6..*`, qui signifierait " n'importe quel nombre d'objets sauf 2 ou 5 ".

Les composants sont traités au chapitre 25.

La sémantique d'UML étant très riche, la description d'un de ses éléments peut introduire une autre notion. Un renvoi est alors signalé dans la marge, comme ci-contre.

Dans les figures, *une police particulière* différencie le texte explicatif du texte inhérent au modèle présenté. Le code pourra être repéré grâce à l'utilisation d'une police à espacement fixe, comme ici : `MaClasse`.

Bref historique d'UML

Les langages de modélisation orientés objet ont fait leur apparition entre le milieu des années soixante-dix et la fin des années quatre-vingt quand les spécialistes méthode, confrontés à un nouveau genre de langages de programmation orientés objet et à des applications de plus en plus complexes, ont commencé à expérimenter de nouvelles approches d'analyse et de conception. Entre 1989 et 1994 le nombre de méthodes orientées objet est passé de moins de 10 à plus de 50. La majorité des utilisateurs ne trouvaient pas de langage de modélisation qui réponde entièrement à leurs besoins ; ils ont alors déclenché la " guerre des méthodes ". Basées sur l'expérience acquise, de nouvelles générations de ces méthodes sont apparues. Certaines d'entre elles se sont nettement détachées du lot et plus spécialement la méthode Booch, OOSE (Object-Oriented Software Engineering) de Jacobson et OMT (Object Modeling Technique) de Rumbaugh. Fusion, Shlaer-Mellor et Coad-Yourdon en faisaient également partie. Chacune de ces méthodes constituait une méthode complète mais présentait aussi bien des avantages que des inconvénients. Pour résumer, la méthode Booch était particulièrement expressive lors des phases de conception et de construction des projets, OOSE représentait un excellent outil pour les cas d'utilisation en matière de définition des exigences, d'analyse et de conception générale et OMT-2 était plus particulièrement utile à l'analyse et aux systèmes d'information contenant une grande quantité de données.

Certaines idées déterminantes ont émergé progressivement au milieu des années quatre-vingt-dix, lorsque Grady Booch (Rational Software Corporation), Ivar Jacobson (Objectory) et James Rumbaugh (General Electric) ont chacun commencé à adopter des idées des deux autres. Leurs trois méthodes ont été reconnues au niveau mondial comme étant des méthodes orientées objet incontournables. En tant que principaux auteurs des méthodes Booch, OOSE et OMT, nous souhaitions créer un langage de modélisation unifié pour trois raisons. Tout d'abord, nos méthodes se rapprochaient peu à peu les unes des autres. Il paraissait donc logique de poursuivre cette évolution ensemble plutôt que chacun de notre côté et d'éliminer ainsi les différences potentielles inutiles et arbitraires qui n'auraient fait qu'embrouiller un peu plus les idées des utilisateurs. Ensuite, en unifiant nos méthodes, nous pouvions apporter une certaine stabilité au marché orienté objet, permettant ainsi aux projets de s'appuyer sur un langage de modélisation mature et donnant aux développeurs la possibilité de se concentrer davantage sur des fonctionnalités utiles. Enfin, nous attendions de notre collaboration qu'elle apporte des améliorations aux trois méthodes précédentes en nous permettant de tirer profit des leçons apprises et de répondre à des problèmes qu'aucune d'elles ne traitait jusqu'alors de manière satisfaisante.

Dès le début de notre unification, nous avons défini les trois objectifs que notre méthode devait permettre d'atteindre :

1. La modélisation de systèmes au moyen de techniques orientées objet, depuis leur conception jusqu'à leur artefact exécutable.
2. La résolution des problèmes d'échelle inhérents aux systèmes complexes et essentiels.
3. La création d'un langage de modélisation utilisable à la fois par les humains et par les machines.

Imaginer un langage destiné à l'analyse et à la conception orientées objet n'est pas très différent de la création d'un langage de programmation. Il nous fallait tout d'abord cerner le problème : ce langage devait-il englober la spécification des exigences ? Devait-il permettre la programmation visuelle ? Ensuite, nous avons dû trouver un équilibre entre expressivité et simplicité. Un langage trop simple aurait limité la portée des problèmes à résoudre mais un langage trop compliqué aurait été un obstacle pour les développeurs. Pour unifier les méthodes existantes, nous avons dû également tenir compte de la base déjà constituée. Trop de changements auraient semé le trouble chez les utilisateurs mais l'absence d'amélioration du langage aurait compromis la possibilité de toucher un plus grand nombre d'informaticiens et de donner naissance à un langage plus simple. UML recherche les meilleurs compromis dans tous ces domaines.

Les travaux ont officiellement débuté en octobre 1994, lorsque Rumbaugh a rejoint Booch chez Rational. L'objectif initial de notre projet était l'unification des méthodes Booch et OMT. La version 0.8 de la Méthode Unifiée (Unified Method, tel était alors son nom) fut publiée en octobre 1995. Jacobson a intégré Rational à peu près à la même époque. Le cadre du projet UML a ainsi été élargi pour incorporer OOSE. Nos efforts se sont soldés par la publication des documents UML version 0.9 en juin 1996. Tout au long de cette même année, la communauté des informaticiens fut encouragée à nous donner son avis. À cette période, il est devenu évident que pour de nombreuses entreprises informatiques UML prenait une valeur stratégique. Un consortium UML fut mis sur pied, au sein duquel plusieurs sociétés allouèrent des ressources pour travailler à la définition d'UML sur des bases solides et exhaustives. Parmi les partenaires qui ont contribué à UML 1.0 nous pouvons citer Digital Equipment Corporation, Hewlett-Packard, I-Logix, Intellicorp, IBM, ICON Computing, MCI Systemhouse, Microsoft, Oracle, Rational, Texas Instruments et Unisys. Cette collaboration a débouché sur UML 1.0, langage de modélisation clairement défini, expressif, puissant et applicable à une large gamme de problèmes. UML 1.0 a ensuite été présenté à l'Object Management Group (OMG) et standardisé en janvier 1997, en réponse à une proposition de langage de modélisation standard.

Entre janvier et juillet 1997, le groupe de partenaires présents dès le début s'est élargi pour inclure pratiquement toutes les personnes qui ont apporté leur contribution à la réponse initiale de l'OMG, à savoir Andersen Consulting, Ericsson, ObjecTime Limited, Platinum Technology, PTech, Reich Technologies, Softeam, Sterling Software et Taskon. Une équipe chargée de la sémantique a été mise en place, sous la direction de Cris Kobryn (MCI Systemhouse) et sous l'administration d'Ed Eykholt (Rational) afin de délimiter formellement UML et d'y intégrer d'autres travaux de standardisation. Une version revue et corrigée d'UML (1.1) a été présentée à l'OMG en vue de sa standardisation en juillet 1997. En septembre 1997, cette mouture a été acceptée par l'équipe d'analyse et de conception de l'OMG (ADTF) ainsi que par son comité d'architecture (Architecture Board), puis soumise au vote de tous les membres du groupe. UML 1.1 a été adopté le 14 novembre 1997.

L'équipe de révision de l'OMG (RTF), dirigée par Cris Kobryn, a été chargée du suivi d'UML. La RTF a publié une révision officielle – UML 1.2 – en juin 1998. À l'automne de la même année, la RTF a rendu UML 1.3 public, version décrite dans ce guide de l'utilisateur qui apporte également des précisions d'ordre technique.

Remerciements

Grady Booch, Ivar Jacobson et James Rumbaugh sont les initiateurs d'UML et les concepteurs originaux de ce projet, mais le résultat final est le fruit des efforts de tous les partenaires impliqués. Même si tous ont apporté leurs points de vue ainsi que leurs préoccupations et leurs intérêts personnels, le résultat final a bénéficié de la contribution de chacun d'eux et de la diversité de leur expérience et de leurs opinions.

L'équipe de base d'UML se composait de :

- Hewlett-Packard : Martin Griss
- I-Logix : Eran Gery, David Harel
- IBM : Steve Cook, Jos Warmer
- ICON Computing : Desmond D'Souza
- Intellicorp and James Martin and Company : James Odell
- MCI Systemhouse : Cris Kobryn, Joaquin Miller
- ObjecTime : John Hogg, Bran Selic
- Oracle : Guus Ramackers
- Platinum Technology : Dilhar DeSilva
- Rational Software : Grady Booch, Ed Eykholt, Ivar Jacobson, Gunnar Overgaard, Karin Palmkvist, James Rumbaugh
- Taskon : Trygve Reenskaugh
- Texas Instruments/Sterling Software : John Cheesman, Keith Short
- Unisys : Sridhar Iyengar, G.K. Khalsa

Nous tenons à remercier tout particulièrement Cris Kobryn pour avoir dirigé l'équipe technique d'UML lors du développement des versions 1.1, 1.2 et 1.3.

Nous remercions également les personnes suivantes pour leur contribution, leur influence et leur soutien. Dans certains cas, elles ne sont pas impliquées directement dans l'élaboration d'UML mais leur participation n'en reste pas moins appréciable : Jim Amsden, Hernan Astudillo, Colin Atkinson, Dave Bernstein, Philip Bernstein, Michael Blaha, Conrad Bock, Mike Bradley, Ray Buhr, Gary Cernosek, James Cerrato, Michael Jesse Chonoles, Magnus Christerson, Dai Clegg, Geoff Clemm, Peter Coad, Derek Coleman, Ward Cunningham, Raj Datta, Philippe Desfray, Mike Devlin, Bruce Douglass, Staffan Ehnebom, Maria Ericsson, Johannes Ernst, Don Firesmith, Martin Fowler, Adam Frankl, Eric Gamma, Dipayan Gangopadhyay, Garth Gullekson, Rick Hargrove, Tim Harrison, Richard Helm, Brian Hendersen-Sellers, Michael Hirsch, Bob Hodges, Yves Holvoet, Jon Hopkins, John Hsia, Glenn Hughes, Ralph Johnson, Anneke Kleppe, Philippe Kruchten, Paul Kyzivat, Martin Lang, Grant Larsen, Reed Letsinger, Mary Loomis, Jeff MacKay, Joe Marasco, Robert Martin, Terri McDaniel, Jim McGee, Mike Meier, Randy Messer, Bertrand Meyer, Greg Meyers, Fred Mol, Luis Montero, Paul Moskowitz, Andy Moss, Jan Pachl, Paul Patrick, Woody Pidcock, Bill Premerlani, Jeff Price, Jerri Pries, Terry Quatrani, Mats Rahm, Rudolf Riess, Rich Reitman, Erick Rivas, Kenny Rubin, Jim Rye, Danny Sabbahr, Tom Schultz, Colin Scott, Ed Seidewitz, Keith Short, Gregson Sui, Jeff Sutherland, Dan Tasker, Andy Trice, Dave Tropeano, Dan Uhlar, John Vlissides,

Larry Wall, Paul Ward, Alan Willis, Rebecca Wirfs-Brock, Bryan Wood, Ed Yourdon et Steve Zeigler.

Le développement d'UML a été un processus ouvert et par l'intermédiaire de l'OTUG (Object Technology User's Group), nous avons reçu des milliers de messages électroniques en provenance du monde entier. Bien que n'étant pas en mesure de citer tous les noms, nous tenons à remercier toutes les personnes qui nous ont écrit pour leurs commentaires et leurs suggestions. Nous avons lu chaque message attentivement et UML a progressé grâce à ces nombreuses réactions.

Nous adressons enfin des remerciements tout particuliers à un petit groupe de “ rats de laboratoire ” (Lab RATS : Loud and Boisterous RATional Students), qui ont participé dès 1997 à un cours donné par Booch portant sur le guide de l'utilisateur, cours durant lequel ils ont apporté d'excellentes idées et formulé des critiques constructives qui ont aidé à peaufiner le contenu de ce livre. Il s'agit de : Hernan Astudillo, Robin Brown, Robert Bundy, Magnus Christerson, Adam Frankl, Nookiah Kolluru, Ron Krubek, Grant Larsen, Dean Leffingwell, Robert Martin, Mills Ripley, Hugo Sanchez, Geri Schneider, Tom Schultz, Andy Trice, Dan Uhlar et Lloyd Williams. Merci aux “ cinglés ” de Number Six Software et à tous ceux qui ont contribué à la révision technique de cet ouvrage : Jack Carter, Tim Budd, Bruce Douglass, Martin Fowler, Cris Kobryn, Philippe Kruchten, Ron Lusk, Terry Quatrani et David Rine.

Pour de plus amples informations

Les toutes dernières informations relatives à UML, y compris sa définition officielle, sont disponibles sur Internet aux adresses suivantes : *www.rational.com* et *www.omg.org*. Les travaux de l'équipe de révision se trouvent à l'adresse *uml.shl.com*.

Il existe plusieurs forums électroniques qui débattent d'UML en général, notamment les groupes de discussion sur Internet *comp.software-eng* et *comp.object*, sans oublier les listes de diffusion publiques *otug@rational.com*, *uml-rtf@omg.org* et *uml@essaim.univ-mulhouse.fr*

Grady Booch
Lakewood, Colorado
Septembre 1998
egb@rational.com

Partie 1

PREMIERS PAS

Chapitre 1

POURQUOI LA MODÉLISATION ?

Dans ce chapitre :

- L'importance de la modélisation
- Les quatre principes de modélisation
- La modélisation orientée objet

Un éditeur de logiciels ou un département informatique d'entreprise ne rencontrera le succès que s'il produit systématiquement des applications de qualité, qui répondent aux attentes des utilisateurs. S'il développe de tels programmes correctement et au bon moment, en utilisant efficacement ses ressources humaines et matérielles, il affichera alors une bonne santé économique.

Cet énoncé véhicule d'importantes implications : l'objectif principal d'une équipe de développement n'est pas de produire de beaux documents, de tenir des réunions de portée internationale, d'inventer des slogans chocs ou d'écrire des lignes de code source dignes du prix Pulitzer, mais bien de créer de bons logiciels, capables de satisfaire les besoins en constante évolution de leurs utilisateurs et du marché. Tout le reste est secondaire.

Malheureusement, de nombreux fabricants de logiciels confondent " secondaire " et " inutile ". Pour déployer des logiciels qui répondent aux objectifs fixés, il faut aller à la rencontre des utilisateurs et les impliquer intelligemment, afin d'être en mesure de bien définir les besoins réels des systèmes. Pour que la qualité de ces programmes informatiques perdure, il faut tout d'abord construire une base architecturale solide, qui résiste aux changements. Pour développer ces logiciels rapidement et efficacement, tout en ayant un minimum de déchets et de corrections, il faut disposer des bonnes personnes, utiliser les bons outils et définir les bons objectifs. Afin que tout ceci soit fait de façon cohérente et prévisible, et pour pouvoir évaluer les coûts du système pendant toute sa durée de vie, il est nécessaire de mettre sur pied un processus de développement sain, qui s'adapte à l'évolution de l'entreprise et des technologies.

La modélisation est le pilier de toute activité qui conduit au déploiement de logiciels de qualité. Les modèles sont construits pour spécifier la structure et le comportement attendus d'un système, pour visualiser et contrôler son architecture, pour mieux comprendre son organisation et ainsi déceler les possibilités de simplification et de réutilisation et, enfin, pour gérer les risques encourus.

L'importance de la modélisation

Pour construire une niche, on peut commencer avec quelques planches de bois, des clous et quelques outils de base tels qu'un marteau, une scie et un mètre à ruban. En quelques heures, sans que les travaux aient été réellement planifiés, la niche sera prête, raisonnablement fonctionnelle et il est probable qu'aucune aide extérieure n'aura été nécessaire à sa réalisation. À partir du moment où elle est assez grande et qu'il n'y a pas trop de fuites d'eau, le chien sera content. Dans le cas contraire, il sera toujours possible de recommencer ou d'adopter un chien moins exigeant.

Pour construire une maison pour sa propre famille, il est également possible de commencer avec quelques planches de bois, des clous et quelques outils de base, mais cela risque fort de prendre beaucoup plus de temps et les futurs occupants seront sans aucun doute beaucoup plus exigeants qu'un chien. Dans ce cas-là, à moins d'avoir une solide expérience en la matière, il est préférable de planifier la construction de manière détaillée avant d'enfoncer le premier clou ou de couler les fondations. Le futur propriétaire devra au minimum tracer quelques esquisses de la maison à laquelle il aspire. Pour réaliser une maison de qualité qui réponde aux exigences de la famille et satisfasse aux normes en vigueur dans le domaine du bâtiment, il faudra également dessiner des plans en tenant compte de l'utilisation des pièces et des impératifs pratiques de l'éclairage, du chauffage et de la plomberie. Ces plans permettront ensuite d'évaluer le temps et la quantité de matériaux nécessaires. Par ailleurs, bien qu'il soit humainement possible de construire une maison tout seul, il est toujours plus efficace de collaborer avec d'autres personnes et peut-être de sous-traiter de nombreux travaux essentiels ou d'acheter des éléments préfabriqués. Tant que les plans, les délais et le budget alloué à la maison seront respectés, il est fort probable que la famille sera satisfaite. Si le projet échoue, il n'est pas vraiment facile de changer de famille, c'est pourquoi il est préférable de définir ses attentes très tôt et de gérer les changements avec prudence.

Construire un immeuble en commençant avec quelques planches de bois, des clous et quelques outils de base serait absurde. Les personnes qui investissent dans un tel projet exigeront en retour des informations sur la taille, la forme et le style de l'édifice. De plus, elles changeront souvent d'idée, même après le début des travaux. Un planning très détaillé est absolument essentiel car, en cas d'échec, le coût serait exorbitant. Chaque intervenant ne sera qu'un membre du groupe parmi d'autres, responsable du développement et de la progression de l'immeuble. Les différents membres de l'équipe auront donc besoin de toutes sortes de plans et de modèles pour communiquer entre eux. Tant que l'on aura recours aux bonnes personnes, que l'on utilisera les bons outils et que la transformation d'un concept architectural en une construction réelle sera correctement gérée, il est probable que les futurs occupants seront satisfaits. Si la même équipe veut continuer à construire des édifices, il lui faudra trouver un compromis acceptable entre les souhaits des occupants et la réalité des techniques de construction. De plus, les différents intervenants devront être traités avec professionnalisme, sans jamais être exposés à un danger quelconque ni risquer l'épuisement pour répondre à la charge de travail exigée.

Il est amusant de constater que de nombreux fabricants de logiciels veulent construire des immeubles mais abordent le problème comme s'ils devaient bricoler une niche.

Parfois, la chance leur sourit. S'ils disposent des bonnes personnes au bon moment et si la situation tourne à leur avantage, il est possible – mais non certain – qu'ils donnent naissance à un logiciel qui laisse ses utilisateurs bouche bée. Mais en règle générale, il est impossible de trouver les bonnes personnes (elles sont souvent très sollicitées), le moment est mal choisi (hier aurait mieux convenu) et la situation n'est jamais idéale (au contraire, elle semble même échapper à tout contrôle). En raison de la demande croissante de logiciels à l'heure d'Internet, les équipes de développement en reviennent souvent à faire la seule chose qu'elles sachent réellement bien faire : écrire du code au kilomètre. Les efforts héroïques en matière de programmation sont monnaie courante dans ce secteur et il semble que, dans la plupart des cas, travailler plus dur soit une réaction habituelle lorsqu'on est confronté à des problèmes de développement. Cependant, les lignes de code ne sont pas forcément les bonnes et certains projets sont tellement gigantesques que même l'augmentation du temps de travail quotidien ne saurait suffire pour les faire aboutir.

Si le logiciel désiré est l'équivalent de la maison ou de l'immeuble cités en exemples, il faudra bien plus qu'écrire de nombreuses lignes de code. En fait, le secret consiste à créer le bon programme, tout en trouvant le moyen d'écrire le moins de code possible. Le développement d'un logiciel de qualité devient alors une question de choix d'architecture, de processus et d'outils. Il arrive régulièrement que des projets débutent en ayant la taille d'une niche et prennent ensuite l'ampleur d'un immeuble, simplement parce qu'ils sont victimes de leur succès. Il arrive un moment où, si l'architecture, les processus et/ou les outils n'ont pas été bien pensés, la niche devenue peu à peu immeuble s'écroule sous son propre poids. L'effondrement de la niche importunera seulement le chien, mais l'écroulement d'un immeuble affectera matériellement tous ses occupants.

Les projets informatiques échouent chacun à leur manière, mais ceux qui réussissent présentent des caractéristiques communes. Ainsi, de nombreuses raisons expliquent le succès de certains fabricants de logiciels, mais le recours à la modélisation est un élément commun à tous.

La modélisation est une technique d'ingénierie éprouvée et plébiscitée. Les modèles architecturaux de maisons et d'immeubles permettent aux futurs occupants de voir à quoi ressemblera le résultat final et certains modèles mathématiques sont utilisés pour analyser les effets du vent ou des tremblements de terre sur les édifices.

La modélisation n'est pas l'apanage de l'industrie du bâtiment. En effet, il est inconcevable de mettre au point un avion ou une automobile sans créer au préalable des modèles, que ceux-ci soient informatiques, miniatures (pour les essais en soufflerie) ou réels (prototypes). Les nouveaux appareils électriques, des microprocesseurs aux commutateurs téléphoniques, nécessitent un certain degré de modélisation pour que chaque participant au projet en comprenne la structure et le fonctionnement et puisse communiquer ses idées aux autres. Dans l'industrie du cinéma, le story-board est une autre forme de modélisation qui se trouve au centre de toute production. En sociologie, en économie et dans les affaires, des modèles sont construits pour démontrer des théories ou en énoncer de nouvelles avec un risque et un coût réduits au maximum.

Qu'est-ce qu'un modèle ?

Un modèle est une simplification de la réalité.

Ce peut être un plan détaillé, mais également un plan plus général qui donne une vue d'ensemble du système concerné. Un bon modèle inclut les éléments qui revêtent une grande importance et laisse de côté ceux qui sont inutiles au niveau d'abstraction choisi. Tous les systèmes peuvent être décrits sous différents aspects, au moyen de plusieurs modèles, mais chaque modèle constitue ainsi une abstraction du système, fermée du point de vue sémantique. Ils peuvent être structuraux et souligner l'organisation du système, ou comportementaux et mettre l'accent sur sa dynamique.

Pourquoi modéliser ? Pour une raison essentielle :

Les modèles permettent de mieux comprendre le système que l'on développe.

La modélisation permet d'atteindre quatre objectifs :

La manière dont UML remplit ces quatre fonctions est abordée au chapitre 2.

- Les modèles nous aident à visualiser un système tel qu'il est ou tel que nous voudrions qu'il soit.
- Les modèles permettent de préciser la structure ou le comportement d'un système.
- Les modèles fournissent un canevas qui guide la construction d'un système.
- Les modèles permettent de documenter les décisions prises.

La modélisation n'est pas réservée aux grands systèmes et même l'équivalent logiciel d'une niche peut en tirer profit. Mais il est indéniable qu'elle revêt un caractère d'autant plus important que le programme est gros et complexe :

> *Nous construisons des modèles pour les systèmes complexes parce que nous ne sommes pas en mesure d'appréhender de tels systèmes dans leur intégralité.*

Les facultés de compréhension de l'homme ont leurs limites face à la complexité. Grâce à la modélisation, le problème étudié est restreint et on peut alors se concentrer sur un seul aspect à la fois. Il s'agit de la célèbre tactique " diviser pour régner ", dont Edsger Dijkstra parlait déjà il y a des années et qui consiste à envisager un problème difficile en le divisant en plusieurs petits problèmes plus faciles à résoudre. De plus, la modélisation vient au secours de l'intellect humain puisqu'un modèle correctement choisi peut permettre à son auteur de travailler à des niveaux d'abstraction plus élevés.

Mais, même si chacun s'accorde à dire qu'il faut modéliser, on en est loin dans la pratique. En effet, différentes études montrent que la plupart des fabricants de logiciels utilisent peu de modèles formels – pour ne pas dire aucun. Une comparaison entre l'utilisation de la modélisation et la complexité d'un projet montrerait que plus ce dernier est simple, plus il est improbable que des modèles formels soient utilisés.

Soulignons ici l'importance du mot " formel ". Même pour les programmes les plus simples, les développeurs ont recours à un certain degré de modélisation, quoique très informel. Ils peuvent très bien esquisser une idée sur un tableau noir ou la griffonner sur un bout de papier afin de visualiser une partie du système ou encore utiliser des cartes CRC pour travailler sur un scénario ou sur la conception d'un mécanisme. Ces modèles sont tout à fait valables et, s'ils fonctionnent, il ne faut pas hésiter à les utiliser. Ils sont cependant souvent liés à un contexte particulier et ne fournissent pas de langage commun qui puisse être facilement partagé avec d'autres développeurs. Tout comme il existe un langage commun pour les plans de l'industrie du bâtiment, pour les installations électriques ou pour la modélisation mathématique, une entreprise informatique peut tirer profit d'un langage commun pour la modélisation de logiciels.

La modélisation peut être bénéfique pour n'importe quel projet. Même à l'époque du logiciel jetable, où il vaut parfois mieux mettre un mauvais programme au rebut et adopter un langage de programmation visuelle favorable à la productivité, la modélisation peut aider l'équipe de développement à mieux visualiser son système et lui faire gagner du temps en l'aidant à construire les bonnes choses au bon moment. Si aucune modélisation n'est entreprise, les risques d'échec ou de mauvaise construction sont d'autant plus élevés que le projet est complexe. Tous les systèmes utiles et intéressants tendent à devenir plus compliqués avec le temps et, même s'il semble inutile de les modéliser aujourd'hui, cette décision pourra être amèrement regrettée quand ces systèmes auront évolué.

Les quatre principes de modélisation

L'histoire de la modélisation dans tous les domaines technologiques est riche et l'expérience acquise dicte quatre principes de base.

Premier principe :

> *Le choix des modèles à créer a une très forte influence sur la manière d'aborder un problème et sur la nature de sa solution.*

En d'autres termes, les modèles doivent être choisis avec soin car, s'ils sont bons, ils feront ressortir les problèmes de développement les plus ardus et apporteront un éclaircissement inespéré, alors que s'ils sont mauvais, ils détourneront l'attention des développeurs des questions fondamentales.

Éloignons-nous un instant de l'informatique et supposons qu'il s'agisse de physique quantique. Certains problèmes, tels que l'interaction de photons dans l'espace-temps, impliquent nombre de calculs mathématiques merveilleusement compliqués. Si on a recours à une approche différente, cette complexité inévitable s'amenuise tout à coup. Dans ce domaine, c'est là toute la valeur des diagrammes de Feynmann, qui fournissent le rendu graphique d'un problème très épineux. De même, dans un secteur totalement différent, lorsqu'on construit un nouvel édifice, il est nécessaire de prévoir la façon dont il réagira lors de vents violents. Grâce à une maquette testée en soufflerie, il est possible de rassembler des informations intéressantes même si les matériaux en miniature ne se comportent pas exactement comme ceux de taille réelle. Ensuite, à l'aide d'un modèle mathématique soumis à des simulations, d'autres éléments surgiront et il sera possible d'imaginer d'autres scénarios que la maquette seule n'aurait pas permis d'envisager. Des tests rigoureux et continus permettront d'acquérir la certitude que, dans la réalité, le système modélisé se comportera bien de la manière attendue.

En informatique, chaque modèle choisi correspond à un certain point de vue sur le système. Si ce dernier est construit selon l'optique d'un développeur de bases de données, il fera la part belle aux modèles entité-relation qui traduisent le comportement en termes de déclencheurs et de procédures stockées. S'il est construit au moyen de l'analyse structurelle, il utilisera des modèles centrés sur les algorithmes, pour le transfert des données d'un processus à l'autre. S'il est construit par un développeur orienté objet, son architecture s'appuiera sur des classes et des modèles d'interaction qui régleront la coopération de ces classes. Chacune de ces approches peut convenir à une application et à une culture informatique données. Cependant, l'expérience a montré que le point de vue orienté objet donne de meilleurs résultats pour bâtir des architectures flexibles, même pour les systèmes qui s'appuient en grande partie sur une base de données ou sur des calculs. L'important est de retenir que chaque point de vue engendre un système différent, avec des coûts et des atouts inégaux.

Deuxième principe :

Tous les modèles peuvent avoir différents niveaux de précision.

La construction d'un immeuble peut parfois nécessiter une vue aérienne, par exemple, pour que les investisseurs puissent visualiser son apparence et l'impression qui s'en dégage. Pour d'autres raisons, il faut parfois descendre à des niveaux de précision très poussés, par exemple lorsque le passage d'un tuyau ou un élément structurel inhabituel posent problème.

Il en va de même avec la modélisation informatique. Dans certains cas, le modèle exécutable simple et rapide d'une interface utilisateur est exactement ce qui convient, dans d'autres, il faut descendre au niveau des bits, comme pour la spécification d'interfaces multiplateformes ou la résolution de goulets d'étranglement d'un réseau. De toute façon, les meilleurs modèles sont ceux qui laissent le choix du niveau de détail, en fonction du point de vue envisagé et du besoin qui le motive. Un analyste ou un utilisateur final se concentrera sur les fonctions, alors qu'un développeur mettra l'accent sur leur réalisation. Tous veulent visualiser le système avec une précision variable et à des phases de développement différentes.

Troisième principe :

Les meilleurs modèles ne perdent pas le sens de la réalité.

Une maquette d'immeuble qui ne réagit pas de la même façon que de véritables matériaux n'a qu'une utilité limitée. De même, un modèle mathématique d'avion qui ne prend en compte que des conditions idéales et une fabrication parfaite peut occulter des caractéristiques potentiellement dangereuses du véritable aéronef. Il est donc préférable de disposer de modèles qui restent en contact avec la réalité et de savoir exactement quand ils s'en éloignent et de quelle manière ils se dissocient du réel. Toute modélisation simplifie la réalité, mais ces simplifications ne doivent dissimuler aucun détail important.

En informatique, le talon d'Achille des techniques d'analyse structurée réside dans le décalage fondamental entre le modèle analytique et le modèle conceptuel d'un système. Si cette lacune n'est pas comblée, conception et réalisation effective s'éloigneront l'une de l'autre avec le temps. Avec les systèmes orientés objet, il est possible de relier les différents points de vue en un tout sémantique.

Quatrième principe :

Parce qu'aucun modèle n'est suffisant à lui seul, il est préférable de décomposer un système important en un ensemble de petits modèles presque indépendants.

Il n'existe aucun ensemble de plans qui révèle la totalité des détails de la construction d'un bâtiment. Il faut, au strict minimum, le plan des sols, de l'installation électrique, du chauffage et de la plomberie ainsi que des élévations.

Le fait que ces modèles soient simplement « presque indépendants » est ici le plus important. En effet, cela signifie qu'ils peuvent être construits et étudiés séparément, mais qu'ils doivent garder une interdépendance. Dans le cas d'un bâtiment, il est possible d'étudier l'installation électrique seule, mais également de visualiser sa disposition sur le plan des sols et peut-être même son interaction avec le passage des tuyaux sur le schéma de la plomberie.

Les cinq points de vue d'une architecture sont abordés au chapitre 2.

Il en va de même avec les logiciels orientés objet. Pour comprendre l'architecture du système, plusieurs perspectives complémentaires et imbriquées sont nécessaires, chacune se concentrant sur un des éléments suivants : vue des cas d'utilisation (pour préciser les fonctions requises), vue de conception (pour cerner le vocabulaire de l'espace problème et de l'espace solution), vue de processus (pour modéliser la répartition des processus et des threads), vue d'implémentation (pour envisager la réalisation effective du système) et vue de déploiement (pour délimiter les problèmes d'ingénierie des systèmes). Chacune de ces vues possède des aspects structurels mais aussi comportementaux. Mises ensemble, elles constituent le plan d'élaboration et de construction du logiciel.

En fonction de la nature du système, certains modèles peuvent prendre le pas sur d'autres : par exemple, pour les systèmes qui contiennent une grande quantité de données, les modèles qui mettent l'accent sur la conception statique sont à privilégier. Pour les systèmes dans lesquels l'interface graphique joue un rôle primordial, les vues de cas d'utilisation statiques et dynamiques sont très importantes. Dans les systèmes temps réel, il s'agira des vues de processus dynamiques, alors que dans le cas de systèmes répartis – les applications à forte composante Web, par exemple –, l'accent sera mis sur les modèles d'implémentation et de déploiement.

Modélisation orientée objet

Le génie civil utilise de nombreux types de modèles. Il s'agit le plus souvent de modèles structurels qui facilitent la visualisation et la spécification des parties d'un système, ainsi que leurs relations. En fonction de l'importance des préoccupations commerciales ou techniques du projet, les ingénieurs peuvent également construire des modèles dynamiques – pour mieux étudier les réactions d'une structure en cas de tremblement de terre, par exemple. Chaque modèle s'organise différemment et se concentre sur un aspect bien précis.

En informatique, la modélisation peut être abordée sous plusieurs angles. Les deux principaux sont la perspective algorithmique et la perspective orientée objet.

En règle générale, le développement d'un logiciel s'appuie sur une approche algorithmique, dans laquelle les briques principales sont les procédures ou les fonctions. Cette perspective incite les développeurs à se concentrer sur les questions de contrôle et de décomposition des gros algorithmes en procédures plus petites. Ce point de vue n'est pas mauvais si ce n'est qu'il a tendance à engendrer des systèmes fragiles. Au fur et à mesure que les besoins et que le système évoluent, ce qui est inévitable, les logiciels centrés sur les algorithmes deviennent très difficiles à mettre à jour.

Aujourd'hui, le développement d'un logiciel s'appuie sur une perspective orientée objet, dans laquelle les principales briques de base sont l'objet ou la classe. Pour simplifier, un objet est un élément généralement tiré du vocabulaire de l'espace problème ou de l'espace solution et une classe est la description d'un ensemble d'objets communs. Chaque objet a sa propre identité (on peut lui attribuer un nom ou choisir n'importe quel autre procédé qui permette de le distinguer des autres), un état (des données lui sont généralement associées) et un comportement (il peut subir des transformations et il peut faire subir des transformations à d'autres objets).

Prenons l'exemple d'une simple architecture à trois niveaux pour un système de facturation, qui comprend une interface utilisateur, un middleware et une base de données. L'interface utilisateur comprend des objets concrets, tels que des boutons, des menus et des boîtes de dialogue. La base de données renferme des objets concrets, tels que des tableaux qui représentent des entités du domaine concerné (clients, produits, commandes, etc.). La couche intermédiaire comprend des objets tels que des transactions et des règles métier, ainsi que des vues de plus haut niveau sur des entités liées à la problématique métier, comme les clients, les produits et les commandes.

En informatique, l'approche orientée objet est largement adoptée, tout simplement parce qu'elle a démontré son efficacité lors de la construction de systèmes dans les domaines métier les plus divers et qu'elle englobe toutes les dimensions et tous les degrés de complexité. De plus, la plupart des langages, des systèmes d'exploitation et des outils modernes sont au moins partiellement orientés objet, ce qui incite d'autant plus à voir les choses en termes d'objets. Le développement orienté objet fournit la base conceptuelle de l'assemblage de systèmes à partir de composants qui utilisent des technologies comme Java Beans ou COM+.

Ces questions sont abordées au chapitre 2.

Le choix de voir les choses en termes d'objets est à l'origine d'un certain nombre de questions : Quelle est la structure d'une bonne architecture orientée objet ? Quels artefacts doivent être créés pour un projet ? Qui doit les créer ? Comment doivent-ils être évalués ?

La représentation, la spécification, la construction et la documentation des systèmes orientés objet constituent précisément les objectifs d'UML.

Chapitre 2

PRÉSENTATION D'UML

Dans ce chapitre :

- Vue d'ensemble d'UML
- Trois étapes vers la compréhension d'UML
- Architecture logicielle
- Processus de développement logiciel

UML (Unified Modeling Language) est un langage standard conçu pour l'écriture de plans d'élaboration de logiciels. Il peut être utilisé pour visualiser, spécifier, construire et documenter les artefacts d'un système à forte composante logicielle.

UML est adapté à la modélisation de systèmes, depuis les systèmes informatiques d'entreprise jusqu'aux applications distribuées basées sur le Web, en passant par les systèmes temps réel embarqués. C'est un langage très expressif qui couvre toutes les perspectives nécessaires au développement puis au déploiement de tels systèmes. En dépit de son expressivité, UML est simple à comprendre et à utiliser. Pour apprendre à s'en servir efficacement, il faut d'abord s'appuyer sur une représentation conceptuelle de ce langage, ce qui nécessite l'assimilation de trois éléments fondamentaux : les briques de base d'UML, les règles qui déterminent la manière de les assembler et quelques mécanismes généraux qui s'appliquent à ce langage.

UML n'est qu'un langage et ne constitue qu'une partie d'une méthode de développement logiciel. UML est indépendant des processus, même si, idéalement, il doit être utilisé dans le cadre d'un processus fondé sur les cas d'utilisation, centré sur l'architecture, itératif et incrémental.

Vue d'ensemble d'UML

UML est un langage conçu pour

- visualiser,
- spécifier,
- construire,
- documenter

les artefacts d'un système à forte composante logicielle.

UML est un langage

Un langage comprend un vocabulaire et les règles qui permettent de combiner les mots de ce vocabulaire afin de communiquer. Un langage *de modélisation* est un langage dont le vocabulaire et les règles sont centrés sur la représentation conceptuelle et physique d'un système. Ainsi, un langage de modélisation tel qu'UML est un langage standard destiné aux plans d'élaboration et de construction de logiciels.

Les principes fondamentaux de la modélisation sont traités au chapitre 1.

La modélisation permet de comprendre un système. Aucun modèle n'existe indépendamment d'autres modèles. En fait, pour comprendre un système dans sa globalité, à l'exception peut-être du système le plus simple, il est souvent nécessaire d'avoir recours à plusieurs modèles mis en relation les uns avec les autres. Un système à forte composante logicielle nécessite donc un langage qui permette d'en représenter l'architecture sous différents angles, à chaque étape du cycle de développement logiciel.

Le vocabulaire et les règles d'un langage tel qu'UML régissent la manière de créer et de lire des modèles correctement mis en forme, mais ils n'imposent pas un choix des modèles à créer ni le moment de leur création. Ce rôle incombe au processus de développement logiciel. Un processus correctement défini aide à choisir :

- les artefacts à produire,
- les procédures à développer,
- les intervenants chargés de leur création et de leur gestion,
- la manière d'employer ces artefacts pour évaluer et diriger le projet dans son ensemble.

UML est un langage pour visualiser

Pour de nombreux programmeurs, la distance qui sépare l'idée d'une application de sa matérialisation en code est proche de zéro. Aussitôt pensée, aussitôt codée. De fait, il est parfois préférable de concevoir directement en code. Le texte est un moyen merveilleusement direct et succinct pour écrire des expressions et des algorithmes.

Dans ces cas-là, le programmeur effectue quand même une modélisation, mais elle se fait mentalement. Il peut même griffonner quelques idées sur un tableau blanc ou une serviette en papier. Cependant, cette méthode de travail pose différents problèmes. Tout d'abord, la communication de ces modèles conceptuels à d'autres personnes sera entachée d'erreurs, à moins que tous les individus concernés ne parlent le même langage. Généralement, chaque projet, chaque organisation, développe son propre langage et les personnes extérieures à un groupe ou celles qui viennent juste de l'intégrer éprouvent d'importantes difficultés à comprendre ce qui s'y passe. Ensuite, certaines notions relatives à un système informatique ne peuvent être comprises que si des modèles qui dépassent le langage de programmation textuel sont déjà construits. Par exemple, en étudiant le code source du système, il est possible de déduire la signification de la hiérarchie de classes mais pas de la comprendre intégralement. De même, dans un système basé sur le Web, il est possible de déduire la distribution physique et la migration potentielle des objets à partir du code du système mais pas d'en saisir toutes les subtilités. Enfin, si le développeur qui a généré le code n'a jamais écrit les modèles qu'il a en tête, ces informations seront perdues à tout jamais, en particulier s'il quitte l'entreprise. Au mieux, elles pourront être partiellement reconstituées à partir de leur implémentation.

L'écriture de modèles en UML permet d'apporter une solution aux problèmes liés à l'échange et au partage d'informations.

Parfois il est plus efficace de modéliser à l'aide de texte et parfois à l'aide de graphiques. En effet, dans tous les systèmes dignes d'intérêt, il existe des structures qui dépassent ce qui peut être représenté dans un langage de programmation. UML permet d'utiliser au mieux les représentations textuelles ou graphiques en fonction des besoins.

La sémantique complète d'UML est fournie dans UML, Reference Manual.

UML est bien plus qu'un simple ensemble de symboles graphiques. En fait, chaque symbole de la notation UML possède une sémantique bien définie. Ainsi, un développeur peut écrire un modèle en UML et un autre développeur ou même un autre outil peut interpréter ce modèle sans aucune ambiguïté.

UML est un langage pour spécifier

Dans ce contexte, *spécifier* signifie construire des modèles précis, sans ambiguïté et complets. UML permet notamment la spécification de toutes les décisions importantes en matière d'analyse, de conception et d'implémentation, décisions qui doivent être prises lors du développement et du déploiement d'un système à forte composante logicielle.

UML est un langage pour construire

Même si UML n'est pas un langage de programmation visuelle, ses modèles peuvent être directement traduits dans les différents langages de programmation. Cela signifie qu'il est possible de traduire un modèle UML dans un langage de programmation tel que Java, C++ ou Visual Basic, voire de l'exprimer à l'aide de tables dans des bases de données relationnelles ou dans la mémoire persistante d'une base de données orientée objet. Avec UML, les éléments qu'il est préférable d'exprimer graphiquement sont représentés graphiquement et ceux qu'il vaut mieux exprimer textuellement sont traduits dans le langage de programmation.

La modélisation de la structure d'un système est traitée dans les parties 2 et 3.

Cette correspondance permet d'appliquer l'ingénierie vers l'aval, c'est-à-dire la génération de code à partir d'un modèle UML vers un langage de programmation. L'inverse, c'est-à-dire la reconstitution d'un modèle UML à partir de son implémentation, est également possible. Mais la rétro-ingénierie n'a rien de magique. Des informations sont perdues lors du passage des modèles au code, à moins qu'elles n'aient été encodées lors de l'implémentation. La rétro-ingénierie nécessite donc le support d'un outil, doublé d'une intervention humaine. La combinaison de ces deux méthodes – génération de code vers l'aval et rétro-ingénierie – engendre le round-trip engineering, c'est-à-dire la possibilité de travailler soit d'un point de vue graphique, soit d'un point de vue textuel avec des outils qui offrent une cohérence totale de ces deux approches.

La modélisation du comportement d'un système est traitée dans les parties 4 et 5.

En plus de cette correspondance directe, UML est suffisamment expressif et dépourvu d'ambiguïté pour permettre l'exécution directe de modèles, la simulation de systèmes et l'instrumentation de systèmes en exécution.

UML est un langage pour documenter

Tout département informatique ou éditeur de logiciels digne de ce nom produit, en vue du code exécutable, toutes sortes d'artefacts :

- les besoins identifiés,
- l'architecture,

- la conception,
- le code source,
- le planning du projet,
- les tests,
- les prototypes,
- les versions.

En fonction de la philosophie de développement, certains artefacts sont traités plus ou moins formellement que d'autres. Ces artefacts constituent non seulement des produits à livrer d'un projet, mais sont également des moyens de contrôle, de mesure et de communication fondamentaux au cours du développement d'un système et après son déploiement.

En résumé, UML permet de documenter l'architecture d'un système dans ses moindres détails, fournit un langage pour exprimer les besoins et effectuer des tests et propose un langage pour modéliser la planification du projet et la gestion des versions.

Dans quels domaines UML peut-il être utilisé ?

UML est destiné d'abord et avant tout aux systèmes à forte composante logicielle. Il a été utilisé avec succès dans des domaines tels que :

- les systèmes informatiques d'entreprise,
- les services bancaires et financiers,
- les télécommunications,
- les transports,
- la défense/l'aérospatiale,
- le commerce de détail,
- l'électronique médicale,
- les sciences,
- les services distribués basés sur le Web.

L'utilisation d'UML n'est pas limitée à la modélisation de logiciels. En effet, ce langage est suffisamment expressif pour permettre de modéliser des systèmes qui n'appartiennent pas à cette catégorie, comme le workflow d'un système judiciaire, la structure et le comportement d'un système de santé ou la conception de matériel informatique.

Modèle conceptuel d'UML

Pour comprendre UML, il est nécessaire de s'appuyer sur un modèle conceptuel de ce langage, ce qui implique l'assimilation de trois éléments essentiels : les briques de base d'UML, les règles qui déterminent la manière de les assembler et quelques mécanismes généraux qui s'appliquent à UML dans son ensemble. Une fois ces notions acquises, il sera possible de lire des modèles UML et de créer quelques modèles élémentaires. Ensuite, avec un peu plus d'expérience, ces modèles conceptuels serviront de base à l'utilisation des caractéristiques les plus avancées de ce langage.

Les briques de base d'UML

La terminologie d'UML inclut trois sortes de briques :

- des éléments,
- des relations,
- des diagrammes.

Les éléments sont les abstractions essentielles à un modèle. Les relations constituent les liens entre ces éléments et les diagrammes les regroupent en des ensembles dignes d'intérêt.

Éléments d'UML

Il existe quatre types d'éléments dans UML :

- les éléments structurels,
- les éléments comportementaux,
- les éléments de regroupement,
- les éléments d'annotation.

Ces éléments constituent les briques de base du langage orienté objet qu'est UML et servent à concevoir correctement les modèles.

Éléments structurels

Les *éléments structurels* sont représentés par des noms dans les modèles UML. Ce sont les parties les plus statiques d'un modèle : ils représentent des éléments conceptuels ou physiques. Au total, il existe sept types d'éléments structurels.

Les classes sont traitées aux chapitres 4 et 9.

1. Une *classe* représente un ensemble d'éléments qui partagent les mêmes attributs, les mêmes opérations, les mêmes relations et les mêmes sémantiques. Une classe implémente une ou plusieurs interfaces. Comme le montre la

figure 2-1, une classe est représentée par un rectangle, qui, en règle générale, contient son nom, ses attributs et ses opérations.

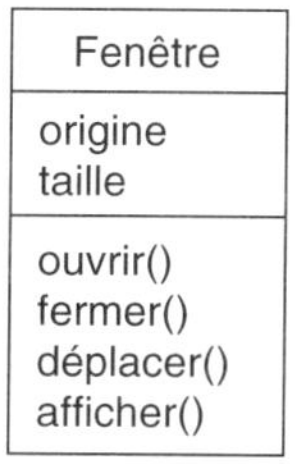

Figure 2-1 : *Classes*

Les interfaces sont traitées au chapitre 11.

2. Une *interface* est un ensemble d'opérations qui définissent la fonction d'une classe ou d'un composant. Par conséquent, une interface décrit le comportement apparent de cet élément. Elle peut représenter totalement ou partiellement le comportement d'une classe ou d'un composant et définit les spécifications des opérations (c'est-à-dire leur signature), mais jamais leur implémentation. Une interface est représentée par un cercle et son nom. Il est rare qu'une interface soit isolée ; elle est généralement liée à la classe ou au composant qui réalise l'interface.

Figure 2-2 : *Interfaces*

Les collaborations sont traitées au chapitre 27.

3. Une *collaboration* définit une interaction et constitue une société de rôles et de divers éléments qui travaillent ensemble pour fournir un comportement coopératif, qui présente une utilité supérieure à la somme de toutes ses parties. Par conséquent, les collaborations possèdent une dimension structurelle et comportementale. Une classe donnée peut participer à plusieurs collaborations. Ces collaborations représentent donc l'implémentation des parties qui structurent un système. Comme le montre la figure 2-3, une collaboration est représentée par une ellipse en pointillés qui, en règle générale, contient seulement son nom.

Figure 2-3 : *Collaborations*

Les cas d'utilisation sont traités au chapitre 16.

4. Un *cas d'utilisation* est la description d'une séquence d'actions exécutées par un système, pour produire un résultat qui peut être constaté par un acteur particulier. Il sert à structurer les éléments comportementaux d'un modèle et est réalisé par une collaboration. Comme le montre la figure 2-4, un cas d'utilisation est représenté par une ellipse en trait plein qui, en règle générale, contient seulement son nom.

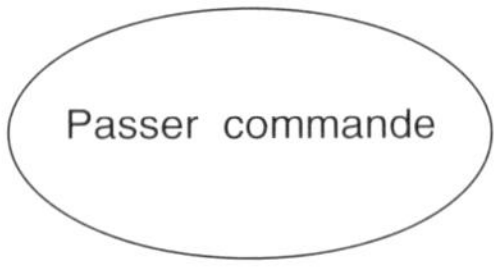

Figure 2-4 : *Cas d'utilisation*

Les trois éléments restants – les classes actives, les composants et les nœuds – ressemblent aux classes, en ce sens qu'ils décrivent également un ensemble d'éléments qui partagent les mêmes attributs, les mêmes opérations, les mêmes relations et la même sémantique. Cependant, chacun de ces trois éléments est nécessaire et suffisamment différent, pour modéliser certains aspects d'un système orienté objet, garantissant ainsi un traitement spécial.

Les classes actives sont traitées au chapitre 22.

5. Une *classe active* est une classe dont les objets possèdent un ou plusieurs processus ou threads et qui peut donc lancer une activité de commande. Elle ressemble à une classe à ceci près que ses objets représentent des éléments dont le comportement est concurrent à celui d'autres éléments. Comme le montre la figure 2-5, une classe active est représentée comme une classe, mais avec un trait épais ; en règle générale, son nom, ses attributs et ses opérations sont indiqués.

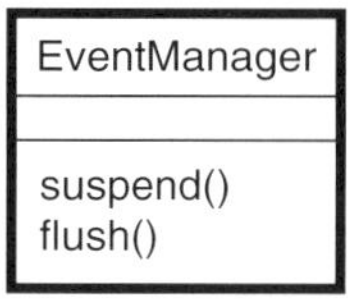

Figure 2-5 : *Classes actives*

Les deux éléments restants – composant et nœud – sont encore différents. Ils représentent des éléments physiques, alors que les cinq éléments précédents représentent des éléments conceptuels ou logiques.

Les composants sont traités au chapitre 24.

6. Un *composant* est une partie physique remplaçable d'un système, qui se conforme à un ensemble d'interfaces et en permet la réalisation. Dans un système, il existe différents types de composants de déploiement, tels que les composants COM+ ou Java Beans, ainsi que les composants qui constituent des artefacts du processus de développement, tels que les fichiers de code source. Généralement, un composant représente l'enveloppe physique d'éléments de nature logique, comme des classes, des interfaces ou des collaborations. Comme le montre la figure 2-6, un composant est représenté par un rectangle à onglets qui, en règle générale, contient seulement son nom.

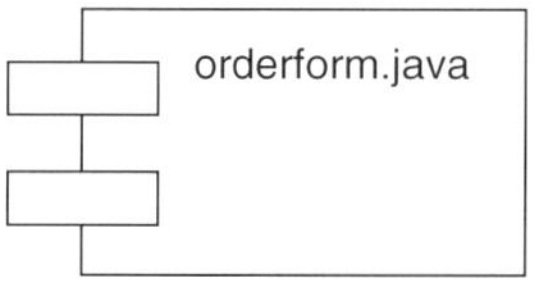

Figure 2-6 : *Composants*

Les nœuds sont traités au chapitre 26.

7. Un *nœud* est un élément physique qui intervient lors de la phase d'exécution ; il représente une ressource de calcul et dispose généralement au moins d'un peu de mémoire et souvent d'une capacité de traitement. Un ensemble de composants peut résider sur un nœud mais peut également se déplacer d'un nœud à l'autre. Comme le montre la figure 2-7, un nœud est représenté par un cube qui, en règle générale, contient seulement son nom.

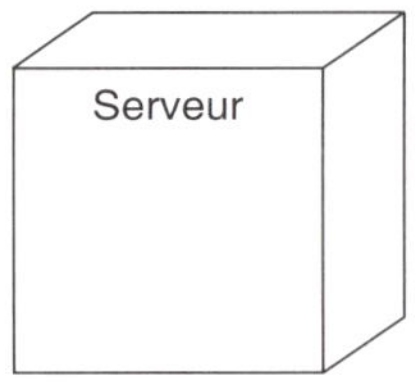

Figure 2-7 : *Nœuds*

Ces sept éléments — classes, interfaces, collaborations, cas d'utilisation, classes actives, composants et nœuds — constituent les éléments structurels de base qui peuvent être inclus dans un modèle UML. Il existe également des variations de ces sept éléments, comme les acteurs, les signaux, les utilitaires (sortes de classes), les processus et les threads (sortes de classes actives), les applications, les documents, les fichiers, les bibliothèques, les pages et les tables (sortes de composants).

Les cas d'utilisation, utilisés pour structurer les éléments comportementaux dans un modèle, sont traités au chapitre 16, les interactions au chapitre 15.

Éléments comportementaux

Les *éléments comportementaux* représentent les parties dynamiques des modèles UML. Ce sont les verbes du modèle et ils représentent son comportement dans le temps et dans l'espace. Il existe deux types fondamentaux d'éléments comportementaux.

Tout d'abord, une *interaction* est un comportement qui comprend un ensemble de messages échangés au sein d'un groupe d'éléments, dans un contexte particulier, pour atteindre un but bien défini. Le comportement d'un ensemble d'objets ou celui d'une opération individuelle peut être précisé par une interaction. Cette dernière implique un certain nombre d'autres éléments, y compris des messages, des séquences d'actions (comportement induit par un message) et des liens (relation entre des éléments). Comme le montre la figure 2-8, un message est représenté par une ligne fléchée, qui indique presque toujours le nom de son opération.

Figure 2-8 : *Messages*

Les automates à états finis sont traités au chapitre 21.

Ensuite, un *automate à états finis* est un comportement qui précise les séquences d'états d'un élément ou d'une interaction au cours de leur durée de vie, en réponse à des événements, ainsi que leurs réactions à ces événements. Le comportement d'une classe seule ou d'une collaboration de classes peut être précisé par un automate à états finis qui implique un certain nombre d'autres éléments, y compris des états, des transitions (flot d'un état à un autre), des événements (à l'origine d'une transition) et des activités (réponses à une transition). Comme le montre la figure 2-9, un état est représenté par un rectangle aux angles arrondis, qui contient généralement son nom et, s'ils existent, ses sous-états.

Figure 2-9 : *États*

Ces deux éléments – interactions et automates à états – constituent les éléments comportementaux de base qui peuvent être inclus dans un modèle UML. Sur le plan sémantique, ces éléments sont habituellement liés à divers éléments structurels, essentiellement des classes, des collaborations et des objets.

Éléments de regroupement

Les *éléments de regroupement* représentent les parties organisationnelles des modèles UML. Ce sont les boîtes dans lesquelles un modèle peut être décomposé. Il existe un seul type fondamental d'éléments de regroupement : les « paquetages ».

Les paquetages sont traités au chapitre 12.

Un *paquetage* est un mécanisme général qui permet de regrouper des éléments. Des éléments structurels, des éléments comportementaux et même d'autres éléments de regroupement peuvent être rangés dans un paquetage. À la différence des composants (qui existent lors de la phase d'exécution), un paquetage est purement conceptuel (il existe seulement lors de la phase de développement). Comme le montre la figure 2-10, un paquetage est représenté par un dossier étiqueté ; en règle générale, il contient seulement son nom, mais parfois son contenu.

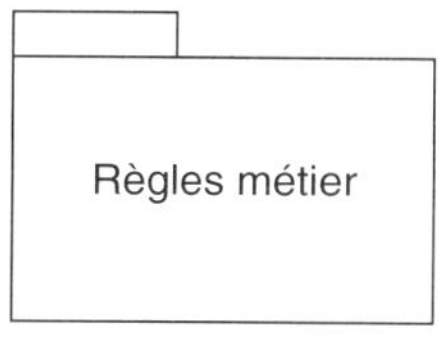

Figure 2-10 : *Paquetages*

Les paquetages constituent les éléments de regroupement fondamentaux grâce auxquels il est possible d'organiser un modèle UML. Il existe également des variations, telles que les frameworks, les modèles et les sous-systèmes (sortes de paquetages).

Les notes sont traitées au chapitre 6.

Éléments d'annotation

Les *éléments d'annotation* représentent les parties explicatives des modèles UML. Ce sont les commentaires qui peuvent accompagner tout élément dans un modèle, à des fins de description, d'explication et de remarque. Il existe un type fondamental d'éléments d'annotation, appelé " note ". Une *note* est simplement un symbole utilisé pour représenter les contraintes et les commentaires rattachés à un élément ou à un ensemble d'éléments. Comme le montre la figure 2-11, une note est représentée par un rectangle écorné qui contient un commentaire textuel ou graphique.

Figure 2-11 : *Notes*

En général, les notes sont utilisées pour décorer les diagrammes des contraintes ou des commentaires qu'il est préférable d'exprimer sous forme de texte formel ou informel. Il existe également des variations pour cet élément, comme les exigences (qui précisent un comportement attendu, tel qu'il est envisagé depuis l'extérieur du modèle).

Relations dans UML

Il existe quatre types de relations dans UML :

- la dépendance,
- l'association,
- la généralisation,
- la réalisation.

Ces relations constituent les briques de base relationnelles d'UML et sont utilisées pour concevoir correctement les modèles.

Les dépendances sont traitées aux chapitres 5 et 10.

Une *dépendance* est une relation sémantique entre deux éléments selon laquelle un changement apporté à l'un (élément indépendant) peut affecter la sémantique de l'autre (élément dépendant). Comme le montre la figure 2-12, une dépendance est représentée par une ligne en pointillés qui peut être fléchée ; elle comprend parfois une étiquette.

Figure 2-12 : *Dépendances*

Les associations sont traitées aux chapitres 5 et 10.

Une *association* est une relation structurelle qui décrit un ensemble de liens, un lien constituant une relation entre différents objets. L'agrégation est un type particulier d'association, qui représente une relation structurelle entre un tout et ses parties. Comme le montre la figure 2-13, une association est représentée par une ligne qui peut être fléchée ; elle comprend parfois une étiquette et souvent d'autres décorations, comme la multiplicité et les noms de rôles.

Figure 2-13 : *Associations*

Les généralisations sont traitées aux chapitres 5 et 10.

Une *généralisation* est une relation de spécialisation/généralisation selon laquelle les attributs de l'élément spécialisé (l'enfant) peuvent se substituer aux attributs de l'élément généralisé (le parent). De cette manière, l'enfant partage la structure et le comportement du parent. Comme le montre la figure 2-14, une relation de généralisation est représentée par une flèche dont le trait est plein et dont la pointe creuse est dirigée vers le parent.

Figure 2-14 : *Généralisations*

Les réalisations sont traitées au chapitre 10.

Une *réalisation* est une relation sémantique entre classificateurs, selon laquelle un classificateur spécifie un contrat dont l'exécution est garantie par un autre classificateur. Les relations de réalisation apparaissent à deux occasions : entre les interfaces et les classes ou les composants qui les réalisent et entre les cas d'utilisation et les collaborations qui les réalisent. Comme le montre la figure 2-15, une relation de réalisation est représentée par le mélange d'une généralisation et d'une relation de dépendance.

Figure 2-15 : *Réalisations*

Ces quatre éléments constituent les éléments relationnels de base qui peuvent être inclus dans un modèle UML. Il existe également des variations, comme le raffinement, la trace, l'inclusion et l'extension (pour les dépendances).

Les cinq vues d'une architecture sont abordées dans la partie suivante.

Diagrammes dans UML

Un *diagramme* est la représentation graphique d'un ensemble d'éléments qui constituent un système. La plupart du temps, il se présente sous la forme d'un graphe connexe où les sommets correspondent aux éléments et les arcs aux relations. Les diagrammes servent à visualiser un système sous différentes perspectives et sont donc des projections dans un système. Pour les systèmes complexes, un diagramme ne représente qu'une vue partielle des éléments qui composent ces systèmes. Un même élément peut apparaître sur tous les diagrammes, sur quelques diagrammes seulement (cas le plus fréquent) mais peut aussi n'apparaître sur aucun diagramme (ce qui reste très rare). En théorie, un diagramme peut contenir n'importe quelle combinaison d'éléments et de relations. Cependant, en pratique, seul un petit nombre de combinaisons fréquentes se répètent. Ces combinaisons correspondent aux cinq vues les plus utiles, qui englobent toute l'architecture d'un système à forte composante logicielle.

C'est la raison pour laquelle UML comprend neuf de ces diagrammes :

- le diagramme de classes,
- le diagramme d'objets,
- le diagramme de cas d'utilisation,
- le diagramme de séquence,
- le diagramme de collaboration,
- le diagramme d'états-transitions,
- le diagramme d'activités,
- le diagramme de composants,
- le diagramme de déploiement.

Les diagrammes de classes sont traités au chapitre 8.

Les *diagrammes de classes* représentent un ensemble de classes, d'interfaces et de collaborations, ainsi que leurs relations. Ce sont les diagrammes les plus fréquents dans la modélisation des systèmes orientés objet. Ils présentent la vue de conception statique d'un système. Les diagrammes de classes qui comprennent des classes actives présentent la vue de processus statique d'un système.

Les diagrammes d'objets sont traités au chapitre 14.

Les *diagrammes d'objets* représentent un ensemble d'objets et leurs relations. Ce sont des vues statiques des instances des éléments qui apparaissent dans les diagrammes de classes. Ils présentent la vue de conception ou la vue de processus statique d'un système, exactement comme les diagrammes de classes, mais à partir de cas réels ou de prototypes.

Les diagrammes de cas d'utilisation sont traités au chapitre 17.

Les *diagrammes de cas d'utilisation* représentent un ensemble de cas d'utilisation et d'acteurs (sortes de classes particulières) et leurs relations. Ils présentent la vue statique des cas d'utilisation d'un système et sont particulièrement importants dans l'organisation et la modélisation des comportements d'un système.

Les diagrammes d'interaction sont traités au chapitre 18.

Les diagrammes de séquence et les diagrammes de collaboration sont deux types de diagrammes d'interaction. Les *diagrammes d'interaction* représentent une interaction, c'est-à-dire un ensemble d'objets et leurs relations, y compris les messages qu'ils peuvent s'échanger. Ils présentent la vue dynamique d'un système. Les *diagrammes de séquence* sont des diagrammes d'interaction qui mettent l'accent sur le classement chronologique des messages alors que les *diagrammes de collaboration* sont des diagrammes d'interaction qui mettent l'accent sur l'organisation structurelle des objets qui envoient et reçoivent des messages. Les diagrammes de séquence et les diagrammes de collaboration sont isomorphes, c'est-à-dire que l'un peut être transformé en l'autre.

Les diagrammes d'états-transitions sont traités au chapitre 24.

Les *diagramme d'états-transitions* sont des automates à états finis, composés d'états, de transitions, d'événements et d'activités. Ils présentent la vue dynamique d'un système, sont particulièrement importants dans la modélisation du comportement d'une interface, d'une classe ou d'une collaboration et mettent l'accent sur le comportement d'un objet ordonnancé par les événements, ce qui est particulièrement utile dans la modélisation des systèmes réactifs.

Les diagrammes d'activités sont traités au chapitre 19.

Les *diagrammes d'activités* sont un type particulier de *diagramme d'états-transitions* qui décrit la succession des activités au sein d'un système. Ils présentent la vue dynamique d'un système ; ils sont particulièrement importants dans la modélisation de la fonction d'un système et mettent l'accent sur le flot de contrôle entre les objets.

Les diagrammes de composants sont traités au chapitre 29.

Les *diagrammes de composants* représentent l'organisation et les dépendances au sein d'un ensemble de composants. Ils présentent la vue d'implémentation statique d'un système et sont liés aux diagrammes de classe dans le sens où un composant correspond généralement à une ou plusieurs classes, interfaces ou collaborations.

Les diagrammes de déploiement sont traités au chapitre 30.

Les *diagrammes de déploiement* représentent la configuration des nœuds de processus en phase d'exécution ainsi que les composants qui y résident. Ils présentent la vue de déploiement statique d'une architecture et sont liés aux diagrammes de composants, dans le sens où un nœud renferme généralement un ou plusieurs composants.

Cette liste n'est pas exhaustive. Des outils peuvent utiliser UML pour produire d'autres sortes de diagrammes, même si les neufs sortes précédemment citées sont les plus fréquemment utilisées.

Les règles d'UML

Les briques de base d'UML ne peuvent être assemblées au hasard. Comme tout langage, UML possède un certain nombre de règles qui précisent à quoi doit ressembler un modèle correctement mis en forme. Un *modèle correctement mis en forme* est un modèle sémantiquement cohérent et en harmonie avec tous les modèles qui s'y rapportent.

UML possède des règles sémantiques pour :

- les noms — la manière de désigner les éléments, les relations et les diagrammes ;
- le contexte — l'environnement qui donne une signification bien précise à un nom ;
- la visibilité — la manière dont ces noms peuvent être vus et utilisés par d'autres ;
- l'intégrité — la manière dont les objets établissent des relations correctes et cohérentes entre eux ;
- l'exécution — les conséquences de l'exécution ou de la simulation d'un modèle dynamique.

Les modèles construits au cours du développement d'un système à forte composante logicielle ont tendance à évoluer et peuvent être utilisés par de nombreux intervenants selon des approches et à des moments différents. C'est la raison pour laquelle il est courant que l'équipe de développement construise non seulement des modèles correctement mis en forme, mais parfois également des modèles :

- partiels — afin de simplifier la représentation graphique, certains éléments sont cachés ;
- incomplets — il manque certains éléments ;
- incohérents — l'intégrité du modèle n'est pas garantie.

Ces modèles imparfaits sont inévitables car les détails d'un système se précisent et se combinent tout au long du cycle de développement logiciel. Les règles d'UML encouragent – mais n'obligent pas – à répondre aux principales questions d'analyse, de conception et d'implémentation qui permettent à ces modèles d'acquérir peu à peu une forme correcte.

Mécanismes généraux d'UML

Une construction est plus simple et plus harmonieuse si elle se conforme à un ensemble de caractéristiques communes. Une maison peut être construite dans le style victorien ou alsacien, essentiellement si l'on s'inspire de certains modèles architecturaux qui définissent ces styles. C'est la même chose pour UML. Quatre mécanismes généraux, qui s'appliquent de manière cohérente à l'ensemble du langage, le rendent plus simple à utiliser :

- les spécifications,
- les décorations,
- les distinctions communes,
- les mécanismes d'extensibilité.

Spécifications

UML est plus qu'un simple langage graphique. En fait, derrière chaque élément de sa notation graphique, il existe une spécification qui fournit un énoncé textuel de la syntaxe et de la sémantique de cette brique de base. Par exemple, derrière une icone de classe se trouve une spécification qui précise l'ensemble des attributs, des opérations (y compris leurs signatures complètes) et des comportements mobilisés par cette classe. Du point de vue graphique, cette icone de classe peut ne montrer qu'une partie réduite de cette spécification. De plus, une autre vue de cette classe peut préciser un ensemble d'éléments complètement différents, de manière pourtant cohérente avec la spécification sous-jacente de cette classe. La notation graphique d'UML sert à représenter un système tandis que sa spécification sert à définir les détails de ce système. Étant donné cette diversité, il est possible de construire un modèle de manière incrémentale, en dessinant des diagrammes puis en ajoutant une sémantique aux spécifications du modèle. On peut également le construire directement, en créant une spécification, le cas échéant par rétro-ingénierie d'un système existant, puis en créant des diagrammes qui constituent des projections au sein de ces spécifications.

Les spécifications d'UML fournissent une base sémantique qui renferme toutes les parties de tous les modèles d'un système, ces parties étant en relation les unes avec les autres de manière cohérente. Les diagrammes d'UML sont donc de simples projections visuelles dans cette base, puisque chaque diagramme révèle un aspect bien précis et digne d'intérêt du système.

Les notes et autres décorations sont traitées au chapitre 6.

Décorations

La plupart des éléments d'UML possèdent une notation graphique unique et directe qui fournit une représentation visuelle des aspects les plus importants de ces éléments. Ainsi, la notation d'une classe est facile à dessiner parce que les classes représentent l'élément le plus fréquemment rencontré dans la modélisation des systèmes orientés objet. La notation d'une classe indique également les aspects les plus importants de cette classe, à savoir son nom, ses attributs et ses opérations.

La notation d'une classe peut inclure d'autres informations, comme la visibilité de ses attributs et de ses opérations ou encore indiquer si elle est abstraite ou non. La plupart de ces informations peuvent être représentées par des décorations graphiques ou textuelles ajoutées au rectangle de base de la classe. Par exemple, la figure 2-16 montre une classe décorée pour indiquer qu'il s'agit d'une classe abstraite qui comporte deux opérations publiques, une opération protégée et une opération privée.

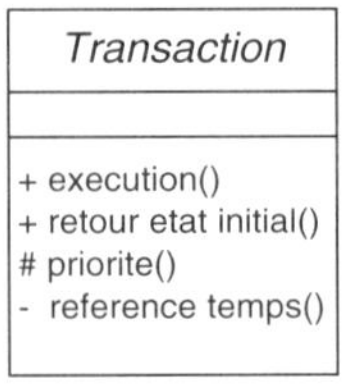

Figure 2-16 : *Décorations*

Chaque élément de la notation UML commence par un symbole de base, sur lequel différentes décorations, propres à ce symbole, viennent se greffer.

Distinctions communes

Dans la modélisation des systèmes orientés objet, on opère, le plus souvent, au moins deux distinctions fondamentales.

Les objets sont traités au chapitre 13.

Tout d'abord, il y a la distinction entre classe et objet. Une classe est une abstraction alors qu'un objet est la manifestation concrète de cette abstraction. Comme le montre la figure 2-17, en UML on peut modéliser aussi bien les classes que les objets.

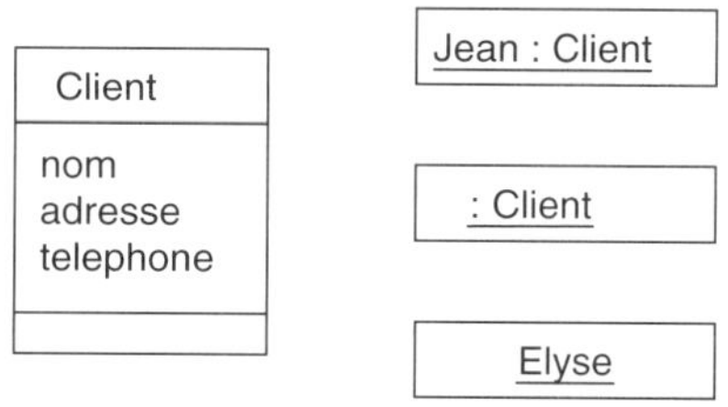

Figure 2-17 : *Classes et objets*

Cette figure montre une classe, appelée `Client`, et trois objets : `Jean` (qui est explicitement marqué objet `Client`), `:Client` (un objet `Client` anonyme) et `Elyse` (dont la spécification indique qu'elle est un objet `Client`, bien que cela ne soit pas explicite ici).

En UML, presque toutes les briques de base présentent le même type de dichotomie classe/objet. Par exemple, il est possible de rencontrer des cas d'utilisation et des instances de cas d'utilisation, des composants et des instances de composants, des nœuds et des instances de nœuds, etc. En UML, on distingue un objet en soulignant son nom et en utilisant le même symbole que pour sa classe.

Les interfaces sont traitées au chapitre 11.

Ensuite, interface et implémentation sont séparées. Une interface définit un contrat et l'implémentation représente la réalisation concrète de ce contrat, respectant fidèlement la sémantique complète de l'interface. Comme le montre la figure 2-18, en UML, on peut modéliser aussi bien les interfaces que leurs implémentations.

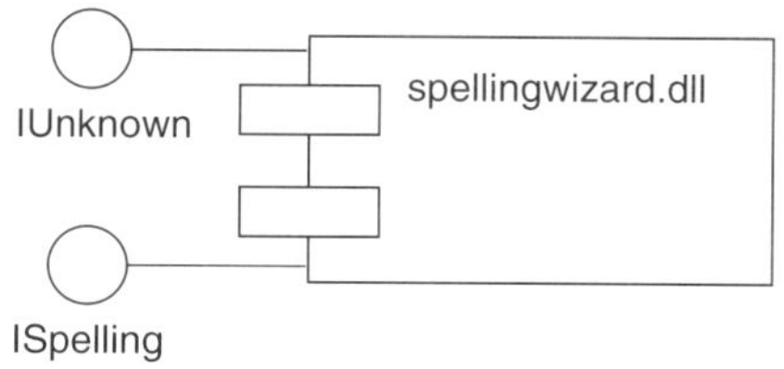

Figure 2-18 : *Interfaces et implémentations*

Cette figure représente un composant dénommé `spellingwizard.dll` qui implémente deux interfaces, `IUnknown` et `ISpelling`.

Dans UML, presque toutes les briques présentent le même type de dichotomie interface/implémentation. Par exemple, il est possible de rencontrer des cas d'utilisation et les collaborations qui les réalisent, ainsi que des opérations et les méthodes qui les implémentent.

Les mécanismes d'extensibilité d'UML sont traités au chapitre 6.

Mécanismes d'extensibilité

UML fournit un langage standard pour écrire le plan d'élaboration et de construction de logiciels. Cependant, un langage fermé ne saurait suffire pour exprimer à lui seul toutes les nuances possibles de n'importe quel modèle dans n'importe quel domaine et à n'importe quel moment. C'est pourquoi, UML est un langage ouvert, qui peut être élargi de manière bien précise. Les mécanismes d'extensibilité d'UML incluent :

- les stéréotypes,
- les étiquettes (tagged values),
- les contraintes.

Un *stéréotype* élargit le vocabulaire d'UML, car il permet de créer de nouvelles sortes de briques de base qui dérivent de celles qui existent mais qui sont adaptées à un problème donné. Par exemple, lors d'un travail dans un langage de programmation, tel que Java ou C++, il est souvent souhaitable de modéliser des exceptions. Dans ces langages, les exceptions ne sont que des classes, même si elles sont traitées de manière très particulière. En règle générale, il est préférable de leur permettre simplement d'être lancées et attrapées, et rien de plus. Il est possible de faire de ces exceptions des éléments importants des modèles – ce qui signifie qu'elles sont traitées comme des briques de base – en les marquant avec un stéréotype approprié, comme c'est le cas pour la classe `Overflow` présentée à la figure 2-19.

Une *étiquette (tagged value)* élargit les propriétés d'une brique de base UML, permettant ainsi la création de nouvelles informations dans la spécification de cet élément. Par exemple, dans le cas d'un travail sur un produit emballé sous film plastique qui connaît de nombreuses améliorations avec le temps, il est souvent souhaitable de déterminer la version et l'auteur de certaines abstractions fondamentales. Version et auteur ne font pas partie des concepts UML de base et peuvent être ajoutés à n'importe quelle brique de base, comme une classe, par l'introduction de nouvelles étiquettes pour cette brique. Sur la figure 2-19, par exemple, la classe `QueueEvenements` est élargie car sa version et son auteur sont clairement indiqués.

Une *contrainte* élargit la sémantique d'une brique de base UML, permettant ainsi l'introduction de nouvelles règles ou la modification des règles existantes. Par exemple, il peut être souhaitable de contraindre la classe `QueueEvenements` de façon que toutes les additions soient faites dans l'ordre. Comme le montre la figure 2-19, il est possible d'ajouter une contrainte qui indique clairement ces règles pour l'opération `add`.

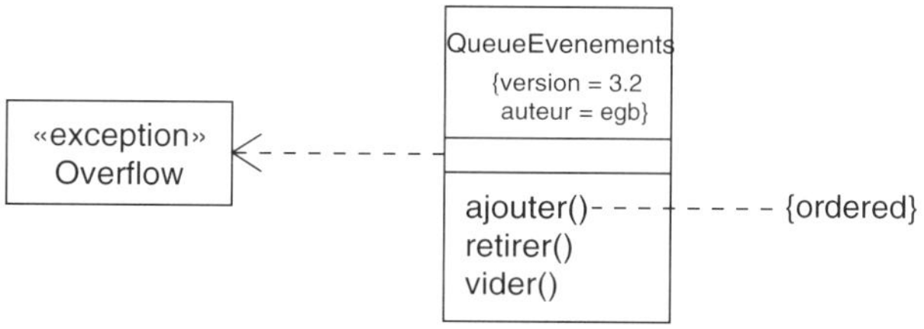

Figure 2-19 : *Mécanismes d'extensibilité*

Ensemble, ces trois mécanismes d'extensibilité permettent d'adapter et de compléter UML, pour répondre aux besoins d'un projet particulier. Ils autorisent également l'adaptation d'UML à de nouvelles technologies logicielles, telles que des langages de programmation plus puissants. Il est possible d'ajouter de nouvelles briques de base, de modifier la spécification de celles qui existent déjà et même de changer leur sémantique. Bien entendu, il est important que cela soit fait de manière bien précise pour qu'à travers ces extensions, l'objectif d'UML — la communication des informations — ne s'en trouve pas dénaturé.

Architecture

La nécessité d'envisager les systèmes complexes sous différentes perspectives est abordée au chapitre 1.

La représentation, la spécification, la construction et la documentation d'un système à forte composante logicielle exigent que le système soit envisagé sous plusieurs perspectives. Les différents intervenants — utilisateurs finals, analystes, développeurs, intégrateurs de système, testeurs, rédacteurs techniques et chefs de projet — ont chacun des besoins distincts pour un même projet et tous, au cours de la vie du projet, envisagent ce système sous des approches et à des moments différents. L'architecture d'un système est peut-être l'artefact le plus important qui puisse être utilisé pour gérer ces différents points de vue et, ainsi, diriger le développement itératif et incrémental d'un système tout au long de son cycle de vie.

L'architecture est l'ensemble des décisions fondamentales en matière :

- d'organisation d'un système logiciel,
- de choix des éléments structurels qui composent le système et de leurs interfaces,
- de comportement de ces éléments structurels, tel qu'il est spécifié dans leurs collaborations,

- de composition de ces éléments structurels et comportementaux en des sous-systèmes progressivement plus vastes,
- de style architectural qui guide cette organisation : les éléments statiques et dynamiques ainsi que leurs interfaces, leurs collaborations et leur composition.

L'architecture logicielle s'intéresse non seulement à la structure et au comportement, mais également à des contraintes et à des compromis d'utilisation, de fonctionnalité, de performances, d'adaptabilité, de réutilisation, d'intelligibilité, d'économie et de technologie, sans oublier les questions d'esthétique.

La modélisation de l'architecture d'un système est abordée au chapitre 31.

Comme le montre la figure 2-20, l'architecture d'un système à forte composante logicielle peut être mieux décrite par cinq vues imbriquées. Chaque vue est une projection dans l'organisation et la structure du système, qui s'intéresse à un aspect particulier de ce système.

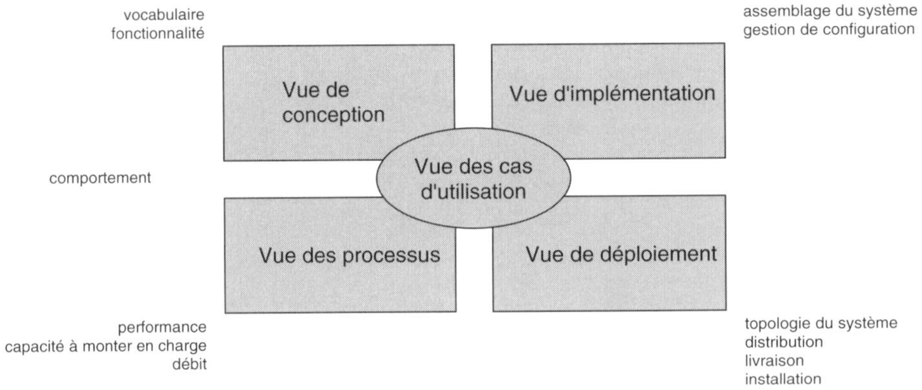

Figure 2-20 : *Modélisation de l'architecture d'un système*

La *vue des cas d'utilisation* d'un système englobe les cas d'utilisation qui décrivent le comportement de ce système, tel qu'il est appréhendé par ses utilisateurs finals, ses analystes et ses testeurs. Cette vue ne précise pas vraiment l'organisation d'un système logiciel, elle sert en fait à montrer les forces qui façonnent l'architecture du système. UML représente les aspects statiques de cette perspective à l'aide des diagrammes de cas d'utilisation. Les aspects dynamiques sont représentés à l'aide des diagrammes d'interaction, des diagrammes d'états-transitions et des diagrammes d'activités.

La *vue de conception* d'un système englobe les classes, les interfaces et les collaborations qui forment le vocabulaire du problème et de sa solution. Cette vue représente essentiellement les besoins fonctionnels du système, c'est-à-dire les services que ce système doit fournir à ses utilisateurs finals. UML représente les aspects statiques de cette vue à l'aide des diagrammes de classe et des diagrammes d'objets ; les aspects dynamiques sont représentés à l'aide des diagrammes d'interaction, des diagrammes d'états-transitions et des diagrammes d'activités.

La *vue des processus* d'un système englobe les threads et les processus qui forment les mécanismes de concurrence et de synchronisation du système. Cette vue vise essentiellement les performances, la capacité à monter en charge et le débit du système. UML représente les aspects statiques et dynamiques de cette vue à l'aide des mêmes sortes de diagrammes que pour la vue de conception en mettant l'accent sur les classes actives qui représentent ces threads et ces processus.

La *vue d'implémentation* d'un système englobe les composants et les fichiers utilisés pour assembler et produire le système physique. Cette vue représente essentiellement la gestion de la configuration des versions d'un système, constituées de composants et de fichiers quelque peu indépendants qui peuvent être assemblés de différentes manières pour produire un système exécutable. UML représente les aspects statiques de cette vue à l'aide des diagrammes de composants. Les aspects dynamiques sont représentés à l'aide des diagrammes d'interaction, des diagrammes d'états-transitions et des diagrammes d'activités.

La *vue de déploiement* d'un système englobe les nœuds qui forment la topologie matérielle du système sur lequel le système est exécuté. Cette vue représente essentiellement la distribution, la livraison et l'installation des parties qui constituent le système physique. UML représente les aspects statiques de cette vue à l'aide des diagrammes de déploiement. Les aspects dynamiques sont représentés à l'aide des diagrammes d'interaction, des diagrammes d'états-transitions et des diagrammes d'activités.

Ces cinq vues sont indépendantes les unes des autres, ce qui permet aux différents intervenants de se concentrer sur les problèmes de l'architecture du système qui les concernent le plus. Elles interagissent également entre elles — les nœuds de la vue de déploiement comprennent des composants de la vue d'implémentation, qui, à leur tour, correspondent à la réalisation physique de classes, d'interfaces, de collaborations et de classes actives dans les vues de conception et de processus. UML permet de représenter chacune de ces cinq vues ainsi que leurs interactions.

Cycle de développement logiciel

Le Rational Unified Process est résumé dans l'annexe C. Ce processus est abordé de manière plus détaillée dans l'ouvrage intitulé Introduction au Rational Unified Process *de Ph. Kruchten (Éditions Eyrolles).*

UML est indépendant des processus utilisés, ce qui signifie qu'il n'est pas lié à un cycle de développement logiciel particulier. Cependant, pour exploiter UML au maximum, il faut envisager un processus qui soit :

- fondé sur les cas d'utilisation,
- centré sur l'architecture,
- itératif et incrémental.

Un processus *fondé sur les cas d'utilisation* signifie que les cas d'utilisation sont utilisés comme artefacts de base pour définir le comportement attendu du système, pour vérifier et valider l'architecture du système, pour faire des tests et pour permettre à tous les intervenants du projet de communiquer.

Un processus *centré sur l'architecture* signifie que l'architecture d'un système est utilisée comme artefact de base dans la conceptualisation, la construction, la gestion et l'évolution du système en cours de développement.

Un *processus itératif* implique la gestion d'une succession de versions exécutables. Un *processus incrémental* signifie que l'architecture du système est constamment améliorée, pour produire ces nouvelles versions qui apportent toutes des améliorations incrémentales par rapport à la précédente. Un processus à la fois itératif et incrémental est *centré sur les risques* : chaque nouvelle version se concentre sur la prise en charge et la réduction des risques les plus importants qui pourraient menacer la réussite du projet.

Ce processus fondé sur les cas d'utilisation, centré sur l'architecture, et itératif/incrémental peut être divisé en plusieurs phases. Une *phase* est le laps de temps qui s'écoule entre deux étapes déterminantes du processus, quand un ensemble bien défini d'objectifs est atteint, quand les artefacts sont terminés et quand la décision de passer ou non à la phase suivante est prise. Comme le montre la figure 2-21, le cycle de vie du développement logiciel comporte quatre phases : la création, l'élaboration, la construction et la transition. Le diagramme qui suit décompose le workflow en fonction de ces phases et montre la variation de leur degré d'importance dans le temps.

La *création* est la première phase du processus. Elle intervient quand l'idée du développement a germé au point d'être – au moins mentalement – suffisamment fondée pour garantir le passage à la phase d'élaboration.

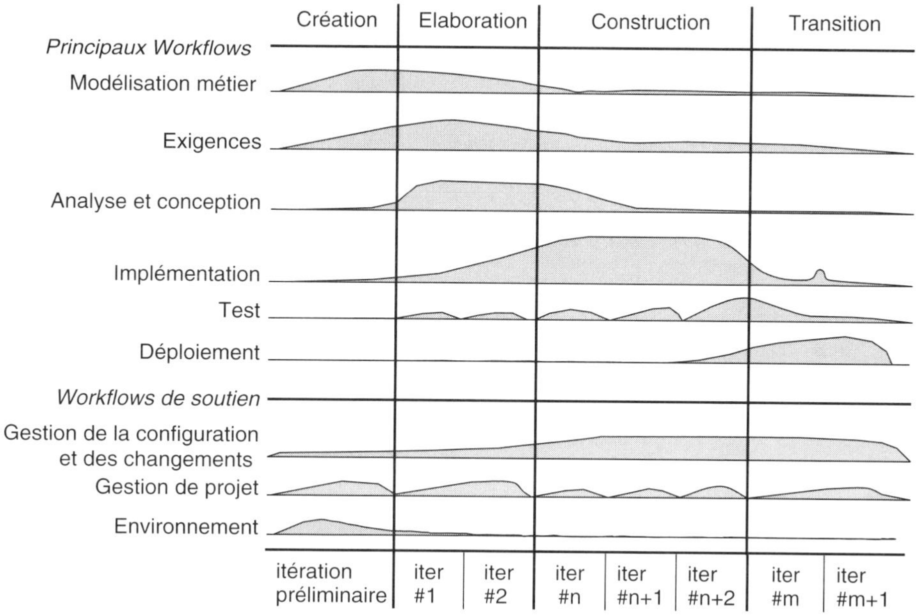

Figure 2-21 : *Cycle de développement logiciel*

L'*élaboration* est la deuxième phase du processus. Elle intervient pour définir le projet de produit et son architecture. Au cours de cette étape, les besoins du système sont organisés, classés par ordre de priorité et définis dans les grandes lignes. Les besoins d'un système peuvent aller des affirmations d'ordre général à des critères d'évaluation précis, chaque critère définissant un comportement particulier, fonctionnel ou non, et fournissant une base de test.

La *construction* est la troisième phase du processus. Elle intervient quand le logiciel évolue d'une base architecturale exécutable vers un système prêt à être mis à la disposition de la communauté des utilisateurs. Là encore, les besoins du système, et plus particulièrement ses critères d'évaluation, sont constamment réexaminés en fonction des besoins du marché, et des ressources sont allouées en conséquence pour pallier activement les risques qui pourraient menacer le projet.

La *transition* est la quatrième phase du processus. Elle intervient quand les utilisateurs sont en mesure de se servir du logiciel. Le processus de développement logiciel s'arrête rarement à ce niveau, car même au cours de cette phase, le système est constamment amélioré, les bogues sont progressivement éliminés et des caractéristiques qui n'apparaissaient pas dans une version précédente sont ajoutées.

Un élément qui distingue ce processus et qui appartient à ces quatre phases s'appelle une itération. Une *itération* est un ensemble distinct d'activités accompagné d'un programme fondamental et de critères d'évaluation qui donnent naissance à une version, qu'elle soit interne ou externe. Cela signifie que le cycle de développement logiciel peut être défini comme impliquant une succession continue de versions exécutables issues de l'architecture du système. C'est cette importance donnée à l'architecture en tant qu'artefact qui conduit UML à se concentrer sur la modélisation des différentes vues de l'architecture d'un système.

Chapitre 3

HELLO, WORLD !

Dans ce chapitre :

- Classes et composants
- Modèles statiques et modèles dynamiques
- Relations entre modèles
- Extension d'UML

Brian Kernighan et Dennis Ritchie, les auteurs de C, font remarquer que la " seule façon d'apprendre un nouveau langage de programmation est de l'utiliser pour écrire des logiciels ". Il en va de même avec UML : le seul moyen d'apprendre cette notation est d'y avoir recours pour écrire des modèles.

Le premier programme que de nombreux développeurs écrivent avec un nouveau langage de programmation est simple et n'implique rien d'autre que l'affichage de la chaîne de caractères " Hello, World ! ". C'est un bon point de départ, car maîtriser cette application simple apporte une gratification immédiate et permet de découvrir toutes les structures nécessaires pour exécuter un programme.

C'est ici que l'apprentissage d'UML commence. La modélisation du programme " Hello, World ! " est une bonne façon de débuter. Toutefois, cette application n'est pas aussi facile qu'il y paraît car elle implique un certain nombre de mécanismes sous-jacents. Ces derniers peuvent être facilement modélisés avec UML et fournir une vue plus riche de cette simple application.

Abstractions clés

En Java, l'applet pour afficher " Hello, World ! " sur un navigateur Web est plutôt simple :

```
import java.awt.Graphics;
class HelloWorld extends java.applet.Applet {
   public void paint (Graphics g) {
     g.drawString("Hello, World !", 10, 10);
   }
}
```

La première ligne de code :

```
import java.awt.Graphics;
```

rend la classe `Graphics` directement disponible pour le code qui suit. Le préfixe `java.awt` précise le paquetage Java dans lequel se trouve la classe `Graphics`.

La seconde ligne de code :

```
class HelloWorld extends java.applet.Applet {
```

introduit une nouvelle classe appelée `HelloWorld` et précise qu'elle dérive de la classe `Applet`, qui réside dans le paquetage `java.applet`.

Les trois lignes de code qui suivent :

```
   public void paint (Graphics g) {
     g.drawString("Hello, World !", 10, 10);
   }
```

déclarent une méthode appelée `paint`, dont l'implémentation invoque une autre méthode, dénommée `drawString`, responsable de l'affichage de la chaîne de caractères " `Hello, World !` " aux coordonnées déterminées. Dans l'approche objet habituelle, `drawString` est une méthode appliquée à un paramètre appelé `g`, dont le type est la classe `Graphics`.

Les classes sont traitées aux chapitres 4 et 9.

La modélisation de cette application avec UML est simple et directe. Comme le montre la figure 3-1, la classe `HelloWorld` peut être représentée par un rectangle. Sa méthode `paint` apparaît également sans aucun de ses paramètres formels et son implémentation est précisée dans la note qui s'y rapporte.

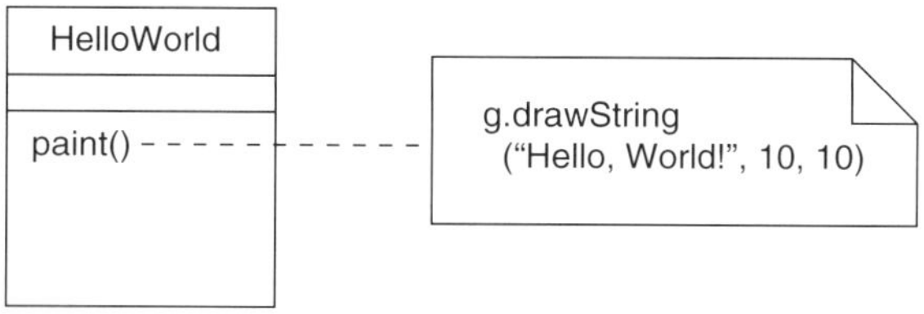

Figure 3-1 : *Abstractions clés pour HelloWorld*

Remarque : UML n'est pas un langage de programmation visuelle même si, comme le montre la figure précédente, il peut être étroitement associé à de nombreux langages, tels que Java (mais ce n'est pas une obligation). UML permet la transformation des modèles en code ainsi que le passage de code en modèles. Il est plus rapide d'écrire certaines parties (des expressions mathématiques, par exemple) à l'aide d'un langage de programmation textuelle, alors qu'avec UML il sera plus facile de présenter d'autres choses (par exemple, des hiérarchies de classes) de manière graphique.

Ce diagramme de classes montre les bases du programme " Hello, World ! ", mais passe sous silence certains détails. Comme le précisent les quelques lignes de code précédentes, deux autres classes – `Applet` et `Graphics` – sont impliquées dans cette application, chacune l'étant de façon différente. `Applet` est utilisée comme parent de `HelloWorld` alors que la classe `Graphics` est employée dans la signature et l'implémentation de la méthode `paint`. Comme le montre la figure 3-2, ces classes et leurs différentes relations avec `HelloWorld` peuvent être représentées dans un diagramme de classes.

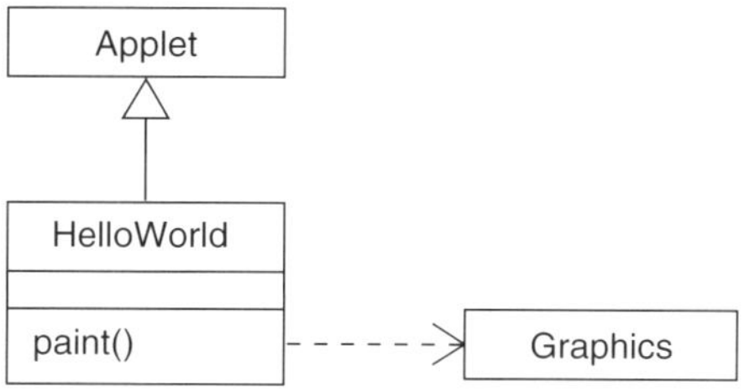

Figure 3-2 : *Voisins immédiats entourant HelloWorld*

Les relations sont traitées aux chapitres 5 et 10.

Les classes `Applet` et `Graphics` sont représentées par de simples rectangles car aucune méthode n'est indiquée. La flèche à pointe creuse, qui part de

HelloWorld en direction de la classe Applet, représente une généralisation qui, dans ce cas, signifie que HelloWorld est un enfant d'Applet. La flèche en pointillés qui va de HelloWorld vers Graphics symbolise une relation de dépendance ; elle indique que HelloWorld utilise Graphics.

Ce n'est pas la fin du framework sur lequel HelloWorld est construit. L'étude des bibliothèques Java pour Applet et Graphics permet de constater que ces classes font partie d'une hiérarchie plus vaste. Comme le montre la figure 3-3, en ne représentant que les classes étendues et implémentées par Applet, on crée un autre diagramme de classes.

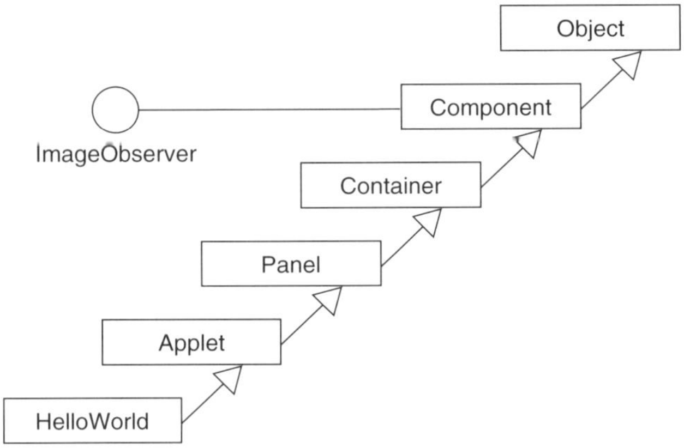

Figure 3-3 : *Hiérarchie d'héritage de HelloWorld*

Remarque : Cette figure est un bon exemple de diagramme obtenu par rétro-ingénierie à partir d'un système existant ; elle reflète la création d'un modèle à partir du code.

On voit ici que HelloWorld n'est qu'une feuille dans une hiérarchie de classes plus vaste. HelloWorld dérive d'Applet, Applet dérive de Panel, Panel dérive de Container, Container dérive de Component et Component dérive d'Object, Object étant la classe mère de toute classe en Java. Ce modèle correspond donc bien à la bibliothèque Java – chaque classe fille étend une classe mère.

Les interfaces sont traitées au chapitre 11.

La relation entre ImageObserver et Component est légèrement différente et le diagramme de classes reflète bien les nuances existantes. Dans la bibliothèque Java, ImageObserver est une interface, ce qui signifie que non seulement elle ne possède pas d'implémentation mais qu'elle doit au contraire être implémentée par d'autres classes. Comme le montre la figure 3-3, en UML une interface peut être représentée par un cercle. L'implémentation d'`ImageObserver` par `Component` est indiquée par une ligne pleine entre l'implémentation (`Component`) et son interface (`ImageObserver`).

Comme le montrent ces figures, `HelloWorld` collabore directement avec seulement deux classes (`Applet` et `Graphics`) qui ne représentent qu'une petite partie d'une plus grande bibliothèque de classes Java prédéterminées. Pour gérer ce vaste ensemble, Java décompose son interface et ses classes en différents paquetages. Le paquetage racine de l'environnement Java, logiquement nommé `java`, renferme d'autres paquetages qui eux-mêmes contiennent des paquetages, des interfaces et des classes. `Object` réside dans le paquetage `lang` ; son nom complet est donc `java.lang.Object`. De même, `Panel`, `Container` et `Component` résident dans le paquetage `awt` et la classe `Applet`, dans le paquetage `applet`. L'interface `ImageObserver` réside dans le paquetage image qui se trouve lui-même dans `awt` ; son nom complet est donc la chaîne de caractères (plutôt longue) suivante `java.awt.image.ImageObserver`.

Il est possible de visualiser cette imbrication de paquetages dans un diagramme de classes (figure 3-4).

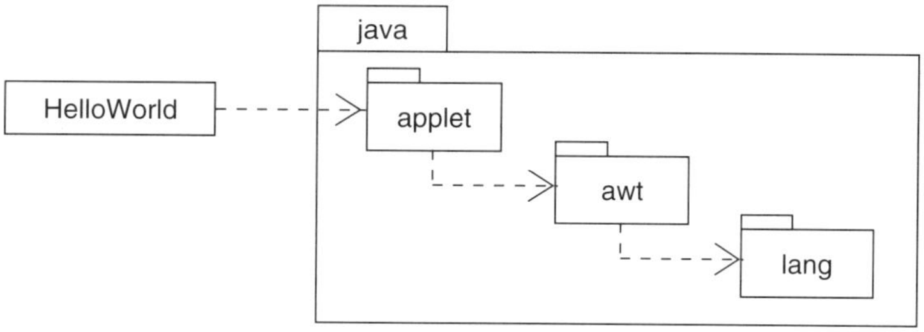

Figure 3-4 : *Imbrication de paquetages HelloWorld*

Les paquetages sont traités au chapitre 12.

Comme le montre cette figure, en UML, les paquetages sont représentés par un dossier étiqueté. Ils peuvent être imbriqués et les flèches en pointillés représentent les relations de dépendance qui existent entre eux. Par exemple, `HelloWorld` dépend du paquetage `java.applet` qui lui-même dépend du paquetage `java.awt`.

Mécanismes

Les patterns et les frameworks sont traités au chapitre 28.

Pour maîtriser une bibliothèque aussi riche que celle de Java, le plus difficile est d'en apprendre la structure. Par exemple, comment la méthode `paint` de `HelloWorld` est-elle lancée ? À quelles méthodes faut-il recourir pour changer le comportement de cette applet et afficher la chaîne de caractères dans une couleur différente, par exemple ? Pour répondre à ces questions, et à bien d'autres, il est nécessaire de disposer d'un modèle conceptuel qui décrit la façon dont ces classes coopèrent dynamiquement.

Les processus et les threads sont traités au chapitre 22.

L'étude de la bibliothèque Java révèle que la méthode `paint` de `HelloWorld` est héritée de `Component`, mais la question relative à la façon dont cette méthode est exécutée reste posée. En fait, comme le montre la figure 3-5, `paint` s'accomplit au sein du thread qui contient l'applet.

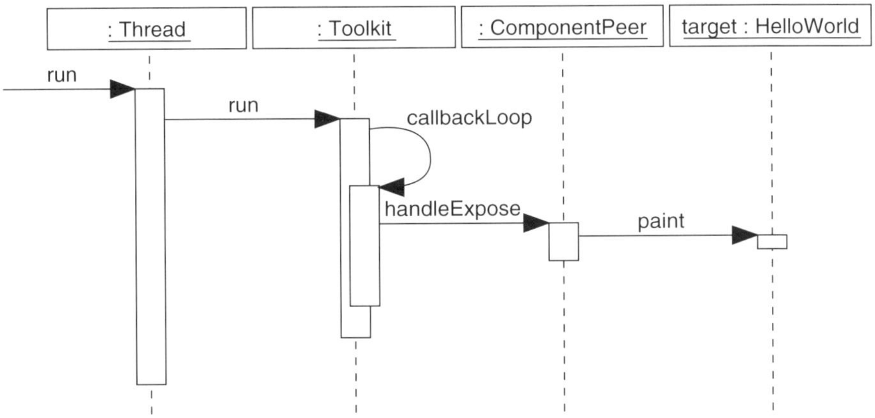

Figure 3-5 : *Mécanisme de* paint

Les instances sont traitées au chapitre 11.

Cette figure montre la collaboration de plusieurs objets, y compris une instance de la classe `HelloWorld`. Les autres objets font partie de l'environnement Java et la plupart d'entre eux résident donc à l'arrière-plan des applets créées. En UML, les instances sont représentées comme les classes, mais afin que l'on puisse les distinguer facilement, leurs noms sont soulignés. Les trois premiers objets de ce diagramme sont anonymes – ils n'ont pas de nom unique. En revanche, l'objet `HelloWorld`, possède un nom (`target`) connu de l'objet `ComponentPeer`.

Les diagrammes de séquence sont traités au chapitre 18.

Comme le montre la figure 3-5, il est possible de modéliser l'ordre des événements à l'aide d'un diagramme de séquence. Là, l'enchaînement débute par l'exécution de l'objet `Thread`, qui appelle alors la méthode `run` de `Toolkit`. L'objet `Toolkit` exécute ensuite une de ses propres méthodes (`callbackLoop`), qui appelle à son tour la méthode `handleExpose` de `ComponentPeer`. L'objet `ComponentPeer` appelle alors la méthode cible paint. `ComponentPeer` suppose que sa cible est un `Component`, mais dans ce cas précis, elle est en fait un enfant de `Component` (à savoir, `HelloWorld`), c'est pourquoi la méthode polymorphe `paint` de `HelloWorld` est déclenchée dynamiquement.

Composants

Ayant implémenté notre exemple “ Hello, World ! ” sous forme d'applet, nous allons l'intégrer au sein d'une page web. L'applet démarre quand la page dans laquelle elle se trouve est ouverte, déclenchée par un mécanisme du navigateur qui exécute l'objet `Thread` de l'applet. Cependant, ce n'est pas la classe `HelloWorld` qui fait directement partie de la page Web, mais plutôt une forme binaire créée par un compilateur Java, lequel transforme le code source représentant cette classe en un composant exécutable. Le système apparaît alors sous un angle tout à fait différent. Alors que tous les diagrammes précédents représentaient une vue logique de l'applet, il s'agit cette fois-ci d'une vue des composants physiques de l'applet.

Les composants sont traités au chapitre 25.

Il est possible de modéliser cette vue physique par un diagramme de composants (figure 3-6).

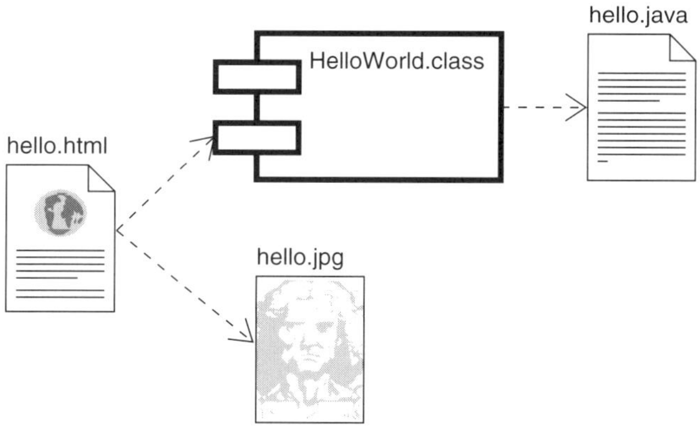

Figure 3-6 : *Composants* HelloWorld

Chaque symbole de cette figure représente un élément UML dans la vue d'implémentation du système. Le composant appelé `hello.java` correspond au code source de la classe logique `HelloWorld` et constitue donc un fichier qui peut être manipulé par des environnements de développement et des outils de gestion de configuration. Ce code source peut être transformé en applet binaire `hello.class` par un compilateur Java et devenir ainsi exécutable par une machine virtuelle Java.

Les mécanismes d'extensibilité d'UML sont traités au chapitre 6.

Le symbole utilisé pour un composant est un rectangle avec deux onglets. L'applet binaire `HelloWorld.class` est une variation de ce symbole ; les lignes sont plus épaisses, ce qui indique qu'il s'agit d'un composant exécutable (exactement comme une classe active). Le symbole de `hello.java` a été remplacé par une icone choisie par l'utilisateur, laquelle représente un fichier texte. De même, on a adapté la représentation de la page Web `hello.html` en étendant la notation UML. Comme le montre la figure 3-6, cette page Web comprend un autre composant, `hello.jpg`, représenté par un symbole choisi par l'utilisateur, dans ce cas précis : un aperçu miniature de l'image graphique. Les noms des trois composants sont placés à l'extérieur des symboles utilisés.

Remarque : Les relations entre la classe (`HelloWorld`), son code source (`hello.java`) et son code objet (`HelloWorld.class`) sont rarement modélisées de façon explicite, même si cela s'avère parfois utile pour visualiser la configuration physique des éléments. Il est cependant habituel de visualiser l'organisation d'un système basé sur le Web tel que celui-ci en utilisant des diagrammes de composants pour modéliser ses pages et ses autres composants exécutables.

UNIFIED
MODELING
LANGUAGE

Partie 2

MODÉLISATION DE STRUCTURES ÉLÉMENTAIRES

Chapitre 4

CLASSES

Dans ce chapitre :

- Classes, attributs, opérations et responsabilités
- Modélisation du vocabulaire d'un système
- Modélisation de la répartition des responsabilités dans un système
- Modélisation des éléments non-logiciels
- Modélisation des types primitifs
- Faire des abstractions de qualité

Les classes constituent les briques de base les plus importantes d'un système orienté objet. Une classe est la description d'un ensemble d'objets qui partagent les mêmes attributs, les mêmes opérations, les mêmes relations et la même sémantique. Une classe implémente une ou plusieurs interfaces.

Les caractéristiques avancées des classes sont traitées au chapitre 9.

Les classes sont utilisées pour capturer le vocabulaire du système que l'on développe. Elles peuvent contenir des abstractions du domaine étudié ainsi que des classes pour la réalisation. On peut utiliser les classes pour représenter des éléments logiciels, des éléments matériels et même des objets purement conceptuels.

Les classes bien structurées ont des frontières clairement délimitées et forment une répartition équilibrée des responsabilités au sein du système.

Premiers pas

La modélisation d'un système implique l'identification des éléments importants pour un point de vue particulier. Ces éléments sont les mots du vocabulaire du système modélisé. Ainsi, lors de la construction d'une maison, des éléments tels que les murs, les portes, les fenêtres, les sanitaires et la lumière sont importants pour le futur propriétaire. Chacun de ces objets peut être distingué des autres et a des caractéristiques qui lui sont propres. Les murs ont une hauteur et une largeur définies et sont solides. Les portes ont également une hauteur et une largeur définies, elles sont également solides, mais ont en plus la capacité d'être ouvertes ou fermées. Les fenêtres ressemblent aux portes dans le sens où toutes deux permettent de passer à travers les murs mais ont quand même des propriétés différentes. En règle générale, on regarde par la fenêtre, on ne passe pas par elle.

Les murs, les portes ou les fenêtres sont rarement considérés isolément, car il faut également tenir compte de la manière dont leurs instances s'articulent. Les éléments identifiés et les relations que l'on établit entre eux dépendent de l'utilisation des différentes pièces de la maison, de la manière de passer d'une pièce à l'autre et de ce que l'on veut obtenir en créant cet arrangement.

Les utilisateurs sont intéressés par différentes choses. Ainsi, le plombier qui interviendra lors de la construction de la maison sera concerné par des éléments comme les canalisations, les siphons et les conduits d'évacuation. Le propriétaire de la maison ne se préoccupe pas forcément de ces points, sauf dans le cas où ils ont une influence sur la disposition finale, comme par exemple la place d'une canalisation sous la dalle.

Les objets sont traités au chapitre 13.

En UML, tous ces objets sont modélisés sous forme de classes. Une classe est une abstraction des objets qui appartiennent au vocabulaire. Il ne s'agit pas d'un objet individuel mais plutôt d'un ensemble complet d'objets. Ainsi, un “ mur ” peut être considéré comme une classe d'objets qui ont certaines propriétés communes comme la hauteur, la longueur, l'épaisseur, le fait que ce soit un mur porteur ou non, mais aussi comme une instance individuelle de la classe “ mur ”, par exemple, le mur sud-ouest d'un bureau.

Dans le domaine logiciel, de nombreux langages de programmation supportent directement le concept de classe, ce qui signifie que les abstractions créées peuvent être directement implémentées dans un langage de programmation, même s'il s'agit d'abstractions d'éléments non-logiciels, comme “ un client ”, “ le marché ” ou “ une conversation ”.

Comme le montre la figure 4-1, le langage UML fournit également une représentation graphique de la classe. Cette notation permet de visualiser une abstraction en dehors d'un langage de programmation particulier et d'une manière qui permet de mettre l'accent sur les parties les plus importantes d'une abstraction, c'est-à-dire son nom, ses attributs et ses opérations.

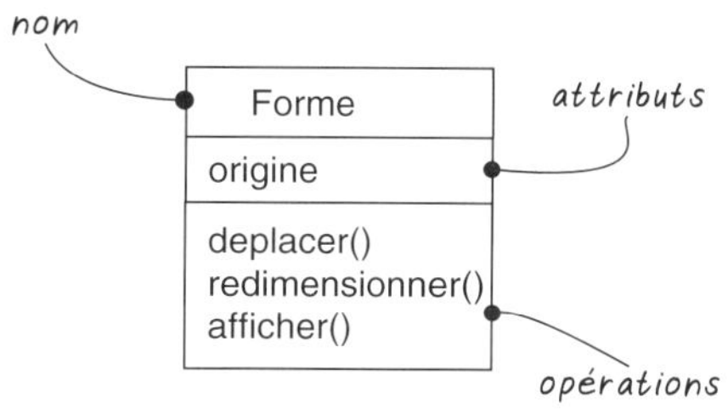

Figure 4-1 : *Classes*

Termes et concepts

Une *classe* est la description d'un ensemble d'objets qui partagent les mêmes attributs, les mêmes opérations, les mêmes relations et la même sémantique. Une classe est symbolisée par un rectangle.

Noms

Au sein de son paquetage, le nom d'une classe doit être unique (voir chapitre 12).

Chaque classe doit avoir un nom différent de celui des autres classes. Ce *nom* est composé d'une chaîne de caractères et est appelé *nom simple*. Un *nom complet* se compose du nom d'une classe précédé du nom du paquetage dans lequel cette classe réside. Comme le montre la figure 4-2, une classe peut être représentée simplement par son nom.

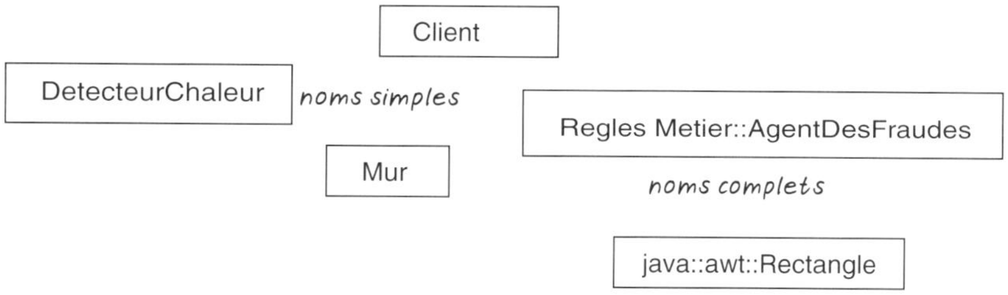

Figure 4-2 : *Noms simples et noms complets*

Remarque : Un nom de classe se compose d'une chaîne de caractères qui comporte un nombre quelconque de lettres, de chiffres ou de signes de ponctuation (à l'exception des deux-points utilisés pour séparer le nom d'une classe du nom de son paquetage) et peut s'étendre sur plusieurs lignes. Dans la pratique, les noms de classes sont des noms courts ou de petites phrases nominales tirés du vocabulaire du système en cours de modélisation. Par convention, la première lettre de chaque mot est une majuscule. Par exemple, `Client` ou `DetecteurChaleur`.

Attributs

Les attributs peuvent être reliés à la sémantique de l'agrégation (voir le chapitre 10)

Un attribut est une propriété nommée d'une classe qui décrit un ensemble de valeurs que les instances de cette propriété peuvent prendre. Une classe peut avoir un ou plusieurs attributs, ou ne pas en avoir du tout. Un attribut représente une propriété de la chose modélisée et cette propriété est commune à l'ensemble des objets de cette classe. Par exemple, tous les murs ont une hauteur, une largeur et une épaisseur. Autre exemple : il est possible de modéliser les clients de façon que chacun d'eux ait son nom, son adresse, son numéro de téléphone et sa date de naissance indiqués. Un attribut est donc une abstraction du type de données ou d'états qu'un objet de la classe peut contenir. À un certain moment, un objet d'une classe aura une valeur spécifique pour chacun des attributs de la classe à laquelle il appartient. Comme le montre la figure 4-3, les attributs sont listés dans un compartiment juste en dessous du nom de la classe. Il arrive que seul leur nom soit affiché.

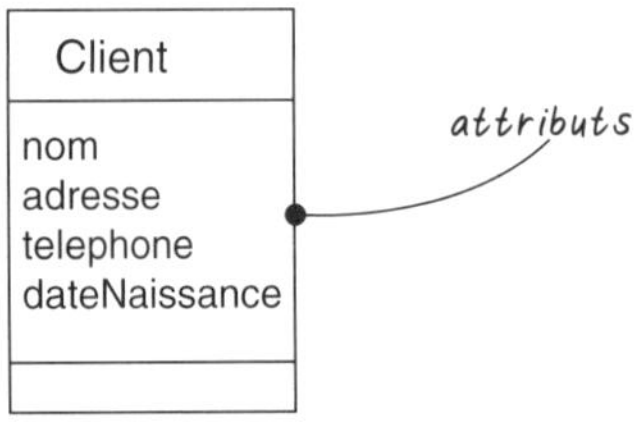

Figure 4-3 : *Attributs*

Remarque : Comme le nom d'une classe, le nom d'un attribut peut se composer simplement d'une chaîne de caractères. Dans la pratique, les noms des attributs sont des noms courts ou des petites phrases nominales qui représentent une des propriétés de la classe englobante. Par convention, à l'exception de la première lettre du premier mot, la première lettre de chaque mot est une majuscule. Par exemple, `nom` ou `murDeSoutenement`.

Il est possible de définir d'autres caractéristiques d'un attribut, en indiquant qu'il est en lecture seule ou qu'il est partagé par l'ensemble des objets de la classe (voir le chapitre 9).

Comme le montre la figure 4-4, il est possible de décrire plus précisément un attribut en définissant sa classe et éventuellement une valeur initiale par défaut.

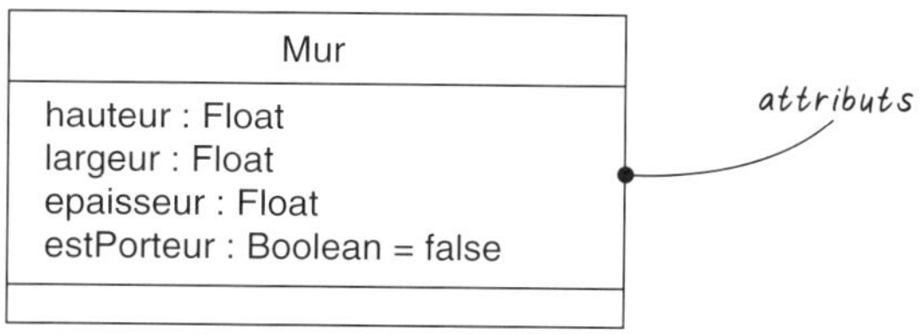

Figure 4-4 : *Attributs et leur classe*

Opérations

Il est également possible de décrire plus précisément l'implémentation d'une opération à l'aide d'une note (voir le chapitre 6) ou à l'aide d'un diagramme d'activités (voir le chapitre 19).

Une *opération* est l'implémentation d'un service qui peut être demandé à tous les objets d'une même classe dans le but de déclencher un comportement. En d'autres termes, une opération est une abstraction de ce que peut réaliser un objet et qui est réalisable par tous les objets de la classe. Une classe peut aussi bien comporter plusieurs opérations que ne pas en avoir du tout. Par exemple, dans une bibliothèque graphique telle que celle qui apparaît dans le paquetage `awt` de Java, tous les objets de la classe `Rectangle` peuvent être déplacés, redimensionnés ou interrogés sur leurs propriétés. Souvent (mais pas toujours), lorsqu'on invoque une opération sur un objet, cela a pour effet d'en modifier l'état ou les données. Les opérations sont représentées sous forme de liste dans le compartiment juste en dessous des attributs d'une classe. Comme le montre la figure 4-5, elles peuvent être représentées simplement par leur nom.

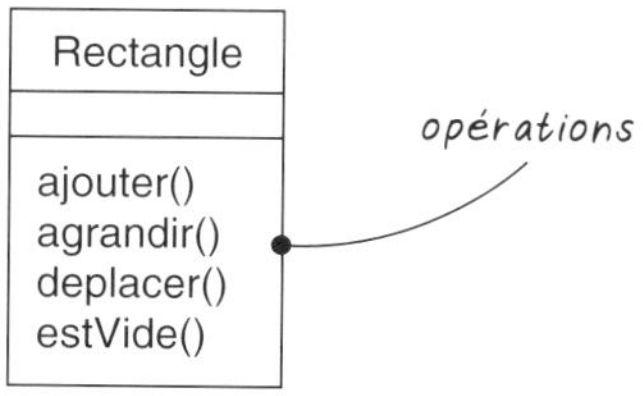

Figure 4-5 : *Opérations*

Remarque : Comme le nom d'une classe, le nom d'une opération peut se composer simplement de texte. Dans la pratique, les noms des opérations sont des verbes courts ou des petites phrases verbales qui représentent certains comportements de leur classe englobante. Par convention, à l'exception de la première lettre du premier mot, la première lettre de chaque mot est une majuscule. Par exemple `deplacer` ou `estVide`.

Il est également possible de spécifier d'autres caractéristiques d'une opération, par exemple en indiquant qu'elle est polymorphe ou constante, ou en spécifiant sa visibilité (voir le chapitre 9).

Comme le montre la figure 4-6, il est possible de spécifier une opération en définissant la signature, qui couvre le nom, le type et la valeur par défaut de tous les paramètres et (dans le cas de fonctions) un type fourni en retour.

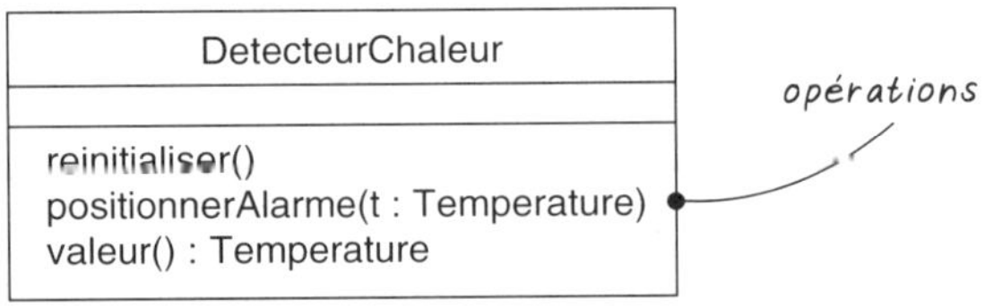

Figure 4-6 : *Opérations et leur signature*

Organiser les attributs et les opérations

Lorsqu'on représente une classe, il n'est pas nécessaire de faire immédiatement apparaître chaque attribut et chaque opération. En fait, dans la plupart des cas, cela est même impossible car il y en a bien trop pour tout mettre sur une seule figure. De toute façon, seule une partie de ces attributs et de ces opérations aura de l'importance pour un point de vue particulier. C'est la raison pour laquelle il est possible d'alléger la représentation graphique d'une classe, c'est-à-dire choisir de montrer seulement une partie de ses attributs et de ses opérations, voire aucun d'entre eux. Un compartiment vide ne signifie pas obligatoirement qu'il n'y a ni attributs ni opérations, mais simplement que l'on a décidé de ne pas les montrer. On peut préciser qu'il y a plus d'attributs ou de propriétés que ce qui apparaît en mettant trois points de suspension (...) à la fin de chaque liste.

Les stéréotypes sont traités au chapitre 6.

Comme le montre la figure 4-7, afin de mieux organiser les longues listes d'attributs et d'opérations, il est possible, en ayant recours aux stéréotypes, de faire précéder chaque groupe d'un préfixe qui indique une catégorie descriptive.

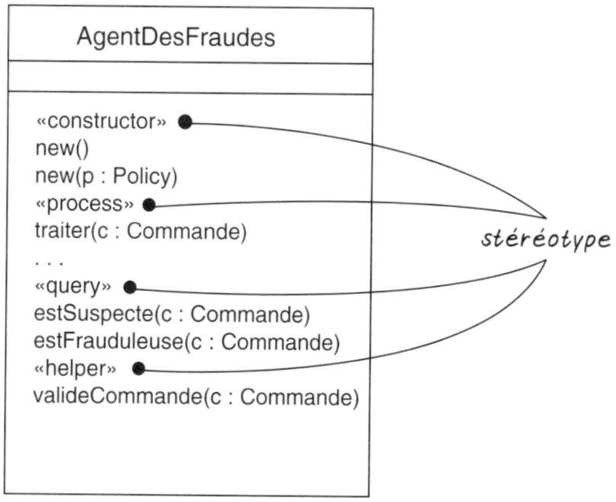

Figure 4-7 : *Stéréotypes pour caractéristiques de classe*

Responsabilités

Les responsabilités sont un exemple de stéréotype prédéfini (voir le chapitre 6).

Une responsabilité est un contrat ou une obligation qu'une classe doit respecter. Lorsqu'on crée une classe, on établit le fait que tous les objets de cette classe ont un état et un comportement similaires. À un niveau plus abstrait, ces attributs et ces opérations correspondants ne sont que les fonctionnalités qui permettent l'exécution des responsabilités d'une classe. Une classe `Mur` est chargée de donner des renseignements sur la hauteur, la largeur et l'épaisseur ; une classe `AgentDesFraudes`, qui peut apparaître dans une application de gestion de cartes de crédit, est chargée de traiter les commandes et de vérifier si elles sont valides, suspectes ou frauduleuses ; une classe `DetecteurChaleur` est chargée de contrôler la température et de déclencher l'alarme si elle atteint un certain point.

La modélisation de la sémantique d'une classe est traitée au chapitre 9.

La meilleure façon de commencer la modélisation d'une classe est de définir les responsabilités des éléments dans le vocabulaire. Les techniques comme les cartes CRC et les analyses basées sur des cas d'utilisation sont très utiles. En théorie, une classe peut avoir n'importe quel nombre de responsabilités, même si, dans la pratique, chaque classe bien structurée a au moins une responsabilité et en a rarement plus de quelques-unes. Au fur et à mesure que l'on peaufine un modèle, on traduit les responsabilités en un ensemble d'attributs et d'opérations qui répondent le mieux aux responsabilités de la classe.

On peut également représenter les responsabilités d'une classe dans une note (voir le chapitre 6).

Comme le montre la figure 4-8, les responsabilités peuvent être représentées dans un compartiment séparé au bas de la représentation de la classe.

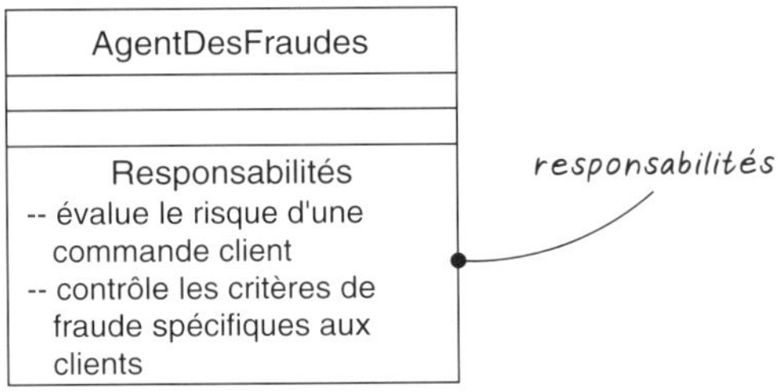

Figure 4-8 : *Responsabilités*

Remarque : Les responsabilités sont représentées par du texte dont la forme est libre. Dans la pratique, une responsabilité se présente sous la forme d'une expression, d'une phrase ou (au maximum) d'un petit paragraphe.

Autres caractéristiques

Les concepts avancés de classe sont traités au chapitre 9.

Les attributs, les opérations et les responsabilités sont les caractéristiques les plus courantes pour créer des abstractions. En effet, pour la plupart des modèles que l'on construit, la forme de base de ces trois caractéristiques est suffisante pour traduire la sémantique la plus importante des classes. Cependant, dans certains cas, il sera nécessaire de visualiser ou de préciser d'autres caractéristiques, telles que la visibilité des attributs et des opérations individuelles, les caractéristiques d'une opération propre au langage, comme le fait d'être polymorphe ou constante, et parfois les exceptions que les objets d'une classe peuvent produire ou contrôler. Ces caractéristiques, ainsi que beaucoup d'autres, peuvent être exprimées avec UML mais sont traitées comme des concepts avancés.

Les interfaces sont traitées au chapitre 11.

Lorsqu'on construit des modèles, on se rend vite compte que presque toutes les abstractions que l'on crée sont des sortes de classes. UML permet de séparer l'implémentation d'une classe de sa spécification par l'utilisation d'interfaces.

Les classes actives, les composants et les nœuds sont traités respectivement aux chapitres 22, 24 et 26.

Lorsqu'on commence à élaborer des modèles plus complexes, on rencontre encore et toujours les mêmes sortes de classes : des classes qui représentent des processus et des threads concurrents ou des classes qui représentent des éléments physiques tels que des applets, des Java Beans, des objets COM+, des fichiers, des pages web et du matériel. Étant donné que ces sortes de classes sont très courantes et qu'elles représentent des abstractions importantes pour l'architecture, UML fournit des classes actives (qui représentent les processus et les threads), des composants (qui représentent les composants logiciels physiques) et des nœuds (qui représentent le matériel – *hardware*).

Les diagrammes de classes sont traités au chapitre 8.

Enfin, les classes sont rarement isolées. En règle générale, lorsqu'on élabore des modèles, on se concentre sur des groupes de classes qui interagissent les unes avec les autres. En UML, ces groupes de classes forment des collaborations et sont généralement visualisés dans les diagrammes de classes.

Techniques de modélisation courantes

Modélisation du vocabulaire d'un système

En règle générale, on utilise les classes pour modéliser les abstractions qui découlent du problème que l'on essaie de résoudre ou de la technologie dont on se sert pour implémenter une solution pour ce problème. Chacune de ces abstractions fait partie du vocabulaire du système, c'est-à-dire qu'ensemble elles représentent les éléments importants pour les utilisateurs et les programmeurs.

Les cas d'utilisation sont traités au chapitre 16.

Pour les utilisateurs, la plupart des abstractions ne sont pas difficiles à identifier car elles découlent des éléments dont ils se servent déjà pour décrire leur système. Des techniques comme les cartes CRC et l'analyse basée sur les cas d'utilisation sont un excellent moyen pour aider les utilisateurs à trouver ces abstractions. Pour les programmeurs, les abstractions sont souvent juste des éléments de la technologie qui vont les mener à la solution.

Pour modéliser le vocabulaire d'un système, il faut :

- identifier les éléments dont les utilisateurs ou les programmeurs se servent pour décrire les problèmes ou la solution. Utilisez des cartes CRC et les analyses basées sur des cas d'utilisation pour trouver plus facilement ces abstractions.
- identifier un ensemble de responsabilités pour chaque abstraction. Assurez-vous que chaque classe est clairement définie et que les responsabilités sont bien réparties entre les différentes classes.
- fournir les attributs et les opérations nécessaires à la réalisation des responsabilités de chaque classe.

La figure 4-9 montre un ensemble de classes d'un système de vente au détail, qui comprend les classes `Client`, `Commande` et `Produit`. Elle présente également quelques autres abstractions tirées du vocabulaire du problème, telles que `Transport` (pour suivre les commandes), `Facture` (pour facturer les commandes) et `Entrepot` (endroit où les produits étaient stockés avant le transport) ainsi qu'une abstraction fondée sur la solution, `Transaction`, qui concerne les commandes et le transport.

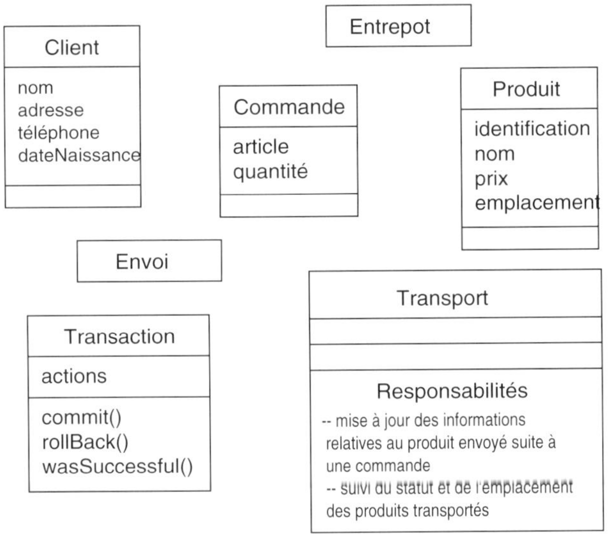

Figure 4-9 : *Modélisation du vocabulaire d'un système*

Les paquetages sont traités au chapitre 12.

Au fur et à mesure que les modèles évoluent et grossissent, on constate que de nombreuses classes se rassemblent dans des groupes reliés du point de vue sémantique et conceptuel. En UML, on peut utiliser les paquetages pour modéliser ces groupes de classes.

La modélisation du comportement est traitée dans les parties 4 et 5.

Les modèles sont rarement complètement statiques ; au contraire, dans le vocabulaire du système la plupart des abstractions interagiront de façon dynamique. UML offre de nombreuses façons de modéliser ce comportement dynamique.

Modélisation de la répartition des responsabilités dans un système

Si on modélise plus de quelques classes, il faut s'assurer que les abstractions fournissent un ensemble de responsabilités équilibré, ce qui signifie qu'une classe ne doit être ni trop grande ni trop petite. En fait, chaque classe devrait se contenter d'accomplir correctement une seule et unique tâche. Si les classes sont trop grandes, les modèles sont difficilement modifiables et réutilisables. Si les classes sont trop petites, il en résulte un nombre d'abstractions trop grand par rapport à ce que l'on peut raisonnablement gérer ou comprendre. UML permet de visualiser et de définir cette répartition équilibrée des responsabilités.

Pour modéliser la répartition des responsabilités dans un système, il faut :

- identifier un ensemble de classes qui travaillent en étroite collaboration pour réaliser un comportement ;
- identifier un ensemble de responsabilités pour chacune de ces classes ;
- considérer cet ensemble de classes comme un tout, diviser les classes qui ont trop de responsabilités en abstractions plus petites, regrouper en des abstractions plus grandes les petites classes qui ont des responsabilités insignifiantes et redistribuer les responsabilités afin que chaque abstraction soit raisonnablement autonome ;
- considérer la manière dont ces classes collaborent entre elles et répartir les responsabilités au sein d'une collaboration.

Les collaborations sont traitées au chapitre 27.

Cet ensemble de classes forme un pattern (voir le chapitre 28).

Par exemple, la figure 4-10 montre un ensemble de classes fondées sur Smalltalk, qui représentent la répartition des responsabilités entre les classes `Modele`, `Vue` et `Controleur`. On y voit comment les classes travaillent ensemble en se répartissant de façon homogène les tâches à accomplir.

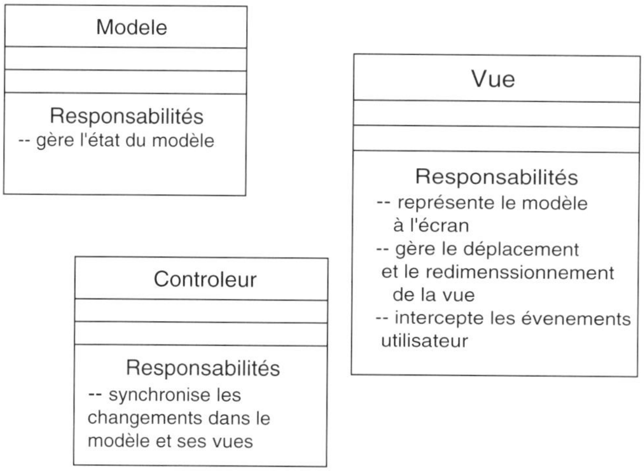

Figure 4-10 : *Modélisation de la répartition des responsabilités dans un système*

Modélisation des éléments non-logiciels

Il peut arriver que des éléments du modèle n'aient aucun rapport avec du logiciel. Par exemple, les personnes qui envoient des factures et les robots qui emballent automatiquement les commandes pour leur transport à partir d'un entrepôt peuvent faire partie du workflow et être modélisés dans un système de vente au détail, mais n'avoir aucun équivalent logiciel dans l'application (contrairement aux clients dans l'exemple ci-dessus, car les informations qui les concernent feront probablement l'objet d'une mise à jour).

Pour modéliser les éléments non-logiciels, il faut :

Les stéréotypes sont traités au chapitre 6.

Les nœuds sont traités au chapitre 26.

- modéliser sous forme de classes les abstractions que l'on porte sur les éléments ;
- pour différencier, si nécessaire, ces éléments des briques de base d'UML, créer une nouvelle brique de base à l'aide de stéréotypes pour préciser cette nouvelle sémantique et donner un repère visuel différent ;
- si les éléments en cours de modélisation forment un ensemble constitué de matériel et de logiciel, représenter cet ensemble sous la forme d'un nœud dont la structure détaillée pourra éventuellement être développée par la suite.

Remarque : UML est destiné principalement à la modélisation de systèmes à forte composante logicielle. Il peut également être utilisé pour représenter des systèmes matériels, s'il est associé à des langages tels que VHDL (langage textuel pour la modélisation du matériel).

Les éléments extérieurs au système sont souvent modélisés comme des acteurs (voir le chapitre 16).

Comme le montre la figure 4-11, il est parfaitement normal de représenter des groupes d'humains (comme `AgentComptable`) et de matériel (comme des `Robot`) sous la forme de classes, parce que chacun de ces groupes représente un ensemble d'objets qui partagent une structure et un comportement.

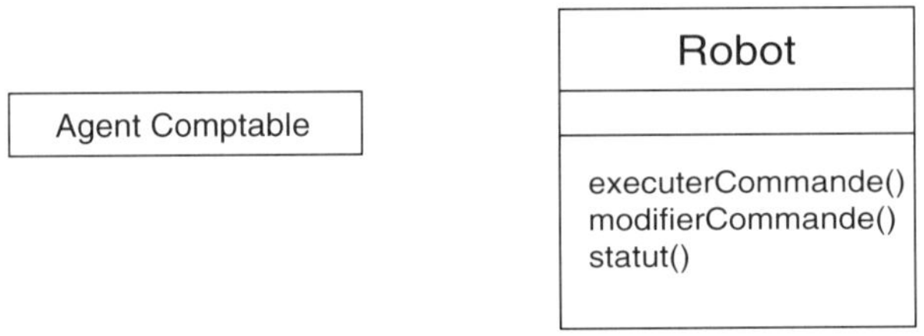

Figure 4-11 : *Modélisation des éléments non-logiciels*

Modélisation des types primitifs

Les types sont traités au chapitre 11.

Les éléments modélisés peuvent être basés directement sur le langage de programmation utilisé pour implémenter une solution. En règle générale, ces abstractions impliquent des types primitifs, tels que des entiers, des caractères, des chaînes et des types énumérés que l'on peut créer soi-même.

Pour modéliser des types primitifs, il faut :

- modéliser les éléments abstraits comme un type ou une énumération, et les représenter en utilisant la notation de classes avec le stéréotype qui convient ;
- utiliser les contraintes, s'il est nécessaire de préciser la plage de valeurs associées à ce type.

Les contraintes sont traitées au chapitre 6.

Les types sont traités au chapitre 11.

Comme le montre la figure 4-12, ces éléments peuvent être modélisés en UML comme des types ou des énumérations, sous la forme de classes stéréotypées. Ainsi, des entiers (représentés par la classe `Int`) sont modélisés comme des types et il est possible d'indiquer clairement la plage de valeurs qu'ils peuvent prendre en utilisant une contrainte. De même, les types d'énumération, tels que `Boolean` et `Status`, peuvent être modélisés comme des énumérations, leurs valeurs individuelles étant fournies comme attributs.

Remarque : Certains langages, tels que C et C++, permettent de définir une valeur entière équivalente pour une énumération. UML permet d'attribuer une valeur initiale par défaut constante à chaque membre d'une énumération.

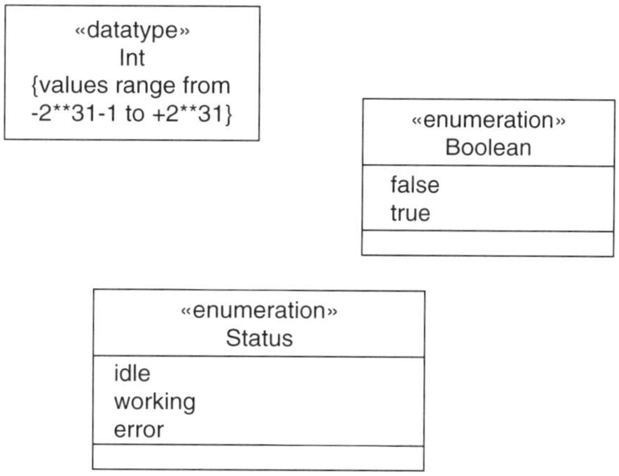

Figure 4-12 : *Modélisation des types primitifs*

Trucs et astuces

En UML, lorsqu'on modélise des classes, il faut avoir à l'esprit que chaque classe doit correspondre à une abstraction tangible ou conceptuelle dans le domaine de l'utilisateur final ou du programmeur.

Une classe bien structurée :

- fournit une abstraction claire de quelque chose tiré du vocabulaire du domaine du problème ou de celui de la solution ;
- comprend un petit ensemble de responsabilités bien définies et les réalise parfaitement ;
- fournit une séparation nette entre les spécifications de l'abstraction et son implémentation ;
- est compréhensible et simple tout en étant extensible et adaptable.

Lorsqu'on représente une classe avec UML :

- seules les propriétés de la classe essentielles à la compréhension de l'abstraction dans son contexte sont représentées ;
- de longues listes d'attributs et d'opérations sont organisées en fonction de leurs catégories ;
- les classes en relation sont représentées sur les mêmes diagrammes de classes.

Chapitre 5
Relations

Dans ce chapitre :

- Relations de dépendance, de généralisation et d'association
- Modélisation des dépendances simples
- Modélisation de l'héritage simple
- Modélisation des relations structurelles
- Création de réseaux de relations

La construction d'abstractions enseigne que très peu de classes sont isolées mais qu'au contraire la plupart d'entre elles collaborent avec d'autres classes de différentes manières. Par conséquent, la modélisation d'un système ne nécessite pas seulement l'identification des éléments qui composent son vocabulaire, mais également la compréhension des relations qui s'établissent entre eux.

Les caractéristiques avancées des relations sont traitées au chapitre 10.

En modélisation orientée objet, trois sortes de relations sont particulièrement importantes : les *dépendances*, c'est-à-dire les relations d'utilisation entre les classes (comme les relations de raffinement, de trace et de liaison), les *généralisations*, qui relient les classes générales à leurs spécialisations, et les *associations*, qui décrivent les relations structurelles entre objets. Toutes ces relations proposent une manière différente de combiner des abstractions.

La construction de réseaux de relations n'est pas très différente de la répartition équilibrée des responsabilités au sein des classes. Si elle est trop élaborée, l'écheveau des relations rend le modèle incompréhensible. À l'inverse, si elle est trop laxiste, une bonne partie de la richesse du système, à savoir la manière dont les éléments collaborent, n'est pas exploitée.

Premiers pas

Des éléments comme les murs, les portes, les fenêtres, les placards et les lampes font partie du vocabulaire de la construction d'une maison. Cependant, aucun d'eux n'existe de façon indépendante : les murs sont reliés entre eux, les portes et les fenêtres sont intégrées dans les murs pour permettre au personnes de circuler et à la lumière d'entrer, les placards et les lampes sont fixés aux murs et aux plafonds. Les murs, les portes, les fenêtres, les placards et les lampes sont regroupés pour former des éléments de niveau supérieur, tels que des pièces.

Il existe des relations de type structurel entre ces éléments, mais il y en a également d'autres. Par exemple, la maison a sûrement des fenêtres, mais probablement de plusieurs sortes. Certaines seront de grandes baies vitrées qui ne s'ouvrent pas, d'autres au contraire de petites lucarnes qui s'ouvrent. Certaines seront à guillotine, d'autres, comme les fenêtres coulissantes, glisseront sur le côté. Certaines seront constituées d'une vitre simple, d'autres seront équipées de double vitrage. Quelles que soient leurs différences, elles présentent des qualités propres à toute fenêtre : ce sont des ouvertures dans un mur, conçues pour laisser passer la lumière, l'air et parfois les personnes.

En UML, la manière dont les éléments sont logiquement ou physiquement reliés entre eux, est modélisée sous forme de relation. Les trois relations les plus importantes en modélisation orientée objet sont les dépendances, les généralisations et les associations.

Les *dépendances* sont des relations d'utilisation. Par exemple, les tuyaux ont besoin de la chaudière pour chauffer l'eau qu'ils transportent.

Les *généralisations* relient des classes générales à des classes plus spécialisées au sein de ce qui s'appelle une relation super-classe/sous-classe ou mère/fille. Par exemple, une baie vitrée est une sorte de fenêtre avec de grandes vitres fixes et une fenêtre coulissante en est une autre dont les panneaux coulissent pour s'ouvrir.

Les *associations* sont des relations structurelles entre instances. Par exemple, les pièces sont constituées de murs et d'autres éléments, les murs peuvent comporter des portes et des fenêtres, et les tuyaux peuvent traverser les murs.

D'autres sortes de relations, telles que la réalisation et le raffinement, sont traitées au chapitre 10.

Ces trois sortes de relations couvrent les principaux types de relations qui existent entre les éléments. Naturellement, elles correspondent aux différentes manières que la majeure partie des langages de programmation orientés objet proposent pour relier leurs éléments.

Comme le montre la figure 5-1, UML propose une représentation graphique pour chacune de ces relations, indépendamment de tout langage de programmation.

Cette représentation met en relief leurs aspects les plus importants : leur nom, les éléments qu'elles relient et leurs propriétés.

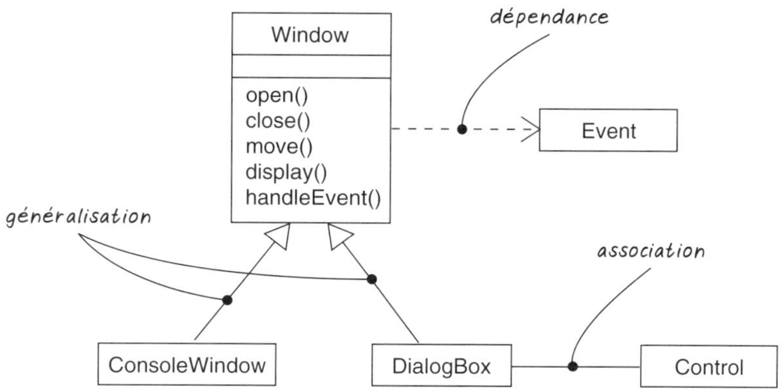

Figure 5-1 : *Relations*

Termes et concepts

Une *relation* est une connexion sémantique entre des éléments. En modélisation orientée objet, les trois relations les plus importantes sont les dépendances, les généralisations et les associations. Une relation est représentée par une ligne. Chaque sorte de relation est représentée par un type de ligne différent.

Dépendance

Une *dépendance* est une relation d'utilisation qui établit qu'un changement de spécification d'un élément (par exemple, la classe `Event`) peut en affecter un autre qui l'utilise (par exemple, la classe `Window`), mais que l'inverse n'est pas nécessairement vrai. Une dépendance est symbolisée par une flèche en pointillés, dirigée vers l'élément à l'égard duquel existe la dépendance. On se sert des dépendances pour montrer qu'un élément en utilise un autre.

Les notes sont traitées au chapitre 6, les paquetages au chapitre 12.

La plupart du temps, les dépendances servent à montrer qu'une classe en utilise une autre comme argument dans la signature d'une opération (voir figure 5-2). On parle alors de relation d'utilisation : si la classe utilisée change, l'opération de l'autre classe peut en être affectée parce que la première présente maintenant une interface ou un comportement différents. En UML il est également possible de créer des dépendances entre de nombreux autres éléments, en particulier les notes et les paquetages.

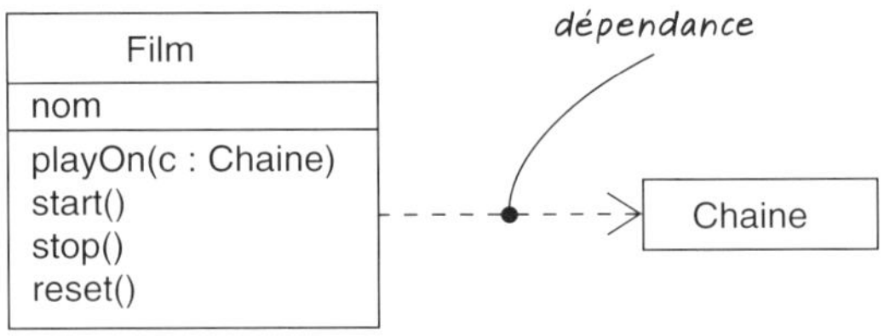

Figure 5-2 : *Dépendances*

Remarque : Une dépendance peut avoir un nom, même si ce dernier est rarement indispensable, exception faite des modèles qui contiennent de nombreuses dépendances qu'il est nécessaire de distinguer ou auxquelles il faut faire référence. En règle générale, on utilise les stéréotypes pour distinguer différentes nuances de dépendances.

Généralisation

Une *généralisation* est une relation entre un élément général (appelé super-classe ou mère) et un élément dérivé de celui-ci, mais plus spécifique (désigné par le terme sous-classe ou fille). La généralisation est parfois qualifiée de relation " est_une_sorte_de " : ainsi, la classe `BaieVitree` " est_une_sorte_de " classe `Fenetre`, mais plus spécifique. La généralisation implique que des objets de l'enfant puissent être utilisés partout où le parent apparaît, mais pas l'inverse. En d'autres termes, elle indique que l'enfant peut remplacer le parent. L'enfant hérite des propriétés du parent, en particulier de ses attributs et de ses opérations mais, le plus souvent, ceux-ci s'ajoutent à ses propres attributs et à ses propres opérations. Lorsqu'un enfant a une opération dont la signature est la même que celle d'une opération du parent, l'opération de l'enfant prévaut sur celle du parent. Ce phénomène est connu sous le nom de polymorphisme. Comme le montre la figure 5-3, une généralisation est représentée par une flèche dont le trait est plein et dont la pointe creuse est dirigée vers le parent. On utilise la généralisation pour indiquer les relations parent/enfant.

Une classe peut avoir une ou plusieurs mères mais peut également n'en avoir aucune. Une classe qui n'a pas de mère mais une ou plusieurs filles est appelée classe racine ou classe de base. Une classe qui n'a aucune fille est appelée classe feuille. Si une classe a une seule mère, on dit qu'elle " utilise un héritage simple " ; si elle en a plusieurs, on parle alors " d'héritage multiple ".

Les paquetages sont traités au chapitre 12.

Le plus souvent, on utilise les généralisations entre les classes et les interfaces pour montrer les relations d'héritage. En UML, il est également possible de créer des généralisations entre de nombreux autres éléments, en particulier les paquetages.

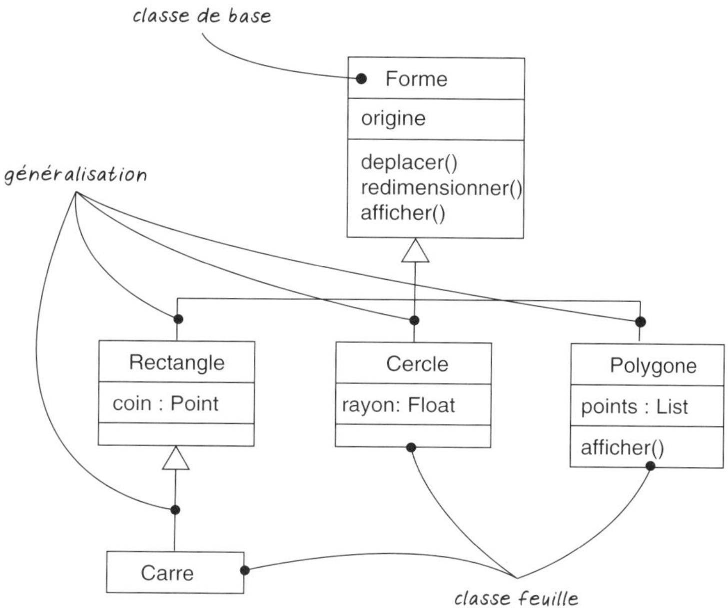

Figure 5-3 : *Généralisation*

Remarque : Une généralisation peut avoir un nom même si ce dernier est rarement indispensable, exception faite des modèles qui contiennent de nombreuses généralisations qu'il est nécessaire de distinguer ou auxquelles il faut faire référence.

Association

Contrairement aux relations de généralisation, les associations et les dépendances peuvent être réflexives (voir chapitre 10).

Une *association* est une relation structurelle qui précise que les objets d'un élément sont reliés aux objets d'un autre élément. En reliant deux classes, elle autorise la navigation d'un objet de l'une d'elles à un objet de l'autre, et vice versa. Il n'est pas interdit que les deux extrémités de ce genre de relation forment une boucle et se rattachent à la même classe. Cela signifie qu'un objet qui appartient à cette classe peut être connecté à d'autres objets de cette même classe. On appelle " association binaire " une association qui relie seulement deux classes entre elles. Une association qui relie plus de deux classes, ce qui est moins fréquent, est appelée " association n-aire ". Une association est représentée par une ligne pleine qui relie une classe à d'autres classes ou à elle-même. On utilise les associations pour montrer les relations structurelles.

En plus de cette forme de base, quatre décorations s'appliquent aux associations.

Il ne faut pas confondre direction du nom et navigabilité des associations (voir chapitre 10).

Nom

Une association peut avoir un nom qui sert à décrire la nature de la relation. Comme le montre la figure 5-4, afin d'éviter toute ambiguïté, on peut donner une direction à ce nom en ajoutant simplement un triangle qui pointe dans le sens désiré.

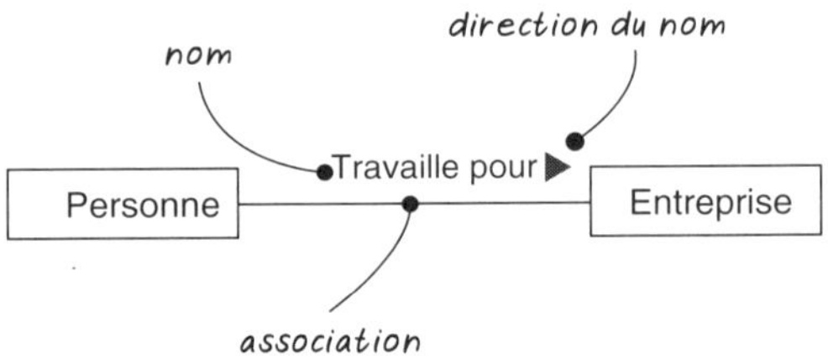

Figure 5-4 : *Noms d'associations*

Remarque : Une association peut avoir un nom, même si ce dernier est rarement indispensable si l'on a attribué à l'association concernée des noms de rôle explicites. Si le modèle en question contient de nombreuses associations qu'il est nécessaire de distinguer ou auxquelles il faut faire référence, il est alors judicieux d'affecter un nom aux associations, en particulier si plusieurs associations relient les mêmes classes.

Les rôles sont liés à la sémantique des interfaces (voir chapitre 11).

Rôle

Quand une classe participe à une association, elle y joue un rôle spécifique. Ce rôle est la fonction que la classe qui se trouve d'un côté de l'association indique à la classe située de l'autre côté. Il est possible de nommer explicitement le rôle qu'une classe joue dans une association. Sur la figure 5-5, une `Personne` qui joue le rôle de l'`employe` est associée à une `Entreprise` qui tient le rôle d'`employeur`.

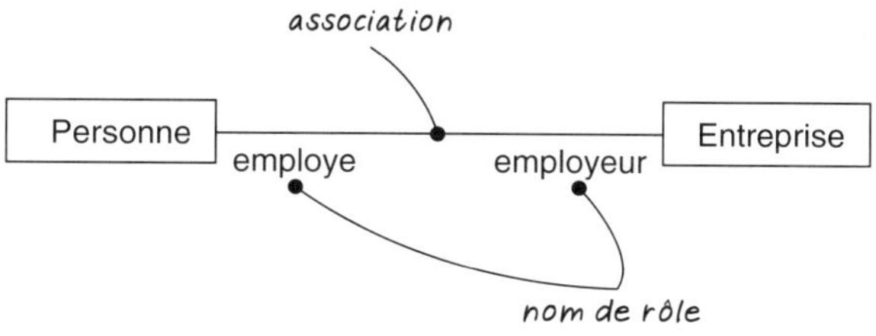

Figure 5-5 : *Rôles*

Remarque : Une même classe peut jouer des rôles identiques ou différents dans d'autres associations.

Une instance d'association est appelée une lien (voir chapitre 15).

Multiplicité

Une association représente une relation structurelle entre des objets. Dans de nombreuses situations de modélisation, il est important de définir combien d'objets peuvent être reliés par l'intermédiaire d'une instance d'association. Comme le montre la figure 5-6, ce nombre définit la multiplicité du rôle d'une association et est écrit sous la forme d'une valeur explicite ou d'une expression qui décrit une plage de valeurs. Lorsqu'on définit une multiplicité à l'une des extrémités d'une association, cela signifie qu'à l'autre extrémité ce nombre d'éléments doit exister pour tout objet de la classe. On peut représenter une multiplicité de un (`1`), de zéro ou un (`0..1`), de plusieurs (`0..*`), ou d'un ou plus (`1..*`). Il est même possible de définir un nombre exact (par exemple, `3`).

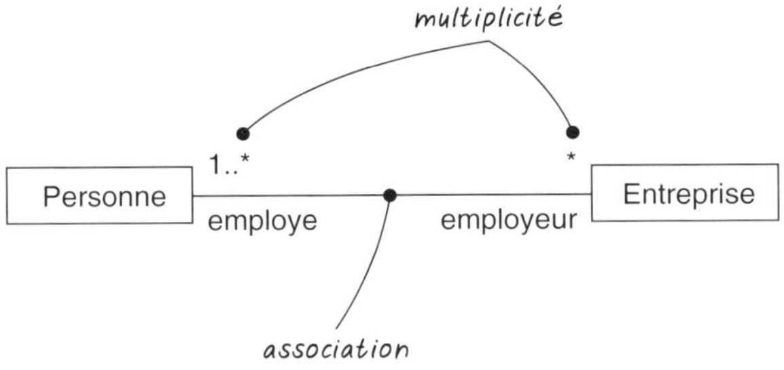

Figure 5-6 : *Multiplicité*

Remarque : Il est possible de définir des multiplicités plus complexes à l'aide d'une liste, telle que 0..1, 3..4, 6..*, qui signifie " n'importe quel nombre d'objets sauf 2 ou 5 ".

L'agrégation possède quelques variations importantes (voir chapitre 10).

Agrégation

Une association simple entre deux classes représente une relation structurelle entre pairs, ce qui signifie qu'elles sont de même niveau conceptuel : aucune des deux n'est plus importante que l'autre. Il est parfois souhaitable de modéliser une relation " tout/partie ", dans laquelle une classe représente un élément plus grand (le " tout ") qui consiste en des éléments plus petits (les " parties "). Cette relation s'appelle alors une agrégation et elle représente une relation " possède ", ce qui signifie qu'un objet du tout possède des objets de la partie. Comme le montre la figure 5-7, l'agrégation n'est qu'un genre spécial d'association et est représentée par l'ajout d'un losange du côté du tout.

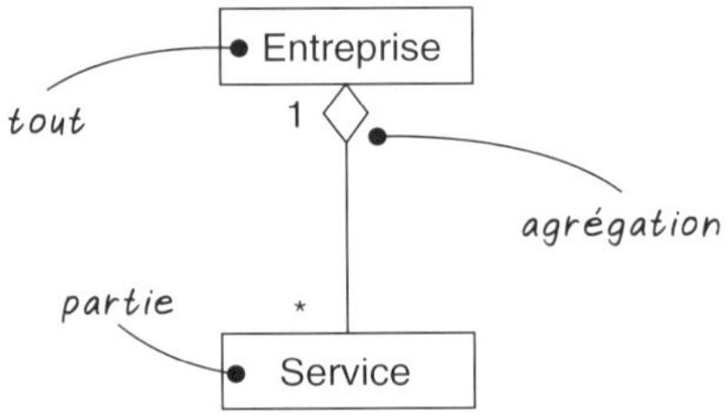

Figure 5-7 : *Agrégation*

Remarque : La signification de cette forme simple d'agrégation est uniquement conceptuelle. Le losange n'a d'autre utilité que de distinguer le " tout " de la " partie ". Cela signifie qu'une agrégation simple ne change pas la navigabilité d'une association entre le tout et ses parties et qu'elle ne connecte pas non plus les durées de vie du tout et de ses parties entre elles.

Autres caractéristiques

Les concepts avancés de relations sont traités au chapitre 10.

Les dépendances et généralisations ordinaires et sans décorations ainsi que les associations avec noms, multiplicités et rôles sont les caractéristiques dont on a le plus besoin lorsqu'on crée des abstractions. En fait, pour la plupart des modèles que l'on construit, les formes de base de ces trois relations suffisent amplement à transmettre les principales règles de sémantique des relations impliquées. Il arrive parfois que l'on ait besoin de visualiser ou de spécifier d'autres caractéristiques, telles que les compositions, la navigation, les discriminants, les classes-associations et des sortes spéciales de dépendances et de généralisations. Ces mécanismes, ainsi que beaucoup d'autres, peuvent être exprimés en UML, mais sont traités comme des concepts avancés.

Les diagrammes de classes sont traités au chapitre 8.

Les dépendances, les généralisations et les associations sont toutes des éléments statiques, définis au niveau des classes. En UML, ces relations apparaissent généralement dans des diagrammes de classes.

Les liens sont traités au chapitre 15, les transitions au chapitre 21.

Lorsqu'on commence à modéliser au niveau objet et plus spécialement lorsqu'on travaille sur les collaborations dynamiques de ces objets, on rencontre deux autres sortes de relations : les liens (qui sont des instances d'associations représentant des connexions entre objets grâce auxquelles des messages peuvent être envoyés) et les transitions (qui sont des connexions entre états dans un automate à états finis).

Techniques de modélisation courantes

Modélisation des dépendances simples

La relation de dépendance la plus fréquente est la connexion entre une classe et une autre classe utilisée seulement comme paramètre d'une opération.

Pour modéliser cette relation d'utilisation, il faut :

- créer une dépendance qui part de la classe qui contient l'opération et va en direction de la classe utilisée comme paramètre de l'opération.

Par exemple, la figure 5-8 montre un ensemble de classes qui appartiennent à un système qui gère la répartition d'étudiants et de professeurs dans des cours donnés à l'université. Une dépendance de l'`EmploiDuTemps` vers le `Cours` est indiquée, car le `Cours` est utilisé dans les opérations `ajouter` et `supprimer` de l'`EmploiDuTemps`.

Si la signature complète de l'opération est fournie, comme c'est le cas sur la figure 5-8, il n'est normalement pas nécessaire de montrer la dépendance, car l'utilisation de la classe est déjà explicite. Cependant, il peut être préférable de la faire apparaître, en particulier si la signature des opérations a été omise ou si le modèle montre d'autres relations pour la classe utilisée.

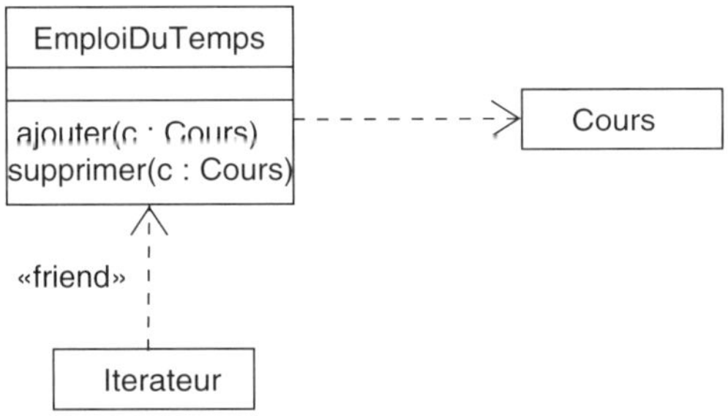

Figure 5-8 : *Relations de dépendance*

D'autres stéréotypes de relations sont traités au chapitre 10.

Cette figure montre une autre dépendance qui, cette fois, n'implique pas de classe dans des opérations mais qui modélise plutôt une tournure idiomatique C++ très fréquente. La dépendance qui part d'`Iterateur` montre que cette classe utilise `EmploiDuTemps` alors qu'`EmploiDuTemps` ne connaît rien d'`Iterateur`. Un stéréotype a été ajouté à la dépendance et indique qu'il ne s'agit pas d'une dépendance ordinaire mais plutôt d'un *friend*, comme en C++.

Modélisation d'un héritage simple

Lorsqu'on modélise le vocabulaire d'un système, on rencontre souvent des classes similaires à d'autres du point de vue structurel ou comportemental. Chacune de ces classes peut être modélisée comme une abstraction distincte et indépendante. Mais il serait encore mieux d'extraire toutes les caractéristiques comportementales et structurelles communes et de les placer dans des classes plus générales, dont ces classes spécialisées hériteraient.

Pour modéliser des relations d'héritage, il faut :

- chercher les responsabilités, les opérations et les attributs qui sont communs à deux classes ou plus dans un ensemble de classes donné.
- regrouper ces responsabilités, ces opérations et ces attributs communs dans une classe plus générale et, si cela s'avère nécessaire, créer une nouvelle classe à laquelle ces éléments peuvent être assignés (mais il faut veiller à ne pas définir trop de niveaux).
- préciser que les classes les plus spécifiques héritent des classes plus générales. Pour ce faire, tracer une relation de généralisation qui part de la classe la plus spécialisée et va en direction de la classe la plus générale.

Par exemple, la figure 5-9 montre un ensemble de classes qui appartiennent à une application commerciale. Une relation de généralisation représentée part de quatre classes – `CompteCaisse`, `Action`, `Obligation` et `BienImmobilier` – et arrive à la classe plus générale appelée `Valeur`. `Valeur` est la classe mère et `CompteCaisse`, `Action`, `Obligation` et `BienImmobilier` sont ses filles. On constate que `Valeur` comprend deux opérations : `valeurActuelle` et `historique`. Puisque `Valeur` est leur mère, `CompteCaisse`, `Action`, `Obligation` et `BienImmobilier` héritent toutes de ces deux opérations ainsi que de tout autre attribut et opération provenant de la classe `Valeur` qui pourraient avoir été omis sur cette figure.

Les classes et les opérations abstraites sont traitées au chapitre 9.

On remarque que les noms `Valeur` et `valeurActuelle` sont écrits différemment des autres, ce n'est pas sans raison. Lorsqu'on construit une hiérarchie, comme sur la figure précédente, il arrive que l'on rencontre des classes non terminales qui sont incomplètes ou qui ne doivent contenir aucun objet ; on parle alors de “ classes abstraites ”. En UML, on les distingue par leur nom en italique, comme dans le cas de la classe `Valeur`. Cette convention s'applique à des opérations comme `valeurActuelle` ; elle indique que l'opération en question fournit une signature, mais que le code source est implémenté à un niveau d'abstraction inférieur. Ainsi, comme le montre la figure 5-9, les quatre filles immédiates de `Valeur` sont concrètes.

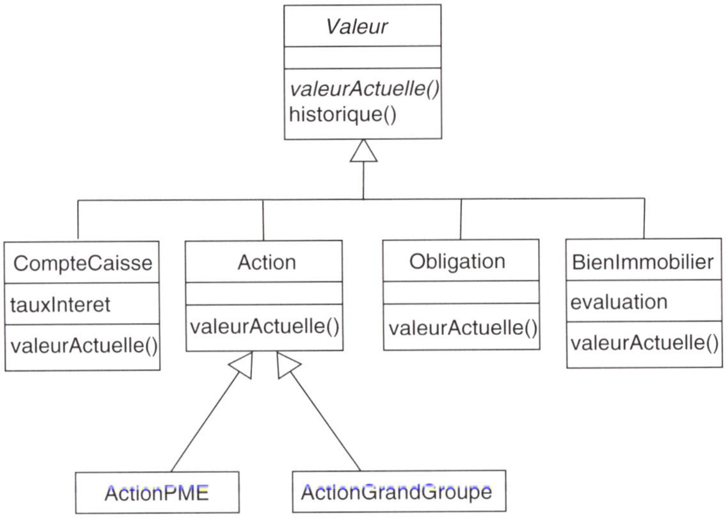

Figure 5-9 : *Relations d'héritage*

Cela signifie qu'elles ne sont pas abstraites. De plus, elles fournissent également chacune une implémentation concrète de l'opération `valeurActuelle`.

Les hiérarchies de généralisation/spécialisation ne se limitent pas nécessairement à deux niveaux. En effet, comme le montre la figure 5-9, il est courant de se retrouver avec plus de deux couches d'héritage. `Action PME` et `Action GrandGroupe` sont deux filles d'`Action`, qui est une fille de `Valeur`. Cette dernière est donc une classe racine puisqu'elle n'a pas de mère, tandis que `Action PME` et `Action GrandGroupe` sont des classes feuilles puisqu'elles n'ont aucune fille. `Action` possède une mère et des filles, et n'est donc ni une classe racine, ni une classe feuille.

L'héritage multiple est traité au chapitre 10.

Bien que cela n'apparaisse pas ici, il est également possible de créer des classes qui ont plusieurs mères. On parle alors d'héritage multiple. Cela implique que la classe concernée possède tous les attributs, toutes les opérations et toutes les associations de chacune de ses mères.

Bien entendu, aucune boucle ne peut exister au sein d'un graphe d'héritages car une classe ne peut être sa propre mère.

Modélisation des relations structurelles

Lors de la modélisation de relations de dépendance ou de généralisation, on modélise des classes qui représentent différents niveaux d'importance ou d'abstraction. Dans une dépendance entre deux classes, la première classe dépend de la seconde mais cette dernière ne connaît rien de la première. Dans une relation de généralisation entre deux classes, la fille hérite de la mère qui ne connaît rien de sa fille. Pour résumer, les relations de dépendance et de généralisation sont à sens unique.

Par défaut, les associations sont bidirectionnelles, mais leur sens peut être imposé (voir le chapitre 10).

Lors de la modélisation de relations d'association, on modélise des classes qui sont de même niveau. Dans une association entre deux classes, chaque classe compte sur l'autre d'une certaine manière et il est possible de naviguer dans les deux sens. Alors que la dépendance est une relation d'utilisation et la généralisation une relation “ est_une_sorte_de ”, l'association précise un chemin structurel qui indique l'interaction des objets des classes entre eux.

Pour modéliser des relations structurelles, il faut :

- indiquer, pour chaque paire de classes, une association s'il est nécessaire de naviguer depuis des objets de l'une vers des objets de l'autre. Dans ce cas, la vue des associations est fondée sur les données.
- définir, pour chaque paire de classes, une association entre les deux si les objets de l'une doivent interagir avec les objets de l'autre autrement que comme les paramètres d'une opération. Dans ce cas, la vue des associations est plutôt fondée sur le comportement.
- pour chacune de ces associations, définir une multiplicité, (en particulier quand la multiplicité n'est pas la valeur par défaut 1) ainsi que des noms de rôles (surtout si cela aide à mieux comprendre le modèle).
- si, dans une association, une des classes est un tout structurel ou organisationnel par rapport à l'autre qui se présente comme une partie, marquer l'association comme une agrégation en mettant une décoration du côté de la classe qui forme le “ tout ”.

Les cas d'utilisation sont traités au chapitre 16.

Comment savoir quand les objets d'une classe donnée doivent interagir avec les objets d'une autre classe ? Les cartes CRC et l'analyse des cas d'utilisation apportent une aide précieuse à ce sujet, en obligeant à envisager des scénarios structurels et comportementaux. Lorsqu'on s'aperçoit que deux classes ou plus interagissent, on indique une association.

La figure 5-10 montre un ensemble de classes qui appartiennent au système d'information d'une école. Ce diagramme comprend (en partant du coin inférieur gauche) les classes dénommées `Etudiant`, `Cours` et `Professeur`. Il existe une association entre `Etudiant` et `Cours`, qui indique que des étudiants suivent des cours. De plus, chaque étudiant peut suivre un nombre quelconque de cours et chaque cours peut accueillir un nombre quelconque d'étudiants.

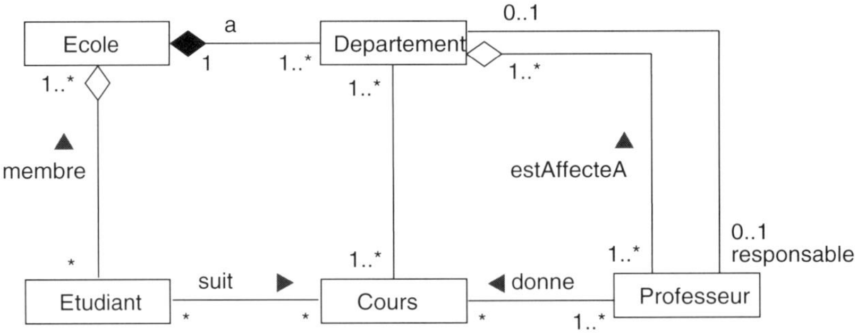

Figure 5-10 : *Relations structurelles*

De même, on constate qu'une association entre `Cours` et `Professeur` précise que les professeurs donnent des cours. Pour chaque cours, au moins un professeur intervient et chaque professeur peut donner zéro cours ou plus.

La relation d'agrégation entre `Ecole` *et* `Departement` *est une composition (voir le chapitre 10).*

Les relations entre la classe `Ecole` et les classes `Etudiant` et `Departement` sont un peu différentes, car, dans le cas présent, il s'agit de relations d'agrégation. Une école compte zéro étudiant ou plus, chaque étudiant peut être inscrit dans une ou plusieurs écoles, une école compte un département ou plus et chaque département fait partie d'une seule et unique école. On pourrait supprimer les décorations d'agrégation et utiliser des associations ordinaires, mais en précisant que `Ecole` est un tout et qu'`Etudiant` et `Departement` en sont des parties, la classe supérieure aux autres sur le plan organisationnel est ainsi clairement indiquée. Ainsi, les écoles sont en quelque sorte définies par leurs étudiants et leurs départements qui, eux, n'existent pas vraiment en dehors de l'établissement auquel ils appartiennent puisqu'une partie de leur identité leur est attribuée par l'école.

On remarque également deux associations entre `Departement` et `Professeur`. L'une d'elles indique que chaque professeur est affecté à un ou plusieurs départements et que chaque département rassemble un ou plusieurs professeurs. Cela est modélisé comme une agrégation car, du point de vue organisationnel, les départements se situent à un niveau hiérarchique supérieur à celui des professeurs dans la structure de l'école. La seconde association indique que chaque département est placé sous la responsabilité d'au plus un professeur. Sur ce modèle, un professeur ne peut être responsable que d'un seul département à la fois et certains professeurs ne sont responsables d'aucun département.

Remarque : Certaines écoles peuvent ne pas correspondre à ce modèle et ne compter aucun département, avoir des responsables qui ne sont pas des professeurs ou accueillir des étudiants qui sont également professeurs. Cela ne signifie pas que le modèle ci-dessus est incorrect, il est simplement différent. On ne peut pas modéliser sans avoir en tête l'utilisation que l'on veut faire du modèle ; autrement dit, tout modèle dépend de l'utilisation que l'on veut en faire.

Trucs et astuces

Lorsqu'on modélise des relations en UML, il faut :

- utiliser les dépendances uniquement quand la relation en cours de modélisation n'est pas structurelle.
- utiliser la généralisation seulement en présence d'une relation " est_une_sorte_de ". Dans de nombreux cas, un héritage multiple peut être remplacé par une agrégation.
- faire attention à ne pas générer de relations de généralisation en boucles.
- garder des relations de généralisation bien équilibrées. Les graphes d'héritages ne doivent pas être trop complexes (idéalement ils ne doivent pas comporter plus de cinq niveaux) ni trop larges (envisager la définition de classes abstraites intermédiaires).
- utiliser des associations principalement en présence de relations structurelles entre objets.

Lorsqu'on représente une relation en UML, on doit :

- utiliser les lignes à angle droit et les lignes obliques de manière cohérente : les droites donnent un repère visuel qui met l'accent sur les liaisons entre éléments quand elles convergent toutes vers un même élément, alors que les courbes utilisent souvent mieux l'espace à disposition dans les diagrammes complexes. L'utilisation de ces deux sortes de lignes sur un même diagramme permet d'attirer l'attention sur différents groupes de relations.
- éviter que les lignes ne se croisent.
- ne montrer que les relations indispensables à la compréhension d'un regroupement particulier d'éléments. Les relations superflues (en particulier, les associations redondantes) doivent être supprimées.

UNIFIED MODELING LANGUAGE

Chapitre 6
MÉCANISMES COMMUNS

Dans ce chapitre :

- Notes
- Stéréotypes, étiquettes et contraintes
- Modélisation de commentaires
- Modélisation de nouvelles briques de base
- Modélisation de nouvelles propriétés
- Modélisation d'une nouvelle sémantique
- Extension d'UML

Ces mécanismes courants sont traités au chapitre 2.

UML est simplifié par la présence de quatre mécanismes généraux, qui s'appliquent à l'ensemble du langage : spécifications, décorations, distinctions courantes et mécanismes d'extensibilité. Ce chapitre explique l'utilisation de deux d'entre eux : les décorations et les mécanismes d'extensibilité.

Les notes constituent les décorations indépendantes les plus importantes. Ce sont des symboles graphiques utilisés pour représenter les contraintes et les commentaires rattachés à un élément ou à un ensemble d'éléments. Elles sont utilisées pour ajouter des informations à un modèle, comme des exigences, des observations, des révisions ou des explications.

Les mécanismes d'extensibilité d'UML permettent d'augmenter la portée du langage de manière bien précise. Ils incluent les stéréotypes, les étiquettes et les contraintes. Un stéréotype étend le vocabulaire d'UML, en permettant de créer de nouvelles sortes de briques de base qui dérivent de celles qui existent déjà mais qui sont spécifiques à un problème donné. Une étiquette (*tagged value*) étend les propriétés d'une brique de base d'UML, en permettant la création de nouvelles informations dans la spécification de cet élément. Une contrainte étend la sémantique d'une brique de base UML, en permettant l'ajout de nouvelles règles ou la modification de celles qui existent déjà. On utilise ces mécanismes pour adapter UML aux besoins spécifiques d'un domaine ou d'une culture de développement.

Premiers pas

Il est parfois nécessaire de sortir des sentiers battus. Par exemple, sur un chantier, un architecte peut très bien griffonner quelques notes sur les plans d'un édifice afin de communiquer aux ouvriers un détail relatif à la construction. Dans un studio d'enregistrement, un claviériste peut inventer une nouvelle notation musicale pour représenter des effets musicaux inhabituels, différents de ceux demandés habituellement à un musicien au clavier. Dans ces deux cas, il existe déjà des langages bien définis – les plans structurels et la notation musicale –, mais parfois ils doivent être adaptés ou complétés d'une manière bien précise pour communiquer de nouvelles intentions.

La modélisation est une question de communication. UML fournit déjà tout ce qu'il faut pour visualiser, spécifier, construire et documenter les artefacts d'un large éventail de systèmes à forte composante logicielle. Pourtant, dans certaines circonstances, il est nécessaire d'adapter ou d'étendre UML. Ce phénomène se produit en permanence pour les langues naturelles (c'est la raison pour laquelle de nouveaux dictionnaires sont publiés chaque année), car aucun langage statique ne saurait suffire pour inclure toutes les informations qui doivent suivre l'évolution des réalisations humaines. Lors de l'utilisation d'un langage de modélisation comme UML, il faut se rappeler que l'objectif est de communiquer, ce qui signifie qu'il est préférable de ne pas s'écarter de la notation conventionnelle à moins d'avoir des raisons impératives de le faire. Et lorsqu'il apparaît nécessaire de sortir des sentiers battus, il ne faut le faire que d'une manière bien précise sinon il devient impossible à quiconque de comprendre les actions qui ont été entreprises.

Les notes sont un moyen fourni par UML pour ajouter des commentaires et des contraintes arbitraires afin de préciser les modèles déjà créés. Elles peuvent représenter des artefacts qui jouent un rôle important dans le cycle de développement du logiciel, comme des exigences, ou être simplement des observations, des révisions ou des explications informelles.

Comme le montre la figure 6-1, la note, représentation graphique fournie par UML, permet d'ajouter des commentaires et des contraintes, qui peuvent ensuite être visualisés directement. Associées aux bons outils, les notes offrent également la possibilité d'instaurer un lien vers d'autres documents ou de les incorporer.

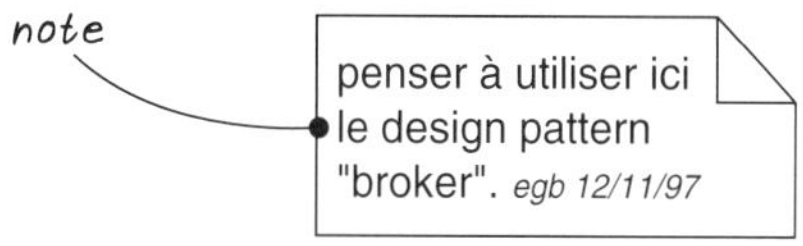

Figure 6-1 : *Notes*

Les stéréotypes, les étiquettes et les contraintes sont les mécanismes fournis par UML pour ajouter de nouvelles briques de base, créer de nouvelles propriétés et décrire une nouvelle sémantique. Par exemple, pour modéliser un réseau, il peut être souhaitable de disposer de symboles pour les routeurs et les concentrateurs ; il est possible d'utiliser des nœuds stéréotypés pour que ces éléments structurels apparaissent en tant que briques de base primitives. De même, les membres d'une équipe de publication d'un projet, responsables de l'assemblage, du test puis du déploiement des versions, peuvent vouloir conserver un historique des numéros de version et des résultats des tests de tous les principaux sous-systèmes. On peut alors utiliser les étiquettes pour ajouter ces informations aux modèles. Enfin, si on modélise des systèmes temps réel, on peut vouloir ajouter des décorations qui apportent des informations sur la planification des délais et les dates d'échéance. On peut avoir recours aux contraintes pour exprimer ces impératifs temporels.

Comme le montre la figure 6-2, UML fournit un moyen textuel pour représenter des stéréotypes, des étiquettes et des contraintes. Les stéréotypes autorisent également l'utilisation de nouveaux symboles graphiques qui sont autant de repères visuels sur les modèles pour les adapter à un langage donné et à une culture de développement donnée.

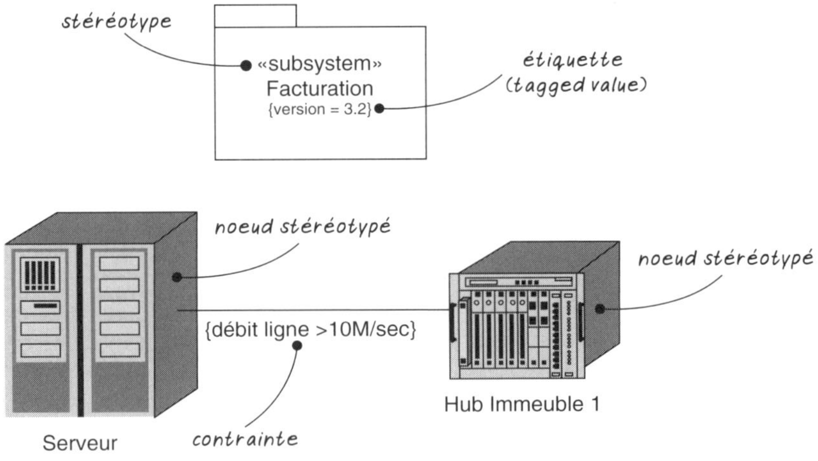

Figure 6-2 : *Stéréotypes, étiquettes et contraintes*

Termes et concepts

Une *note* est un symbole graphique utilisé pour représenter des contraintes et des commentaires rattachés à un élément ou à un ensemble d'éléments. Elle est représentée par un rectangle écorné qui contient un commentaire textuel ou graphique.

Un *stéréotype* étend le vocabulaire d'UML, en permettant la création de nouvelles sortes de briques de base, semblables à celles qui existent déjà mais spécifiques à un problème donné. Il est représenté par un nom entre guillemets et placé au-dessus du nom de l'élément stéréotypé. Il est également possible de représenter ce dernier au moyen d'une nouvelle icone.

Une *étiquette* étend les propriétés d'un élément UML, permettant ainsi d'enrichir sa spécification avec de nouvelles informations. Une étiquette est représentée par une chaîne de caractères entre accolades, placée au-dessus du nom de l'élément auquel elle est associée.

Une *contrainte* étend la sémantique d'un élément UML, en permettant l'ajout de nouvelles règles ou la modification de celles qui existent déjà. Elle est représentée par une chaîne de caractères entre accolades, placée près de l'élément associé ou reliée à ce dernier ou à d'autres par des relations de dépendance. On peut également écrire une contrainte dans une note.

Notes

Les notes portant un commentaire n'ont aucune conséquence sur le plan sémantique, ce qui veut dire que leur contenu ne modifie pas la signification du modèle auquel elles se rattachent. C'est la raison pour laquelle elles sont utilisées pour décrire des éléments comme des exigences, des observations, des révisions ou des explications, en plus de la représentation de contraintes.

Les notes peuvent se rattacher à plus d'un élément grâce aux dépendances (voir chapitre 5).

Une note peut contenir n'importe quelle combinaison de texte ou d'images. Si l'implémentation le permet, on peut même ajouter une URL active, créer un lien vers un document ou intégrer un document. Comme le montre la figure 6-3, UML peut ainsi servir à organiser tous les artefacts qu'il est possible de générer ou d'utiliser au cours du développement.

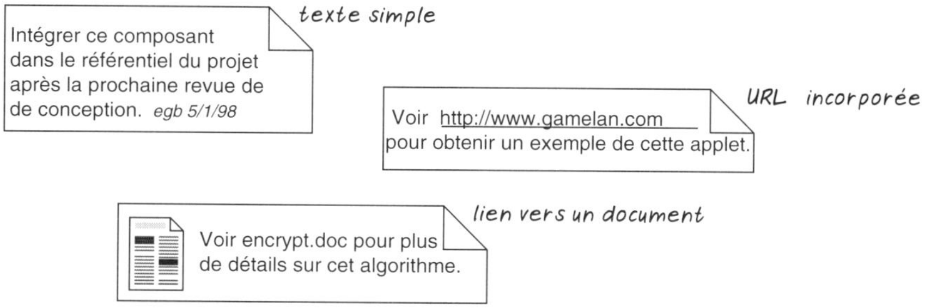

Figure 6-3 : *Notes*

Remarque : UML fournit un stéréotype standard qui s'applique aux notes : les exigences. Ce stéréotype englobe une catégorie commune de notes, qui sont utilisées pour établir une responsabilité ou une obligation.

Autres décorations

La notation de base d'une association ainsi que certaines de ses décorations sont traitées aux chapitres 5 et 10.

Les décorations peuvent être textuelles ou graphiques et viennent s'ajouter à la notation de base d'un élément. Elles servent à visualiser des détails de sa spécification. Par exemple, le symbole de base utilisé pour représenter une association est une ligne, mais il peut être décoré de détails tels que rôle et multiplicité à chaque extrémité. Avec UML, il faut appliquer la règle suivante : commencer par employer la notation de base de chaque élément et n'ajouter des décorations que si elles sont vraiment nécessaires, pour indiquer des informations spécifiques, importantes pour le modèle.

La plupart des décorations consistent en du texte placé près de l'élément concerné ou en un symbole graphique ajouté à la notation de base. Cependant, il est parfois souhaitable de décorer un élément avec plus de détails que ne le permettent le texte simple ou les images. Comme le montre la figure 6-4, dans le cas de classes, de composants et de nœuds, pour transmettre ces informations, il est possible d'ajouter un compartiment supplémentaire au-dessous des compartiments habituels.

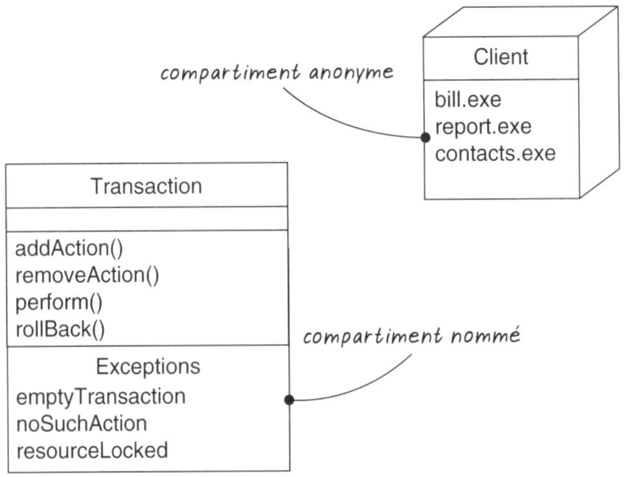

Figure 6-4: *Compartiments supplémentaires*

Remarque : À moins que son contenu ne le rende évident, il est préférable qu'un compartiment supplémentaire ait un nom explicite, afin d'éviter tout risque de confusion relatif à sa signification. Il vaut mieux utiliser ce type de décoration avec parcimonie pour éviter de surcharger les diagrammes.

Stéréotypes

Ces quatre éléments de base d'UML sont traités au chapitre 2.

UML fournit un langage pour les éléments structurels, les éléments comportementaux, les éléments de regroupement et les éléments d'annotation. Ces quatre types d'éléments de base suffisent pour modéliser la majorité des systèmes. Cependant, il est parfois nécessaire d'en ajouter de nouveaux, qui appartiennent au vocabulaire du domaine concerné mais ressemblent à des briques de base primitives.

Le Rational Unified Process est résumé dans l'annexe C.

Un stéréotype ne représente pas le même concept qu'une classe mère au sein d'une relation de généralisation mère/fille. Il faut plutôt le considérer comme un métatype, car il crée l'équivalent d'une nouvelle classe dans le métamodèle d'UML. Par exemple, pour modéliser un processus commercial, il peut être souhaitable d'ajouter des éléments comme employés, documents et assurances. De même, si on respecte un certain processus de développement tel que le Rational Unified Process, on peut décider de modéliser à l'aide de classes frontières, de classes de contrôle et de classes d'entités. C'est là que les stéréotypes démontrent toute leur valeur. En effet, lorsqu'un élément tel qu'un nœud ou une classe est stéréotypé, en pratique UML est étendu par la création d'une nouvelle brique de base similaire à celles qui existent déjà mais possédant des propriétés, une sémantique et une notation spécifiques (tout stéréotype peut véhiculer son propre ensemble d'étiquettes, inclure ses propres contraintes et posséder sa propre icone).

Les stéréotypes prédéfinis d'UML sont traités à l'annexe B.

Sous sa forme la plus simple, un stéréotype est représenté par un nom entre guillemets (par exemple, "`nom`"), placé au-dessus du nom de l'élément stéréotypé Il est possible de définir une icone comme repère visuel et de la faire figurer à droite de ce nom (si on se sert de la notation de base de l'élément) ou de l'utiliser comme symbole de base de l'élément stéréotypé. La figure 6-5 illustre ces trois approches.

Remarque : Lorsqu'on définit l'icone d'un stéréotype, il est important de penser à utiliser de la couleur pour fournir un repère visuel supplémentaire (tout en ayant recours à cette solution avec parcimonie afin de ne pas surcharger le diagramme). UML permet l'utilisation de n'importe quelles formes d'icones qui, si l'implémentation choisie le permet, peuvent servir d'outils de base. Les créateurs de diagrammes UML disposent ainsi de leur propre palette d'éléments fondamentaux qui appartiennent au vocabulaire de leur domaine.

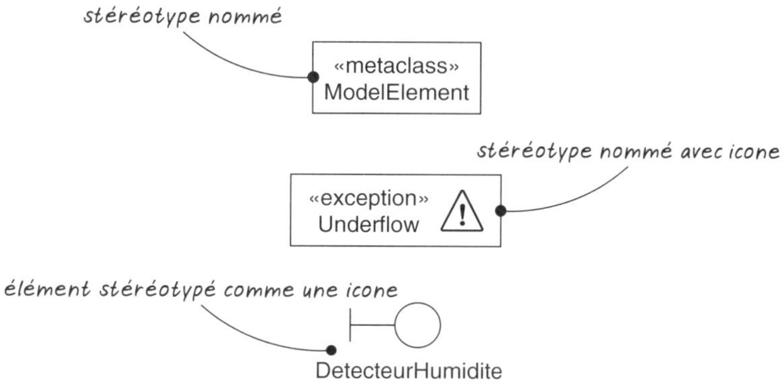

Figure 6-5 : *Stéréotypes*

Étiquettes

Dans UML, chaque élément possède son propre ensemble de propriétés : les classes ont des noms, des attributs et des opérations, les associations possèdent des noms et deux extrémités ou plus (chacune ayant ses propriétés), et ainsi de suite. Alors que les stéréotypes permettent d'ajouter de nouveaux éléments à UML, les étiquettes permettent l'ajout de nouvelles propriétés.

Les attributs sont traités aux chapitres 4 et 9.

Il est possible de définir des marqueurs (*tags*) qui s'ajoutent à la notation de base d'UML pour des éléments existants ou qui s'appliquent à des stéréotypes individuels afin que tous les éléments ainsi stéréotypés portent cette même étiquette. Une étiquette est différente d'un attribut de classe. Il faut plutôt l'envisager comme une métadonnée car sa valeur s'applique à l'élément lui-même, pas à ses instances. Par exemple, comme le montre la figure 6-6, il peut être souhaitable d'indiquer le nombre de processeurs installés sur chaque sorte de nœud dans un diagramme de déploiement ou d'exiger que tout composant soit stéréotypé comme une bibliothèque, s'il est destiné à être déployé sur un client ou sur un serveur.

Les étiquettes prédéfinies d'UML sont traitées dans l'annexe B.

Sous sa forme la plus simple, une étiquette est représentée par une chaîne de caractères entre accolades, placée sous le nom de l'élément auquel elle se rapporte. Cette chaîne comprend un nom (le marqueur – *tag*), un séparateur (le symbole =) et une valeur (celle du marqueur). Il est possible de n'indiquer que la valeur si sa signification n'est pas ambiguë, par exemple si la valeur est le nom d'une énumération.

Remarque : La plupart du temps, les étiquettes sont utilisées pour indiquer les propriétés relatives à la génération de code ou à la gestion de configuration. Par exemple, elles peuvent préciser le langage de programmation qui correspond à une classe particulière. De même, les étiquettes peuvent servir à indiquer l'auteur et la version d'un composant.

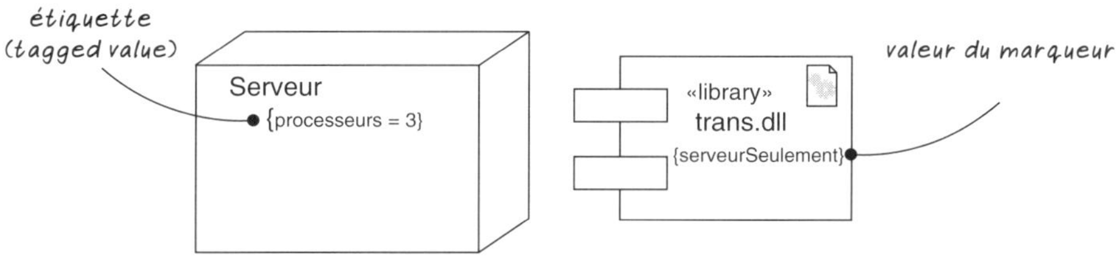

Figure 6-6 : *Étiquettes*

Contraintes

Les contraintes de temps et d'espace, fréquemment utilisées lors de la modélisation des systèmes temps réel, sont traitées au chapitre 23.

En UML, chaque élément possède sa propre sémantique. La généralisation implique le principe de substitution de Liskov ; les associations multiples liées à une classe indiquent des relations distinctes. Les contraintes permettent d'ajouter de nouvelles règles sémantiques ou de changer celles qui existent. Elles précisent des conditions indispensables pour que le modèle soit correctement formé. Par exemple, comme le montre la figure 6-7, dans une association donnée, il peut être souhaitable d'indiquer que la communication est cryptée. De même, il peut être nécessaire de préciser qu'au sein d'un ensemble d'associations, une seule est manifeste à un moment donné.

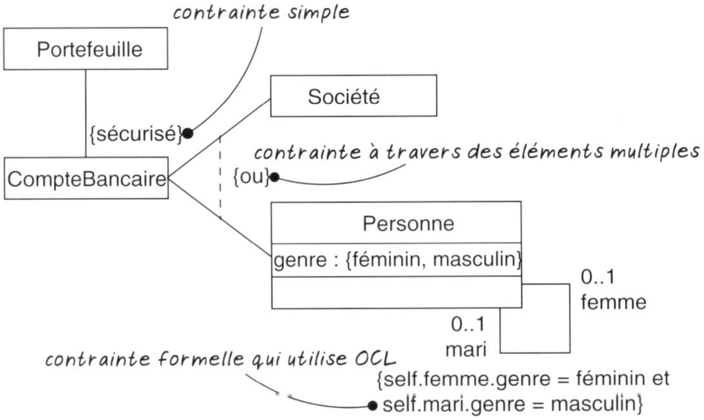

Figure 6-7 : *Contraintes*

Les contraintes prédéfinies d'UML sont traitées dans l'annexe B.

Remarque : Les contraintes peuvent être écrites sous forme de texte informel. Si la sémantique doit être indiquée de façon plus précise, il est possible de recourir à l'Object Constraint Language (OCL) d'UML, décrit plus en détails dans *UML, Reference Manual*, à paraître en version française aux Éditions Eyrolles dans les mois à venir.

Les contraintes peuvent se rattacher à plus d'un élément grâce aux dépendances (voir chapitre 5).

Une contrainte est représentée par une chaîne de caractères entre accolades, placée à côté de l'élément auquel elle est associée. Cette notation est également utilisée pour décorer la notation de base d'un élément afin de visualiser des parties de sa spécification qui n'ont pas de repère graphique. Par exemple, certaines propriétés d'associations (ordre et capacité de changement) sont représentées à l'aide de contraintes.

Éléments standard

Les éléments standard d'UML sont résumés dans l'annexe B. Les classificateurs sont traités au chapitre 9.

UML définit un certain nombre de stéréotypes standard pour les classificateurs, les composants, les relations et d'autres éléments de modélisation. Il en existe même un, plus particulièrement destiné aux développeurs d'outils, qui permet de modéliser les stéréotypes eux-mêmes :

- `stereotype` indique que le classificateur est un stéréotype qui peut être appliqué à d'autres éléments.

Ce stéréotype sert à modéliser de manière explicite les stéréotypes définis pour un projet donné.

UML fournit également une étiquette standard qui s'applique à tous les éléments de modélisation :

- `documentation` indique un commentaire, une description ou une explication de l'élément auquel elle est rattachée.

Cette étiquette sert à ajouter un commentaire directement à la spécification d'un élément, tel qu'une classe.

Techniques de modélisation courantes

Modélisation de commentaires

La plupart du temps, on a recours aux notes pour écrire des observations, des révisions ou des explications informelles. Si l'on met ces commentaires directement dans un modèle, ce dernier peut devenir un référentiel commun des différents artefacts créés au cours du développement. Il est même possible d'utiliser des notes pour visualiser des exigences et montrer comment celles-ci font explicitement référence aux parties du modèle.

Pour modéliser un commentaire, il faut :

- le placer sous forme de texte dans une note, près de l'élément auquel il se réfère. Il est possible de montrer plus explicitement une relation entre une note et ses éléments en les reliant à l'aide d'une relation de dépendance.
- se rappeler qu'il est possible de rendre visible ou de cacher les éléments d'un modèle en fonction des besoins. Cela signifie qu'il n'est pas obligatoire de montrer des commentaires partout où apparaissent les éléments auxquels ils sont rattachés. Il est au contraire plus judicieux de les faire apparaître sur les diagrammes uniquement s'il est nécessaire de communiquer ces informations dans un contexte précis.
- si le commentaire est long ou s'il contient autre chose que du texte simple, penser à le placer dans un document externe vers lequel on crée un lien qu'on intègre dans une note rattachée au modèle concerné.
- au fur et à mesure que le modèle évolue, ne conserver que les commentaires relatifs à des décisions importantes qui ne peuvent être déduites de la repré-

sentation et écarter les autres, à moins qu'ils ne présentent un intérêt lié à l'historique du modèle.

La généralisation simple est traitée au chapitre 5, les formes avancées de généralisation au chapitre 10.

Par exemple, la figure 6-8 montre le modèle d'une hiérarchie de classes en cours d'élaboration. Des besoins déterminants pour sa forme apparaissent, ainsi que des notes ajoutées lors d'une revue de projet.

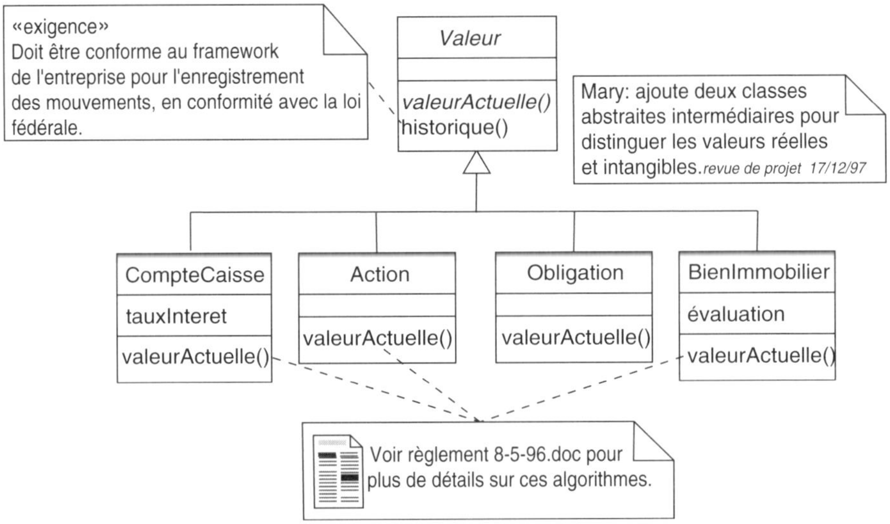

Figure 6-8 : *Modélisation de commentaires*

Dans cet exemple, deux notes consistent en du texte simple (comme la note à l'attention de Mary) et la troisième (en bas du diagramme) fournit un lien hypertexte vers un autre document.

Modélisation de nouvelles briques de base

Les briques de base d'UML – classes, interfaces, collaborations, composants, nœuds, associations, etc. – sont suffisamment génériques pour couvrir la plupart des éléments qui doivent être modélisés. Cependant, pour étendre le vocabulaire de modélisation ou ajouter des repères visuels à des abstractions qui reviennent souvent dans un domaine donné, il est nécessaire d'utiliser les stéréotypes.

Pour modéliser de nouvelles briques de base, il faut :

- s'assurer qu'il n'existe pas déjà une manière d'exprimer ce concept au moyen de la notation UML de base. S'il s'agit d'un problème courant de modélisation, il y a de fortes chances pour qu'un stéréotype standard approprié existe déjà.

La construction de hiérarchies de stéréotypes est traitée au chapitre 10.

- si l'on est sûr qu'il n'existe pas d'autres manières d'exprimer cette sémantique, déterminer l'élément primitif d'UML le plus proche de ce qu'il faut modéliser (par exemple, classe, interface, composant, nœud, association, etc.) et définir un nouveau stéréotype pour cet élément. Se rappeler qu'il est possible de créer des hiérarchies de stéréotypes, de façon à disposer de stéréotypes généraux ainsi que de leurs spécialisations (mais comme pour toute hiérarchie, les utiliser avec parcimonie).
- décrire la sémantique et les propriétés communes qui vont au-delà de l'élément de base stéréotypé, en définissant un ensemble d'étiquettes et de contraintes qui s'appliquent au stéréotype.
- si un repère visuel distinct est souhaitable pour cet élément stéréotypé, définir une nouvelle icone.

Les instances sont traitées au chapitre 13, les rôles au chapitre 11, les diagrammes d'activités au chapitre 19.

Par exemple, supposons que des diagrammes d'activités soient utilisés pour modéliser un processus qui implique la gestion d'entraîneurs et d'équipes lors d'une manifestation sportive. Dans ce contexte, il sera utile de pouvoir distinguer d'un coup d'œil les entraîneurs et les équipes les uns des autres, ainsi que d'autres éléments de ce domaine tels que les différents événements et les divisions. Comme le montre la figure 6-9, deux ensembles ressortent nettement : les objets `Entraineur` et `Equipe`. Ce ne sont pas de simples classes, mais plutôt des briques de base primitives qui peuvent être utilisées dans ce contexte. On peut les créer en définissant un stéréotype d'entraîneur et un stéréotype d'équipe appliqués aux classes UML. Sur la figure 6-9, les instances anonymes dénommées `:Entraineur` et `:Equipe` (cette dernière étant représentée dans différents états – à savoir, non-inscrite (`unregistered`), inscrite (`registered`) et éliminée (`finished`)) utilisent les icones associées à ces stéréotypes.

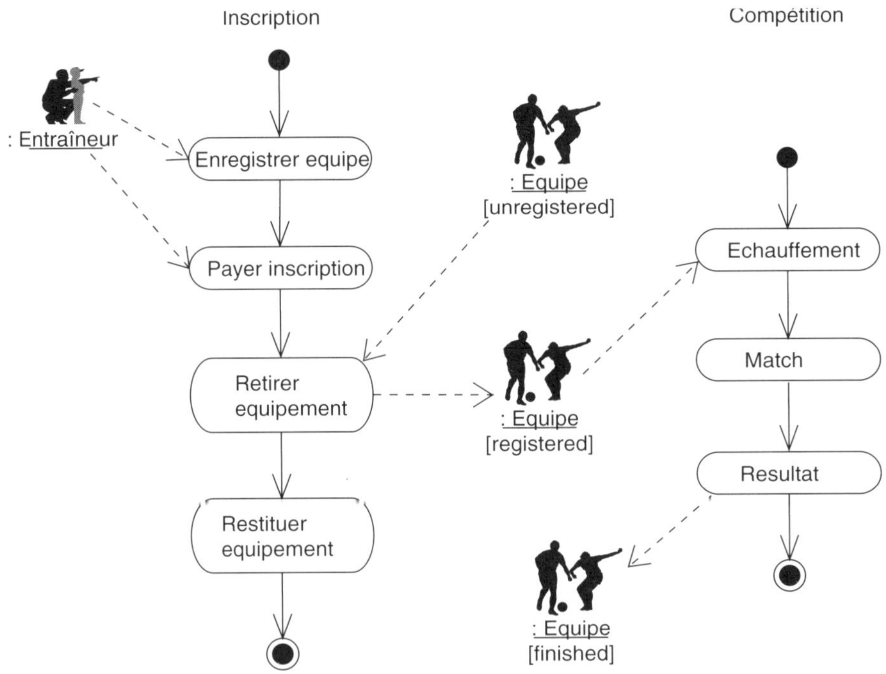

Figure 6-9 : *Modélisation de nouvelles briques de base*

Modélisation de nouvelles propriétés

Les propriétés fondamentales des briques de base UML – attributs et opérations pour les classes, contenu des paquetages, etc. – sont suffisamment génériques pour couvrir la plupart des éléments qui doivent être modélisés. Cependant, pour élargir les propriétés de ces briques de base (ou des nouvelles briques de base créées à l'aide de stéréotypes), il est nécessaire d'utiliser les étiquettes.

Pour modéliser de nouvelles propriétés, il faut :

- s'assurer qu'il n'existe pas déjà une manière d'exprimer ce concept au moyen de la notation UML de base. S'il s'agit d'un problème courant de modélisation, il y a de fortes chances qu'il existe déjà une étiquette standard qui remplira la fonction souhaitée ;
- si l'on est sûr qu'il n'existe pas d'autres manières d'exprimer cette sémantique, ajouter cette nouvelle propriété à un élément individuel ou à un stéréotype. Ce sont les règles de la généralisation qui s'appliquent : les étiquettes définies pour une sorte d'élément sont également valables pour ses enfants.

Les sous-systèmes sont traités au chapitre 31.

Par exemple, supposons qu'il faille lier les modèles créés au système de gestion de configuration du projet concerné. Cela signifie, entre autres, conserver un historique des numéros de version, l'état actuel des `checkedIn/checkedOut` (enregistré dans/extrait du système de gestion de configuration) et peut-être même les dates de création et de modification de chaque sous-système. Ces informations sont spécifiques au processus de développement et n'appartiennent donc pas aux éléments de base d'UML, bien qu'il soit possible de les ajouter comme étiquettes. De plus, elles ne représentent pas seulement un attribut de classe. Le numéro de version d'un sous-système fait partie de ses métadonnées, pas du modèle.

La figure 6-10 montre quatre sous-systèmes, qui ont tous été étendus pour que leur numéro de version et leur état soient inclus. Dans le cas du sous-système `Billing`, une autre étiquette apparaît, à savoir la personne qui l'a extrait du système de gestion de configuration.

Remarque : Les valeurs des marqueurs telles que `version` et `etat` sont des informations qui peuvent être fixées par des outils informatiques. Au lieu de les définir à la main dans le modèle, on peut utiliser un environnement de développement qui intègre les outils de gestion de configuration aux instruments de modélisation pour que ces valeurs soient gérées automatiquement.

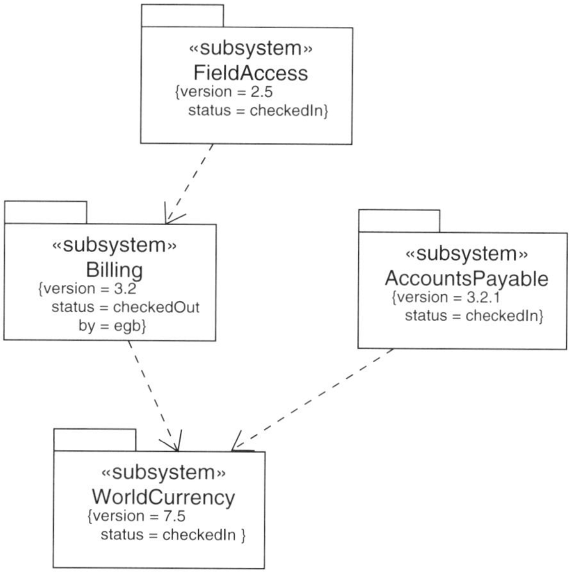

Figure 6-10 : *Modélisation de nouvelles propriétés*

Modélisation d'une nouvelle sémantique

La création d'un modèle à l'aide d'UML implique le respect des règles de ce langage. La communication des intentions du modélisateur à toute autre personne sachant lire la notation UML est ainsi dépourvue de toute ambiguïté. Cependant, si l'on a besoin d'exprimer une nouvelle sémantique qu'UML ne prend pas en compte ou de modifier ses conventions existantes, il devient alors nécessaire d'utiliser une contrainte.

Pour modéliser une nouvelle sémantique, il faut :

- s'assurer qu'il n'existe pas déjà une manière d'exprimer ce concept au moyen de la notation UML de base. S'il s'agit d'un problème courant de modélisation, il y a de fortes chances pour qu'une contrainte standard qui remplira la fonction souhaitée existe déjà.
- si l'on est sûr qu'il n'existe pas d'autres manières d'exprimer cette sémantique, l'écrire sous forme de texte dans une contrainte et placer cette dernière près de l'élément auquel elle se rapporte. Il est possible de montrer une relation plus explicite en reliant une contrainte à ses éléments à l'aide d'une relation de dépendance.
- s'il est nécessaire de décrire cette sémantique plus précisément et plus formellement, l'écrire en OCL.

Par exemple, la figure 6-11 modélise une petite partie d'un système de ressources humaines dans une entreprise.

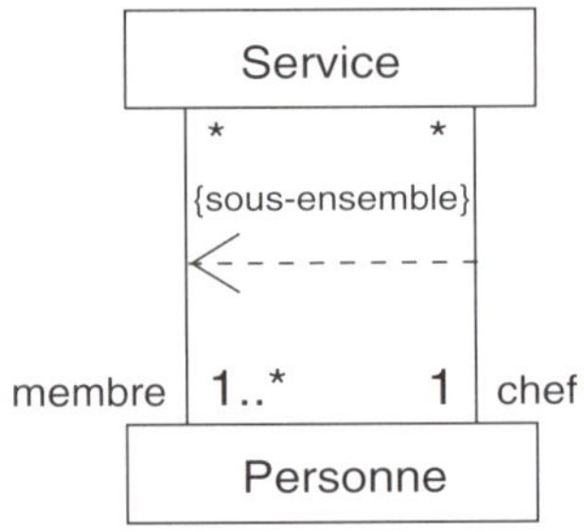

Figure 6-11 : *Modélisation d'une nouvelle sémantique*

Ce diagramme montre que chaque `Personne` peut être membre de zéro `Service` ou plus et que chaque `Service` doit compter au moins une `Personne` qui en soit membre. Il indique aussi que chaque `Service` doit comprendre exactement une `Personne` qui en soit le chef et que chaque `Personne` peut être chef de zéro `Service` ou plus. Toute cette sémantique peut être exprimée avec la notation UML de base. Cependant, préciser qu'un chef doit également être membre de son service implique des associations multiples et ne peut être exprimé avec la notation UML de base. Pour préciser cet invariant, il est nécessaire d'écrire une contrainte qui montre que le chef est un sous-ensemble des membres du service, en reliant les deux associations et la contrainte par une dépendance qui part du sous-ensemble pour arriver au sur-ensemble.

Trucs et astuces

Pour décorer un modèle à l'aide de notes, il faut :

- utiliser des notes uniquement pour les exigences, les observations, les révisions et les explications qui ne peuvent être exprimées simplement ou dans toute leur signification au moyen des caractéristiques d'UML qui existent déjà ;
- se servir des notes comme d'un mémo électronique, pour suivre l'évolution d'un travail.

Pour représenter des notes, il faut :

- ne pas surcharger les modèles avec de grands blocs de commentaires, mais, si ces commentaires sont vraiment nécessaires, utiliser plutôt des notes pour placer un lien vers un document qui les contient ou pour y intégrer un document qui inclut la totalité de ce commentaire.

Pour étendre un modèle à l'aide de stéréotypes, d'étiquettes ou de contraintes, il faut :

- standardiser un petit ensemble de stéréotypes, d'étiquettes et de contraintes à utiliser dans le projet concerné et éviter de laisser les développeurs créer de nouvelles extensions ;
- choisir des noms de stéréotypes et d'étiquettes courts et significatifs ;
- quand la précision n'est pas très importante, utiliser du texte informel pour décrire les contraintes. Si la précision s'impose, utiliser OCL pour écrire ces expressions.

Pour représenter un stéréotype, une étiquette ou une contrainte, il faut :

- utiliser les stéréotypes graphiques avec parcimonie, car s'il est possible de modifier totalement la notation de base d'UML, il faut éviter de rendre les modèles ainsi construits incompréhensibles pour les autres ;
- envisager l'utilisation de couleurs ou de nuances simples pour les stéréotypes graphiques, ainsi que des icones plus compliquées. Les représentations les plus simples sont généralement les meilleures et même les repères visuels les plus subtils peuvent communiquer de très nombreuses informations.

Chapitre 7

Diagrammes

Dans ce chapitre :

- Diagrammes, vues et modèles
- Modélisation des différentes vues d'un système
- Modélisation des différents niveaux d'abstraction
- Modélisation des vues complexes
- Organisation des diagrammes et autres artefacts

La modélisation est traitée au chapitre 1.

Lorsqu'on modélise, on crée une simplification de la réalité de façon à mieux comprendre le système que l'on développe. Avec UML, on construit les modèles à partir des briques de base, comme les classes, les interfaces, les collaborations, les composants, les nœuds, les dépendances, les généralisations et les associations.

Les diagrammes permettent de visualiser ces briques de base. Ils représentent un ensemble d'éléments, le plus souvent sous la forme de graphes connectés de sommets (éléments structurels) et d'arcs (relations) et servent à visualiser un système sous différents angles. Parce qu'il est impossible d'appréhender complètement un système complexe à partir d'une seule perspective, UML propose un certain nombre de diagrammes qui permettent de se concentrer sur différents aspects du système de manière indépendante.

Un diagramme bien fait facilite la compréhension du système en cours de développement. Choisir le bon ensemble de diagrammes pour modéliser le système oblige à poser les bonnes questions et aide à mieux voir les conséquences des décisions prises.

Premiers pas

Lorqu'un futur propriétaire fait appel à un architecte pour concevoir les plans de sa maison, ils commencent avec les trois éléments suivants : une liste des desiderata du donneur d'ordres (par exemple, " je veux une maison avec trois chambres " et " je ne veux pas investir plus de *xxx francs* "), quelques images ou croquis d'autres maisons qui présentent les principales caractéristiques souhaitées (une entrée avec un escalier en colimaçon, par exemple) et quelques idées générales sur le style architectural (" Je veux une maison de type alsacien "). Le travail de l'architecte consiste alors à imaginer une maison à partir de ces exigences incomplètes, susceptibles de changer et parfois contradictoires.

Pour ce faire, il commence sans aucun doute par un plan de base. Ce projet initial permet de voir à quoi ressemblera la maison terminée, de préciser certains points et de documenter les décisions. À chaque étape, il est possible d'apporter des changements : déplacement de cloisons, réorganisation de certaines pièces, choix de l'emplacement des portes et des fenêtres. Au début, les plans sont susceptibles d'être modifiés très souvent, mais au fur et à mesure que la conception progresse, la maison proposée répond de mieux en mieux aux contraintes de forme, de fonction, de temps et d'argent et les plans sont suffisamment avancés pour que la construction de la maison commence. Cependant, il est probable que certains points seront modifiés et d'autres ajoutés au cours de la construction.

Au fur et à mesure que les choses avancent, le futur propriétaire éprouve le besoin d'avoir une vue de la maison autre qu'une vue en plan. Par exemple, il souhaite obtenir un plan en élévation. Le donneur d'ordres précise ensuite d'autres détails pour pouvoir évaluer les coûts, l'architecte a alors besoin de créer des plans du système électrique, des plans pour le chauffage et la ventilation ainsi que pour les conduites d'eau et l'évacuation des eaux usées. Si la conception doit tenir compte de certaines caractéristiques inhabituelles (comme une longue ouverture non étayée au-dessus du sous-sol ou l'emplacement d'une cheminée à côté d'un ensemble Home Cinéma), le donneur d'ordres assisté de l'architecte trace des esquisses qui mettent ces points précis en valeur.

La création de diagrammes pour visualiser des systèmes sous différents angles ne se limite pas à l'industrie de la construction mais apparaît au contraire dans toutes les disciplines d'ingénierie qui impliquent la création de systèmes complexes, depuis le génie civil jusqu'au génie aéronautique, la construction navale, la fabrication industrielle et le génie logiciel.

Les cinq vues d'une architecture sont étudiées au chapitre 2.

Dans le contexte d'un logiciel, il existe cinq vues complémentaires très importantes pour la visualisation, la spécification, la construction et la documentation d'une architecture logicielle : la vue des cas d'utilisation, la vue de conception, la vue de processus, la vue d'implémentation et la vue de déploiement. Chacune de ces vues implique une modélisation structurelle (modéliser des éléments statiques) ainsi qu'une modélisation comportementale (modéliser des éléments dynamiques). Ensemble, ces différentes vues représentent les décisions les plus importantes à propos du système. Individuellement, chacune d'elles permet de concentrer son attention sur un aspect particulier du système et de prendre certaines décisions sereinement et en toute connaissance de cause.

La modélisation de l'architecture d'un système est traitée au chapitre 31.

Pour visualiser un système logiciel sous différents angles à l'aide d'UML, on a recours à des diagrammes pour organiser les éléments intéressants. UML définit neuf sortes de diagrammes, que l'on peut mélanger et associer pour assembler chaque vue. Par exemple, on peut visualiser les aspects statiques de l'implémentation d'un système à l'aide de diagrammes de composants tandis que les aspects dynamiques de la même vue d'implémentation peuvent être visualisés à l'aide de diagrammes d'interaction. De même, on peut visualiser les aspects statiques de la base de données d'un système en utilisant des diagrammes de classes et ses aspects dynamiques à l'aide des diagrammes de collaboration.

Naturellement, cette liste de diagrammes n'est pas limitative. Dans UML, on définit ces neuf diagrammes car ils représentent l'ensemble d'éléments visualisés le plus courant. Pour répondre aux besoins d'un projet ou d'une organisation, on peut créer d'autres sortes de diagrammes pour visualiser les éléments différemment.

Ce processus incrémental et itératif est résumé à l'annexe C.

On utilise les diagrammes d'UML principalement de deux manières : pour spécifier des modèles à partir desquels on construit un système exécutable (ingénierie vers l'aval) et pour reconstruire des modèles depuis des parties d'un système exécutable (rétro-ingénierie). Comme l'architecte, on crée des diagrammes de façon incrémentale (en les réalisant pièce par pièce) et itérative (en répétant un processus qui consiste à “concevoir un peu, construire un peu”).

Termes et concepts

Les systèmes, les modèles et les vues sont traités au chapitre 31.

Un *système* est un ensemble de sous-systèmes organisés pour atteindre un objectif et décrits par un ensemble de modèles, si possible sous différents points de vue. Un *sous-système* est un regroupement d'éléments, dont certains constituent une spécification du comportement proposé par les autres éléments contenus. Un *modèle* est une abstraction d'un système, fermée d'un point de vue sémantique, c'est-à-dire représentant une simplification complète et cohérente de la réalité et créée dans le but de faciliter la compréhension du système. Dans le contexte de l'architecture, une *vue* est une projection dans l'organisation et la structure du modèle d'un système, centrée sur un des aspects de ce système. Un *diagramme* est la représentation graphique d'un ensemble d'éléments, représentés le plus souvent sous la forme d'un graphe connecté de sommets (éléments structurels) et d'arcs (relations).

Autrement dit, un système représente ce que l'on développe, vu sous différents angles et au moyen de différents modèles. Chacune des vues apparaît sous forme de diagrammes.

Un diagramme n'est qu'une projection graphique dans les éléments qui composent un système. Par exemple, il existe plusieurs centaines de classes dans la conception d'un système de ressources humaines d'entreprise. Il est impossible de visualiser la structure ou le comportement de ce système en regardant un immense diagramme qui contient toutes ces classes ainsi que leurs relations. Il est donc préférable de créer plusieurs diagrammes centrés chacun sur une vue. Par exemple, on peut avoir un diagramme de classes qui contient des classes telles que `Personne`, `Service` et `Bureau` et qui sont assemblées de façon à construire un schéma de base de données. Certaines de ces classes, ainsi que d'autres classes, peuvent figurer dans un autre diagramme qui représente une API utilisée par les applications client. On peut probablement voir aussi certaines de ces classes dans un diagramme d'interaction dans lequel elles spécifient la sémantique d'une transaction qui affecte une `Personne` à un nouveau `Service`.

Comme le montre cet exemple, le même élément structurel dans un système (tel que la classe `Personne`) peut apparaître plusieurs fois dans le même diagramme ou dans différents diagrammes. Il s'agit de la même chose dans les deux cas. Chaque diagramme fournit une vue des éléments qui composent le système.

Lors de la modélisation de systèmes réels, quel que soit le domaine concerné, on crée les mêmes sortes de diagrammes car ils représentent des vues courantes au sein de modèles courants. En règle générale, on visionne les parties statiques d'un système en utilisant un des quatre diagrammes suivants :

1. diagramme de classes,
2. diagramme d'objets,
3. diagramme de composants,
4. diagramme de déploiement.

On utilise souvent cinq diagrammes supplémentaires pour visualiser les parties dynamiques d'un système :

1. diagramme de cas d'utilisation,
2. diagramme de séquence,
3. diagramme de collaboration,
4. diagramme d'états-transitions,
5. diagramme d'activités.

UML donne une définition de ces neuf sortes de diagrammes.

Les paquetages sont traités au chapitre 12.

Chaque diagramme créé a de fortes chances d'appartenir à cette liste, même si, ponctuellement, il peut s'agir d'une autre sorte de diagramme définie pour un projet particulier ou une organisation personnelle. Chaque diagramme doit avoir un nom unique dans son contexte afin que l'on puisse facilement faire référence à un diagramme spécifique et les distinguer les uns des autres. Pour tous les systèmes à l'exception des plus simples, on organise les diagrammes en paquetages.

Avec UML, on peut projeter n'importe quelle combinaison d'éléments dans le même diagramme. Par exemple, on peut représenter à la fois des classes et des objets dans un seul diagramme (cela se fait couramment) ou encore montrer à la fois des classes et des composants, toujours dans le même diagramme (cela est possible, mais plus rare). Même si rien n'empêche de placer des sortes d'éléments de modélisation très disparates dans le même diagramme, il est plus courant d'y voir plus ou moins les mêmes éléments structurels. En fait, les diagrammes prédéfinis d'UML sont nommés d'après les éléments qu'ils comportent en plus grand nombre. Ainsi, si l'on veut visualiser un ensemble de classes et leurs relations, on utilise un diagramme de classes. De même, pour visualiser un ensemble de composants, on utilise un diagramme de composants.

Remarque : Dans la pratique, tous les diagrammes que l'on crée sont bidimensionnels, ce qui signifie qu'il s'agit simplement de graphes de sommets et d'arcs plats, dessinés sur une feuille de papier, un tableau blanc, au dos d'une enveloppe ou qui apparaissent à l'écran d'un ordinateur. UML permet de créer des diagrammes tridimensionnels, c'est-à-dire des graphes qui ont une certaine profondeur et qui permettent de “ naviguer ” à travers un modèle. Certains groupes de recherche sur la réalité virtuelle ont déjà expérimenté cette utilisation avancée d'UML.

Diagrammes structurels

Les quatre diagrammes structurels d'UML servent à visualiser, spécifier, construire et documenter les aspects statiques d'un système. Les aspects statiques d'un système représentent son squelette et son échafaudage, tous deux relativement stables. Les aspects statiques d'une maison englobent l'existence et l'emplacement d'éléments tels que les cloisons, les portes, les fenêtres, les tuyaux, les fils électriques et les aérations. De même, les aspects statiques d'un système logiciel englobent l'existence et l'emplacement d'éléments tels que les classes, les interfaces, les collaborations, les composants et les nœuds.

Les diagrammes structurels d'UML sont plus ou moins organisés autour de grands groupes d'éléments structurels que l'on rencontre lorsqu'on modélise un système :

- diagramme de classes — classes, interfaces et collaborations
- diagramme d'objets — objets
- diagramme de composants — composants
- diagramme de déploiement — nœuds

Diagramme de classes

Les diagrammes de classes sont traités au chapitre 8.

Les *diagrammes de classes* représentent un ensemble de classes, d'interfaces et de collaborations ainsi que leurs relations. Ce sont les diagrammes que l'on rencontre le plus souvent dans la modélisation de systèmes orientés objet. On les utilise pour illustrer la vue de conception statique d'un système. Les diagrammes de classes qui comportent des classes actives sont utilisés pour adresser la vue de processus statique d'un système.

Diagramme d'objets

Les diagrammes d'objets sont traités au chapitre 14.

Les *diagrammes d'objets* représentent un ensemble d'objets ainsi que leurs relations. On les utilise pour illustrer des structures de données, les vues statiques d'instances des éléments que l'on trouve dans les diagrammes de classes. Ces diagrammes adressent la vue de conception statique ou la vue de processus statique d'un système tout comme le font les diagrammes de classes, mais à partir de la perspective de cas réels ou de prototypes.

Diagramme de composants

Les diagrammes de composants sont traités au chapitre 29.

Les *diagrammes de composants* représentent un ensemble de composants ainsi que leurs relations. On les utilise pour illustrer la vue d'implémentation statique d'un système. Ils sont apparentés aux diagrammes de classes car un composant correspond généralement à une ou plusieurs classes, interfaces ou collaborations.

Diagramme de déploiement

Les diagrammes de déploiement sont traités au chapitre 30.

Les *diagrammes de déploiement* représentent un ensemble de nœuds ainsi que leurs relations. On les utilise pour illustrer la vue de déploiement statique d'une architecture. Les diagrammes de déploiement sont apparentés aux diagrammes de composants car un nœud englobe généralement un ou plusieurs composants.

Remarque : Ces quatre diagrammes ont des variantes fréquemment utilisées, dont le nom dépend du contenu principal. Par exemple, on peut créer un diagramme de sous-systèmes pour illustrer la décomposition structurelle d'un système en sous-systèmes. Un diagramme de sous-systèmes n'est qu'un diagramme de classes qui contient principalement des sous-systèmes.

Diagrammes comportementaux

Les cinq diagrammes comportementaux d'UML sont utilisés pour visualiser, spécifier, construire et documenter les aspects dynamiques d'un système. Les aspects dynamiques d'un système représentent ses parties susceptibles de changer. Tout comme les aspects dynamiques d'une maison comprennent la circulation de l'air et le passage entre les différentes pièces de la maison, les aspects dynamiques d'un système logiciel comprennent le flot des messages dans le temps et le mouvement physique des composants à travers un réseau.

Les diagrammes comportementaux d'UML sont plus ou moins organisés autour des principales manières de modéliser la dynamique d'un système :

- diagramme de cas d'utilisation — organise les comportements du système
- diagramme de séquence — centré sur l'ordre chronologique des messages
- diagramme de collaboration — centré sur l'organisation structurelle des objets qui envoient et reçoivent des messages
- diagramme d'états-transitions — centré sur le changement d'état d'un système ordonnancé par les événements
- diagramme d'activités — centré sur le flot de contrôle d'une activité à une autre

Diagramme de cas d'utilisation

Les diagrammes de cas d'utilisation sont traités au chapitre 17.

Les *diagrammes de cas d'utilisation* représentent un ensemble de cas d'utilisation et d'acteurs (une sorte spéciale de classe) ainsi que leurs relations. On applique ces diagrammes pour illustrer la vue de cas d'utilisation statique d'un système. Ils sont particulièrement importants pour l'organisation et la modélisation des comportements d'un système.

Les deux diagrammes suivants ainsi que les deux derniers diagrammes sont équivalents du point de vue sémantique, ce qui signifie que l'on peut modéliser la dynamique d'un système à l'aide d'une sorte de diagramme comportemental puis le transformer en une autre sorte de diagramme sans aucune perte d'information. Ceci permet de réfléchir à différents aspects de la dynamique du système. Par exemple, on peut créer d'abord un diagramme de séquence qui illustre l'ordre chronologique des messages puis le transformer en un diagramme de collaboration afin de développer les relations structurelles entre les classes dont les objets participent à cette collaboration (on peut également partir de diagrammes de collaboration et passer à des diagrammes de séquence). De même, on peut commencer avec un diagramme d'états-transitions pour illustrer la réponse du système ordonnancée par les événements puis le transformer en un diagramme d'activités centré sur le flot de contrôle (on peut également partir de diagrammes d'activités pour arriver à des diagrammes d'états-transitions). UML fournit ces diagrammes équivalents du point de vue sémantique car la modélisation de la dynamique d'un système est très difficile et qu'il est souvent nécessaire d'attaquer sous plusieurs angles à la fois un problème qui semble insoluble.

Un *diagramme d'interaction* est un nom collectif donné aux diagrammes de séquence et aux diagrammes de collaboration. Tous les diagrammes de séquence et de collaboration sont des diagrammes d'interaction. Un diagramme d'interaction est soit un diagramme de séquence, soit un diagramme de collaboration.

Diagramme de séquence

Les diagrammes de séquence sont traités au chapitre 18.

Les *diagrammes de séquence* sont des diagrammes d'interaction qui mettent en évidence l'ordre chronologique des messages. Ils représentent un ensemble d'objets ainsi que les messages envoyés et reçus par ces objets. Les objets sont en général des instances de classes désignées ou anonymes, mais ils peuvent également représenter des instances d'autres éléments structurels, comme des collaborations, des composants et des nœuds. On utilise les diagrammes de séquence pour illustrer la vue dynamique d'un système.

Diagramme de collaboration

Les diagrammes de collaboration sont traités au chapitre 18.

Les *diagrammes de collaboration* sont des diagrammes d'interaction qui mettent en évidence l'organisation structurelle des objets qui envoient et reçoivent des messages. Ils représentent un ensemble d'objets, les liens entre ces objets ainsi que les messages envoyés et reçus par ces objets. Les objets sont en général des instances de classes nommées ou anonymes, mais peuvent aussi représenter des instances d'autres éléments structurels, comme des collaborations, des composants et des nœuds. On utilise les diagrammes de collaboration pour illustrer la vue dynamique d'un système.

Remarque : Les diagrammes de séquence et de collaboration sont isomorphes, c'est-à-dire que l'on peut convertir un diagramme de séquence en diagramme de collaboration sans aucune perte d'information, et vice versa.

Diagramme d'états-transitions

Les diagrammes d'états-transitions sont traités au chapitre 24.

Les *diagrammes d'états-transitions* représentent un automate à états finis composé d'états, de transitions, d'événements et d'activités. On utilise les diagrammes d'états-transitions pour illustrer la vue dynamique d'un système. Ils sont particulièrement importants pour modéliser le comportement d'une interface, d'une classe ou d'une collaboration. Les diagrammes d'états-transitions mettent en évidence le comportement d'un objet ordonnancé par les événements, ce qui est très utile dans la modélisation de systèmes réactifs.

Diagramme d'activités

Les diagrammes d'activités, cas spécial de diagramme d'états-transitions, sont traités au chapitre 19.

Les *diagrammes d'activités* représentent le flot d'une activité à une autre à l'intérieur d'un système. Une activité montre un ensemble d'activités, le flot séquentiel ou l'arborescence d'une activité à une autre et les objets qui agissent et sur lesquels quelque chose agit. On utilise des diagrammes d'activités pour illustrer la vue dynamique d'un système. Les diagrammes d'activités sont particulièrement importants dans la modélisation de la fonction d'un système. Ils mettent en évidence le flot de contrôle entre les objets.

Remarque : L'illustration d'une chose intrinsèquement dynamique (comme le comportement d'un système) à l'aide de diagrammes (qui sont des artefacts intrinsèquement statiques, surtout lorsqu'on les dessine sur une feuille de papier, un tableau blanc ou au dos d'une enveloppe) présente des limites pratiques évidentes. Sur l'écran d'ordinateur, on peut animer les diagrammes comportementaux afin qu'ils simulent un système exécutable ou reflètent le comportement d'un système en cours d'exécution. UML permet de créer des diagrammes dynamiques et d'utiliser par exemple des repères visuels en couleur afin d'" exécuter " le diagramme. Certains outils ont déjà implémenté cette fonctionnalité avancée d'UML.

Techniques de modélisation courantes

Modélisation des différentes vues d'un système

Lorsqu'on modélise un système à partir de différentes vues, on construit le système simultanément à partir de plusieurs dimensions. Pour choisir le bon ensemble de vues, on met en place un processus qui oblige à poser les bonnes questions au sujet du système et à faire apparaître les dangers contre lesquels on doit lutter. Si l'on n'utilise pas ces vues correctement ou si l'on se concentre sur une vue aux dépens de toutes les autres, on court le risque de dissimuler des problèmes et de remettre à plus tard des questions qui, en fin de compte, réduiront à néant toutes les chances de réussite.

Pour modéliser un système à partir de différentes vues, il faut :

- décider de quelles vues on a besoin pour exprimer le mieux possible l'architecture du système ainsi que pour faire apparaître les risques techniques du projet. Les cinq vues de l'architecture, décrites précédemment, sont un bon point de départ.

- décider, pour chacune de ces vues, des artefacts nécessaires pour saisir les détails essentiels de la vue en question. Ces artefacts se composent principalement de plusieurs diagrammes UML.
- décider, dans la planification du processus, quels diagrammes doivent être mis sous une sorte de contrôle formel ou semi-formel. Il s'agit en fait des diagrammes dont les révisions sont planifiées et que l'on conservera comme documentation pour le projet.
- laisser de la place pour les diagrammes qui seront rejetés. Ces diagrammes transitoires sont toujours utiles pour explorer les implications des décisions que l'on prend et pour expérimenter des changements.

Par exemple, si l'on modélise une simple application monolithique qui fonctionne sur une seule et unique machine, on peut n'avoir besoin que des quelques diagrammes suivants :

■ vue de cas d'utilisation	diagrammes de cas d'utilisation
■ vue de conception	diagrammes de classes (pour la modélisation structurelle), diagrammes d'interaction (pour la modélisation comportementale)
■ vue de processus	aucun diagramme requis
■ vue d'implémentation	aucun diagramme requis
■ vue de déploiement	aucun diagramme requis

Si l'on a un système réactif ou si le système est centré sur le flot de processus, on inclut respectivement des diagrammes d'états-transitions et des diagrammes d'activités pour modéliser le comportement du système.

De même, si l'on a un système client/serveur, on peut inclure respectivement des diagrammes de composants et de déploiement pour modéliser les détails physiques du système.

Enfin, si l'on modélise un système réparti complexe, on a besoin d'utiliser l'ensemble des diagrammes proposés par UML afin d'exprimer l'architecture du système ainsi que les risques techniques du projet, comme ci-dessous :

■ vue de cas d'utilisation	diagrammes de cas d'utilisation, diagrammes d'activités (pour la modélisation comportementale)
■ vue de conception	diagrammes de classes (pour la modélisation structurelle), diagrammes d'interaction (pour la modélisation comportementale), diagrammes d'états-transitions (pour la modélisation comportementale)

■ vue de processus	diagrammes de classes (pour la modélisation structurelle), diagrammes d'interaction (pour la modélisation comportementale)
■ vue d'implémentation	diagrammes de composants
■ vue de déploiement	diagrammes de déploiement

Modélisation de différents niveaux d'abstraction

Voir un système sous plusieurs angles n'est pas l'unique chose dont on peut avoir besoin. En effet, certaines personnes impliquées dans le développement d'un système auront besoin d'avoir la même vue du système mais à partir de différents niveaux d'abstraction. Par exemple, si l'on prend un ensemble donné de classes qui saisit le vocabulaire de l'espace du problème, un programmeur peut souhaiter une vue détaillée au niveau des attributs, des opérations et des relations de chaque classe. Par ailleurs, il est très probable qu'un analyste, qui identifie des scénarios de cas d'utilisation avec un utilisateur final, souhaitera uniquement une représentation graphique simplifiée de ces mêmes classes. Dans ce contexte, le programmeur travaille à un niveau d'abstraction plus bas que l'analyste et l'utilisateur final, mais ils travaillent tous à partir du même modèle. En fait, étant donné que les diagrammes ne sont qu'une représentation graphique des éléments qui forment un modèle, il est possible de créer plusieurs diagrammes à partir du même modèle ou de plusieurs modèles, chacun cachant ou faisant apparaître plusieurs ensembles de ces éléments et montrant différents niveaux de détails.

Il existe principalement deux manières de modéliser un système à différents niveaux d'abstraction : en représentant des diagrammes avec différents niveaux de détails à partir du même modèle ou en créant des modèles à différents niveaux d'abstraction avec des diagrammes qui représentent les liens qui existent d'un modèle à l'autre.

Pour modéliser un système à plusieurs niveaux d'abstraction en représentant des diagrammes avec différents niveaux de détails, il faut :

- examiner les besoins des lecteurs et commencer avec un modèle donné.
- si le lecteur utilise le modèle pour construire une implémentation, il aura besoin de diagrammes à un plus bas niveau d'abstraction, c'est-à-dire qui font apparaître de nombreux détails. S'il se sert du modèle pour présenter un modèle conceptuel à un utilisateur final, il aura besoin de diagrammes à un plus haut niveau d'abstraction, c'est-à-dire qui masquent de nombreux détails.

- en fonction de l'endroit où l'on se trouve sur l'échelle qui va des bas niveaux d'abstraction jusqu'aux plus hauts, créer un diagramme au bon niveau d'abstraction en cachant ou en révélant les quatre catégories suivantes :
  - *Briques de bases et relations* : cacher celles qui ne sont pas importantes pour indiquer l'objectif du diagramme ou pour les besoins du lecteur ;
  - *Décorations* : ne révéler que les décorations des briques de base et des relations essentielles à la compréhension de l'objectif ;
  - *Flot :* dans le contexte des diagrammes comportementaux, n'étendre que les messages ou les transitions essentiels à la compréhension de l'objectif ;
  - *Stéréotypes* : dans le contexte des stéréotypes utilisés pour classer des listes, telles que des listes d'attributs et d'opérations, ne révéler que les items stéréotypés essentiels à la compréhension de l'objectif.

Les messages sont traités au chapitre 15, les transitions au chapitre 21, les stéréotypes au chapitre 6.

Le principal avantage de cette approche est que l'on modélise toujours à partir d'un référentiel sémantique courant. Le principal inconvénient réside dans le fait que les changements effectués à partir de diagrammes à un certain niveau d'abstraction peuvent rendre obsolètes des diagrammes à d'autres niveaux d'abstraction.

Pour modéliser un système à différents niveaux d'abstraction en créant des modèles à différents niveaux d'abstraction, il faut :

- tenir compte des besoins du lecteur et choisir le niveau d'abstraction que chacun doit visionner en formant un modèle à part pour chaque niveau ;
- d'une manière générale, remplir les modèles à un haut niveau d'abstraction avec des abstractions simples et les modèles dont le niveau d'abstraction est plus bas avec des abstractions détaillées. Établir les dépendances de trace entre les éléments apparentés des différents modèles.

Les dépendances de trace sont traitées au chapitre 31.

Dans la pratique, si l'on suit les cinq vues d'une architecture, on rencontre quatre situations courantes lorsqu'on modélise un système à différents niveaux d'abstraction :

Les cas d'utilisation sont traités au chapitre 16, les collaborations au chapitre 27, les composants au chapitre 25, les nœuds au chapitre 26.

- *les cas d'utilisation et leur réalisation* : les cas d'utilisation d'un modèle de cas d'utilisation sont associés aux collaborations d'un modèle de conception ;
- *les collaborations et leur réalisation* : les collaborations sont associées à une société de classes qui travaillent ensemble pour réaliser la collaboration ;
- *les composants et leur conception* : les composants d'un modèle d'implémentation sont associés aux éléments d'un modèle de conception ;
- *les nœuds et leurs composants* : les nœuds d'un modèle de déploiement sont associés aux composants d'un modèle d'implémentation.

Le principal avantage de cette approche est que les diagrammes à différents niveaux d'abstraction sont liés de façon plus lâche, ce qui signifie que les changements qui interviennent dans un modèle ont un effet moins direct sur les autres modèles. Le principal inconvénient réside dans le fait que l'on doit dépenser des ressources pour que diagrammes et modèles restent synchronisés. Ceci est particulièrement vrai lorsque les modèles mettent en parallèle différentes phases du cycle de développement du logiciel, comme lorsqu'on choisit de maintenir un modèle d'analyse séparé du modèle de conception.

Les diagrammes d'Interaction sont traités au chapitre 18.

Par exemple, supposons que l'on modélise un système de commercialisation sur le Web — un des principaux cas d'utilisation d'un tel système consiste à passer une commande. Comme le montre la figure 7-1, en tant qu'analyste ou utilisateur final, on créera très certainement des diagrammes d'interaction à un haut niveau d'abstraction, diagrammes qui réprésentent l'action de passer une commande.

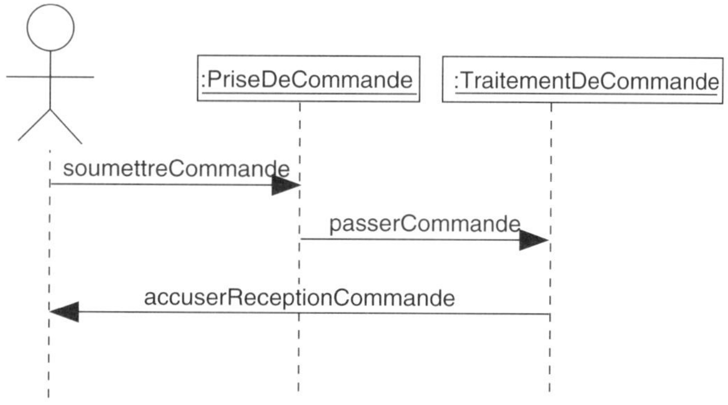

Figure 7-1 : *Diagramme d'interaction à un haut niveau d'abstraction*

Par ailleurs, comme le montre la figure 7-2, un programmeur responsable de l'implémentation de ce scénario doit préciser sur ce diagramme, en étendant certains messages et en ajoutant d'autres objets participant à cette interaction.

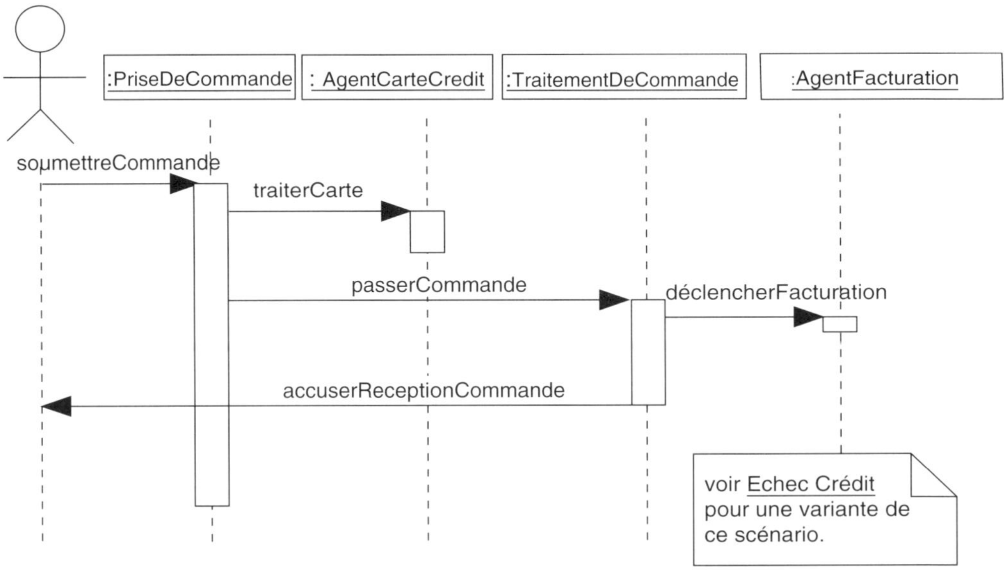

Figure 7-2 : *Diagramme d'interaction à un bas niveau d'abstraction*

Ces deux diagrammes fonctionnent par rapport au même modèle, mais à des niveaux de détails différents. Il est sage d'avoir plusieurs diagrammes tels que ceux-ci, surtout si l'on dispose d'outils qui facilitent la navigation d'un diagramme à l'autre.

Modélisation de vues complexes

Quelle que soit la façon dont on divise les modèles, il arrive parfois que l'on ait besoin de créer de grands diagrammes complexes. Par exemple, si l'on veut analyser le schéma entier d'une base de données qui contient cent abstractions ou plus, il est vraiment avantageux d'étudier un diagramme qui représente toutes ses classes et leurs associations. Ainsi, on peut voir les patterns communs de collaboration. Si l'on devait montrer ce modèle à un plus haut niveau d'abstraction en supprimant certains détails de la représentation graphique, on perdrait les informations nécessaires pour voir ces patterns.

Pour modéliser des vues complexes, il faut :

- se convaincre tout d'abord qu'il n'y a pas de manière sensée de présenter cette information à un plus haut niveau d'abstraction, en supprimant éventuellement certaines parties du diagramme et en retenant les détails dans d'autres ;
- si l'on a caché le plus de détails possible et que le diagramme est toujours aussi complexe, envisager de grouper certains éléments dans des paquetages ou des collaborations de plus haut niveau, puis, dans le diagramme, ne représenter que ces paquetages ou collaborations ;

Les paquetages sont traités au chapitre 12, les collaborations au chapitre 27.

- si le diagramme est encore complexe, utiliser des notes et d'autres repères visuels tels que la couleur pour attirer l'attention du lecteur sur les points importants ;
- si le diagramme est encore complexe, l'imprimer dans son intégralité et l'afficher sur un mur suffisamment grand. On perd certes l'interactivité qu'apporte une version en ligne, mais on a alors la possibilité de regarder le diagramme de plus loin et l'étudier pour des patterns courants.

Trucs et astuces

Lorsqu'on crée un diagramme, il faut :

- ne pas oublier que l'objectif d'un diagramme dans UML n'est pas de faire de jolis dessins mais de visualiser, spécifier, construire et documenter. Les diagrammes constituent un support qui permet d'arriver au déploiement d'un système exécutable.
- envisager de construire des diagrammes à la volée en interrogeant les éléments dans les modèles, puis utiliser ces diagrammes pour réfléchir sur le système au fur et à mesure de sa construction. Il n'est pas nécessaire de conserver tous les diagrammes ; on peut en jeter bon nombre une fois que l'on s'en est servi (mais la sémantique à partir de laquelle on les a créés fera toujours partie du modèle) ;
- éviter les diagrammes superflus et redondants qui encombrent les modèles ;
- ne faire apparaître dans chaque diagramme que les détails nécessaires pour adresser les problèmes pour lesquels on a conçu le diagramme. Les informations superflues risquent de détourner l'attention du lecteur des points clé que l'on essaie de lui montrer ;
- à contrario, ne pas faire de diagrammes minimalistes à moins d'avoir vraiment besoin d'une représentation à un très haut niveau d'abstraction. Une simplification excessive peut cacher des détails importants lors de la réflexion sur les modèles ;

- garder un équilibre entre les diagrammes structurels et comportementaux dans le système. Très peu de systèmes sont totalement statiques ou totalement dynamiques ;
- ne pas faire de diagrammes trop grands (il est difficile de naviguer dans ceux qui s'étendent sur plusieurs pages) ni trop petits (penser à regrouper plusieurs diagrammes insignifiants en un seul diagramme) ;
- donner à chaque diagramme un nom qui a un sens et qui définit clairement son objectif ;
- organiser les diagrammes et les grouper en paquetages selon la vue ;
- ne pas focaliser sur le format d'un diagramme et ne pas hésiter à utiliser les outils dont on dispose.

Un diagramme bien structuré doit :

- être centré sur la communication d'un aspect d'une vue du système ;
- ne contenir que les éléments essentiels à la compréhension de cet aspect ;
- fournir des détails cohérents avec son niveau d'abstraction (ne montrer que les décorations essentielles à sa compréhension) ;
- ne pas être trop minimaliste afin de ne pas désinformer le lecteur sur une sémantique importante.

Lorsqu'on dessine un diagramme, il faut :

- lui donner un nom qui indique son objectif ;
- disposer ses éléments en évitant que les lignes ne se croisent ;
- organiser ses éléments dans l'espace afin que les éléments proches du point de vue sémantique le soient aussi du point de vue physique ;
- utiliser des notes et d'autres repères visuels tels que la couleur pour attirer l'attention sur les caractéristiques importantes du diagramme.

Chapitre 8
Diagrammes de classes

Dans ce chapitre :

- Modélisation de collaborations simples
- Modélisation d'un schéma logique de base de données
- Ingénierie vers l'aval et rétro-ingénierie

Les diagrammes de classes sont les diagrammes les plus courants dans la modélisation des systèmes orientés objet. Ils représentent un ensemble de classes, d'interfaces et de collaborations ainsi que leurs relations.

On utilise des diagrammes de classes pour modéliser la vue de conception statique d'un système. Pour l'essentiel, cela implique la modélisation du vocabulaire du système, la modélisation de collaborations ou la modélisation de schémas. Les diagrammes de classes sont aussi le fondement de diagrammes apparentés : diagrammes de composants et diagrammes de déploiement.

Les diagrammes de classes sont importants non seulement pour visualiser, construire, spécifier et documenter des modèles structurels, mais également pour construire des systèmes exécutables grâce à l'ingénierie vers l'aval et la rétro-ingénierie.

Premiers pas

Lorsqu'on construit une maison, on commence avec un vocabulaire qui contient les principaux éléments, tels que les murs, le sol, les fenêtres, les portes et les plafonds. Ces éléments sont essentiellement structurels (les murs ont une hauteur, une largeur et une épaisseur), mais sont aussi un peu comportementaux (plusieurs sortes de murs peuvent supporter différentes charges, les portes s'ouvrent ou se ferment, il y a des contraintes sur la portée d'un sol non soutenu…). En fait, ces caractéristiques structurelles et comportementales ne peuvent pas être considérées de manière indépendante. Au contraire, lorsqu'on construit une maison, on doit tenir compte de leur interaction. Le processus d'architecture de la maison implique d'assembler ces éléments d'une seule et unique manière, convenable, afin de satisfaire toutes les exigences fonctionnelles et non fonctionnelles des futurs occupants. Les plans que l'on élabore pour visualiser la maison et en préciser les détails au constructeur sont, en effet, des représentations graphiques de ces éléments et de leurs relations.

La construction d'un logiciel comporte pratiquement les mêmes caractéristiques hormis le fait qu'il est possible de définir les principaux blocs de construction à partir de zéro. La figure 8-1 montre qu'en UML, on utilise des diagrammes de classes pour visualiser les aspects statiques de ces blocs de construction et leurs relations ainsi que pour spécifier les détails pour la construction.

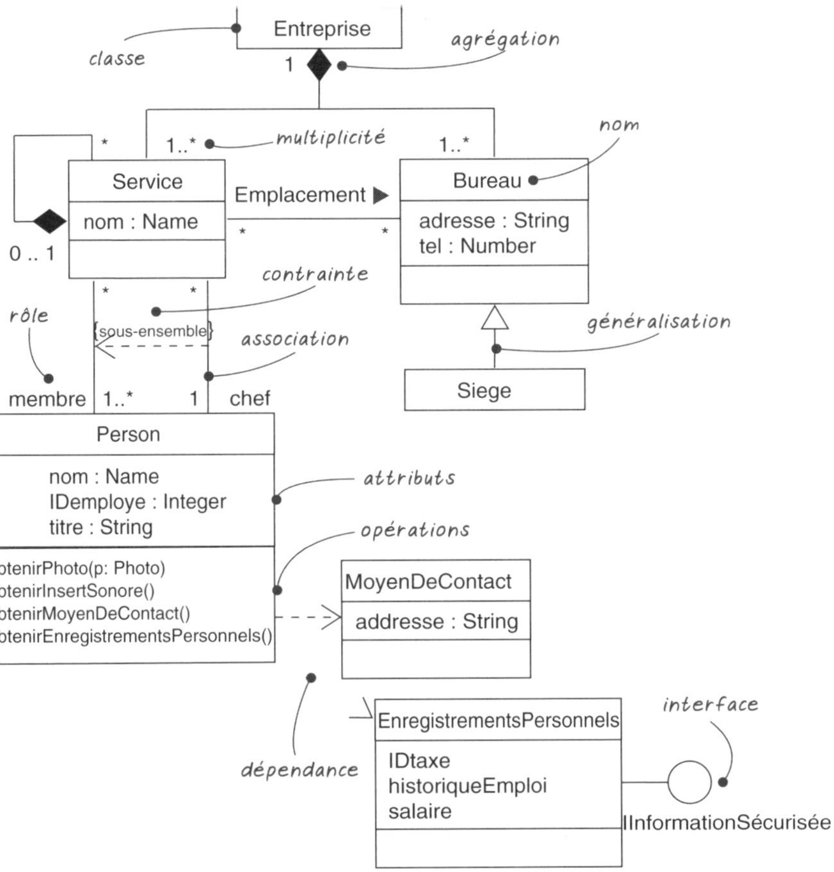

Figure 8-1 : *Diagramme de classes*

Termes et concepts

Un *diagramme de classes* présente un ensemble de classes, d'interfaces et de collaborations ainsi que leurs relations. Un diagramme de classes est composé d'un ensemble de sommets et d'arcs.

Propriétés communes

Les propriétés générales des diagrammes sont traitées au chapitre 7.

Un diagramme de classes n'est qu'un diagramme un peu particulier qui a néanmoins les mêmes propriétés que tous les autres diagrammes à savoir un nom et un contenu graphique qui sont une projection dans un modèle Un diagramme de classes se distingue des autres diagrammes par son contenu spécifique.

Contenu

Les classes sont traitées aux chapitres 4 et 9, les interfaces au chapitre 11, les collaborations au chapitre 27, les relations aux chapitres 5 et 10, les paquetages au chapitre 12, les sous-systèmes au chapitre 31, les instances au chapitre 13.

Les diagrammes de classes contiennent généralement les éléments suivants :

- des classes,
- des interfaces,
- des collaborations,
- des relations de dépendance, de généralisation et d'association.

Comme tous les autres diagrammes, les diagrammes de classes peuvent contenir des notes et des contraintes.

Les diagrammes de classes peuvent également contenir des paquetages ou des sous-systèmes, utilisés pour regrouper des éléments du modèle en de plus grands ensembles. Parfois, on y place également des instances, surtout lorsqu'on veut visualiser le type (éventuellement dynamique) d'une instance.

Remarque : Les diagrammes de composants et les diagrammes de déploiement sont semblables aux diagrammes de classes, mais, au lieu de contenir des classes, ils contiennent respectivement des composants et des nœuds.

Utilisation courante

Les vues de conception sont traitées au chapitre 2.

On utilise des diagrammes de classes pour modéliser la vue de conception statique d'un système. Cette vue répond principalement aux exigences fonctionnelles d'un système – c'est-à-dire les services que le système doit fournir à ses utilisateurs finals.

Lorsqu'on modélise la vue de conception statique d'un système, on utilise en général des diagrammes de classes selon une des trois façons suivantes :

La modélisation du vocabulaire d'un système est traitée au chapitre 4.

- Pour modéliser le vocabulaire d'un système.

La modélisation du vocabulaire d'un système implique de choisir les abstractions qui font partie du système en question et celles qui sont hors de ses limites. On utilise les diagrammes de classes pour préciser ces abstractions ainsi que leurs responsabilités.

Les collaborations sont traitées au chapitre 27.

- Pour modéliser des collaborations simples

Une collaboration est une société de classes, d'interfaces et d'autres éléments qui travaillent ensemble pour fournir un comportement coopératif plus grand que la somme de tous ses éléments. Par exemple, lorsqu'on modélise la sémantique d'une transaction dans un système réparti, il ne suffit pas de regarder une seule classe pour comprendre ce qui se passe. Au contraire, cette sémantique est réalisée par un ensemble de classes qui collaborent. On utilise des diagrammes de classes pour visualiser et spécifier cet ensemble de classes ainsi que leurs relations.

La persistance est traitée au chapitre 23, la modélisation de bases de données physiques au chapitre 29.

- Pour modéliser un schéma de base de données logique

Considérons qu'un schéma est la description de la structure conceptuelle (conceptual design) d'une base de données. Dans de nombreux domaines, on stocke des informations persistantes dans une base de données relationnelle ou dans une base de données orientée objet. On peut modéliser des schémas pour ces bases de données à l'aide des diagrammes de classes.

Techniques de modélisation courantes

Modélisation de collaborations simples

Les classes ne vivent pas de manière indépendante. Au contraire, elles travaillent en collaboration pour acquérir une sémantique plus grande qu'elles ne pourraient le faire individuellement. Ainsi, il faut se concentrer non seulement sur la capture du vocabulaire du système mais également être attentif à la visualisation, la spéci-

fication, la construction et la documentation des différentes manières de collaborer des éléments du vocabulaire. On utilise des diagrammes de classes pour représenter ces collaborations.

Lorsqu'on crée un diagramme de classes, on ne modélise qu'une partie des éléments et des relations qui composent la vue de conception du système. C'est la raison pour laquelle chaque diagramme de classes doit présenter une seule collaboration à la fois.

Pour modéliser une collaboration, il faut :

Ces mécanismes sont souvent reliés à des cas d'utilisation (voir chapitre 16). Les scénarios sont des threads à travers un cas d'utilisation (voir chapitre 15).

- identifier le mécanisme que l'on souhaite modéliser. Un mécanisme représente une fonction ou un comportement de la partie du système que l'on modélise qui résulte de l'interaction d'une société de classes, d'interfaces et d'autres éléments.
- identifier, pour chaque mécanisme, les classes, les interfaces et les autres collaborations qui participent à cette collaboration ainsi que les relations qui existent entre ces éléments.
- utiliser des scénarios pour se déplacer au milieu des éléments. En chemin, on découvre des parties du modèle qui manquaient et des parties qui étaient tout simplement incorrectes du point de vue sémantique.
- s'assurer que ces éléments sont bien remplis par leur contenu. Pour les classes, commencer par équilibrer les responsabilités. Puis, petit à petit, les transformer en attributs et opérations concrets.

Par exemple, la figure 8-2 montre un ensemble de classes qui proviennent de l'implémentation d'un robot autonome. La figure met l'accent sur les classes impliquées dans le mécanisme de déplacement du robot sur un chemin. On a donc une classe abstraite (`Moteur`) avec deux classes filles concrètes, `MoteurDeDirection` et `MoteurPrincipal`. Ces deux classes héritent des cinq opérations de leur parent `Moteur`. Les deux classes font, à leur tour, partie d'une autre classe, `Conducteur`. La classe `AgentDeChemin` a une association 1-1 vers `Conducteur` et une association 1-n vers `DetecteurCollisions`. On ne voit ni attribut ni opération pour `AgentDeChemin`, même si ses responsabilités apparaissent.

De nombreuses autres classes composent ce système, mais ce diagramme est centré uniquement sur les abstractions directement impliquées dans le déplacement du robot. Certaines de ces classes sont aussi dans d'autres diagrammes. Par exemple, bien que cela n'apparaisse pas ici, la classe `AgentDeChemin` collabore avec au moins deux autres classes (`Environnement` et `AgentDeBut`) dans un mécanisme de plus haut niveau, pour gérer les buts conflictuels que le robot peut rencontrer à un moment ou à un autre. De même, bien qu'on ne le voie pas ici, les classes `DetecteurCollisions` et `Conducteur` (ainsi que ses parties) collaborent avec une autre classe (`AgentErreur`) dans un mécanisme chargé de vérifier en continu les éventuelles erreurs matérielles qui pourraient se produire sur le robot. En se concentrant sur chacune de ces collaborations dans différents diagrammes, on fournit une vue compréhensible du système sous différents angles.

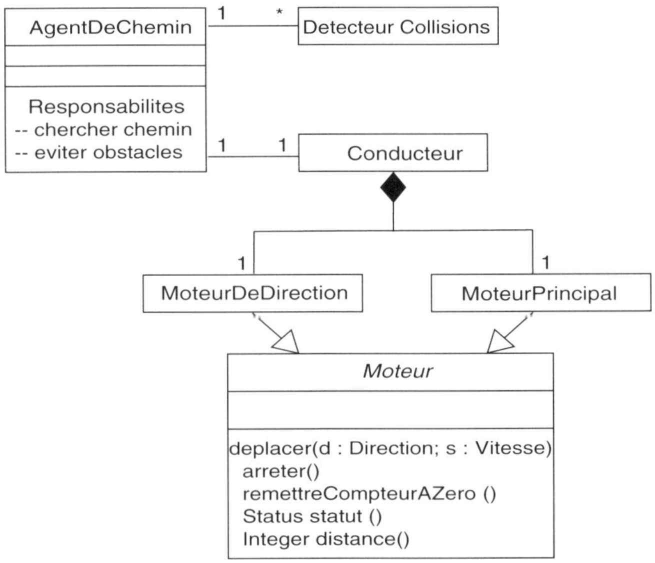

Figure 8-2 : *Modélisation de collaborations simples*

Modélisation d'un schéma logique de base de données

La modélisation de la distribution et de la migration d'objets persistants est traitée au chapitre 23, la modélisation de bases de données physiques au chapitre 29.

Un grand nombre de systèmes modélisés ont des objets persistants, c'est-à-dire qui peuvent être stockés dans une base de données pour être récupérés ultérieurement. La plupart du temps, on utilise une base de données relationnelle, une base de données orientée objet ou une base de données hybride objet/relationnelle pour les stockages persistants. UML convient parfaitement à la modélisation de schémas logiques de base de données, ainsi qu'aux bases de données physiques.

Les diagrammes de classes d'UML constituent un surensemble de diagrammes entités-relations (E-R), un outil de modélisation courant pour la conception logique d'une base de données. Alors que les diagrammes E-R classiques sont centrés uniquement sur les données, les diagrammes de classes vont un peu plus loin et permettent également la modélisation de comportements. Dans la base de données physique, ces opérations logiques sont en général transformées en déclencheurs (*triggers*) ou en procédures stockées (*stored procedures*).

Pour modéliser un schéma, il faut :

- identifier les classes du modèle dont l'état doit dépasser la durée de vie de leurs applications.
- créer un diagramme de classes qui contient ces classes et les marquer comme persistantes (étiquette standard). On peut définir un ensemble d'étiquettes pour adresser des détails spécifiques à une base de données.
- étendre les détails structurels de ces classes. D'une manière générale, cela signifie que l'on spécifie les détails de leurs attributs et que l'on se concentre sur les associations qui structurent ces classes, et leurs cardinalités.
- chercher les patterns courants qui compliquent la conception de bases de données physiques, tels que les associations cycliques, les associations 1-1 et les associations n-aires. Lorsque cela est nécessaire, créer des abstractions intermédiaires pour simplifier la structure logique.
- examiner également le comportement de ces classes en étendant les opérations qui sont importantes pour l'accès aux données et l'intégrité des données. Généralement, pour fournir une meilleure séparation des préoccupations, les règles métier qui touchent à la manipulation de groupes d'objets doivent être encapsulées dans une couche au-dessus de ces classes persistantes.
- dans la mesure du possible, utiliser des outils qui permettent de transformer la conception logique en conception physique.

Les stéréotypes sont traités au chapitre 6.

Remarque : La conception d'une base de données logique ne rentre pas dans le cadre de cet ouvrage. Ici, l'objectif est de montrer au lecteur comment modéliser des schémas à l'aide d'UML. Dans la pratique, on utilise des stéréotypes réglés sur la sorte de base de données (relationnelle ou orientée objet) dont on se sert.

La figure 8-3 montre un ensemble de classes qui proviennent d'un système d'informations pour une école. Cette figure reprend et étend un diagramme de classes existant et fait apparaître les détails de ces classes à un niveau suffisant pour construire une base de données physique. En partant d'en bas à gauche sur le diagramme, on rencontre les classes `Etudiant`, `Cours` et `Professeur`. Entre `Etudiant` et `Cours`, il existe une association qui précise que les étudiants assistent à des cours. De plus, chaque étudiant peut assister à un certain nombre de cours et chaque cours peut accueillir un certain nombre d'étudiants.

La modélisation des types primitifs est traitée au chapitre 4, l'agrégation aux chapitres 5 et 10.

Les six classes sont marquées persistantes, ce qui indique que leurs instances sont destinées à être stockées dans une base de données ou tout autre système de stockage. Ce diagramme montre aussi les attributs de ces six classes. On constate que tous les attributs sont des types primitifs. En règle générale, lorsqu'on modélise un schéma, on modélise la relation vers tous les types non primitifs en utilisant une agrégation explicite plutôt qu'un attribut.

Deux de ces classes (`Ecole et Departement`) comportent plusieurs opérations pour manipuler leurs parties. On inclut ces opérations dans le maintien de l'intégrité des données car elles sont importantes (par exemple l'ajout ou le retrait d'un `Departement` n'est pas sans conséquences). De nombreuses autres opérations peuvent être envisagées pour ces classes ou pour d'autres classes, comme la demande des conditions d'inscription à un cours avant d'y affecter un étudiant. Il s'agit plus de règles métier que d'opérations qui visent à garantir l'intégrité d'une base de données, aussi est-il préférable de les placer à un niveau d'abstraction plus haut que celui de ce schéma.

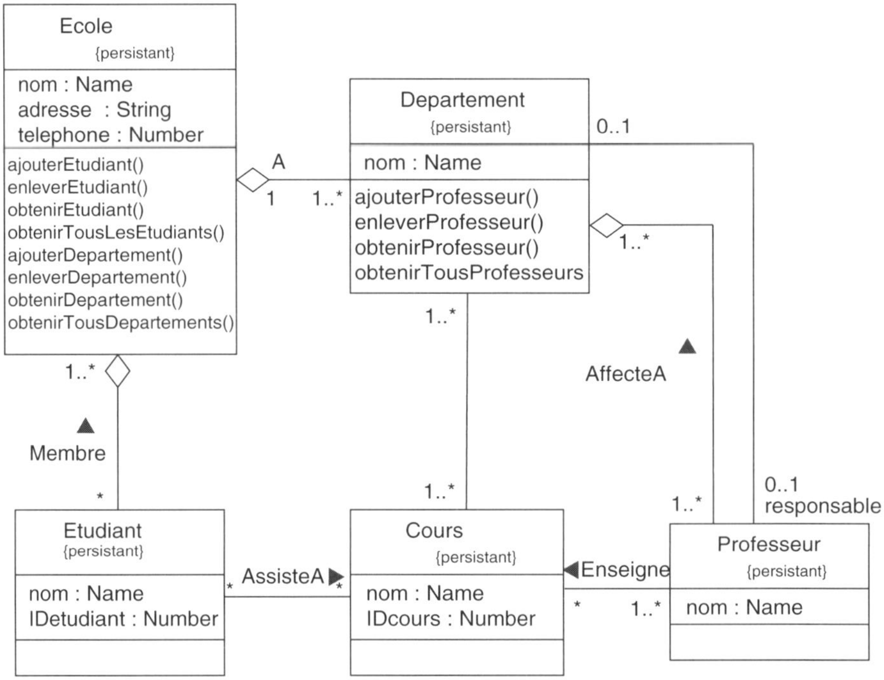

Figure 8-3 : *Modélisation d'un schéma*

Ingénierie vers l'aval et rétro-ingénierie

L'importance de la modélisation est traitée au chapitre 1.

La modélisation est importante, mais il ne faut pas oublier que le produit d'une équipe de développement est avant tout le logiciel et non les diagrammes. Naturellement, l'objectif de la création de modèles est de livrer le bon logiciel au bon moment et de satisfaire les objectifs en constante évolution des utilisateurs et du marché. C'est la raison pour laquelle, il est important que les modèles créés et les implémentations déployées se correspondent les uns les autres et ce d'une manière qui réduit au minimum le coût d'entretien d'une synchronisation permanente entre les modèles et l'implémentation, voire qui le supprime.

Les diagrammes d'activités sont traités au chapitre 19.

Pour certaines utilisations d'UML, les modèles ne seront jamais implémentés. Par exemple, lorsqu'on modélise un processus métier à l'aide de diagrammes d'activités, une partie des activités modélisées impliquent des personnes et non des ordinateurs. Dans d'autres cas, on modélise des systèmes dont les parties ne sont, à notre niveau d'abstraction, qu'un élément matériel (alors qu'à un autre niveau d'abstraction, il y a de fortes chances pour que ce matériel contienne un ordinateur et un logiciel embarqués).

Cependant, dans la plupart des cas, les modèles créés vont être convertis en code. UML ne détermine pas de mapping particulier vers un quelconque langage de programmation objet, mais ce langage a été conçu en prévision de ces mappings. Cela est particulièrement vrai pour les diagrammes de classes qui peuvent être traduits automatiquement dans tous les langages orientés objet de portée industrielle, tels que Java, C++, Smalltalk, Eiffel, Ada, ObjectPascal et Forte mais également dans des langages orientés objet de type commercial, comme Visual Basic.

Les stéréotypes et les valeurs marquées sont traités au chapitre 6.

Remarque : Le mapping d'UML dans des langages d'implémentation spécifiques pour réaliser une ingénierie vers l'aval et une rétro-ingénierie ne rentre pas dans le cadre de cet ouvrage. Dans la pratique, on utilise des stéréotypes et des valeurs marquées réglés sur le langage de programmation dont on se sert.

L'*ingénierie vers l'aval* est le processus de transformation d'un modèle en code grâce à un mapping dans un langage d'implémentation. Elle aboutit à une perte d'informations car du point de vue sémantique les modèle écrits avec UML sont plus riches que tous les autres langages de programmation orientés objet existants. En fait, c'est principalement pour cette raison que l'on a besoin des modèles en plus du code. Les caractéristiques structurelles, telles que les collaborations, et les caractéristiques comportementales, telles que les interactions, peuvent être visualisées clairement dans UML, ce qui n'est pas le cas à partir du code brut.

Pour appliquer une ingénierie vers l'aval à un diagramme de classes, il faut :

- identifier les règles de traduction (mapping) vers le ou les langages d'implémentation ou vers d'autres langages. Cela doit être fait pour le projet ou l'organisation en entier.
- en fonction de la sémantique des langages choisis, on peut être contraint de restreindre l'utilisation de certaines caractéristiques d'UML. Par exemple, UML permet de modéliser des héritages multiples, mais Smalltalk ne permet que l'héritage simple. On peut choisir d'interdire aux développeurs de modé-

liser avec l'héritage multiple (ce qui rend les modèles dépendants du langage) ou alors développer des structures idiomatiques qui transforment ces caractéristiques plus riches en langage d'implémentation (ce qui rend le mapping plus complexe).

- utiliser des étiquettes pour préciser le langage cible. On peut le faire au niveau des classes individuelles si l'on a besoin d'un contrôle précis. On peut également le faire à un plus haut niveau, comme avec les collaborations ou les paquetages.
- utiliser des outils pour appliquer une ingénierie vers l'aval aux modèles.

Les patterns sont traités au chapitre 28.

La figure 8-4 illustre un diagramme de classes simple qui précise une instanciation du pattern chaîne de responsabilité. Cette instanciation particulière implique trois classes : `Client`, `EventHandler` et `GUIEventHandler`.

On représente `Client` et `EventHandler` comme des classes abstraites, alors que `GUIEventHandler` est concrète. `EventHandler` comporte l'opération attendue de ce pattern (`handleRequest`), même si deux attributs privés ont été ajoutés pour cette instanciation.

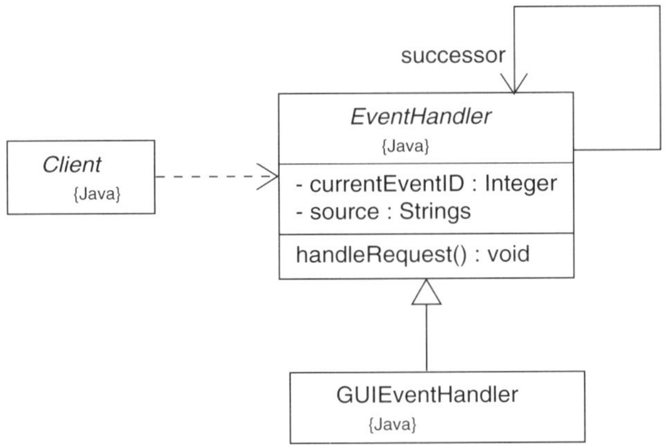

Figure 8-4 : *Ingénierie vers l'aval*

Toutes ces classes spécifient un mapping vers Java, comme cela est indiqué dans leur étiquette. Dans ce diagramme, l'ingénierie vers l'aval des classes vers Java est directe, à l'aide d'un outil. L'ingénierie vers l'aval de la classe `EventHandler` aboutit au code suivant.

```
public abstract class EventHandler {

   EventHandler successor;
   private Integer currentEventID;
   private String source;
```

```
        EventHandler() {}
        public void handleRequest() {}

    }
```

La *rétro-ingénierie* est le processus de transformation de code en un modèle au moyen d'un mapping à partir d'un langage d'implémentation spécifique. La rétro-ingénierie génère de nombreuses informations dont certaines à un niveau de détails trop bas pour permettre la construction de modèles utiles. En même temps, la rétro-ingénierie est incomplète. En effet, il y a une perte d'information lorsqu'on applique une ingénierie vers l'aval à des modèles pour obtenir du code. On ne peut donc pas recréer complètement un modèle à partir du code à moins d'avoir des outils qui encodent les informations dans des commentaires sur le code source qui vont bien au-delà de la sémantique du langage d'implémentation.

La figure 3-3 a été créée par l'application de la rétro-ingénierie à une partie de la bibliothèque de classes Java.

Pour appliquer la rétro-ingénierie et obtenir un diagramme de classes, il faut :

- identifier les règles de traduction (mapping) depuis le langage d'implémentation ou d'autres langages. Cela doit être fait pour le projet ou l'organisation en entier ;
- à l'aide d'un outil, indiquer le code auquel on veut appliquer la rétro-ingénierie. Utiliser l'outil pour générer un nouveau modèle ou modifier un modèle existant auquel on a déjà appliqué une ingénierie vers l'aval.
- à l'aide de l'outil, créer un diagramme de classes en interrogeant le modèle. Par exemple, on peut commencer avec une ou plusieurs classes, puis étendre le diagramme en suivant des relations spécifiques ou d'autres classes voisines. Représenter ou cacher les détails du contenu de ce diagramme de classes de façon à communiquer son objectif.

Trucs et astuces

Lorsqu'on crée des diagrammes de classes en UML, il ne faut pas oublier que chaque diagramme de classes n'est qu'une représentation graphique de la vue de conception statique d'un système. Cela signifie qu'aucun diagramme de classes n'a besoin de capturer la totalité de la vue de conception d'un système. Pris ensemble, tous les diagrammes de classes d'un système représentent la totalité de la vue de conception statique du système. Individuellement, chacun n'en représente qu'un aspect.

Un diagramme de classes bien structuré doit :

- être centré sur la communication d'un aspect de la vue de conception statique d'un système ;

- ne contenir que les éléments essentiels à la compréhension de cet aspect ;
- fournir les détails qui correspondent à son niveau d'abstraction, en se limitant aux décorations nécessaires à la compréhension de ce qui est représenté ;
- ne pas être trop minimaliste afin de ne pas désinformer le lecteur sur une sémantique importante.

Lorsqu'on dessine un diagramme de classes, il faut :

- lui donner un nom qui indique son objectif ;
- disposer ses éléments en évitant que les lignes ne se croisent ;
- organiser ses éléments dans l'espace de façon que les éléments proches du point de vue sémantique soient également proches du point de vue physique ;
- utiliser d'autres repères visuels tels que la couleur pour attirer l'attention sur des caractéristiques importantes du diagramme ;
- essayer de ne pas montrer trop de types de relations. En général, chaque diagramme de classes est dominé par un type de relation.

UNIFIED
MODELING
LANGUAGE

Partie 3

MODÉLISATION DE STRUCTURES AVANCÉES

UNIFIED MODELING LANGUAGE

Chapitre 9
CLASSES AVANCÉES

Dans ce chapitre :

- Classificateurs, propriétés spéciales des attributs et opérations et différentes sortes de classes
- Modélisation de la sémantique d'une classe
- Choisir le bon classificateur

Les classes sont véritablement les briques de base les plus importantes d'un système orienté objet. Pourtant, les classes ne sont qu'un type de brique de base dans un ensemble encore plus large : les classificateurs d'UML. Un classificateur est un mécanisme qui décrit des caractéristiques structurelles et comportementales. Les classificateurs comportent des classes, des interfaces, des types de données, des signaux, des composants, des nœuds, des cas d'utilisation et des sous-systèmes.

Les propriétés principales des classes sont traitées au chapitre 4.

Les classificateurs (et surtout les classes) comportent de nombreuses caractéristiques avancées qui s'ajoutent aux simples propriétés des attributs et des opérations décrits dans la partie précédente. On peut ainsi modéliser la multiplicité, la visibilité, les signatures, le polymorphisme et encore d'autres caractéristiques. En UML, on peut modéliser la sémantique d'une classe de façon à lui donner sa signification au degré de formalité souhaité.

En UML, il existe plusieurs sortes de classificateurs et de classes. Il est important de choisir ceux qui permettent de modéliser au mieux une abstraction de la réalité.

Premiers pas

L'architecture est traitée au chapitre 2.

Lorsqu'on construit une maison, il faut, à un moment donné du projet, faire des choix architecturaux au niveau des matériaux de construction. Au début, il suffit d'établir que l'on préfère le bois, la pierre ou l'acier, ce niveau de détails étant suffisant pour avancer. Les matériaux choisis dépendent des besoins du projet — ainsi, on préférera utiliser de l'acier et du béton si l'on construit dans une zone dont la sismicité est importante. Au fur et à mesure que l'on avance dans le projet, les matériaux sélectionnés influencent les décisions de conception. Par exemple, le choix du bois à la place de l'acier aura une incidence sur le poids qui pourra être supporté.

Tout au long du projet, il faut affiner ces décisions de conception et ajouter plus de détails afin que l'ingénieur responsable de la structure valide la conception au niveau de la sécurité et pour que le maître d'œuvre commence la construction. Par exemple, il faut définir le type de bois souhaité, traité ou non avec un insecticide.

Les responsabilités sont traitées au chapitre 6.

Il en est de même pour la construction d'un logiciel. Au début du projet, il suffit de dire que l'on a une classe `Client` qui comporte un certain nombre de responsabilités. Lorsqu'on affine l'architecture et que l'on passe à la construction, il faut alors choisir une structure pour la classe (ses attributs) et un comportement (ses opérations) nécessaires et suffisants pour réaliser ces responsabilités. Enfin, en évoluant vers le système exécutable, on doit modéliser des détails comme la visibilité des opérations et des attributs individuels, la sémantique de concurrence de la classe dans son ensemble et de ses opérations individuelles, ainsi que les interfaces réalisées par la classe.

L'ingénierie vers l'aval et la rétro-ingénierie sont traitées aux chapitres 8, 14, 17, 18, 19, 24, 29 et 30.

Comme le montre la figure 9-1, UML propose une représentation pour de nombreuses propriétés avancées. Cette notation permet de visualiser, spécifier, construire et documenter une classe au niveau de détail souhaité, suffisant pour supporter une ingénierie vers l'aval et une rétro-ingénierie des modèles et du code.

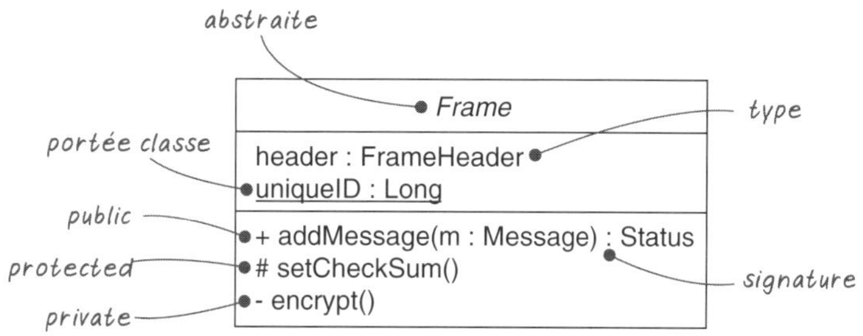

Figure 9-1 : *Classes avancées*

Termes et concepts

Les *classificateurs* sont des mécanismes qui décrivent des caractéristiques structurelles et comportementales. Ils comprennent des classes, des interfaces, des types de données, des signaux, des composants, des nœuds, des cas d'utilisation et des sous-systèmes.

Classificateurs

La modélisation du vocabulaire d'un système est traitée au chapitre 4, la dichotomie classe/objet au chapitre 2.

Lorsqu'on modélise, on découvre des abstractions représentant des éléments qui appartiennent à la réalité et des éléments qui appartiennent à la solution. Par exemple, lorsqu'on construit un système de commandes basé sur le Web, il y a de fortes chances pour que le vocabulaire du projet comporte une classe `Client` (qui représente les personnes qui passent une commande) et une classe `Transaction` (un artefact d'implémentation, qui représente une action atomique). Dans le système déployé, on a un composant `Prix`, avec des instances qui résident sur chaque nœud client. Chacune de ces abstractions a des instances. La séparation de l'essence et de l'instance des objets qui font partie de la réalité a une grande importance dans la modélisation.

Les instances sont traitées au chapitre 13, les paquetages au chapitre 12, la généralisation aux chapitres 5 et 10, les associations aux chapitres 5 et 10, les messages au chapitre 15, les interfaces au chapitre 11, les types de données aux chapitres 4 et 11, les signaux au chapitre 20, les composants au chapitre 25, les nœuds au chapitre 26, les cas d'utilisation au chapitre 16 et les sous-systèmes au chapitre 31.

En UML, certains éléments – comme les paquetages et les relations de généralisation – n'ont pas d'instances. D'une manière générale, les éléments de modélisation qui ont des instances s'appellent des classificateurs (les associations et les messages peuvent aussi avoir des instances, mais elles sont légèrement différentes de celles des classes). Plus important encore, un classificateur a des caractéristiques structurelles (sous la forme d'attributs), ainsi que des caractéristiques comportementales (sous la forme d'opérations). Chaque instance d'un classificateur donné a les mêmes caractéristiques.

En UML, le classificateur le plus important est la classe. Une classe est une description d'un ensemble d'objets qui partagent les mêmes attributs, les mêmes opérations, les mêmes relations et la même sémantique. Mais les classes ne sont pas pour autant la seule sorte de classificateur.

En effet, UML fournit un certain nombre d'autres sortes de classificateurs qui facilitent la modélisation.

- l'interface — ensemble d'opérations qui servent à spécifier un service d'une classe ou d'un composant ;
- le type de données — type dont les valeurs n'ont pas d'identité, qui inclut les types de base intrinsèques (comme les nombres et les chaînes de caractères) ainsi que les types d'énumération (booléen par exemple) ;
- le signal — spécification d'un stimulus asynchrone communiqué entre des instances ;
- le composant — partie physique et remplaçable d'un système qui se conforme à un ensemble d'interfaces et fournit leur réalisation ;
- le nœud — élément physique qui existe pendant le temps d'exécution et représente une ressource de calcul. En règle générale, le nœud a au moins une mémoire et souvent une capacité de traitement ;
- le cas d'utilisation — description d'un ensemble de séquences d'actions, y compris des variantes, réalisées par un système et conduisant à un résultat qui peut être constaté par un acteur particulier ;
- le sous-système — regroupement d'éléments dont certains constituent une spécification du comportement proposé par les autres éléments de ce groupe.

La plupart du temps, chaque sorte de classificateur a des caractéristiques structurelles et comportementales (les interfaces sont la seule exception, elles ne peuvent pas avoir d'attributs). De plus, lorsqu'on modélise avec un de ces classificateurs, on peut utiliser toutes les caractéristiques avancées décrites dans ce chapitre afin de fournir le niveau de détails nécessaire pour saisir la signification de l'abstraction.

Comme le montre la figure 9-2, UML différencie graphiquement tous ces classificateurs.

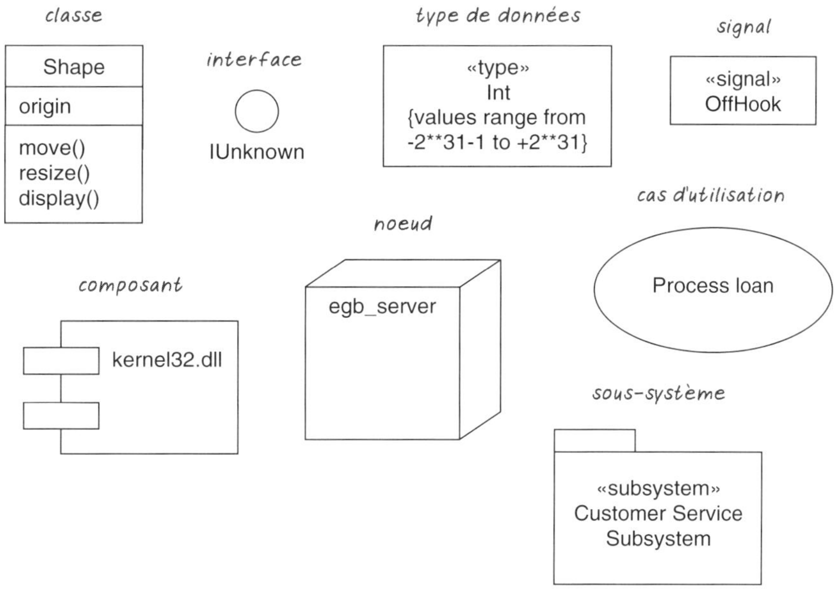

Figure 9-2 : *Classificateurs*

Remarque : Une approche minimaliste utiliserait une seule icone pour tous les classificateurs, ce qui n'est pas logique car les classes et les composants sont des abstractions très différentes (les unes sont logiques, les autres sont physiques) et il est donc important de pouvoir les distinguer visuellement. De la même manière, une approche maximaliste utiliserait des icones différentes pour chaque sorte de classificateur, ce qui n'est pas logique non plus car les classes et les types de données ne sont pas si différents. La conception d'UML trouve un équilibre — les classificateurs matériellement différents des autres ont leur propre icone et ceux qui ne le sont pas utilisent des mots-clefs spéciaux (comme `type`, `signal` et `subsystem`).

Visibilité

La visibilité est l'un des détails les plus importants que l'on puisse spécifier pour les attributs et les opérations d'un classificateur. La visibilité d'une caractéristique détermine si d'autres classificateurs peuvent l'utiliser. En UML, on détermine trois niveaux de visibilité.

Un classificateur peut voir un autre classificateur s'il se trouve à sa portée et s'il existe une relation implicite ou explicite vers la cible Les relations sont traitées aux chapitres 5 et 10. Les descendants proviennent des relations de généralisation (voir chapitre 5). La relation d'amitié (Friendship) permet à un classificateur de rendre visibles ses opérations et ses attributs privés (voir chapitre 10).

1. `public` tout classificateur extérieur ayant une visibilité sur le classificateur donné peut utiliser cette caractéristique indiquée par le symbole +.
2. `protected` seuls les descendants du classificateur peuvent utiliser cette caractéristique indiquée par le symbole #.
3. `private` le classificateur, et lui seul, peut utiliser cette caractéristique indiquée par le symbole -.

La figure 9-3 montre un mélange de figures publiques, protégées et privées pour la classe `Toolbar`.

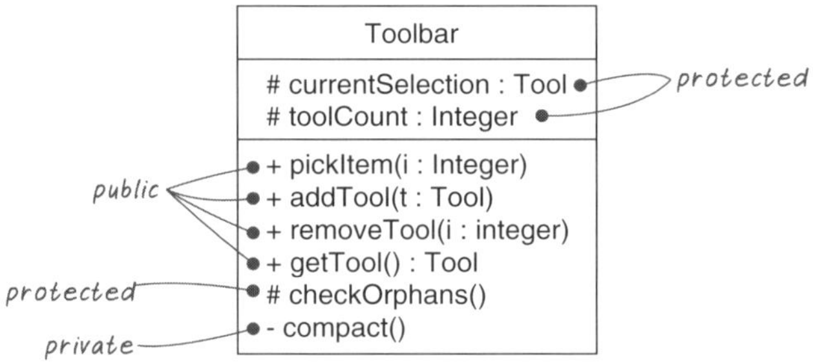

Figure 9-3 : *Visibilité*

Lorsqu'on spécifie la visibilité des caractéristiques d'un classificateur, on cache habituellement tous les détails d'implémentation et on ne montre que les caractéristiques nécessaires à la réalisation des responsabilités de l'abstraction. C'est la base principale de la dissimulation de l'information, qui est essentielle à la construction de systèmes solides et résistants. En règle générale, si une caractéristique n'a pas de symbole de visibilité, on estime qu'elle est publique.

Remarque : La propriété de visibilité d'UML correspond à la sémantique courante de la plupart des langages de programmation, tels que C++, Java, Ada et Eiffel.

Portée

Les instances sont traitées au chapitre 13.

La portée est un autre détail important que l'on peut spécifier pour les attributs et les opérations d'un classificateur. La portée d'une caractéristique précise si cette caractéristique apparaît dans chaque instance du classificateur ou s'il n'y a qu'une seule instance de la caractéristique pour toutes les instances du classificateur. En UML, on peut préciser deux sortes de portées :

- `instance` chaque instance du classificateur possède sa propre valeur pour la caractéristique.
- `classificateur` la caractéristique n'a qu'une seule valeur pour toutes les instances du classificateur.

Comme le montre la figure 9-4 (qui n'est autre que la première figure du chapitre simplifiée), on représente une caractéristique de portée du classificateur en soulignant le nom de la caractéristique. L'absence de décoration signifie que la caractéristique a une portée instance.

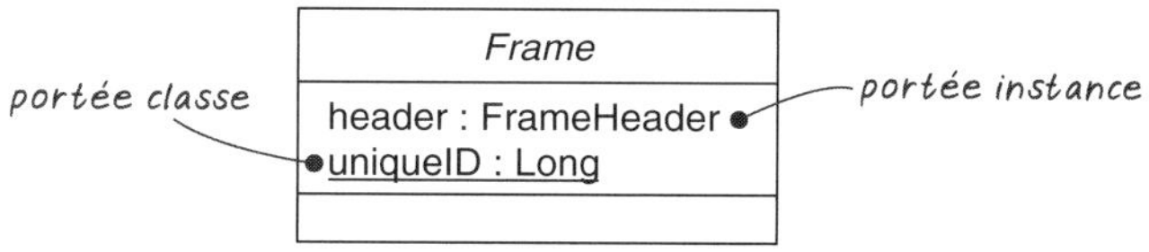

Figure 9-4 : *Portée*

En règle générale, la plupart des caractéristiques des classificateurs modélisés ont une portée qui s'applique à l'instance. On utilise habituellement les caractéristiques dont la portée s'applique au classificateur pour des attributs privés qui doivent être partagés entre un ensemble d'instances (et avec la garantie qu'aucune autre instance n'aura accès à cet attribut). Par exemple pour générer des identificateurs uniques parmi toutes les instances d'un classificateur donné et pour des opérations qui créent les instances de la classe..

Remarque : Une portée classificateur correspond à ce que C++ appelle des attributs et des opérations statiques.

Éléments abstraits, racines, terminaux et polymorphes

La généralisation est traitée aux chapitres 5 et 10, les instances au chapitre 13.

On utilise les relations de généralisation pour modéliser un graphe de classes, avec des abstractions plus générales en haut de la hiérarchie et plus spécifiques en bas. À l'intérieur de ces hiérarchies, on précise habituellement que certaines classes sont abstraites — ce qui signifie qu'elles peuvent n'avoir aucune instance directe. En UML, on détermine qu'une classe est abstraite en écrivant son nom en italique. Comme le montre la figure 9-5, *`Icone`*, *`IconeRectangulaire`* et *`IconeArbitraire`* sont toutes des classes abstraites. En revanche, une classe concrète (comme `Touche` et `ToucheOK`) peut avoir des instances directes.

En règle générale, une classe hérite de caractéristiques d'autres classes plus générales et les autres classes plus spécifiques héritent d'elle. C'est la sémantique normale des classes en UML. Cependant, on peut aussi déterminer qu'une classe ne peut pas avoir de classe fille. On parle alors de classe terminale (ou classe feuille) et en UML on le précise en inscrivant la propriété `leaf` sous le nom de la classe. Par exemple, sur la figure 9-5, `ToucheOK` est une classe feuille et n'a donc pas de classe fille.

La possibilité de préciser qu'une classe ne peut pas avoir de classe mère est moins courante mais tout aussi utile. On parle alors de classe racine et, en UML, on le précise en inscrivant la propriété `root` sous le nom de la classe. Sur la figure 9-5, `Icone` est une classe racine. Il peut être utile de désigner ainsi la classe qui se trouve tout en haut de la hiérarchie surtout lorsqu'on a de multiples graphes d'héritages indépendants.

Les messages sont traités au chapitre 15.

Les opérations ont des propriétés semblables. En règle générale, une opération est polymorphe, c'est-à-dire que dans une hiérarchie de classes, on peut spécifier des opérations avec la même signature à différents points de la hiérarchie. Si une classe fille fournit l'implémentation d'une opération héritée d'une classe mère, alors le comportement de cette opération est celui spécifié dans la nouvelle implémentation. Lorsqu'un message est envoyé pendant la phase d'exécution, l'opération de la hiérarchie appelée est choisie de façon polymorphe — ce qui signifie que pendant la phase d'exécution une correspondance en fonction du type de l'objet est établie. Par exemple, `afficher` et `estDans` sont des opérations polymorphes. De plus, l'opération `Icone::afficher()` est abstraite, c'est-à-dire qu'elle est incomplète et a besoin d'une classe fille pour fournir une implémentation de l'opération. En UML, on précise une opération abstraite en écrivant son nom en italique, de la même manière que pour une classe. En revanche, `Icone::obtenirID()` est une opération terminale, désignée par la propriété `leaf`, qui indique que l'opération n'est pas polymorphe et ne peut pas être outrepassée.

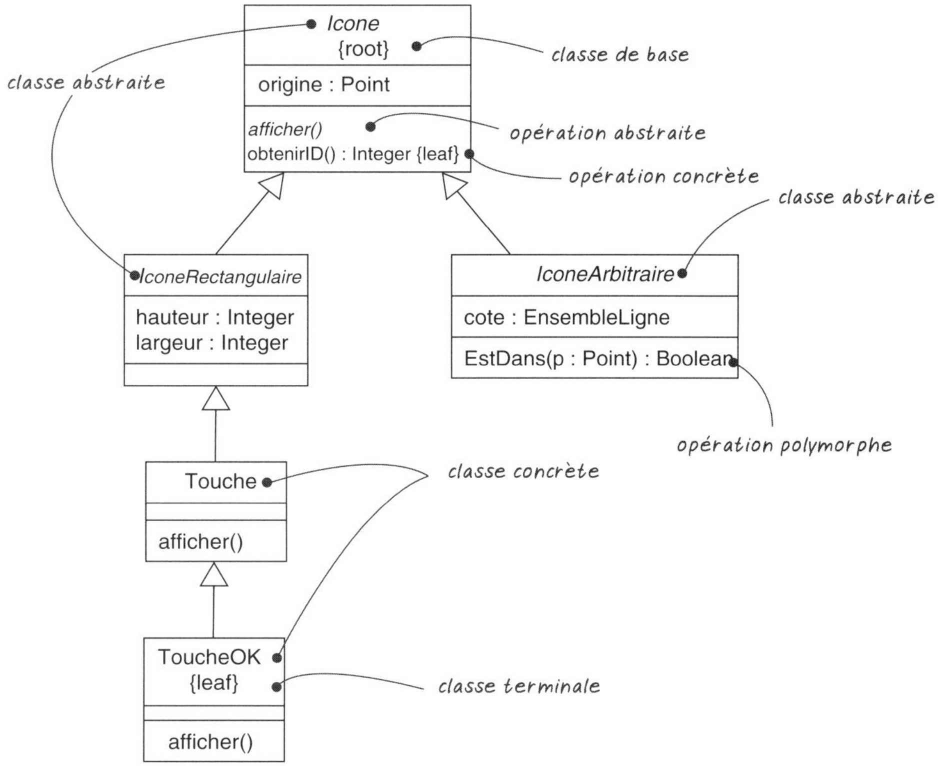

Figure 9-5 : *Classes et opérations abstraites et concrètes*

Remarque : Les opérations abstraites correspondent à ce que C++ appelle de pures opérations virtuelles. Les opérations terminales en UML correspondent aux opérations non virtuelles de C++.

Multiplicité

Les instances sont traitées au chapitre 13.

Une classe est censée comporter un nombre quelconque d'instances (à moins, bien sûr, qu'elle ne soit abstraite et n'ait donc pas d'instance directe, même si ses classes filles concrètes peuvent avoir des instances). Cependant, le nombre d'instances que peut avoir une classe peut parfois être réduit. La plupart du temps, on précise zéro instance (dans ce cas, la classe est une classe d'utilité qui ne montre que les attributs et les opérations dont la portée s'applique à la classe), une instance (une classe singleton), un nombre spécifique d'instances ou simplement un nombre quelconque d'instances (qui est le cas par défaut).

La multiplicité s'applique également aux associations (voir chapitres 5 et 10).

Le nombre d'instances qu'une classe peut avoir s'appelle la multiplicité. La multiplicité précise l'étendue des cardinalités qu'une entité peut assumer. En UML, on peut spécifier la multiplicité d'une classe en écrivant une expression de multiplicité en haut à droite de l'icone de la classe. Par exemple, dans la figure 9-6, `ControleurReseau` est une classe singleton. De même, il y a exactement trois instances de la classe `BarreDeControle` dans le système.

Les attributs sont liés à la sémantique de l'association, (voir chapitre 10).

La multiplicité s'applique également aux attributs. On peut spécifier la multiplicité d'un attribut en écrivant une expression adaptée entre crochets droits juste après le nom de l'attribut. Par exemple, si on regarde la figure 9-6, on sait qu'il y a deux instances `portConsole` ou plus dans l'instance de `ControleurReseau`.

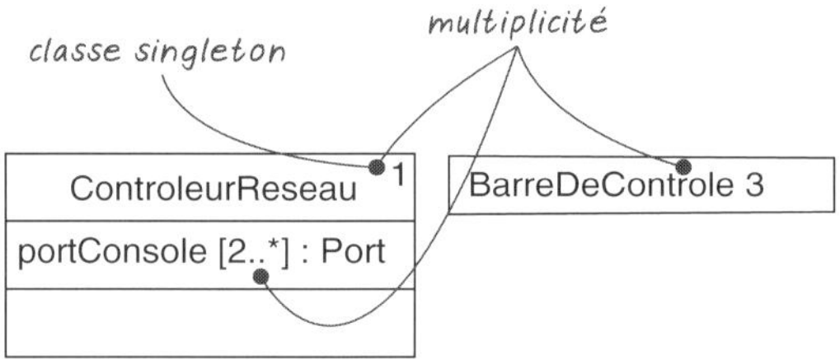

Figure 9-6 : *Multiplicité*

Attributs

Lorsqu'on modélise les caractéristiques structurelles d'une classe (c'est-à-dire ses attributs) au niveau d'abstraction le plus élevé, on écrit tout simplement le nom de chaque attribut. En règle générale, cette information suffit pour que le lecteur lambda comprenne l'objectif du modèle. Cependant, comme cela est expliqué dans les sections précédentes de ce chapitre, on peut également spécifier la visibilité, la portée, et la multiplicité de chaque attribut. Mais on peut aller encore plus loin. En effet, il est aussi possible de préciser le type, la valeur initiale et la variabilité de chaque attribut.

On peut également utiliser des stéréotypes pour désigner des ensembles d'attributs apparentés, comme les attributs de maintenance (voir chapitre 6)

Dans sa forme complète, la syntaxe d'un attribut en UML se présente de la façon suivante :

```
[visibilite] nom [multiplicite] [: type]

[= valeur initiale] [{chaine-propriete}]
```

Voici par exemple des déclarations légales d'attribut :

■ `origine`	nom seul
■ `+ origine`	visibilité et nom
■ `origine : Point`	nom et type
■ `en-tête : *Item`	nom et type complexe
■ `nom [0..1] : Chaîne`	nom, multiplicité et type
■ `origine : Point=(0,0)`	nom, type et valeur initiale
■ `id : Entier {frozen}`	nom et propriété

On peut utiliser trois propriétés définies avec les attributs.

■ `changeable`	il n'y a pas de restrictions sur la modification de la valeur de l'attribut.
■ `addOnly`	pour les attributs dont la multiplicité est supérieure à un, on peut ajouter des valeurs supplémentaires. Mais une fois créée, une valeur ne peut être ni enlevée ni modifiée.
■ `frozen`	on ne doit pas changer la valeur de l'attribut après l'initialisation de l'objet.

À moins que le contraire ne soit spécifié, les attributs sont toujours `changeable`. On utilise `frozen` essentiellement lorsqu'on modélise une constante ou des attributs qui, une fois initialisés, ne peuvent plus être modifiés.

Remarque : La propriété `frozen` correspond à `const` en C++.

Opérations

Les signaux sont traités au chapitre 20.

Lorsqu'on modélise les caractéristiques comportementales d'une classe (c'est-à-dire ses opérations et ses signaux) au niveau d'abstraction le plus élevé, on écrit tout simplement le nom de chaque opération. En règle générale, cette information suffit pour que le lecteur lambda comprenne l'objectif du modèle. Cependant, comme cela est expliqué dans les sections précédentes de ce chapitre, on peut également spécifier la visibilité et la portée de chaque opération. Mais on peut aller encore plus loin. En effet, il est aussi possible de préciser les paramètres, le type fourni en retour, la sémantique de concurrence et d'autres propriétés de chaque opération. Pris dans leur ensemble, le nom d'une opération et ses paramètres (y compris son type fourni en retour, s'il y en a un) forment la signature de l'opération.

Remarque : UML différencie l'opération de la méthode. Une opération définit un service qui peut être demandé à n'importe quel objet de la classe pour déclencher un comportement. Une méthode est une implémentation d'une opération. Chaque opération non abstraite d'une classe doit avoir une méthode qui fournit un algorithme exécutable comme corps (généralement désigné dans un langage de programmation ou du texte structuré). Dans un graphe d'héritage, il peut y avoir plusieurs méthodes pour la même opération et le polymorphisme choisit quelle méthode de la hiérarchie est utilisée pendant la phase d'exécution.

On peut aussi utiliser des stéréotypes pour désigner des ensembles d'opérations apparentées, comme les fonctions ancillaires (voir chapitre 6).

Dans sa forme complète, la syntaxe d'une opération se présente ainsi :

```
[visibilite] nom [(liste-parametre)]
[:type-fourni-en-retour] [{chaine-propriete}]
```

Voici par exemple des déclarations légales d'opération :

- `display` nom seulement
- `+ display` visibilité et nom
- `set(n: Name,s: String` nom et paramètres
- `getID() : Integer` nom et type fourni en retour
- `restart() {guarded}` nom et propriété

Dans la signature d'une opération, on peut fournir zéro paramètre ou plus, chacun, suivant cette syntaxe :

```
[direction] nom : type [= valeur-par-défaut]
```

La direction peut être une des valeurs suivantes :

- `in` un paramètre d'entrée. Ne peut pas être modifié.
- `out` un paramètre de sortie. Peut être modifié pour communiquer l'information au demandeur.
- `inout` un paramètre d'entrée. Peut être modifié.

À la propriété `leaf` décrite précédemment s'ajoutent quatre propriétés prédéfinies que l'on peut utiliser avec des opérations.

- `isQuery` l'exécution de l'opération ne modifie pas le système. En d'autres termes, l'opération est une pure fonction qui n'a pas d'effets secondaires..
- `sequential` les demandeurs doivent se mettre d'accord à l'extérieur de l'objet afin qu'il n'y ait qu'un seul flot à la fois dans l'objet. En présence de flots de contrôle multiples, la sémantique et l'intégrité de l'objet ne peuvent être garanties.
- `guarded` la sémantique et l'intégrité de l'objet sont garanties en présence de flots de contrôle multiples grâce au traitement en séquences de tous les appels en direction de toutes les opérations protégées (guarded) de l'objet. On ne peut appeler effectivement qu'une seule opération protégée à la fois sur l'objet, ce qui revient à une sémantique séquentielle.
- `concurrent` la sémantique et l'intégrité de l'objet sont garanties en présence de multiples flots de contrôle car l'opération est traitée comme une opération atomique. Plusieurs appels provenant de flots de contrôle concurrents peuvent arriver simultanément vers un objet sur n'importe quelle opération concurrente. Ces appels peuvent tous agir de manière concurrente avec une sémantique correcte. Les opérations concurrentes doivent être conçues de façon qu'elles fonctionnent correctement dans le cas où l'on aurait, de manière concurrente, une opération séquentielle ou protégée (guarded) sur le même objet.

Lesobjets actifs, les processus et les threads sont traités au chapitre 22.

Les dernières propriétés (`sequential`, `guarded`, `concurrent`) adressent la sémantique de concurrence d'une opération, propriétés qui ne sont importantes qu'en présence d'objets actifs, de processus ou de threads.

Classes template

Un template est un élément paramétré. Dans des langages comme C++ et Ada, on peut écrire des classes template qui définissent chacune une famille de classes (on peut aussi écrire des fonctions template, qui définissent une famille de fonctions). Un template comprend des slots pour les classes, les objets et les valeurs et ces slots servent de paramètres au template. On ne peut pas utiliser un template directement, il faut d'abord l'instancier. L'instanciation implique de lier ces paramètres formels du template aux paramètres réels. Pour une classe template, le résultat est une classe concrète qui peut être utilisée exactement comme n'importe quelle classe ordinaire.

En règle générale, on utilise les classes template pour spécifier des conteneurs qui peuvent être instanciés pour des éléments spécifiques, ce qui les rend indépendants du type. Par exemple, le fragment de code en C++ ci-dessous déclare une classe `Map` paramétrée.

```
template<class Item, class Value, int Buckets>
class Map {
public:
   virtual Boolean bind(const Item&, const
Value&);
   virtual Boolean isBound(const Item&) const;
   ...
};
```

On peut alors instancier ce template pour convertir les objets `Customer` en objets `Order`.

```
m : Map<Customer, Order, 3>;
```

Les principales propriétés des classes sont traitées au chapitre 4.

On peut également modéliser des classes template en UML. Comme le montre la figure 9-7, on représente une classe template exactement comme une classe ordinaire, mais avec une case en pointillés supplémentaire placée en haut à droite de l'icone de la classe et dans laquelle figurent les paramètres du template.

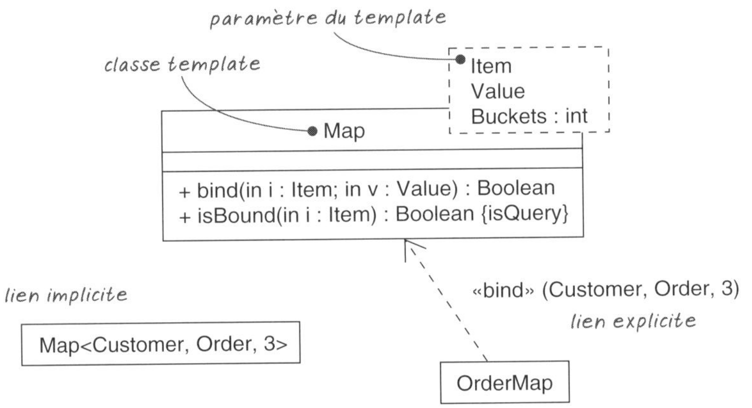

Figure 9-7 : *Classes template*

Les dépendances sont traitées aux chapitres 5 et 10, les stéréotypes au chapitre 6.

Cette figure montre également que l'on peut modéliser l'instanciation d'une classe template de deux manières différentes. Premièrement, de façon implicite, en déclarant une classe dont le nom indique le rattachement. Deuxièmement, de façon explicite, en utilisant une dépendance stéréotypée `bind`, qui précise que la source instancie le template cible à l'aide des paramètres réels.

Éléments standard

Les mécanismes d'extensibilité d'UML sont traités au chapitre 6, l'interface, le type et la classe d'implémentation au chapitre 11, les acteurs au chapitre 16 et les signaux au chapitre 20.

Tous les mécanismes d'extensibilité d'UML s'appliquent aux classes. La plupart du temps, on utilise des étiquettes pour étendre les propriétés d'une classe (comme la spécification de la version d'une classe) ainsi que des stéréotypes pour préciser de nouvelles sortes de composants (comme des composants spécifiques au modèle).

UML définit quatre stéréotypes standard qui s'appliquent aux classes :

- `metaclass` détermine un classificateur dont les objets sont tous des classes.
- `powertype` détermine un classificateur dont les objets sont les enfants d'un parent donné.
- `stereotype` précise que le classificateur est un stéréotype qui peut s'appliquer à d'autres éléments.
- `utility` détermine une classe dont tous les attributs et les opérations ont une portée qui s'applique à la classe.

Remarque : D'autres stéréotypes standard ou mots-clefs s'appliquant aux classes sont abordés par ailleurs : `interface`, `type`, `implementationClass`, `actor`, `exception`, `signal`, `process` et `thread`.

Techniques de modélisation courantes

Modélisation de la sémantique d'une classe

Les utilisations courantes des classes sont traitées au chapitre 4.

La plupart du temps, les classes servent à modéliser des abstractions issues du problème que l'on essaie de résoudre ou de la technologie utilisée pour implémenter une solution à ce problème. Une fois ces abstractions identifiées, on précise alors leur sémantique.

La modélisation est traitée au chapitre 1. On peut également modéliser la sémantique d'une opération à l'aide d'un diagramme d'activités (voir chapitre 19).

En UML, on dispose d'un très large éventail de possibilités de modélisation qui va des plus informelles (responsabilités) aux plus formelles (OCL, ou Object Constraint Language). Étant donné ces choix, on doit décider du niveau de détails le plus approprié pour communiquer l'objectif du modèle que l'on construit. Si cet objectif est de communiquer avec les utilisateurs finals et les experts du domaine concerné, on optera plutôt pour la modélisation moins formelle. Si l'objectif du modèle est de gérer une ingénierie globale, qui navigue entre les modèles et le code, on penchera pour la modélisation plus formelle. Si l'objectif du modèle est de réfléchir de façon rigoureuse et mathématique sur les modèles et de prouver leur exactitude, on penchera pour la modélisation très formelle.

Remarque : Moins formelle ne veut pas dire moins précise. Cela signifie simplement que la modélisation est moins complète et moins détaillée. En pratique, on essaie toujours de trouver un équilibre entre informelle et très formelle, c'est-à-dire que l'on fournit suffisamment de détails pour être en mesure de créer des artefacts exécutables, tout en cachant ces détails afin de ne pas submerger le lecteur.

Pour modéliser la sémantique d'une classe, on opère un choix parmi les possibilités suivantes, qui sont classées de la plus informelle à la plus formelle :

Les responsabilités sont traitées au chapitre 4.

- définir les responsabilités de la classe. Une responsabilité est un contrat ou une obligation d'un type ou d'une classe. Elle est représentée par une note (stéréotypée comme `responsibility`) attachée à la classe ou dans un compartiment supplémentaire dans l'icone de la classe ;
- définir la sémantique de la classe dans son intégralité en utilisant du texte structuré, qui est représenté sous la forme d'une note (stéréotypée comme `semantics`) attachée à la classe ;

La spécification du corps d'une méthode est traitée au chapitre 3, la spécification de la sémantique d'une opération au chapitre 19, les automates à états finis au chapitre 21 et les collaborations au chapitre 27.

- spécifier le corps de chaque méthode à l'aide d'un texte structuré ou d'un langage de programmation que l'on représente dans une note attachée à l'opération par une relation de dépendance ;
- spécifier les préconditions et les postconditions de chaque opération, ainsi que les invariants de la classe dans son intégralité, à l'aide de texte structuré. On représente ces éléments dans des notes (stéréotypées comme `precondition`, `postcondition` et `invariant`) attachées à l'opération ou à la classe par une relation de dépendance ;
- définir un automate à états finis pour la classe. Un automate à états finis est un comportement qui précise les séquences d'états par lesquelles un objet passe au cours de son existence en réponse à des événements, ainsi que la réponse à ces événements ;
- spécifier une collaboration qui représente la classe. Une collaboration est une société de rôles et d'autres éléments qui travaillent ensemble pour fournir un

comportement coopératif plus grand que la somme de tous ses éléments. Une collaboration comporte une partie structurelle et une partie dynamique, ce qui permet d'utiliser les collaborations pour préciser toutes les dimensions de la sémantique d'une classe ;

OCL est traité dans UML, Manuel de Référence.

- spécifier les préconditions et les postconditions de chaque opération ainsi que les invariants de la classe dans son intégralité, à l'aide d'un langage formel tel que OCL.

En pratique, on est souvent amené à combiner ces approches pour fournir les différentes abstractions du système.

Remarque : Lorsqu'on précise la sémantique d'une classe, on doit toujours savoir si l'objectif est de spécifier *ce que* fait la classe ou *comment* elle le fait. La spécification de la sémantique de *ce que* fait une classe représente sa vue publique, externe. La spécification de la sémantique de *comment* fait la classe représente sa vue privée, interne. On utilise une combinaison de ces deux vues, en mettant en évidence la vue externe pour les clients de la classe et en mettant en valeur la vue interne pour ceux qui implémentent la classe.

Trucs et astuces

Lorsqu'on modélise des classificateurs en UML, il ne faut pas oublier que l'on dispose d'un très large éventail de briques de base, qui s'étend des interfaces aux classes, puis aux composants, etc. Il faut choisir celui qui convient le mieux à l'abstraction que l'on réalise. Un classificateur bien structuré doit :

- avoir des aspects à la fois structurels et comportementaux ;
- être fortement cohésif et faiblement couplé ;
- ne montrer que les caractéristiques nécessaires aux clients pour utiliser la classe et cacher toutes les autres ;
- être parfaitement clair dans son objectif et sa sémantique ;
- ne pas être excessivement spécifié pour ménager une certaine liberté à ses développeurs ;
- être suffisamment spécifié pour éviter toute ambiguïté de sémantique.

Lorsqu'on dessine un classificateur en UML, il faut :

- ne montrer que les propriétés importantes pour la compréhension de l'abstraction dans son contexte.
- choisir une version stéréotypée qui offre le meilleur repère visuel pour l'objectif du classificateur.

UNIFIED
MODELING
LANGUAGE

Chapitre 10

Relations avancées

Dans ce chapitre :

- Relations avancées de dépendance, de généralisation, d'association, de réalisation et de raffinement
- Modélisation des réseaux de relations
- Création de réseaux de relations

La modélisation des éléments qui composent le vocabulaire d'un système implique également la modélisation des relations qui existent entre eux. Mais ces dernières peuvent être complexes et la représentation, la spécification, la construction et la documentation de réseaux de relations font appel à un certain nombre de caractéristiques avancées.

Les propriétés de base des relations sont traitées au chapitre 5, les interfaces au chapitre 11, les composants au chapitre 25, les cas d'utilisation au chapitre 16, les collaborations au chapitre 27.

Les dépendances, les généralisations et les associations sont les trois briques de base relationnelles les plus importantes d'UML. Ces relations possèdent un certain nombre de propriétés qui vont au-delà de celles qui ont été décrites dans la partie précédente. Il est également possible de modéliser l'héritage multiple, la navigabilité, la composition, le raffinement ainsi que d'autres caractéristiques. En utilisant un quatrième type de relation – la réalisation –, on peut modéliser la liaison entre une interface et une classe ou un composant, ou encore entre un cas d'utilisation et une collaboration. UML permet la modélisation de la sémantique des relations avec n'importe quel degré de formalité.

La gestion de réseaux de relations complexes implique que les relations soient utilisées au bon niveau de détails, afin que le système ne soit ni sous-conçu ni trop élaboré.

Premiers pas

Les cas d'utilisation et les scénarios sont traités au chapitre 16.

Lors de la construction d'une maison, le fait de déterminer comment chaque pièce doit être située par rapport aux autres est une étape fondamentale. À un niveau d'abstraction donné, on peut décider de placer la chambre principale au rez-de-chaussée, mais pas sur l'avant de la maison. Ensuite, il faut envisager les scénarios courants pour penser à l'emplacement de la pièce en fonction de son utilisation. Si l'on considère le transport des courses depuis le garage, il serait insensé de devoir traverser la chambre pour arriver dans la cuisine : cet agencement doit donc être rejeté.

Il est possible de tracer un plan assez complet de cet étage de la maison en envisageant simplement ces relations et ces cas d'utilisation de base, mais cela reste insuffisant. La conception de l'édifice peut présenter de réelles lacunes si des relations plus complexes ne sont pas prises en compte.

En effet, les pièces peuvent être disposées de manière agréable à chaque étage, mais interférer de manière imprévue les unes avec les autres entre les différents niveaux. Par exemple, si la chambre de la fille est placée exactement au-dessus de celle des parents et que l'adolescente apprend à jouer de la batterie, cette disposition est, elle aussi, à éviter absolument.

Il faut également tenir compte de l'interaction entre les installations qui s'intègrent dans la maison et l'agencement de cette dernière. Par exemple, si lors de l'aménagement des pièces on ne prévoit pas de murs communs qui permettent le passage des différents tuyaux, le coût de la construction augmentera.

L'ingénierie vers l'aval et la rétro-ingénierie sont traitées dans les chapitres 8, 14, 17, 18, 19, 24, 29 et 30.

Il en est de même pour la fabrication de logiciels. Les dépendances, les généralisations et les associations sont les relations les plus fréquemment utilisées lors de la modélisation de systèmes à forte composante logicielle. Cependant, un certain nombre de caractéristiques avancées sont nécessaires pour exprimer les détails de nombreux systèmes – détails qu'il est important de prendre en compte afin d'éviter de réels défauts de conception.

Comme le montre la figure 10-1, UML fournit une représentation graphique des propriétés avancées. Cette notation permet de visualiser, de spécifier, de construire et de documenter des réseaux de relations à n'importe quel niveau de détails et autorise même l'ingénierie vers l'aval et la rétro-ingénierie des modèles et du code.

Termes et concepts

Une *relation* est une liaison entre éléments. En modélisation orientée objet, les quatre relations les plus importantes sont les dépendances, les généralisations, les associations et les réalisations. Une relation est représentée par une ligne dont l'aspect varie en fonction du type de relation.

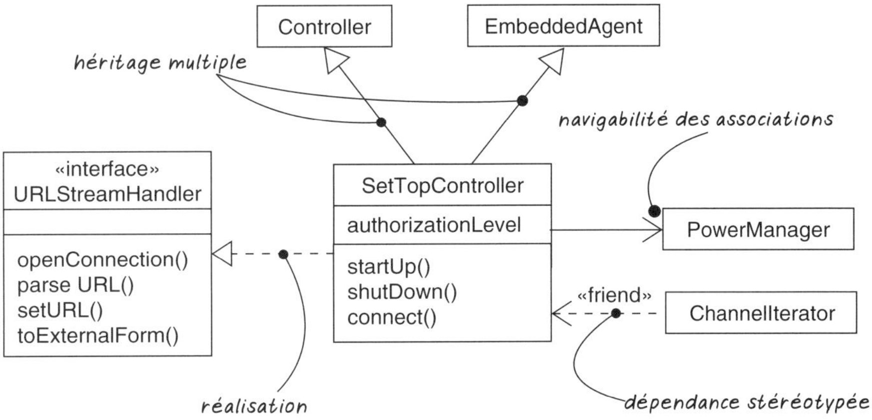

Figure 10-1: *Relations avancées*

Dépendance

Les propriétés de base des dépendances sont traitées au chapitre 5.

Une *dépendance* est une relation d'utilisation qui indique qu'un changement de spécification d'un élément (par exemple, la classe `SetTopControler`) peut affecter un autre élément qui l'utilise (par exemple, la classe `ChannelIterator`), mais que l'inverse n'est pas nécessairement vrai. Une dépendance est représentée par une flèche en pointillés, dont l'origine est rattachée à l'élément dépendant. On l'utilise quand il est nécessaire de montrer qu'un élément se sert d'un autre.

Les mécanismes d'extensibilité d'UML sont traités au chapitre 6.

Une dépendance ordinaire et sans décoration est suffisante pour la plupart des relations d'utilisation que l'on est amené à rencontrer. Cependant, pour permettre d'indiquer une nuance de signification, UML définit un certain nombre de stéréotypes qui peuvent s'appliquer aux relations de dépendance. Il en existe dix-sept, qui peuvent être rassemblés en six groupes.

Les diagrammes de classes sont traités au chapitre 8.

Tout d'abord, huit stéréotypes s'appliquent aux relations de dépendance entre les classes et les objets dans les diagrammes de classes.

- `bind` indique que la source instancie le template cible en utilisant les paramètres réels donnés.

Les templates et les dépendances `bind` sont traités au chapitre 9.

On utilise `bind` pour modéliser les détails des classes templates. Par exemple, la relation entre une classe conteneur template et une instanciation de cette classe serait modélisée comme une dépendance `bind`. Ce stéréotype comprend une liste des arguments réels qui correspondent aux arguments formels du template.

- `derive` indique que la source peut être calculée à partir de la cible.

Les attributs sont traités dans les chapitres 4 et 9, les associations au chapitre 5 et un peu plus loin dans ce chapitre.

On utilise `derive` pour modéliser la relation entre deux associations ou deux attributs, dont l'un est concret et l'autre est conceptuel. Par exemple, une classe `Personne` peut posséder les attributs `DateDeNaissance` (qui est concret) et `Age` (qui peut être calculé à partir de `DateDeNaissance` et n'est donc pas manifeste dans la classe). La relation entre `Age` et `DateDeNaissance` est représentée au moyen de la dépendance `derive`, qui indique qu'`Age` découle de `DateDeNaissance`.

- `friend` indique que l'on accorde une visibilité spéciale de la source dans la cible.

Les dépendances `friend` sont traitées au chapitre 5.

On utilise `friend` pour modéliser des relations telles que celles que l'on rencontre avec les classes friend C++.

- `instanceOf` indique que l'objet source est une instance du classificateur cible.
- `instantiate` indique que les opérations sur la classe source créent des instances de la classe cible.

La dichotomie classe/objet est traitée au chapitre 2.

Ces deux stéréotypes permettent de modéliser les relations classe/objet de manière explicite. On utilise `instanceOf` pour modéliser la relation entre une classe et un objet sur un même diagramme ou entre une classe et ses métaclasses. On utilise `instantiate` pour indiquer quel élément crée des objets d'un autre diagramme.

- `powertype` indique que la cible est un classificateur dont les objets sont tous les enfants d'un parent donné.

La modélisation des bases de données logiques est traitée au chapitre 8, la modélisation des bases de données physiques au chapitre 29.

On utilise `powertype` pour modéliser des classes qui en englobent d'autres, comme celles que l'on est amené à rencontrer lors de la modélisation de bases de données.

- `refine` indique que le degré d'abstraction de la source est plus fin que celui de la cible.

On utilise `refine` pour modéliser des classes identiques mais dont le niveau d'abstraction est différent. Par exemple, lors de l'analyse, on peut rencontrer une classe `Client` qui, au cours de la conception, sera raffinée en une classe `Client` plus détaillée, qui inclura son implémentation.

- `use` indique que la sémantique de l'élément source dépend de la sémantique de la partie publique de la cible.

Le stéréotype `use` sert à indiquer explicitement qu'une dépendance est une relation d'utilisation, en contraste avec les nuances de dépendance que d'autres stéréotypes proposent.

Les paquetages sont traités au chapitre 12.

Il existe ensuite deux stéréotypes qui s'appliquent aux relations de dépendance entre paquetages.

- `access` indique que le paquetage source a le droit de référencer les éléments du paquetage cible.
- `import` une sorte d'accès qui indique que le contenu public du paquetage cible fait partie de l'espace de nommage comme s'il avait été déclaré dans la source.

On utilise `access` et `import` pour modéliser les relations entre paquetages. Si deux paquetages sont de même niveau, les éléments de l'un ne peuvent référencer les éléments de l'autre à moins qu'il n'existe explicitement une dépendance `access` ou `import`. On suppose par exemple qu'un paquetage cible `T` contient la classe `C`. Si une dépendance " `access` " de `S` vers `T` est indiquée, alors les éléments de `S` peuvent référencer `C` en utilisant le nom complet `T::C`. S'il s'agit d'une dépendance " `import` " de `S` vers `T`, les éléments de `S` peuvent alors référencer `C` en utilisant seulement son nom simple.

Les cas d'utilisation sont traités au chapitre 16.

Deux stéréotypes s'appliquent aux relations de dépendance entre cas d'utilisation :

- `extend` indique que le cas d'utilisation cible étend le comportement du cas d'utilisation source.
- `include` indique que le cas d'utilisation source incorpore explicitement le comportement d'un autre cas d'utilisation à un emplacement précisé par la source.

On utilise `extend` et `include` (et la généralisation simple) pour décomposer des cas d'utilisation en parties réutilisables.

Les interactions sont traitées au chapitre 15.

Lors de la modélisation d'interactions entre objets, on rencontre trois stéréotypes.

- `become` indique que la cible est le même objet que la source mais à un moment ultérieur et avec éventuellement des valeurs, un état ou des rôles différents.

- `call` indique que l'opération source invoque l'opération cible.
- `copy` indique que l'objet cible est une copie exacte mais indépendante de la source.

Le temps et l'espace sont traités au chapitre 23.

On utilise `become` et `copy` pour montrer le rôle, l'état ou la valeur de l'attribut d'un objet à différents endroits ou moments. On utilise `call` pour modéliser les dépendances d'appel entre des opérations.

Dans le contexte des automates à états finis, on rencontre parfois le stéréotype suivant :

Les automates à états finis sont traités au chapitre 21.

- `send` indique que l'opération source émet l'événement cible.

On utilise `send` pour modéliser une opération (telle qu'elle se trouve dans l'action associée à une transition d'état) qui distribue un événement donné à un objet cible (auquel un automate à états finis peut aussi être associé). En fait, la dépendance `send` permet de lier des automates à états indépendants.

Les systèmes et les modèles sont traités au chapitre 31.

Enfin, on rencontre parfois un stéréotype dans l'organisation des éléments du système en sous-systèmes et en modèles :

- `trace` indique que la cible est une version précédente de la source

Les cinq vues d'une architecture sont traitées au chapitre 2.

On utilise `trace` pour modéliser les relations entre des éléments de différents modèles. Par exemple, dans le contexte de l'architecture d'un système, un cas d'utilisation dans un modèle de cas d'utilisation (représentant un besoin fonctionnel) peut faire référence à un paquetage dans le modèle de conception correspondant (représentant les artefacts qui réalisent ce cas d'utilisation).

Remarque : Sur le plan sémantique, toutes les relations sont des types de dépendances, y compris la généralisation, l'association et la réalisation qui possèdent une sémantique assez importante pour être considérées comme des types de relations distinctes en UML. Les stéréotypes mentionnés ci-dessus représentent des nuances de dépendances, dont chacune possède sa propre sémantique, mais ne sont pas assez éloignés des dépendances ordinaires pour constituer un genre de relation distinct. C'est un point de vue arbitraire adopté par UML, mais l'expérience montre que cette approche permet de mettre l'accent sur les relations les plus importantes sans que le développeur soit confronté à des choix trop nombreux. Afin de limiter les risques d'erreurs, lorsqu'on crée un modèle, il est conseillé d'utiliser d'abord la généralisation, l'association et la réalisation avant d'envisager les autres relations comme des sortes de dépendances.

Généralisation

Les propriétés de base des généralisations sont traitées au chapitre 5.

Une *généralisation* est une relation entre un élément général (appelé super classe ou parent) et une version plus spécifique de cet élément (appelée sous-classe ou enfant). Par exemple, il est possible de rencontrer la classe générale `Fenetre` et une version plus spécifique comme `FenetreACarreaux`. Dans une relation de généralisation de l'enfant vers le parent, l'enfant (`FenetreACarreaux`) hérite de la structure et du comportement du parent (`Fenetre`). L'enfant peut également apporter une nouvelle structure et un nouveau comportement au parent ou en modifier le comportement. Dans une relation de généralisation, des instances de l'enfant peuvent être utilisées partout où des instances du parent s'appliquent, ce qui signifie que l'enfant peut remplacer le parent.

Une classe qui a un seul et unique parent utilise un héritage simple, ce qui est suffisant la plupart du temps. Mais UML permet également la modélisation de l' héritage multiple, qui apparaît parfois plus judicieux. Par exemple, la figure 10-2 montre un ensemble de classes qui appartiennent à une application de services financiers. La classe `Actif` possède trois enfants : `CompteBancaire`, `BienImmobilier` et `Fonds`. Deux de ces enfants (`CompteBancaire` et `Fonds`) possèdent eux-mêmes des enfants. Par exemple, `Action` et `Obligation` sont des enfants de `Fonds`.

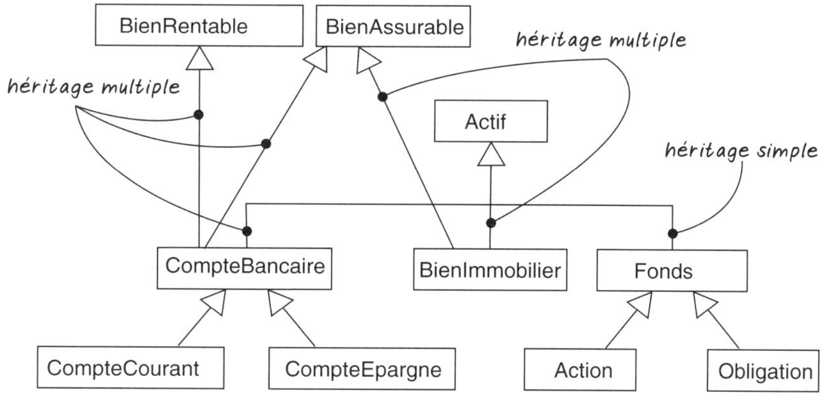

Figure 10-2 : *Héritage multiple*

Deux de ces enfants (`CompteBancaire` et `BienImmobilier`) héritent de plusieurs parents. Par exemple, `BienImmobilier` est une sorte d'`Actif` mais aussi de `BienAssurable`, et `CompteBancaire` est une sorte d'`Actif` mais également de `BienRentable` et de `BienAssurable`.

Les parents, tels que `BienRentable` et `BienAssurable`, n'existent pas de manière indépendante mais sont plutôt destinés à s'associer à d'autres parents (comme `Actif`) pour former des enfants à partir de ces différents morceaux de structure et de comportement.

Remarque : L'héritage multiple doit être utilisé avec précaution. On risque en effet d'être confronté à des problèmes si un enfant a plusieurs parents dont les structures ou les comportements interfèrent. Dans la plupart des cas, l'héritage multiple peut être remplacé par la délégation, grâce à laquelle un enfant hérite d'un parent et utilise ensuite l'agrégation pour recevoir les structures et les comportements de plusieurs parents subordonnés. Le principal inconvénient de cette approche est que la sémantique de remplaçabilité est perdue avec ces parents subordonnés.

Les mécanismes d'extensibilité d'UML sont traités au chapitre 6, les stéréotypes et les contraintes prédéfinies d'UML dans l'Annexe B.

Une relation de généralisation ordinaire et sans décoration est suffisante pour la plupart des relations d'héritage que l'on peut être amené à rencontrer. Cependant, pour permettre d'indiquer une nuance de signification, UML définit un stéréotype et quatre contraintes qui peuvent s'appliquer aux relations de généralisation.

Le seul et unique stéréotype est le suivant :

- `implementation` indique que l'enfant hérite de l'implémentation du parent mais qu'il ne rend pas ses interfaces publiques et ne les supporte pas non plus, violant ainsi le principe de remplaçabilité.

On utilise `implementation` pour modéliser l'héritage privé, tel qu'on le rencontre en C++.

Quatre contraintes standard s'appliquent aux relations de généralisation.

- `complete` indique que tous les enfants de la généralisation ont été décrits dans le modèle (même si certains ne sont pas représentés sur le diagramme) et que les enfants supplémentaires sont interdits.
- `incomplete` indique que les enfants de la généralisation n'ont pas tous été décrits dans le modèle (même si certains ne sont pas représentés sur le diagramme) et que les enfants supplémentaires sont autorisés.

Les propriétés générales des diagrammes sont traitées au chapitre 7.

Sauf indication contraire, tout diagramme montre seulement une vue partielle d'un graphe d'héritage, certains éléments étant volontairement supprimés, et est donc une representation graphique simplifiée. Cependant, représentation simplifiée ne signifie pas que le modèle a des lacunes. On utilise la contrainte `complete` essentiellement pour montrer explicitement qu'une hiérarchie dans le modèle a été entièrement décrite (même si cela n'apparaît sur aucun diagramme).

On utilise la contrainte `incomplete` pour montrer explicitement que la hiérarchie du modèle n'a pas été entièrement décrite (même si un diagramme peut représenter la totalité du modèle).

- `disjoint` indique que les objets d'un parent donné ne peuvent pas avoir plus d'un enfant donné comme type.
- `overlapping` indique que les objets du parent donné peuvent avoir plusieurs enfants donnés comme type.

Les types et les interfaces sont traités au chapitre 1, les interactions au chapitre 15.

Ces deux contraintes s'appliquent seulement dans le cadre de l'héritage multiple. On utilise `disjoint` et `overlapping` pour faire la différence entre classification statique (`disjoint`) et classification dynamique (`overlapping`).

Remarque : Dans la plupart des cas, un objet possède un type en phase d'exécution, ce qui constitue un cas de classification statique. S'il peut changer de type au cours de cette phase, on parle alors de classification dynamique. La modélisation de la classification dynamique est difficile, mais UML autorise la combinaison de l'héritage multiple (pour montrer les types potentiels d'un objet), des types et des interactions (pour montrer le type variable d'un objet pendant la phase d'exécution).

Association

Les propriétés de base des associations sont traitées au chapitre 5.

Une *association* est une relation structurelle qui indique que des objets d'un élément sont liés à des objets d'un autre élément. Par exemple, une classe `Bibliotheque` peut avoir une association 1-n avec une classe `Livre` qui précise que chaque instance de `Livre` est possédée par une instance de `Bibliotheque`. De plus, on peut trouver la `Bibliotheque` à laquelle chaque `Livre` appartient et naviguer dans tous les `Livres` de chaque `Bibliotheque`. Une association est représentée par une ligne dont le trait est plein, qui relie une classe à d'autres classes ou à elle-même. On l'utilise pour représenter des relations structurelles.

Il existe quatre décorations de base qui s'appliquent aux associations : le nom, le rôle, la multiplicité de part et d'autre de l'association et l'agrégation. Pour des utilisations avancées, il existe un certain nombre d'autres propriétés auxquelles on peut avoir recours pour modéliser des détails précis, tels que la navigabilité, la qualification et diverses nuances d'agrégation.

Navigabilité

Dans le cas d'une association ordinaire et sans décorations entre deux classes, telles que `Livre` et `Bibliotheque`, on peut naviguer des objets d'une sorte aux objets de l'autre sorte. Sauf indications contraires, la navigabilité d'une association est bidirectionnelle. Cependant, dans certains cas, il peut être nécessaire de limiter la navigabilité à un seul sens. Par exemple, comme le montre la figure 10-3, lors de la modélisation des services d'un système d'exploitation, il existe une association entre les objets `Utilisateur` et `MotDePasse`. Pour chaque `Utilisateur`, il faut trouver les objets `MotDePasse` correspondants, mais aucun des objets `MotDePasse` ne doit permettre l'identification de l'`Utilisateur`. On peut représenter le sens de la navigabilité de manière explicite en décorant une association avec une flèche qui en précise la direction.

Remarque : Indiquer un sens de passage ne signifie pas nécessairement qu'il est complètement impossible de naviguer des objets situés à une extrémité de l'association vers les objets qui se trouvent à l'autre extrémité. La navigabilité est plutôt la définition de l'efficacité d'un passage. Par exemple, dans le cas de la figure 10-3, il est toujours possible de trouver les objets `Utilisateur` qui correspondent à un `MotDePasse` grâce à d'autres associations qui impliquent d'autres classes qui ne sont pas représentées. Indiquer la navigabilité d'une association équivaut à préciser que, pour tout objet à une extrémité, il est possible de passer facilement et directement aux objets à l'autre extrémité, généralement parce que l'objet source comporte des références aux objets de la cible.

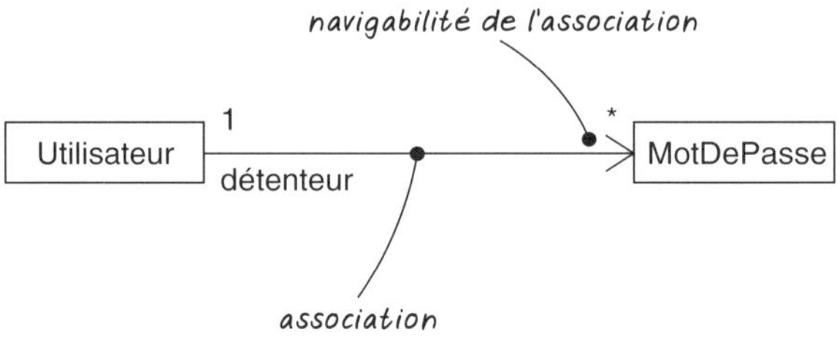

Figure 10-3 : *Navigabilité*

La visibilité publique, protégée et privée est traitée au chapitre 9.

Visibilité

Dans le cas d'une association entre deux classes, les objets de l'une peuvent voir les objets de l'autre et naviguer vers eux, sauf restriction contraire définie par un énoncé de navigabilité explicite. Cependant, dans certains cas, il peut être nécessaire d'interdire la visibilité d'une association aux objets extérieurs à la relation. Par exemple, comme le montre la figure 10-4, il existe une association entre `Grouped'Utilisateurs` et `Utilisateur`, ainsi qu'entre `Utilisateur` et `MotDePasse`. Pour chaque objet `Utilisateur`, il est possible d'identifier les objets `MotDePasse` correspondants. Cependant, un `MotDePasse` ne doit être connu que de l'`Utilisateur` et ne doit donc pas être accessible depuis l'extérieur (à moins, bien sûr, que l'`Utilisateur` ne permette explicitement d'y accéder, peut-être au moyen d'une opération publique). Par conséquent, comme le montre la figure 10-4, dans le cas de l'objet `GroupeUtilisateur`, il est possible de naviguer vers les objets `Utilisateur` (et vice versa), mais il est en revanche impossible de voir les objets `MotDePasse` de l'objet `Utilisateur` qui ne sont connus que de l'`Utilisateur`. En UML, on peut définir trois niveaux de visibilité pour chaque extrémité d'une association en ajoutant un symbole spécifique à un nom de rôle, exactement comme pour les caractéristiques d'une classe. Sauf indications contraires, la visibilité d'un rôle est publique. Si elle est privée, cela signifie que les objets situés à cette extrémité ne sont pas accessibles aux objets extérieurs à l'association. La visibilité protégée indique que des objets à cette extrémité ne sont pas accessibles aux objets extérieurs à l'association, excepté aux objets enfants de la classe qui se trouve à l'autre extrémité.

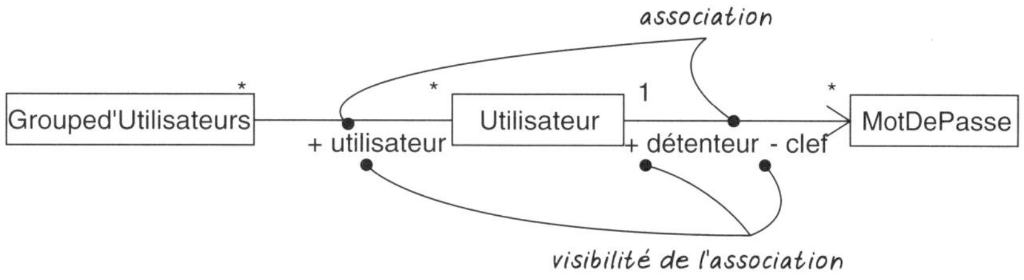

Figure 10-4 : *Visibilité*

Qualification

Les attributs sont traités dans les chapitres 4 et 9.

Dans le cadre d'une association, une des tournures idiomatiques de modélisation les plus fréquemment rencontrées concerne le problème de la consultation (lookup). Pour un objet situé à une extrémité d'une association, comment identifier un objet ou un ensemble d'objets à l'autre extrémité ? Par exemple, prenons le cas de la modélisation d'un bureau sur un site de fabrication vers lequel des articles retournés sont envoyés pour être réparés. Comme le montre la figure 10-5, il faut modéliser une association entre les deux classes `Bureau` et `ArticleRetourne`. Dans le cadre du `Bureau`, un `NumeroDeTache` identifie un `ArticleRetourne` particulier. Dans ce sens, `NumeroDeTache` est un attribut de l'association. Ce n'est pas une caractéristique de l'`ArticleRetourne` parce que les articles n'ont pas connaissance des éléments comme réparations ou tâches. Ensuite, pour chaque objet de `Bureau` et pour une valeur particulière de `NumeroDeTache`, on peut naviguer vers zéro ou un objet d'`ArticleRetourne`. En UML, on modélise cette tournure idiomatique au moyen d'un qualificateur, qui est un attribut d'association dont les valeurs divisent l'ensemble des objets en rapport avec un objet par le biais d'une association. Comme le montre la figure 10-5, un qualificateur est représenté par un petit rectangle rattaché à l'extrémité d'une association, où l'on place les attributs. L'objet source, ainsi que les valeurs des attributs du qualificateur, exploitent un objet cible (si la multiplicité de la cible est d'au plus un) ou un ensemble d'objets (si la multiplicité de la cible est supérieure à un).

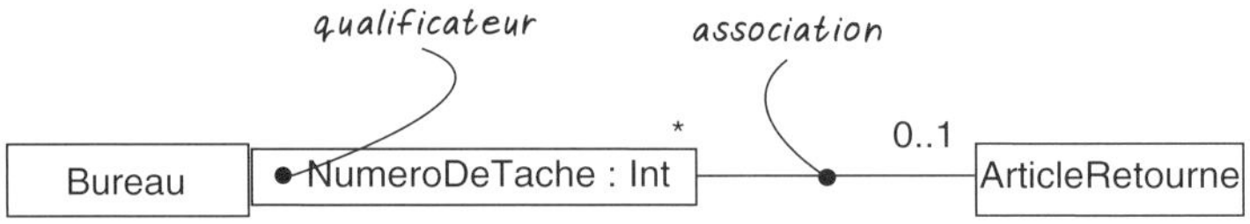

Figure 10-5: *Qualification*

Remarque : La sémantique des qualificateurs est assez élaborée et on les rencontre dans bien des cas particuliers complexes où ils sont utilisés. Cependant, la plupart du temps, les cas qui nécessitent l'utilisation de qualificateurs sont assez simples. S'il est possible d'imaginer une structure de données de consultation (lookup data structure) à une des extrémités d'une association (par exemple, une hash table ou un b-tree), on fera alors figurer cet index comme qualificateur. Dans la plupart des cas, la multiplicité de l'extrémité source sera supérieure à un et la multiplicité de l'extrémité cible sera `0..1`.

Les rôles sont traités au chapitre 4, les interfaces au chapitre 11, les classificateurs au chapitre 9.

Spécificateur d'interface

Une interface est un ensemble d'opérations utilisées pour définir un service d'une classe ou d'un composant. Chaque classe peut réaliser de nombreuses interfaces et, ensemble, ces interfaces représentent alors une spécification complète du comportement de cette classe. Cependant, dans le cadre d'une association avec une classe cible, une classe source peut choisir de ne montrer qu'une partie d'elle-même. Par exemple, dans le vocabulaire d'un système de ressources humaines, une classe `Personne` peut réaliser de nombreuses interfaces : `IDirecteur`, `IEmploye`, `ICadre`, etc. Comme le montre la figure 10-6, il est possible de modéliser la relation entre un superviseur et ses subordonnés au moyen d'une association 1-n, en indiquant les rôles `superviseur` et de `subordonne` de cette association de manière explicite. Dans le contexte de cette association, une `Personne` qui joue le rôle de `superviseur` ne montre que la partie `IDirecteur` au `subordonne` tandis que le `superviseur` ne peut voir que le rôle `IEmploye` du `subordonne`. Comme le montre la figure 10-6, il est possible de représenter explicitement le type de rôle grâce à la syntaxe `nomderole` : `inom`, `inom` étant une interface de l'autre classificateur.

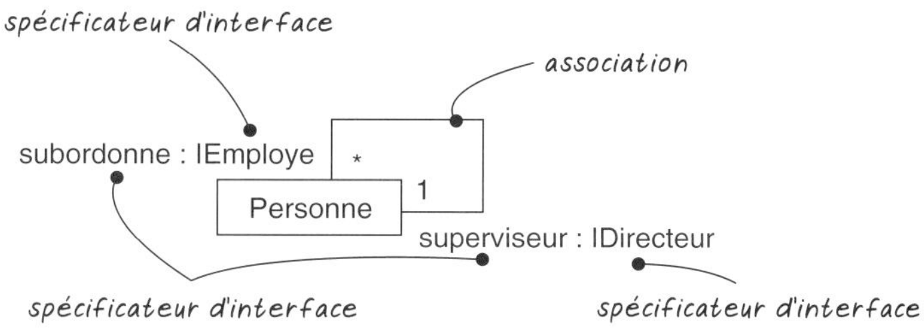

Figure 10-6 : *Spécificateurs d'interface*

L'agrégation simple est traitée au chapitre 5.

Composition

L'agrégation est un concept très simple dont la sémantique est plutôt complexe. L'agrégation simple est uniquement conceptuelle et ne fait rien d'autre que distinguer un « tout » d'une « partie ». Elle ne change pas la signification de la navigabilité d'une association entre le tout et ses parties et ne lie pas non plus la durée de vie du tout et de ses parties.

Un attribut est essentiellement une abréviation de composition. Les attributs sont traités dans les chapitres 4 et 9.

Cependant, il existe une variation de l'agrégation simple – la composition – qui ajoute des règles sémantiques importantes. La composition est une forme d'agrégation qui met en avant une notion de propriété forte et de coïncidence des cycles de vie. Les parties dont la multiplicité n'est pas fixée peuvent être créées après le composite, mais elles vivent et meurent avec lui. Elles peuvent également être retirées de manière explicite avant la mort du composite.

Cela signifie que, dans le cas d'une composition, un objet peut faire partie d'un seul composite à la fois. Par exemple, dans un système de fenêtrage, un `Frame` appartient à une seule et unique `Window`, alors que dans l'agrégation simple une partie peut être partagée. Par exemple, dans le cas du modèle d'une maison, un `Mur` peut faire partie d'un ou plusieurs objets `Piece`.

De plus, dans une composition, le tout est responsable de la mise à disposition de ses parties, ce qui signifie que le composite doit gérer la création et la destruction de ses parties. Par exemple, lorsqu'on crée un `Frame` pour un système de fenêtrage, il faut le rattacher à une `Window`. De même, quand cet objet `Window` est détruit, il élimine à son tour ses parties `Frame`.

Comme le montre la figure 10-7, une composition est simplement un genre spécial d'association, que l'on indique en décorant une association simple avec un losange plein à l'extrémité du tout.

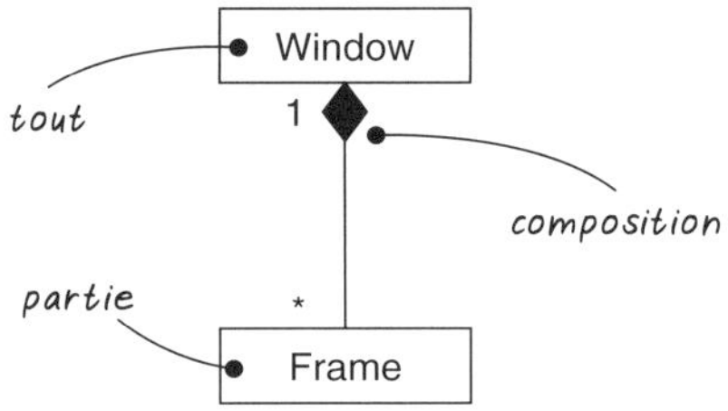

Figure 10-7 : *Composition*

Remarque : On peut également représenter la composition en emboîtant les symboles des parties dans le symbole du composite. Cette forme est plus particulièrement utile quand il faut mettre l'accent sur les relations qui existent entre les parties et qui s'appliquent seulement dans le contexte du tout.

Les attributs sont traités dans les chapitres 4 et 9.

Classe-association

Dans une association entre deux classes, la relation peut posséder certaines propriétés. Par exemple, dans le cas d'une association employeur/employé entre une `Entreprise` et une `Personne`, il existe un `Emploi` qui représente les propriétés de cette relation qui s'applique à un couple `Personne/Entreprise` donné. Il ne serait pas judicieux de modéliser cette situation au moyen d'une association d'`Entreprise` vers `Emploi` et d'une autre de `Emploi` vers `Personne` car ces associations ne lieraient pas une instance spécifique de `Emploi` au couple spécifique `Entreprise/Personne`.

En UML, on modélise cette situation en tant que classe-association, élément de modélisation qui possède à la fois des propriétés d'association et de classe. Une classe-association peut être considérée comme une association qui a également des propriétés de classe ou comme une classe qui a également des propriétés d'association. Comme le montre la figure 10-8, une classe-association est représentée par le symbole de la classe rattaché à une association par une ligne en pointillés.

Remarque : Il est parfois souhaitable que différentes classes-associations disposent des mêmes propriétés. Cependant, il n'est pas possible de rattacher une classe-association à plus d'une association, puisqu'elle est elle-même l'association. Il faut alors définir une classe `(C)` puis faire en sorte que chaque classe-association qui nécessite ces caractéristiques hérite de `C` ou l'utilise comme type d'un attribut.

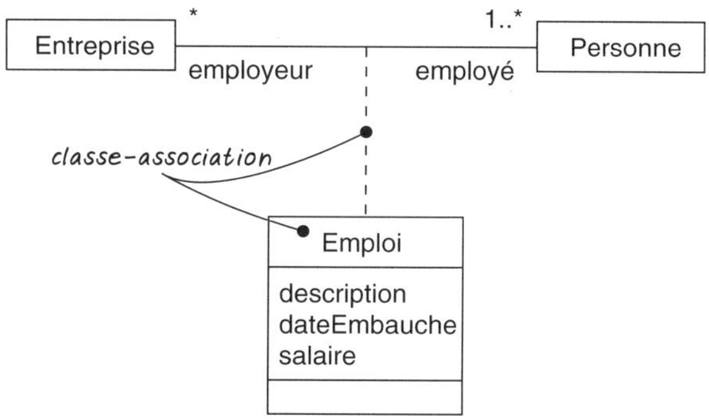

Figure 10-8 : *Classes-associations*

Les mécanismes d'extensibilité d'UML sont traités au chapitre 6. Les stéréotypes et les contraintes prédéfinis d'UML sont traités dans l'annexe B.

Contraintes

Ces propriétés simples et avancées d'associations sont suffisantes pour la plupart des relations structurelles que l'on peut être amené à rencontrer. Cependant, pour indiquer une nuance de signification, UML définit cinq contraintes qui peuvent s'appliquer aux relations d'associations.

Tout d'abord, il est possible de savoir si l'association est réelle ou conceptuelle.

- `implicit` indique que la relation n'est pas manifeste mais seulement conceptuelle.

Par exemple, s'il existe une association entre deux classes de base, on peut la représenter entre deux enfants de ces classes (parce qu'ils héritent des relations des classes parentes). On la marque alors comme `implicit` parce qu'elle n'est pas manifeste mais est au contraire déduite implicitement de la relation qui existe entre les classes parentes.

Ensuite, il est possible d'indiquer si les objets situés à une des extrémités d'une association (dont la multiplicité est supérieure à un) sont ordonnés ou pas.

- `ordered` indique que l'ensemble des objets situés à une des extrémités d'une association est classé selon un ordre explicite.

Par exemple, dans une association `Utilisateur/MotDePasse`, les `MotDePasse` associés à l'`Utilisateur` peuvent être rangés selon l'utilisation la plus ancienne et être ainsi qualifiés d'`ordered`.

Ces propriétés de capacité de changement s'appliquent également aux attributs (voir chapitre 9). Les liens sont traités au chapitre 15.

Enfin, il existe trois contraintes définies qui se rapportent à la capacité de changement des instances d'une association.

- `changeable` les liens entre objets peuvent être ajoutés, retirés et modifiés en toute liberté.
- `addOnly` de nouveaux liens peuvent être ajoutés depuis un objet vers l'extrémité opposée de l'association.
- `frozen` un lien ne peut être ni modifié ni effacé lorsqu'il a été ajouté à un objet et part en direction de l'autre extrémité de l'association.

Remarque : Pour être précis, `ordered`, `changeable`, `frozen` et `addOnly` sont des propriétés qui se rapportent à une des extrémités d'une association. Elles sont cependant représentées avec la notation des contraintes.

Réalisation

Une *réalisation* est une relation sémantique entre classificateurs, selon laquelle un classificateur décrit un contrat dont l'exécution est garantie par un autre classificateur. Une réalisation est représentée par une flèche en pointillés dont la pointe creuse est dirigée vers le classificateur qui décrit le contrat.

La réalisation est suffisamment différente des relations de dépendance, de généralisation et d'association pour être considérée comme un genre de relation à part entière. Du point de vue sémantique, la réalisation est une sorte de croisement entre la dépendance et la généralisation et sa notation est une combinaison des notations de ces dernières. On l'utilise dans deux cas : les interfaces et les collaborations.

Les interfaces sont traitées au chapitre 11, les classes aux chapitres 4 et 9, les composants au chapitre 25, les cinq vues d'une architecture sont traitées au chapitre 2.

La plupart du temps, on utilise la réalisation pour décrire la relation entre une interface et la classe ou le composant qui lui fournit une opération ou un service. Une interface est un ensemble d'opérations utilisées pour définir un service d'une classe ou d'un composant. Elle décrit donc un contrat qu'une classe ou un composant doit exécuter. Une interface peut être réalisée par plusieurs classes ou composants qui peuvent à leur tour réaliser de nombreuses interfaces. Le point peut-être le plus intéressant des interfaces est qu'elles permettent de faire la distinction entre la spécification d'un contrat (l'interface) et son implémentation (par une classe ou par un composant). De plus, elles embrassent les parties logiques et physiques de l'architecture d'un système. Par exemple, comme le montre la figure 10-9, une classe (telle que `ReglesDeComptabilite` dans un système d'enregistrement de commandes) dans une vue de conception peut réaliser une interface donnée (telle qu'`IAgentDeRegle`). Cette même interface

(`IAgentDeRegle`) peut également être réalisée par un composant (tel que *`acctrule.dll`*) dans la vue d'implémentation du système. On constate qu'il existe deux manières de représenter la réalisation : la forme canonique (à l'aide d'un stéréotype d'`interface` et d'une flèche en pointillés dont la pointe est creuse) et la forme partielle (au moyen de la notation d'interface trait plein terminé par un cercle).

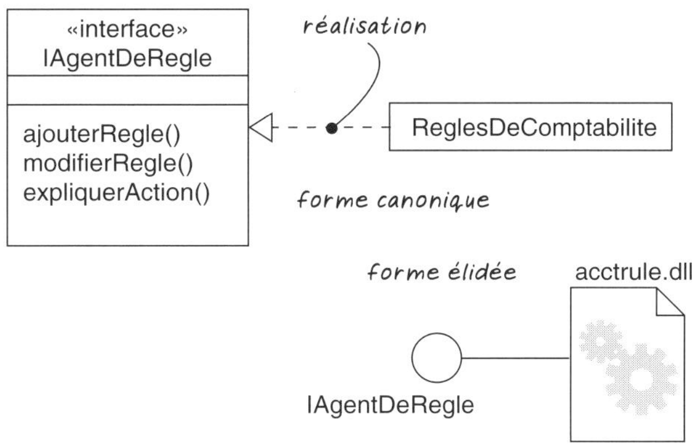

Figure 10-9 : *Réalisation d'une interface*

Les cas d'utilisation sont traités au chapitre 16, les collaborations au chapitre 27.

Comme le montre la figure 10-10, on utilise aussi la réalisation pour décrire la relation entre un cas d'utilisation et la collaboration qui le réalise. Dans ce cas, on utilise presque toujours la forme canonique de la réalisation.

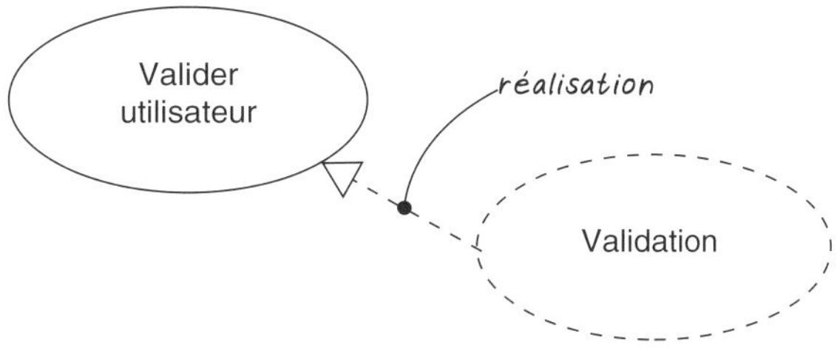

Figure 10-10 : *Réalisation d'un cas d'utilisation*

Remarque : Lorsqu'une classe ou un composant réalise une interface, cela signifie que les clients peuvent compter sur eux pour réaliser fidèlement le comportement décrit par l'interface. La classe ou le composant implémente toutes les opérations de l'interface, répond à tous ses signaux et suit le protocole établi par l'interface pour les clients qui utilisent ces opérations ou envoient ces signaux.

Techniques de modélisation courantes

Modélisation de réseaux de relations

La modélisation du vocabulaire d'un système et la modélisation de la répartition des responsabilités dans un système sont traitées au chapitre 4.

Lors de la modélisation du vocabulaire d'un système complexe, il arrive que l'on rencontre des douzaines – voire des centaines ou des milliers – de classes, d'interfaces, de composants, de nœuds et de cas d'utilisation. Il est difficile d'établir des limites bien définies pour chacune de ces abstractions, et déterminer les multiples relations qui s'établissent entre elles est encore plus ardu. En effet, cela nécessite une répartition équilibrée des responsabilités dans le système global, ainsi que des abstractions spécifiques fortement cohésives et des relations à la fois expressives et flexibles.

Lorsqu'on modélise des réseaux de relations, il faut :

Les cas d'utilisation sont traités au chapitre 16.

- ne pas commencer en isolant les divers éléments. Utiliser les cas d'utilisation et les scénarios pour guider la recherche des relations au sein d'un ensemble d'abstractions ;
- en règle générale, commencer par modéliser les relations structurelles qui existent. Elles renvoient la vue statique du système et sont donc assez tangibles ;
- ensuite, déterminer les relations potentielles de généralisation/spécialisation. Utiliser l'héritage multiple avec parcimonie ;
- rechercher les dépendances seulement après avoir achevé les phases précédentes, car elles représentent généralement des formes plus subtiles de liaisons sémantiques ;
- pour chaque type de relation, commencer avec la forme de base et n'y appliquer des caractéristiques avancées que si cela est absolument nécessaire ;

Les cinq vues d'une architecture sont traitées au chapitre 2. Le Rational Unified Process est résumé dans l'annexe C.

- se rappeler qu'il n'est ni souhaitable ni nécessaire de modéliser, sur un seul diagramme ou sur une seule vue, la totalité des relations qui existent au sein d'un ensemble d'abstractions. Il est préférable de construire les relations d'un système en envisageant différentes vues et de mettre l'accent sur les ensembles intéressants au moyen de diagrammes spécifiques.

Pour modéliser des réseaux de relations complexes de manière efficace, il faut procéder de façon incrémentale. Construire les relations au fur et à mesure que des éléments viennent s'ajouter à l'architecture du système. Les simplifier si l'on découvre des mécanismes communs. Au cours du processus de développement, évaluer les relations au sein des abstractions clefs du système à chaque version.

Remarque : Dans la pratique – et plus particulièrement si un processus de développement incrémental et itératif est suivi –, les relations des modèles découlent des décisions explicites du modéliseur ainsi que de la rétro-ingénierie de l'implémentation.

Trucs et astuces

Lorsqu'on modélise des relations avancées en UML, il ne faut pas oublier que l'on dispose d'un large éventail de briques de base, qui va des associations simples aux propriétés de navigabilité plus détaillées, en passant par la qualification, l'agrégation, etc. Il faut choisir la relation et ses détails en fonction de ce qui s'adapte le mieux à l'abstraction en question. Une relation bien structurée doit :

- montrer seulement les caractéristiques nécessaires à l'utilisation de la relation par les clients et cacher toutes les autres ;
- ne pas être ambiguë, ni dans ses intentions ni dans sa sémantique ;
- ne pas être précise au point d'éliminer tout degré de liberté pour ses programmeurs ;
- ne pas être imprécise au point de rendre la signification de la relation ambiguë.

Lorsqu'on représente une relation en UML, il faut :

- ne montrer que les propriétés importantes pour comprendre l'abstraction dans son contexte ;
- choisir une version stéréotypée qui fournisse le meilleur repère visuel à l'intention de la relation.

Chapitre 11

INTERFACES, TYPES ET RÔLES

Dans ce chapitre :

- Interfaces, types, rôles et réalisation
- Modélisation des points de soudure au sein d'un système
- Modélisation des types statiques et dynamiques
- Rendre les interfaces compréhensibles et abordables

Une interface définit une limite entre la spécification des actions d'une abstraction et l'implémentation de la manière dont cette abstraction les exécute. Une interface est un ensemble d'opérations utilisées pour décrire un service d'une classe ou d'un composant.

On utilise les interfaces pour visualiser, spécifier, construire et documenter les points de soudure d'un système. Les types et les rôles fournissent un mécanisme qui permet de modéliser la conformité statique et dynamique d'une abstraction avec une interface dans un contexte spécifique.

Une interface bien structurée apporte une séparation nette entre les vues externes et internes d'une abstraction, ce qui permet de comprendre et d'aborder une abstraction sans avoir à rentrer dans les détails de son implémentation.

Premiers pas

La conception de maisons est traitée au chapitre 1.

Il ne serait pas vraiment judicieux de concevoir une maison dont les fondations devraient être démolies lorsqu'il s'agirait de repeindre les murs. De même, personne ne voudrait habiter un logement dans lequel il faudrait refaire l'installation électrique du bâtiment chaque fois qu'il serait nécessaire de changer une ampoule. Le propriétaire d'un immeuble ne serait probablement pas enchanté de devoir remplacer les portes ou les prises électriques et téléphoniques à chaque fois qu'un nouveau locataire emménage.

Des siècles d'expérience dans le bâtiment ont permis d'amasser des informations pragmatiques en matière de construction, qui aident les entrepreneurs à éviter les problèmes évidents (et ceux qui le sont moins) qui surgissent au fur et à mesure que l'édifice s'agrandit et évolue. En informatique, on appelle cela concevoir un projet en opérant une séparation nette des préoccupations. Par exemple, dans le cas d'un bâtiment bien structuré, l'enduit ou la façade de la structure peuvent être modifiés ou remplacés sans que le reste de l'édifice en soit affecté pour autant. De même, l'agencement des meubles à l'intérieur peut être facilement revu sans que cela ait des conséquences sur toute l'infrastructure. Les conduites logées dans les murs pour les installations d'électricité, de chauffage, de plomberie et d'évacuation des eaux usées peuvent être changées au prix de travaux plus ou moins importants, mais toujours sans qu'il soit nécessaire de détruire la structure du bâtimont.

Non seulement les pratiques courantes du bâtiment permettent de construire des édifices qui peuvent évoluer avec le temps, mais il existe de nombreuses interfaces standard qui servent de base de construction et qui autorisent le recours à des composants courants préfabriqués, dont l'utilisation permettra de réduire les coûts de fabrication et d'entretien. Par exemple, il existe des tailles standard pour les panneaux de bois, qui facilitent l'édification des murs de dimensions standard. Il en est de même pour les portes et les fenêtres, ce qui permet de ne pas avoir à concevoir chaque ouverture de l'édifice sur mesure. Il y a également des normes pour les prises électriques et téléphoniques (même si elles varient en fonction des pays) qui facilitent le mélange et l'association des équipements électroniques.

Les frameworks sont traités au chapitre 28.

En informatique, il est important de construire des systèmes en opérant une séparation nette des préoccupations, afin que les changements qui surviennent dans une partie ne se répercutent pas dans les autres, risquant ainsi de les endommager. Pour atteindre ce degré de séparation, une des solutions consiste à définir des points de soudure clairs dans le système, capables de distinguer les éléments qui peuvent être modifiés de manière indépendante. De plus, si l'on choisit les bonnes interfaces, on peut alors recourir à des composants, des bibliothèques et des frameworks standard qui permettent d'implémenter ces interfaces sans que l'on soit contraint de les construire soi-même. Au fur et à mesure que l'on découvre des implémentations plus performantes, on peut remplacer les anciennes sans que les éléments qui les utilisent en soient affectés.

Les classes sont traitées dans les chapitres 4 et 9, les composants au chapitre 25.

En UML, on se sert des interfaces pour modéliser les points de soudure au sein d'un système. Une interface est un ensemble d'opérations utilisées pour décrire un service d'une classe ou d'un composant. Lorsqu'on déclare une interface, on peut définir le comportement attendu d'une abstraction, indépendamment de l'implémentation de l'abstraction concernée. Les clients peuvent utiliser cette interface comme base de construction et il est possible de créer ou d'acheter n'importe quelle implémentation de cette interface, pourvu qu'elle respecte les responsabilités et le contrat représentés par l'interface.

Les paquetages sont traités au chapitre 12, les sous-systèmes au chapitre 31.

De nombreux langages de programmation, y compris Java et Corba IDL, supportent le concept des interfaces. Les interfaces sont importantes non seulement pour distinguer la spécification et l'implémentation d'une classe ou d'un composant, mais également pour décrire la vue extérieure d'un paquetage ou d'un sous-système lorsqu'on passe à des systèmes plus gros.

Les composants sont traités au chapitre 25.

Comme le montre la figure 11-1, UML fournit un moyen graphique de représenter des interfaces. Il est ainsi possible de visualiser la spécification d'une abstraction indépendamment de toute implémentation.

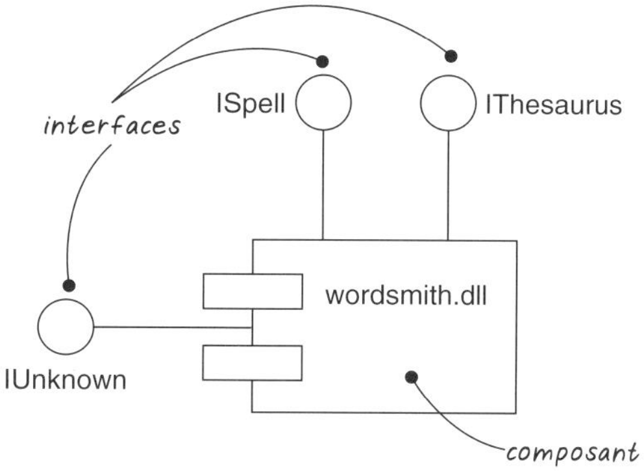

Figure 11-1 : *Interfaces*

Termes et concepts

Les cas d'utilisation sont traités au chapitre 16, les sous-systèmes au chapitre 31.

Une *interface* est un ensemble d'opérations utilisées pour décrire un service d'une classe ou d'un composant. Un *type* est un stéréotype d'une classe, utilisée pour définir un domaine d'objets ainsi que les opérations (mais pas les méthodes) applicables à ces objets. Un *rôle* est le comportement d'une entité qui prend part à un contexte particulier. Une interface est représentée par un cercle. Dans sa forme développée, elle peut être représentée par une classe stéréotypée qui montre ses opérations et ses autres propriétés.

Remarque : Les interfaces peuvent également être utilisées pour décrire un contrat d'un cas d'utilisation ou d'un sous-système.

Noms

Au sein de son paquetage, le nom d'une interface doit être unique (voir chapitre 12).

Chaque interface doit avoir un nom différent de celui des autres interfaces. Ce *nom* est composé d'une chaîne de caractères et est appelé *nom simple*. Un *nom complet* se compose du nom d'une interface précédé du nom du paquetage dans lequel cette interface réside. Comme le montre la figure 11-2, une interface peut être représentée simplement par son nom.

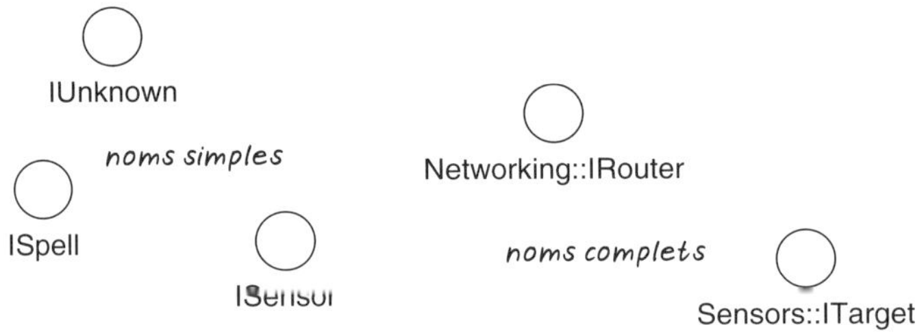

Figure 11-2 : *Noms simples et noms complets*

Remarque : Un nom d'interface se compose d'une chaîne de caractères qui comporte un certain nombre de lettres, de chiffres ou de signes de ponctuation (à l'exception des deux points utilisés pour séparer le nom d'une interface du nom de son paquetage) et peut s'étendre sur plusieurs lignes. Dans la pratique, les noms d'interface sont des noms courts ou de petites phrases nominales tirés du vocabulaire du système en cours de modélisation. Pour distinguer une interface d'une classe, on peut faire précéder son nom d'un I. Exemples : `IUnknown` ou `ISpell`. Cette règle est également valable pour les types. Pour distinguer un type d'une interface ou d'une classe, on peut faire précéder son nom d'un T. Exemples : `TNaturel` ou `TCaractere`.

Opérations

Les opérations sont traitées aux chapitres 4 et 9, les mécanismes d'extensibilité d'UML au chapitre 6.

Une interface est un ensemble nommé d'opérations utilisées pour décrire un service d'une classe ou d'un composant. Contrairement à la classe ou au type, elle ne décrit aucune structure (elle peut donc ne pas inclure d'attributs) ni aucune implémentation (elle peut donc ne pas inclure de méthodes, qui fournissent l'implémentation d'une opération). Comme une classe, une interface peut comporter un nombre quelconque d'opérations, lesquelles peuvent être décorées avec des propriétés de visibilité ou de concurrence, des stéréotypes, des étiquettes et des contraintes.

Quand on visualise une interface sous sa forme normale (un cercle), on supprime, par définition, l'affichage de ses opérations. Cependant, si ces informations sont importantes pour la compréhension du modèle en cours, on peut alors représenter une interface par une classe stéréotypée, en indiquant ses opérations dans le compartiment approprié. Comme le montre la figure 11-3, une opération peut être représentée simplement par son nom ou par sa signature complète ainsi que par d'autres propriétés.

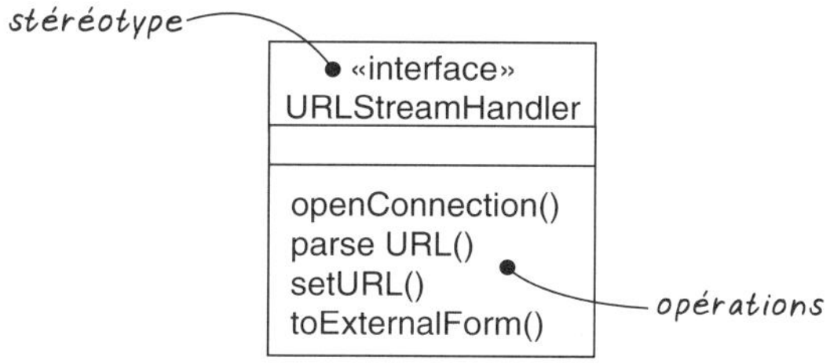

Figure 11-3 : *Opérations*

Les événements sont traités au chapitre 20.

Remarque : Il est également possible d'associer des signaux à une interface.

Relations

Les relations sont traitées aux chapitres 5 et 10.

Comme une classe, une interface peut participer à des relations de généralisation, d'association et de dépendance, mais elle peut également être impliquée dans des relations de réalisation. La réalisation est une relation sémantique entre deux classificateurs, selon laquelle un des classificateurs décrit un contrat dont l'exécution est garantie par l'autre.

Une interface décrit un contrat d'une classe ou d'un composant sans en imposer l'implémentation. Une classe ou un composant peut réaliser de nombreuses interfaces. Ce faisant, elle/il s'engage à remplir parfaitement tous ces contrats, ce qui signifie qu'elle/il fournit un ensemble de méthodes qui implémentent correctement les opérations définies dans l'interface. De même, une classe ou un composant peut dépendre de nombreuses interfaces. Ce faisant, elle/il attend que ces contrats soient honorés par un ensemble de composants qui les réalisent. C'est pourquoi on dit qu'une interface représente un point de soudure au sein d'un système. Elle décrit un contrat et le client ainsi que le fournisseur, à chaque extrémité du contrat, peuvent changer indépendamment, tant que chacun remplit les obligations fixées par le contrat.

Comme l'illustre la figure 11-4, UML permet de montrer qu'un élément réalise une interface de deux manières. Tout d'abord, il est possible d'utiliser la forme simple dans laquelle l'interface et sa relation de réalisation sont représentées par une ligne pleine terminée par un cercle qui se rattache à une des extrémités d'une classe ou d'un composant. Cette forme est utile quand il faut simplement montrer les points de soudure d'un système. Cependant, elle est limitée en ce sens qu'il n'est pas possible de visualiser directement les opérations ou les signaux fournis par l'interface. Ensuite, il est possible d'utiliser la forme développée dans laquelle une interface est représentée comme une classe stéréotypée, ce qui permet de visualiser ses opérations et autres propriétés, puis de tracer une relation de réalisation du classificateur ou du composant vers l'interface. En UML, une relation de réalisation est représentée par une flèche en pointillés dont la pointe creuse est dirigée vers l'interface. Cette notation est un croisement entre généralisation et dépendance.

Dans les deux cas, la classe ou le composant qui s'appuie sur une interface y est rattaché par une relation de dépendance qui part de l'élément et arrive à l'interface.

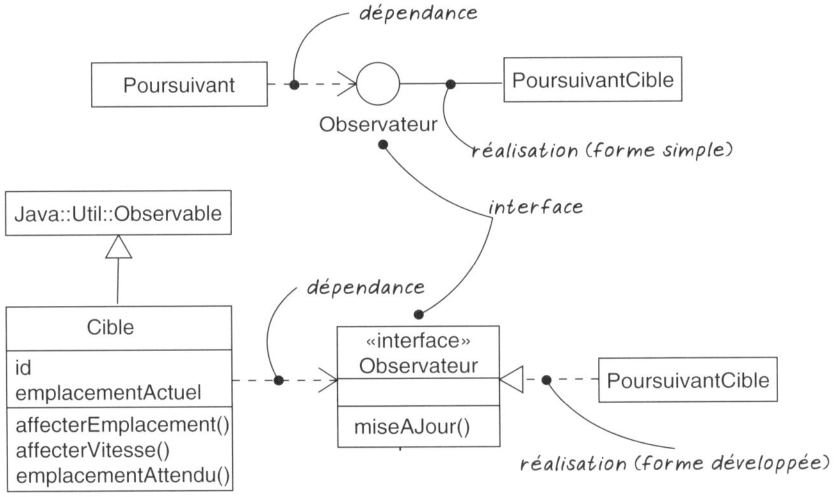

Figure 11-4 : *Réalisations*

Les classes abstraites sont traitées au chapitre 4, les composants au chapitre 25.

Remarque : Les interfaces ressemblent aux classes abstraites (par exemple, ni les unes ni les autres ne peuvent avoir d'instances directes), mais elles en sont assez différentes pour être des éléments de modélisation distincts en UML. Les classes abstraites peuvent avoir des attributs, ce qui n'est pas le cas des interfaces. De plus, ces dernières chevauchent les frontières des modèles. Une même interface peut être réalisée à la fois par une classe (une abstraction logique) et par un composant (une abstraction physique qui fournit une manifestation de la classe).

Comprendre une interface

Les opérations et leurs propriétés sont traitées au chapitre 9, la sémantique de concurrence au chapitre 23.

La première chose que l'on voit d'une interface est un ensemble d'opérations qui décrivent un service d'une classe ou d'un composant. Si l'on regarde plus attentivement, on découvre alors la signature complète de ces opérations, ainsi que leurs propriétés spéciales, telles que la visibilité, la portée et la sémantique de concurrence.

Ces propriétés sont importantes, mais pour des interfaces complexes, elles ne sont pas suffisantes pour que l'on comprenne la sémantique du service qu'elles représentent, et encore moins pour que l'on sache comment utiliser ces opérations correctement. En l'absence de toute autre information, il faut se plonger dans une abstraction qui réalise l'interface pour deviner ce que fait chaque opération et comment elle collabore avec les autres. Cependant, cela nuit à l'objectif d'une interface, qui est de fournir une séparation nette des préoccupations au sein d'un système.

Les préconditions, les postconditions et les invariants sont traités au chapitre 9, les automates à états finis au chapitre 21, les collaborations au chapitre 27, OCL au chapitre 6.

En UML, on peut ajouter de nombreuses informations à une interface, de manière à la rendre compréhensible et abordable. Tout d'abord, il est possible d'attacher des préconditions et des postconditions à chaque opération et des invariants à la classe ou au composant dans sa globalité. Ainsi, un client qui a besoin d'utiliser une interface sera en mesure de comprendre ce qu'elle fait et comment l'utiliser, sans avoir à se plonger dans une implémentation. Si la rigueur est de mise, on peut avoir recours à l'OCL d'UML pour décrire la sémantique de manière formelle. Ensuite, on peut attacher un automate à états finis à une interface. Cet automate à états finis peut être utilisé pour décrire le classement partiel valide de ses opérations. Enfin, on peut attacher des collaborations à l'interface. Elles peuvent être utilisées pour décrire le comportement attendu d'une interface à travers une série de diagrammes d'interaction.

Types et rôles

Une classe peut réaliser de nombreuses interfaces. Une instance de cette classe doit par conséquent supporter toutes ces interfaces, car chaque interface définit un contrat et toute abstraction qui se conforme à cette interface doit, par définition, remplir parfaitement ce contrat. Néanmoins, dans un contexte donné, une instance peut présenter seulement une ou plusieurs de ses interfaces en fonction des besoins. Dans ce cas, chaque interface représente un rôle joué par l'objet. Un rôle nomme un comportement d'une entité qui prend part à un contexte particulier. En d'autres termes, un rôle est la face visible d'une abstraction.

Les rôles ont également une fonction au sein des collaborations (voir chapitre 27).

Prenons l'exemple d'une instance de la classe `Personne`. En fonction du contexte, cette instance de `Personne` peut jouer le rôle de `Mere`, de `Consolateur`, de `PayeurDeFactures`, d'`Employe`, de `Client`, de `Directeur`, de `Pilote`, de `Chanteur`, etc. Quand un objet joue un rôle spécifique, il présente un aspect particulier et les clients qui interagissent avec lui attendent un certain comportement, en fonction du rôle qu'il joue à ce moment-là. Par exemple, une instance de `Personne` dans le rôle de `Directeur` présentera un ensemble de propriétés différent de celui qu'elle aura dans le rôle de `Mere`.

Les associations sont traitées aux chapitres 5 et 10.

En UML, il est possible de définir un rôle présenté par une abstraction à une autre abstraction en décorant le nom de l'extrémité d'une association avec une interface spécifique. Par exemple, la figure 11-5 montre l'interface `Employe`, dont la définition inclut trois opérations. Il existe une association entre les classes `Personne` et `Entreprise` dans le cadre de laquelle `Personne` revêt le rôle `e`, dont le type est `Employe`. Dans une autre association, la `Personne` peut présenter un aspect complètement différent. Avec ce type explicite, le rôle que la `Personne` joue est plus qu'un simple nom dont le sens est compris par le lecteur de ce diagramme. En UML, cela signifie que la `Personne` présente le rôle d'`Employe` à l'`Entreprise` et, dans ce contexte, seules les propriétés précisées par `Employe` sont visibles et importantes pour l'`Entreprise`.

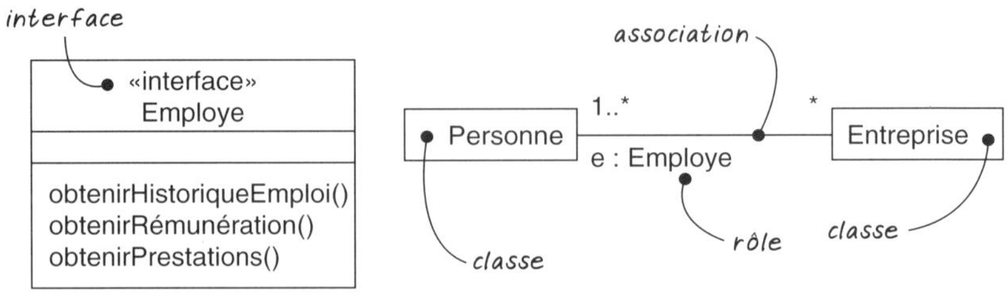

Figure 11-5 : *Rôles*

Les diagrammes de classe sont traités au chapitre 8, le stéréotype `become` *au chapitre 13.*

Un diagramme de classes comme celui-ci est utile pour modéliser le lien statique d'une abstraction vers son interface. On peut modéliser le lien dynamique d'une abstraction vers son interface au moyen du stéréotype `become` dans un diagramme d'interaction montrant un objet qui passe d'un rôle à un autre.

Pour modéliser formellement la sémantique d'une abstraction et sa conformité à une interface spécifique, on utilise le stéréotype prédéfini `type`. Il s'agit d'un stéréotype de classe, utilisé pour définir un domaine d'objets ainsi que les opérations (mais pas les méthodes) applicables aux objets de ce type. Le concept de type est étroitement lié à celui d'interface, si ce n'est que la définition d'un type peut inclure des attributs, alors qu'une interface ne le peut pas. S'il est nécessaire de montrer qu'une abstraction est typée statiquement, il faut utiliser `implementationClass`, stéréotype de classe qui décrit une classe dont les instances sont typées statiquement (contrairement à `Personne`, dans l'exemple précédent) et qui définit la structure de données physiques et les méthodes d'un objet tel qu'il est implémenté dans les langages de programmation traditionnels.

Remarque : Dans la plupart des cas on peut considérer que type et interface sont interchangeables.

Techniques de modélisation courantes

Modélisation des points de soudure au sein d'un système

Les composants sont traités au chapitre 25, les systèmes au chapitre 31.

La principale utilisation des interfaces est la modélisation des points de soudure au sein d'un système constitué de composants logiciels, tels que COM+ ou Java Beans. Certains de ces composants sont réutilisés à partir d'autres systèmes ou achetés tout prêts, d'autres sont entièrement créés. Dans tous les cas, il faut écrire le code qui relie ces composants entre eux, ce qui implique de bien comprendre les interfaces fournies et sur lesquelles chaque composant s'appuie.

Identifier les points de soudure au sein d'un système signifie identifier des lignes de démarcation nettes dans l'architecture. De chaque côté de ces limites, des composants peuvent changer de façon indépendante sans que les composants qui se trouvent de l'autre côté en soient affectés, pourvu que, de part et d'autre, ils se conforment au contrat défini par cette interface.

Les patterns et les frameworks sont traités au chapitre 28.

Lorsqu'on réutilise un composant ou qu'on en achète un tout prêt, il est généralement accompagné d'un ensemble d'opérations et d'un minimum de documentation sur chacune d'elles. C'est utile, mais insuffisant. Il est plus important de comprendre l'ordre dans lequel chaque opération doit être appelée et les mécanismes sous-jacents que l'interface porte en elle. Malheureusement, dans le cas d'un composant mal documenté, la meilleure chose à faire est de construire un modèle conceptuel, d'effectuer des essais et de commettre des erreurs, pour comprendre comment cette interface fonctionne. On peut ensuite documenter ces nouvelles connaissances en modélisant les points de soudure du système au moyen d'interfaces d'UML, de façon à pouvoir aborder ce composant plus facilement par la suite. De même, lorsqu'on crée un composant, il est nécessaire de bien comprendre son contexte, ce qui signifie que l'on doit indiquer les interfaces sur lesquelles il s'appuie pour remplir sa fonction, ainsi que celles qu'il montre et qui peuvent servir de base de construction.

Remarque : La plupart des systèmes de composants, tels que COM+ et Enterprise Java Beans, fournissent des moyens de recherche d'informations sur leurs éléments, ce qui signifie qu'il est possible d'interroger une interface par programmation, afin de déterminer ses opérations. C'est la première étape vers la compréhension de la nature d'un composant sous-documenté.

Pour modéliser des points de soudure dans un système, il faut :

- délimiter, au sein de l'ensemble des classes et des composantsdu système, ceux qui sont plus étroitement liés entre eux par rapport aux autres ensembles de cette sorte ;

Les collaborations sont traitées au chapitre 27.

- affiner ce regroupement en tenant compte des conséquences des modifications. Les classes ou les composants qui ont tendance à changer ensemble doivent être regroupés en tant que collaborations ;
- envisager les opérations et les signaux qui traversent ces limites, des instances d'un ensemble de classes ou de composants aux instances des autres (classes ou composants) ;
- regrouper en interfaces des ensembles d'opérations et signaux logiquement liés ;
- pour toute collaboration de cette sorte dans le système, identifier les interfaces sur lesquelles elle s'appuie (importations) et celles qu'elle fournit aux autres (exportations). On modélise l'importation d'interfaces à l'aide de relations de dépendance et l'exportation au moyen de relations de réalisation ;

La modélisation comportemen- tale est traitée dans les parties 4 et 5.

- documenter la dynamique de chaque interface de cette sorte dans le système, à l'aide de préconditions et de postconditions pour chaque opération, et de cas d'utilisation et d'automates à états finis pour l'interface dans son ensemble.

Par exemple, la figure 11-6 montre les points de soudure qui entourent un composant (la bibliothèque `ledger.dll`) appartenant à un système financier. Ce composant réalise trois interfaces : `IUnknown`, `ILedger` et `IRapports`. Sur ce diagramme, `IUnknown` est montrée sous sa forme développée, et les deux autres sous leur forme simple (un cercle). Ces trois interfaces sont réalisées par `ledger.dll` et sont exportées vers d'autres composants qui les utiliseront comme base de construction.

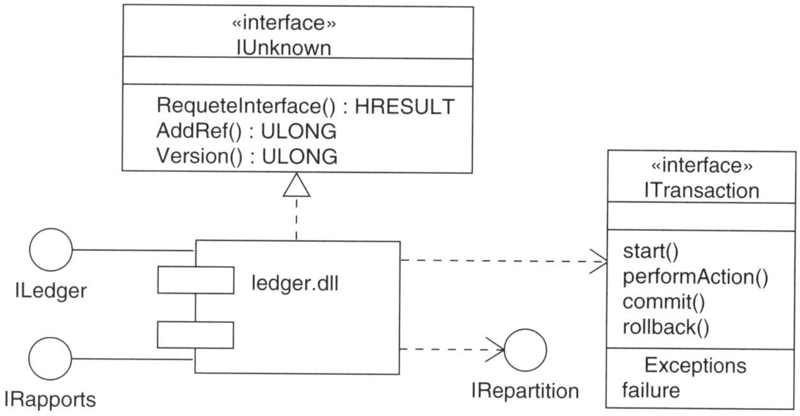

Figure 11-6 : *Modélisation des points de soudure au sein d'un système*

Comme le montre également ce diagramme, `ledger.dll` importe deux interfaces, `IRepartition` et `ITransaction`, cette dernière étant représentée dans sa forme développée. Ces interfaces sont toutes les deux requises par le composant `ledger.dll` pour son bon fonctionnement. Par conséquent, dans un système en exécution, il est nécessaire de fournir les composants qui les réalisent. En identifiant des interfaces telles que `ITransaction`, on répartit les composants de part et d'autre de l'interface, ce qui permet d'employer n'importe quel composant conforme à cette interface.

Les cas d'utilisation sont traités au chapitre 16.

Des interfaces telles que `ITransaction` sont plus qu'une simple pile d'opérations. Celle-ci, en particulier, définit l'ordre dans lequel ses opérations doivent être appelées. Même si cela n'apparaît pas ici, il est possible d'attacher des cas d'utilisation à cette interface et d'énumérer les différentes manières de l'utiliser.

Modélisation des types statiques et dynamiques

Les instances sont traitées au chapitre 13.

La plupart des langages de programmation orientés objet sont typés statiquement, ce qui signifie que le type d'un objet est fixé au moment de sa création. Malgré tout, cet objet jouera vraisemblablement plusieurs rôles dans le temps. Cela implique que les clients qui utilisent cet objet interagissent avec lui par l'intermédiaire de différents ensembles d'interfaces, qui représentent des groupes d'opérations intéressants et se chevauchant peut-être.

Les diagrammes de classes sont traités au chapitre 8.

La modélisation de la nature statique d'un objet peut être effectuée à l'aide d'un diagramme de classes. Cependant, pour modéliser des éléments tels que des objets métier, qui changent naturellement de rôle au sein d'un workflow, il est parfois utile de modéliser explicitement la nature dynamique du type de ces objets. Dans ce contexte particulier, un objet peut gagner et perdre des types au cours de sa durée de vie.

Pour modéliser un type dynamique, il faut :

- définir les différents types possibles de l'objet en représentant chacun d'eux comme une classe stéréotypée en tant que `type` (si l'abstraction exige une structure et un comportement) ou en tant qu'`interface` (si l'abstraction exige seulement un comportement) ;

Les associations et les généralisations sont traitées aux chapitres 5 et 10.

- modéliser tous les rôles que la classe de l'objet peut endosser à n'importe quel moment. On peut procéder de deux manières :
  - tout d'abord, dans un diagramme de classes, attribuer explicitement un type à chaque rôle que la classe joue dans son association avec d'autres classes. Cela permet de décrire la face que les instances de cette classe présentent dans le contexte de l'objet associé ;
  - puis, toujours dans un diagramme de classes, décrire les relations classe vers type au moyen d'une généralisation ;

Les diagrammes d'interaction sont traités au chapitre 18.

- dans un diagramme d'interaction, bien représenter chaque instance de la classe typée dynamiquement. Indiquer le rôle de l'instance entre crochets au-dessous du nom de l'objet ;

Les dépendances sont traitées aux chapitres 5 et 10.

- pour montrer le changement de rôle d'un objet, représenter l'objet pour chaque rôle qu'il joue dans l'interaction et relier ces objets à l'aide d'un message stéréotypé `become`.

Par exemple, la figure 11-7 montre les rôles que des instances de la classe `Personne` peuvent jouer dans le cadre d'un système de ressources humaines.

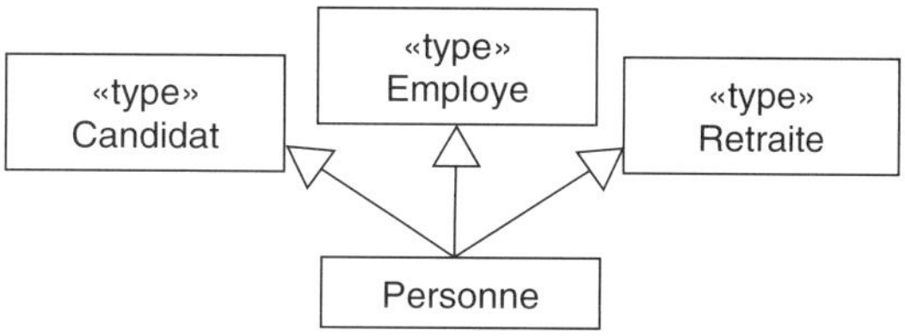

Figure 11-7 : *Modélisation des types statiques*

Ce diagramme indique que les instances de la classe `Personne` peuvent appartenir à n'importe lequel des trois types – à savoir, `Candidat`, `Employe` ou `Retraite`.

La figure 11-8 montre la nature dynamique du type d'une personne. Dans cette partie d'un diagramme d'interaction, `p` (l'objet `Personne`) change de rôle, passant de `Candidat` à `Employe`.

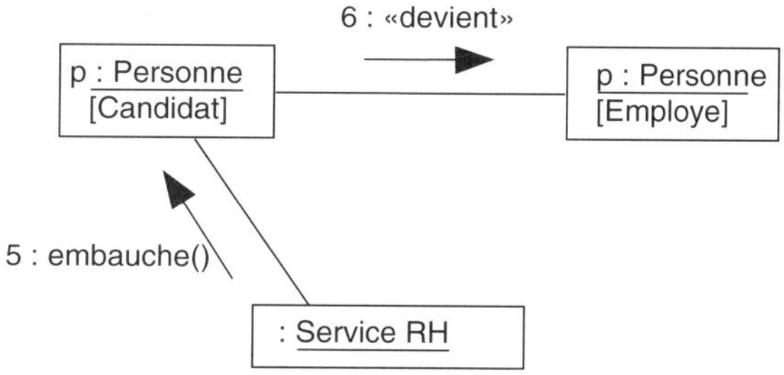

Figure 11-8 : *Modélisation des types dynamiques*

Trucs et astuces

Lorsqu'on modélise une interface en UML, il ne faut pas oublier qu'elle doit représenter un point de soudure dans le système, qui distingue la spécification de l'implémentation. Une interface bien structurée est :

- simple mais complète : elle fournit toutes les opérations nécessaires et suffisantes pour décrire un service ;
- compréhensible et porteuse d'informations suffisantes pour que l'on puisse à la fois employer et réaliser l'interface sans devoir examiner une utilisation ou une implémentation existante ;

- abordable et porteuse d'informations pour guider l'utilisateur vers ses propriétés clefs, sans qu'il soit submergé par les détails d'un ensemble d'opérations.

Pour dessiner une interface en UML, il faut :

- utiliser la notation simple (le cercle) chaque fois qu'il s'agit simplement de préciser la présence d'un point de soudure au sein du système. La plupart du temps, cela est nécessaire pour des composants, mais pas pour des classes ;
- utiliser la forme développée pour visualiser les détails du service. La plupart du temps, cela est nécessaire pour décrire, au sein d'un système, les points de soudures rattachés à un paquetage ou à un sous-système.

Chapitre 12
PAQUETAGES

Dans ce chapitre :

- Paquetages, visibilité, importation et exportation
- Modélisation de groupes d'éléments
- Modélisation de vues d'architecture
- Passage à de grands systèmes

La visualisation, la spécification, la construction et la documentation de grands systèmes impliquent la manipulation d'un nombre potentiellement élevé de classes, d'interfaces, de composants, de nœuds, de diagrammes et autres éléments. Lorsqu'on passe à de tels systèmes, il devient nécessaire de regrouper ces éléments par modules. En UML, un paquetage est un mécanisme générique pour organiser des éléments de modélisation en groupes.

Grâce aux paquetages, il est possible de manipuler un ensemble d'éléments comme un groupe. On peut contrôler la visibilité des éléments au sein du paquetage, de façon que certains éléments soient visibles à l'extérieur du paquetage et d'autres cachés. On peut également utiliser les paquetages pour présenter différentes vues de l'architecture d'un système.

Les paquetages bien conçus regroupent des éléments proches sur le plan sémantique et qui ont tendance à évoluer ensemble. S'ils sont bien structurés, ils sont donc plus ou moins liés, très cohésifs, et l'accès au contenu du paquetage est sévèrement contrôlé.

Premiers pas

Les différences entre la construction d'une niche et celle d'un immeuble sont traitées au chapitre 1.

Une niche n'est pas complexe : elle est formée d'un toit et de quatre parois, dont l'une comporte une entrée pour le chien. Sa construction ne nécessite que quelques planches et sa structure reste simple.

Une maison est plus complexe. Les murs, les plafonds et les sols sont assemblés en de plus grandes abstractions appelées pièces, elles-mêmes organisées en parties encore plus grandes : salle de séjour, salle de jeux, etc. Ces groupes plus grands peuvent très bien n'avoir aucune réalité physique avec la maison elle-même, n'être que des noms donnés à des pièces liées dans l'habitation sur le plan logique, noms que l'on utilise lors de discussions portant sur l'utilisation du bâtiment.

Un immeuble est très complexe. Il comprend non seulement des structures de base, comme les murs, les plafonds et les planchers, mais également des parties plus importantes, tels que des zones publiques, des espaces commerciaux et des bureaux. Souvent, ces parties sont regroupées au sein d'autres ensembles encore plus grands, tels que les espaces loués et les locaux de service du bâtiment. Ces grands ensembles peuvent très bien ne concerner en rien l'immeuble, mais être simplement des artefacts utilisés pour organiser les plans de l'édifice.

Tous les grands systèmes sont structurés de cette manière. En effet, morceler une abstraction en groupes toujours plus vastes est à peu près la seule solution pour appréhender un système complexe. La plupart des ensembles de taille modeste (une pièce, par exemple) sont en eux-mêmes des abstractions semblables à des classes, pour lesquelles il existe de nombreuses instances. En revanche, les ensembles les plus grands sont souvent purement conceptuels (comme les espaces commerciaux), pour lesquels il n'existe pas d'instances réelles. Ils n'ont aucune réalité physique dans le système, mais existent uniquement pour en permettre la compréhension. Ainsi, ils n'ont aucune identité dans le système déployé, alors qu'ils en ont une dans le modèle du système.

L'architecture logicielle est traitée au chapitre 2, la modélisation de l'architecture d'un système est traitée au chapitre 31.

En UML, les éléments constituant un modèle sont appelés paquetages. Un paquetage est un mécanisme d'intérêt général permettant d'organiser les éléments en groupes. Les paquetages permettent de disposer les éléments des modèles de manière à en faciliter la compréhension et de contrôler l'accès aux contenus afin de pouvoir surveiller les points de soudure dans l'architecture du système.

Comme le montre la figure 12-1, UML fournit une représentation graphique du paquetage. Cette notation permet de visualiser des groupes d'éléments qui peuvent être manipulés ensemble et, d'une certaine manière, autorise le contrôle de la visibilité de chaque élément et de leur accès.

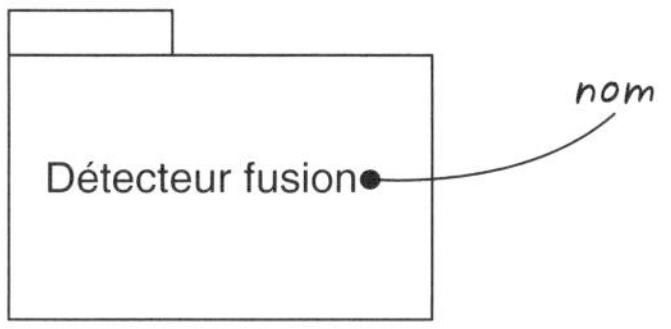

Figure 12-1 : *Paquetage*

Termes et concepts

Un *paquetage* est un mécanisme d'ordre général qui permet d'organiser des éléments en groupes. On le représente par un dossier étiqueté.

Noms

Un nom de paquetage doit être unique au sein de son paquetage englobant.

Chaque paquetage doit avoir un nom différent de celui des autres paquetages. Ce *nom* est composé d'une chaîne de caractères et est appelé *nom simple* s'il est utilisé seul et *nom complet* s'il est précédé du nom du paquetage dans lequel ce paquetage réside. Comme le montre la figure 12-2, un paquetage est représenté par un dossier étiqueté qui contient simplement son nom. Comme les classes, il peut être décoré avec des étiquettes ou des compartiments supplémentaires pour afficher ses détails.

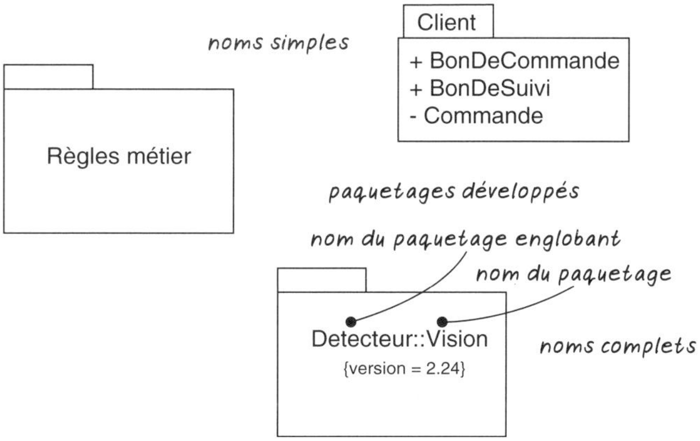

Figure 12-2 : *Paquetage simple et étendu*

Remarque : Un nom de paquetage se compose d'une chaîne de caractères qui comporte un certain nombre de lettres, de chiffres ou de signes de ponctuation (à l'exception des deux points ':' utilisés pour séparer le nom du paquetage du nom de son paquetage englobant) et peut s'étendre sur plusieurs lignes. Dans la pratique, les noms de paquetages sont des noms courts ou de petites phrases nominales tirés du vocabulaire du modèle.

Éléments contenus

La composition est traitée au chapitre 10.

Un paquetage peut posséder d'autres éléments, y compris des classes, des interfaces, des composants, des nœuds, des collaborations, des cas d'utilisation, des diagrammes et même d'autres paquetages. La possession est une relation composite, ce qui signifie que l'élément est déclaré dans le paquetage. Si le paquetage est détruit, l'élément l'est aussi. Tout élément n'appartient qu'à un seul paquetage.

Un paquetage forme un espace de nommage, ce qui signifie que des éléments du même genre doivent avoir un nom unique dans leur paquetage. Par exemple, il n'est pas possible d'avoir deux classes appelées `Queue` dans un même paquetage, mais il est possible d'en avoir une nommée `Queue` dans le paquetage `P1` et une autre (différente) qui porte le même nom dans le paquetage `P2`. En effet, les classes `P1::Queue` et `P2::Queue` sont différentes et peuvent être distinguées grâce à leur nom complet.

Des éléments de différentes sortes peuvent porter le même nom au sein d'un paquetage. Ainsi, il est possible de trouver une classe appelée `Timer` et un composant du même nom dans un même paquetage. En pratique, il est préférable de choisir, toutes sortes d'éléments confondus, un nom unique pour chaque élément afin d'éviter tout risque de confusion.

L'importation est traitée dans une des parties suivantes.

Des paquetages peuvent posséder d'autres paquetages. Cela signifie qu'il est possible de décomposer des modèles de façon hiérarchique. Par exemple, une classe nommée `Camera` peut très bien résider dans le paquetage `Vision` qui, à son tour, réside dans le paquetage `Capteurs`. Le nom complet de cette classe est `Capteurs::Vision::Camera`. En pratique, il est préférable d'éviter les paquetages trop emboîtés et de se limiter à deux ou trois niveaux d'emboîtement. À la place de l'imbrication, il est préférable d'utiliser l'importation pour organiser des paquetages.

Cette règle sémantique de possession fait des paquetages un mécanisme important pour gérer les problèmes d'échelle (scale). Sans eux, il faudrait faire face à de grands modèles plats, dans lesquels tous les éléments devraient avoir un nom unique – situation impossible à gérer, en particulier quand des classes et d'autres éléments développés par de nombreuses équipes ont été rajoutés. Les paquetages permettent de contrôler les éléments qui composent un système alors qu'ils évoluent à un rythme différent.

Comme le montre la figure 12-3, il est possible de représenter explicitement le contenu d'un paquetage de manière textuelle ou graphique. On constate que, lorsque le contenu du paquetage est représenté, le nom du paquetage est placé dans l'onglet. En pratique, il est préférable de ne pas montrer le contenu des paquetages de cette manière et d'utiliser plutôt des outils qui permettent de zoomer à l'intérieur du paquetage.

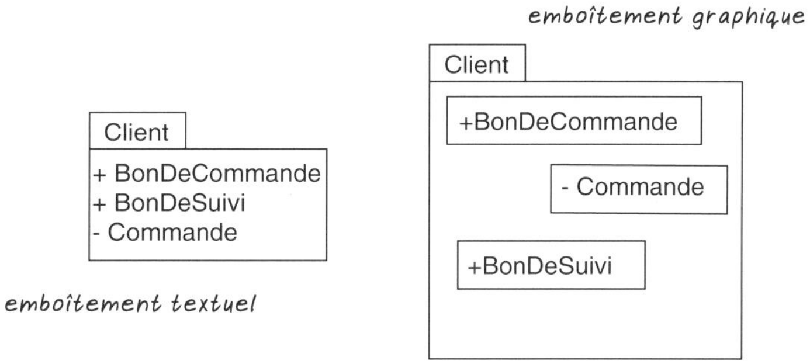

Figure 12-3 : *Contenu d'un paquetage*

Remarque : UML suppose qu'il existe un paquetage racine anonyme dans tout modèle. C'est la raison pour laquelle les éléments de chaque sorte situés tout en haut du modèle doivent avoir un nom unique.

Visibilité

La visibilité est traitée au chapitre 9.

On peut contrôler la visibilité des éléments contenus dans un paquetage de la même manière que celle des attributs et des opérations contenus par une classe. Généralement, un élément qui appartient à un paquetage est public, ce qui signifie qu'il est visible pour le contenu de tout paquetage qui importe son paquetage englobant. Inversement, les éléments protégés ne peuvent être vus que par leurs enfants, et les éléments privés sont invisibles en dehors du paquetage dans lequel ils sont déclarés. Sur la figure 12-3, `BonDeCommande` est une partie publique du paquetage `Client` et `Commande` est une partie privée. Un paquetage qui importe `Client` peut voir `BonDeCommande`, mais ne peut pas voir `Commande`. Vu de l'extérieur, le nom complet de `BonDeCommande` est `Client::BonDeCommande`.

On indique la visibilité d'un élément de paquetage en ajoutant un symbole devant son nom. Les éléments publics sont précédés du symbole +, comme pour `BonDeCommande` sur la figure 12-3. Ensemble, les parties publiques d'un paquetage constituent son interface.

L'héritage des paquetages est traité dans une des parties suivantes.

Tout comme pour les classes, on peut marquer un élément protégé ou privé, en ajoutant respectivement les symboles # et - devant son nom. Les éléments protégés sont visibles seulement par les paquetages qui héritent d'un autre paquetage et les éléments privés ne sont pas du tout visibles en dehors de leur paquetage.

Les relations de dépendance amies (friend) sont traitées au chapitre 10.

Remarque : Les paquetages qui sont amis (friends) d'un autre peuvent voir tous ses éléments, quelle que soit leur visibilité.

Importation et exportation

Imaginons deux classes appelées `A` et `B`, côte à côte : `A` peut voir `B` et, réciproquement, `B` peut voir `A`. Ces deux classes dépendent l'une de l'autre. Deux classes seulement constituent un système simple et ne nécessitent pas d'empaquetage.

Imaginons maintenant une centaine de classes côte à côte. Le réseau de relations qu'il est alors possible de tisser devient tellement dense qu'il est impossible de comprendre un ensemble aussi mal organisé. Ce problème se pose au sein des grands systèmes pour lesquels un accès simple, sans restrictions n'est pas envisageable. Dans ces situations, il faut recourir à une sorte d'empaquetage contrôlé pour organiser les abstractions.

Les relations de dépendances sont traitées au chapitre 5, les mécanismes d'extensibilité d'UML sont traités au chapitre 6.

Supposons maintenant que l'on place les classes `A` et `B` dans deux paquetages bien distincts, installés côte à côte. Supposons également que `A` et `B` sont déclarées en tant que parties publiques de leur paquetage respectif. La situation est alors très différente. Même si `A` et `B` sont toutes deux publiques, aucune n'a accès à l'autre car leur paquetage englobant forme un mur opaque. Si le paquetage de `A` importe celui de `B`, `A` peut alors voir `B`, mais `B` ne peut toujours pas voir `A`. L'importation permet aux éléments d'un paquetage d'accéder aux éléments d'un autre paquetage, mais cette permission est à sens unique. En UML, une relation d'importation est modélisée par une dépendance décorée du stéréotype `import`. En imbriquant des abstractions dans des paquetages logiques et en contrôlant leur accès grâce à l'importation, on est en mesure de gérer la complexité inhérente aux grands nombres d'abstractions.

Remarque : En fait, ce sont deux stéréotypes qui s'appliquent ici – `import` et `access` – et tous deux précisent que le paquetage source a accès au contenu du paquetage cible. `Import` ajoute le contenu de la cible à l'espace de nommage de la source et il n'est donc pas nécessaire de qualifier les noms des éléments des paquetages. Cela peut conduire à l'apparition de conflits de noms, ce qu'il faut éviter pour que le modèle reste bien formé. `Access` n'ajoute pas le contenu de la cible et il est donc nécessaire de qualifier les noms des éléments des paquetages. `import` est le plus largement utilisé.

Les interfaces, éléments souvent exportés par les paquetages, sont traitées au chapitre 11.

Les parties publiques d'un paquetage sont appelées exportations. Par exemple, sur la figure 12-4, le paquetage `GUI` exporte deux classes, `Fenêtre` et `Formulaire`. `GestionnairedEvenements` n'est pas exporté par `GUI`, car c'est une partie protégée.

Les parties exportées par un paquetage ne sont visibles que par le contenu des paquetages qui importent ce paquetage de manière explicite. Dans cet exemple, `Regles` importe explicitement le paquetage `GUI`. `GUI::Fenetre` et `GUI::Formulaire` sont donc visibles par le contenu du paquetage `Regles`. Cependant, `GUI::GestionnairedEvenements` n'est pas visible car il est protégé. Étant donné que le paquetage `Serveur` n'importe pas `GUI`, son contenu n'a pas la permission d'accéder à celui de `GUI`. De même, le contenu de `GUI` n'est pas autorisé à accéder à celui de `Serveur`.

Les dépendances `import` et `access` ne sont pas transitives. Dans cet exemple, `Client` importe `Regles` et `Regles` importe `GUI`, mais cela n'implique pas que `Client` importe `GUI`. Par conséquent, le contenu de `Client` a accès aux exportations de `Regles`, mais ne peut accéder à celles de `GUI`. Pour y être autorisé, `Client` doit importer `GUI` de manière explicite.

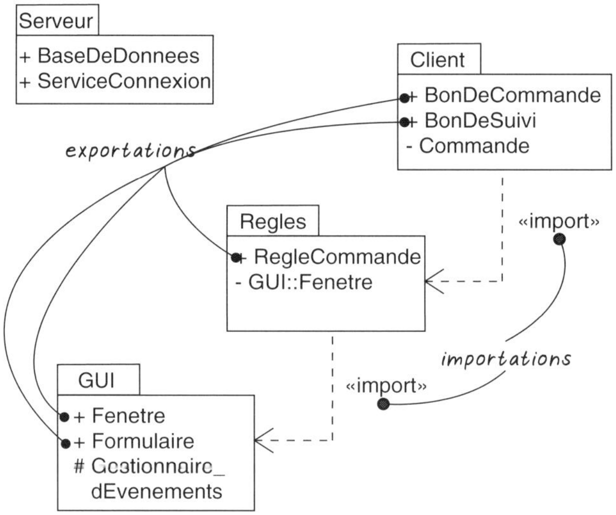

Figure 12-4 : *Importation et exportation*

Remarque : Si un élément est visible dans un paquetage, il l'est également dans tous les paquetages emboîtés dans le premier. Les paquetages emboîtés peuvent voir exactement la même chose que les paquetages dans lesquels ils résident.

Généralisation

La généralisation est traitée dans les chapitres 5 et 10.

Il existe deux sortes de relations possibles entre les paquetages : d'une part les dépendances `import` et `access`, utilisées pour importer dans un paquetage les éléments exportés d'un autre, et d'autre part les généralisations, employées pour décrire des familles de paquetages.

La généralisation entre paquetages ressemble beaucoup à la généralisation entre classes. Par exemple, la figure 12-5 montre que le paquetage `GUI` exporte deux classes (`Fenetre` et `Formulaire`) et une classe protégée (`GestionnairedEvenements`). Deux paquetages spécialisent le paquetage plus général `GUI` : `WindowsGUI` et `MacGUI`. Ces paquetages spécialisés héritent des éléments publics et protégés du paquetage plus général. Mais, comme dans l'héritage des classes, les paquetages peuvent remplacer des éléments plus généraux et en ajouter de nouveaux. Par exemple, `WindowsGUI` hérite de `GUI` et inclut par conséquent les classes `GUI::Fenetre` et

GUI::GestionnairedEvenements. De plus, WindowsGUI surcharge la classe Formulaire et en ajoute une nouvelle : VBFormulaire.

Les paquetages impliqués dans des relations de généralisation suivent le même principe de remplaçabilité que les classes. Un paquetage spécialisé (tel que WindowsGUI) peut être utilisé partout où un autre plus général (tel que GUI) est employé.

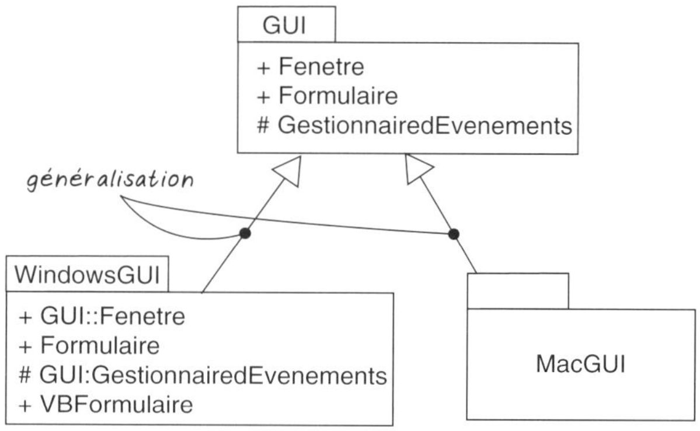

Figure 12-5 : *Généralisation entre paquetages*

Éléments standard

Les mécanismes d'extensibilité d'UML sont traités au chapitre 6.

Tous les mécanismes d'extensibilité d'UML s'appliquent aux paquetages. Le plus souvent, on utilise les étiquettes pour ajouter de nouvelles propriétés aux paquetages (par exemple pour préciser leur auteur) et les stéréotypes pour définir de nouvelles sortes de paquetages (comme les paquetages qui englobent les services d'un système d'exploitation).

Les éléments standard d'UML sont résumés dans l'annexe B.

UML définit cinq stéréotypes standard qui s'appliquent aux paquetages :

- `facade` Indique que le paquetage n'est qu'une vue d'un autre paquetage ;
- `framework` Indique que le paquetage est composé essentiellement de patterns ;
- `stub` Indique que le paquetage sert de mandataire (proxy) pour le contenu public d'un autre paquetage ;
- `subsystem` Indique que le paquetage représente une partie indépendante du système modélisé ;

- `system` Indique que le paquetage représente l'ensemble du système modélisé.

Les dépendances sont traitées aux chapitres 5 et 10.

UML ne définit aucune icone pour ces stéréotypes. En plus de ces cinq stéréotypes de paquetage, on peut utiliser les dépendances marquées avec le stéréotype `import` standard.

Les frameworks sont traités au chapitre 28, les systèmes et les sous-systèmes au chapitre 31.

La plupart de ces éléments standard sont également traités dans cet ouvrage, à l'exception des stéréotypes `facade` et `stub` auxquels on a recours pour gérer les très grands modèles. On utilise `facade` pour fournir des représentations graphiques simplifiées sur des paquetages qui autrement seraient trop complexes. Prenons par exemple, un système qui inclut le paquetage `ModeleCommercial`. On peut présenter un sous-ensemble de ses éléments à un groupe d'utilisateurs (pour montrer uniquement les éléments associés aux clients) et un autre à un groupe différent d'utilisateurs (pour montrer seulement les éléments associés aux produits). Pour ce faire, il faut définir des façades qui importent (mais ne possèdent jamais) uniquement un sous-ensemble des éléments d'un autre paquetage. On utilise les `stub` lorsque des outils divisent un système en paquetages que l'on peut manipuler à différents moments et éventuellement à différents endroits. Par exemple, si un groupe de développement travaille à deux endroits différents, l'équipe d'un site peut fournir une couche `stub` pour les paquetages dont l'autre équipe a besoin. Cette stratégie permet aux deux équipes de travailler de manière indépendante, sans déranger le travail de l'autre, et les paquetages `stub` se focalisent sur les points de soudure du système qui doivent être gérées avec précaution.

Techniques de modélisation courantes

Modélisation de groupes d'éléments

La plupart du temps, on utilise les paquetages pour organiser des éléments de modélisation en groupes qui peuvent être nommés et manipulés ensemble. Lorsqu'on développe une application simple, il n'est pas nécessaire d'utiliser les paquetages, car toutes les abstractions peuvent prendre place dans un seul paquetage. Mais pour tous les autres systèmes, le grand nombre de classes, d'interfaces, de composants, de nœuds et même de diagrammes ont tendance à constituer naturellement des groupes, qu'il est possible de modéliser en paquetages.

Les systèmes et les sous-systèmes, qui sont semblables aux paquetages mais possèdent une identité, sont traités au chapitre 31.

Il existe une différence importante entre les classes et les paquetages : les classes sont des abstractions d'éléments rencontrés dans un problème ou dans une solution, alors que les paquetages sont des mécanismes utilisés pour organiser ces éléments dans un modèle. Les paquetages n'ont aucune identité (ce qui signifie que les instances de paquetages n'existent pas et qu'ils sont invisibles dans le système en exécution), tandis que les classes ont une identité (elles ont des instances, qui sont les éléments d'un système en exécution).

Les cinq vues d'une architecture sont traitées au chapitre 2.

La plupart du temps, on utilise les paquetages pour grouper les mêmes sortes d'éléments de base. Par exemple on peut séparer toutes les classes et leurs relations sur la vue de conception du système en une série de paquetages et utiliser les dépendances `import` d'UML pour contrôler l'accès à ces paquetages. On peut également organiser tous les composants de la vue d'implémentation du système de la même manière.

On peut aussi se servir des paquetages pour regrouper différentes sortes d'éléments. Par exemple, dans le cas d'un système développé par une équipe géographiquement dispersée, on utilise les paquetages comme unités de gestion de configuration, en y mettant toutes les classes et tous les diagrammes pour lesquels chaque groupe peut effectuer un check-in (livraison) ou un check-out (réservation) de manière indépendante. En effet, on a fréquemment recours aux paquetages pour regrouper des éléments de modélisation et les diagrammes qui leur sont associés.

Pour modéliser des groupes d'éléments, il faut :

- examiner les éléments de modélisation d'une vue d'architecture particulière et chercher les ensembles définis par les éléments proches les uns des autres du point de vue conceptuel ou sémantique ;
- rassembler chacun de ces ensembles dans un paquetage ;
- pour chaque paquetage, définir les éléments qui doivent être accessibles par tous, les marquer " publics " et représenter tous les autres protégés ou privés. En cas de doute, cacher l'élément ;
- relier explicitement les paquetages qui s'appuient sur d'autres au moyen de dépendances `import` ;
- en présence de familles de paquetages, relier les paquetages spécialisés à leur partie plus générale à l'aide de généralisations.

Par exemple, la figure 12-6 montre un ensemble de paquetages qui organisent les classes dans la vue de conception d'un système informatique en une architecture trois niveaux (3-tier) classique. Les éléments du paquetage `Services Utilisateurs` fournissent une interface visuelle pour présenter les informations et rassembler les données. Les éléments du paquetage `Services Donnees` gèrent des données, y accèdent et les mettent à jour. Les éléments du paquetage `Services Metier` relient les éléments des deux autres paquetages et englobent toutes les classes et les autres éléments qui traitent les requêtes de l'utilisateur pour exécuter une tâche métier, y compris les règles métier qui régissent le traitement des données.

Dans un système simple, on peut réunir toutes les abstractions en un seul et unique paquetage. Cependant, si on organise les classes et les autres éléments de la vue de conception du système en trois paquetages, on peut non seulement rendre le modèle plus compréhensible, mais également contrôler l'accès aux éléments du modèle en en cachant certains et en en exportant d'autres.

L'étiquette documentation est traitée au chapitre 6.

Remarque : Lors de telles modélisations, l'objectif principal de chacun des paquetages doit apparaître clairement. Pour cela, on peut mettre en évidence les éléments centraux de chaque paquetage ; on peut également ajouter une étiquette documentation à chacun d'eux.

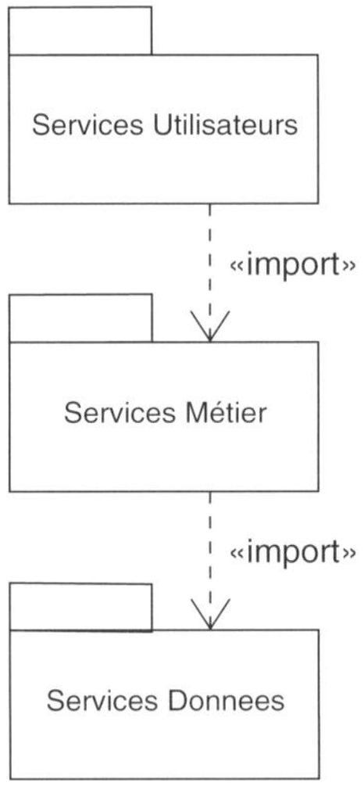

Figure 12-6 : *Modélisation de groupes d'éléments*

Modélisation de vues d'architecture

Les cinq vues d'une architecture sont traitées au chapitre 2.

Il est important d'utiliser les paquetages pour regrouper des éléments reliés car on ne peut pas développer de modèles complexes sans recourir à ce procédé. Cette approche constitue un excellent moyen pour organiser des éléments reliés, tels que des classes, des interfaces, des composants, des nœuds et des diagrammes.

Mais si on considère les différentes vues de l'architecture logicielle, des ensembles encore plus grands sont nécessaires. On peut alors utiliser les paquetages pour modéliser ces vues.

Les vues sont liées aux modèles (voir chapitre 31).

Il ne faut pas oublier qu'une vue est une projection dans l'organisation et dans la structure d'un système, centrée sur un aspect particulier de ce système. Cette définition implique deux choses. Tout d'abord, il est possible de décomposer un système en paquetages presque orthogonaux, chacun s'occupant d'un ensemble de décisions importantes sur le plan architectural. Par exemple, on peut choisir d'avoir une vue de conception, une vue de processus, une vue d'implémentation, une vue de déploiement et une vue des cas d'utilisation. La deuxième implication est que ces paquetages possèdent toutes les abstractions qui se rapportent à cette vue. Par exemple, tous les composants du modèle appartiennent au paquetage qui représente la vue d'implémentation.

Remarque : Sous cet angle-là, les paquetages en tant que vues sont différents des façades : les vues possèdent leurs éléments, alors que les façades font référence aux éléments qui résident dans d'autres paquetages. Un élément donné ne peut être possédé que par un seul et unique paquetage, mais peut également être référencé dans de nombreuses façades.

Pour modéliser des vues d'architecture, il faut :

- identifier l'ensemble des vues d'architecture qui sont importantes dans le contexte du problème. En pratique, une vue de conception, une vue de processus, une vue d'implémentation, une vue de déploiement et une vue des cas d'utilisation sont généralement utiles ;
- placer les éléments (et les diagrammes) nécessaires mais suffisants pour visualiser, spécifier, construire et documenter la sémantique de chaque vue dans le paquetage approprié ;
- le cas échéant, regrouper ces éléments dans leurs propres paquetages ;
- en règle générale, il existe des dépendances entre les éléments de différentes vues et il est donc préférable que chaque vue en haut d'un système soit ouverte à toutes les autres au même niveau.

La modélisation des systèmes est traitée au chapitre 31.

Par exemple, la figure 12-7 montre une décomposition de haut niveau canonique qui convient même pour le plus complexe des systèmes.

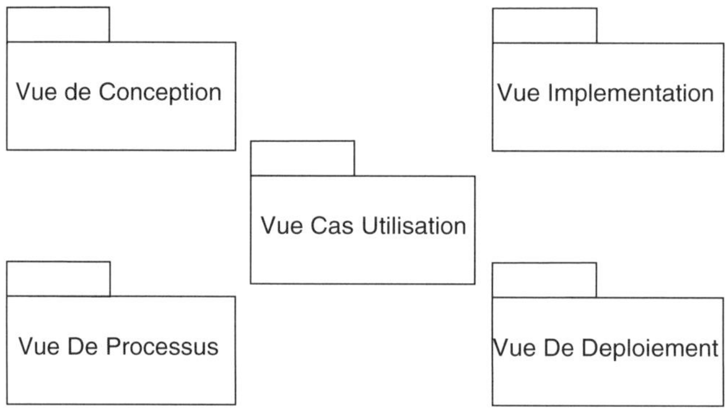

Figure 12-7 : *Modélisation de vues d'architecture*

Trucs et astuces

Lorsqu'on modélise des paquetages en UML, il ne faut pas oublier qu'ils ne sont là que pour aider à organiser les éléments du modèle. Si les abstractions représentent des objets du système réel, on utilisera des éléments de modélisation comme les classes ou les composants plutôt que les paquetages. Un paquetage bien structuré doit :

- être cohésif et fournir des limites bien définies à un ensemble d'éléments reliés entre eux ;
- être faiblement couplé aux autres, exporter uniquement les éléments que d'autres paquetages ont réellement besoin de voir et n'importer que les éléments nécessaires et suffisants pour que les éléments du paquetage puissent remplir leur fonction ;
- ne pas comporter trop d'emboîtements car le lecteur risque d'avoir du mal à comprendre des structures plusieurs fois emboîtées ;
- posséder un contenu équilibré. Les paquetages d'un système ne doivent pas être trop grands (si nécessaire, il ne faut pas hésiter à les diviser) ni trop petits (combiner les éléments qui peuvent être manipulés en groupe).

Pour représenter un paquetage en UML, il faut :

- utiliser la forme simple de l'icone d'un paquetage à moins d'avoir vraiment besoin de montrer son contenu de manière explicite ;

- si le contenu d'un paquetage doit être révélé, ne montrer que les éléments nécessaires pour comprendre sa signification dans ce contexte ;
- si des paquetages sont utilisés pour modéliser des éléments dans le cadre de la gestion de configuration, montrer les valeurs des étiquettes associées à la numérotation des versions.

Chapitre 13
INSTANCES

Dans ce chapitre :

- Instances et objets
- Modélisation d'instances concrètes
- Modélisation d'instances prototypes
- Le monde réel et le monde conceptuel des instances

Les termes " instance " et " objet " sont largement synonymes et peuvent se substituer l'un à l'autre dans la plupart des cas. Une instance est une manifestation concrète d'une abstraction à laquelle un ensemble d'opérations peut être appliqué et qui peut avoir un état qui en stocke les effets.

On utilise les instances pour modéliser des éléments concrets ou prototypes qui existent dans le monde réel. Presque toutes les briques de base d'UML participent à cette dichotomie classe/objet. Par exemple, on peut rencontrer des cas d'utilisation et des instances de cas d'utilisation, des nœuds et des instances de nœuds, des associations et des instances d'associations, et ainsi de suite.

Premiers pas

Supposons que l'on décide de construire une maison pour une famille. En utilisant le terme de " maison " plutôt que celui de " voiture " on restreint déjà le vocabulaire de l'espace solution. Une maison est une abstraction d'une " habitation permanente ou temporaire, dont le but est de servir d'abri ". Une voiture est un " véhicule motorisé dont le but est de transporter des personnes d'un endroit à un autre ". Lorsqu'on travaille sur l'organisation des nombreux besoins opposés qui forment le problème, il est nécessaire de raffiner l'abstraction de cette maison. Par exemple, on peut choisir une maison surélevée avec trois chambres. Il s'agit là d'un genre de maison, même s'il est plus spécialisé.

Lorsqu'on a enfin les clés et que l'on franchit la porte d'entrée, le bâtiment est devenu une réalité concrète et spécifique. Il ne s'agit plus seulement d'**une** maison surélevée avec trois chambres, mais de " **notre** maison surélevée avec trois chambres, située au 835 de la rue Saint-Jacques ". Si la famille est sentimentale, elle peut même lui attribuer un nom comme " Le sanctuaire " ou encore " Notre gouffre financier ".

Il existe une différence fondamentale entre " **une** maison surélevée avec trois chambres " et " **notre** maison surélevée avec trois chambres dénommée " Le sanctuaire " " . La première est une abstraction qui représente une certaine sorte de maison, avec un certain nombre de propriétés, alors que la seconde est une instance concrète de cette abstraction, qui constitue une réalité de ce monde et dont les propriétés ont toutes des valeurs réelles.

Une abstraction est l'essence idéale d'un élément tandis qu'une instance en est une manifestation concrète. On retrouve cette distinction entre abstraction et instance dans toute modélisation. Pour une abstraction donnée, il existe d'innombrables instances et pour une instance donnée, il existe une abstraction qui définit les caractéristiques communes de toutes les instances de cette sorte.

Les classes sont traitées aux chapitres 4 et 9, les composants au chapitre 29, les nœuds au chapitre 26, les cas d'utilisation au chapitre 16.

En UML, il est possible de représenter des abstractions et leurs instances. On peut modéliser presque toutes les briques de base de cette notation – plus particulièrement les classes, les composants, les nœuds et les cas d'utilisation – en se basant sur leur essence ou bien sur leurs instances. La plupart du temps, on les utilise en tant qu'abstractions mais, s'il faut modéliser des manifestations concrètes ou prototypes, il est alors nécessaire de travailler avec leurs instances.

Comme le montre la figure 13-1, UML fournit une représentation graphique des instances, qu'elles soient nommées ou anonymes.

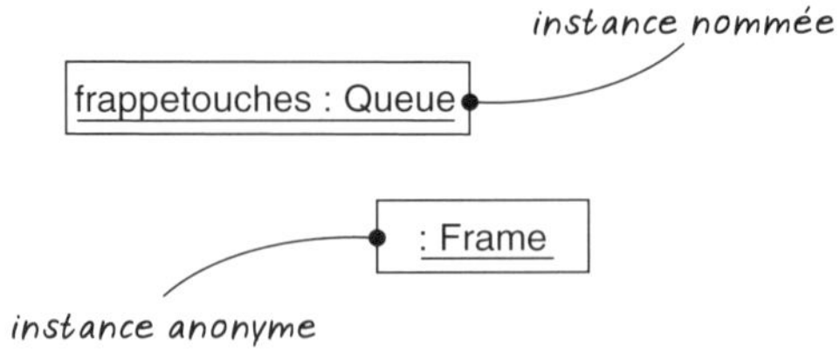

Figure 13-1: *Instances*

Termes et concepts

La dichotomie classe/objet est traitée au chapitre 2.

Une *instance* est une manifestation concrète d'une abstraction à laquelle on peut appliquer un ensemble d'opérations et qui possède un état capable de mémoriser les effets de ces opérations. *Instance* et *objet* sont largement synonymes. On représente une instance en soulignant son nom.

Les associations sont traitées aux chapitres 5 et 10, les liens aux chapitres 14 et 15.

Remarque : Selon l'usage courant, la manifestation concrète d'une classe est appelée “ objet ”. Les objets sont des instances de classes et il est donc tout à fait correct de dire que tous les objets sont des instances, même si l'inverse n'est pas forcément vrai (par exemple, l'instance d'une association n'est pas un objet mais seulement une instance, également appelée lien). Mais seuls les concepteurs avertis sont vraiment concernés par cette distinction subtile.

Abstractions et instances

Les classificateurs sont traités au chapitre 9.

Les instances ne sont pas isolées mais sont liées dans la plupart des cas à une abstraction. La plupart des instances que l'on modélise avec UML sont des instances de classes (et sont appelées objets), même si l'on modélise parfois des instances qui appartiennent à d'autres éléments structurels, tels que des composants, des nœuds, des cas d'utilisation ou des associations. En UML, on peut aisément différencier une instance d'une abstraction puisqu'il suffit de souligner son nom.

Au sens large, un objet est quelque chose qui occupe de la place dans le monde réel ou dans le monde conceptuel et qui peut être manipulé. Par exemple, une instance d'un nœud est généralement un ordinateur qui se trouve dans une pièce, celle d'un composant occupe de la place sur le système de fichiers et celle d'un enregistrement client utilise une certaine quantité de mémoire physique. De même, une instance du profil aérodynamique pour un avion peut être manipulée mathématiquement.

Les classes abstraites sont traitées au chapitre 9, les interfaces au chapitre 11.

Avec UML on peut modéliser ces instances physiques mais on peut également modéliser des éléments structurels moins concrets. Par exemple, par définition, une classe abstraite ne peut pas avoir d'instances directes. Cependant, il est possible de modéliser les instances indirectes pour montrer l'utilisation d'une instance prototype de cette classe abstraite. En théorie, un tel objet ne peut exister, mais en pratique, cette instance permet de nommer une des instances potentielles des enfants concrets de cette classe abstraite. Il en va de même pour les interfaces. Par définition, les interfaces ne peuvent pas avoir d'instances directes, mais on peut modéliser une instance prototype d'une interface en représentant une des instances potentielles des classes concrètes qui réalisent cette interface.

Les diagrammes d'objets sont traités au chapitre 14, les diagrammes d'interaction au chapitre 18, les diagrammes d'activités au chapitre 19, les types dynamiques au chapitre 11, les classificateurs au chapitre 9.

Lorsqu'on modélise des instances, on utilise des diagrammes d'objets (pour visualiser leurs détails structurels) ou des diagrammes d'interaction et des diagrammes d'activités (pour visualiser leur participation à des situations dynamiques). Bien qu'en règle générale cela ne soit pas nécessaire, on peut placer les objets dans des diagrammes de classes pour montrer explicitement leur relation avec leur abstraction.

La plupart du temps, le classificateur d'une instance est statique. Par exemple, une fois qu'une instance d'une classe a été créée, cette classe ne change pas au cours de la durée de vie de cet objet. Cependant, dans certaines situations de modélisation et dans certains langages de programmation, on peut modifier l'abstraction d'une instance. Par exemple, un objet `Chenille` peut devenir un objet `Papillon`. Il s'agit bien du même objet, mais l'abstraction correspondante est différente.

Remarque : Comme le montre la figure 13-2, au cours de la phase de développement, il est également possible de créer des instances sans qu'aucun classificateur ne leur soit associé, ce qui se représente par un objet sans le nom de son abstraction. On peut utiliser des objets orphelins de cette sorte lorsqu'on a besoin de modéliser un comportement très abstrait, même si ensuite il faut lier ces instances à une abstraction si l'on veut appliquer une certaine sémantique à ces objets.

Noms

Les opérations sont traitées aux chapitres 4 et 9, les composants au chapitre 25, les nœuds au chapitre 26.

Chaque instance doit avoir un nom différent de celui des autres instances dans son contexte. En règle générale, un objet réside dans le contexte d'une opération, d'un composant ou d'un nœud. Comme le montre la figure 13-2, un *nom* se compose d'une chaîne de caractères, telle que `t` ou `monClient`. Dans ce cas on parle de *nom simple*. L'abstraction de l'instance peut être un nom simple (tel que `Transaction`) ou un *nom complet* (tel que `Multimedia::FluxAudio`) qui se compose du nom de l'abstraction précédé du nom du paquetage dans lequel cette abstraction réside.

Lorsqu'on attribue un nom explicite à un objet, ce nom (tel que `t`) peut vraiment être utilisé par un humain. On peut aussi donner une simple appellation à un objet (comme `unClient`) en supprimant son abstraction si elle est évidente dans le contexte donné. Cependant, dans de nombreux cas, le vrai nom d'un objet est connu seulement de l'ordinateur sur lequel cet objet réside. On peut alors le représenter comme objet anonyme (tel que `: Multimedia::FluxAudio`). Chaque occurrence d'un objet anonyme est considérée comme distincte de toutes les autres. Si on ne connaît pas non plus l'abstraction associée à cet objet, il faut au moins lui donner un nom explicite (comme `agent :`).

Les stéréotypes peuvent être utilisés pour indiquer la sorte de collection représentée par un objet multiple. Les stéréotypes sont traités au chapitre 6.

Lorsqu'on modélise de grandes collections d'objets, il est maladroit de représenter la collection avec ses instances individuelles. Comme le montre la figure 13-2, il est au contraire préférable de modéliser des objets multiples (tels que : `codeClé`), qui représentent une collection d'objets anonymes.

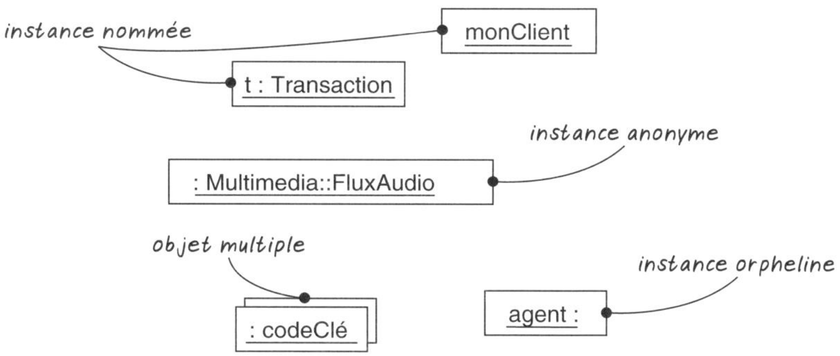

Figure 13-2 : *Instances nommées, anonymes, multiples et orphelines*

Remarque : Un nom d'instance se compose d'une chaîne de caractères qui comporte un certain nombre de lettres, de chiffres ou de signes de ponctuation (à l'exception des deux points utilisés pour séparer le nom de l'instance du nom de son abstraction) et peut s'étendre sur plusieurs lignes. Dans la pratique, les noms d'instance sont des noms courts ou de petites phrases nominales tirés du vocabulaire du système en cours de modélisation. En règle générale, à l'exception de la première lettre du premier mot, la première lettre de chaque mot est une majuscule. Exemples : `t` ou `monClient`.

Opérations

Les opérations sont traitées aux chapitres 4 et 9, le polymorphisme au chapitre 9.

Un objet ne fait pas qu'occuper de l'espace dans le monde réel, il peut aussi être manipulé et les opérations que l'on effectue sur lui sont déclarées dans l'abstraction de l'objet. Par exemple, si la classe `Transaction` définit l'opération `engager`, alors étant donné l'instance `t : Transaction`, on peut écrire des expressions comme `t.engager()`. L'exécution de cette expression signifie que l'opération `engager` est exécutée par l'objet `t`. En fonction de la structure d'héritage associée à `Transaction`, cette opération peut ou non être invoquée de manière polymorphe.

État

Les attributs sont traités au chapitre 4, les diagrammes d'interaction au chapitre 18. On peut également montrer le changement d'état d'un objet dans le temps en ayant recours aux automates à états finis, qui sont traités au chapitre 21.

Un objet possède également un état qui, dans ce sens, englobe toutes ses propriétés (généralement statiques), en plus des valeurs courantes (généralement dynamiques) de chacune de ces propriétés. Ces dernières incluent les attributs de l'objet, ainsi que tous ses agrégats. L'état d'un objet est donc dynamique. Par conséquent, lorsqu'on visualise cet état, on définit vraiment sa valeur à un moment et en un endroit donnés. On peut montrer le changement d'état d'un objet en le faisant apparaître plusieurs fois sur le même diagramme d'interaction, chaque occurrence représentant un état différent.

En règle générale, lorsqu'on agit sur un objet, son état change, alors que si on effectue une requête sur ce même objet, son état ne change pas. Par exemple, lors de la réservation d'un billet d'avion (représentée par l'objet `r:Reservation`), la valeur d'un de ses attributs peut être fixée (par exemple, `prix = 2 375`). Si l'on modifie la réservation en ajoutant une nouvelle escale à l'itinéraire, l'état peut alors changer (par exemple, `prix = 6 150`).

Comme le montre la figure 13-3, UML permet de représenter la valeur des attributs d'un objet. Par exemple, la valeur de l'attribut `id` de `monClient` est “ `432-89-1783` ”. Dans ce cas-là, le type d'`id` est représenté de manière explicite, même s'il peut être supprimé de la représentation graphique (tout comme `actif = True`), car on peut trouver son type dans la déclaration d'`id`, dans la classe associée à `monClient`.

On peut attacher un automate à états finis à une classe, ce qui est particulièrement utile lors de la modélisation de systèmes ordonnancés par les événements ou lors de la modélisation de la durée de vie d'une classe. Il est alors également possible de représenter l'état de cet automate pour un objet donné et à un moment donné. Par exemple, comme le montre la figure 13-3, l'objet `c` (instance de la classe `Telephone`) est représenté dans l'état `EnAttenteDeReponse`, état nommé défini dans l'automate à états finis de `Telephone`.

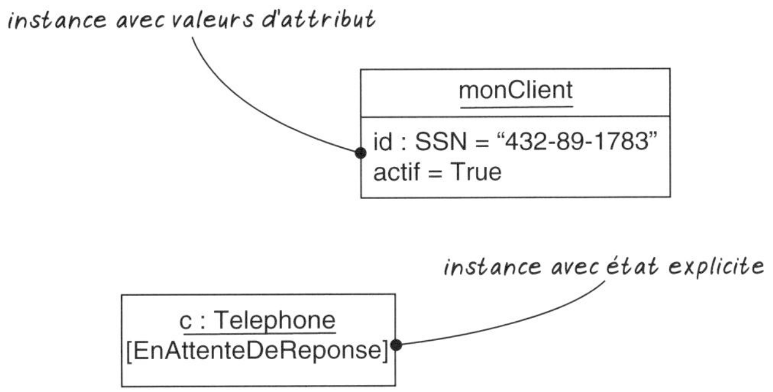

Figure 13-3 : *État d'un objet*

Remarque : Étant donné qu'un objet peut être simultanément dans plusieurs états, on peut également montrer une liste de ses états en cours.

Autres caractéristiques

Les processus et les threads sont traités au chapitre 22.

Les processus et les threads sont des éléments importants de la vue des processus d'un système. C'est la raison pour laquelle UML fournit un repère visuel qui permet de distinguer les éléments actifs (qui font partie d'un processus ou d'un thread et qui représentent une racine d'un flot de contrôle) des éléments passifs. On peut déclarer des classes actives qui réifient un processus ou un thread, ce qui permet, par voie de conséquence, de distinguer une instance d'une classe active comme le montre la figure 13-4.

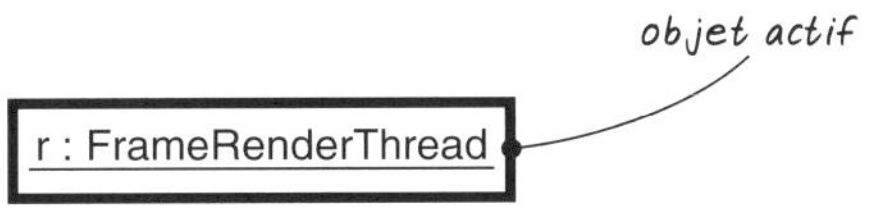

Figure 13-4 : *Objets actifs*

Les diagrammes d'interaction sont traités au chapitre 18.

Remarque : La plupart du temps, on utilise les objets actifs dans les diagrammes d'interaction qui modélisent des flots de contrôle multiples. Chacun de ces objets représente la racine d'un flot de contrôle et peut être utilisé pour nommer des flots distincts.

Les liens sont traités aux chapitres 14 et 15, les attributs et les opérations, dont la portée s'applique aux classes, au chapitre 9.

En UML, il existe deux autres éléments qui peuvent avoir des instances. Le premier – à savoir le lien – est une liaison sémantique entre objets. Par conséquent, une instance d'une association est un lien. Un lien est représenté par une ligne, exactement comme une association, mais il se distingue de cette dernière par le fait qu'il relie seulement des objets entre eux. Le second élément – à savoir les attributs et opérations dont la portée s'applique à la classe – est, de fait, un objet de la classe partagé par toutes les instances de cette classe.

Éléments standard

Les mécanismes d'extensibilité d'UML sont traités au chapitre 6.

Tous les mécanismes d'extensibilité d'UML s'appliquent aux objets. Cependant, en règle générale, une instance n'est pas stéréotypée directement et ne reçoit pas ses propres étiquettes. Au contraire, le stéréotype et les étiquettes d'un objet découlent des stéréotypes et étiquettes de l'abstraction à laquelle l'objet est associé. Par exemple, comme le montre la figure 13-5, il est possible d'indiquer le stéréotype d'un objet ainsi que son abstraction, de manière explicite.

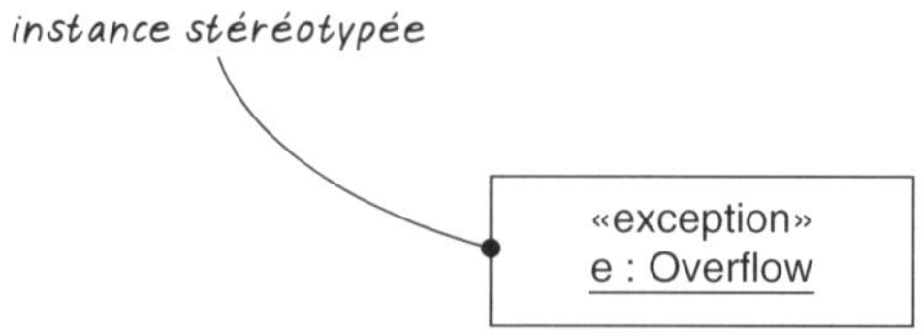

Figure 13-5 : *Objet stéréotypé*

Les éléments standard d'UML sont résumés dans l'annexe B.

UML définit deux stéréotypes standard qui s'appliquent aux relations de dépendance entre objets et entre classes :

- `instanceOf` indique que l'objet client est une instance du classificateur fournisseur.
- `instantiate` indique que la classe cliente crée des instances de la classe fournisseur.

Les stéréotypes become et copy sont traités au chapitre 18.

Il existe également deux stéréotypes qui se rapportent aux objets et qui s'appliquent aux messages et aux transitions :

- `become` indique que le client est le même objet que le fournisseur mais à un moment ultérieur dans le temps et avec éventuellement des valeurs, un état ou des rôles différents.
- `copy` indique que l'objet client est une copie exacte mais indépendante du fournisseur.

La persistance est traitée au chapitre 29, les interactions au chapitre 15.

UML définit une contrainte standard qui s'applique aux objets :

- `transient` indique qu'une instance du rôle est créée pendant l'exécution de l'interaction englobante mais est détruite avant la fin de cette exécution.

Techniques de modélisation courantes

Modélisation d'instances concrètes

Lorsqu'on modélise des instances concrètes, on visualise en fait des éléments qui existent dans le monde réel. On ne peut pas vraiment voir une instance d'une classe Client par exemple, à moins que la personne concernée ne soit physiquement présente. Cependant, dans un débogueur, une représentation de cet objet peut être visible.

Les diagrammes de composants sont traités au chapitre 29, les diagrammes de déploiement au chapitre 30, les diagrammes d'objets au chapitre 14.

La modélisation d'instances concrètes qui existent dans le monde réel est un des cas où il est nécessaire d'utiliser les objets. Par exemple, pour modéliser la topologie de l'organisation d'un réseau, on utilise des diagrammes de déploiement qui contiennent des instances de nœuds. De même, pour modéliser les composants qui résident sur des nœuds physiques de ce réseau, on a recours aux diagrammes de composants qui contiennent des instances de ces composants. Enfin, si un débogueur est connecté à un système en exécution, les relations structurelles entre instances peuvent alors être représentées au moyen d'un diagramme d'objets.

Lorsqu'on modélise des instances concrètes, il faut :

- identifier les instances nécessaires et suffisantes pour visualiser, spécifier, construire ou documenter le problème à modéliser ;
- représenter ces objets en tant qu'instances. Quand cela est possible, donner un nom à chacun d'eux. Si, pour l'objet en question, il n'existe aucune appellation qui ait un sens, le représenter en tant qu'objet anonyme ;
- indiquer le stéréotype, les étiquettes et les attributs (avec leurs valeurs) de chaque instance nécessaire et suffisante pour modéliser le problème ;
- représenter ces instances et leurs relations dans un diagramme d'objets ou dans une autre sorte de diagramme approprié à ce genre d'instances.

Par exemple, la figure 13-6 présente un diagramme d'objets tiré de l'exécution d'un système de validation pour carte de crédit, tel qu'il serait vu par un débogueur qui contrôle le système en exécution. Il existe un multiobjet qui contient des instances anonymes de la classe `Transaction`, ainsi que deux objets nommés explicitement – `premierAgent` et `actuelle` – qui montrent tous deux leur classe mais de manière différente. Le diagramme indique également l'état actuel de l'objet `premierAgent` de façon explicite.

On remarque aussi l'utilisation de la dépendance stéréotypée `instanceOf`, qui indique la classe de `premierAgent`. En règle générale, l'explicitation des relations classe/objet permet aussi d'insister sur les relations avec d'autres classes.

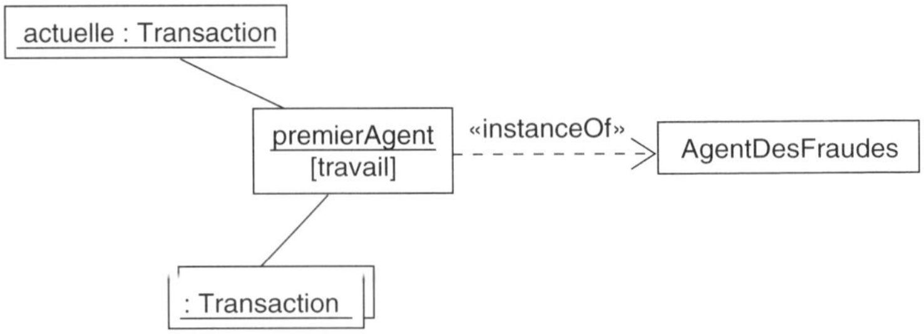

Figure 13-6 : *Modélisation d'instances concrètes*

Modélisation d'instances prototypes

Les interactions sont traitées au chapitre 18.

La principale utilisation des instances est peut-être la modélisation des interactions dynamiques entre objets. Lorsqu'on modélise ces interactions, on ne modélise pas des instances concrètes qui existent dans le monde réel, mais plutôt des objets conceptuels qui sont essentiellement des mandataires (proxies) ou des représentants pour des objets qui, finalement, agiront de cette manière dans le monde réel. Ce sont des objets prototypes et, par conséquent, ce sont des rôles auxquels des instances concrètes se conforment. Par exemple, pour modéliser les différentes réactions des objets d'une application à fenêtres suite à un événement de la souris, on trace un diagramme d'interaction qui contient des instances prototypes des fenêtres, des événements et des gestionnaires.

Remarque : La différence sémantique entre objets concrets et objets prototypes est subtile et ne concerne vraiment que les concepteurs confirmés. En règle générale, les autres utilisateurs ne noteront aucune différence. Cependant, pour être précis, UML utilise le terme « rôle classificateur » pour indiquer un rôle auquel des instances se conforment, distinction subtile qui dépend du contexte. Les objets concrets apparaissent dans des représentations statiques, telles que des diagrammes d'objets, des diagrammes de composants et des diagrammes de déploiement, alors que les objets prototypes apparaissent dans des diagrammes d'interaction et des diagrammes d'activités.

Pour modéliser des instances prototypes, il faut :

- identifier les instances prototypes nécessaires et suffisantes pour visualiser, spécifier, construire ou documenter le problème à modéliser.
- représenter ces objets en tant qu'instances. Quand cela est possible, donner un nom à chacun d'eux. Si pour l'objet en question il n'existe aucune appellation qui ait un sens, le représenter en tant qu'objet anonyme.
- pour chaque instance, montrer les propriétés nécessaires et suffisantes pour modéliser le problème en question.
- représenter ces instances et leurs relations dans un diagramme d'interaction ou dans un diagramme d'activités.

Les diagrammes d'interaction sont traités au chapitre 15, les diagrammes d'activités au chapitre 19.

La figure 13-7 montre un diagramme d'interaction qui décrit un scénario partiel pour lancer un appel téléphonique dans le contexte d'un commutateur. Les quatre objets – `a` (un `AgentAppelant`), `c` (une `Connexion`), `t1` et `t2` (tous deux des instances de `Terminal`) – sont tous prototypes et représentent des mandataires (proxies) conceptuels d'objets concrets qui peuvent exister dans le monde réel.

Remarque : Cet exemple est une collaboration, qui représente une société de rôles et d'autres éléments qui travaillent ensemble pour fournir un comportement coopératif, plus élaboré que la somme de tous les éléments. Les collaborations possèdent deux aspects : l'un est structurel (il représente les rôles des classificateurs et leurs relations) et l'autre est dynamique (il représente les interactions entre ces instances prototypes).

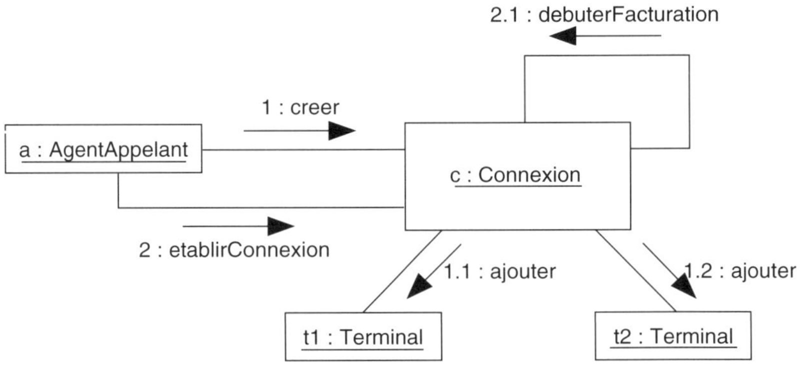

Figure 13-7 : *Modélisation d'instances prototypes*

Trucs et astuces

Lorsqu'on modélise des instances en UML, il ne faut pas oublier que chacune d'elles doit représenter une manifestation concrète d'une abstraction, généralement une classe, un composant, un nœud, un cas d'utilisation ou une association. Une instance bien structurée :

- est explicitement associée à une abstraction spécifique ;
- a un nom unique, tiré du vocabulaire du domaine du problème ou du domaine de la solution.

Pour représenter une instance en UML, il faut :

- indiquer le nom de l'abstraction dont elle est une instance, à moins que cela ne soit évident grâce au contexte ;
- montrer le stéréotype, le rôle et l'état de l'instance seulement si cela est nécessaire pour comprendre l'objet dans son contexte ;
- s'ils sont visibles, organiser les longues listes d'attributs et de leurs valeurs en les groupant par catégories.

UNIFIED MODELING LANGUAGE

Chapitre 14

DIAGRAMMES D'OBJETS

Dans ce chapitre :

- Modélisation des structures d'objets
- Ingénierie vers l'aval et rétro-ingénierie

Les diagrammes d'objets modélisent les instances d'éléments qui apparaissent sur des diagrammes de classes. Ils montrent un ensemble d'objets et leurs relations à un moment donné.

On utilise les diagrammes d'objets pour modéliser les vues de conception statiques ou de processus statiques. Ils constituent donc la modélisation d'un état du système à un moment donné et la représentation d'un ensemble d'objets, de leur état et de leurs relations.

Les diagrammes d'objets sont importants non seulement pour visualiser, spécifier et documenter des modèles structurels, mais aussi pour construire les aspects statiques des systèmes par le biais de l'ingénierie vers l'aval et de la rétro-ingénierie.

Premiers pas

Pour les non-initiés, le football peut paraître un sport extrêmement simple – un tas de gens qui courent dans tous les sens sur un terrain, à la poursuite d'un ballon blanc. Si l'on se contente de regarder les images floues des corps en mouvement, on a l'impression que ce jeu n'a aucune finesse ni aucune logique.

Mais si on fige le mouvement quelques instants et que l'on observe les joueurs les uns par rapport aux autres, on obtient alors un tableau très différent. Il ne s'agit plus d'un vulgaire ensemble de personnes, mais d'un groupe organisé et l'on découvre que chaque joueur est un attaquant, un milieu de terrain ou un arrière. En approfondissant un peu plus l'examen, on arrive à comprendre comment les joueurs collaborent et ont recours à des tactiques dont l'objectif est de faire circuler le ballon, de l'intercepter ou d'attaquer. Dans une équipe qui gagne, les joueurs ne sont jamais placés au hasard sur le terrain. Bien au contraire, à chaque instant de la partie, leur position et la manière dont ils interagissent avec les autres joueurs sont parfaitement calculées.

Il en est de même pour la visualisation, la spécification, la construction ou la documentation d'un système à forte composante logicielle. Si l'on devait déterminer le flot de contrôle d'un système en exécution, il serait facile de perdre de vue l'organisation d'ensemble des parties du système, plus particulièrement en présence de multiples threads de contrôle. De même, si l'on dispose d'une structure de données complexe, il n'est guère utile de se contenter de regarder l'état d'un seul objet à la fois. C'est plutôt un état instantané de cet objet, de ses voisins et de ses relations avec eux qui serait nécessaire. Dans tous les systèmes orientés objet, à l'exception des plus simples, il existe une multitude d'objets, chacun d'eux ayant une relation bien précise avec les autres. En effet, en règle générale, lorsqu'un tel système tombe en panne, cela n'est pas dû à une erreur de logique, mais à des liaisons défaillantes entre objets ou à l'état défectueux de certains d'entre eux.

Les diagrammes de classes sont traités au chapitre 8, les interactions au chapitre 15, les diagrammes d'interaction au chapitre 18.

En UML, on utilise les diagrammes de classes pour visualiser les aspects statiques des briques de base d'un système. Les diagrammes d'interaction servent à visualiser les aspects dynamiques du système, qui comprennent les instances de ces briques de base et les messages qui peuvent être échangés entre elles. Un diagramme d'objets représente un ensemble d'instances des entités rencontrées dans un diagramme de classes. Il exprime donc la partie statique d'une interaction, qui comprend les objets qui collaborent mais sans aucun des messages qui circulent entre eux. Comme le montre la figure 14-1, dans un cas comme dans l'autre, un diagramme d'objets saisit un instant donné.

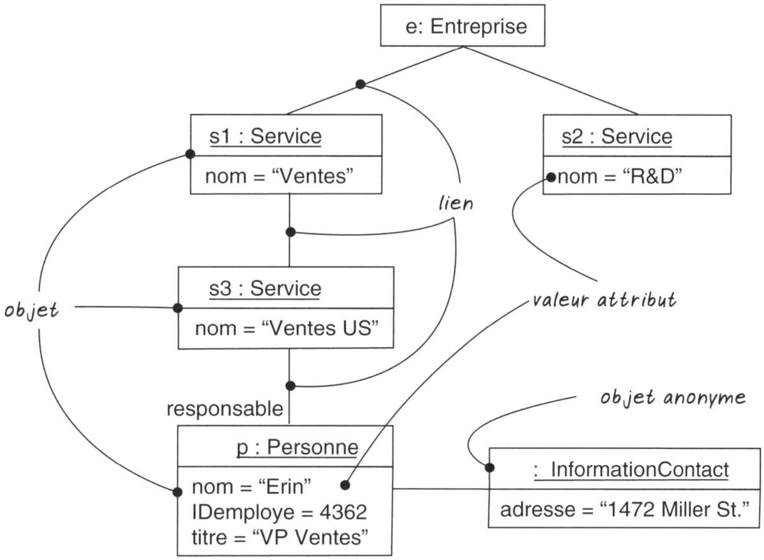

Figure 14-1 : *Diagramme d'objets*

Termes et concepts

Un *diagramme d'objets* est un diagramme qui représente un ensemble d'objets et leurs relations à un moment donné. Un diagramme d'objets est un ensemble de sommets et d'arcs.

Propriétés communes

Les propriétés générales des diagrammes sont traitées au chapitre 7.

Un diagramme d'objets est un diagramme un peu particulier qui a néanmoins les mêmes propriétés que tous les autres diagrammes, à savoir un nom et un contenu graphique qui consistent en une projection dans un modèle. Ce qui distingue un diagramme d'objets des autres diagrammes, c'est son contenu spécifique.

Contenu

Les objets sont traités au chapitre 13, les liens au chapitre 15, les paquetages au chapitre 12, les sous-systèmes au chapitre 31.

En règle générale, les diagrammes d'objets contiennent :

- des objets,
- des liens.

Comme tous les autres diagrammes, les diagrammes d'objets peuvent également contenir des notes et des contraintes.

Les diagrammes d'objets peuvent aussi inclure des paquetages ou des sous-systèmes, utilisés pour grouper des éléments du modèle en de plus grandes parties. On peut également y ajouter des classes, plus particulièrement quand il s'agit de visualiser celles qui se cachent derrière chaque instance.

Les diagrammes de classes sont traités au chapitre 8, les diagrammes d'interaction au chapitre 18.

Remarque : Un diagramme d'objets est essentiellement une instance d'un diagramme de classes ou la partie statique d'un diagramme d'interaction. Dans les deux cas, il contient essentiellement des objets et des liens, et se concentre sur des instances concrètes ou prototypes. Le diagramme de composants et le diagramme de déploiement peuvent tous deux comporter des instances, et s'ils ne comprennent rien d'autre (pas de messages), ils sont eux aussi considérés comme des formes particulières de diagrammes d'objets.

Utilisation courante

Les vues de conception sont traitées au chapitre 2.

On utilise les diagrammes d'objets pour modéliser la vue statique de conception ou de processus d'un système, exactement comme pour les diagrammes de classes, mais sous la perspective d'instances réelles ou prototypes. Cette représentation s'intéresse essentiellement aux besoins fonctionnels du système, c'est-à-dire aux services qu'il doit fournir à ses utilisateurs finals. Les diagrammes d'objets permettent de modéliser des structures de données statiques.

Lorsqu'on modélise des vues statiques de conception ou de processus d'un système, on utilise généralement les diagrammes d'objets dans un seul cas :

- pour modéliser des structures d'objets.

Les diagrammes d'interaction sont traités au chapitre 18.

La modélisation des structures d'objets nécessite la présentation d'un état instantané des objets d'un système à un moment donné. Les diagrammes d'objets représentent un cadre statique du story-board dynamique représenté par un diagramme d'interaction. On utilise les diagrammes d'objets pour visualiser, spécifier, construire et documenter l'existence de certaines instances dans un système, ainsi que des relations qui existent entre elles.

Techniques de modélisation courantes

Modélisation des structures d'objets

Lorsqu'on crée un diagramme de classes, un diagramme de composants ou un diagramme de déploiement, on saisit la représentation d'abstractions intéressantes en tant qu'ensemble et, dans ce contexte, on dévoile leur sémantique et les relations qui existent entre elles au sein de ce groupe. Ce genre de diagrammes insiste sur les potentialités : par exemple, si la classe `A` est reliée à la classe `B` par une association 1-n, alors, pour une instance de `A`, il peut exister cinq instances de `B`, et pour une autre, seulement une. De plus, à un moment donné, les attributs et les automates à états finis de cette instance de `A` ainsi que des instances correspondantes de `B` possèdent chacun leurs valeurs.

Si l'on fige un système en exécution ou si l'on imagine un système modélisé à un instant donné, on obtient un ensemble d'objets, chacun étant dans un état spécifique et possédant une relation particulière avec les autres objets. On utilise alors les diagrammes d'objets pour visualiser, spécifier, construire et documenter la structure de ces objets. Ils sont particulièrement utiles pour modéliser des structures de données complexes.

Lorsqu'on modélise la vue de conception d'un système, on peut utiliser un ensemble de diagrammes de classes pour décrire la sémantique des abstractions et leurs relations de manière exhaustive. Cependant, les diagrammes d'objets ne permettent pas de spécifier de façon complète la structure des objets du système. Une classe seule peut avoir une multitude d'instances potentielles et, pour un ensemble de classes en rapport les unes avec les autres, il peut y avoir encore plus de configurations de ces objets. C'est la raison pour laquelle les diagrammes d'objets ne peuvent que présenter de manière explicite des ensembles intéressants d'objets concrets ou prototypes. Voilà ce que signifie la modélisation d'une structure d'objets : un diagramme d'objets montre un ensemble d'objets en rapport les uns avec les autres à un moment donné.

Pour modéliser une structure d'objets, il faut :

De tels mécanismes sont souvent associés aux cas d'utilisation (voir chapitres 16 et 28).

- identifier le mécanisme qui doit être modélisé. Il représente une fonction ou un comportement de la partie du système modélisé qui résulte de l'interaction d'une société de classes, d'interfaces et d'autres éléments.
- pour chaque mécanisme, identifier les classes, les interfaces et les autres éléments qui participent à cette collaboration, ainsi que les relations qui existent entre eux.
- envisager un scénario qui retrace ce mécanisme. Saisir un instant donné de ce scénario et représenter tous les objets qui y participent.

- montrer l'état et les valeurs des attributs de chaque objet nécessaire à la compréhension du scénario.
- de même, montrer les liens entre ces objets, en représentant des instances d'associations entre eux.

Par exemple, la figure 14-2 montre un ensemble d'objets tirés de l'implémentation d'un robot autonome. Elle se concentre sur certains des objets impliqués dans le mécanisme utilisé par le robot pour calculer un modèle du monde dans lequel il évolue. Il existe beaucoup plus d'objets dans un système en exécution, mais ce diagramme met l'accent uniquement sur les abstractions directement impliquées dans la création de cette vue du monde.

Comme le montre la figure 14-2, un objet représente le robot lui-même (`r`, une instance de `Robot`), qui est actuellement dans l'état `enMouvement`. Cet objet est relié par un lien à `m`, une instance de `Monde`, qui représente une abstraction du modèle du monde tel qu'il est vu par le robot. Cet objet est relié par un lien à un objet multiple qui consiste en des instances d'`Element`, lesquelles représentent les entités que le robot a identifiées mais pas encore définies dans sa vue du monde. Ces éléments sont marqués comme faisant partie de l'état global du robot.

À ce moment donné, `m` est lié à deux instances de `Zone`. L'une d'elles (`z2`) montre ses propres liens vers trois objets `Mur` et un objet `Porte`. Chacun de ces murs indique sa largeur actuelle et est lié aux murs voisins. Comme ce diagramme d'objets le suggère, le robot a reconnu cette zone délimitée, qui possède des murs sur trois de ses côtés et une porte sur le quatrième.

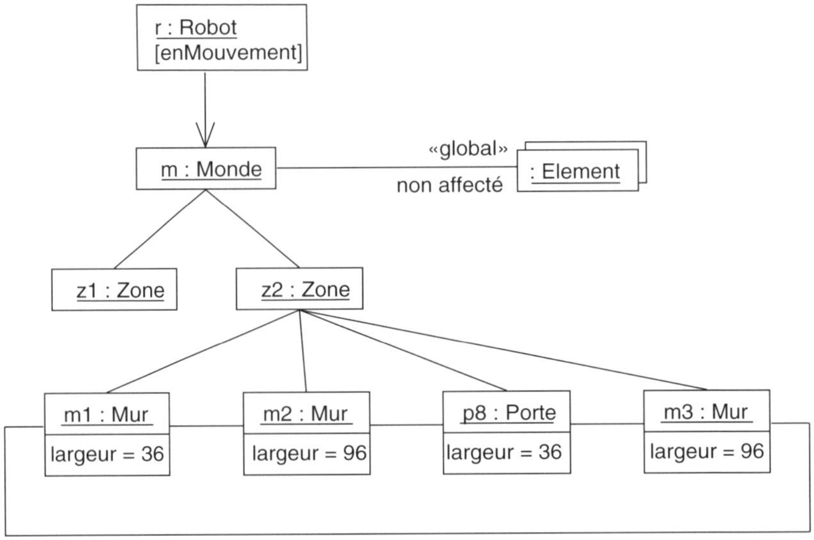

Figure 14-2 : *Modélisation des structures d'objets*

Ingénierie vers l'aval et rétro-ingénierie

L'ingénierie vers l'aval (génération de code à partir d'un modèle) appliquée à un diagramme d'objets est théoriquement possible mais, en pratique, elle n'a qu'une valeur limitée. Dans un système orienté objet, les instances sont des éléments créés et détruits par l'application lors de la phase d'exécution. Il n'est donc pas véritablement possible d'instancier ces objets depuis l'extérieur.

Les diagrammes de composants sont traités au chapitre 29, les diagrammes de déploiement au chapitre 30.

Même si cela est vrai pour la plupart des diagrammes d'objets typiques (qui comprennent des instances de classes), ce n'est pas le cas pour ceux qui comportent des instances de composants et de nœuds. Ce sont là deux cas spéciaux, respectivement, de diagramme de composants et de diagramme de déploiement, qui sont traités ailleurs dans ce livre. Les instances de composants et les instances de nœuds sont des entités qui résident en dehors du système en exécution et qui se prêtent à un certain degré d'ingénierie vers l'aval.

La rétro-ingénierie (génération d'un modèle à partir du code) appliquée à un diagramme d'objets est une chose tout à fait différente. En effet, cette pratique est fréquemment utilisée lors du débogage du système. Par exemple, si l'on essaie d'identifier un lien orphelin, il est souhaitable de dessiner mentalement ou effectivement un diagramme d'objets des éléments concernés pour trouver pourquoi, à un moment donné, l'état d'un objet ou sa relation avec les autres objets sont défectueux.

Pour appliquer la rétro-ingénierie à un diagramme d'objets, il faut :

- choisir la cible concernée. Généralement, le contexte sera défini au sein d'une opération ou en fonction d'une instance d'une classe particulière.
- grâce à un outil prévu à cet effet ou simplement en parcourant un scénario, arrêter l'exécution à un moment donné.
- déterminer l'ensemble des objets concernés qui collaborent dans ce contexte et les représenter dans un diagramme d'objets.
- si cela est nécessaire à la compréhension de leur sémantique, montrer les états de ces objets.
- si cela est nécessaire à la compréhension de leur sémantique, identifier les liens qui existent entre ces objets.
- si le diagramme obtenu est trop compliqué, le simplifier en éliminant les objets qui ne se rapportent pas aux questions du scénario qui doivent trouver une réponse. S'il est trop simple, développer les voisins de certains objets concernés et montrer l'état de chacun plus en détail.

Trucs et astuces

Lorsqu'on crée un diagramme d'objets en UML, il ne faut pas oublier que chaque diagramme n'est que la représentation graphique de la vue statique de conception ou de processus d'un système. Cela signifie qu'aucun diagramme d'objets n'a besoin de saisir tout ce qui concerne la vue de conception ou la vue de processus du système. En effet, pour tous les systèmes à l'exception des plus simples, il peut exister des centaines voire des milliers d'objets, dont la plupart sont anonymes. Il est donc impossible d'indiquer complètement tous les objets d'un système ou toutes les manières selon lesquelles ils peuvent être associés. Par conséquent, les diagrammes d'objets reflètent certains des objets concrets ou prototypes qui résident dans le système en exécution.

Un diagramme d'objets bien structuré :

- se concentre sur la communication d'un aspect des vues statiques de conception ou des processus d'un système ;
- représente un cadre du story-board dynamique qui apparaît dans un diagramme d'interaction ;
- contient uniquement les éléments indispensables à la compréhension de cet aspect ;
- fournit des détails cohérents avec son niveau d'abstraction. On ne doit montrer que les valeurs d'attributs et les décorations essentielles à la compréhension.
- compte suffisamment d'informations pour que le lecteur comprenne des points de sémantique importants.

Lorsqu'on représente un diagramme d'objets, il faut :

- lui donner un nom qui précise son but ;
- disposer les éléments en évitant que les lignes ne se croisent ;
- organiser ses éléments de façon que les éléments sémantiquement proches le soient aussi physiquement ;
- utiliser des notes et des couleurs comme repères visuels pour attirer l'attention sur les caractéristiques importantes du diagramme ;
- inclure les valeurs, l'état et le rôle de chaque objet si cela est nécessaire à la communication de certains aspects.

Partie 4

MODÉLISATION DE COMPORTEMENTS ÉLÉMENTAIRES

Chapitre 15

INTERACTIONS

Dans ce chapitre :

- Rôles, liens, messages, actions et séquences
- Modélisation des flots de contrôle
- Création d'algorithmes bien structurés

Dans tous les systèmes dignes d'intérêt, les objets ne sont jamais inactifs mais interagissent les uns avec les autres en s'envoyant des messages. Une interaction est un comportement qui comprend un ensemble de messages échangés au sein d'un groupe d'objets, dans un contexte particulier, pour atteindre un objectif.

On utilise les interactions pour modéliser l'aspect dynamique de collaborations qui représentent des sociétés d'objets qui jouent des rôles spécifiques et produisent ensemble un comportement plus vaste que la somme de tous les éléments. Ces rôles représentent des instances prototypes de classes, d'interfaces, de composants, de nœuds et de cas d'utilisation. Leurs aspects dynamiques sont visualisés, spécifiés, construits et documentés comme des flots de contrôle qui peuvent englober des threads simples ou séquentiels au sein d'un système, ainsi que des flots plus complexes qui impliquent des branches, des boucles, la récursion et la concurrence. On peut modéliser une interaction de deux façons, en mettant l'accent soit sur l'ordre chronologique des messages, soit sur leur séquencement dans le contexte d'une organisation structurelle des objets.

Les interactions bien structurées sont comme les algorithmes bien structurés : efficaces, simples, flexibles et compréhensibles.

Premiers pas

Les différences entre la construction d'une niche et celle d'un immeuble sont traitées au chapitre 1.

Un immeuble est vivant. Même s'il se compose de matériaux inertes, tels que des briques, du ciment, du bois, du plastique, du verre ou de l'acier, ces éléments travaillent ensemble de façon dynamique pour produire un comportement utile aux personnes amenées à se rendre dans l'édifice. Les portes et les fenêtres s'ouvrent et se ferment, les lampes s'allument et s'éteignent. La chaudière, la climatisation, les thermostats et les conduits de ventilation œuvrent ensemble pour réguler la température. Dans les constructions dites « intelligentes », des capteurs détectent la présence ou l'absence d'activité et règlent l'éclairage, le chauffage, la climatisation et même la musique lorsque les conditions changent. Les bâtiments sont prévus pour faciliter la circulation des personnes et du matériel d'un endroit à un autre. Mieux encore, ils sont conçus pour s'adapter aux changements de température, pour se dilater et se contracter le jour, la nuit et au fil des saisons. S'ils sont bien structurés, ils sont également conçus pour réagir aux forces dynamiques telles que le vent, les tremblements de terre et les déplacements de leurs occupants, de façon à être toujours bien équilibrés.

Il en est de même pour les systèmes à forte composante logicielle. Ainsi, le système d'une compagnie aérienne peut disposer de plusieurs téraoctets d'informations inutilisées, la plupart du temps stockées sur un disque dur et activées uniquement par des événements extérieurs comme une réservation, le déplacement d'un avion ou la planification d'un vol. Dans les systèmes réactifs tels que ceux qui se trouvent sur la puce d'un four à micro-ondes, les objets s'activent et la tâche est accomplie quand le programme est sollicité par des événements tels que l'enfoncement d'une touche par l'utilisateur ou l'écoulement du temps.

La modélisation des aspects structuraux d'un système est traitée dans les parties 2 et 3. Il est également possible de modéliser les aspects dynamiques d'un système au moyen des automates à états finis (voir chapitre 21). Les diagrammes d'objets sont traités au chapitre 14, les diagrammes d'interaction au chapitre 18.

En UML, on modélise les aspects statiques d'un système à l'aide d'éléments tels que les diagrammes de classes et les diagrammes d'objets. Ils permettent de visualiser, spécifier, construire et documenter les éléments qui résident dans un système, y compris les classes, les interfaces, les composants, les nœuds, les cas d'utilisation et leurs instances, ainsi que la façon dont ces éléments sont en relation les uns avec les autres.

En UML, on modélise les aspects dynamiques d'un système à l'aide des interactions. Comme un diagramme d'objets, une interaction définit les étapes de son comportement de manière statistique, en présentant tous les objets qui agissent ensemble pour déclencher une action. Mais parce qu'elles vont plus loin que les diagrammes d'objets, les interactions présentent également les messages échangés entre objets. La plupart du temps, ces messages impliquent l'invocation d'une opération ou l'envoi d'un signal, mais peuvent tout aussi bien engendrer la création et la destruction d'autres objets.

On utilise les interactions pour modéliser le flot de contrôle au sein d'une opération, d'une classe, d'un composant, d'un cas d'utilisation ou du système dans son ensemble. Grâce aux diagrammes d'interaction, il est possible d'envisager ces flots de deux manières. On peut soit mettre l'accent sur l'ordre selon lequel les messages sont envoyés dans le temps, soit sur les relations structurelles entre les objets au sein d'une interaction, puis considérer la manière dont ces messages sont gérés dans le contexte de cette structure.

Comme le montre la figure 15-1, UML fournit une représentation graphique des messages. Cette notation permet de les visualiser en faisant ressortir les parties les plus importantes : leur nom, leurs paramètres (s'ils existent) et leur séquence. Un message est représenté par une ligne fléchée et le nom de son opération apparaît dans la plupart des cas.

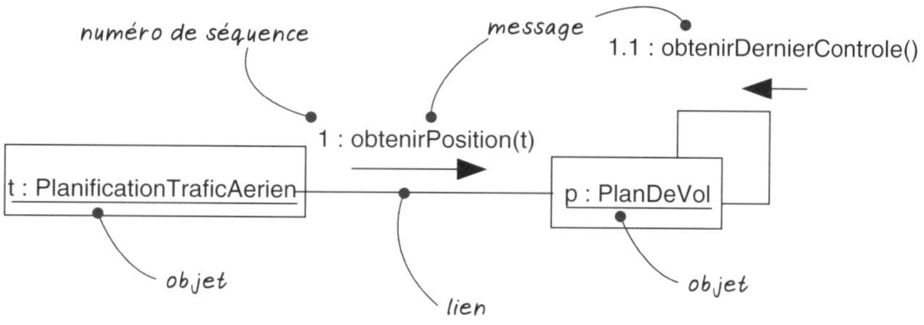

Figure 15-1 : *Messages, liens et séquencement*

Termes et concepts

Une *interaction* est un comportement qui comprend un ensemble de messages échangés au sein d'un groupe d'objets, dans un contexte particulier, pour atteindre un objectif. Un *message* est la spécification d'une communication entre objets, qui transporte des informations et qui s'effectue dans le but de déclencher une activité.

Contexte

Les diagrammes d'objets montrent la liaison structurelle qui existe entre les objets (voir chapitre 14). Les systèmes et les sous-systèmes sont traités au chapitre 31, les collaborations au chapitre 27.

On peut trouver une interaction chaque fois que des objets sont liés les uns aux autres. On rencontre des interactions au sein de la collaboration d'objets qui existent dans le contexte d'un système ou d'un sous-système. On rencontre également des interactions dans le contexte d'une opération ou encore dans le contexte d'une classe.

La plupart du temps, on rencontre les interactions au sein de la collaboration d'objets qui existent dans le contexte d'un système ou d'un sous-système dans son ensemble. Par exemple, dans un système destiné au commerce sur Internet, il est possible de trouver des objets sur le poste client (tels que des instances des classes `CommandeDeLivres` et `BonDeCommande`) en interaction les uns avec les autres. Il arrive également que l'on rencontre des objets du poste client (tels que des instances de `CommandeDeLivres`) qui interagissent avec des objets du serveur (comme des instances de `GestionnaireDesLivraisonsDifferees`). Par conséquent, ces interactions impliquent non seulement des collaborations localisées d'objets (telles que les interactions autour de `BonDeCommande`), mais elles peuvent également concerner de nombreux niveaux conceptuels du système (telles que les interactions autour du `GestionnaireDesLivraisonsDifferees`).

Les opérations sont traitées aux chapitres 4 et 9, la modélisation d'une opération aux chapitres 19 et 27.

On rencontre également des interactions parmi des objets au sein de l'implémentation d'une opération. Les paramètres de l'opération, les variables locales et les objets globaux pour l'opération (mais toujours visibles) peuvent interagir les uns avec les autres pour exécuter l'algorithme d'implémentation de cette opération. Par exemple, l'invocation de l'opération `deplacementVersPosition(p:Position)` définie pour une classe d'un robot mobile impliquera l'interaction d'un paramètre (`p`), un objet global pour l'opération (tel que l'objet `positionActuelle`), et peut-être plusieurs objets locaux (tels que des variables locales utilisées par l'opération pour calculer des points intermédiaires dans un chemin vers la nouvelle position).

Les classes sont traitées aux chapitres 4 et 9.

Enfin, on rencontre des interactions dans le contexte d'une classe. On peut les utiliser pour visualiser, spécifier, construire et documenter la sémantique d'une classe. Par exemple, pour comprendre la signification d'une classe `AgentSuiviRayon`, il est possible de créer des interactions qui montrent comment les attributs de cette classe collaborent les uns avec les autres (et avec des objets globaux pour des instances de la classe ainsi qu'avec des paramètres définis dans les opérations de cette classe)

Les composants au chapitre 25, les nœuds au chapitre 26, les cas d'utilisation au chapitre 16, la modélisation de la réalisation d'un cas d'utilisation au chapitre 27, les classificateurs au chapitre 9.

Remarque : On peut également rencontrer une interaction dans la représentation d'un composant, d'un nœud ou d'un cas d'utilisation, qui, en UML, sont chacun une sorte de classificateur à part entière. Dans le contexte d'un cas d'utilisation, une interaction représente un scénario qui, à son tour, représente un chemin à travers le cas d'utilisation.

Objets et rôles

Les objets qui participent à une interaction sont des éléments concrets ou prototypes. S'il appartient à la première catégorie, un objet représente quelque chose dans le monde réel. Par exemple, p, une instance de la classe `Personne`, peut correspondre à un humain en particulier. Si au contraire il s'agit d'un élément prototype, `p` peut représenter toute instance de `Personne`.

Remarque : C'est ce qui distingue une collaboration. Au sein de ce genre de relation, les objets sont des éléments prototypes qui jouent des rôles particuliers et non des objets spécifiques du monde réel.

Les classes abstraites sont traitées au chapitre 4, les interfaces au chapitre 11.

On peut trouver des instances de classes, de composants, de nœuds et de cas d'utilisation dans le contexte d'une interaction. Même si, par définition, les classes abstraites et les interfaces ne peuvent pas avoir d'instances directes, il est possible de trouver des instances de ces éléments dans une interaction. Elles ne représentent pas des instances directes de la classe abstraite ou de l'interface, mais peuvent indiquer, respectivement, des instances indirectes (ou prototypes) de n'importe quels enfants concrets de la classe abstraite ou une classe concrète qui réalise cette interface.

Les instances sont traitées au chapitre 13, les diagrammes d'objets au chapitre 14.

Il est possible d'envisager un diagramme d'objets comme représentation de l'aspect statique d'une interaction, qui plante le décor de l'interaction en indiquant tous les objets qui agissent ensemble. Une interaction va plus loin en présentant une séquence dynamique des messages qui peuvent circuler le long des liens qui relient ces objets.

Liens

Les associations sont traitées aux chapitres 5 et 10.

Un lien est une liaison sémantique entre objets. En règle générale, il s'agit d'une instance d'une association. Comme le montre la figure 15-2, chaque fois qu'une classe est reliée à une autre par une association, il peut y avoir un lien entre les instances des deux classes, et chaque fois qu'un lien existe entre deux objets, le premier objet peut envoyer un message au deuxième.

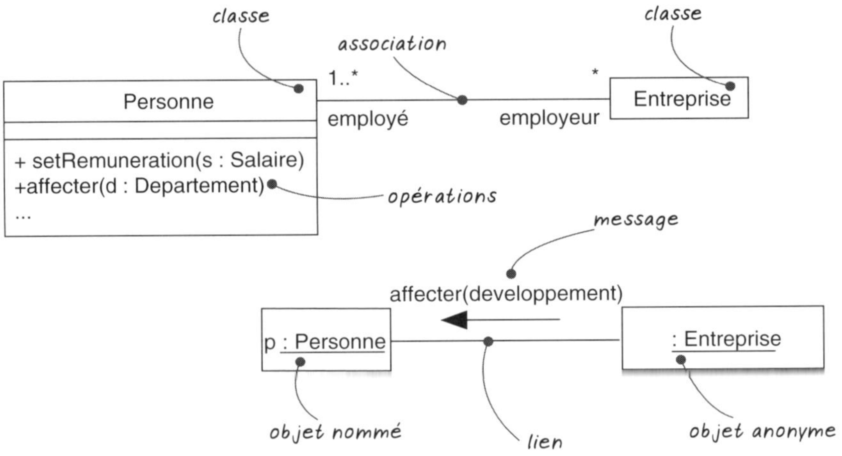

Figure 15-2 : *Liens et associations*

Les stéréotypes sont traités au chapitre 6. L'annexe B résume les éléments standard d'UML. Des exemples de ces stéréotypes sont donnés au chapitre 18.

Un lien décrit un chemin suivant lequel un objet peut expédier un message à un autre objet (ou à lui-même). La plupart du temps, il suffit d'indiquer qu'un tel chemin existe. S'il est nécessaire d'être plus précis sur la façon dont il existe, il est possible de décorer l'extrémité concernée du lien au moyen d'un des stéréotypes standard suivants :

- `association` indique que l'objet correspondant est visible par association.
- `self` indique que l'objet correspondant est visible parce que c'est lui qui invoque l'opération.
- `global` indique que l'objet correspondant est visible parce qu'il est de portée globale.
- `local` indique que l'objet correspondant est visible parce qu'il est de portée locale.
- `parameter` indique que l'objet correspondant est visible parce qu'il est passé en paramètre.

Remarque : En tant qu'instance d'une association, un lien peut être représenté avec la plupart des décorations qui conviennent aux associations, comme le nom, le nom de rôle d'association, la navigabilité et l'agrégation. Cependant, la multiplicité ne s'applique pas aux liens, puisque les liens sont des instances d'une association.

Messages

Les diagrammes d'objets sont traités au chapitre 14.

Imaginons un ensemble d'objets ainsi qu'un ensemble de liens qui relient ces objets. Décrits ainsi, ils constituent un modèle complètement statique qui peut être représenté par un diagramme d'objets. Les diagrammes d'objets modélisent l'état d'une société d'objets à un moment donné et sont utiles pour visualiser, spécifier, construire ou documenter une structure d'objets statique.

Les opérations sont traitées aux chapitres 4 et 9, les événements au chapitre 20, les instances au chapitre 13.

Si l'on veut modéliser le changement d'état d'une société d'objets pendant une certaine période, on l'imagine comme le film d'un ensemble d'objets, dont les images représentent les instants qui se succèdent. Si ces objets ne sont pas totalement inactifs, certains d'entre eux expédient des messages à d'autres messages, envoient des événements et invoquent des opérations. De plus, pour chaque image, il est possible de visualiser de façon explicite l'état et le rôle actuels de chaque instance.

Un message est la spécification d'une communication entre objets, qui transporte des informations et qui s'affiche dans le but de déclencher une activité. La réception d'une instance de message peut être considérée comme une instance d'un événement.

Lorsqu'on transmet un message, l'action qui en résulte est un énoncé exécutable qui forme une abstraction d'une procédure de calcul. Cette action peut conduire à un changement d'état.

En UML, on peut modéliser plusieurs genres d'actions :

Les opérations sont traitées aux chapitres 4 et 9, les signaux au chapitre 20.

- `call` invoque une opération pour un objet. Un objet peut s'envoyer un message, qui résulte en l'invocation locale d'une opération.
- `return` renvoie une valeur à l'émetteur.
- `send` envoie un signal à un objet.
- `create` crée un objet.
- `destroy` détruit un objet. Un objet peut se détruire lui-même.

Remarque : En UML on peut également modéliser des actions complexes. En plus des cinq sortes fondamentales d'actions indiquées ci-dessus, il est possible d'ajouter une chaîne arbitraire à un message, dans laquelle on peut écrire des expressions complexes. UML ne précise pas la syntaxe ni la sémantique de ces chaînes.

Les opérations `create` *et* `destroy` *sont visualisées comme des stéréotypes, traités au chapitre 6. La distinction entre messages synchrones et asynchrones est plus pertinente dans le contexte de la concurrence (voir chapitre 22).*

Comme le montre la figure 15-3, UML fournit un moyen visuel de distinguer ces sortes de messages.

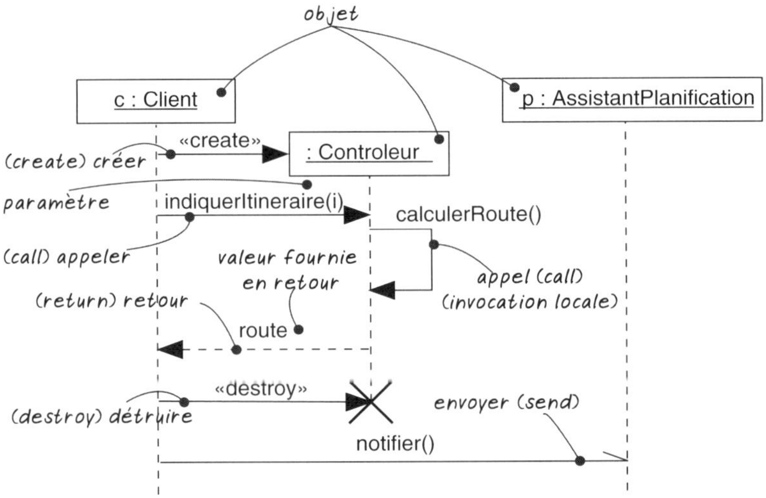

Figure 15-3 : *Messages*

Les classes sont traitées aux chapitres 4 et 9.

Le genre de message que l'on modélise le plus fréquemment est `call`, grâce auquel un objet invoque une opération d'un autre objet (ou de lui-même). Il ne peut pas appeler n'importe quelle opération au hasard. Si un objet, tel que `c` dans l'exemple ci-dessus, appelle l'opération `indiquerItineraire` pour une instance de la classe `Controleur`, cette opération doit non seulement être définie pour cette classe (c'est-à-dire qu'elle doit être déclarée dans cette classe ou dans l'un de ses parents), mais elle doit également être visible pour l'émetteur `c`.

Remarque : Certains langages, tels que C++, sont typés statiquement (bien que polymorphes), ce qui signifie que la légalité d'un appel est vérifiée au moment de la compilation. Mais d'autres, comme Smalltalk, sont typés dynamiquement, ce qui veut dire qu'il est impossible de déterminer si un objet peut recevoir correctement un message avant l'exécution. En règle générale, en UML, un modèle bien formé peut être vérifié statiquement par un outil, car normalement, en phase de modélisation, le développeur connaît le but de l'opération.

Quand un objet appelle une opération ou envoie un signal à un autre objet, on peut fournir des paramètres réels dans le message. De la même manière, quand un objet rend le contrôle à un autre objet, on peut modéliser la valeur fournie en retour.

Les interfaces sont traitées au chapitre 11.

Remarque : Il est également possible de qualifier une opération par la classe ou l'interface dans laquelle elle a été déclarée. Par exemple, l'opération `inscrire` pour une instance `Etudiant` invoquerait de manière polymorphe n'importe quelle opération qui correspond à ce nom dans la hiérarchie de classe `Etudiant`. De même, `IMembre::inscrire` invoquerait l'opération indiquée dans l'interface `IMembre` (réalisée par une classe appropriée, également dans la hiérarchie de classes `Etudiant`).

Séquencement

Les processus et les threads sont traités au chapitre 22.

Lorsqu'un objet envoie un message à un autre objet (déléguant ainsi une action au récepteur), celui qui le reçoit peut à son tour envoyer un message à un autre objet, qui peut lui aussi envoyer un message à un autre objet, et ainsi de suite. Ce flot de messages forme une séquence. Toute séquence doit débuter au sein d'un processus ou d'un thread. De plus, elle continue aussi longtemps que le processus ou le thread qui la possède existe. Un système sans fin, tel qu'on en trouve dans les contrôles de dispositifs temps réel, continue de s'exécuter tant que le nœud sur lequel il tourne est actif.

Les systèmes sont traités au chapitre 31.

Chaque processus ou thread au sein d'un système définit un flot de contrôle distinct et, à l'intérieur de ce flot, les messages sont classés selon une séquence temporelle. Pour mieux visualiser la séquence dont un message fait partie, on peut modéliser explicitement le numéro du message par rapport au début de la séquence, en ajoutant simplement un numéro suivi de deux-points avant le message.

Comme le montre la figure 15-4, la plupart du temps, il est possible de préciser un flot de contrôle procédural ou emboîté, par une flèche dont la pointe est pleine. Dans ce cas, le message `trouver` est indiqué comme étant le premier message emboîté dans le second message de la séquence (2.1).

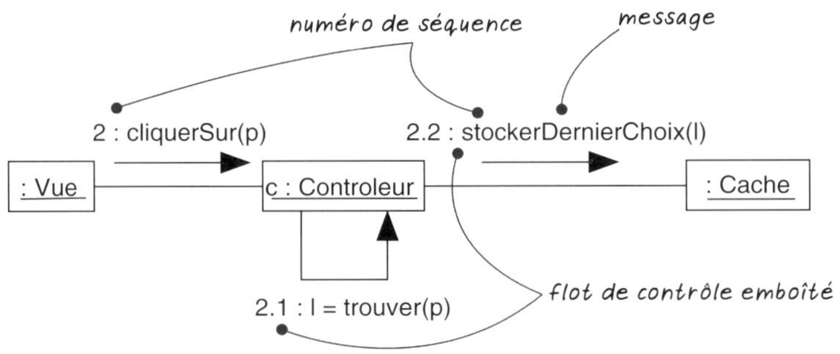

Figure 15-4 : *Séquence procédurale*

Comme le montre la figure 15-5, il est moins fréquent mais néanmoins possible de préciser un flot de contrôle plat, qui se représente au moyen d'une flèche dont la pointe est évidée, pour modéliser la progression non procédurale du contrôle étape par étape. Dans ce cas, le message `transmettreAppel` est indiqué comme étant le second message de la séquence.

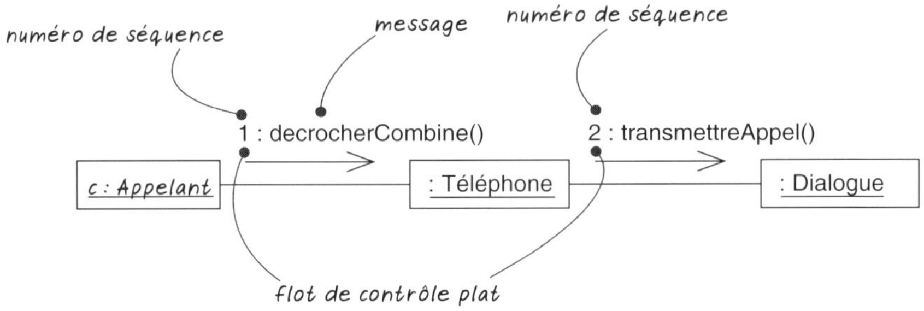

Figure 15-5 : *Séquence plate*

Remarque : La distinction entre les séquences plates et procédurales est subtile et constitue un point de modélisation très avancé. En règle générale, on utilise les séquences plates uniquement pour modéliser des interactions dans le cadre de cas d'utilisation qui impliquent tout le système, ainsi que des acteurs en dehors du système. Ces séquences sont souvent plates car le contrôle progresse simplement étape par étape, sans tenir compte des flots de contrôle emboîtés. Dans toutes les autres circonstances ou presque, il est préférable d'utiliser les séquences procédurales, parce qu'elles représentent des appels d'opération ordinaires, emboîtés, du genre de ceux que l'on rencontre dans la plupart des langages de programmation.

Les processus et les threads sont traités au chapitre 22. Il est également possible de décrire un flot de contrôle asynchrone, qui se représente au moyen d'une flèche à demi-pointe évidée (voir chapitre 22).

Lorsqu'on modélise des interactions qui impliquent des flots de contrôle multiples, il est particulièrement important d'identifier le processus ou le thread qui envoie un message spécifique. En UML, on peut distinguer un flot de contrôle d'un autre, en ajoutant le nom du processus ou du thread qui se trouve à la racine de la séquence devant le numéro de séquence d'un message. Par exemple, l'expression

```
D5 : ejectHatch(3)
```

indique que l'opération `ejectHatch` est envoyée (avec l'argument réel `3`) comme le cinquième message de la séquence enracinée par le processus ou le thread nommé `D`.

On peut non seulement montrer les arguments réels envoyés avec une opération ou un signal dans le contexte d'une interaction, mais également les valeurs d'une fonction fournies en retour. Comme le montre l'expression suivante, la valeur `p` est fournie en retour par l'opération `find`, expédiée avec le paramètre réel « `Rachel` ». Il s'agit d'une séquence emboîtée, constituée par le second message emboîté dans le troisième, lui-même emboîté dans le premier message de la séquence. Sur le même diagramme, `p` peut ensuite être utilisé comme paramètre réel dans d'autres messages.

```
1.3.2 : p := find("Rachel")
```

L'itération, l'arborescence et les messages gardés sont traités au chapitre 18, les indications des contraintes temporelles au chapitre 23, les stéréotypes et les contraintes au chapitre 6.

Remarque : En UML, on peut également modéliser des formes plus complexes de séquencement, telles que l'itération, l'arborescence et les messages gardés. De plus, pour modéliser des contraintes temporelles que l'on peut rencontrer dans des systèmes temps réel, on peut associer des identifications temporelles à une séquence. D'autres formes de messages, plus exotiques, telles que balking et time-outs, peuvent être modélisées en définissant un stéréotype de message approprié.

Création, modification et destruction

Les contraintes sont traitées au chapitre 6.

La plupart du temps, les objets dont la participation à une interaction est représentée existent pendant toute la durée de cette interaction, même s'il arrive que des objets soient créés (indiqués par un message `create`) et détruits (indiqués par un message `destroy`). Il en va de même pour les liens : les relations entre objets peuvent apparaître et disparaître. Pour préciser si un objet ou un lien entre et/ou sort au cours d'une interaction, une des contraintes suivantes peut être rattachée à l'élément :

- `new` indique que l'instance ou le lien est créé pendant l'exécution de l'interaction englobante ;
- `destroyed` indique que l'instance ou le lien est détruit avant la fin de l'exécution de l'interaction englobante ;
- `transient` indique que l'instance ou le lien est créé pendant l'exécution de l'interaction englobante, mais détruit avant la fin de cette exécution.

Les lignes de vie sont traitées au chapitre 18. Le stéréotype `become` est traité au chapitre 13.

En règle générale, au cours d'une interaction, un objet modifie les valeurs de ses attributs, de son état ou de ses rôles. On peut représenter ces changements en recopiant l'objet dans l'interaction (avec éventuellement des valeurs d'attribut, un état ou des rôles différents). Sur un diagramme de séquence, chaque variante de l'objet est placée sur la même ligne de vie. Dans un diagramme de collaboration, chacune d'elles est reliée à un message `become`.

Représentation

La plupart du temps, la modélisation d'une interaction inclut à la fois les objets (chacun jouant un rôle spécifique) et les messages (chacun représentant la communication entre les objets, avec les actions qui en découlent).

Les diagrammes d'interaction sont traités au chapitre 18.

On peut représenter les objets et les messages qui prennent part à une interaction de deux façons différentes : en mettant l'accent sur l'ordre chronologique de ces messages ou en soulignant l'organisation structurelle des objets qui envoient et reçoivent ces messages. En UML, la première représentation est appelée diagramme de séquence, alors que la seconde est un diagramme de collaboration. Les diagrammes de séquence et les diagrammes de collaboration sont deux types de diagrammes d'interaction.

Les diagrammes de séquence et les diagrammes de collaboration sont largement isomorphes, c'est-à-dire que l'un peut être transformé en l'autre sans perte d'informations. Cependant, il existe quelques différences visuelles. Tout d'abord, les diagrammes de séquence permettent la modélisation de la ligne de vie d'un objet qui représente l'existence de l'objet à un moment donné, qui peut englober sa création et sa destruction. Ensuite, les diagrammes de collaboration permettent de modéliser les liens structurels qui peuvent exister entre les objets d'une interaction.

Techniques de modélisation courantes

Modélisation d'un flot de contrôle

Les cas d'utilisation sont traités au chapitre 16, les patterns et les frameworks au chapitre 28, les classes et les opérations aux chapitres 4 et 9, les interfaces au chapitre 11, les composants au chapitre 25, les nœuds au chapitre 26. Il est également possible de modéliser les aspects dynamiques d'un système au moyen des automates à états finis (voir chapitre 21).

La plupart du temps, on utilise les interactions pour modéliser le flot de contrôle qui caractérise le comportement d'un système dans son ensemble, y compris les cas d'utilisation, les patterns, les mécanismes et les frameworks, ou le comportement d'une classe ou d'une opération individuelle. Alors que les classes, les interfaces, les composants, les nœuds et leurs relations modélisent les aspects statiques d'un système, les interactions en modélisent les aspects dynamiques.

La modélisation d'une interaction établit essentiellement un story-board des actions qui se produisent au sein d'un ensemble d'objets. Des techniques comme les cartes CRC sont particulièrement utiles pour découvrir et envisager ces interactions.

Pour modéliser un flot de contrôle, il faut :

- déterminer le contexte de l'interaction, c'est-à-dire définir s'il s'agit du système dans son ensemble, d'une classe ou d'une opération individuelle.
- définir l'étape de l'interaction en identifiant les objets qui y jouent un rôle. Déterminer leurs propriétés initiales, y compris les valeurs de leurs attributs, leur état et leur rôle.
- si le modèle met l'accent sur l'organisation structurelle de ces objets, identifier les liens qui les relient et qui se rapportent aux chemins de communication établis dans cette interaction. Si nécessaire, décrire la nature de ces liens au moyen des stéréotypes et des contraintes UML standard.
- indiquer les messages qui passent d'un objet à l'autre dans l'ordre chronologique. Si nécessaire, distinguer les différentes sortes de messages. Inclure les paramètres et les valeurs fournies en retour pour convoyer les détails nécessaires de cette interaction.
- à cette fin également, décorer chaque objet à n'importe quel moment avec son état et son rôle.

Les diagrammes de séquence sont traités au chapitre 18.

Par exemple, la figure 15-6 montre un ensemble d'objets qui interagissent dans le contexte d'un mécanisme de publication et de souscription (une instance du pattern de conception observateur, *design pattern observer*). Elle présente trois objets : `p` (un `EditeurCotationActions`), `s1` et `s2` (tous deux des instances de `SouscripteurCotationActions`). Cette figure est un exemple de diagramme de séquence qui met l'accent sur l'ordre chronologique des messages.

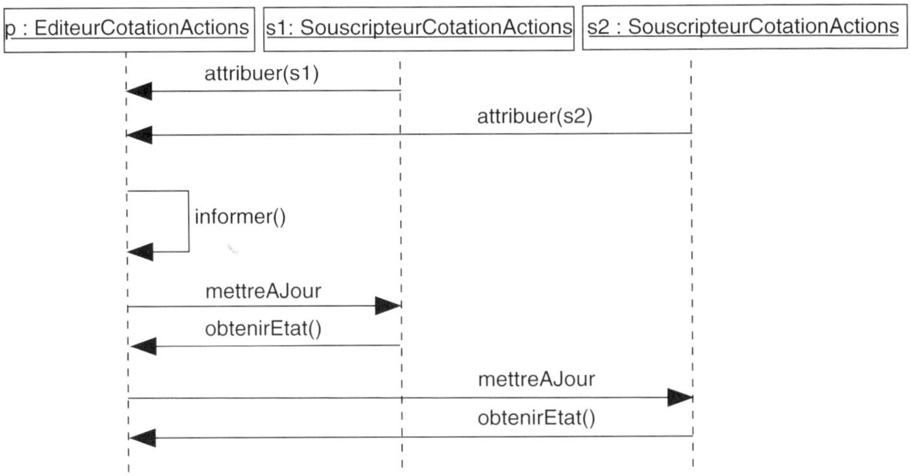

Figure 15-6 : *Flot de contrôle par ordre chronologique*

Les diagrammes de collaboration sont traités au chapitre 18.

Du point de vue sémantique, la figure 15-7 est équivalente à la précédente, mais elle présente un diagramme de collaboration qui met l'accent sur l'organisation structurelle des objets. Cette figure montre le même flot de contrôle, mais elle permet également de visualiser les liens qui existent entre ces objets.

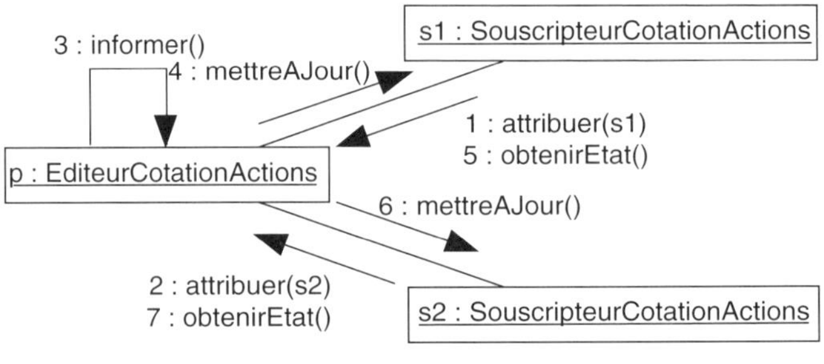

Figure 15-7 : *Flot de contrôle organisationnel*

Trucs et astuces

Lorsqu'on modélise des interactions en UML, il ne faut pas oublier que chacune d'entre elles représente l'aspect dynamique d'une société d'objets. Une interaction bien structurée :

- est simple et englobe uniquement les objets qui travaillent ensemble pour produire un comportement plus important que la somme de tous ces éléments ;
- possède un contexte clair et peut représenter l'interaction d'objets dans le cadre d'une opération, d'une classe ou du système dans son ensemble ;
- est efficace et exécute son comportement avec un équilibre optimal en termes de temps et de ressources ;
- peut être adaptée et les éléments de l'interaction susceptibles de changer doivent être isolés de manière à pouvoir être modifiés facilement ;
- est compréhensible et doit être claire, sans détours, sans effets collatéraux cachés ni sémantique obscure.

Lorsqu'on représente une interaction en UML, il faut :

- choisir comment la représenter, en mettant l'accent soit sur l'ordre chronologique des messages, soit sur leur séquencement en fonction d'une organisation structurelle des objets. Il est impossible de choisir les deux en même temps.
- montrer uniquement les propriétés d'un objet (telles que les valeurs d'attribut, le rôle et l'état) indispensables pour une bonne compréhension de l'interaction dans son contexte.
- représenter uniquement les propriétés d'un message (telles que ses paramètres, sa sémantique de concurrence et sa valeur fournie en retour) indispensables pour une bonne compréhension de l'interaction dans son contexte.

UNIFIED MODELING LANGUAGE

Chapitre 16

Cas d'utilisation

Dans ce chapitre :

- Cas d'utilisation, acteurs, inclusion et extension
- Modélisation du comportement d'un élément
- Réalisation de cas d'utilisation avec des collaborations

Les systèmes ne vivent pas indépendamment les uns des autres. Un système intéressant fonctionne en interaction avec l'homme ou des dispositifs automatisés qui l'utilisent dans un but bien précis et attendent de lui qu'il se comporte d'une manière bien définie. Un cas d'utilisation précise le comportement d'un système ou d'une partie d'un système et décrit un ensemble de séquences d'actions, y compris des variantes, comportant les variantes qu'un système exécute pour produire un résultat tangible pour un acteur.

Les cas d'utilisation servent à saisir le comportement attendu d'un système en cours de développement, sans avoir à préciser la façon dont ce comportement est réalisé. Les cas d'utilisation permettent aux développeurs d'atteindre une compréhension commune avec les utilisateurs finaux du système et les experts du domaine. De plus, les cas d'utilisation aident à valider l'architecture et à suivre l'évolution du système au cours de son développement. Tout au long de l'implémentation du système, ces cas d'utilisation sont réalisés à l'aide de collaborations dont les éléments travaillent en commun pour faire fonctionner chaque cas d'utilisation.

Les cas d'utilisation bien structurés représentent uniquement les comportements essentiels des systèmes où des sous-systèmes et ne sont ni trop généraux, ni trop spécifiques.

Premiers pas

Une maison bien conçue n'est pas seulement un ensemble de murs posés les uns à côté des autres pour soutenir un toit qui protège des intempéries. Lorsqu'on conçoit une maison avec un architecte, on attache une grande importance à la façon dont on s'en servira. Ceux qui aiment recevoir penseront à aménager la pièce principale de façon à faciliter les conversations et en évitant les espaces exigus qui favorisent les entassements. C'est en imaginant la préparation des repas que l'on s'assurera que la disposition des placards et appareils électroménagers de la cuisine est fonctionnelle. Même le plan du trajet entre la voiture et la cuisine pour décharger les courses aura de l'influence sur la façon dont les pièces communiquent. Dans le cas d'une famille nombreuse, le problème des sanitaires sera envisagé plus sérieusement. En prévoyant à l'avance le nombre de salles de bain et leur emplacement, on réduira sérieusement le risque d'embouteillages matinaux avant de partir pour l'école ou le travail. Ce risque est d'autant plus grand si l'on a des adolescents dans la maison, car le moindre dysfonctionnement peut prendre des proportions énormes.

Cette façon de réfléchir à l'utilisation d'une maison constitue un parfait exemple d'analyse fondée sur les cas d'utilisation. On réfléchit aux différentes façons d'utiliser la maison et ces cas d'utilisation servent de base à l'architecture. Certaines familles auront des cas d'utilisation communs – dans toute maison on mange, on dort, on élève les enfants et on conserve des souvenirs, mais chaque famille aura aussi ses propres cas d'utilisation ou des variantes des cas principaux. Par exemple, même si l'utilisation des sanitaires est la même, les besoins d'une famille nombreuse sont différents de ceux d'un célibataire. Ce sont ces variantes qui ont la plus grande influence sur l'agencement définitif d'une maison.

Un des facteurs clé de la création de cas d'utilisation tels que ceux-ci est le fait qu'ils sont créés sans que l'on ait à spécifier la manière dont ils sont implémentés. Par exemple, on peut préciser le comportement d'un distributeur de billets en déterminant dans les cas d'utilisation la manière dont les utilisateurs dialoguent avec le système sans qu'il soit nécessaire de savoir ce qui se passe à l'intérieur du distributeur de billets. Les cas d'utilisation précisent un comportement attendu, ils n'imposent pas la façon dont le comportement sera exécuté. Que l'on soit utilisateur final ou expert du domaine, l'intérêt de tout ceci est de pouvoir communiquer avec les programmeurs (qui développent les systèmes pour satisfaire à des exigences) sans s'attacher aux détails. Ces détails seront abordés par la suite, mais les cas d'utilisation permettent de se concentrer sur les questions essentielles.

En UML, tous ces comportements sont modélisés sous la forme de cas d'utilisation qui peuvent être précisés indépendamment de leur réalisation. Un cas d'utilisation décrit un ensemble de séquences d'actions, y compris des variantes, qu'un système exécute pour produire un résultat tangible pour un acteur. Cette définition comporte un certain nombre d'éléments importants.

Les interactions sont traitées au chapitre 15, les exigences au chapitre 6.

Un cas d'utilisation décrit un ensemble de séquences dans lequel chaque séquence représente l'interaction des éléments qui se trouvent à l'extérieur du système (ses acteurs) avec le système lui-même (et ses abstractions clés). Ces comportements sont en fait des fonctions système qui servent à visualiser, spécifier, construire, et documenter le comportement attendu du système pendant la saisie et l'analyse des exigences. Un cas d'utilisation représente une exigence fonctionnelle du système dans son ensemble. Par exemple, pour une banque, un des cas d'utilisation classiques consiste à examiner des demandes de prêt.Un cas d'utilisation implique l'interaction des acteurs et du système. Un acteur représente un ensemble cohérent de rôles interprétés par les utilisateurs de cas d'utilisation quand ils sont en interaction avec ces cas d'utilisation. Les acteurs peuvent aussi bien être des êtres humains que des dispositifs automatisés. Par exemple, dans le cas d'une banque, l'examen des demandes de prêts implique, entre autres, une interaction entre le client et le gestionnaire de prêts.

Un cas d'utilisation peut comporter des variantes. Dans tous les systèmes intéressants, on trouve des cas d'utilisation qui sont des versions spécialisées d'autres cas d'utilisation, des cas d'utilisation qui font partie intégrante d'autres cas d'utilisation et des cas d'utilisation qui élargissent le comportement d'autres cas d'utilisation essentiels. On peut factoriser le comportement commun et réutilisable d'un ensemble de cas d'utilisation en les organisant selon ces trois types de relations. Par exemple, dans le cas d'une banque, il existe de nombreuses variantes entre les principaux cas d'utilisation de demandes de prêts : l'examen d'un prêt hypothécaire très important sera différent de celui d'un prêt destiné à une petite entreprise. Cependant, dans chacune des situations, les cas d'utilisation ont une partie du comportement en commun, telle que l'évaluation du client qui demande le prêt, comportement qui fait partie intégrante du traitement de n'importe quelle demande de prêt.

Un cas d'utilisation comporte une quantité tangible de travail. Du point de vue d'un acteur donné, un cas d'utilisation remplit une fonction qui a une valeur pour l'acteur : calculer un résultat, générer un nouvel objet ou modifier l'état d'un autre objet. Pour reprendre l'exemple d'une banque, l'examen d'une demande de prêt aboutit à l'acceptation du prêt, qui se matérialise par une somme d'argent remise au client.

Les sous-systèmes sont traités au chapitre 31, les classes aux chapitres 4 et 9, les interfaces au chapitre 11.

On peut appliquer les cas d'utilisation à un système dans son intégralité. On peut également les appliquer à une partie d'un système, aux sous-systèmes ainsi qu'aux classes individuelles et aux interfaces. Dans chacune des situations, les cas d'utilisation représentent non seulement le comportement attendu de ces éléments, mais peuvent également servir de base aux cas de test pour ces éléments au fur et à mesure de leur évolution dans le cycle de développement. Les cas d'utilisation appliqués aux sous-systèmes forment d'excellentes sources de tests de non-régression ; les cas d'utilisation appliqués à un système dans son intégralité sont d'excellentes sources de tests d'intégration et de tests système. Comme le montre la figure 16-1, UML propose une représentation graphique d'un cas d'utilisation et d'un acteur. Cette représentation permet de visualiser un cas d'utilisation en dehors de sa réalisation et en contexte avec d'autres cas d'utilisation.

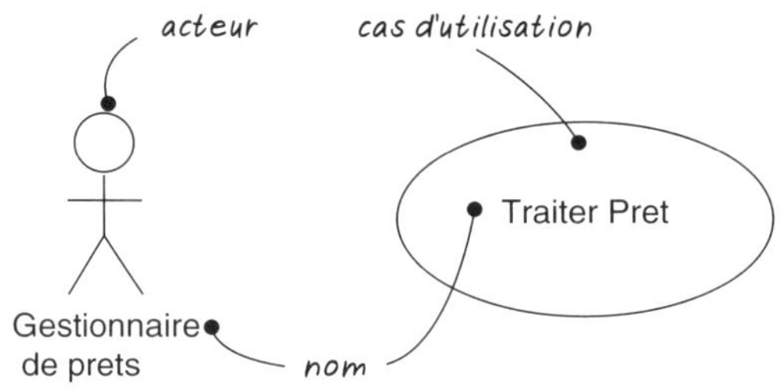

Figure 16-1 : *Acteurs et cas d'utilisation*

Termes et concepts

La notation des cas d'utilisation est semblable à celle des collaborations (voir chapitre 27).

Un *cas d'utilisation* décrit un ensemble de séquences d'actions, y compris des variantes, qu'un système exécute pour produire un résultat tangible pour un acteur. Un cas d'utilisation est représenté par une ellipse.

Noms

Le nom d'un cas d'utilisation à l'intérieur de son paquetage doit être unique (voir chapitre 12).

Chaque cas d'utilisation doit avoir un nom qui le distingue des autres cas d'utilisation. Un *nom* est une chaîne de caractères. Le nom seul est appelé *nom simple* ; un *nom complet* est le nom du cas d'utilisation précédé du nom du paquetage dans lequel il se trouve. Comme le montre la figure 16-2, en règle générale un cas d'utilisation est représenté uniquement par son nom.

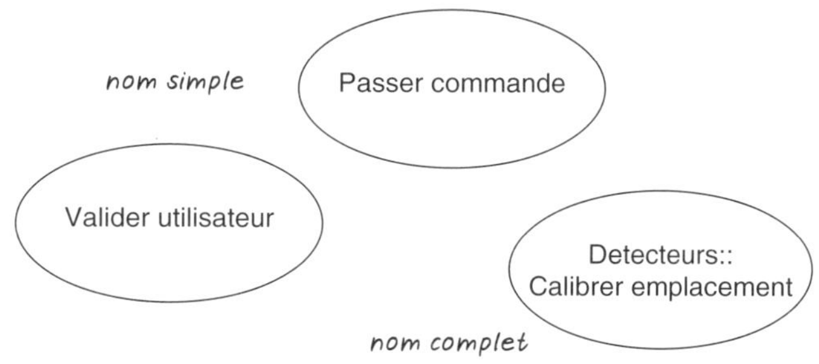

Figure 16-2 : *Nom simple et nom complet*

Remarque : Le nom d'un cas d'utilisation se compose d'une chaîne de caractères qui comporte un certain nombre de lettres, de chiffres ou de signes de ponctuation (à l'exception des deux-points « : » utilisés pour séparer le nom d'une classe du nom de son paquetage) et peut s'étendre sur plusieurs lignes. Dans la pratique, les noms des cas d'utilisation sont de petites phrases verbales actives qui décrivent un comportement existant dans le vocabulaire du système en cours de modélisation.

Les cas d'utilisation et les acteurs

Un acteur représente un ensemble cohérent de rôles joués par les utilisateurs des cas d'utilisation en interaction avec ces cas d'utilisation. En règle générale, un acteur représente un rôle qu'un homme, une machine ou même un autre système joue avec le système. Par exemple, une personne qui travaille pour une banque sera le `Gestionnaire de prêts`. Si elle a son compte dans la même banque, elle jouera aussi le rôle du `Client`. Une instance d'acteur montre donc un individu en interaction avec le système d'une façon particulière. Même si on les utilise dans les modèles, les acteurs ne font pas partie intégrante du système puisqu'ils résident en dehors de celui-ci.

La généralisation est traitée aux chapitres 5 et 10.

Comme le montre la figure 16-3, les acteurs sont représentés par des petits personnages. On peut établir des catégories générales d'acteurs (exemple : `Client`) et ensuite utiliser les relations de généralisation pour les définir de manière plus précise (exemple : `ClientAffaires`).

Les stéréotypes sont traités au chapitre 6.

Remarque : À l'aide des mécanismes d'extensibilité d'UML, on peut stéréotyper un acteur et créer une icone différente qui, en fonction des besoins, offre un meilleur repère visuel.

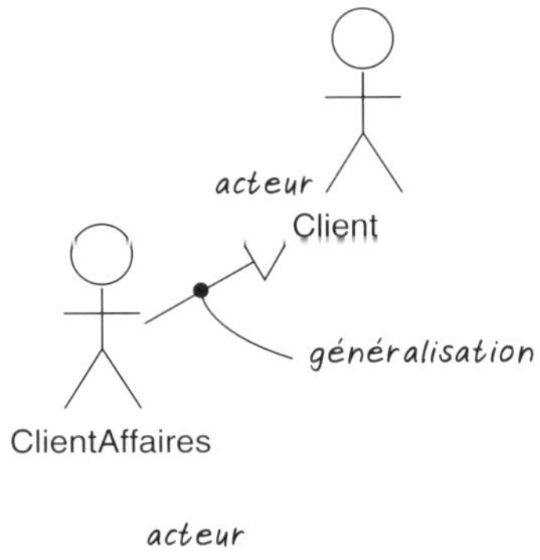

Figure 16-3 : *Acteurs*

Les relations d'association sont traitées aux chapitres 5 et 10, les messages au chapitre 15.

Les acteurs sont connectés aux cas d'utilisation uniquement par association. Une association entre un acteur et un cas d'utilisation indique que l'acteur et le cas d'utilisation communiquent entre eux, chacun pouvant envoyer et recevoir des messages.

Cas d'utilisation et flots d'événements

Un cas d'utilisation décrit *ce que* fait un système (ou un sous-système, une classe ou une interface) mais ne précise pas *comment* il le fait. Lorsqu'on modélise, il est important de conserver cette distinction entre le point de vue interne et le point de vue externe.

On peut préciser le comportement d'un cas d'utilisation en décrivant les flots d'événements à l'aide d'un texte suffisamment clair pour être compris facilement par une personne extérieure. Lorsqu'on écrit ce flot d'événements, il faut préciser comment et quand le cas d'utilisation commence et se termine, le moment où il interagit avec les acteurs et les objets qui sont échangés, ainsi que le flot de base et les flots alternatifs du comportement.

Par exemple, dans le contexte d'un distributeur de billets, on pourrait décrire le cas d'utilisation `ValiderUtilisateur` de la façon suivante :

- *Flot d'événements principal :* Le cas d'utilisation commence lorsque le système demande au *Client* son code confidentiel. Le *Client* est alors en mesure de saisir son code à l'aide du clavier, puis il le valide en appuyant sur la touche Entrée. Le système vérifie ensuite si le code saisi est correct et, si tel est le cas, confirme l'entrée, mettant ainsi fin au cas d'utilisation.
- *Flot d'événements exceptionnel :* Le *Client* peut annuler l'opération à tout moment en appuyant sur la touche Annulation, ce qui a pour effet de relancer le cas d'utilisation. Aucune modification n'est effectuée sur le compte du *Client*.
- *Flot d'événements exceptionnel :* Le *Client* peut effacer son code confidentiel et le retaper autant de fois qu'il veut avant de le valider.
- *Flot d'événements exceptionnel :* Si le *Client* tape un code confidentiel incorrect, le cas d'utilisation redémarre. Si cela se produit trois fois de suite, le système annule la totalité de la transaction et empêche le client de dialoguer avec le distributeur de billets pendant 1 minute.

Remarque : On peut préciser le flots d'événements d'un cas d'utilisation de différentes façons : par un texte structuré informel (comme dans l'exemple ci-dessus), par un texte structuré formel (avec des préconditions et des post-conditions) et par un pseudo-code.

Cas d'utilisation et scénarios

Les diagrammes d'interaction, comportant les diagrammes de séquence et les diagrammes de collaboration, sont traités au chapitre 18.

En règle générale, on définit d'abord le flot d'événements pour un cas d'utilisation en mode texte. Puis, à mesure que l'on affine sa compréhension des exigences du système, on utilise également des diagrammes d'interaction pour préciser graphiquement ces flots. On a souvent recours à un diagramme de séquence, pour préciser le flot principal d'un cas d'utilisation, et aux variations de ce diagramme pour préciser les flots exceptionnels.

Il est préférable de différencier les flots principaux des flots alternatifs car un cas d'utilisation décrit un ensemble de séquences, pas une séquence unique. Il serait donc impossible d'exprimer tous les détails d'un cas d'utilisation intéressant en une seule séquence. Par exemple, dans un système de ressources humaines, le cas d'utilisation `Embaucher un salarie` peut apparaître. Cette fonction de gestion générale peut avoir de nombreuses variantes. On peut embaucher une personne qui vient d'une autre entreprise (scénario le plus courant), transférer une personne d'une division à une autre (fait classique dans les sociétés internationales) ou encore employer une personne de nationalité étrangère (ce qui implique une réglementation particulière). Chacune de ces variantes peut être exprimée dans une séquence différente.

Les instances sont traitées au chapitre 13.

Le cas d'utilisation (`Embaucher un salarie`) décrit en fait un ensemble de séquences dans lequel chaque séquence représente un flot possible parmi toutes ces variations. Chaque séquence est un « scénario ». Un scénario est une séquence spécifique d'actions qui illustre le comportement. Les scénarios sont aux cas d'utilisation ce que les instances sont aux classes : ils sont en fait des instances de cas d'utilisation.

Remarque : Il y a un effet de multiplication des cas d'utilisation aux scénarios. Un système peu complexe peut comporter une bonne douzaine de cas d'utilisation qui saisissent son comportement et chaque cas d'utilisation peut s'enrichir de plusieurs douzaines de scénarios. Pour chaque cas d'utilisation, on distingue les scénarios primaires (qui définissent les séquences essentielles) et les scénarios secondaires (qui définissent les séquences alternatives).

Cas d'utilisation et collaborations

Les collaborations sont traitées au chapitre 27.

Un cas d'utilisation saisit le comportement attendu du système (ou du sous-système, de la classe ou de l'interface) que l'on développe, sans que l'on ait besoin de préciser comment ce comportement est réalisé. Cette différenciation est importante car, dans la mesure du possible, l'analyse d'un système (qui précise le comportement) ne doit pas être influencée par des questions d'implémentation (qui précisent la façon dont le comportement est réalisé). Ensuite, il faut quand même implémenter les cas d'utilisation en créant une société de classes et d'autres éléments qui fonctionnent ensemble pour réaliser le comportement de ce cas d'utilisation. Cette société d'éléments, qui comporte à la fois une structure statique et dynamique, est modélisée en UML sous le nom de collaboration.

Les réalisations sont traitées aux chapitres 9 et 10.

Comme le montre la figure 16-4, on peut préciser explicitement la réalisation d'un cas d'utilisation par une collaboration. Pourtant, la plupart du temps, un cas d'utilisation donné est réalisé par une seule collaboration, sans que l'on ait à modéliser explicitement cette relation.

Remarque : Même si l'on ne visualise pas explicitement cette relation, les outils qui servent à gérer les modèles vont certainement maintenir cette relation.

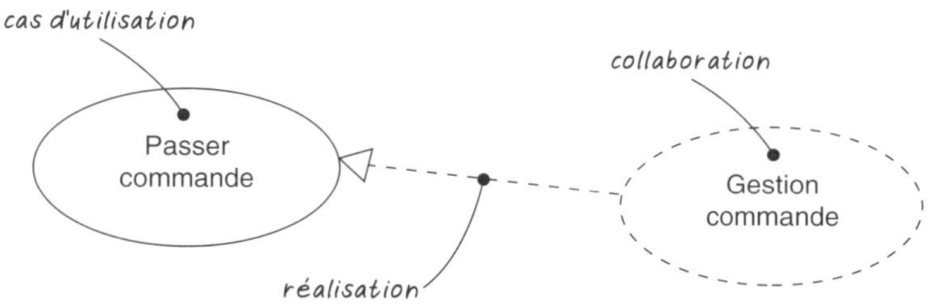

Figure 16-4 : *Cas d'utilisation et collaborations*

L'architecture est traitée au chapitre 2.

Remarque : L'objectif de l'architecture d'un système est de trouver l'ensemble minimum de collaborations bien structurées qui satisfont au flot d'événements précisé dans tous les cas d'utilisation du système.

Organisation des cas d'utilisation

Les paquetages sont traités au chapitre 12.

On peut organiser les cas d'utilisation en les groupant en paquetages, de la même manière que l'on organise les classes.

On peut aussi organiser les cas d'utilisation en précisant leurs relations mutuelles de généralisation, d'inclusion et d'extension. On applique ces relations pour factoriser le comportement commun, par extraction de ce comportement lorsqu'il est partagé par plusieurs cas d'utilisation et par insertion lorsqu'on veut étendre le comportement d'autres cas d'utilisation.

La généralisation est traitée aux chapitres 5 et 10.

La généralisation des cas d'utilisation est identique à celle des classes. Cela signifie que le cas d'utilisation enfant hérite du comportement et de la signification du cas d'utilisation parent ; l'enfant peut compléter ou remplacer le comportement du parent, et on peut remplacer le parent par l'enfant quel que soit l'endroit où le parent apparaît (le parent et l'enfant peuvent tous deux avoir des instances concrètes). Par exemple, dans un système bancaire, on peut avoir le cas d'utilisation `Valider utilisateur`, qui se charge de vérifier l'identité de l'utilisateur. On peut alors avoir deux enfants spécialisés dans ce cas d'utilisation (`Verifier mot de passe` et `Scanner retinien`), chacun se comportant de la même façon que `Valider utilisateur` et pouvant être appliquée partout où `Valider utilisateur` apparaît, même si chacune d'elles ajoute son propre comportement (la première en contrôlant un mot de passe textuel, la seconde en vérifiant les caractéristiques uniques de la rétine de l'utilisateur). Comme le montre la figure 16-5, la généralisation pour les cas d'utilisation est représentée par une flèche dont le trait est plein et la pointe large et creuse.

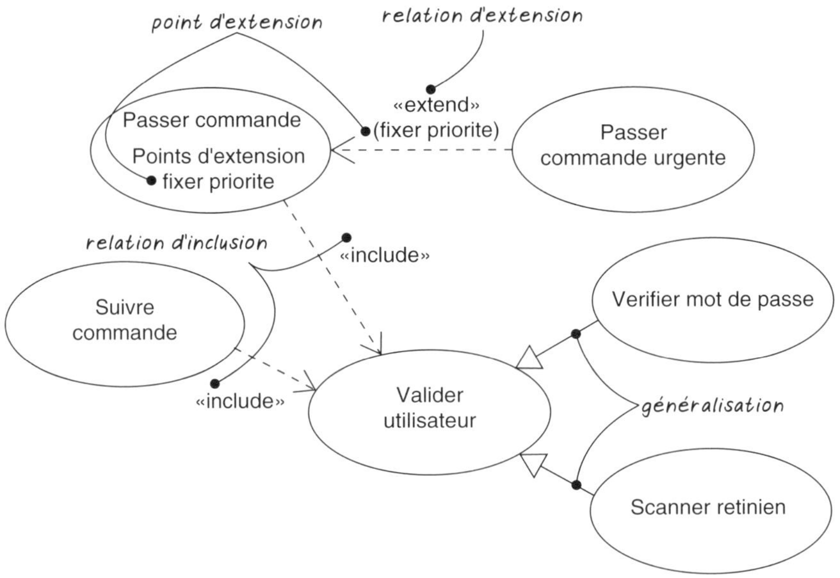

Figure 16-5 : *Généralisation, inclusion et extension*

Une relation d'inclusion entre des cas d'utilisation signifie que le cas d'utilisation principal incorpore le comportement d'un autre cas d'utilisation en un point d'insertion bien déterminé. Le cas d'utilisation inclus n'est jamais tout seul, il fait toujours partie d'un cas d'utilisation qui l'englobe. L'inclusion peut être assimilée au cas d'utilisation principal qui tire un comportement du cas d'utilisation fournisseur.

On utilise une relation d'inclusion pour éviter de décrire le même flot d'événements plusieurs fois, et ce en rangeant le comportement commun dans un cas d'utilisation propre (le cas d'utilisation inclus dans le cas principal). La relation d'inclusion est avant tout un exemple de délégation – on prend un ensemble des attributions du système, on le saisit à un endroit (cas d'utilisation inclus), puis on laisse toutes les autres parties du système (les autres cas d'utilisation) englober les nouvelles agrégations de responsabilités à chaque fois qu'elles ont besoin d'utiliser cette fonctionnalité.

Les relations de dépendance sont traitées aux chapitres 5 et 10, les stéréotypes au chapitre 6.

On traduit une relation d'inclusion par une dépendance à laquelle on attribue le stéréotype `include`. Ainsi, dans un flot d'événements dans lequel le cas d'utilisation principal englobe le comportement d'un autre, on écrit simplement `include` suivi du nom du cas d'utilisation que l'on veut inclure, comme dans le flot suivant pour `Suivre commande`.

> *Flot d'événements principal :* obtenir et vérifier le numéro de commande. `include (Valider utilisateur)`. Pour chaque partie de la commande, interroger son statut, puis envoyer la réponse à l'utilisateur.

Une relation d'extension entre les cas d'utilisation signifie que le cas d'utilisation de base englobe implicitement le comportement d'un autre cas d'utilisation en un point spécifié indirectement par le cas d'utilisation qui étend le cas de base. Le cas d'utilisation de base peut exister tout seul, mais sous certaines conditions, son comportement peut être étendu au comportement d'un autre cas d'utilisation. Ce cas d'utilisation de base peut être étendu seulement à certains points, logiquement appelés points d'extension. L'extension peut être assimilée au cas d'utilisation étendu poussant un comportement vers le cas d'utilisation principal.

On utilise une relation d'extension pour modéliser la partie d'un cas d'utilisation considérée par l'utilisateur comme facultative dans le comportement du système. Ainsi, on différencie le comportement facultatif du comportement obligatoire. On peut aussi utiliser une relation d'extension pour modéliser un flot secondaire qui n'est exécuté que dans certaines conditions. Enfin, on utilise une relation d'extension pour modéliser plusieurs flots, qui peuvent être insérés à un certain point, le tout étant géré par une interaction explicite avec un acteur.

Les relations de dépendance sont traitées aux chapitres 5 et 10, les stéréotypes et les compartiments supplémentaires au chapitre 6.

On traduit une relation d'extension par une dépendance à laquelle on a attribué le stéréotype `extend`. Les points d'extension du cas d'utilisation principal peuvent être classés dans un compartiment supplémentaire. Ces points d'extension ne sont que des étiquettes qui peuvent apparaître dans le flot du cas d'utilisation principal. Par exemple, le flot pour `Passer une commande` peut se lire de la façon suivante :

> *Flot d'événements principal* : `include (Valider utilisateur)`. Rassembler les éléments de la commande de l'utilisateur. `(fixer priorite)`. Soumettre la commande au traitement.

Dans cet exemple, `fixer priorite` est un point d'extension. Un cas d'utilisation peut comporter plusieurs points d'extension (qui peuvent apparaître plusieurs fois) et ces points sont identifiés par leur nom. En temps normal, ce cas d'utilisation de base se déroule sans tenir compte de la priorité de la commande. En revanche, s'il s'agit du cas d'utilisation d'extension `Passer commande urgente`, le flot du cas de base se déroule de la même manière que précédemment. Au point d'extension `(fixer priorite)`, le comportement du cas d'utilisation d'extension `(Passer commande urgente)` est traité, puis le flot reprend. S'il y a plusieurs points d'extension, le cas d'utilisation d'extension incorporera simplement ses propres flots dans l'ordre d'apparition.

Remarque : L'organisation des cas d'utilisation en dégageant le comportement commun (grâce aux relations d'inclusion) et la distinction des variantes (grâce aux relations d'extension) sont, pour un système, deux étapes importantes dans la création d'un ensemble de cas d'utilisation simple, équilibré et compréhensible.

Autres caractéristiques

Les attributs et les opérations sont traités au chapitre 4.

Les cas d'utilisation sont des classificateurs et peuvent donc avoir des attributs et des opérations que l'on peut traduire graphiquement de la même façon que pour les classes. Les attributs peuvent être considérés comme des objets à l'intérieur du cas d'utilisation, objets dont on a besoin pour décrire le comportement extérieur du cas. De la même façon, on considère que les opérations sont les actions du système qui servent à décrire un flot d'événements. Ces objets et opérations peuvent être utilisés dans les diagrammes d'interaction pour préciser le comportement d'un cas d'utilisation.

Les automates à états finis sont traités au chapitre 21.

Les cas d'utilisation étant des classificateurs, des automates à états finis peuvent leur être rattachés. On peut les utiliser comme un autre moyen de décrire le comportement représenté par un cas d'utilisation.

Techniques de modélisation courantes

Modélisation du comportement d'un élément

Les systèmes et les sous-systèmes sont traités au chapitre 31, les classes aux chapitres 4 et 9.

En général, les cas d'utilisation sont appliqués pour modéliser le comportement d'un élément, qu'il s'agisse du système dans son ensemble, d'un sous-système ou d'une classe. Lorsqu'on modélise le comportement de ces éléments, il est important de se concentrer sur ce qu'ils font et non sur la manière dont ils le font.

Appliquer les cas d'utilisation aux éléments de la manière décrite ci-dessus est important pour trois raisons. Premièrement, en modélisant le comportement d'un élément à l'aide des cas d'utilisation, on permet aux experts du domaine de spécifier le point de vue externe à un degré suffisant pour que les développeurs puissent construire le point de vue interne. Les cas d'utilisation offrent un forum de discussion et d'échange pour les experts, les utilisateurs finals et les développeurs. Deuxièmement, les cas d'utilisation permettent aux développeurs d'aborder un élément et de le comprendre. Un système, un sous-système ou une classe peuvent être complexes et remplis d'opérations et d'autres parties. En spécifiant les cas d'utilisation d'un élément, on aide les utilisateurs de ces éléments à les aborder directement, en fonction de la manière dont ils seront amenés à les utiliser. Sans les cas d'utilisation, ils en seraient quittes pour découvrir par leurs propres moyens comment les utiliser. Les cas d'utilisation permettent à l'auteur d'un élément de communiquer son intention sur la façon dont un élément doit être utilisé. Troisièmement, au cours du développement, les cas d'utilisation servent de base pour tester chaque élément au fur et à mesure qu'il évolue. En testant continuellement chaque élément par rapport à ses cas d'utilisation, on en valide l'implémentation en permanence. Ces cas d'utilisation offrent une source de tests de non-régression, mais en plus, chaque fois qu'un nouveau cas d'utilisation est créé pour un élément, ils obligent le développeur à reconsidérer son implémentation et à s'assurer que cet élément réagit bien au changement. Si ce n'est pas le cas, il faut alors corriger l'architecture.

Pour modéliser le comportement d'un élément, il faut :

- identifier les acteurs qui dialoguent avec l'élément. Les acteurs possibles sont les groupes qui exigent un certain comportement pour exécuter leur tâche ou dont on a besoin directement ou indirectement pour que les fonctions de l'élément s'accomplissent.
- organiser les acteurs en identifiant les rôles généraux et les rôles plus spécialisés.
- pour chaque acteur, considérer les manières principales qu'il a de dialoguer avec l'élément ainsi que les interactions qui changent l'état de l'élément ou son environnement ou qui impliquent une réponse à un événement.
- prendre en considération les manières exceptionnelles utilisées par chaque acteur pour dialoguer avec l'élément.
- organiser ces comportements comme des cas d'utilisation, en appliquant les relations d'inclusion et d'extension pour factoriser les comportements communs et distinguer les comportements exceptionnels.

Par exemple, un système de vente au détail dialogue avec les clients qui passent les commandes et suit ensuite l'évolution de ces commandes. Le système envoie les commandes et la facture au client. Comme le montre la figure 16-6, on peut modéliser le comportement d'un tel système en déclarant ces comportements comme des cas d'utilisation (`Passer commande`, `Suivre commande`, `Expedier commande` et `Facturer client`). On peut factoriser un comportement commun (`Valider client`) et également distinguer des variantes (`Expédier commande partielle`). Pour chacun de ces cas d'utilisation, on intégrera une spécification du comportement, à l'aide de texte, d'un automate à états finis ou d'interactions.

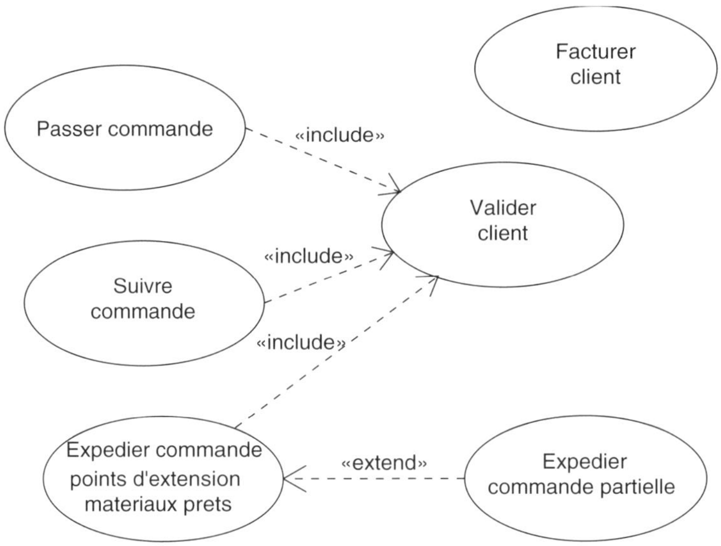

Figure 16-6 : *Modélisation du comportement d'un élément*

Les paquetages sont traités au chapitre 12.

Plus un modèle grandit, plus les cas d'utilisation vont se rassembler en groupes reliés du point de vue conceptuel ou sémantique. En UML, on peut utiliser les paquetages pour modéliser ces groupes de cas d'utilisation.

Truc et astuces

Lorsqu'on modélise des cas d'utilisation en UML, chaque cas doit représenter un comportement du système ou du sous-système distinct et identifiable. Un cas d'utilisation bien structuré doit :

- nommer un comportement du système ou du sous système qui soit unique, identifiable et atomique ;
- factoriser un comportement commun en extrayant ce comportement des autres cas d'utilisation qu'il contient ;
- factoriser des variantes en intégrant ce comportement dans les autres cas d'utilisation qui l'étendent ;

- décrire le flot des événements de façon suffisamment claire pour qu'une personne extérieure puisse le comprendre ;
- être décrit par un ensemble minimum de scénarios qui précisent la sémantique normale et la sémantique des variantes du cas d'utilisation.

Lorsqu'on représente un cas d'utilisation en UML, il faut :

- faire figurer uniquement les cas d'utilisation importants pour la compréhension du système ou d'une partie du système dans son contexte ;
- faire figurer uniquement les acteurs en rapport avec ces cas d'utilisation.

UNIFIED MODELING LANGUAGE

Chapitre 17 DIAGRAMMES DE CAS D'UTILISATION

Dans ce chapitre :

- Modélisation du contexte d'un système
- Modélisation des exigences d'un système
- Ingénierie vers l'aval et rétro-ingénierie

Les diagrammes d'activités sont traités au chapitre 19, les diagrammes d'états-transitions au chapitre 24, les diagrammes de séquence et de collaboration au chapitre 18.

Les diagrammes des cas d'utilisation font partie des cinq diagrammes d'UML qui servent à modéliser les aspects dynamiques des systèmes (les quatre autres sont : les diagrammes d'activités, les diagrammes d'états-transitions, les diagrammes de séquence et les diagrammes de collaboration). Les diagrammes de cas d'utilisation sont indispensables à la modélisation du comportement d'un système, d'un sous-système ou d'une classe. Tous montrent un ensemble de cas d'utilisation et d'acteurs ainsi que leurs relations.

On applique les diagrammes de cas d'utilisation pour modéliser la vue des cas d'utilisation d'un système. Pour l'essentiel, cela implique la modélisation du contexte d'un système, d'un sous-système ou d'une classe, ou encore la modélisation des exigences sur le comportement de ces éléments.

Les diagrammes de cas d'utilisation sont importants pour visualiser, spécifier et documenter le comportement d'un élément. Ils rendent les systèmes, les sous-systèmes et les classes plus faciles à aborder et plus compréhensibles en présentant une vue externe de la façon dont ces éléments peuvent être utilisés en contexte. Ils sont également importants pour tester des systèmes exécutables grâce à l'ingénierie vers l'aval et pour comprendre des systèmes exécutables au moyen de la rétro-ingénierie.

Premiers pas

Imaginons que l'on ait une boîte sur un côté de laquelle se trouvent des boutons et un petit écran à cristaux liquides. Mis à part ces éléments, on ne dispose d'aucune information, on ne sait même pas comment l'utiliser. On pourrait appuyer au hasard sur les boutons et voir ce qui se passe, mais il faudrait insister longtemps et probablement passer des heures à essayer toutes les combinaisons possibles avant de trouver enfin à quoi sert la boîte et comment l'utiliser correctement.

Les systèmes à forte composante logicielle peuvent ressembler à cette boîte. Prenons l'exemple d'un utilisateur à qui on fournit une application pour qu'il s'en serve. Si l'application suit les règles du système d'exploitation auquel il est habitué, il pourra peut-être la faire fonctionner tant bien que mal, mais il ne parviendra jamais à en comprendre le comportement complexe et subtil. Il en sera de même si on donne une application existante ou un ensemble de composants à un développeur pour qu'il les utilise. Il lui faudra des heures pour comprendre comment utiliser les éléments jusqu'à ce qu'il réussisse à former un modèle conceptuel qui lui permette de le faire.

Avec UML, on applique les diagrammes de cas d'utilisation pour visualiser le comportement d'un système, d'un sous-système ou d'une classe, de telle sorte que l'utilisateur puisse comprendre comment utiliser cet élément et que le développeur puisse l'implémenter. Comme le montre la figure 17-1, on peut utiliser un diagramme de cas d'utilisation pour modéliser le comportement de cette boîte – appelée plus couramment téléphone mobile.

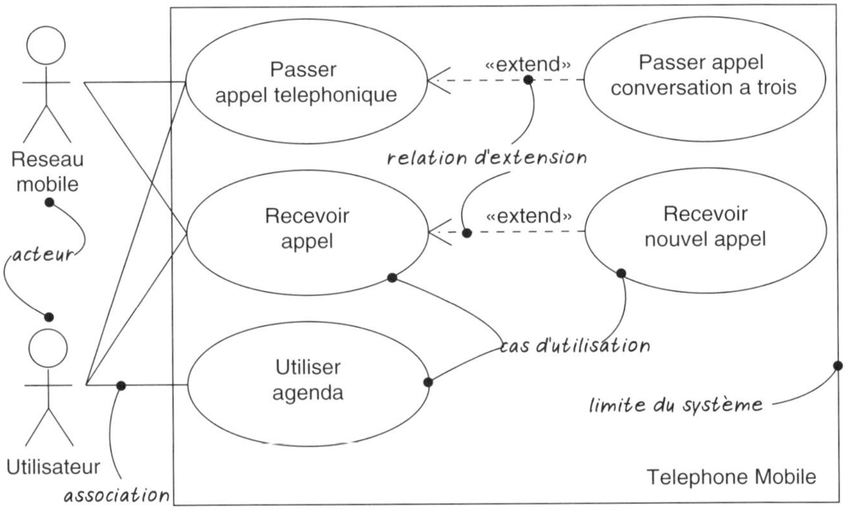

Figure 17-1 : *Diagramme de cas d'utilisation*

Termes et concepts

Un *diagramme de cas d'utilisation* est un diagramme qui montre un ensemble de cas d'utilisation et d'acteurs, ainsi que leurs relations.

Propriétés communes

Les propriétés générales des diagrammes sont traitées au chapitre 7.

Un diagramme de cas d'utilisation est un diagramme un peu particulier qui a néanmoins les mêmes propriétés que tous les autres diagrammes, à savoir un nom et un contenu graphique qui consistent en une projection dans un modèle. Ce qui distingue un diagramme de cas d'utilisation des autres diagrammes, c'est son contenu spécifique.

Contenus

Les cas d'utilisation et les acteurs sont traités au chapitre 16, les relations aux chapitres 5 et 10, les paquetages au chapitre 12, les instances sont traitées au chapitre 13.

En règle générale, les diagrammes de cas d'utilisation contiennent :

- des cas d'utilisation,
- des acteurs,
- des relations de dépendance, de généralisation et d'association.

Comme tous les autres diagrammes, les diagrammes de cas d'utilisation peuvent également contenir des notes et des contraintes.

Les diagrammes de cas d'utilisation peuvent aussi inclure des paquetages qui servent à rassembler certains éléments du modèle en plus grands groupes. On peut également ajouter des instances de cas d'utilisation dans les diagrammes, plus particulièrement quand il s'agit de visualiser un système particulier en exécution.

Utilisation courante

Les vues de cas d'utilisation sont traitées au chapitre 2.

On utilise les diagrammes de cas d'utilisation pour modéliser la vue statique des cas d'utilisation d'un système. Cette vue supporte essentiellement le comportement d'un système — les services visibles de l'extérieur, fournis par le système dans le contexte de son environnement.

Lorsqu'on modélise la vue statique de cas d'utilisation d'un système, on applique généralement un diagramme de cas d'utilisation d'une des deux façons suivantes :

1. pour modéliser le contexte d'un système

La modélisation du contexte d'un système implique de dessiner une ligne autour du système entier et de vérifier les acteurs qui se trouvent à l'extérieur et dialoguent avec le système. Dans ce cas, on applique les diagrammes de cas d'utilisation pour préciser les acteurs et ce que signifie leur rôle.

Les exigences sont traitées aux chapitres 4 et 6.

2. pour modéliser les exigences d'un système

La modélisation des exigences d'un système implique de définir ce qu'il doit faire (d'un point de vue externe au système), sans avoir à préciser comment. Dans ce cas, on applique les diagrammes de cas d'utilisation pour spécifier le comportement attendu du système. Ainsi, un diagramme de cas d'utilisation permet de visualiser le système entier comme une boîte noire ; on peut ainsi voir ce qui se trouve à l'extérieur du système ainsi que la façon dont le système réagit par rapport aux éléments externes, mais on ne peut pas voir comment ce système fonctionne à l'intérieur.

Techniques de modélisation courantes

Modélisation du contexte d'un système

Soit un système quelconque. Certains éléments existent à l'intérieur du système, d'autres à l'extérieur. Par exemple, à l'intérieur d'un système de validation des cartes de crédit, apparaissent des éléments tels que les comptes, les transactions et les agents de détection de fraude. De même, à l'extérieur du système se trouvent les commerçants et les clients qui possèdent une carte de crédit. Les éléments internes au système sont chargés d'exécuter le comportement du système auquel s'attendent les éléments externes. Tous les éléments externes au système, qui dialoguent avec lui, constituent le contexte du système. C'est ce contexte qui définit l'environnement dans lequel le système réside.

Les systèmes sont traités au chapitre 31.

En UML, on peut modéliser le contexte d'un système à l'aide d'un diagramme de cas d'utilisation, en mettant en valeur les acteurs qui gravitent autour du système. Décider de ce qu'il faut inclure comme acteur est important car ce choix précise une classe d'éléments qui dialoguent avec le système. Décider de ce qu'il ne faut pas inclure en tant qu'acteur est tout aussi important, si ce n'est plus, car cela contraint l'environnement du système à n'inclure que les acteurs nécessaires à la vie du système.

Pour modéliser le contexte d'un système, il faut :

- identifier les acteurs qui entourent le système en définissant les groupes qui ont besoin de l'aide du système pour accomplir leurs tâches, ceux qui sont nécessaires pour exécuter les fonctions du système, ceux qui dialoguent avec le matériel ou d'autres systèmes externes et enfin les groupes chargés des fonctions secondaires d'administration et de maintenance ;
- organiser les acteurs semblables selon une hiérarchie de généralisation/spécialisation ;
- dans les cas où cela est nécessaire, attribuer un stéréotype à chaque acteur utile pour garantir une meilleure compréhension ;
- intégrer ces acteurs au diagramme de cas d'utilisation et spécifier les chemins de communication entre chaque acteur et les cas d'utilisation du système.

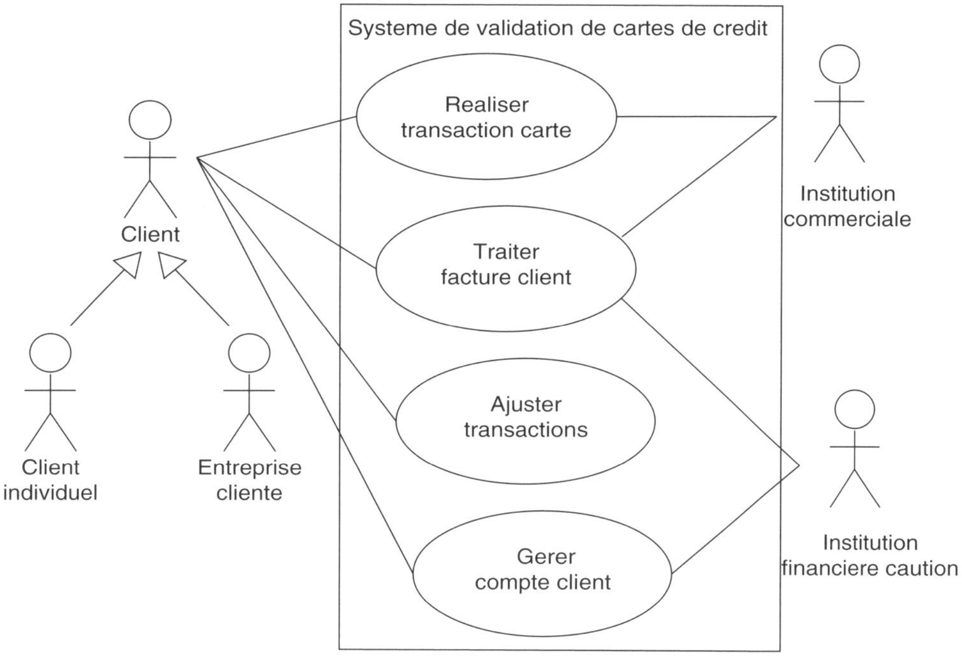

Figure 17-2 : *Modélisation du contexte d'un système*

Par exemple, la figure 17-2 montre le contexte d'un système de validation de cartes de crédit, avec mise en valeur des acteurs qui entourent le système. Il y a deux sortes de `Clients` (`Client individuel` et `Client entreprise`). Ces acteurs représentent les rôles joués par les hommes quand ils dialoguent avec le système. Dans ce contexte, on a aussi les acteurs qui représentent d'autres institutions, telles que l'`Institution commerciale` (avec lesquelles le `Client` opère une transaction par carte bancaire pour acheter un produit ou un service) et l'`Institution financiere caution` (qui sert de chambre de compensation pour le compte de la carte de crédit). Il ne fait aucun doute que, dans la réalité, ces deux derniers acteurs sont eux aussi des systèmes à forte composante logicielle.

Les sous-systèmes sont traités au chapitre 31.

On applique la même technique pour modéliser le contexte d'un sous-système. Un système à un seul niveau d'abstraction est souvent un sous-système qui appartient à un plus grand système dont le niveau d'abstraction est plus élevé. La modélisation du contexte d'un sous-système est donc utile lorsqu'on construit des systèmes de systèmes interconnectés.

Modélisation des exigences d'un système

Une exigence est une caractéristique de conception, une propriété ou un comportement d'un système. Lorsqu'on met en place les exigences d'un système, on définit les termes d'un contrat, entre les éléments qui existent en dehors du système et le système lui-même, contrat dans lequel on précise ce que l'on attend du système. En règle générale, on ne cherche pas à savoir comment le système agit, mais on veut s'assurer *qu'il agit*. Un système qui se comporte correctement exécutera toutes ses fonctions fidèlement, de manière sûre et prévisible. Quand on construit un système, il est important de bien définir ce que l'on attend de lui, même si la compréhension des exigences évolue au fur et à mesure qu'on l'implémente de manière itérative et incrémentale. De même, quand on doit utiliser un système, il est indispensable de savoir comment il se comporte si l'on veut être capable de bien l'utiliser.

Les notes peuvent servir à mettre les exigences en place (voir chapitre 6).

Les exigences peuvent être exprimés sous plusieurs formes, depuis le texte non structuré jusqu'aux expressions en langage formel, en passant par tout ce qui peut exister entre les deux. La plus grande partie des exigences fonctionnelles d'un système, pour ne pas dire l'intégralité, peut être exprimée sous forme de cas d'utilisation, et les diagrammes de cas d'utilisation d'UML sont essentiels à la gestion de ces exigences.

Pour modéliser les exigences d'un système, il faut :

- définir le contexte du système en identifiant les acteurs qui l'entourent ;
- pour l'ensemble des acteurs, tenir compte du comportement que chacun attend ou exige du système ;
- nommer ces comportements communs comme des cas d'utilisation ;

- factoriser un comportement commun dans de nouveaux cas d'utilisation utilisés par les autres et factoriser les variations de comportement dans de nouveaux cas d'utilisation qui étendent les flots d'interaction principaux ;
- modéliser les cas d'utilisation, les acteurs et leurs relations dans un diagramme de cas d'utilisation ;
- décorer ces cas d'utilisation avec des notes qui font valoir des exigences non fonctionnelles. Certaines de ces notes s'appliquent au système entier.

La figure 17-3 développe le diagramme de cas d'utilisation précédent. Bien que la représentation graphique ait été allégée, suite à la suppression des relations entre les acteurs et les cas d'utilisation, des cas d'utilisation, qui sont en quelque sorte invisibles pour le client moyen, mais essentiels au comportement du système, ont été ajoutés. Ce diagramme est utile car il offre un point de départ commun pour que les utilisateurs finals, les experts du domaine et les développeurs puissent visualiser, spécifier, construire et documenter leurs décisions relatives aux exigences fonctionnelles du système.

Par exemple, `Detecter fraude sur carte` est un comportement important à la fois pour l'`Institution commerciale` et pour l'`Institution financiere caution`. De même, dans ce contexte, `Reporter etat du compte` est un autre comportement demandé au système par les diverses institutions.

La reconfiguration du réseau et la modélisation de la dynamique d'équilibrage des charges sont traitées au chapitre 23.

Le besoin modélisé par le cas d'utilisation `Gerer interruption du reseau` est un peu différent des autres car il représente un comportement secondaire du système, indispensable pour que le système fonctionne de manière fiable et ininterrompue.

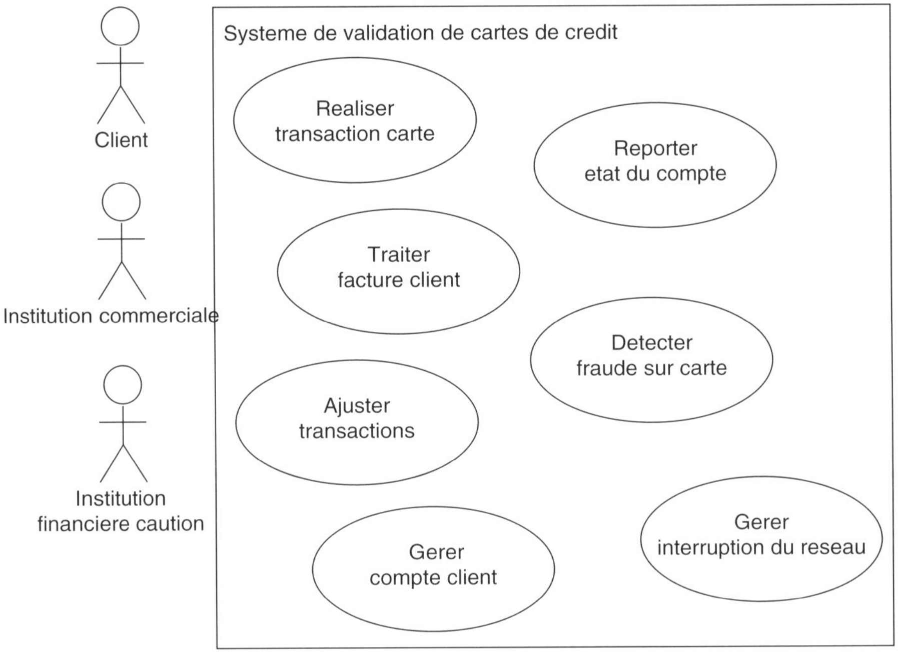

Figure 17-3 : *Modélisation des exigences d'un système*

Les sous-systèmes sont traités au chapitre 31.

La même technique s'applique pour la modélisation des exigences d'un sous-système.

Ingénierie vers l'aval et rétro-ingénierie

Les diagrammes sont traités au chapitre 7, les cas d'utilisation au chapitre 16.

La plupart des autres diagrammes d'UML, comme les diagrammes de classes, de composants, et les diagrammes d'états-transitions sont des candidats évidents pour l'ingénierie vers l'aval et la rétro-ingénierie car ils ont chacun leur pendant dans le système exécutable. Les diagrammes de cas d'utilisation sont un peu différents dans le sens où ils reflètent plutôt qu'ils ne spécifient l'implémentation d'un système, d'un sous-système ou d'une classe. Les cas d'utilisation décrivent comment se comporte un élément et non la façon dont un comportement est implémenté. Ils ne peuvent donc pas bénéficier directement de l'ingénierie vers l'aval ni de la rétro-ingénierie.

L'ingénierie vers l'aval est le processus de transformation d'un modèle en code par un mapping avec un langage d'implémentation. Elle peut être appliquée à un diagramme de cas d'utilisation pour former des tests pour les éléments concernés par ce cas. Dans un diagramme de cas d'utilisation, chaque cas d'utilisation précise un flot d'événements (ainsi que les variantes de ces flots) et ces flots spécifient la façon dont l'élément doit se comporter — ce qui mérite d'être testé. Un cas d'utilisation bien structuré spécifiera même les postconditions et préconditions qui peuvent servir à définir l'état initial d'un test et ses critères de réussite. Pour tous les cas d'utilisation contenus dans un diagramme de cas d'utilisation, on peut créer un cas de test que l'on exécutera avant la sortie de toute nouvelle version d'un élément. Cela permet de confirmer que tout fonctionne comme prévu avant que d'autres éléments ne dépendent de lui.

Pour appliquer l'ingénierie vers l'aval à un diagramme de cas d'utilisation, il faut :

- identifier le flot d'événements principal et les flots d'événements exceptionnels pour chaque cas d'utilisation dans le diagramme ;
- générer un script de test pour chaque flot, en fonction du niveau de test souhaité, en utilisant les préconditions du flot comme état initial du test et les postconditions comme critères de réussite ;
- si nécessaire, générer un échafaudage de tests afin de représenter tous les acteurs qui dialoguent avec le cas d'utilisation. Les acteurs qui donnent une information à l'élément ou sur qui l'élément agit peuvent être soit simulés, soit remplacés par leur équivalent dans la réalité ;
- utiliser des outils pour exécuter ces tests à chaque fois que l'on publie une nouvelle version de l'élément auquel le diagramme de cas d'utilisation s'applique.

La *rétro-ingénierie* est le processus de transformation du code en un modèle par un mapping à partir d'un langage d'implémentation spécifique. L'application automatique de la rétro-ingénierie à un diagramme de cas d'utilisation dépasse largement le savoir-faire actuel, parce qu'il y a une perte d'information lors du passage de la spécification du comportement d'un élément à la réalisation de ce comportement. On peut cependant étudier un système existant et déduire manuellement son comportement avant de le transcrire sous forme de diagramme de cas d'utilisation. En effet, cela est à peu près ce qu'il faut faire à chaque fois que l'on reçoit un corps de logiciel non documenté. Les diagrammes de cas d'utilisation d'UML fournissent tout simplement un langage standard et expressif qui permet de transcrire ce que l'on découvre.

Pour appliquer la rétro-ingénierie à un diagramme de cas d'utilisation, il faut :

- identifier tous les acteurs qui dialoguent avec le système ;
- considérer la façon dont chaque acteur dialogue avec le système, modifie l'état du système ou de son environnement ou répond à un événement ;

- retrouver le flot d'événements relatif à chaque acteur dans le système exécutable. On commence par les flots principaux pour s'occuper ensuite des chemins alternatifs ;
- regrouper les flots en relation en déclarant un cas d'utilisation correspondant. Prendre en considération la modélisation de variantes en utilisant des relations d'extension et la modélisation des flots communs en appliquant les relations d'inclusion ;
- représenter ces acteurs et cas d'utilisation dans un diagramme de cas d'utilisation et établir leurs relations.

Trucs et astuces

Lorsqu'on crée un diagramme de cas d'utilisation en UML, il ne faut pas oublier que chaque diagramme n'est que la présentation graphique de la vue statique des cas d'utilisation d'un système. Cela signifie qu'aucun diagramme de cas d'utilisation n'a besoin de saisir tout ce qui concerne la vue des cas d'utilisation d'un système. Pris tous ensemble, les diagrammes de cas d'utilisation d'un système représentent la totalité de la vue statique des cas d'utilisation de ce système, alors qu'individuellement, chacun en représente un seul et unique aspect.

Un diagramme de cas d'utilisation bien structuré :

- se concentre sur un aspect de la vue statique des cas d'utilisation d'un système ;
- contient uniquement les cas d'utilisation et les acteurs indispensables à la compréhension de cet aspect ;
- fournit des détails cohérents avec son niveau d'abstraction. On ne doit choisir que les décorations (telles que les points d'extension) indispensables à la compréhension ;
- compte suffisamment d'informations pour que le lecteur comprenne des points sémantiques importants.

Lorsqu'on représente un diagramme de cas d'utilisation, il faut :

- lui donner un nom qui précise son but ;
- disposer les éléments en évitant que les lignes se croisent ;
- organiser les éléments dans l'espace de façon que les comportements et les rôles qui sont proches sémantiquement le soient aussi physiquement ;
- utiliser des notes et des couleurs comme repères visuels pour attirer l'attention sur les caractéristiques importantes du diagramme ;

- essayer de ne pas faire apparaître trop de sortes de relations. En général, si l'on a des relations d'inclusion et d'extension compliquées, on reporte ces éléments dans un autre diagramme.

UNIFIED
MODELING
LANGUAGE

Chapitre 18

DIAGRAMMES D'INTERACTION

Dans ce chapitre :

- Modélisation des flots de contrôle par ordre chronologique
- Modélisation des flots de contrôle par organisation
- Ingénierie vers l'aval et rétro-ingénierie

Les diagrammes d'activités, les diagrammes d'états-transistions et les diagrammes de cas d'utilisation sont trois autres sortes de diagrammes utilisés en UML pour la modélisation des aspects dynamiques des systèmes. Les diagrammes d'activités sont traités au chapitre 19, les diagrammes d'états-transistions au chapitre 24, les diagrammes de cas d'utilisation au chapitre 17.

Les diagrammes de séquence et les diagrammes de collaboration – qui sont tous des diagrammes d'interaction – sont deux des cinq diagrammes utilisés en UML pour modéliser les aspects dynamiques des systèmes. Un diagramme d'interaction représente une interaction, c'est-à-dire un ensemble d'objets et leurs relations, ainsi que les messages qui peuvent circuler entre eux. Un diagramme de séquence est un diagramme d'interaction qui insiste sur le classement des messages par ordre chronologique, alors qu'un diagramme de collaboration est un diagramme d'interaction qui met l'accent sur l'organisation structurelle des objets qui envoient et reçoivent des messages.

Les diagrammes d'interaction servent à modéliser les aspects dynamiques d'un système. Pour l'essentiel, cela implique la modélisation des instances concrètes ou prototypes de classes, d'interfaces, de composants, et de nœuds, ainsi que celle des messages qui sont échangés entre eux, le tout dans le contexte d'un scénario qui illustre un comportement. Les diagrammes d'interaction peuvent exister seuls pour visualiser, spécifier, construire et documenter la dynamique d'une société d'objets particulière ou être utilisés pour modéliser un flot de contrôle spécifique d'un cas d'utilisation.

Les diagrammes d'interaction sont importants non seulement pour la modélisation des aspects dynamiques d'un système, mais aussi pour la construction de systèmes exécutables grâce à l'ingénierie vers l'aval et la rétro-ingénierie.

Premiers pas

Lorsqu'on regarde un film au cinéma ou à la télévision, notre cerveau nous joue un tour. En effet, au lieu de voir un mouvement continu, comme on le verrait dans la réalité, on voit une série d'images statiques qui défilent suffisamment vite pour donner l'illusion d'un mouvement continu.

Lorsque les réalisateurs et les animateurs conçoivent le plan d'un film, ils utilisent cette technique mais de façon moins précise. En créant un storyboard des principales images, ils construisent un modèle de chaque scène, qui contient suffisamment de détails pour communiquer l'essence du sujet à toutes les personnes de l'équipe de production. En fait, la création de ce story-board est une des principales activités du processus de production, car elle permet à l'équipe de visualiser, préciser, construire et documenter un modèle du film au fur et à mesure qu'il évolue, de la genèse à la construction puis au déploiement.

La modélisation des aspects structurels d'un système est traitée dans les parties 2 et 3.

La modélisation de systèmes à forte composante logicielle pose le même genre de problème : comment modéliser les aspects dynamiques ? Imaginons un instant comment on peut visualiser un système en exécution. Si un débogueur interactif est lié au système, on peut regarder une partie de la mémoire et observer la manière dont son contenu change dans le temps. En se rapprochant un peu plus, on peut même suivre de près plusieurs objets qui présentent un intérêt particulier. Petit à petit, on constate la création de certains objets, les changements de valeur de leurs attributs et enfin la destruction de certains d'entre eux.

L'intérêt de visualiser ainsi les aspects dynamiques d'un système est plutôt limité, surtout s'il s'agit d'un système réparti avec des flots de contrôle concurrents multiples. On pourrait essayer de comprendre le système de la circulation sanguine chez l'homme de la même manière, en regardant le sang passer à un endroit précis dans une artère. Construire des storyboards de scénarios qui montrent l'interaction de certains objets intéressants ainsi que les messages qui circulent entre eux est un bien meilleur moyen pour modéliser les aspects dynamiques d'un système.

En UML, on modélise ces storyboards en utilisant des diagrammes d'interaction. Comme le montre la figure 18-1, on peut construire ces storyboards de deux façons : en mettant en évidence le classement des messages par ordre chronologique ou en mettant l'accent sur les relations structurelles entre les objets en interaction. Dans les deux cas, les diagrammes sont équivalents du point de vue sémantique et peuvent être convertis sans perte d'information.

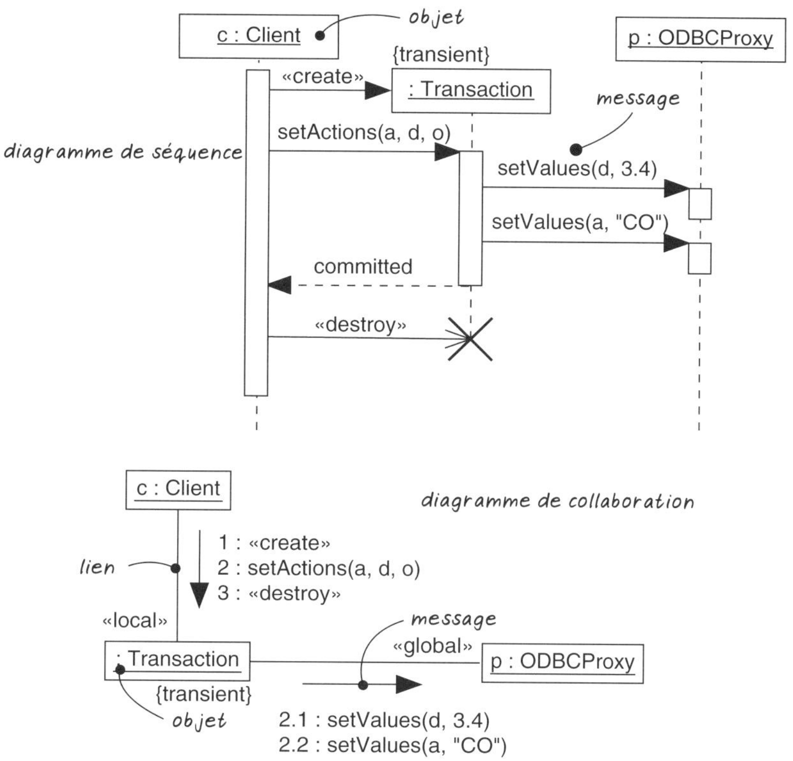

Figure 18-1 : *Diagrammes d'interaction*

Termes et concepts

Un *diagramme d'interaction* montre une interaction, c'est-à-dire un ensemble d'objets et leurs relations, ainsi que les messages qui peuvent circuler entre eux. Un *diagramme de séquence* est un diagramme d'interaction qui met l'accent sur le classement des messages par ordre chronologique. Un diagramme de séquence est un tableau dans lequel les objets sont rangés le long de l'axe des abscisses et les messages, par ordre croissant d'apparition, le long de l'axe des ordonnées. Un *diagramme de collaboration* est un diagramme d'interaction qui met en évidence l'organisation structurelle des objets qui envoient et reçoivent des messages. Un diagramme de collaboration est un ensemble de sommets et d'arcs.

Propriétés communes

Les propriétés générales des diagrammes sont traitées au chapitre 7.

Un diagramme d'interaction est un diagramme un peu particulier qui a néanmoins les mêmes propriétés que tous les autres diagrammes, à savoir un nom et un contenu graphique qui consiste en une projection dans un modèle. Un diagramme d'interaction se distingue des autres diagrammes par son contenu spécifique.

Contenus

Les objets sont traités au chapitre 13, les liens aux chapitres 14 et 15, les messages et les interactions au chapitre 15.

En règle générale, les diagrammes d'interaction contiennent :

- des objets,
- des liens,
- des messages.

Remarque : Un diagramme d'interaction est essentiellement une projection des éléments que l'on trouve dans une interaction. La sémantique du contexte, des objets et des rôles, des liens, des messages et du séquencement d'une interaction s'applique au diagramme d'interaction.

Comme tous les autres diagrammes, les diagrammes d'interaction peuvent également contenir des notes et des contraintes.

Diagrammes de séquence

Un diagramme de séquence met en évidence le classement des messages par ordre chronologique. Comme le montre la figure 18-2, on forme un diagramme de séquence en plaçant d'abord les objets qui participent à l'interaction en haut du diagramme, le long de l'axe des abscisses. En règle générale, on place l'objet qui débute l'interaction à gauche, puis on continue en progressant vers la droite, les objets les plus subordonnés étant tout à fait à droite. On place ensuite les messages envoyés et reçus par ces objets le long de l'axe des ordonnées, par ordre chronologique, du haut vers le bas. Cela donne au lecteur une indication visuelle claire du flot de contrôle dans le temps.

Deux caractéristiques distinguent les diagrammes de séquence des diagrammes de collaboration.

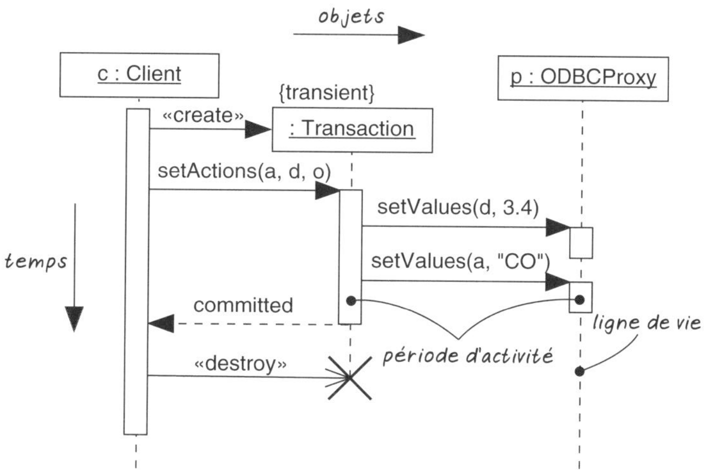

Figure 18-2 : *Diagramme de séquence*

On peut préciser l'existence d'un objet ou d'un lien en le marquant avec une contrainte `new`, `destroy` *ou* `transient` *(voir chapitre 15). La représentation des changements des valeurs, de l'état et des rôles des objets est traitée au chapitre 13.*

Premièrement, la ligne de vie de l'objet. La ligne de vie d'un objet est la ligne verticale en pointillés qui représente l'existence d'un objet sur une période de temps. La plupart des objets qui apparaissent dans le diagramme d'interaction existeront pendant toute la durée de l'interaction, ils sont donc tous alignés en haut du diagramme, leur ligne de vie allant du haut du diagramme vers le bas. Des objets peuvent être créés pendant l'interaction. Leur ligne de vie commence à la réception du message dont le stéréotype est `create`. Des objets peuvent être détruits pendant l'interaction. Leur ligne de vie se termine à la réception du message dont le stéréotype est `destroy` (ils sont alors marqués d'un grand X qui symbolise leur fin de vie).

Remarque : Si un objet change la valeur de ses attributs, de son état ou de ses rôles, on peut placer une copie de l'icone de l'objet sur sa ligne de vie à l'endroit où le changement se produit, afin de signaler ces modifications.

Deuxièmement, la période d'activité est une bande rectangulaire qui montre la durée pendant laquelle un objet accomplit une action, soit directement, soit par une procédure subordonnée. Le haut du rectangle est aligné avec le début de l'action et le bas avec sa fin (et peut être marqué par un message de retour). On peut représenter l'emboîtement d'une période d'activité (dû à une récursion, un appel à une opération interne ou à un rappel par un autre objet) en accolant une autre période d'activité légèrement à droite de son parent (ceci peut se faire selon une profondeur arbitraire). Si l'on veut être très précis sur l'emplacement de la période d'activité, on peut également noircir la zone du rectangle qui indique la période pendant laquelle la méthode de l'objet est exécutée (c'est-à-dire que le contrôle n'est pas encore passé à un autre objet).

Remarque : Contrairement au diagramme de séquence, dans un diagramme de collaboration on ne représente pas explicitement la ligne de vie d'un objet, bien que l'on puisse représenter à la fois les messages `create` et `destroy`. De plus, dans un diagramme de collaboration on ne représente pas explicitement la période d'activité, même si le numéro de séquence de chaque message peut indiquer l'emboîtement.

Diagrammes de collaboration

Un diagramme de collaboration met en évidence l'organisation des objets qui participent à une interaction. Comme le montre la figure 18-3, on forme un diagramme de collaboration en représentant d'abord les objets qui participent à l'interaction par des sommets. Ensuite, on représente les liens qui relient ces objets par les arcs de ce graphique. Enfin, on décore ces liens avec les messages que les objets envoient et reçoivent ; le lecteur a ainsi une indication claire du flot de contrôle dans le contexte de l'organisation structurelle des objets qui collaborent.

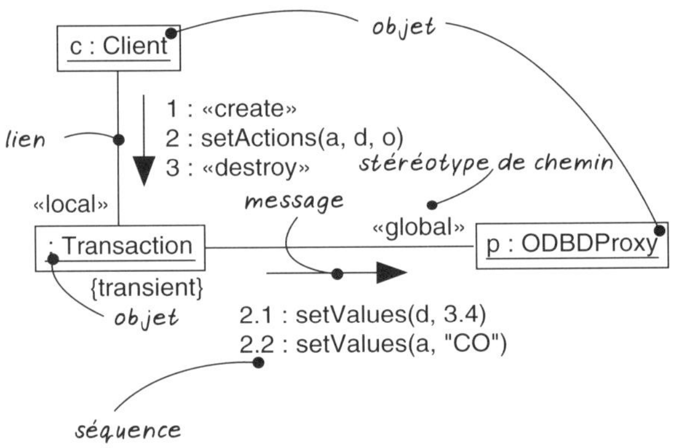

Figure 18-3 : *Diagramme de collaboration*

Deux caractéristiques distinguent les diagrammes de collaboration des diagrammes de séquence.

Premièrement, le chemin. Pour indiquer comment un objet est lié à un autre, on peut attacher un stéréotype de chemin à l'autre extrémité du lien («`local`», par exemple, qui indique que l'objet désigné est local pour l'expéditeur). En règle générale, on aura juste besoin de représenter le chemin d'un lien de manière explicite pour les chemins `local`, `parameter`, `global` et `self` (mais pas pour le chemin `association`).

On peut utiliser une forme avancée de numéros de séquence pour distinguer les flots de contrôle concurrents (voir au chapitre 22). Les stéréotypes de chemin sont traités au chapitre 17. Il est possible de spécifier plus facilement le branchement conditionnel et les boucles complexes dans les diagrammes d'activités (voir au chapitre 19).

Deuxièmement, le numéro de séquence. Pour indiquer le classement chronologique d'un message, on fait précéder le message d'un chiffre (en commençant par `1`) qui change à chaque message dans le flot de contrôle (`2`, `3`, etc.). Pour représenter l'emboîtement on utilise la numérotation décimale pointée (`1` est le premier message ; `1.1` est le premier message emboîté dans le message `1` ; `1.2` est le second message emboîté dans le message `1` ; etc.). Il est possible de représenter l'arborescence jusqu'à une profondeur arbitraire. Il convient de noter également que, le long du même lien, on peut montrer plusieurs messages (qui peuvent avoir été envoyés dans une direction ou dans l'autre) et que chacun d'eux aura un numéro de séquence unique.

La plupart du temps, on modélise des flots de contrôle directs et séquentiels. Cependant, il est possible de modéliser également des flots plus complexes, qui impliquent une itération et un branchement conditionnel. Une itération représente une séquence répétée de messages. Pour modéliser une itération, on préfixe le numéro de séquence d'un message avec une expression d'itération telle que `*[i := 1..n]` (ou simplement `*` pour indiquer une itération sans en préciser les détails). Une itération indique que le message (et tous les messages qu'il contient) sera répété suivant l'expression donnée. De même, une condition représente un message dont l'exécution est subordonnée à l'évaluation d'une expression booléenne. Pour modéliser une condition, on fait précéder le numéro de séquence d'un message par une clause de condition, telle que `[x > 0]`. Les différentes branches auront le même numéro de séquence mais doivent pouvoir être distinguées de façon unique par une condition exclusive.

Pour l'itération et le branchement conditionnel, UML ne prescrit pas le format de l'expression entre crochets. On peut donc utiliser aussi bien un pseudo-code que la syntaxe d'un langage de programmation spécifique.

Remarque : Dans un diagramme de séquence, on ne représente pas les liens entre les objets de manière explicite, tout comme on ne fait pas apparaître de manière explicite le numéro de séquence d'un message dans un diagramme de séquence car il est déduit implicitement par l'ordre physique des messages, de haut en bas du diagramme. Il est cependant possible de montrer l'itération et le branchement conditionnel. Dans un diagramme de séquence, les autres branches sont représentées par des messages distincts qui partent du même point. En pratique, dans les diagrammes de séquence, on peut ne représenter qu'un branchement conditionnel simple tandis qu'un branchement conditionnel plus complexe pourra figurer dans les diagrammes de collaboration.

Équivalence sémantique

Parce qu'ils dérivent tous deux de la même information dans le métamodèle d'UML, les diagrammes de séquence et de collaboration sont équivalents du point de vue sémantique. Par conséquent, il est possible de prendre un diagramme sous une forme et de le convertir sous l'autre forme sans aucune perte d'information, comme on peut le voir dans les deux figures ci-dessus, qui sont équivalentes du point de vue sémantique. Cependant, cela ne veut pas dire que les deux diagrammes représenteront les mêmes informations de manière explicite. Par exemple, dans les deux figures précédentes, le diagramme de collaboration montre comment les objets sont liés (on remarque les stéréotypes «local» et «global»), alors que le diagramme de séquence correspondant ne les montre pas. De même, le message retour apparaît dans le diagramme de séquence (on remarque la valeur retour committed – dont le sens est " effectuée " en français), mais pas dans le diagramme de collaboration correspondant. Dans les deux cas, les deux diagrammes ont le même modèle sous-jacent, mais chacun fait apparaître des éléments que l'autre ne montre pas.

Utilisation courante

Les cinq vues d'une architecture sont traitées au chapitre 2, les instances au chapitre 13, les classes aux chapitres 4 et 9, les classes actives au chapitre 22, les interfaces au chapitre 11, les composants au chapitre 25, les nœuds au chapitre 26, les systèmes et les sous-systèmes au chapitre 31, les opérations aux chapitres 4 et 9, les cas d'utilisation au chapitre 16 et les collaborations au chapitre 27.

On utilise les diagrammes d'interaction pour modéliser les aspects dynamiques d'un système. Ces aspects dynamiques peuvent impliquer l'interaction de plusieurs sortes d'instances dans une vue quelconque de l'architecture d'un système, y compris les instances de classes (dont les classes actives), d'interfaces, de composants et de nœuds.

Lorsqu'on utilise un diagramme d'interaction pour modéliser certains aspects dynamiques d'un système, il faut le faire dans le contexte d'un système pris dans son ensemble, d'un sous-système, d'une opération ou d'une classe. Il est également possible de joindre des diagrammes d'interaction aux cas d'utilisation (pour modéliser un scénario) et aux collaborations (pour modéliser les aspects dynamiques d'une société d'objets).

Lors de la modélisation des aspects dynamiques d'un système, on utilise en général un diagramme d'interaction de deux manières différentes :

1.- pour modéliser le flot de contrôle par ordre chronologique.

Dans ce cas on utilisera les diagrammes de séquence. La modélisation d'un flot de contrôle par ordre chronologique met en évidence la transmission des messages à mesure qu'ils se déroulent dans le temps, ce qui est un moyen particulièrement utile pour visualiser le comportement dynamique d'un scénario de cas d'utilisation. Les diagrammes de séquence permettent de visualiser l'itération simple et le branchement conditionnel simple beaucoup mieux que les diagrammes de collaboration.

2.- pour modéliser les flots de contrôle par organisation.

Dans ce cas, on se servira des diagrammes de collaboration. La modélisation d'un flot de contrôle par organisation fait ressortir, parmi les instances, les relations structurelles qui permettent l'échange de messages. Les diagrammes de collaboration permettent de visualiser l'itération et le branchement conditionnel complexes ainsi que les multiples flots de contrôle concurrents beaucoup mieux que ne le feraient les diagrammes de séquence.

Techniques de modélisation courantes

Modélisation des flots de contrôle par ordre chronologique

Les systèmes et les sous-systèmes sont traités au chapitre 31, les opérations et les classes aux chapitres 4 et 9, les cas d'utilisations au chapitre 16, les collaborations au chapitre 27.

Soient les objets qui vivent dans le contexte d'un système, d'un sous-système, d'une opération ou d'une classe. Soient les objets et les rôles qui participent à un cas d'utilisation ou à une collaboration. Pour modéliser un flot de contrôle qui serpente à travers ces objets et ces rôles, on utilise un diagramme d'interaction. Pour mettre en évidence la transmission des messages dans l'ordre d'apparition, on utilise un diagramme de séquence, sorte de diagramme d'interaction.

Pour modéliser un flot de contrôle par ordre chronologique, il faut :

- déterminer le contexte de l'interaction, qu'il s'agisse d'un système, d'un sous-système, d'une opération ou d'une classe ou encore d'un scénario d'un cas d'utilisation ou d'une collaboration ;
- identifier les objets qui jouent un rôle dans l'interaction avant de les disposer sur le diagramme de séquence par ordre d'importance, les objets les plus importants étant à gauche et les autres à droite ;
- déterminer la ligne de vie de chaque objet. Dans la plupart des cas, les objets subsisteront durant toute l'interaction. Déterminer comme il convient la durée de vie des objets créés et détruits au cours de l'interaction et indiquer explicitement leur début et leur fin avec les messages stéréotypés qui conviennent ;
- disposer les messages, en commençant par le message qui débute l'interaction, du haut vers le bas entre les lignes de vie, en faisant apparaître les propriétés de chacun d'eux (telles que leurs paramètres), de façon à expliquer la sémantique de l'interaction ;

- s'il s'avère nécessaire de visualiser l'emboîtement des messages ou les points dans le temps pendant que le calcul s'effectue, il faut alors décorer la ligne de vie de chaque objet avec sa période d'activité ;

Les identifications temporelles sont traitées au chapitre 23, les préconditions et les postconditions au chapitre 4, les paquetages au chapitre 12.

- si l'on a besoin de spécifier les contraintes de temps et d'espace, il faut décorer chaque message avec une identification temporelle et y joindre les contraintes de temps et d'espace qui conviennent ;
- pour préciser ce flot de contrôle de façon plus formelle, il suffit d'attacher des préconditions et des postconditions à chaque message.

Un seul diagramme de séquence ne peut montrer qu'un seul flot de contrôle (même si l'on peut faire apparaître des variations simples en utilisant la notation UML pour l'itération et le branchement conditionnel). En règle générale, il y a un certain nombre de diagrammes d'interaction parmi lesquels certains sont fondamentaux alors que d'autres font apparaître des variantes ou des conditions exceptionnelles. On peut utiliser des paquetages pour organiser ces ensembles de diagramme de séquence, en donnant à chaque diagramme un nom qui permette de le différencier de ses pairs.

Les signaux sont traités au chapitre 20, les identifications temporelles temporelles au chapitre 23, les contraintes au chapitre 6, les responsabilités au chapitre 4, les notes au chapitre 6.

Par exemple, la figure 18-4 montre un diagramme de séquence qui précise le flot de contrôle induit par une simple communication téléphonique entre deux personnes. À ce niveau d'abstraction, quatre objets sont impliqués : deux `Interlocuteurs` (`s` et `r`), un `Commutateur` de téléphone (non nommé) et `c`, c'est-à-dire la réification de la `Conversation` entre les deux parties. La séquence commence avec un `Interlocuteur (s)` qui envoie un signal (`decrocherCombine`) à l'objet `Commutateur`. À son tour, le `Commutateur` envoie `emettreTonalite` à l'`Interlocuteur` et l'`Interlocuteur` itère (pour chaque chiffre) sur le message `Numeroter`. On peut remarquer que ce message a une identification temporelle (`composer`) qui est utilisée dans une contrainte temporelle (son `tempsExecution` doit être inférieur à 30 secondes). Ce diagramme ne donne pas de précision sur ce qui se produit si cette contrainte de temps n'est pas respectée. Pour cela, on pourrait inclure une branche ou un nouveau diagramme de séquence. L'objet `Commutateur` se transmet (à lui-même) le message `dirigerAppel`. Il crée ensuite un objet `Conversation (c)`, à qui il délègue le reste du travail. Bien que ceci n'apparaisse pas dans cette interaction, `c` a en plus la responsabilité d'être une partie du mécanisme de facturation du commutateur (ce que l'on pourrait exprimer dans un autre diagramme d'interaction). L'objet `Conversation (c)` sonne chez l'`Interlocuteur (r)`, qui envoie plus tard de manière asynchrone le message `decrocherCombine`. L'objet `Conversation` ordonne ensuite au `Commutateur` de `connecter` l'appel, puis dit aux deux objets `Interlocuteur` de se `connecter`, après quoi ils peuvent échanger des informations, comme cela est indiqué dans la note du diagramme.

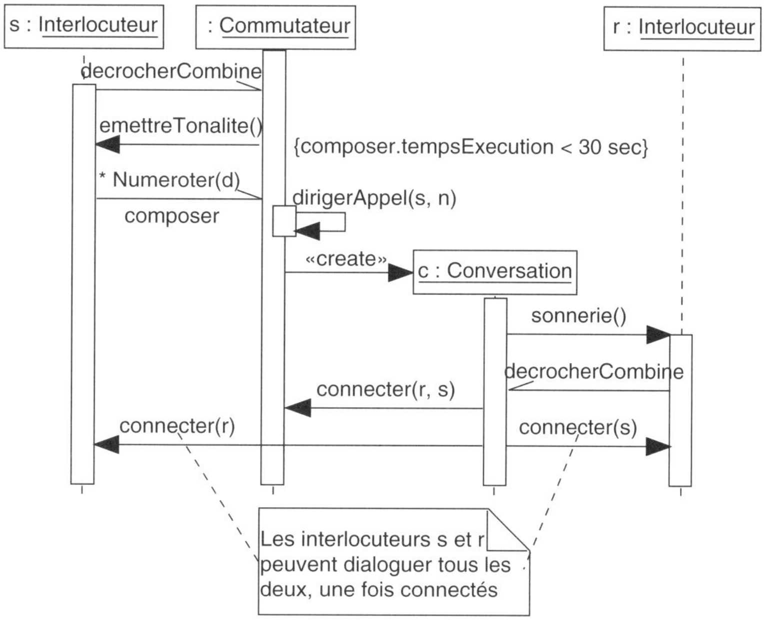

Figure 18-4 : *Modélisation des flots de contrôle par ordre chronologique*

Remarque : Dans les diagrammes de séquence, on peut souhaiter modéliser le changement des valeurs d'état, de rôle ou d'attributs d'un objet, ce qui peut être fait de deux manières. Tout d'abord, l'objet peut apparaître à de nombreuses reprises dans le diagramme, avec un état, un rôle ou des valeurs d'attributs qui sont à chaque fois différentes. On utilise alors une transition dont le stéréotype est `become` pour indiquer son changement. Deuxièmement, lors d'un changement d'état, on peut placer une icone d'état directement sur la ligne de vie de l'objet.

Un diagramme d'interaction peut commencer ou se terminer à n'importe quel point de la séquence. Une trace complète du flot de contrôle serait extrêmement complexe, il est donc plus raisonnable de couper certaines parties d'un grand flot et de les représenter dans des diagrammes à part.

Modélisation des flots de contrôle par organisation

Les systèmes et les sous-systèmes sont traités au chapitre 31, les opérations et les classes aux chapitres 4 et 9, les cas d'utilisation au chapitre 16, les collaborations au chapitre 27.

Soient les objets qui existent dans le contexte d'un système, d'un sous-système, d'une opération ou d'une classe. Soient les objets et les rôles qui participent à un cas d'utilisation ou à une collaboration. Pour modéliser un flot de contrôle qui serpente à travers ces objets et ces rôles, on utilise un diagramme d'interaction. Pour représenter la transmission des messages dans le contexte de cette structure, on utilise un diagramme de collaboration, sorte de diagramme d'interaction.

Pour modéliser un flot de contrôle par organisation, il faut :

- déterminer le contexte de l'interaction, qu'il s'agisse d'un système, d'un sous-système, d'une opération ou d'une classe, ou encore d'un scénario d'un cas d'utilisation ou d'une collaboration.
- identifier quels objets jouent un rôle dans l'interaction avant de les placer sur le diagramme de collaboration, les objets les plus importants au centre du diagramme et les autres à l'extérieur.

Les relations de dépendance sont traitées aux chapitres 5 et 10, `become` et `copy` au chapitre 13, les stéréotypes de chemin au chapitre 15.

- déterminer les propriétés initiales de chacun de ces objets. Si les valeurs d'attributs, les étiquettes, l'état ou le rôle d'un objet changent de façon significative lors de l'interaction, il est nécessaire de placer un objet dupliqué sur le diagramme, de mettre ces nouvelles valeurs à jour et de les connecter par un message dont le stéréotype est `become` ou `copy` (avec un numéro de séquence adapté).
- définir, entre ces objets, les liens qui permettent la transmission des messages
  - commencer par établir les liens d'association qui sont les plus importants car ils représentent les connexions structurelles ;
  - ensuite, établir les autres liens et les décorer avec les stéréotypes de chemin qui conviennent (`global` et `local` par exemple) pour préciser de manière explicite comment ces objets sont reliés les uns aux autres.
- attacher chaque message au lien approprié, en commençant par le message qui débute l'interaction et en indiquant son numéro de séquence. Représenter l'emboîtement en utilisant la numérotation décimale pointée.

Les indications de contrainte sont traitées au chapitre 23, les préconditions et les postconditions au chapitre 4, les paquetages au chapitre 12.

- s'il est nécessaire de préciser les contraintes de temps ou d'espace, décorer chaque message avec une identification temporelle et y joindre les contraintes de temps ou d'espace qui conviennent.
- pour spécifier ce flot de contrôle de façon plus formelle, attacher des préconditions et des postconditions à chaque message.

Comme le diagramme de séquence, un diagramme de collaboration ne peut représenter qu'un seul flot de contrôle (même s'il est possible de montrer des variations simples en utilisant la notation UML pour l'itération et le branchement conditionnel). En général, certains des diagrammes d'interaction sont fondamentaux et certains présentent des variantes ou des conditions exceptionnelles. On peut utiliser des paquetages pour organiser ces ensembles de diagrammes de collaborations, en donnant à chaque diagramme un nom qui permette de le différencier de ses pairs.

Par exemple, la figure 18-5 montre un diagramme de collaboration qui précise le flot de contrôle impliqué lors de l'inscription d'un nouvel étudiant dans un collège et met en évidence les relations structurelles entre les cinq objets suivants : un `AgentAuServiceDesInscriptions` (`a`), un `Etudiant` (`e`), deux objets `Cours` (`c1` et `c2`), et un objet `College` (non nommé). Le flot de contrôle est clairement numéroté. L'action commence avec l'`AgentAuServiceDesInscriptions` qui crée un objet `Etudiant` et ajoute cet étudiant dans le collège (message ajouter `Etudiant`), puis dit à l'objet `Etudiant` de s'inscrire. L'objet `Etudiant` demande ensuite (à lui-même) `obtenirEmploiDuTemps`, et obtient probablement les objets `Cours` auxquels il doit s'inscrire. L'objet `Etudiant` s'ajoute à chaque objet `Cours`. Le flot se termine avec `e` qui apparaît de nouveau avec une valeur mise à jour pour l'attribut `enregistre`.

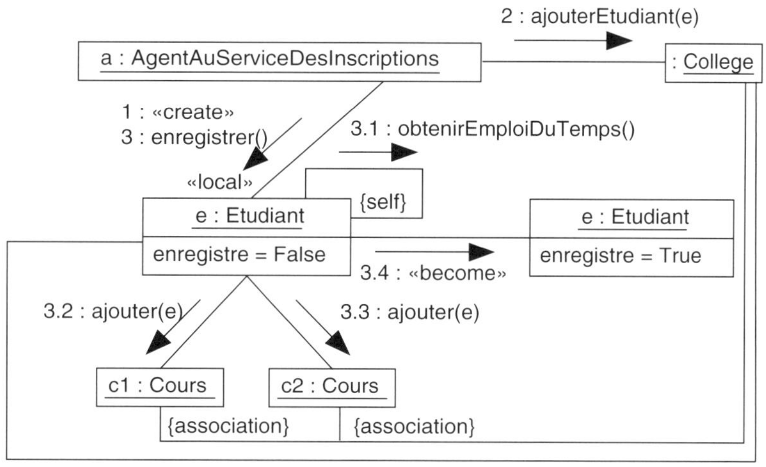

Figure 18-5 : *Modélisation des flots de contrôle par organisation*

Sur ce diagramme un lien entre l'objet `College` et les deux objets `Cours` apparaît, ainsi qu'un lien entre l'objet `College` et l'objet `Etudiant`, alors qu'aucun message n'apparaît le long de ces chemins. Ces liens permettent d'expliquer comment l'objet `Etudiant` peut voir les deux objets `Cours` auxquels il vient s'ajouter. `e`, `c1`, et `c2` sont reliés au `College` par association, afin que `e` puisse trouver `c1` et `c2` lors de l'appel à `obtenirEmploiDuTemps` (qui peut retourner un ensemble d'objets `Cours`), en passant indirectement par l'objet `College`.

Ingénierie vers l'aval et rétro-ingénierie

L'*ingénierie vers l'aval* (c'est-à-dire la création de code à partir d'un modèle) est possible à la fois pour les diagrammes de séquence et les diagrammes de collaboration, surtout si le contexte du diagramme est une opération. Par exemple, en utilisant le diagramme de collaboration précédent, un outil d'ingénierie vers l'aval relativement intelligent permettrait de générer le code Java suivant pour l'opération `enregistrer`, attachée à la classe `Etudiant`.

```
public void enregistrer() {
        EnsembleCours c = obtenirEmploiDuTemps();
        for (int i = 0; i < c.size(); i++)
          c.item(i).ajouter(this);
        this.enregistre = true;
}
```

“ Relativement intelligent ” signifie que l'outil devrait comprendre que `obtenirEmploiDuTemps` renvoie un objet `EnsembleCours`, ce qui pourrait être déterminé en examinant la signature de l'opération. En bouclant sur le contenu de cet objet à l'aide d'une tournure idiomatique d'itération standard (que l'outil connaîtrait de façon implicite), le code pourrait alors être généralisé quel que fût le nombre de cours proposé.

La *rétro-ingénierie* (c'est-à-dire la création d'un modèle à partir de code) est également possible à la fois pour les diagrammes de séquence et pour les diagrammes de collaboration, surtout si le contexte du code est le corps d'une opération. Les segments du diagramme précédent auraient pu être produits par un outil à partir d'une exécution simulée de l'opération `enregistrer`.

Remarque : L'ingénierie vers l'aval est relativement simple alors que la rétro-ingénierie est difficile. S'il est facile d'obtenir beaucoup d'informations à partir d'une simple rétro-ingénierie, il est en revanche beaucoup plus difficile de définir intelligemment les détails à conserver.

Cependant, il existe quelque chose de plus intéressant que la rétro-ingénierie d'un modèle à partir du code : l'animation d'un modèle pendant l'exécution d'un système déployé. Par exemple, si l'on prend le diagramme précédent, un outil pourrait animer les messages dans le diagramme au fur et à mesure de leur déroulement dans le système en exécution. Mieux encore, si cet outil était sous le contrôle d'un débogueur, on pourrait contrôler la vitesse d'exécution, ce qui permettrait peut-être de placer des points d'arrêt pour suspendre l'exécution lorsqu'elle arrive à certains points intéressants, afin d'examiner les valeurs des attributs des objets individuels.

Trucs et astuces

Lorsque l'on crée un diagramme d'interaction en UML, il ne faut pas oublier que les diagrammes de séquence et les diagrammes de collaboration sont tous deux des projections des aspects dynamiques d'un système sur un même modèle. Aucun diagramme d'interaction n'est capable de saisir l'ensemble des aspects dynamiques d'un système. C'est la raison pour laquelle il est préférable d'utiliser un bon nombre de diagrammes d'interaction pour modéliser la dynamique du système dans son ensemble, ainsi que celle des sous-systèmes, des opérations, des classes, des cas d'utilisation et des collaborations.

Un diagramme d'interaction bien structuré :

- est centré sur la communication d'un aspect de la dynamique d'un système ;
- contient uniquement les éléments essentiels à la compréhension de cet aspect ;
- fournit des détails en rapport avec son niveau d'abstraction et représente uniquement les décorations indispensables à une parfaite compréhension ;
- compte suffisamment d'informations pour que le lecteur comprenne la sémantique.

Lorsqu'on représente un diagramme d'interaction, il faut :

- lui donner un nom qui exprime son but ;
- utiliser un diagramme de séquence, si l'on veut mettre en évidence l'ordre chronologique des messages, et utiliser un diagramme de collaboration pour insister sur l'organisation des objets impliqués dans l'interaction ;
- disposer les éléments en évitant que les lignes se croisent ;
- utiliser des repères visuels tels que des notes et des couleurs pour attirer l'attention du lecteur sur les caractéristiques les plus importantes du diagramme ;
- utiliser le branchement conditionnel avec parcimonie. Un branchement conditionnel complexe sera beaucoup mieux représenté par les diagrammes d'activités.

Chapitre 19

DIAGRAMMES D'ACTIVITÉS

Dans ce chapitre :

- Modélisation d'un workflow
- Modélisation d'une opération
- Ingénierie vers l'aval et rétro-ingénierie

Les diagrammes de séquence, les diagrammes de collaboration, les diagrammes d'états-transitions et les diagrammes de cas d'utilisation modélisent également les aspects dynamiques des systèmes. Les diagrammes de séquence et les diagrammes de collaboration sont traités au chapitre 18, les diagrammes d'états-transitions au chapitre 24, les diagrammes de cas d'utilisation au chapitre 17, les actions au chapitre 15.

Le diagramme d'activités fait partie des cinq diagrammes d'UML utilisés pour la modélisation des aspects dynamiques des systèmes. Un diagramme d'activités est principalement un organigramme qui montre le flot de contrôle d'une activité à l'autre.

On utilise les diagrammes d'activités pour modéliser les aspects dynamiques d'un système. Pour l'essentiel, cela implique la modélisation des étapes séquentielles (voire concurrentes) dans un processus de calcul. Un diagramme d'activités permet également de modéliser le flot d'un objet lorsqu'il passe d'un état à l'autre à différents points dans le flot de contrôle. Les diagrammes d'activités peuvent exister de manière indépendante pour visualiser, spécifier, construire et documenter la dynamique d'une société d'objets mais peuvent aussi servir à modéliser le flot de contrôle d'une opération. Alors que les diagrammes d'interaction mettent l'accent sur le flot de contrôle d'un objet à l'autre, les diagrammes d'activités insistent sur le flot de contrôle d'une activité à l'autre. Une activité est une exécution non atomique en cours à l'intérieur d'un automate à états finis. Les activités finissent par produire une action, composée de calculs atomiques exécutables qui aboutissent à un changement dans l'état du système ou au retour d'une valeur.

Les diagrammes d'activités sont importants non seulement pour modéliser les aspects dynamiques d'un système, mais également pour construire des systèmes exécutables grâce à l'ingénierie vers l'aval et à la rétro-ingénierie.

Premiers pas

Prenons par exemple le workflow lié à la construction d'une maison. On commence par choisir un terrain, puis on contacte un architecte pour concevoir la maison. Une fois que les plans sont plus ou moins définitifs, le maître d'œuvre fait une proposition de prix. Lorsqu'on est d'accord sur les plans et le prix, la construction peut commencer. On obtient les permis nécessaires, on creuse le sol, on coule les fondations, on monte la charpente, etc. jusqu'à ce que tout soit terminé. On reçoit alors les clefs, un certificat de conformité et la maison nous appartient.

Même s'il s'agit d'une simplification à l'extrême de ce qui ce passe réellement lors du processus de construction d'une maison, elle permet de saisir le chemin principal du workflow. Dans la réalité, il existe de nombreuses activités parallèles dans des domaines très variés. Ainsi, les électriciens peuvent travailler en même temps que les plombiers et les charpentiers. Dans les deux cas on identifiera des conditions et des branchements. Par exemple, en fonction du résultat des tests sur la consistance du sol, il sera peut-être nécessaire de creuser avec des barres à mines ou une pelle mécanique ou encore de talocher. Il peut même y avoir des boucles. Si au cours d'un contrôle une violation du code de la construction est détectée, il faudra alors tout détruire et recommencer le travail.

Dans l'industrie de la construction, on utilise fréquemment des techniques telles que les diagrammes de Gantt ou les diagrammes de Pert pour visualiser, spécifier, construire et documenter le workflow du projet.

La modélisation des aspects structurels d'un système est traitée dans les parties 2 et 3, les diagrammes d'interaction au chapitre 18.

La modélisation de systèmes à forte composante logicielle pose le même type de problème. Comment modéliser au mieux un workflow ou une opération, qui sont tous deux des aspects dynamiques du système ? La réponse consiste en deux options simples, semblables à l'utilisation des graphiques de Gantt et des graphiques de Pert.

D'une part, il est possible de construire des story-boards de scénarios, qui impliquent l'interaction de certains objets intéressants et des messages qui peuvent circuler entre eux. En UML, on peut modéliser ces storyboards de deux façons : en mettant en évidence le classement par ordre chronologique des messages (en utilisant des diagrammes de séquence) ou en faisant ressortir les relations structurelles entre les objets en interaction (en utilisant les diagrammes de collaboration). Ces diagrammes d'interaction ressemblent aux graphiques de Gantt : ils se concentrent sur les objets (ressources) qui exécutent une activité dans le temps.

Les actions sont traitées au chapitre 15.

D'autre part, on peut modéliser ces aspects dynamiques en utilisant les diagrammes d'activités, qui se concentrent d'abord sur les activités entre les objets, comme le montre la figure 19-1. A cet égard, les diagrammes d'activités ressemblent aux graphiques de Pert. Un diagramme d'activités est essentiellement un organigramme qui met en évidence l'activité qui a lieu dans le temps. On peut considérer un diagramme d'activités comme un diagramme d'interaction qui aurait été inversé. Un diagramme d'interaction s'intéresse aux objets qui transmettent des messages, un diagramme d'activités aux opérations transmises entre les objets. La différence sémantique est subtile, mais cela donne deux visions du monde très différentes.

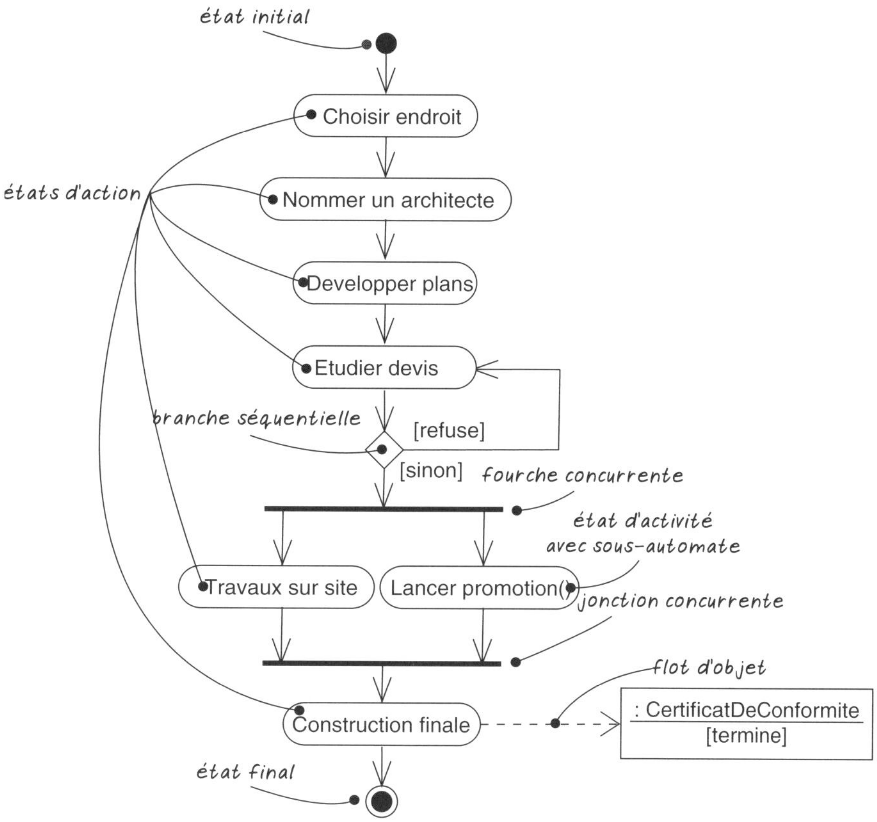

Figure 19-1 : *Diagramme d'activités*

Termes et concepts

Un *diagramme d'activités* représente le flot d'une activité à l'autre. Une *activité* est une exécution non atomique en cours à l'intérieur d'un automate à états finis. Les activités finissent par exécuter une *action*, composée de calculs atomiques exécutables qui aboutissent à un changement de l'état du système ou au retour d'une valeur. Les actions contiennent l'appel d'une autre opération, l'envoi d'un signal, la création ou la destruction d'un objet, ou le simple calcul, tel que l'évaluation d'une expression. Un diagramme d'activités se compose d'un ensemble de sommets et d'arcs.

Propriétés communes

Les propriétés générales des diagrammes sont traitées au chapitre 7.

Un diagramme d'activités est un diagramme un peu particulier qui a néanmoins les mêmes propriétés que tous les autres diagrammes, à savoir un nom et un contenu graphique qui consistent en une projection dans un modèle. Un diagramme d'activités se distingue des autres diagrammes par son contenu spécifique.

Contenu

Les états, les transitions et les automates à états finis sont traités au chapitre 21, les objets au chapitre 13.

En règle générale, les diagrammes d'activités contiennent :

- des états d'activité et des états d'action,
- des transitions,
- des objets.

Remarque : Un diagramme d'activités est essentiellement une projection des éléments que l'on trouve dans un graphe d'activité, un cas particulier d'automate à états finis dans lequel tous les états ou presque sont des états d'activité et dans lequel toutes les transitions ou presque sont déclenchées par l'achèvement des activités dans l'état source. Étant donné qu'un diagramme d'activités est une sorte d'automate à états finis, toutes les caractéristiques des automates à états finis s'appliquent à lui. Cela signifie que les diagrammes d'activités peuvent contenir des états simples et composés, des branches, des fourches et des jonctions.

Comme tous les autres diagrammes, les diagrammes d'activités peuvent également contenir des notes et des contraintes.

États d'action et états d'activité

Les attributs et les opérations sont traités aux chapitres 4 et 9, les signaux au chapitre 20, la création et la destruction d'objets au chapitre 15, les états et les automates à états finis au chapitre 21.

Dans le flot de contrôle modélisé par un diagramme d'activités, certaines choses se produisent. On peut évaluer une expression qui détermine la valeur d'un attribut ou qui envoie une valeur en retour ou encore appeler une opération sur un objet, envoyer un signal à un objet voire créer ou détruire un objet. Ces calculs exécutables atomiques sont appelés états d'action car ce sont des états du système qui représentent chacun l'exécution d'une action. Comme le montre la figure 19-2, un état d'action est représenté sous la forme d'un cartouche (deux lignes horizontales, en haut et en bas, et des côtés arrondis) dans lequel on peut écrire n'importe quelle expression.

Remarque : UML n'impose pas de langage pour ces expressions. En théorie, il est possible d'utiliser simplement un texte structuré. En pratique, on utilise plutôt la syntaxe et la sémantique spécifiques à un langage de programmation donné.

Les états d'action ne peuvent pas être décomposés. De plus, ils sont atomiques, ce qui signifie que des événements peuvent se produire sans que le travail de l'état d'action soit interrompu. Enfin, la durée d'exécution du travail d'un état d'action est considérée comme insignifiante.

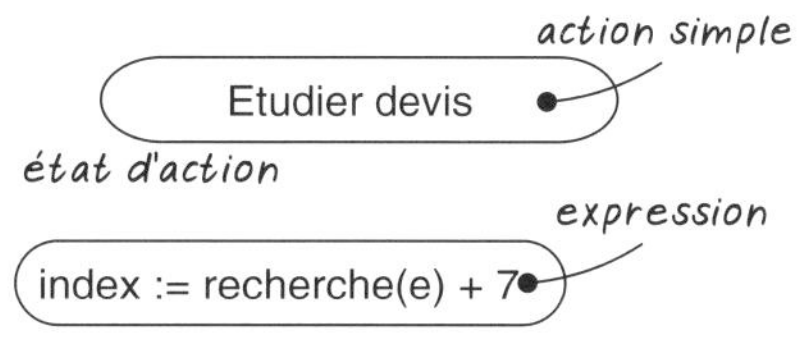

Figure 19-2 : *États d'action*

La modélisation du temps et de l'espace est traitée au chapitre 23.

Remarque : Il est évident que dans la réalité, chaque calcul dure un certain temps et occupe un certain espace. Il est donc important de modéliser ces propriétés, surtout dans le cas des systèmes à fortes contraintes temps réel.

Les automates à états finis, les parties d'un état (dont les actions d'entrée et de sortie) et les sous-automates sont traités au chapitre 21.

En revanche, les états d'activité peuvent être décomposés de façon plus poussée car il est possible de représenter leur activité par d'autres diagrammes d'activité. De plus, les états d'activité ne sont pas atomiques, ce qui signifie qu'ils peuvent être interrompus et qu'en règle générale leur temps d'exécution est relativement long. On peut considérer qu'un état d'action est un cas spécial d'état d'activité. Un état d'action est un état d'activité qui ne peut plus être décomposé. De même, on peut comparer l'état d'activité à un composé dont le flot de contrôle est constitué d'autres états d'activité et d'états d'action. Si l'on entre dans les détails d'un état d'activité, on trouve un autre diagramme d'activité. Comme le montre la figure 19-3, il n'y a pas de différence de notation entre les états d'action et les états d'activité, si ce n'est qu'un état d'activité peut comporter des parties supplémentaires, telles que les actions d'entrée et de sortie (qui sont respectivement impliquées au moment d'entrer dans l'état ou lorsqu'il s'agit d'en sortir) ainsi que les spécifications des sous-automates.

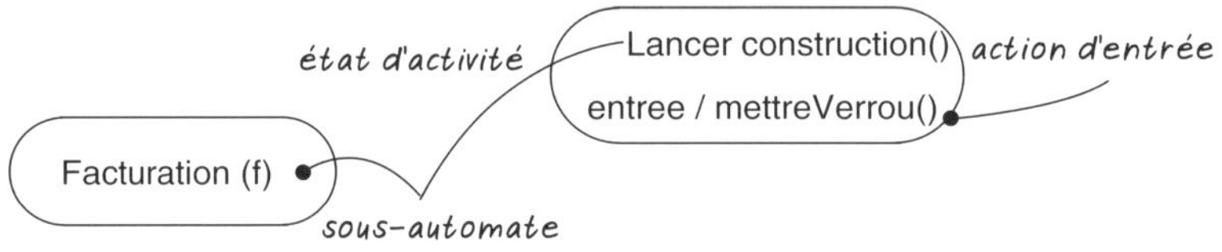

Figure 19-3 : *États d'activité*

Remarque : Les états d'action et les états d'activité sont simplement des sortes d'états dans un automate à états finis. En fait, lorsqu'on entre dans un état d'action ou d'activité, on exécute l'action ou l'activité en question. Lorsqu'on a terminé, le contrôle passe à l'action ou à l'activité suivante. Les états d'activité sont donc une sorte de raccourci. Un état d'activité est sémantiquement équivalent à l'expansion de son graphe d'activités qui se poursuit jusqu'à ce que l'on ne voie plus que les actions. Cependant, les états d'activité sont importants car ils permettent de diviser les calculs les plus complexes en plusieurs parties, de la même façon que les opérations servent à grouper et réutiliser des expressions.

Transitions

Les transitions sont traitées au chapitre 21.

Lorsque l'action ou l'activité d'un état se termine, le flot de contrôle passe immédiatement à l'état d'action ou d'activité suivant. Ce flot est précisé à l'aide des transitions qui permettent d'indiquer le chemin d'un état d'action ou d'activité jusqu'à l'état d'action ou d'activité suivant. Comme le montre la figure 19-4, en UML, une transition est représentée par une simple ligne fléchée.

Les transitions sans déclencheur peuvent avoir des conditions de garde, ce qui signifie que telle transition ne s'effectuera que si une condition définie est remplie. Les conditions de garde sont traitées au chapitre 21.

Remarque : Du point de vue sémantique, on les appelle transitions sans déclencheur ou transitions de terminaison car le contrôle passe immédiatement une fois le travail de l'état source terminé. Dès que l'action d'un état source donné est achevée, on lance (si nécessaire) l'action de sortie de cet état. Le contrôle fait immédiatement suite à la transition et passe à l'état d'action ou d'activités suivant. On déclenche alors (si nécessaire) l'action d'entrée dans cet état, puis on exécute l'action ou l'activité de l'état cible, en enchaînant sur la transition suivante une fois le travail de l'état terminé. Ce flot de contrôle se poursuit indéfiniment dans le cas d'une activité sans fin ou s'arrête si on rencontre un état d'arrêt.

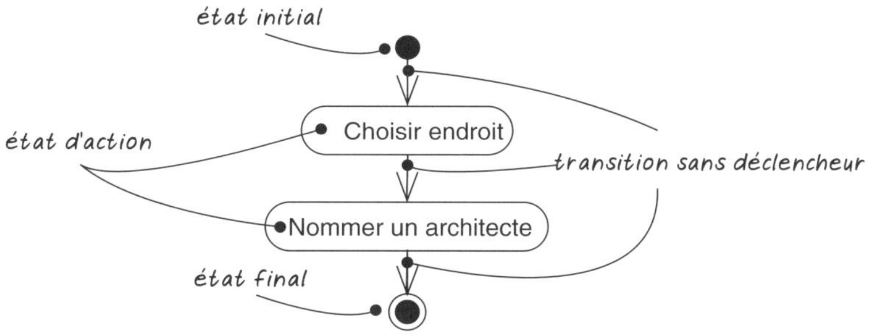

Figure 19-4 : *Transitions sans déclencheur*

En fait, un flot de contrôle doit commencer et finir à un moment donné (à moins bien sûr, qu'il ne s'agisse d'un flot infini, auquel cas il aura un début mais pas de fin). Par conséquent, comme le montre la figure 19-4, on peut spécifier l'état initial (un rond plein) et l'état final (un rond plein à l'intérieur d'un cercle un peu plus grand).

Branchement conditionnel

Les branches rendent la notation plus pratique et, du point de vue sémantique, sont équivalentes aux multiples transitions avec dispositif de garde (voir chapitre 21).

Les transitions simples et séquentielles sont courantes, mais elles ne sont pas la seule sorte de chemin utilisé pour modéliser un flot de contrôle. Comme dans un organigramme, on peut inclure une branche, qui spécifie les différents chemins que l'on prend en se basant sur une expression booléenne. Comme le montre la figure 19-5, une branche est représentée par un losange. Une branche peut avoir une transition entrante et deux transitions sortantes, voire plus. Sur chaque transition sortante, on place une expression booléenne, qui est évaluée seulement lorsqu'elle entre dans la branche. Pour toutes ces transitions, les dispositifs de garde doivent être mutuellement exclusifs (autrement le flot de contrôle serait ambigu), mais doivent couvrir toutes les possibilités (dans le cas contraire, le flot de contrôle serait gelé).

Pour plus de facilité, on peut utiliser le mot clé `else` pour marquer une transition sortante, en représentant le chemin utilisé si aucune autre expression de garde n'est vraie.

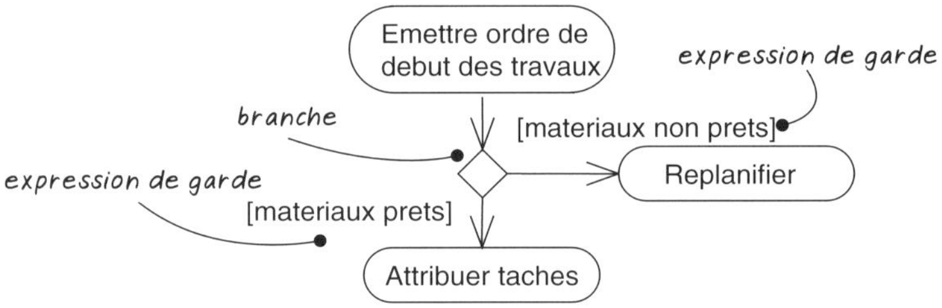

Figure 19-5 : *Branchement conditionnel*

Le branchement conditionnel et l'itération sont possibles dans les diagrammes d'interaction (voir chapitre 18).

On peut réaliser l'effet de l'itération en utilisant un état d'action qui initialise la valeur d'un itérateur, un autre état d'action qui incrémente l'itérateur et une branche chargée de juger si l'itération est terminée ou non.

Remarque : UML n'impose pas de langage pour ces expressions. En théorie, il est possible d'utiliser simplement un texte structuré. En pratique, on utilise plutôt la syntaxe et la sémantique spécifiques à un langage de programmation donné.

Synchronisation de flots concurrents

Chaque flot de contrôle concurrent vit dans le contexte d'un objet actif indépendant, qui est généralement modélisé soit comme un processus, soit comme un thread (voir chapitre 22). Les nœuds sont traités au chapitre 26.

Dans les diagrammes d'activités, les transitions séquentielles simples et arborescentes sont les chemins les plus courants. Cependant, il arrive que l'on rencontre des flots concurrents, surtout lorsqu'on modélise des systèmes de workflows de processus métier. En UML, on utilise une barre de synchronisation pour spécifier la division et le regroupement de ces flots de contrôle parallèles. En règle générale une barre de synchronisation est représentée par une ligne épaisse horizontale ou verticale.

Prenons l'exemple de flots concurrents présents dans le contrôle d'un appareil de cinéma d'animation qui reproduit la voix et les mouvements humains. Comme le montre la figure 19-6, une fourche représente la division d'un flot de contrôle en deux ou plusieurs flots de contrôle concurrents. Une fourche peut avoir une transition entrante et deux transitions sortantes, voire plus, chacune représentant un flot de contrôle indépendant. Sous la fourche, les activités associées à chacun de ces chemins continuent en parallèle. D'un point de vue conceptuel, les activités de chacun de ces flots sont réellement concurrentes, même si dans un système en exécution, ces flots peuvent être soit réellement concurrents (dans le cas d'un système déployé sur des processeurs multiples), soit séquentiels mais entrelacés (dans le cas d'un système déployé sur un seul processeur), qui ne fait que donner l'illusion d'une concurrence bien réelle.

Les objets actifs sont traités au chapitre 22, les signaux au chapitre 20.

La figure 19-6 montre également qu'une jonction représente la synchronisation d'au moins deux flots de contrôle concurrents. Une jonction peut avoir deux transitions entrantes ou plus et une seule transition sortante. Au-dessus de la jonction, les activités associées à chacun des chemins continuent en parallèle. Au niveau de la jonction, les flots concurrents se synchronisent, ce qui signifie que chacun d'entre eux attend que tous les flots entrants aient atteint la jonction, moment à partir duquel un flot de contrôle continue au-dessous de la jonction.

Remarque : Les jonctions et les fourches doivent s'équilibrer, c'est-à-dire que le nombre de flots qui sortent d'une fourche doit correspondre au nombre de flots qui entrent dans la jonction correspondante. De plus, les activités des flots de contrôle parallèles peuvent communiquer entre elles en s'envoyant des signaux. Ce genre de processus séquentiels de communication est appelé coroutine. En règle générale, on le modélise en utilisant des objets actifs. On peut également modéliser l'envoi et la réponse de ces signaux dans les sous-automates associés à chaque état d'activité qui communique. Par exemple, l'activité `Flux audio` peut avoir besoin de communiquer avec l'activité `Synchro bouche` lorsque des pauses importantes ou des intonations se produisent, l'automate à états finis pour `Flux audio` envoie alors des signaux à l'automate à états finis pour `Synchro bouche`. De même, dans l'automate à états finis pour `Synchro bouche`, des transitions sont déclenchées par ces mêmes signaux lorsque l'automate à états finis `Synchro bouche` y répond.

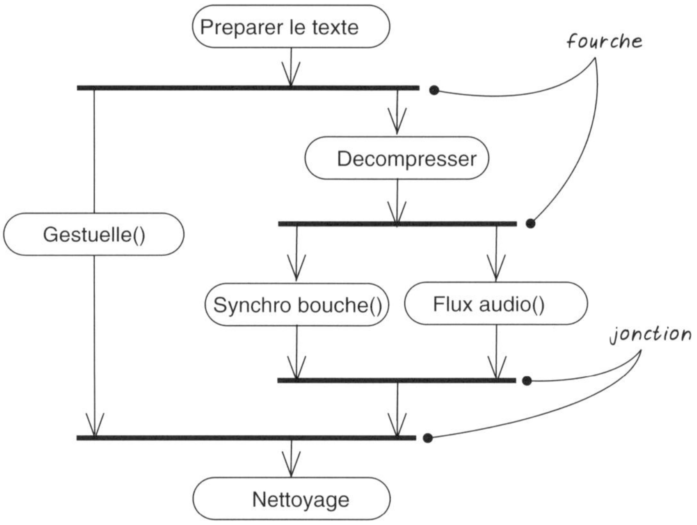

Figure 19-6 : *Synchronisation de flots concurrents*

Travées

Les travées (*swimlanes*) sont très utiles, lors de la modélisation des workflows de processus métier afin de diviser les états d'activités en groupes sur un diagramme d'activités, chaque groupe représentant le département responsable des ces activités. En UML, chaque groupe s'appelle une travée car, comme le montre la figure 19-7, il est visuellement séparé de son voisin par une ligne verticale pleine. Une travée définit un lieu géométrique d'activités.

Une travée est une sorte de paquetage. Les paquetages sont traités au chapitre 12, les classes aux chapitres 4 et 9, les processus et les threads au chapitre 22.

Chaque travée possède un nom, unique dans le diagramme. Une travée n'a pas une sémantique vraiment poussée, mais elle peut représenter une entité qui existe dans la réalité. Elle représente une responsabilité de haut niveau pour une partie de l'activité globale d'un diagramme d'activités et peut être implémentée par la suite par une ou plusieurs classes. Dans un diagramme d'activités divisé en travées, chaque activité appartient à une seule travée, même si les transitions peuvent passer d'une travée à l'autre.

Remarque : Il existe une légère connexion entre les travées et les flots de contrôle concurrents. En théorie, les activités de chaque travée sont généralement – mais pas toujours – considérées séparément des activités des travées voisines. Cela semble logique car, dans la réalité, les départements des entreprises commerciales qui figurent dans ces travées sont à la fois indépendants et concurrents.

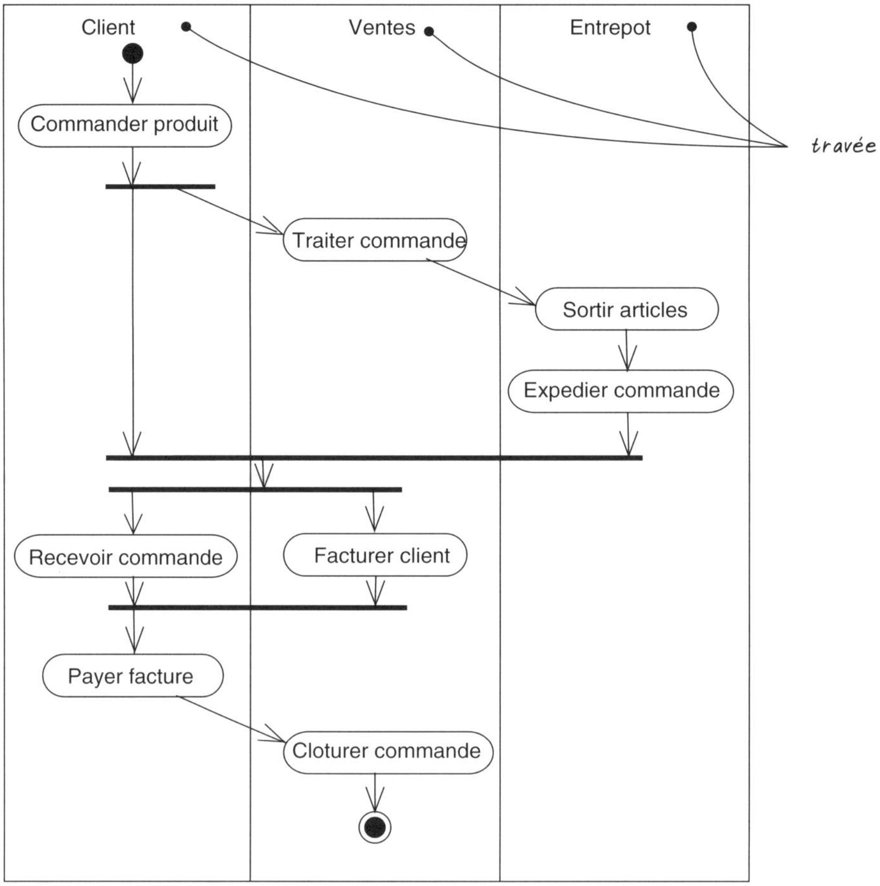

Figure 19-7 : *Travées*

Flot d'objet

Les objets sont traités au chapitre 13, la modélisation du vocabulaire d'un système au chapitre 4.

Les objets peuvent être impliqués dans le flot de contrôle associé à un diagramme d'activités. Par exemple, comme le montre la figure précédente, dans le workflow du traitement d'une commande, le vocabulaire du domaine comporte également des classes telles que `Commande` et `Facture`. Les instances de ces deux classes sont produites par certaines activités (par exemple, l'activité `Traiter commande` crée un objet `Commande`). D'autres activités peuvent modifier ces objets (par exemple, `Expedier commande` change l'état de l'objet `Commande` en `traité`).

Les relations de dépendance sont traitées aux chapitres 5 et 10.

Comme le montre la figure 19-8, il est possible de préciser les objets impliqués dans un diagramme d'activités en plaçant ces objets dans le diagramme, et en les connectant au moyen d'une dépendance à l'activité ou à la transition qui les crée, les détruit ou les modifie. L'utilisation de ces relations de dépendance et des objets s'appelle un flot d'objet car elle représente la participation d'un objet à un flot de contrôle.

Les valeurs et l'état d'un objet sont traités au chapitre 13, les attributs aux chapitres 4 et 9.

En UML, on peut non seulement montrer le flot d'un objet à travers un diagramme d'activités, mais en plus on peut montrer comment son rôle, son état et ses valeurs d'attributs sont modifiés. Comme l'indique la figure 19-8, l'état d'un objet est représenté par son nom écrit entre crochets sous le nom de l'objet. De même, la valeur des attributs d'un objet est représentée dans un compartiment placé sous le nom de l'objet.

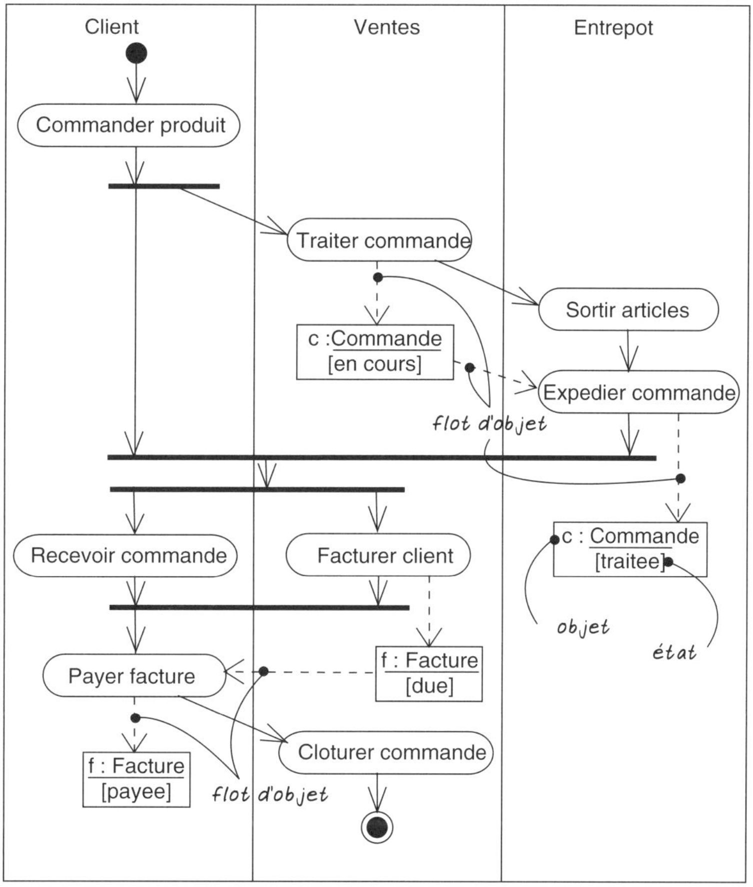

Figure 19-8 : *Flot d'objets*

Utilisation courante

Les cinq vues d'une architecture sont traitées au chapitre 2, les classes aux chapitres 4 et 9, les classes actives au chapitre 22. Les interfaces sont traitées au chapitre 11, les composants au chapitre 25, les nœuds au chapitre 26. Les systèmes et les sous-systèmes sont traités au chapitre 31, les opérations aux chapitres 4 et 9, les cas d'utilisation et les acteurs au chapitre 16.

Les diagrammes d'activités sont utilisés pour modéliser les aspects dynamiques d'un système qui peuvent impliquer l'activité de toutes sortes d'abstractions dans n'importe quelle vue de l'architecture d'un système, y compris les classes (qui incluent les classes actives), les interfaces, les composants et les nœuds.

En théorie, on peut utiliser les diagrammes d'activités pour modéliser les aspects dynamiques d'un système dans le contexte de n'importe quel élément de modélisation ou presque, même si en pratique, on les utilise surtout dans le contexte d'un système dans son ensemble, d'un sous-système, d'une opération ou d'une classe. On peut également lier les diagrammes d'activités aux cas d'utilisation (pour modéliser un scénario) et aux collaborations (pour modéliser les aspects dynamiques d'une société d'objets).

Lorsqu'on modélise les aspects dynamiques d'un système, on utilise souvent les diagrammes d'activités de deux façons différentes :

1. pour modéliser un workflow

On se concentre ici sur les activités telles que les voient les acteurs qui collaborent avec le système. Les workflows se situent souvent en marge des systèmes à forte composante logicielle et servent à visualiser, spécifier, construire et documenter les processus métier qui impliquent le système que l'on développe. La modélisation du flot d'objet est particulièrement importante dans ce type d'utilisation des diagrammes d'activités.

2. pour modéliser une opération

Dans ce cas on se sert des diagrammes d'activités comme s'il s'agissait d'organigrammes, pour modéliser les détails d'un calcul. Dans ce type d'utilisation des diagrammes d'activités, la modélisation des états d'une branche, d'une fourche ou d'une jonction est particulièrement importante. Le contexte d'un diagramme d'activités utilisé de cette façon implique les paramètres de l'opération et ses objets locaux.

Techniques de modélisation courantes

Modélisation d'un workflow

La modélisation du contexte d'un système est traitée au chapitre 17.

Un système à forte composante logicielle n'existe jamais indépendamment des autres systèmes. En effet, un système vit toujours dans un contexte qui englobe toujours des acteurs en interaction avec le système. Lorsqu'il s'agit d'un logiciel essentiel à la bonne marche de l'entreprise, on trouve des systèmes automatisés qui travaillent dans le contexte de processus métier de haut niveau qui sont en fait des sortes de workflows car ils représentent le flot de travail et d'objets dans l'entreprise. Par exemple, dans un commerce de détail, on trouve des systèmes automatisés (tels que des systèmes de points de vente en interaction avec les systèmes du marketing et de l'entrepôt) ainsi que des systèmes humains (les personnes qui travaillent dans chaque point de vente, ainsi que les départements téléventes, marketing, achats et expédition). Avec les diagrammes d'activités, on peut modéliser ces processus métier pour représenter la façon dont les différents systèmes (automatisés et humains) collaborent.

Pour modéliser un workflow, il faut :

La modélisation du vocabulaire d'un système est traitée au chapitre 4, les préconditions et les postconditions sont traitées au chapitre 9.

- déterminer un point central pour le workflow. Pour les systèmes importants, il est impossible de représenter dans un seul diagramme tous les flots de travail intéressants ;
- sélectionner les objets métier qui ont des responsabilités de haut niveau pour certaines parties du workflow global. Il peut s'agir d'objets réels qui font partie du vocabulaire du système ou au contraire d'objets abstraits. Dans chaque cas, il faut créer une travée pour chaque objet métier important ;
- identifier les préconditions de l'état initial du workflow et les postconditions de son état final, cela afin d'aider à la modélisation de son périmètre ;
- en partant de l'état initial du workflow, préciser les activités et les actions qui ont lieu dans le temps et les représenter dans le diagramme d'activités soit comme des états d'activité, soit comme des états d'action ;
- réduire les actions compliquées ou les groupes d'actions qui apparaissent de façon répétée en les transformant en états d'activité et proposer un diagramme d'activités à part qui développe chacun d'eux ;
- représenter les transitions qui connectent ces états d'activité et d'action en commençant d'abord par les flots séquentiels du workflow, puis en continuant avec les branchements conditionnels et enfin avec la synchronisation des flots concurrents ;
- dans le diagramme d'activités, faire figurer également les objets importants impliqués dans le workflow. Représenter leurs changements de valeurs et d'état de façon à communiquer le but du flot d'objet.

Par exemple, la figure 19-9 montre le diagramme d'activités d'un commerce de détails qui définit le workflow qui se produit lorsqu'un client renvoie une marchandise suite à une commande par correspondance. Le travail commence avec l'action `Demander retour` du `Client`, puis il se poursuit avec `Televentes` (`Obtenir num retour`). Il revient ensuite au `Client` (`Expedier article`) et à `Entrepot` (`Recevoir article`) puis à `Entrepot` (`Restocker article`) et prend fin au service `Comptabilite` (`Crediter compte`). Comme le montre le diagramme, un objet important (`a`, une instance de `Article`) fait aussi partie du processus et passe de l'état `retourne` à l'état `disponible`.

Remarque : En règle générale les workflows sont des processus métier, mais ce n'est pas toujours le cas. Par exemple, on peut utiliser des diagrammes d'activités pour spécifier des processus de développement logiciel, tel que le processus de gestion de configuration. De plus, on peut aussi se servir des diagrammes d'activités pour modéliser des systèmes non logiciels, tel que le flot de patients dans un système de sécurité sociale.

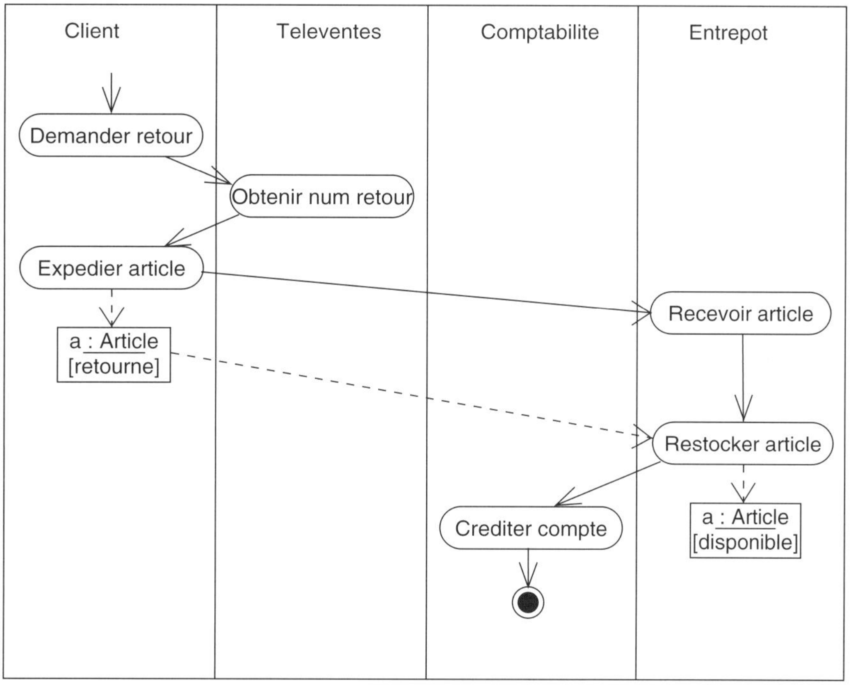

Figure 19-9 : *Modélisation d'un workflow*

Dans cet exemple, il n'y a ni branche, ni synchronisation de flots concurrents : ces éléments apparaissent dans des workflows plus complexes.

Modélisation d'une opération

Les classes et les opérations sont traitées aux chapitres 4 et 9, les interfaces au chapitre 11.

On peut attacher un diagramme d'activités à n'importe quel élément de modélisation afin de visualiser, spécifier, construire et documenter le comportement de cet élément. On peut donc attacher des diagrammes d'activités à des classes, des interfaces, des composants, des nœuds, des cas d'utilisation et des collaborations, mais l'élément le plus courant auquel on peut attacher un diagramme d'activités est l'opération.

Les composants sont traités au chapitre 25, les nœuds au chapitre 26, les cas d'utilisation au chapitre 16. Les collaborations sont traitées au chapitre 27, les préconditions, les postconditions et les invariants au chapitre 9.

Ainsi utilisé, un diagramme d'activités est simplement un organigramme des actions d'une opération. Le principal avantage d'un diagramme d'activités réside dans le fait que tous les éléments qu'il contient sont sémantiquement liés à un modèle sous-jacent riche. Par exemple, on peut vérifier le type de n'importe quelle opération ou de n'importe quel signal référencé par un état d'action en le comparant à la classe de l'objet cible.

Pour modéliser une opération, il faut :

- rassembler les abstractions impliquées dans cette opération. Cela comprend les paramètres de l'opération (avec le type de valeur fourni en retour le cas échéant), les attributs de la classe englobante et certaines classes voisines.
- identifier les préconditions à l'état initial de l'opération et les postconditions à son état final, ainsi que les invariants de la classe englobante qui doivent se maintenir pendant l'exécution de l'opération.
- en commençant par l'état initial de l'opération, spécifier les activités et les actions qui ont lieu dans le temps et les représenter dans le diagramme d'activités soit comme des états d'activité, soit comme des états d'action.
- lorsque cela est nécessaire, utiliser le branchement conditionnel pour spécifier les chemins conditionnels et l'itération.

Les classes actives sont traitées au chapitre 22.

- si, et seulement si cette opération appartient à une classe active, utiliser la synchronisation des flots de contrôle concurrents.

Par exemple, dans le contexte de la classe `Ligne`, la figure 19-10 montre un diagramme d'activités qui spécifie l'algorithme de l'opération `intersection`, dont la signature comprend un paramètre (`l`, un paramètre `in` de classe `Ligne`) et une valeur fournie en retour (de la classe `Point`). La classe `Ligne` a deux attributs intéressants : `pente` (qui représente la pente de la ligne) et `delta` (qui représente le déplacement de la ligne par rapport à l'origine).

Si une opération implique l'interaction d'une société d'objets, on peut également modéliser la réalisation de l'opération à l'aide de collaborations (voir chapitre 27).

Comme le montre le diagramme d'activités suivant, l'algorithme de cette opération est simple. Tout d'abord, un dispositif de garde vérifie si la `pente` de la ligne actuelle est la même que la `pente` du paramètre `l`. Si tel est le cas, les lignes ne se croisent pas et un `Point` de coordonnées `(0,0)` est fourni en retour. Dans le cas contraire, l'opération calcule d'abord une valeur `x` pour le point d'intersection, puis une valeur `y`. `x` et `y` sont des objets locaux dans l'opération. Enfin, un `Point` de coordonnées `(x,y)` est fourni en retour.

Remarque : L'utilisation des diagrammes d'activités pour dessiner le flot de contrôle d'une opération est à la limite de l'utilisation d'UML comme langage de programmation visuelle. En théorie on *peut* dessiner le flot de contrôle de chaque opération, mais en pratique, on ne le fait pas. En effet, il est généralement plus direct d'écrire le corps d'une opération dans un langage de programmation spécifique. On utilise les diagrammes d'activités pour modéliser une opération lorsque le comportement de cette dernière est complexe et donc difficile à comprendre si l'on ne dispose que du code. En observant un organigramme, on découvre des indications relatives aux algorithmes, que l'on n'aurait pas pu voir en regardant simplement le code.

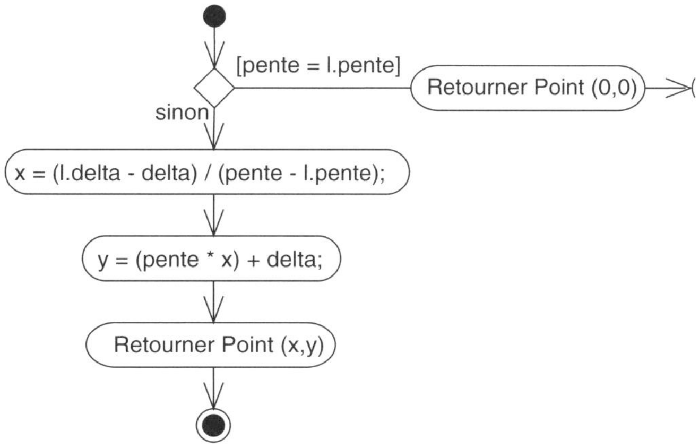

Figure 19-10 : *Modélisation d'une opération*

Ingénierie vers l'aval et rétro-ingénierie

L'*ingénierie vers l'aval* (la création de code à partir d'un modèle) peut être appliquée aux diagrammes d'activités, surtout si le contexte du diagramme est une opération. Par exemple, dans le cas du diagramme d'activités précédent, un outil d'ingénierie vers l'aval permettrait de générer le code en C++ suivant pour décrire l'opération `intersection`.

```
Point Ligne::intersection (l : Ligne) {
        if (pente == l.pente) return Point(0,0);
        int x = (l.delta - delta) / (pente - l.pente);
        int y = (pente * x) + delta;
        return Point(x, y);
}
```

On note une certaine ingéniosité dans la déclaration des deux variables locales. Un outil moins sophistiqué aurait pu d'abord déclarer les deux variables et seulement après en déterminer les valeurs.

La *rétro-ingénierie* (la création d'un modèle à partir du code) peut également s'appliquer aux diagrammes d'activités, surtout si le contexte du code est le corps d'une opération. Par exemple, le diagramme d'activités précédent aurait pu être généré à partir de l'implémentation de la classe `Ligne`.

L'animation d'un modèle par rapport à l'exécution d'un système déployé est encore plus intéressante que la rétro-ingénierie d'un modèle à partir d'un code. Par exemple, dans le cas du diagramme d'activités précédent, un outil pourrait animer les états d'action dans le diagramme au fur et à mesure de l'exécution du système. Mieux, si l'on mettait aussi cet outil sous le contrôle d'un débogueur, on pourrait contrôler la vitesse d'exécution, et aussi ajouter des points d'arrêt pour suspendre l'exécution à certains moments intéressants et examiner ainsi les valeurs des attributs de certains objets.

Trucs et astuces

Lorsqu'on crée un diagramme d'activités en UML, il ne faut pas oublier qu'il s'agit simplement de la projection des aspects dynamiques d'un système sur un même modèle. Aucun diagramme d'activités n'est capable de saisir l'ensemble des aspects dynamiques d'un système. En revanche, on se sert d'un bon nombre de diagrammes d'activités pour modéliser la dynamique d'un workflow ou d'une opération.

Un diagramme d'activités bien structuré :

- est centré sur la communication d'un aspect de la dynamique d'un système ;
- contient uniquement les éléments qui sont essentiels à la compréhension de cet aspect ;
- fournit des détails en rapport avec son niveau d'abstraction. On montre uniquement les décorations indispensables à une parfaite compréhension ;

- compte suffisamment d'informations pour que le lecteur comprenne la sémantique.

Lorsqu'on représente un diagramme d'activités, il faut :

- lui donner un nom qui exprime son but ;
- commencer en modélisant les flots principaux. Considérer le branchement conditionnel, la concurrence et le flot d'objets comme secondaires et éventuellement les faire figurer dans des diagrammes à part ;
- disposer ses éléments de manière à éviter que les lignes ne se croisent ;
- utiliser des repères visuels tels que des notes et des couleurs pour attirer l'attention du lecteur sur les caractéristiques les plus importantes du diagramme.

Partie 5

MODÉLISATION DE COMPORTEMENTS AVANCÉS

UNIFIED MODELING LANGUAGE

Chapitre 20
ÉVÉNEMENTS ET SIGNAUX

Dans ce chapitre :

- Événements signal, événements appel, événements temporels et événements de modification
- Modélisation d'une famille de signaux
- Modélisation des exceptions
- Manipulation d'événements dans des objets actifs et passifs

Dans la réalité, des faits se produisent et beaucoup surviennent au même instant et au moment le plus inattendu. Ces « faits qui se produisent » s'appellent des événements et chacun d'entre eux représente la spécification d'une occurrence importante qui occupe une place dans l'espace et dans le temps.

Dans le contexte des automates à états finis, on utilise les événements pour modéliser l'occurrence d'un stimulus qui peut déclencher une transition d'état. Les événements peuvent comporter des signaux, des appels, l'écoulement du temps ou un changement d'état.

Les événements peuvent être synchrones ou asynchrones, la modélisation d'événements fait donc partie intégrante de la modélisation des processus et des threads.

Premiers pas

Un système parfaitement statique est tout à fait inintéressant car rien ne se produit jamais. Tous les systèmes comportent une dimension dynamique et cette dynamique est déclenchée par des faits qui se produisent à l'extérieur ou à l'intérieur. Sur un distributeur de billets, l'action est lancée par un utilisateur qui appuie sur un bouton pour démarrer une transaction. Sur un robot autonome, l'action est déclenchée lorsque le robot heurte un objet. Dans un routeur de réseau, l'action débute par la détection d'un débordement du tampon de messages. Dans une usine chimique, l'action est déclenchée par l'écoulement d'un temps suffisant pour créer une réaction chimique.

En UML, chaque fait qui se produit est modélisé en tant qu'événement. Un événement est la spécification d'une occurrence importante qui occupe une place dans l'espace et dans le temps. Un signal, le temps qui s'écoule, et un changement d'état sont des événements asynchrones qui représentent des faits pouvant survenir de façon arbitraire. Les appels sont en général des événements synchrones qui représentent l'appel d'une opération.

Comme le montre la figure 20-1, UML propose une représentation graphique d'un événement. Cette notation permet de visualiser la déclaration des événements (tels que le signal `CombineRaccroche`), ainsi que l'utilisation des événements pour déclencher une transition d'état (telle que le signal `CombineRaccroche`, qui entraîne une transition de l'état `Actif` du téléphone à l'état `Disponible`).

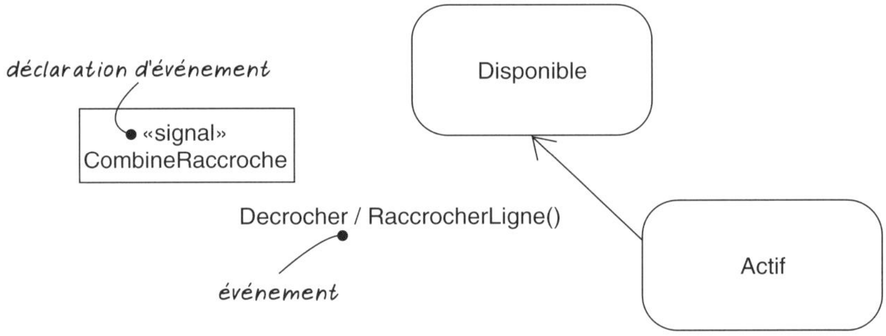

Figure 20-1 : *Événements*

Termes et concepts

Un *événement* est la spécification d'une occurrence importante qui occupe une place dans l'espace et dans le temps. Dans le contexte des automates à états finis, un événement est une occurrence d'un stimulus qui peut déclencher une transition d'état. Un *signal* est une sorte d'événement qui représente la spécification d'un stimulus asynchrone qui passe entre des instances.

Sortes d'événements

Les acteurs sont traités au chapitre 16, les systèmes au chapitre 31.

Les événements peuvent être externes ou internes. Les événements externes se produisent entre le système et ses acteurs. Ainsi, la pression exercée sur un bouton et une interruption déclenchée par un capteur de collisions sont deux exemples d'événements externes. Les événements internes surviennent parmi les objets qui existent à l'intérieur du système. Un overflow est un exemple d'événement interne.

La création et la destruction d'objets sont également des sortes de signaux (voir chapitre 15).

En UML, on peut modéliser quatre sortes d'événements : les signaux, les appels, l'écoulement du temps et un changement d'état.

Signaux

Un signal représente un objet désigné envoyé (*thrown*) de manière asynchrone par un objet, puis reçu (*caught*) par un autre. La plupart des langages de programmation actuels supportent des exceptions qui sont les signaux internes les plus courants dont on aura besoin pour modéliser.

Les classes sont traitées aux chapitres 4 et 9, la généralisation est traitée aux chapitres 5 et 10.

Les signaux ont de nombreux points communs avec les classes ordinaires. Par exemple, ils peuvent avoir des instances, même si en règle générale il n'est pas nécessaire de les modéliser explicitement. Ils peuvent aussi être impliqués dans des relations de généralisation, ce qui permet de modéliser des hiérarchies d'événements qui peuvent être généraux (par exemple, le signal `PanneReseau`) ou spécifiques (par exemple, une spécialisation de `PanneReseau` appelée `PanneServeurEntrepot`). Comme les classes, les signaux peuvent avoir des attributs et des opérations.

Remarque : Les attributs d'un signal font office de paramètres. Par exemple, lorsqu'on envoie un signal tel que `Collision`, on peut également spécifier une valeur pour ses attributs en tant que paramètres, par exemple `Collision(5.3)`.

Les automates à états finis sont traités au chapitre 21, les interactions au chapitre 15, les interfaces au chapitre 11, les dépendances au chapitre 5, les stéréotypes au chapitre 6.

Un signal peut être envoyé en tant qu'action d'une transition d'état dans un automate à états finis ou en tant qu'envoi d'un message dans une interaction. L'exécution d'une opération peut aussi envoyer des signaux. En fait, lorsqu'on modélise une classe ou une interface, un des aspects importants de la spécification du comportement de cet élément consiste à définir les signaux que ses opérations peuvent envoyer. En UML, on modélise la relation entre l'opération et les événements qu'elle peut envoyer en utilisant une relation de dépendance dont le stéréotype est `send`.

Comme le montre la figure 20-2, en UML, on modélise des signaux (et des exceptions) comme des classes stéréotypées. On peut utiliser une dépendance, dont le stéréotype est `send`, pour indiquer qu'une opération envoie un signal particulier.

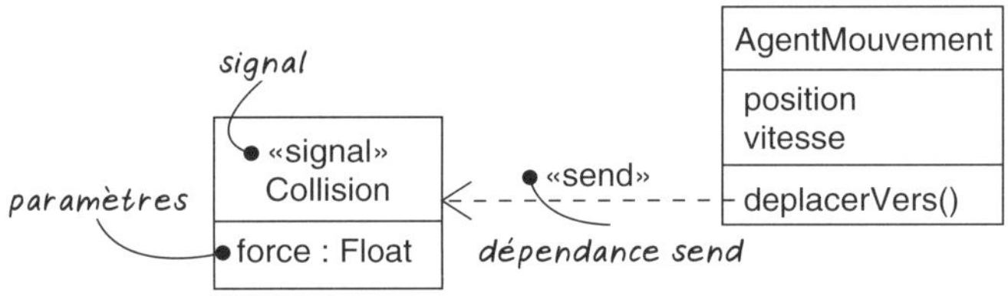

Figure 20-2 : *Signaux*

Événements appel

Les automates à états finis sont traités au chapitre 21.

De la même façon qu'un événement signal représente l'occurrence d'un signal, un événement appel représente le déclenchement d'une opération. Dans les deux cas, l'événement peut déclencher une transition d'état dans un automate à états finis.

Contrairement au signal qui est un événement asynchrone, un événement appel est généralement synchrone. Cela signifie que, lorsqu'un objet invoque une opération sur un autre objet qui a un automate à états finis, le contrôle passe de l'expéditeur au destinataire, la transition est déclenchée par l'événement, l'opération est exécutée, le destinataire transite vers un autre état et le contrôle revient à l'expéditeur.

Comme le montre la figure 20-3, la modélisation d'un événement appel est tout à fait semblable à la modélisation d'un événement signal. En effet, dans les deux cas, on montre l'événement, ainsi que ses paramètres, comme le déclencheur d'une transition d'état.

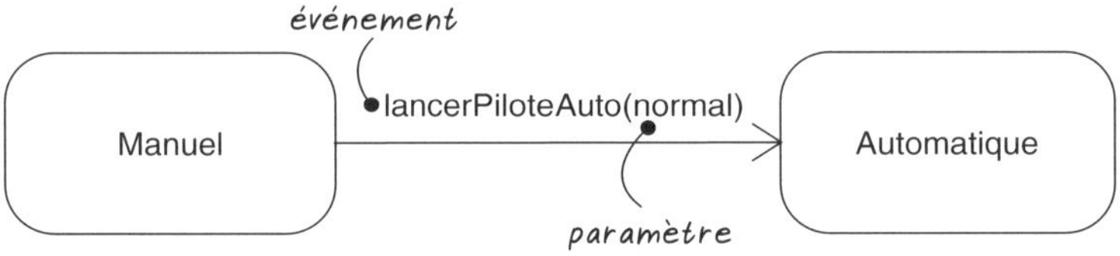

Figure 20-3 : *Événements appel*

Remarque : Bien qu'il n'y ait pas de repère visuel qui permette de distinguer un événement signal d'un événement appel, la différence apparaît clairement à l'arrière-plan du modèle. Le destinataire d'un événement verra bien sûr la différence (en déclarant l'opération dans sa liste d'opérations). En général, un signal est géré par l'automate à états finis du destinataire et un événement appel par une méthode. Les outils de modélisation peuvent permettre de naviguer de l'événement au signal ou à l'opération.

Événements temporels et événements de modification

Un événement temporel est un événement qui représente l'écoulement du temps. Comme le montre la figure 20-4, en UML on modélise un événement temporel avec le mot clef `after` suivi d'une expression qui correspond à une durée. Cette expression peut être simple (par exemple, `after 2 secondes`) ou complexe (par exemple, `after 1 ms depuis la fin de Disponible`). À moins de le préciser de manière explicite, le début d'une telle expression correspond à l'entrée dans l'état.

Un événement de modification est un événement qui représente un changement d'état ou le fait de satisfaire une condition. Comme le montre la figure 20-4, en UML on modélise un événement de modification avec le mot clef `when` suivi d'une expression booléenne. On peut utiliser ces expressions pour marquer un temps absolu (comme `when heure= 11:49`) ou pour le test en continu d'une expression (par exemple, `when altitude < 1000`).

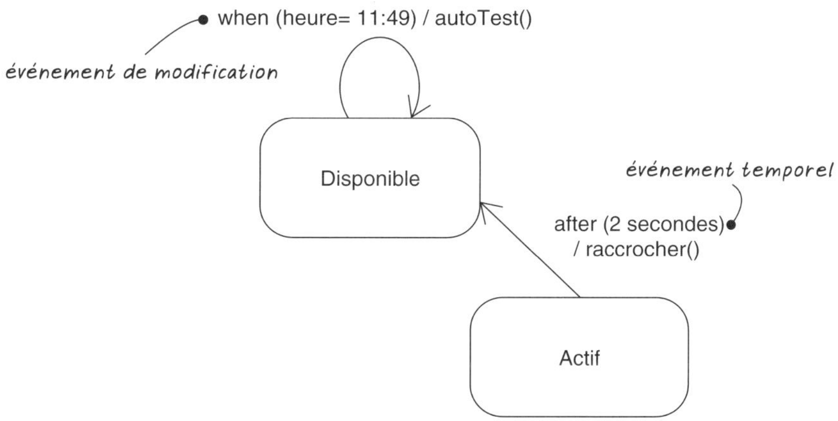

Figure 20-4: *Événements temporels et événements de modification*

Remarque : Même si un événement de modification modélise une condition testée en continu, on peut généralement analyser la situation pour déterminer à quel moment tester la condition à des points discrets dans le temps.

Envoi et réception d'événements

Les processus et les threads sont traités au chapitre 22.

Les événements signal et les événements appel impliquent au moins deux objets : l'objet qui envoie le signal ou invoque l'opération et l'objet vers lequel l'événement est dirigé. Les signaux étant asynchrones et les appels asynchrones étant eux-mêmes des signaux, la sémantique des événements est en interaction avec la sémantique des objets actifs et des objets passifs.

Les instances sont traitées au chapitre 13.

Chaque instance de classe peut envoyer un signal à un objet qui reçoit ou invoquer une opération de ce même objet. Lorsqu'un objet envoie un signal, l'expéditeur envoie le signal puis continue le long de son flot de contrôle sans attendre de réponse du destinataire. Par exemple, si un acteur en interaction avec un distributeur de billets envoie le signal `appuyerSurBouton`, l'acteur peut poursuivre son chemin sans se préoccuper du système auquel il a envoyé le signal. En revanche, lorsqu'un objet appelle une opération, l'expéditeur déclenche l'opération puis attend la réponse du destinataire. Par exemple, dans un système commercial, une instance de la classe `Negociant` peut appeler l'opération `confirmerTransaction` sur une instance de la classe `Commerce`, affectant ainsi l'état de l'objet `Commerce`. S'il s'agit d'un appel synchrone, l'objet `Negociant` attendra que l'opération soit terminée.

Remarque : Dans certains cas, on veut montrer un objet qui envoie un signal à un ensemble d'objets (*multicasting*) ou à n'importe quel objet à l'écoute dans le système (*broadcasting*). Pour modéliser le multicasting (diffusion multiple), on représente un objet qui envoie un signal à un groupe qui contient un ensemble de destinataires. Pour modéliser le broadcasting (diffusion générale), l'objet représenté envoie un signal à un autre objet qui représente le système entier.

Les automates à états finis sont traités au chapitre 21, les objets actifs au chapitre 22.

Chaque instance de chaque classe peut recevoir un événement appel ou un signal. S'il s'agit d'un événement appel synchrone, l'expéditeur et le destinataire sont alors en « rendez-vous » pour la durée de l'opération. Cela signifie que le flot de contrôle de l'expéditeur est mis en phase de verrouillage avec le flot de contrôle du destinataire jusqu'à ce que l'activité de l'opération soit réalisée. S'il s'agit d'un signal, l'expéditeur et le destinataire n'ont pas « rendez-vous » : L'expéditeur envoie le signal mais n'attend pas de réponse du destinataire. Dans les deux cas, cet événement peut être perdu (si aucune réponse à l'événement n'est spécifiée), il peut aussi déclencher l'automate à états finis du destinataire (s'il y en a un) ou simplement demander un appel normal de méthode.

Les opérations sont traitées au chapitre 4, les compartiments de classes supplémentaires au chapitre 4, les interfaces au chapitre 11, les opérations asynchrones au chapitre 22.

En UML, on modélise les événements appel qu'un objet peut recevoir par des opérations sur la classe de l'objet. Comme le montre la figure 20-5, on modélise les signaux désignés qu'un objet peut recevoir en les représentant dans un compartiment supplémentaire de la classe.

Remarque : De la même manière, il est également possible de joindre des signaux désignés à une interface. Dans tous les cas, les signaux que l'on fait figurer dans ce compartiment ne représentent pas les déclarations d'un signal, mais seulement son utilisation. Parmi les signaux, ceux qui sont des opérations asynchrones apparaissent dans le compartiment normal des opérations de la classe.

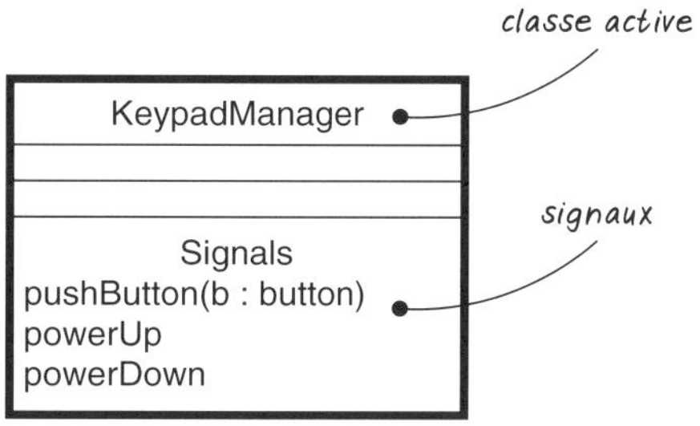

Figure 20-5 : *Signaux et classes actives*

Techniques de modélisation courantes

Modélisation d'une famille de signaux

La généralisation est traitée aux chapitres 5 et 10.

Les événements signal sont hiérarchisés dans la plupart des systèmes pilotés par des événements. Par exemple, un robot autonome peut faire la distinction entre des signaux externes, comme `Collision`, et des signaux internes, comme `DefautMateriel`. Cependant, les signaux internes et externes n'ont pas besoin d'être disjoints. On peut également avoir des spécialisations au sein même de ces deux classifications étendues. Par exemple, les signaux `DefautMateriel` peuvent ensuite avoir une spécialisation telle que

DefautBatterie et DefDeplacement. Ces spécialisations peuvent, elles aussi, être définies plus précisément par MoteurCale par exemple, qui est une sorte de DefautDeplacement.

Les automates à états finis sont traités au chapitre 21.

En modélisant ainsi les hiérarchies des signaux, on peut spécifier des événements polymorphes. Prenons par exemple un automate à états finis dont une transition se déclenche uniquement à réception du signal MoteurCale. En tant que signal terminal dans cette hiérarchie, la transition ne peut être déclenchée que par ce signal, elle n'est donc pas polymorphe. En revanche, si l'on modélise l'automate à états finis avec une transition déclenchée par la réception de DefautMateriel, la transition est polymorphe car elle peut être déclenchée par DefautMateriel ou par une de ses spécialisations, comme DefautBatterie, DefautDéplacement ou MoteurCale.

Pour modéliser une famille de signaux, il faut :

- examiner les différentes sortes de signaux auxquels un ensemble donné d'objets actifs peut répondre ;
- rechercher les sortes de signaux les plus courants et les ranger selon une hiérarchie de généralisation/spécialisation en utilisant l'héritage, en plaçant les plus généraux en haut et les plus spécialisés en bas ;
- rechercher les éventualités de polymorphisme dans les automates à états finis de ces objets actifs. Lorsqu'un polymorphisme apparaît, il peut être nécessaire d'ajuster la hiérarchie comme il convient, en incluant des signaux abstraits intermédiaires.

Les classes abstraites sont traitées au chapitre 5.

La figure 20-6 modélise une famille de signaux qui peuvent être gérés par un robot autonome. On remarque que le signal de base (SignalRobot) est abstrait, ce qui signifie qu'il ne peut pas y avoir d'instance directe. Ce signal a deux spécialisations concrètes immédiates (Collision et DefautMateriel), dont une (DefautMateriel) est plus spécialisée. On constate également que le signal Collision a un paramètre.

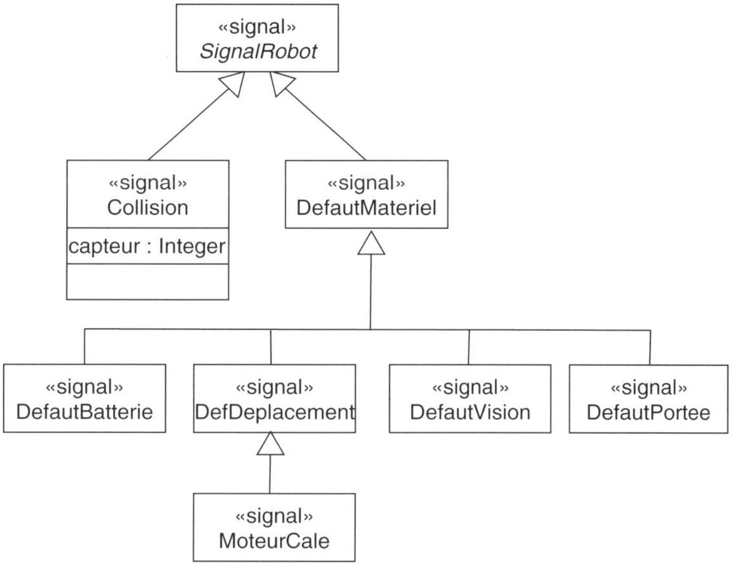

Figure 20-6 : *Modélisation de familles de signaux*

Modélisation des exceptions

Les classes sont traitées aux chapitres 4 et 9, les interfaces au chapitre 11.

Un des aspects importants de la visualisation, de la spécification et de la documentation du comportement d'une classe ou d'une interface réside dans la spécification des exceptions que les opérations peuvent entraîner. Pour une classe ou une interface donnée, les opérations que l'on peut appeler seront claires, mais les exceptions que chaque opération peut entraîner ne seront pas évidentes, à moins qu'elles aient été modélisées explicitement.

Les stéréotypes sont traités au chapitre 6.

En UML, les exceptions sont des sortes de signaux que l'on modélise comme des classes stéréotypées et qui peuvent être ajoutées à des opérations de spécification. La modélisation des exceptions est en quelque sorte le contraire de la modélisation d'une famille générale de signaux. On modélise une famille de signaux surtout pour spécifier les différentes sortes de signaux qu'un objet actif peut recevoir, alors que l'on modélise des exceptions pour spécifier les différentes sortes d'exceptions qu'un objet peut lever par l'intermédiaire de ses opérations.

Pour modéliser des exceptions, il faut :

- examiner les conditions exceptionnelles qui peuvent survenir pour chaque classe et chaque interface ainsi que pour chaque opération de ces éléments ;

- ranger ces exceptions en respectant une hiérarchie, c'est-à-dire en plaçant les plus générales en haut, les plus spécialisées en bas et en introduisant des exceptions intermédiaires si cela s'avère nécessaire ;
- spécifier, pour chaque opération, les exceptions qu'elle peut entraîner. Cela peut être fait de manière explicite (en montrant les dépendances `send` d'une opération vers ses exceptions) ou en les listant dans la spécification de l'opération.

Les classes templates sont traitées au chapitre 9.

La figure 20-7 représente la modélisation d'une hiérarchie d'exceptions créées par une bibliothèque standard de classes conteneurs, telles que la classe template `Ensemble`. Au sommet, la hiérarchie comporte le signal abstrait `Exception` et contient trois exceptions spécialisées : `Duplicate`, `Overflow`, et `Underflow`. Comme cela est expliqué, l'opération `ajouter` entraîne les exceptions `Duplicate` et `Overflow` alors que l'opération `oter` entraîne uniquement l'exception `Underflow`. On peut également placer ces dépendances à l'arrière-plan, en les nommant dans les spécifications de chaque opération. Dans un cas comme dans l'autre, il est de toute façon possible de créer des clients qui utilisent correctement la classe `Set` si l'on sait exactement quelles exceptions peuvent être envoyées par chaque opération.

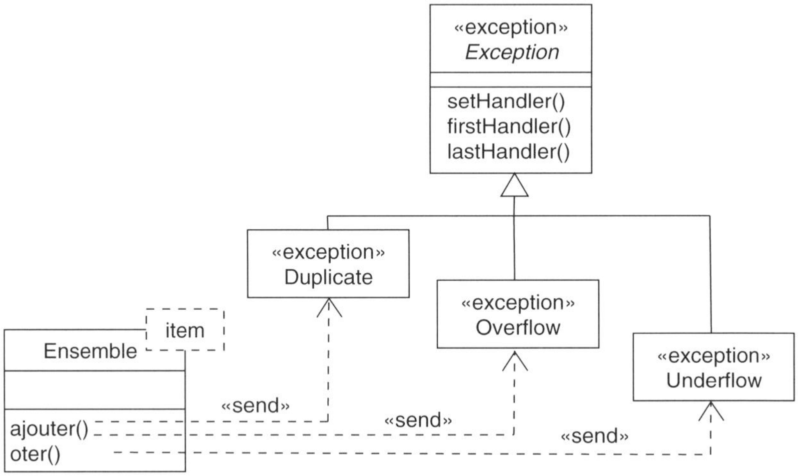

Figure 20-7 : *Modélisation des exceptions*

Trucs et astuces

Pour modéliser un événement, il faut :

- construire des hiérarchies de signaux afin d'exploiter les propriétés communes de signaux apparentés ;
- ne pas remplacer les flots de contrôle normaux par l'envoi de signaux et encore moins par l'envoi d'exceptions ;
- s'assurer que derrière chaque élément se trouve un automate à états finis adapté, capable de recevoir l'événement ;
- s'assurer que l'on modélise non seulement les éléments qui peuvent recevoir des événements, mais également ceux qui peuvent les envoyer.

Pour représenter un événement en UML, il faut :

- en règle générale, modéliser les hiérarchies d'événements de manière explicite, mais modéliser leur utilisation à l'arrière-plan de chaque classe ou de chaque opération qui envoie ou reçoit un tel événement.

UNIFIED MODELING LANGUAGE

Chapitre 21

AUTOMATES À ÉTATS FINIS

Dans ce chapitre :

- États, transitions et activités
- Modélisation de l'existence d'un objet
- Création d'algorithmes bien structurés

Les interactions sont traitées au chapitre 15, les objets au chapitre 13.

Avec une interaction, on peut modéliser le comportement d'une société d'objets qui travaillent ensemble. L'automate à états finis, quant à lui, permet de modéliser le comportement d'un objet individuel. Un automate à états finis est un comportement qui définit les différents états par lesquels un objet passe au cours de son existence en réponse à des événements, ainsi que les réponses à ces événements.

Les classes sont traitées aux chapitres 4 et 9, les cas d'utilisation au chapitre 16, les systèmes au chapitre 31, les diagrammes d'activités au chapitre 19, les diagrammes d'états-transitions au chapitre 24.

On utilise les automates à états finis pour modéliser les aspects dynamiques d'un système. Pour l'essentiel, cela implique la spécification de l'existence des instances d'une classe, d'un cas d'utilisation ou d'un système dans son ensemble. Ces instances peuvent répondre à des événements tels que des signaux, des opérations ou l'écoulement du temps. Lorsqu'un événement se produit, en fonction de l'état actuel de l'objet, une activité a lieu. Une activité est une exécution itérative non atomique à l'intérieur d'un automate à états finis. Les activités se transforment en une action composée de calculs atomiques exécutables qui aboutissent à un changement d'état du modèle ou à une valeur fournie en retour. L'état d'un objet est une condition ou une situation qui survient au cours de la vie d'un objet pendant laquelle cet objet satisfait à certaines conditions, exécute une activité ou attend un événement.

Il est possible de visualiser un automate à états finis de deux manières différentes : soit en mettant en évidence le flot de contrôle d'une activité à l'autre (à l'aide des diagrammes d'activités), soit en mettant en évidence les états potentiels des objets et les transitions entre ces états (à l'aide des diagrammes d'états-transitions).

Tout comme les algorithmes bien structurés, les automates à états finis bien structurés sont efficaces, simples, adaptables et compréhensibles.

Premiers pas

Prenons l'exemple de la vie du thermostat d'une maison au cours d'une froide journée d'automne.

Aux toutes premières heures du jour, tout est plutôt calme pour le thermostat. La température de la maison est stable et, mis à part une rafale de vent canaille ou un orage passager, la température extérieure l'est également. Cependant, à l'aube, les choses deviennent plus intéressantes. Le soleil apparaît à l'horizon et la température ambiante tend à augmenter légèrement. Les membres de la famille se réveillent petit à petit et, une fois sorti du lit, l'un d'entre eux peut tourner le cadran du thermostat. Ces deux événements ont une incidence significative sur le système de chauffage et de refroidissement de la maison. Le thermostat commence à réagir comme tous les bons thermostats devraient le faire, en donnant des ordres à la chaudière (s'il est nécessaire d'élever la température intérieure) ou au système d'air conditionné (s'il est au contraire préférable que la température intérieure diminue).

Lorsque tout le monde a quitté la maison pour aller au travail ou à l'école, les choses redeviennent calmes et la température de la maison se stabilise de nouveau. Cependant, un programmateur automatique peut alors s'en mêler et ordonner au thermostat d'abaisser la température afin de faire des économies d'énergie. Le thermostat se remet alors au travail. Plus tard dans la journée, le programmateur intervient de nouveau et commande au thermostat d'augmenter la température pour qu'au retour de la famille la maison soit chaude et douillette.

Le soir, la maison étant réchauffée par la chaleur des corps et de la cuisine, le thermostat a beaucoup à faire pour maintenir la température à un niveau normal en faisant fonctionner efficacement la chaudière ou l'air conditionné.

Enfin, la nuit tout redevient calme.

De nombreux systèmes à forte composante logicielle se comportent exactement comme ce thermostat. Un stimulateur cardiaque fonctionne en permanence mais s'adapte aux changements d'activités ou de pression sanguine. Un routeur de réseau fonctionne également en continu, en guidant silencieusement des flots asynchrones de bits et en adaptant parfois son comportement en fonction des ordres donnés par l'administrateur réseau. Un téléphone mobile fonctionne sur commande en répondant à l'intervention de l'utilisateur ou aux messages des relais locaux.

La modélisation des aspects structurels d'un système est traitée dans les parties 2 et 3.

En UML, on modélise les aspects statiques d'un système en utilisant des éléments tels que les diagrammes de classes et les diagrammes d'objets. Ces diagrammes permettent de visualiser, spécifier, construire et documenter les éléments qui existent dans un système, comme par exemple les classes, les interfaces, les composants, les nœuds et les cas d'utilisation et leurs instances, ainsi que la façon dont ces éléments sont en relation les uns avec les autres.

Il est également possible de modéliser les aspects dynamiques d'un système en utilisant les interactions (voir chapitre 15). Les événements sont traités au chapitre 20.

En UML, on modélise les aspects dynamiques d'un système en utilisant des automates à états finis. Alors qu'une interaction modélise une société d'objets qui fonctionnent ensemble pour mener à bien une action, un automate à états finis modélise l'existence d'un seul objet, que ce soit l'instance d'une classe, d'un cas d'utilisation ou même d'un système dans son ensemble. Au cours de sa vie, un objet peut être exposé à de nombreux événements, comme un signal, l'appel d'une opération, la création ou la destruction de l'objet, l'écoulement du temps ou la modification de certaines conditions. En réponse à ces événements, l'objet réagit par une action, qui représente un calcul atomique aboutissant à un changement de l'état de l'objet ou à une valeur fournie en retour. Le comportement de cet objet est donc affecté par le passé. Un objet peut recevoir un événement, répondre par une action puis modifier son état. Un objet peut très bien recevoir un autre événement et, en fonction de son état suite à l'événement précédent, y répondre de manière différente.

Les diagrammes d'activités sont traités au chapitre 19, les diagrammes d'états-transitions au chapitre 24.

On utilise les automates à états finis pour modéliser le comportement de n'importe quel élément de modélisation, même si, la plupart du temps, il s'agit d'une classe, d'un cas d'utilisation ou d'un système dans son ensemble. Les automates à états finis peuvent être visualisés de deux manières. Premièrement, si on utilise les diagrammes d'activités, on peut se concentrer sur les activités qui ont lieu au sein de l'objet. Deuxièmement, avec les diagrammes d'états-transitions, on peut se concentrer sur le comportement d'un objet, ordonnancé par les événements, ce qui est particulièrement utile lorsqu'on modélise des systèmes réactifs.

Comme le montre la figure 21-1, UML fournit une représentation graphique des états, des transitions, des événements et des actions. Cette notation permet de visualiser le comportement d'un objet en mettant en évidence les éléments importants dans la vie de cet objet.

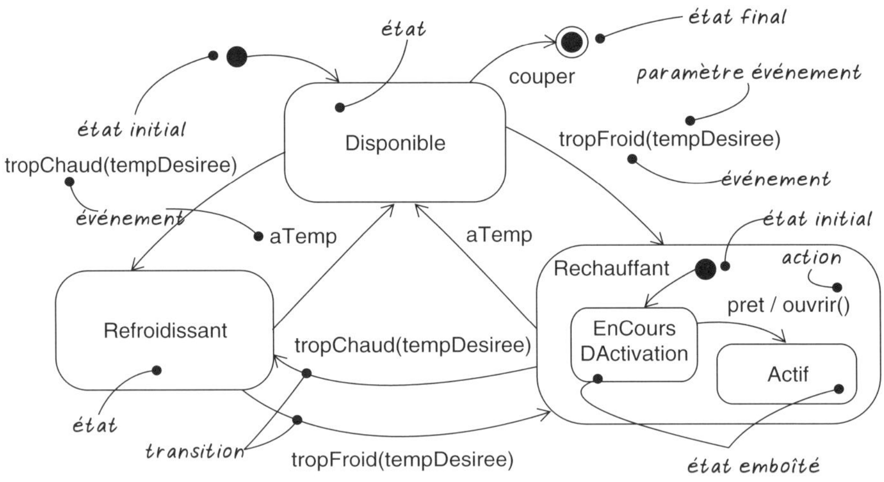

Figure 21-1 : *Automates à états finis*

Termes et concepts

Un *automate à états finis* est un comportement qui définit les différents états par lesquels un objet passe au cours de son existence en réponse à des événements, ainsi que les réponses à ces événements. Un *état* est une condition ou une situation qui survient au cours de la vie d'un objet pendant laquelle cet objet satisfait à certaines conditions, exécute une activité ou attend un événement. Un *événement* est la spécification d'une occurrence importante qui occupe une place dans l'espace et dans le temps. Dans le contexte des automates à états finis, un événement est l'occurrence d'un stimulus qui peut déclencher une transition d'état. Une *transition* est une relation entre deux états qui indique qu'un objet de l'état numéro 1 exécute certaines actions et entre dans l'état numéro 2 lorsqu'un événement bien précis se produit et qu'il satisfait aux conditions définies. Une *activité* est un calcul exécutable non-atomique qui se produit au sein d'un automate à états finis. Une *action* est un calcul atomique exécutable qui aboutit à une modification de l'état du modèle ou à une valeur fournie en retour. Un état est représenté par un rectangle aux angles arrondis et une transition par une ligne pleine fléchée.

Contexte

Les objets sont traités au chapitre 13, les messages au chapitre 15.

Chaque objet a une existence. La création correspond à la naissance de l'objet, la destruction à la fin de son existence. Entre les deux, un objet peut agir sur d'autres objets (en leur envoyant des messages) ou d'autres objets peuvent agir sur lui (lorsqu'il est la cible d'un message). La plupart du temps, ces messages sont de simples appels d'opération synchrones. Par exemple, une instance de la classe `Client` peut invoquer l'opération `obtenirEtatDuCompte` sur une instance de la classe `CompteBancaire`. Ces objets n'ont pas besoin d'automate à états finis pour spécifier leur comportement car leur comportement actuel ne dépend pas de leur passé.

Les signaux sont traités au chapitre 20.

Dans d'autres sortes de systèmes, certains objets répondent à des signaux qui sont des stimuli asynchrones communiqués entre des instances. Par exemple, un téléphone cellulaire doit répondre à des appels téléphoniques envoyés de manière aléatoire depuis d'autres téléphones, à des événements qui se produisent sur le cadran (par exemple le client qui compose un numéro) et à des événements en provenance du réseau (lorsque le téléphone passe d'un relais à un autre). De même, le comportement actuel de certains objets dépend de leur comportement passé. Par exemple, le comportement d'un système de guidage de missiles air-air dépend de son état actuel, comme `PasEnVol` (en effet, il ne serait pas très judicieux de lancer un missile fixé sur un avion encore au sol) ou `EnRecherche` (il vaut mieux éviter d'armer un missile tant que l'on ne sait pas précisément contre quelle cible il doit être lancé).

Les objets actifs sont traités au chapitre 22, la modélisation des systèmes réactifs au chapitre 24, les cas d'utilisation et les acteurs au chapitre 16, les interactions au chapitre 15, les interfaces au chapitre 11.

Le comportement des objets qui doivent répondre à des stimuli asynchrones, ou dont le comportement actuel dépend du comportement passé, est beaucoup mieux précisé avec un automate à états finis. Cela inclut les instances des classes qui peuvent recevoir des signaux, y compris plusieurs objets actifs. En fait, un objet qui reçoit un signal mais qui n'a pas d'automate à états finis ignore purement et simplement ce signal. Les automates à états finis servent également à modéliser le comportement de systèmes entiers, essentiellement de systèmes réactifs qui doivent répondre aux signaux envoyés par des acteurs situés à l'extérieur du système.

Remarque : En règle générale, on utilise les interactions pour modéliser le comportement d'un cas d'utilisation, mais pour ce faire, on peut également appliquer les automates à états finis. De même, il est possible d'appliquer les automates à états finis pour modéliser le comportement d'une interface. Bien qu'une interface ne puisse pas avoir d'instances directes, une classe qui réalise cette interface peut en avoir. Elle doit se conformer au comportement défini par l'automate à états finis de l'interface en question.

États

Un état est une condition ou une situation au cours de la vie d'un objet pendant laquelle cet objet satisfait à certaines conditions, exécute une activité ou attend un événement. Un objet reste dans un état pendant une durée déterminée. Par exemple, dans une maison, un `Radiateur` peut être dans un des quatre états suivants : `Disponible` (en attente d'un ordre pour commencer à chauffer la maison), `EnCoursDActivation` (le gaz fonctionne, mais le radiateur n'est pas encore à la bonne température), `Actif` (le gaz et la soufflerie sont en marche) ou `EnCoursDExtinction` (le gaz est arrêté mais la soufflerie fonctionne pour expulser la chaleur restante à l'extérieur du système).

Il est possible de visualiser l'état d'un objet dans une interaction (voir chapitre 13). Un nom d'état doit être unique à l'intérieur de son état englobant, selon les règles traitées au chapitre 12. Les quatre dernières parties d'un état sont traitées dans les dernières sections de ce chapitre.

Lorsque l'automate à états d'un objet est dans un état donné, on dit que l'objet est dans cet état. Par exemple, une instance de `Radiateur` peut être en état `Disponible` ou en état `EnCoursDExtinction`.

Un état se compose de plusieurs parties :

- le nom — une chaîne de caractères qui le différencie des autres états. Un état peut être anonyme, ce qui signifie qu'il n'a pas de nom.
- les actions d'entrée/de sortie — les actions effectuées respectivement au moment de l'entrée (entry) dans l'état et de la sortie de l'état (exit).
- les transitions internes — les transitions manipulées sans que cela occasionne de changement d'état.
- les sous-états — la structure qui se trouve à l'intérieur d'un état et qui comprend des sous-états disjoints (actifs de manière séquentielle) ou concurrents (actifs de façon concurrente).
- les événements différés — Il s'agit là d'une liste d'événements qui ne sont pas traités dans cet état, mais qui sont reportés et mis en attente pour être traités par l'objet dans un autre état

---

Remarque : Un nom d'état se compose d'une chaîne de caractères qui comporte un certain nombre de lettres, de chiffres ou de signes de ponctuation (à l'exception des deux-points) et qui peut s'étendre sur plusieurs lignes. Dans la pratique, les noms d'état sont des noms courts ou de petites phrases nominales tirés du vocabulaire du système en cours de modélisation. En règle générale, la première lettre de chaque mot est une majuscule. Exemples : `Disponible` ou `EnCoursDExtinction`.

Comme le montre la figure 21-2, un état est représenté par un rectangle aux angles arrondis.

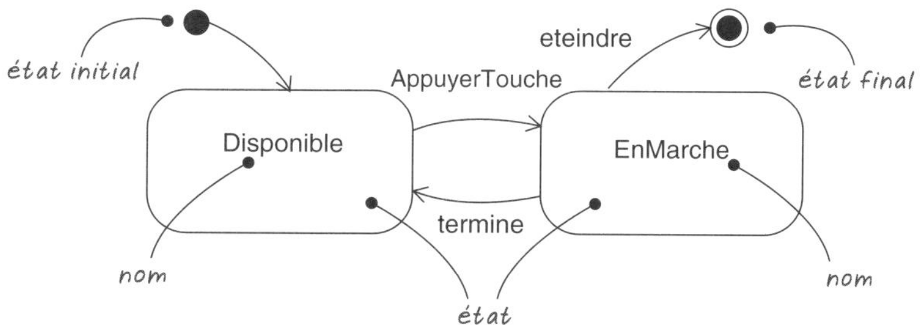

Figure 21-2 : *États*

État initial et état final

Comme le montre la figure 21-2, deux états spéciaux peuvent être définis pour l'automate à états finis d'un objet. Premièrement, l'état initial indique le point de départ par défaut de l'automate à états finis ou d'un sous-état. Un état initial est représenté par un rond noir plein. Deuxièmement, l'état final indique que l'exécution de l'automate à états finis ou de l'état englobant a été réalisée. Un état final est représenté par un rond noir plein à l'intérieur d'un cercle un peu plus grand.

Remarque : L'état final et l'état initial sont réellement des pseudo-états. Aucun des deux n'a les parties habituelles d'un état, mis à part le nom. Une transition d'un état initial à un autre état peut comporter la totalité des caractéristiques, y compris une condition de garde et une action (mais pas d'événement déclencheur).

Transitions

Une transition est une relation entre deux états qui indique qu'un objet dans le premier état effectue certaines actions et entre dans le deuxième état lorsqu'un événement déterminé se produit et qu'il satisfait à certaines conditions définies. Au cours de ce changement d'état, on dit que la transition est déclenchée. Avant le déclenchement de la transition, on dit que l'objet est dans l'état source, après on parle d'état cible. Par exemple, un `Radiateur` peut transiter de l'état `Disponible` à l'état `EnCoursDActivation` lorsqu'un événement tel que `tropFroid` (avec le paramètre `temperatureDesiree`) se produit.

Une transition comporte cinq parties :

1. l'état source — l'état affecté par la transition. Si un objet se trouve dans l'état source, une transition sortante peut être déclenchée lorsque l'objet reçoit l'événement déclencheur de la transition et, le cas échéant, si la condition de garde, est remplie.

Les événements sont traités au chapitre 20.

2. l'événement déclencheur — la réception de cet événement par l'objet dans l'état source permet à la transition d'être déclenchée, sous réserve que la condition de garde soit satisfaite.
3. la condition de garde — expression booléenne dont la valeur est fixée lorsque la transition est déclenchée par la réception de l'événement déclencheur. Si l'expression a la valeur True, la transition peut être déclenchée. Si au contraire l'expression a la valeur False, la transition ne peut pas être déclenchée, et si aucune autre transition ne peut être déclenchée par le même événement, l'événement est perdu.
4. l'action — calcul atomique exécutable qui peut agir directement sur l'objet qui possède l'automate à états finis et indirectement sur les autres objets visibles par l'objet en question.
5. l'état cible — Il s'agit là de l'état actif après la réalisation de la transition.

Comme le montre la figure 21-3, une transition est représentée par une ligne fléchée qui va de l'état source à l'état cible. Une autotransition est une transition dont l'état source et l'état cible ne font qu'un.

La synchronisation des états concurrents est également traitée au chapitre 19.

Remarque : Une transition peut avoir de multiples sources (elle représente alors un regroupement de plusieurs états concurrents) ainsi que de multiples cibles (elle représente alors une division en de multiples états concurrents).

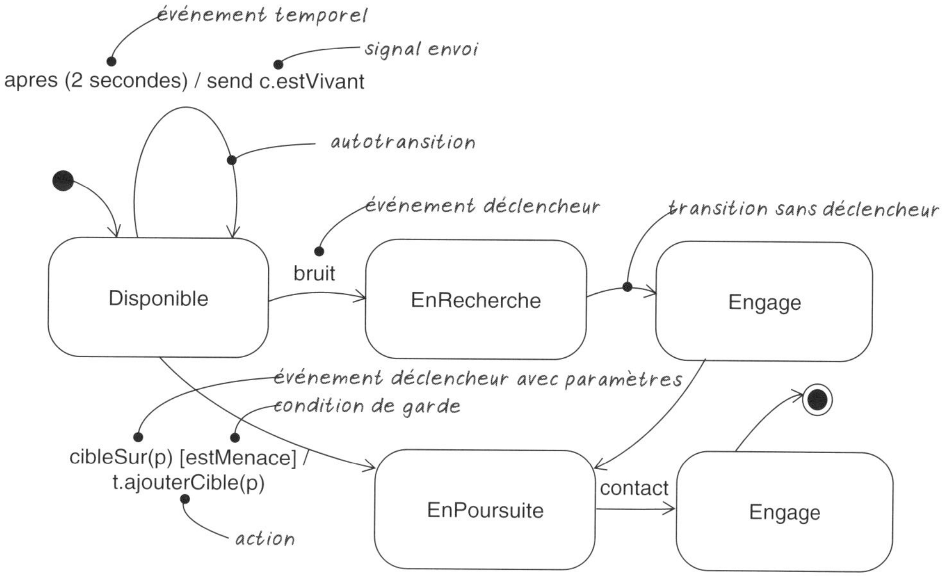

Figure 21-3: *Transitions*

Les événements sont traités au chapitre 20.

Événement déclencheur

Un événement est la spécification d'une occurrence importante qui occupe une place dans l'espace et dans le temps. Dans le contexte des automates à états finis, un événement est l'occurrence d'un stimulus qui peut déclencher une transition d'état. Comme le montre la figure 21-3, les événements peuvent comporter des signaux, des appels, un laps de temps ou un changement d'état. Un signal ou un appel peut avoir des paramètres dont les valeurs sont accessibles à la transition, comme les expressions pour l'action et les conditions de garde.

La spécification d'une famille de signaux est traitée au chapitre 20. Les conditions de garde multiples qui ne se chevauchent pas forment une branche (voir chapitre 19).

Il est également possible d'avoir une transition sans déclencheur, représentée par une transition sans événement déclencheur. Une transition sans déclencheur – également appelée transition de terminaison – est déclenchée de manière implicite lorsque l'état source a terminé son activité.

Remarque : Un événement déclencheur peut être polymorphe. Par exemple, si l'on a défini une famille de signaux, une transition dont l'événement déclencheur est `S` peut être déclenchée par `S`, mais également par les enfants de `S`.

Condition de garde

Comme le montre la figure 21-3, une condition de garde est représentée par une expression booléenne placée entre crochets après la réception de l'événement déclencheur. Une condition de garde n'est évaluée qu'après l'événement déclencheur de sa transition. Il est donc possible d'avoir de multiples transitions à partir du même état source et avec le même événement déclencheur, tant que les conditions ne se chevauchent pas.

Une condition de garde n'est évaluée qu'une seule fois pour chaque transition au moment où l'événement se produit, mais elle peut être évaluée une seconde fois si la transition est à nouveau déclenchée. L'expression booléenne peut contenir des conditions relatives à l'état d'un objet (par exemple, l'expression un `Radiateur Disponible`, qui donne une valeur True si l'objet `Radiateur` est effectivement dans l'état `Disponible`).

Les événements de modification sont traités au chapitre 20.

Remarque : Une condition de garde n'est évaluée qu'une seule fois à chaque déclenchement de sa transition. Toutefois, un événement de modification est potentiellement évalué de manière continue.

Action

Les actions sont traitées au chapitre 15.

Une action est un calcul atomique exécutable qui peut comporter des appels d'opération (en direction de l'objet qui possède l'automate à états finis, ainsi qu'en direction des autres objets visibles), la création ou la destruction d'un autre objet ou l'envoi d'un signal à un objet. Comme le montre la figure 21-3, on utilise une notation particulière pour l'envoi d'un signal — le nom du signal est précédé du mot clef `send`, qui sert de repère visuel.

Les activités sont traitées dans la dernière partie de ce chapitre, les dépendances aux chapitres 5 et 10.

Une action est atomique, ce qui signifie qu'elle ne peut pas être interrompue par un événement et elle ne peut que s'accomplir totalement, contrairement à l'activité qui peut être interrompue par d'autres événements.

Remarque : Il est possible de représenter de manière explicite l'objet vers lequel un signal est envoyé en utilisant une dépendance dont le stéréotype est `send`, dont la source est l'état et dont la cible est l'objet.

États et transitions avancés

On peut modéliser une grande variété de comportements en utilisant uniquement les caractéristiques de base des états et des transitions en UML. En utilisant ces caractéristiques, on finit par avoir des automates à états finis plats, c'est-à-dire que les modèles comportementaux ne sont constitués que de courbes (transitions) et de sommets (états).

Cependant, les automates à états finis d'UML comportent de nombreuses caractéristiques avancées qui permettent de gérer des modèles comportementaux complexes. Ces caractéristiques réduisent souvent le nombre d'états et de transitions nécessaires et codifient un nombre de tournures idiomatiques courantes et plus ou moins complexes que l'on rencontrerait de toute façon en utilisant les automates à états plats. Certaines de ces caractéristiques avancées comportent des actions d'entrée et de sortie, des transitions internes, des activités, et des événements différés.

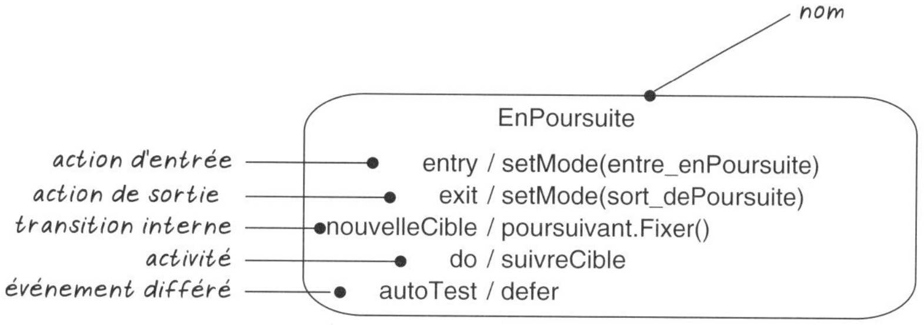

Figure 21-4 : *États et transitions avancés*

Actions d'entrée et actions de sortie

Dans un certain nombre de situations de modélisation, on souhaite envoyer la même action chaque fois que l'on entre dans un état, quelle que soit la transition par laquelle on est arrivé. De même, à la sortie d'un état, on peut avoir envie d'envoyer la même action, quelle que soit la transition par laquelle on repart. Par exemple, dans un système de guidage de missiles, on veut annoncer de manière explicite que le système est `entre_enPoursuite` chaque fois qu'il est dans l'état `EnPoursuite` et `sort_dePoursuite` chaque fois qu'il n'est plus dans cet état. On peut y parvenir en utilisant des automates à états finis plats qui positionnent ces actions sur chaque transition qui entre et qui sort. Cependant, cette technique peut être à l'origine de nombreuses erreurs si l'on oublie d'ajouter ces actions à chaque fois que l'on ajoute une nouvelle transition. De plus, la modification de cette action signifie que l'on doit intervenir sur toutes les transitions voisines.

Comme le montre la figure 21-4, UML fournit un raccourci pour cette tournure idiomatique. En effet, dans le symbole qui représente l'état, il est possible d'inclure une action d'entrée (marquée par le mot clef `entry`) et une action de sortie (marquée par le mot clef `exit`), ainsi que l'action à entreprendre. Chaque fois que l'on entre dans l'état, l'action d'entrée est invoquée. Chaque fois que l'on en sort, l'action de sortie est invoquée.

Remarque : Les actions d'entrée et de sortie ne peuvent pas avoir d'arguments ni de conditions de garde. En revanche, l'action d'entrée située tout en haut d'un automate à états finis pour une classe peut avoir des paramètres qui représentent les arguments finis que reçoit l'automate lorsque l'objet est créé.

Autotransitions

Une fois à l'intérieur de l'état, on rencontre des événements que l'on veut traiter sans avoir à quitter l'état dans lequel on se trouve. Ces événements s'appellent des transitions internes et sont légèrement différents des autotransitions. Comme le montre la figure 21-3, dans une autotransition, un événement déclenche la transition, on quitte l'état, le cas échéant une action est envoyée puis on rentre de nouveau dans le même état. Parce qu'elle sort de l'état puis y entre une nouvelle fois, une autotransition envoie d'abord l'action de sortie de l'état, puis l'action de l'auto-transition et enfin l'action d'entrée de l'état. Cependant, si on souhaite traiter l'événement sans déclencher les actions d'entrée et de sortie, il faut utiliser les automates à états finis plats en prenant soin de ne pas oublier quelles transitions d'un état ont ces actions d'entrée et de sortie et quelles sont celles qui ne les ont pas.

Comme le montre la figure 21-4, UML fournit également un raccourci pour cette tournure idiomatique (par exemple, pour l'événement `nouvelleCible`). Il est possible d'inclure une transition interne (marquée par un événement) dans le symbole qui représente cet état. Chaque fois que l'on se trouve dans l'état et que cet événement est déclenché, l'action correspondante est envoyée sans qu'il soit nécessaire de quitter l'état puis d'y entrer de nouveau. L'événement est alors traité sans que l'on ait à envoyer les actions d'entrée et de sortie de l'état.

Remarque : Les transitions internes peuvent avoir des événements qui comportent des paramètres et des conditions de garde. À ce titre, les transitions internes sont essentiellement des interruptions.

Activités

Lorsqu'un objet est dans un état, il est généralement inactif, dans l'attente d'un événement. On peut toutefois souhaiter modéliser une activité en cours. Pendant qu'il est dans un état, l'objet effectue un travail qui continue jusqu'à ce qu'un nouvel événement vienne l'interrompre. Par exemple, si un objet se trouve dans l'état `EnPoursuite`, il peut `suivreCible` aussi longtemps qu'il reste dans cet état. Comme le montre la figure 21-4, en UML on utilise la transition spéciale do pour spécifier le travail qui doit être fait à l'intérieur d'un état après que l'action d'entrée a été envoyée. L'activité d'une transition do peut nommer un autre automate à états finis (tel que suivreCible). Il est également possible de spécifier une séquence d'actions — par exemple, do/ op1(a); op2(b); op3(c). Les actions ne peuvent jamais être interrompues, mais les séquences d'actions peuvent l'être. Entre chaque action (séparée par un point-virgule), les événements peuvent être manipulés par l'état englobant, ce qui conduit à sortir de l'état.

Les événements sont traités au chapitre 20.

Evénements différés

Prenons l'exemple d'un état comme EnPoursuite. Comme le montre la figure 21-3, on suppose qu'une seule transition conduit à l'extérieur de cet état et qu'elle est déclenchée par l'événement contact. Pendant qu'ils sont dans l'état EnPoursuite, tous les événements autres que contact et qui ne sont pas traités par les sous-états sont perdus. Cela signifie que l'événement peut se produire, mais qu'il sera remis à plus tard et qu'il ne résultera aucune action liée à la présence de cet événement.

Dans chaque situation de modélisation, on cherche à reconnaître certains événements et à en ignorer d'autres. On intègre alors ceux que l'on souhaite reconnaître comme les événements déclencheurs des transitions et on laisse simplement de côté ceux que l'on souhaite ignorer. Cependant, dans certaines situations de modélisation, on veut reconnaître certains événements mais remettre à plus tard la réponse à leur donner. Par exemple, pendant qu'on est dans l'état EnPoursuite, on peut souhaiter différer la réponse aux signaux tels que autoTest, qui peuvent être envoyés dans le système par un agent de maintenance.

En UML, on peut spécifier ce comportement à l'aide des événements différés. Un événement différé est en fait une liste d'événements dont l'occurrence dans l'état est repoussée jusqu'à ce qu'un état, dans lequel les événements de la liste ne sont pas différés, devienne actif. À ce moment-là, les événements peuvent déclencher des transitions comme s'ils venaient juste de se produire. Comme le montre la figure 21-4, il est possible de spécifier un événement différé en listant l'événement à l'aide de l'action spéciale defer. Dans cet exemple, des événements autoTest peuvent se produire pendant que l'objet est dans l'état EnPoursuite, mais ils sont mis en attente jusqu'à ce que l'objet soit dans l'état Engage ; à ce moment, ils donnent l'impression qu'ils viennent juste de se produire.

Remarque : L'implémentation d'événements différés nécessite la présence d'une file d'attente interne d'événements. Si un événement se produit mais figure dans la liste des événements différés, il est mis dans la file d'attente. Les événements sont ensuite pris dans cette file dès que l'objet entre dans un état qui ne diffère pas ces événements.

Sous-états

Ces caractéristiques avancées des états et des transitions résolvent un grand nombre de problèmes courants de la modélisation d'automate à états finis. Pourtant, il existe une autre caractéristique des automates à états d'UML — les sous-états — qui simplifient encore plus la modélisation de comportements complexes. Un sous-état est un état emboîté dans un autre état. Par exemple, un `Radiateur` peut être dans l'état `Rechauffant`, mais cet état `Rechauffant` peut lui-même comporter un état emboîté `EnCoursDActivation`. Dans ce cas, on peut dire que l'objet est à la fois en état `Rechauffant` et `EnCoursDActivation`.

Les états composés sont des structures emboîtées semblables à la composition (voir chapitres 5 et 10).

Un état simple est un état qui n'a pas de sous-structure. Un état qui a des sous-états — c'est-à-dire des états emboîtés — est appelé un état composé. Un état composé peut contenir soit des sous-états concurrents (orthogonaux), soit des sous-états séquentiels (disjoints). En UML, on représente un état composé de la même manière qu'un état simple mais avec un compartiment graphique optionnel qui montre un automate à états finis emboîté. Les sous-états peuvent être emboîtés à n'importe quel niveau.

Sous-états séquentiels

Prenons par exemple le problème de la modélisation du comportement d'un distributeur de billets. Ce système peut se trouver principalement dans trois états de base : `Disponible` (lorsqu'il est en attente de l'interaction d'un client), `Actif` (lorsqu'il met en œuvre la transaction d'un client) et `Maintenance` (si on est en train de le réapprovisionner en billets). Quand un distributeur de billets est `Actif`, son comportement suit un chemin simple : valider le client, sélectionner une transaction, traiter la transaction et enfin imprimer un reçu. Après avoir imprimé le reçu, le distributeur de billets repasse à l'état `Disponible`. On peut représenter ces différentes étapes du comportement par les états `Validation`, `Selection`, `Traitement` et `Impression`. Il est préférable de laisser au client la possibilité de sélectionner et traiter plusieurs transactions après la `Validation` du compte et avant l'`Impression` du reçu final.

Le problème qui se pose est qu'à chaque étape de ce comportement, le client peut décider d'annuler la transaction, ce qui renvoie le distributeur de billets à son état `Disponible`. On peut obtenir ce résultat à l'aide des automates à états finis plats mais cela est assez confus. Le client ayant la possibilité d'annuler la transaction à tout moment, il faudrait inclure une transition qui convient dans chaque état dans la séquence `Actif`. La confusion vient du fait qu'il est facile d'oublier d'inclure ces transitions chaque fois que cela s'avère nécessaire. De plus, un grand nombre d'événements d'interruption implique une multitude de transitions qui proviennent de plusieurs sources et pointent sur le même état cible, mais avec les mêmes déclencheurs d'événement, les mêmes conditions de garde et les mêmes actions.

Comme le montre la figure 21-5, il existe un moyen plus simple de modéliser ce problème en utilisant des sous-états séquentiels. Ici, l'état `Actif` a une sous-structure qui contient les sous-états `Validation`, `Selection`, `Traitement` et `Impression`. L'état du distributeur de billets passe de `Disponible` à `Actif` lorsque le client introduit sa carte de crédit dans la machine. Une fois que l'on est entré dans l'état `Actif`, l'action d'entrée lectureCarte est exécutée. Le contrôle part de l'état initial de la sous-structure, passe par l'état `Validation`, puis par l'état `Selection` et enfin par l'état `Traitement`. Après le `Traitement`, la `Selection` peut reprendre le contrôle (si le client a choisi une autre transaction) ou passer à l'`Impression`. Après l'`Impression`, une transition sans déclencheur se produit et on retourne à l'état `Disponible`. On remarque que l'état `Actif` a une action de sortie qui éjecte la carte de crédit du client.

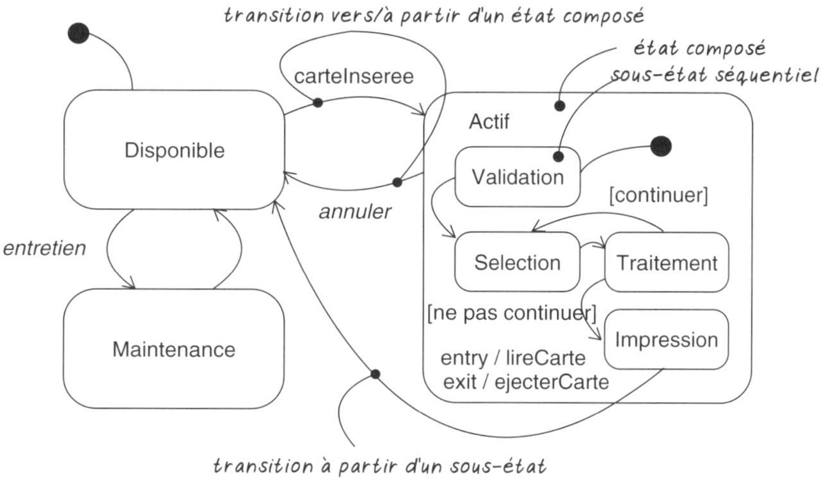

Figure 21-5 : *Sous-états séquentiels*

On peut également constater la transition de l'état `Actif` à l'état `Disponible`, déclenchée par l'événement `annuler`. Dans n'importe quel sous-état d'`Actif`, le client peut annuler la transaction, ce qui renvoie le distributeur de billets à l'état `Disponible` (mais seulement une fois la carte de crédit du client éjectée, puisqu'il s'agit là de l'action de sortie envoyée lorsqu'on sort de l'état `Actif`, quelle que soit la cause de la transition hors de cet état). Sans les sous-états, il faudrait que, dans chaque état de la sous-structure, une transition soit définie comme étant déclenchée par `annuler`.

Les sous-états tels que `Validation` et `Traitement` sont des sous-états séquentiels ou disjoints. Si l'on prend un ensemble de sous-états disjoints dans le contexte d'un état composé englobant, l'objet est dans l'état composé et ne peut être que dans un seul de ces sous-états (ou l'état final) à la fois. Les sous-états séquentiels divisent donc l'espace de l'état composé en plusieurs états disjoints.

À partir d'une source externe à un état composé, une transition peut cibler l'état composé ou un sous-état. Si la cible est l'état composé, l'automate à états finis emboîté doit comporter un état initial. Dès qu'on entre dans l'état composé, le contrôle passe par cet état initial après invocation de l'action d'entrée (s'il y en a une). Si la cible est le sous-état, le contrôle passe au sous-état, une fois que l'action d'entrée (s'il y en a une) de l'état composé puis l'action d'entrée (s'il y en a une) du sous-état ont été invoquées.

Une transition qui sort d'un état composé peut avoir pour source l'état composé ou un sous-état. Dans un cas comme dans l'autre, le contrôle quitte d'abord le sous-état (et, s'il y en a une, son action de sortie est invoquée) puis l'état composé (et, s'il y en a une, son action de sortie est invoquée). Une transition dont la source est l'état composé interrompt en fait l'activité de l'automate à états finis emboîté.

Remarque : Un automate à états séquentiels emboîté peut avoir au maximum un état initial et un état final.

États à historique

Un automate à états finis décrit les aspects dynamiques d'un objet dont le comportement en cours dépend de son passé. En effet, un automate à états finis détermine l'ordre légal des états finis par lesquels un objet passe au cours de son existence.

Sauf précision contraire, lorsqu'une transition entre dans un état composé, l'action de l'automate à états finis emboîté repart de son état initial (à moins, bien sûr, que la transition ne cible directement un sous-état). Cependant, on souhaite parfois modéliser un objet de façon à ce qu'il se souvienne du dernier sous-état qui était actif avant de quitter l'état composé. Par exemple, dans le cas de la modélisation du comportement d'un agent qui fait une sauvegarde sans supervision des ordinateurs à travers un réseau, on veut que l'agent se souvienne où il en était dans le processus si jamais il venait à être interrompu par une requête de l'opérateur par exemple.

Il est possible de modéliser cela à l'aide des automates à états finis plats, mais ce n'est pas facile. En effet, pour chaque sous-état séquentiel, l'action de sortie doit sauvegarder une valeur dans une variable locale de l'état composé. Ensuite l'état initial de cet état composé a besoin d'une transition vers chaque sous-état avec une condition de garde, qui interroge la variable. Ainsi, en quittant l'état composé on garde le dernier sous-état en mémoire et en entrant dans l'état composé on opère directement une transition vers le bon sous-état. C'est assez compliqué car il est nécessaire de mettre en place l'action de sortie qui convient et de procéder ainsi pour chaque sous-état. On obtient en fait une multitude de transitions qui sortent du même état initial en direction de plusieurs sous-états cibles avec des conditions de garde très proches (mais qui ne sont pas identiques).

En UML, on peut modéliser cette structure idiomatique beaucoup plus simplement en utilisant les états à historique. Un état à historique permet à un état composé qui contient des sous-états séquentiels de se souvenir du dernier sous-état actif avant la transition réalisée depuis l'état composé. Comme le montre la figure 21-6, un état à historique superficiel est représenté par un petit cercle qui contient le symbole `H`.

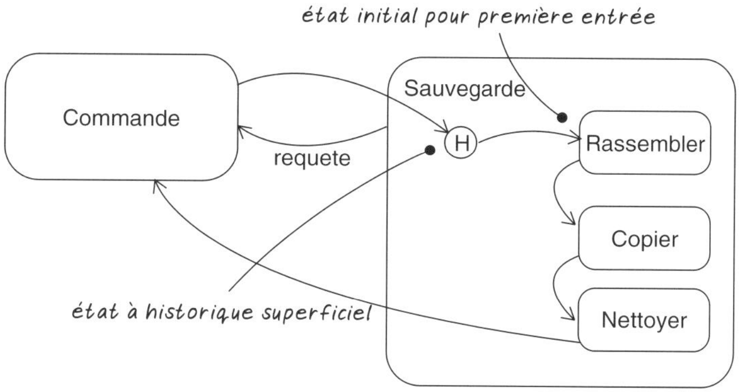

Figure 21-6 : *État à historique*

Pour qu'une transition active le dernier sous-état, il suffit de représenter une transition qui vient de l'extérieur de l'état composé et de la diriger directement vers l'état à historique. La première fois que l'on entre dans un état composé, il n'a pas d'historique. Cela explique la transition qui va de l'état à historique vers un sous-état séquentiel tel que `Rassembler`. La cible de cette transition précise l'état initial de l'automate à états finis emboîté lorsqu'on y entre pour la première fois. Par la suite, on suppose que pendant l'état `Sauvegarde` et l'état `Copier`, l'événement `requete` est envoyé. Le contrôle quitte alors `Copier` et `Sauvegarde` (en envoyant leurs actions de sortie si nécessaire) puis retourne à l'état `Commande`. Lorsque l'action de `Commande` est exécutée, la transition sans déclencheur repasse à l'état à historique de l'état composé `Sauvegarde`. Cette fois-ci, étant donné que l'on a un historique dans l'automate à états finis emboîté, le contrôle va directement à l'état `Copier` — en sautant l'état `Rassembler` — car `Copier` était le dernier sous-état actif avant que la transition ne sorte de `Sauvegarde`.

Remarque : Le symbole `H` désigne un historique superficiel, qui se souvient uniquement de l'historique de l'automate à états finis emboîté le plus proche. Il est également possible de définir un historique plus complet, que l'on représente par un petit cercle qui contient le symbole `H*`. L'historique complet garde en mémoire le sous-état le plus emboîté quel que soit son emboîtement. Lorsqu'on a un seul niveau d'emboîtement, les états à historique superficiels et complets sont équivalents du point de vue sémantique. Si au contraire on a plusieurs niveaux d'emboîtement, l'historique superficiel ne garde en mémoire que le sous-état le plus proche alors que l'historique complet se souvient du sous-état le plus emboîté, quel que soit son emboîtement.

Dans les deux cas, si un automate à états finis emboîté atteint un état final, il perd l'historique et se comporte comme si rien ne s'était encore passé.

Sous-états concurrents

Les sous-états séquentiels sont les automates à états finis emboîtés les plus courants. Cependant, dans certaines situations de modélisation, on a besoin de spécifier des sous-états concurrents. Ces sous-états permettent de préciser deux ou plusieurs automates à états finis qui fonctionnent en parallèle dans le contexte de l'objet englobant.

Les objets actifs sont traités au chapitre 22.

Remarque : On peut également modéliser la concurrence en utilisant des objets actifs. Ainsi, au lieu de diviser l'automate à états finis d'un objet en deux (ou plusieurs) sous-états concurrents, on peut définir deux objets actifs, chacun d'eux étant responsable du comportement d'un des sous-états concurrents. Si le comportement d'un de ces flots concurrents est affecté par l'état de l'autre, on a alors recours aux sous-états concurrents pour modéliser cela. Si le comportement d'un de ces flots concurrents est affecté par les messages envoyés vers l'autre et par l'autre, on modélise ce fait en utilisant des objets actifs. S'il n'y a que peu de communication (voire aucune) entre les flots concurrents, on choisit l'approche que l'on préfère, même si, la plupart du temps, l'utilisation des objets actifs rend plus compréhensible les choix de conception.

La synchronisation des états concurrents est traitée au chapitre 19.

La figure 21-7 montre une extension de l'état `Maintenance` représenté dans la figure 21-5. L'état `Maintenance` est décomposé en deux sous-états concurrents, `Test` et `Commande` que l'on représente en les emboîtant dans l'état `Maintenance` et en les séparant par une ligne en pointillés. Chaque sous-état est divisé en plusieurs sous-états séquentiels. Lorsque le contrôle passe de l'état `Disponible` à l'état `Maintenance`, il se divise en deux flots concurrents – l'objet englobant se trouve alors dans l'état `Test` et l'état `Commande`. De plus, tout en étant dans l'état `Commande`, l'objet englobant est également dans l'état `Attente` ou dans l'état `Commander`.

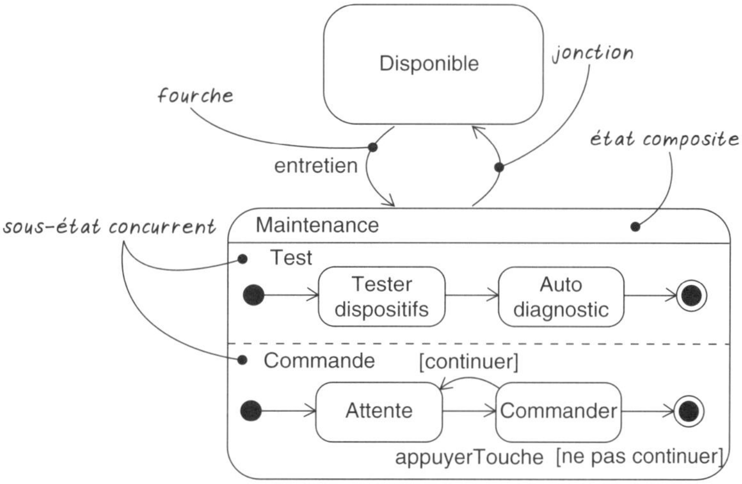

Figure 21-7 : *Sous-états concurrents*

Remarque : C'est ce qui différencie les sous-états séquentiels et les sous-états concurrents. Si on a deux sous-états séquentiels ou plus sur le même niveau, l'objet se trouve dans l'un ou l'autre de ces sous-états. Si on a deux sous-états concurrents ou plus sur le même niveau, l'objet se trouve dans un état séquentiel de chacun des sous-états concurrents.

L'exécution de ces deux sous-états concurrents se poursuit en parallèle. À la fin, chaque automate à états finis emboîté atteint son état final. Si un sous-état concurrent atteint son état final avant l'autre, le contrôle dans ce sous-état attend dans son état final. Quand les deux automates à états finis emboîtés ont atteint leur état final, les contrôles des deux sous-états concurrents se rejoignent en un seul flot.

Chaque fois qu'il y a une transition vers un état composé divisé en plusieurs sous-états concurrents, le contrôle se divise en autant de flots concurrents qu'il y a de sous-états concurrents. De même, chaque fois qu'il y a une transition venant d'un sous-état composé divisé en plusieurs sous-états concurrents, les contrôles se rejoignent en un seul flot. Cela est vrai dans tous les cas. Si tous les sous-états concurrents atteignent leur état final ou s'il y a une transition explicite qui sort de l'état composé englobant, les flots concurrents se rejoignent en un seul flot.

Remarque : Un automate à états finis emboîté concurrent n'a pas d'état initial, final ou historique. Néanmoins, les sous-états séquentiels qui composent un état concurrent peuvent avoir ces caractéristiques.

Techniques de modélisation courantes

Modélisation de l'existence d'un objet

Les objets sont traités au chapitre 13, les classes aux chapitres 4 et 9, les cas d'utilisation au chapitre 16, les systèmes au chapitre 31, les interactions au chapitre 15.

La plupart du temps on utilise les automates à états finis pour modéliser l'existence d'un objet, principalement des instances de classes, de cas d'utilisations et du système dans son ensemble. Alors que les interactions modélisent le comportement d'une société d'objets qui travaillent ensemble, un automate à états finis modélise le comportement d'un seul objet tout au long de son existence, ce qui s'applique par exemple aux interfaces utilisateur, aux contrôleurs et aux appareils.

Lorsqu'on modélise l'existence d'un objet, on spécifie essentiellement trois choses : les événements auxquels l'objet peut répondre, la réponse à ces événements et l'influence du passé sur le comportement actuel. La modélisation de l'existence d'un objet implique également de décider dans quel ordre l'objet peut répondre de façon sensée aux événements, depuis sa création jusqu'à sa destruction.

Pour modéliser l'existence d'un objet, il faut :

- établir le contexte de l'automate à états finis, qu'il s'agisse d'une classe, d'un cas d'utilisation ou d'un système dans son ensemble ;
  - si le contexte est une classe ou un cas d'utilisation, il est nécessaire de rassembler les classes voisines, ainsi que tous les parents de la classe et toutes les classes qui peuvent être atteintes par associations ou dépendances. Ces classes voisines sont des cibles possibles pour les actions et sont susceptibles d'être incluses dans des conditions de garde.

Les collaborations sont traitées au chapitre 27.

– si le contexte est un système dans son ensemble, il faut se concentrer sur un comportement du système. En théorie, chaque objet peut participer à la modélisation de l'existence du système, mais, dans la pratique, exception faite des systèmes très simples, une modélisation complète sera extrêmement difficile à réaliser.

Les préconditions et postconditions sont traitées au chapitre 10, les interfaces au chapitre 11.

- établir l'état initial et l'état final de l'objet. Pour guider le reste de la modélisation, on peut également établir les préconditions et postconditions de l'état initial et de l'état final respectivement.
- décider des événements auxquels l'objet peut répondre. S'ils sont déjà spécifiés, on les trouve dans les interfaces de l'objet, sinon, il faut déterminer quels objets peuvent être en interaction avec les objets du contexte, puis quels événements ils peuvent éventuellement envoyer.
- en partant de l'état initial vers l'état final, disposer les états les plus hauts dans lesquels peut se trouver l'objet. Relier ces états avec des transitions déclenchées par les événements appropriés. Poursuivre en ajoutant des actions à ces transitions.
- identifier toutes les actions d'entrée ou de sortie (surtout si la structure idiomatique qu'elles recouvrent est utilisée dans l'automate à états finis).
- agrandir ces états, en fonction des besoins, en utilisant les sous-états.
- vérifier que tous les événements mentionnés dans l'automate à états finis correspondent aux événements attendus par l'interface de l'objet. De même, vérifier que tous les événements attendus par l'interface de l'objet sont traités par l'automate à états finis. Enfin, regarder à quels endroits on veut ignorer les événements de façon explicite.
- vérifier que toutes les actions mentionnées dans l'automate à états finis sont soutenues par les relations, les méthodes et les opérations de l'objet englobant.
- examiner l'automate à états finis, soit manuellement, soit avec des outils, et le vérifier en se référant aux séquences d'événements attendues et à leurs réponses. Rechercher méticuleusement les états qui ne peuvent être atteints et les états dans lesquels l'automate risque d'être coincé.
- après avoir réorganisé l'automate à états finis, le vérifier en se référant de nouveau aux séquences attendues afin de s'assurer que la sémantique de l'objet n'a pas été modifiée.

La figure 21-8 montre l'automate à états finis d'un appareil de contrôle du système de surveillance d'une maison, chargé de surveiller plusieurs capteurs autour du périmètre de la maison.

Il y a quatre principaux états dans l'existence de la classe de cet appareil de contrôle : `MiseEnMarche` (l'appareil de contrôle démarre), `Disponible` (l'appareil est prêt et attend un signal d'alarme ou une commande de l'utilisateur),

Commande (l'appareil de contrôle traite un ordre donné par l'utilisateur) et Actif (l'appareil de contrôle traite une condition d'alarme). Lorsque l'objet appareil de contrôle est créé pour la première fois, il entre d'abord dans l'état MiseEnMarche puis, sans condition, passe à l'état Disponible. Les détails de ces deux états n'apparaissent pas, sauf pour ce qui est de l'autotransition avec l'événement temporel dans l'état Disponible. Ce type d'événement est courant dans les systèmes embarqués, qui ont souvent une horloge interne qui permet de vérifier régulièrement la santé du système.

Le contrôle passe de l'état Disponible à l'état Actif dès qu'il reçoit un événement alarme (qui comprend le paramètre s, identifiant le capteur qui a été déclenché). Dès qu'il entre dans l'état Actif, l'action d'entrée leverAlarme est envoyée, et le contrôle passe alors en premier lieu par l'état Verification (validation de l'alarme), puis par l'état Appel (appeler la société de surveillance pour enregistrer l'alarme) et enfin par l'état Attente. On sort des états Actif et Attente uniquement par l'annulation de l'alarme, ou parce que l'utilisateur envoie à l'appareil de contrôle un signal attention, probablement pour exécuter une commande.

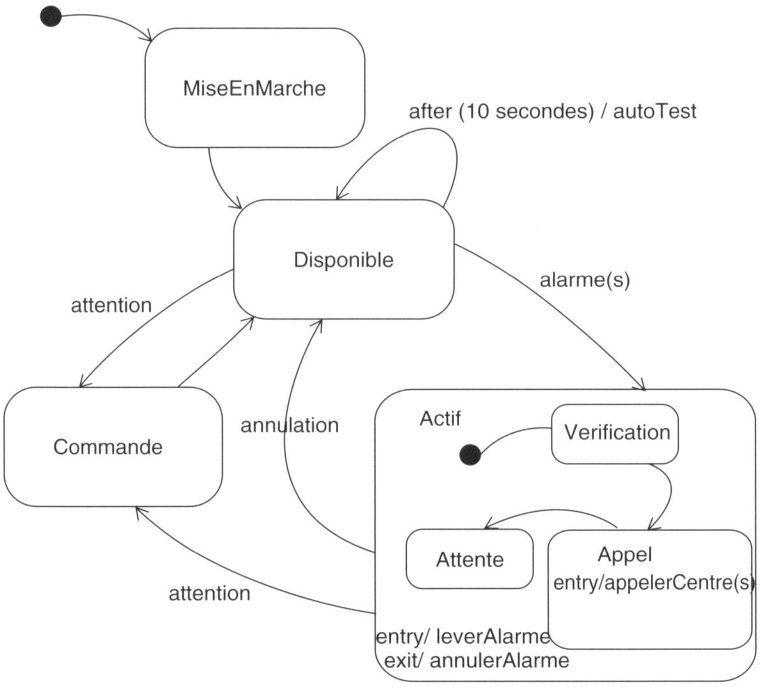

Figure 21-8 : *Modélisation de l'existence d'un objet*

On note qu'il n'y a pas d'état final. Cela est également courant dans les systèmes embarqués, conçus pour fonctionner en permanence.

Trucs et astuces

Lorsqu'on modélise des automates à états finis en UML, il ne faut pas oublier que chaque automate à états finis montre les aspects dynamiques d'un objet individuel, qui représente en général une instance d'une classe, d'un cas d'utilisation ou d'un système dans son ensemble. Un automate à états finis bien structuré doit présenter les caractéristiques suivantes :

- être simple et donc ne pas contenir d'états ou de transitions superflus ;
- avoir un contexte clair et par conséquent avoir accès à tous les objets visibles de son objet englobant (ces voisins doivent être utilisés uniquement lorsque cela s'avère nécessaire pour exécuter le comportement défini par l'automate à états finis) ;
- être efficace et par conséquent exécuter son comportement avec un équilibre optimal du temps et des ressources comme cela est exigé par les actions qu'il envoie ;
- être compréhensible et par conséquent nommer ses états et transitions à partir du vocabulaire du système ;
- ne pas être emboîté de façon trop complexe (emboîter des sous-états sur un ou deux niveaux permet de gérer la plupart des comportements complexes) ;
- utiliser des sous-états concurrents avec parcimonie car l'utilisation des classes actives est souvent une solution bien meilleure.

La modélisation du vocabulaire d'un système est traitée au chapitre 4.

Lorsqu'on représente un automate à états finis en UML, il faut :

- éviter que les transitions se croisent ;
- élargir les états composés existants, uniquement quand cela s'avère nécessaire, dans le but de faciliter la compréhension du diagramme.

Chapitre 22

PROCESSUS ET THREADS

Dans ce chapitre :

- Objets actifs, processus et threads
- Modélisation de flots de contrôle multiples
- Modélisation de la communication inter-processus
- Construction d'abstractions utilisables en accès concurrent

Les vues de processus dans le contexte d'une architecture logicielle sont traitées au chapitre 2.

La réalité est non seulement dure et impitoyable, mais elle est également très animée. Des événements peuvent se produire et des faits peuvent survenir en même temps. Ainsi, lorsqu'on modélise un système qui appartient à la réalité, il faut tenir compte de la vue de processus, qui comprend les threads et les processus ; ceux-ci forment les mécanismes de concurrence et de synchronisation du système.

En UML, on modélise chaque flot de contrôle indépendant comme un objet actif représentant un processus ou un thread qui peut lancer une activité de contrôle. Un processus est un flot « lourd » qui peut s'exécuter en concurrence avec d'autres processus. Un thread est un flot « léger » qui peut s'exécuter en concurrence avec d'autres threads à l'intérieur du même processus.

Il est difficile de construire des abstractions de façon à ce qu'elles fonctionnent sans problème en présence de flots de contrôle multiples. Il faut notamment prendre en considération des approches de communication et de synchronisation plus complexes que pour les systèmes séquentiels. Il faut également faire attention à ne jamais sur-concevoir la vue de processus (un trop grand nombre de flots concurrents risque de mettre à mal le système) ni à la sous-concevoir (une concurrence trop faible n'optimise pas la capacité de traitement du système).

Premiers pas

La modélisation des niches et des d'immeubles est traitée au chapitre 1.

Dans la vie d'un chien et de sa niche, la réalité est plutôt simple et séquentielle. Manger. Dormir. Courir après un chat. Manger encore. Rêver de courir après des chats. Aller dans la niche pour dormir ou s'abriter de la pluie n'est pas un problème puisque seul le chien a besoin d'entrer dans la niche ou d'en sortir. Il n'y a jamais de dispute au sujet des ressources.

Dans la vie d'une famille et de sa maison, la réalité n'est pas si simple. Sans trop entrer dans des considérations métaphysiques, chaque membre de la famille vit sa vie, tout en étant en interaction avec les autres membres de la famille (pour le dîner, regarder la télévision, jouer, faire le ménage). Les membres de la famille partagent donc certaines ressources. Les enfants peuvent partager une chambre, la famille entière peut partager un téléphone ou un ordinateur. Les membres de la famille peuvent aussi partager des corvées. Papa fait la lessive et les courses, maman paie les factures et jardine, les enfants aident au ménage et à la cuisine. Les disputes au sujet de ces ressources partagées et la coordination des différentes corvées peuvent devenir une véritable gageure. Le partage de la salle de bain au moment où tout le monde se prépare pour aller à l'école ou au travail peut s'avérer réellement problématique. Le dîner ne sera pas servi si papa n'est pas d'abord allé faire les courses.

Dans la vie d'un immeuble et de ses occupants, la réalité est très complexe. Des centaines, pour ne pas dire des milliers de personnes peuvent travailler dans le même immeuble, chacune suivant son propre emploi du temps. Elles doivent toutes passer par un nombre limité d'entrées et se bousculer pour entrer dans les mêmes ascenseurs. Elles doivent toutes partager le même chauffage, la même climatisation, la même eau, la même électricité, les mêmes sanitaires et les mêmes parkings. Si elles veulent pouvoir travailler ensemble de façon optimale, elles doivent donc communiquer et synchroniser correctement leurs interactions.

Les objets sont traités au chapitre 13.

En UML, chaque flot de contrôle indépendant est modélisé comme un objet actif. Un objet actif est un processus ou un thread qui peut lancer une activité de contrôle. Comme toutes les sortes d'objets, un objet actif est une instance d'une classe. Dans ce cas, un objet actif est une instance de classe active. Également comme toutes les sortes d'objets, les objets actifs peuvent communiquer entre eux en se transmettant des messages, même si, dans ce cas, le message transmis doit contenir une certaine sémantique de concurrence, pour faciliter la synchronisation des interactions entre les flots indépendants.

En matière de logiciel, de nombreux langages de programmation supportent directement le concept d'un objet actif. Java, Smalltalk et Ada incorporent tous la notion de concurrence. C++ supporte une concurrence à travers plusieurs bibliothèques qui se construisent sur les mécanismes de concurrence d'un système d'exploitation hôte. Il est important d'utiliser UML pour visualiser, spécifier, construire et documenter ces abstractions, car si on ne le fait pas, il est quasiment impossible de réfléchir aux problèmes de concurrence, de communication et de synchronisation.

Les classes sont traitées aux chapitres 4 et 9, les signaux au chapitre 20.

Comme le montre la figure 22-1, UML propose une représentation graphique de classe active. Les classes actives sont des sortes de classes, elles comportent donc tous les compartiments courants dans lesquels figurent le nom de la classe, ses attributs et ses opérations. Elles reçoivent souvent des signaux que l'on fait généralement figurer dans un compartiment supplémentaire.

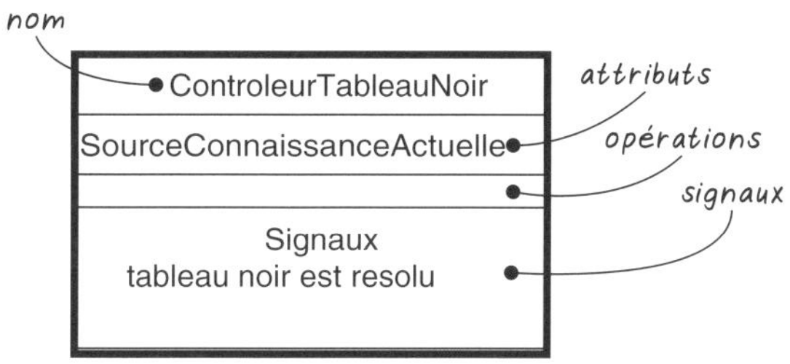

Figure 22-1 : *Classe active*

Termes et concepts

Les diagrammes d'interaction sont traités au chapitre 18.

Un *objet actif* est un objet qui possède un processus ou un thread et qui peut déclencher une activité de contrôle. Une *classe active* est une classe dont les instances sont des objets actifs. Un *processus* est un flot « lourd » qui peut s'exécuter en concurrence avec d'autres processus. Un *thread* est un flot « léger » qui peut s'exécuter en concurrence avec d'autres threads à l'intérieur du même processus. Une classe active est représentée par un rectangle aux lignes épaisses. Les processus et les threads sont représentés par des classes actives stéréotypées (ils apparaissent aussi comme des séquences dans des diagrammes d'interaction).

Flot de contrôle

Les acteurs sont traités au chapitre 16.

Dans un système purement séquentiel, il n'y a qu'un flot de contrôle. Cela signifie qu'un seul fait peut se produire à la fois. Lorsqu'un programme séquentiel démarre, le contrôle reste au début du programme et les opérations sont envoyées les unes après les autres. Même si des faits concurrents se produisent parmi les acteurs en dehors du système, un programme séquentiel traite seulement un événement à la fois et met en attente ou rejette tout événement externe concurrent.

Les actions sont traitées au chapitre 15.

C'est la raison pour laquelle on parle de flot de contrôle. Si on suit l'exécution d'un programme séquentiel, on voit le point d'exécution passer d'une déclaration à l'autre, par ordre séquentiel. On peut également voir des actions qui se séparent, font une boucle ou un saut et, s'il y a une récursion ou une itération, on peut voir le flot revenir sur lui-même. Cependant, dans un système séquentiel il n'y a qu'un seul flot d'exécution.

Dans un système concurrent, il y a plusieurs flots de contrôle — ce qui signifie que plusieurs choses peuvent se produire en même temps. Dans un système concurrent, des flots de contrôle multiples simultanés existent, chacun à la tête d'un processus indépendant ou d'un thread. Logiquement, si l'on prend un cliché d'un système concurrent pendant qu'il fonctionne, on voit des points d'exécution multiples.

En UML, on utilise une classe active pour représenter un processus ou un thread qui est à la racine d'un flot de contrôle indépendant et qui est concurrent avec tous les autres flots de contrôle.

Les nœuds sont traités au chapitre 26.

Remarque : On peut obtenir une concurrence réelle de trois façons : premièrement, en répartissant les objets actifs sur plusieurs nœuds, deuxièmement, en plaçant les objets actifs sur les nœuds avec de multiples processeurs, troisièmement, en combinant les deux méthodes.

Classes et événements

Les classes sont traitées aux chapitres 4 et 9.

Les classes actives sont simplement des classes qui ont une propriété très spéciale. Une classe active représente un flot de contrôle indépendant, alors qu'une classe normale ne met pas de flot en application. Contrairement aux classes actives, les classes normales sont implicitement appelées classes passives car seules, elles ne peuvent pas déclencher d'activité de contrôle.

Les objets sont traités au chapitre 13, les attributs et les opérations au chapitre 4, les relations aux chapitres 4 et 10, les mécanismes d'extensibilité au chapitre 6, les interfaces au chapitre 11.

On utilise les classes actives pour modéliser les familles courantes de processus ou de threads. En termes techniques, cela signifie qu'un objet actif — une instance d'une classe active — est une réification (une manifestation) d'un processus ou d'un thread. En modélisant des systèmes concurrents avec des objets actifs, on donne un nom à chaque flot de contrôle indépendant. Lorsqu'un objet actif est créé, le flot de contrôle associé démarre. Lorsque l'objet actif est détruit, le flot de contrôle associé prend fin.

Les classes actives ont les mêmes propriétés que toutes les autres classes ; elles peuvent avoir des instances, des attributs et des opérations et peuvent participer à des relations de dépendance, de généralisation et d'association (y compris l'agrégation). Les classes actives peuvent utiliser n'importe quel mécanisme d'extensibilité d'UML, c'est-à-dire les stéréotypes, les étiquettes ou les contraintes. Elles peuvent être la réalisation d'interfaces et peuvent être réalisées par des collaborations. Le comportement d'une classe active peut être spécifié par l'utilisation des automates à états finis.

Les automates à états finis sont traités au chapitre 2, les événements au chapitre 20.

Dans les diagrammes, les objets actifs peuvent apparaître partout où il y a des objets passifs. On peut modéliser la collaboration des objets actifs et passifs en utilisant des diagrammes d'interaction (qui comprennent les diagrammes de séquence et les diagrammes de collaboration). Un objet actif peut apparaître comme la cible d'un événement dans un automate à états finis.

Dans le cas des automates à états finis, les objets passifs et les objets actifs peuvent envoyer et recevoir des événements de signal et des événements d'appel.

Éléments standard

Les mécanismes d'extensibilité d'UML sont traités au chapitre 6.

Les mécanismes d'extensibilité d'UML s'appliquent tous aux classes actives. Le plus souvent, on a recours aux étiquettes pour étendre les propriétés de la classe active, comme la spécification de l'ordonnancement de la classe active.

Les éléments standard d'UML sont résumés dans l'Annexe B.

UML définit deux stéréotypes standard qui s'appliquent aux classes actives :

- `process` spécifie un flot « lourd » qui peut s'exécuter en concurrence avec d'autres processus.
- `thread` spécifie un flot « léger » qui peut s'exécuter en concurrence avec d'autres threads à l'intérieur du même processus.

Les nœuds sont traités au chapitre 26.

La distinction entre un processus et un thread provient des différentes façons dont un flot de contrôle est géré par le système d'exécution du nœud sur lequel se trouve l'objet.

Un processus est " lourd " dans le sens où il s'agit d'une chose connue du système d'exploitation qui s'exécute dans un espace d'adressage indépendant. Dans la plupart des systèmes d'exploitation tels que Windows et Unix, chaque programme est exécuté comme un processus dans son propre espace d'adressage. En général, tous les processus d'un nœud sont équivalents en termes de priorité et se disputent les mêmes ressources accessibles sur le nœud. Les processus ne sont jamais emboîtés les uns dans les autres. Si le nœud a plusieurs processeurs, une concurrence réelle est alors possible sur ce nœud. Si le nœud n'a qu'un seul processeur, on a seulement l'illusion d'une vraie concurrence, exécutée par le système d'exploitation sous-jacent.

Un thread est « léger » et peut être connu du système d'exploitation lui-même. La plupart du temps, il est caché dans un processus plus lourd et s'exécute à l'intérieur de l'espace d'adressage du processus englobant. Dans Java, par exemple, un thread est un enfant de la classe `Thread`. Tous les threads qui existent dans le contexte d'un processus sont équivalents en termes de priorité et se disputent les mêmes ressources accessibles à l'intérieur du processus. Les threads ne sont jamais emboîtés les uns dans les autres. En règle générale, on a seulement l'illusion d'une vraie concurrence entre les threads car ce sont les processus et non les threads qui sont ordonnancés par le système d'exploitation d'un nœud.

Communication

Les interactions sont traitées au chapitre 15.

Lorsque les objets collaborent les uns avec les autres, ils interagissent en se transmettant des messages les uns aux autres. Dans un système qui comporte à la fois des objets actifs et des objets passifs, il existe quatre combinaisons d'interaction possibles qui doivent être prises en compte.

Premièrement, un message peut être transmis entre deux objets passifs. Dans l'hypothèse où il n'y a qu'un seul flot de contrôle à la fois qui passe à travers ces objets, une telle interaction équivaut tout simplement à appeler une opération.

Les événements de signal et les événements d'appel sont traités au chapitre 20.

Deuxièmement, un message peut être transmis entre deux objets actifs. Dans ce cas, on a une communication inter-processus et il y a deux sortes de communications possibles. Tout d'abord, un objet actif peut demander une opération à un autre objet actif de façon synchrone. Ce type de communication a une sémantique de rendez-vous, ce qui signifie que le demandeur appelle l'opération puis attend que le destinataire accepte l'appel. L'opération est invoquée, un objet en retour (s'il y en a un) est transmis au demandeur, puis chacun poursuit son chemin de manière indépendante. Pendant l'appel, les deux flots de contrôle sont en phase de verrouillage. Ensuite, un objet actif peut envoyer un signal ou demander une opération à un autre objet de manière asynchrone. Ce type de communication a une sémantique de boîte aux lettres, ce qui signifie que le demandeur envoie le signal ou invoque l'opération puis il continue sur son chemin. Pendant ce temps, le destinataire accepte le signal ou la demande dès qu'il est prêt (en mettant les événements ou les appels qui arrivent en attente, les uns à la suite des autres), puis il poursuit son chemin lorsque c'est terminé. On appelle cela une boîte aux lettres : les deux objets ne sont pas synchronisés, puisque le premier objet laisse un message au second.

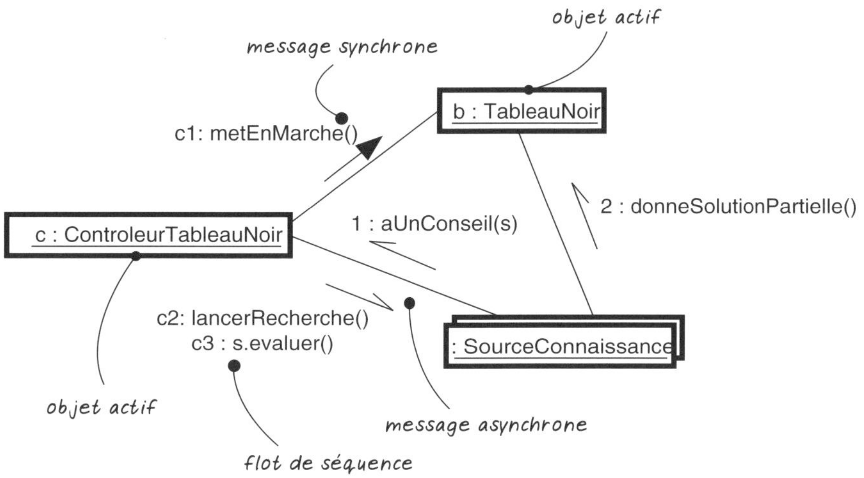

Figure 22-2 : *Communication*

Comme le montre la figure 22-2, en UML, on représente un message synchrone par une flèche complète et un message asynchrone par une demi-flèche.

Troisièmement, un objet actif peut transmettre un message à un objet passif. Cependant, des difficultés peuvent se présenter, si plusieurs objets actifs transmettent simultanément leur flot de contrôle à un objet passif. Dans ce cas, il faut modéliser soigneusement la synchronisation de ces deux flots, comme cela est expliqué un peu plus loin, dans la section “ Synchronisation ”.

Les contraintes sont traitées au chapitre 6.

Quatrièmement, un objet passif peut transmettre un message à un objet actif. À première vue, cela peut sembler impossible, mais si l'on se souvient que chaque flot de contrôle reste dans un objet actif, on comprend alors qu'un objet passif qui transmet un message à un objet actif a la même sémantique qu'un objet actif qui transmet un message à un autre objet actif.

Remarque : Il est possible de modéliser les variations de la transmission de messages synchrones et asynchrones à l'aide des contraintes. Par exemple, pour modéliser un rendez-vous non souhaité comme dans Ada, on utilise un message synchrone avec une contrainte telle que `{attente = 0}`, ce qui signifie que le demandeur n'attend pas le destinataire. De même, on peut modéliser un temps de latence en utilisant une contrainte telle que `{attente = 1 ms}`, qui signifie que le demandeur n'attendra qu'une milliseconde que le destinataire accepte le message.

Synchronisation

Supposons que l'on visualise pendant un certain temps les flots de contrôle multiples qui existent dans un système concurrent. Lorsqu'un flot passe dans une opération, on considère qu'à un instant donné le point de contrôle est dans l'opération. Si cette opération est définie pour une classe, on peut également considérer qu'à un moment donné, le point de contrôle est dans une instance spécifique de cette classe. On peut avoir des flots de contrôle multiples dans une opération (et donc dans un objet) et plusieurs flots de contrôle dans différentes opérations (tout en ayant des flots de contrôle multiples dans un seul objet).

Le problème se pose lorsque plusieurs flots de contrôle sont dans un objet en même temps. Dès que l'on a plus d'un flot, il peut y avoir interférence entre les flots et cela a pour conséquence de corrompre l'état de l'objet. Ce problème est connu sous le nom d'exclusion mutuelle. Si le problème n'est pas résolu correctement, cela conduit à toutes sortes de conditions de compétition et d'interférences qui font mystérieusement s'effondrer les systèmes concurrents et ce de manière toujours différente.

Pour résoudre ce problème dans les systèmes orientés objets, il suffit de traiter un objet comme une zone critique. Cette approche comporte trois solutions, qui impliquent toutes d'attacher certaines propriétés de synchronisation aux opérations définies dans une classe. En UML, il est possible de modéliser ces trois approches.

- approche séquentielle les demandeurs doivent se coordonner à l'extérieur de l'objet afin qu'un seul flot à la fois entre dans l'objet. En présence de flots de contrôle multiples, la sémantique et l'intégrité de l'objet ne peuvent pas être garanties.
- approche gardée la sémantique et l'intégrité de l'objet sont garanties en présence de flots de contrôle multiples, si l'on applique un accès séquentiel à tous les appels de toutes les opérations " gardées " de l'objet. Il n'est effectivement possible d'appeler qu'une seule opération à la fois, ce qui réduit le problème à une sémantique séquentielle.

- approche concurrente la sémantique et l'intégrité de l'objet sont garanties en présence de multiples flots de contrôle si l'on traite l'opération de manière atomique.

Certains langages de programmation supportent directement ces caractéristiques. Par exemple, Java dispose de la propriété `synchronized`, qui est l'équivalent de la propriété `concurrent` d'UML. Dans chaque langage qui supporte la concurrence, on peut structurer un support pour toutes ces propriétés en les construisant à partir de sémaphores.

Les contraintes sont traitées au chapitre 6.

Comme le montre la figure 22-3, on peut attacher ces propriétés à une opération ; en UML, elles sont représentées par une contrainte.

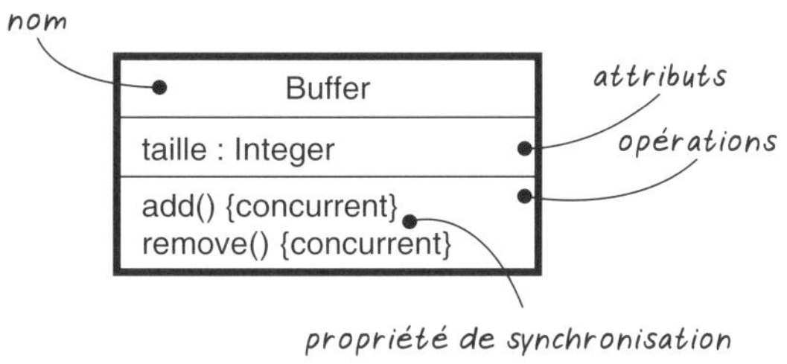

Figure 22-3 : *Synchronisation*

Remarque : Il est possible de modéliser les variations de ces procédures de synchronisation à l'aide des contraintes. Par exemple, on peut modifier la propriété `concurrent` en autorisant plusieurs lecteurs simultanés mais un seul écrivain.

Vues de processus

Les vues de processus dans le contexte de l'architecture logicielle sont traitées au chapitre 2.

Les objets actifs jouent un rôle important dans la visualisation, la spécification, construction et la documentation de la vue de processus d'un système, laquelle comprend les threads et les processus qui forment la concurrence et les mécanismes de synchronisation du système. Cette vue adresse d'abord la performance, la capacité à monter en charge (scalability) et la capacité de traitement du système. Avec UML, les aspects statiques et dynamiques de cette vue sont représentés dans les mêmes types de diagrammes que pour la vue de conception – c'est-à-dire les diagrammes de classes, les diagrammes d'interaction, les diagrammes d'activités et les diagrammes d'états-transitions, mais avec une concentration sur les classes actives qui représentent ces threads et ces processus.

Techniques de modélisation courantes

Modélisation des flots de contrôle multiples

Les mécanismes sont traités au chapitre 28, les diagrammes de classes au chapitre 8, les diagrammes d'interaction au chapitre 18.

La construction d'un système qui comprend des flots de contrôle multiples est difficile. En effet, il faut non seulement décider comment diviser au mieux le travail entre les objets actifs concurrents, mais aussi concevoir les bons mécanismes pour la communication et la synchronisation entre les objets actifs et les objets passifs du système, ceci afin de s'assurer qu'ils se comportent correctement en présence de ces flots multiples. UML facilite tout cela en permettant de visualiser la façon dont ces flots sont en interaction les uns avec les autres grâce aux diagrammes de classes (pour capturer leur sémantique statique) et aux diagrammes d'interaction (pour capturer leur sémantique dynamique) qui contiennent des classes actives et des objets actifs.

Pour modéliser des flots de contrôle multiples, il faut :

Les vues de processus sont traitées au chapitre 2, les classes aux chapitres 4 et 9, les relations aux chapitres 5 et 10.

- identifier les opportunités d'action concurrente et réifier chaque flot comme une classe active. Regrouper les ensembles d'objets actifs similaires dans une classe active. Attention de ne pas sur-concevoir la construction de la vue de processus du système en introduisant trop de concurrence.
- étudier la possibilité d'une répartition équilibrée des responsabilités entre les différentes classes actives, puis examiner les autres classes (actives et passives) avec lesquelles chacune collabore de manière statique. S'assurer que chaque classe active est à la fois étroitement cohésive et faiblement couplée avec ses classes voisines et que chacune d'elles a le bon ensemble d'attributs, d'opérations et de signaux.
- faire figurer ces décisions statiques dans des diagrammes de classes en mettant chaque classe active en évidence de manière explicite.
- examiner la manière dont chaque groupe de classes collabore avec les autres de façon dynamique. Faire figurer ces décisions dans des diagrammes d'interaction. Montrer clairement que les objets actifs sont au départ de ces flots. Identifier chaque séquence apparentée en lui donnant le nom de l'objet actif.
- accorder une attention particulière à la communication entre les objets actifs. Appliquer les messages synchrones et asynchrones comme il convient.
- accorder une attention particulière à la synchronisation entre les objets actifs et les objets passifs avec lesquels ils collaborent. Appliquer la sémantique d'opération séquentielle, gardée ou concurrentes comme il convient.

Par exemple, la figure 22-4 montre une partie de la vue de processus d'un système de suivi de Bourse. Trois objets poussent des informations dans le système de façon concurrente : un `TelescripteurActions`, un `ObservateurIndex`, et les `InformationsCNN` (appelés respectivement `t`, `o`, et `c`). Deux de ces objets (`t` et `o`) communiquent avec leur propre instance d'`Analyste` (`a1` et `a2`). Dans le contexte de ce modèle, l'`Analyste` peut être conçu avec l'hypothèse simplifiée qu'un seul flot de contrôle à la fois est actif dans ses instances. Cependant, les deux instances `Analyste` communiquent simultanément avec un `GestionnaireAlerte` (appelé `g`). Ainsi, `g` doit être conçu pour préserver sa sémantique en présence de flots multiples. `g` et `c` communiquent simultanément avec `d`, un `DirecteurDesEchanges`. On donne à chaque flot un numéro de séquence qui se distingue par le flot de contrôle qui le possède.

Remarque: Ces diagrammes d'interaction sont très utiles pour visualiser l'endroit où les chemins de deux flots de contrôle peuvent se croiser et, par conséquent, où l'on doit faire particulièrement attention aux problèmes de communication et de synchronisation. On peut se servir d'outils pour donner des repères visuels encore plus distincts, par exemple en attribuant une couleur différente à chaque flot.

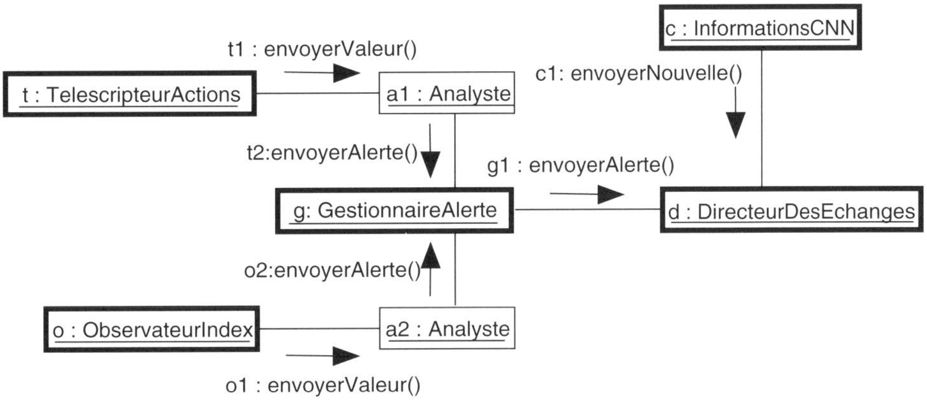

Figure 22-4 : *Modélisation des flots de contrôle*

Les automates à états finis sont traités au chapitre 21.

Il est également classique d'associer à de tels diagrammes des automates à états finis, comportant des états orthogonaux qui montrent le comportement détaillé de chaque objet actif.

Modélisation de la communication inter-processus

Les signaux et les événements appel sont traités au chapitre 20.

Lorsqu'on incorpore des flots de contrôle multiples dans un système, on doit aussi examiner les mécanismes par lesquels les objets qui résident dans des flots séparés communiquent. Dans le cas des threads (qui résident dans le même espace d'adressage), les objets peuvent communiquer au moyen d'événements de type signal ou appel, ces derniers ayant une sémantique asynchrone ou synchrone. Dans le cas des processus (qui résident dans des espaces d'adressage différents), on utilise en général des mécanismes différents.

La modélisation de l'emplacement est traitée au chapitre 23.

Le problème de la communication inter-processus prend toute sa dimension par le fait que, dans les systèmes répartis, les processus peuvent résider sur des nœuds différents. En règle générale, il existe deux approches de la communication inter-processus : la transmission de messages et les appels de procédure à distance. En UML, on les modélise encore comme des événements respectivement asynchrones ou synchrones. Mais, étant donné que ce ne sont plus de simples appels intra-processus, il faut ajouter certaines informations dans la conception.

Pour modéliser la communication inter-processus, il faut :

Les stéréotypes sont traités au chapitre 6, les notes au chapitre 6, les collaborations au chapitre 27, les nœuds au chapitre 26.

- modéliser des flots de contrôle multiples ;
- examiner quels objets parmi ces objets actifs représentent des processus et lesquels représentent des threads, et les différencier à l'aide du stéréotype approprié ;
- modéliser la transmission des messages en utilisant la communication asynchrone ; modéliser les appels de procédure à distance en utilisant la communication synchrone.
- préciser le mécanisme sous-jacent pour la communication de manière informelle, en utilisant des notes, ou de façon plus formelle, en utilisant des collaborations.

La figure 22-5 montre un système de réservation réparti avec des processus disposés sur quatre nœuds. Chaque objet est étiqueté à l'aide du stéréotype `process` et avec une étiquette `emplacement`, qui précise son emplacement physique. La communication entre l'`AgentDEReservation`, le `GestionnaireBilleterie` et l'`AgentGestionHotel` est asynchrone. Modélisée à l'aide d'une note, la communication est décrite comme construite à l'aide d'un service de messagerie Java Beans. La communication entre le `Voyagiste` et l'`AgentDeReservation` est synchrone. La sémantique de leur interaction se trouve dans la collaboration intitulée `CORBA ORB`. Le `Voyagiste` se comporte comme un `client` et l'`AgentDeReservation` comme un `serveur`. En zoomant sur la collaboration, on pourra observer les détails de la collaboration entre ce serveur et ce client.

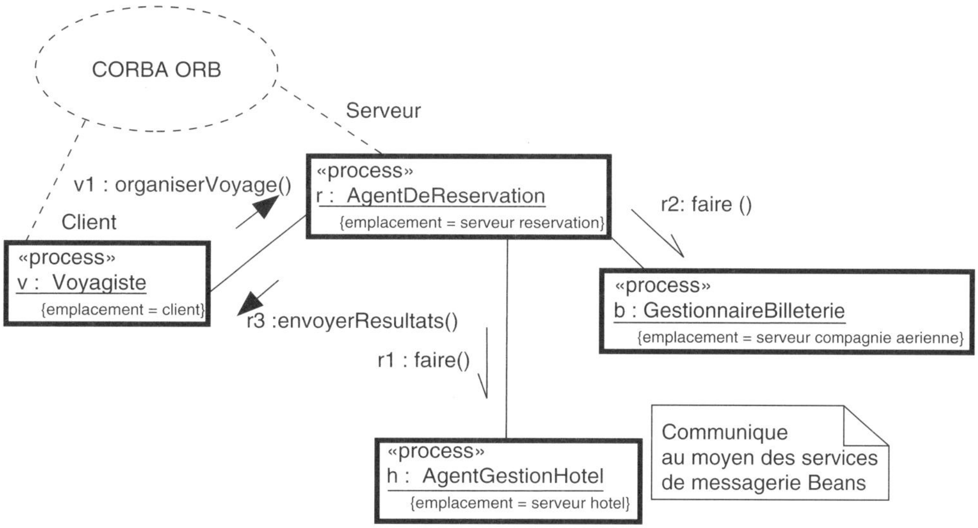

Figure 22-5 : *Modélisation de la communication inter-processus*

Trucs et astuces

Une classe active bien structurée et un objet actif bien structuré doivent :

- représenter un flot de contrôle indépendant qui maximise le potentiel de concurrence réelle dans le système ;
- ne pas être trop décomposés, sinon ils ont besoin d'une multitude d'autres éléments actifs, ce qui peut conduire à une sur-conception et fragiliser l'architecture du processus ;
- gérer attentivement la communication entre les éléments actifs de même niveau, en choisissant entre la transmission de message asynchrone ou synchrone ;
- traiter avec attention chaque objet comme une zone critique, en utilisant les propriétés de synchronisation qui conviennent pour préserver sa sémantique en présence de flots de contrôle multiples ;
- distinguer clairement la sémantique des processus et celle des threads.

Lorsqu'on représente une classe active ou un objet actif en UML, il faut :

- montrer uniquement les attributs, les opérations et les signaux importants pour la compréhension de l'abstraction dans son contexte ;
- représenter clairement toutes les propriétés de synchronisation d'opération.

UNIFIED MODELING LANGUAGE

Chapitre 23

TEMPS ET ESPACE

Dans ce chapitre :

- Temps, durée et emplacement
- Modélisation des contraintes temporelles
- Modélisation de la répartition des objets
- Modélisation des objets migrants
- Traiter les systèmes temps réel et les systèmes répartis

La réalité est dure et impitoyable. Des événements qui se produisent quand on s'y attend le moins exigent pourtant une réponse spécifique à un moment spécifique. Il peut s'avérer nécessaire de répartir les ressources d'un système dans le monde entier — certaines peuvent même se déplacer — et des problèmes de latence, de synchronisation, de sécurité et de qualité du service peuvent survenir.

La modélisation du temps et de l'espace est un élément essentiel de tout système temps réel et/ou réparti. On utilise un certain nombre de caractéristiques d'UML, telles que les indications de contrainte, les expressions de temps, les contraintes et les étiquettes, afin de visualiser, spécifier, construire et documenter ces systèmes.

Il est difficile de traiter les systèmes temps réel et les systèmes répartis. Les bons modèles dévoilent les propriétés nécessaires et suffisantes des caractéristiques de temps et d'espace d'un système.

Premiers pas

Lorsqu'on commence à modéliser un système logiciel, on peut généralement supposer que l'environnement est idéal — les messages sont envoyés sans délai, les réseaux ne tombent jamais en panne, les stations de travail n'ont jamais de problèmes, la charge sur le réseau est toujours parfaitement équilibrée. Malheureusement, la réalité est bien différente — les messages mettent du temps à arriver (il arrive même que les destinataires ne les reçoivent pas), les réseaux tombent en panne, les stations de travail ont des problèmes et la charge d'un réseau est souvent déséquilibrée. C'est la raison pour laquelle, lorsqu'on a affaire à des systèmes qui doivent fonctionner dans la réalité, il est absolument indispensable de prendre en compte les problèmes de temps et d'espace.

Un système temps réel est un système dans lequel un certain comportement doit être exécuté à un moment précis absolu ou relatif, pendant une durée prévisible et souvent limitée. On peut avoir d'un côté des systèmes temps réel " durs ", qui nécessitent un comportement complet et répétitif exécutable en quelques nanosecondes ou millisecondes, et de l'autre des modèles proches du temps réel qui nécessitent également un comportement prévisible, mais de l'ordre de quelques secondes ou plus.

Les composants sont traités au chapitre 25, les nœuds au chapitre 26.

Un système réparti est un système dans lequel les composants peuvent être répartis physiquement sur des nœuds. Ces nœuds peuvent aussi bien représenter plusieurs processeurs qui se trouvent physiquement dans la même boîte que des ordinateurs très éloignés l'un de l'autre.

Comme le montre la figure 23-1, pour représenter les besoins en modélisation des systèmes temps réel et des systèmes répartis, UML propose une représentation graphique des identifications temporelles, des expressions de temps, des contraintes temporelles et de l'emplacement.

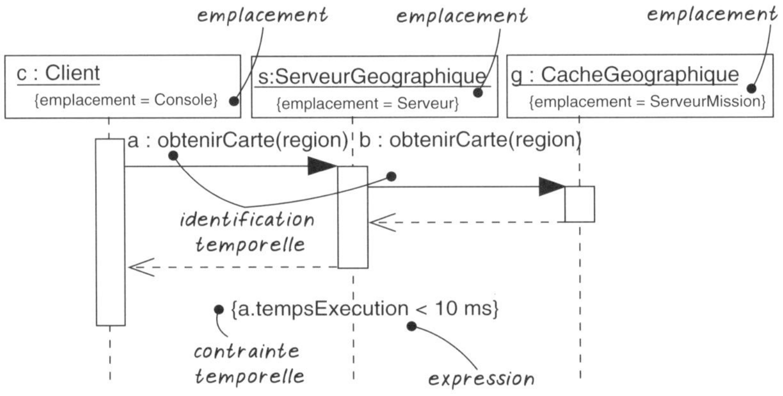

Figure 23-1 : *Contraintes temporelles et contraintes d'emplacement*

Termes et concepts

Une *identification temporelle* indique le moment où un événement se produit. Elle est représentée comme une expression du nom donné au message (qui est généralement différent du nom de l'action envoyée par le message). Une *expression de temps* est une expression qui mesure une valeur de temps absolue ou relative. Une *contrainte temporelle* est une formulation sémantique concernant la valeur absolue ou relative du temps. Une contrainte temporelle est représentée de la même manière que toutes les autres contraintes, c'est-à-dire par une chaîne entre crochets, habituellement reliée à un élément par une relation de dépendance. Un *emplacement* est la localisation d'un composant sur un nœud. Il est représenté comme une étiquette – c'est-à-dire par une chaîne entre crochets placée sous le nom d'un élément – ou par l'emboîtement de composants à l'intérieur des nœuds.

Temps

Les événements et les événements temporels sont traités au chapitre 20, les messages et les interactions au chapitre 15, les contraintes au chapitre 6.

Les systèmes temps réel sont, comme leur nom l'indique, des systèmes temporellement critiques. Des événements peuvent se produire à des moments réguliers ou irréguliers. La réponse à un événement doit avoir lieu à un moment prévisible absolu ou à un moment prévisible par rapport à l'événement lui-même.

La transmission des messages représente les aspects dynamiques de tout système. C'est pourquoi, lorsqu'on modélise la criticité temporelle d'un système avec UML, on peut donner un nom à chaque message dans une interaction ; ce nom servira d'identification temporelle. En règle générale, on ne donne pas de nom aux messages d'une interaction car ils sont souvent représentés par le nom d'un événement, tel qu'un signal ou un appel. Par conséquent, on ne peut pas utiliser le nom de l'événement pour écrire une expression puisque le même événement peut déclencher plusieurs messages. Si la désignation du message présente une quelconque ambiguïté, il est alors nécessaire d'utiliser le nom de ce message dans une identification temporelle pour pouvoir le mentionner dans une expression de temps. Une identification temporelle est simplement une expression formée à partir du nom d'un message dans une interaction. À partir du nom d'un message, on peut se référer aux trois fonctions du message – c'est-à-dire, `tempsDepart`, `tempsArret` et `tempsExecution`. On peut utiliser ces fonctions pour spécifier arbitrairement des expressions de temps complexes, en utilisant éventuellement des valeurs pondérées ou des écarts soit constants, soit variables (tant que ces variables sont liées au temps d'exécution). Enfin, comme le montre la figure 23-2, on peut placer ces expressions de temps dans une contrainte temporelle pour spécifier le comportement du système dans le temps. On peut représenter les contraintes en les plaçant à côté du message qui convient ou en les reliant clairement au message à l'aide d'une relation de dépendance.

Remarque : Il est préférable, notamment lorsqu'il s'agit de systèmes complexes, d'écrire les expressions avec des constantes nommées plutôt que d'écrire des temps explicites. On peut définir ces constantes dans une partie du modèle puis s'y référer à plusieurs endroits. Ainsi, il est plus facile de mettre un modèle à jour si les besoins en temps du système viennent à changer.

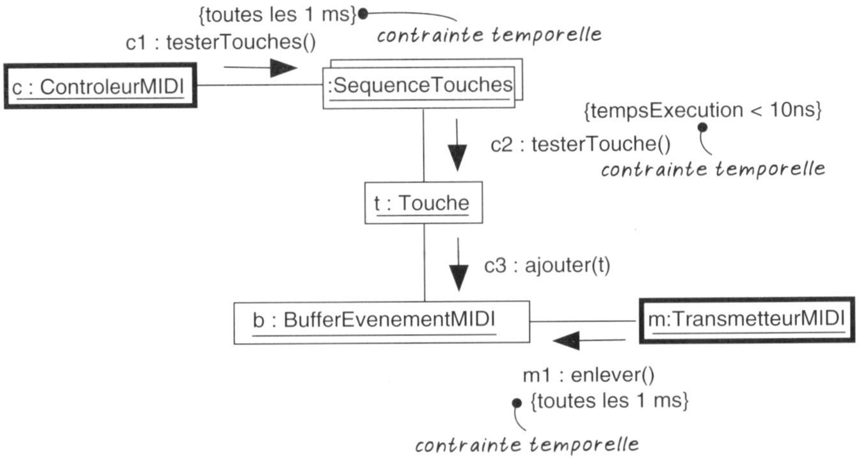

Figure 23-2 : *Temps*

L'étiquette semantics *est traitée au chapitre 9.*

Remarque : On peut également appliquer des expressions de temps aux opérations. L'étiquette prédéfinie `semantics`, peut être reliée à n'importe quelle opération. En utilisant une expression de temps à cet endroit, on peut spécifier la complexité temporelle de l'opération. La complexité temporelle modélise en général le temps minimum, maximum et/ou moyen que l'opération met à se réaliser. La spécification de la complexité du temps d'une opération détermine en effet un budget temps pour l'opération, que l'on peut utiliser de deux façons. D'abord, en affirmant les budgets temps au cours du développement puis en mesurant le système en exécution, on peut faire des comparaisons judicieuses entre le comportement prévu lors de la conception et le comportement implémenté du système. Ensuite, en additionnant les résultats (prévus lors de la conception ou réels) de l'expression de temps de l'ensemble des opérations d'une interaction, on peut calculer la complexité temporelle de toute la transaction.

Emplacement

Les composants sont traités au chapitre 25. Les nœuds sont traités au chapitre 26.

Comme leur nom l'indique, les systèmes répartis comportent des composants répartis physiquement sur les nœuds d'un système. Dans de nombreux systèmes, les composants sont fixés quelque part au moment où ils sont chargés sur le système. Dans d'autres systèmes, les composants peuvent migrer d'un nœud à un autre.

Les diagrammes de déploiement sont traités au chapitre 30, la dichotomie classe/objet aux chapitres 2 et 13.

En UML, on modélise la vue de déploiement d'un système en utilisant un diagramme de déploiement qui représente la topologie des processeurs et des appareils à partir desquels le système est exécuté. Les composants tels que les exécutables, les bibliothèques et les tables sont situés sur ces nœuds. Chaque instance d'un nœud possède des instances de certains composants et chaque instance d'un composant appartient exactement à une des instances d'un nœud (même si les instances de la même sorte de composants sont réparties sur plusieurs nœuds). Par exemple, comme le montre la figure 23-3, le composant exécutable `vision.exe` peut résider sur le nœud appelé `ServeurKiosque`.

Les classes sont traitées aux chapitres 4 et 9.

Les instances de classes ordinaires peuvent également se trouver sur un nœud. Par exemple, comme le montre la figure 23-3, une instance de la classe `AgentGestionCharge` réside sur le nœud appelé `Routeur`.

Les étiquettes et les compartiments supplémentaires sont traités au chapitre 6.

Comme le montre la figure 23-3, en UML on peut modéliser l'emplacement d'un élément de deux manières différentes. D'abord, comme on le voit pour le `ServeurKiosque`, on peut (du point de vue textuel ou graphique) imbriquer physiquement l'élément dans un compartiment supplémentaire de son nœud englobant. Ensuite, comme on le voit pour l'`AgentGestionCharge`, on peut utiliser l'étiquette `emplacement` pour désigner le nœud sur lequel l'instance de la classe réside. En règle générale, on utilise la première forme de modélisation lorsqu'il est important de fournir dans les diagrammes un repère visuel pour la séparation spatiale et le regroupement des composants. De même, on utilise la deuxième forme lorsque la modélisation de l'emplacement d'un élément est importante, mais secondaire, pour le diagramme concerné, comme par exemple lorsqu'on souhaite visualiser la transmission de messages entre des instances.

Les stéréotypes `become` et `copy` sont traités au chapitre 13.

Remarque : La deuxième forme de modélisation de l'emplacement d'un élément est particulièrement utile lorsqu'on veut montrer la redistribution d'un composant à travers le temps. Par exemple, on peut utiliser un message `become` pour modéliser un objet qui réside sur un premier emplacement et se déplace vers un deuxième. De même, on peut utiliser un message `copy` pour montrer la relation sémantique entre des objets éloignés.

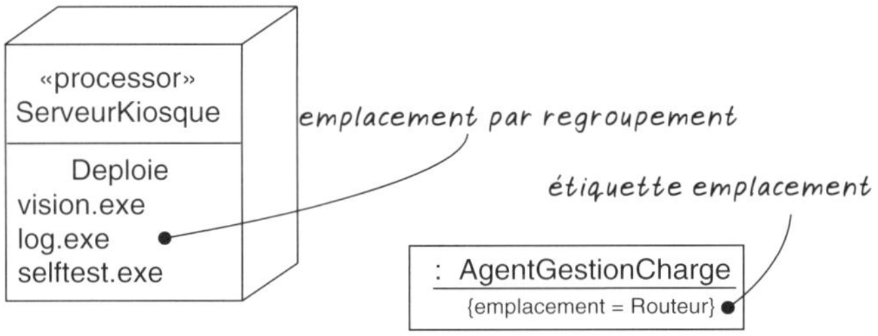

Figure 23-3 : *Emplacement*

Techniques de modélisation courantes

Modélisation des contraintes temporelles

Les contraintes, qui font partie des mécanismes d'extensibilité d'UML, sont traitées au chapitre 6.

La modélisation du temps absolu d'un événement, la modélisation du temps relatif entre les événements et la modélisation du temps nécessaire pour exécuter une action sont les trois principales propriétés liées à l'aspect temporel des systèmes temps réel pour lesquelles on utilise les contraintes temporelles.

Pour modéliser les contraintes temporelles, il faut :

- déterminer, pour chaque événement dans une interaction, s'il doit commencer à un temps absolu. Modéliser cette propriété de temps réel comme une contrainte temporelle sur le message.
- déterminer, pour chaque séquence intéressante des messages dans une interaction, s'il y a un temps relatif maximal pour cette séquence. Modéliser cette propriété de temps réel comme une contrainte temporelle de la séquence.
- examiner la complexité temporelle pour chaque opération fortement liée à l'écoulement du temps dans chaque classe. Modéliser cette sémantique comme des contraintes temporelles sur l'opération.

Par exemple, comme le montre la figure 23-4, la contrainte située à gauche précise la fréquence de l'événement d'appel `rafraichir`. De même, la contrainte temporelle du milieu précise la durée maximale des appels à `obtenirImage`. Enfin, la contrainte représentée à droite précise la complexité temporelle de l'événement d'appel `obtenirImage`.

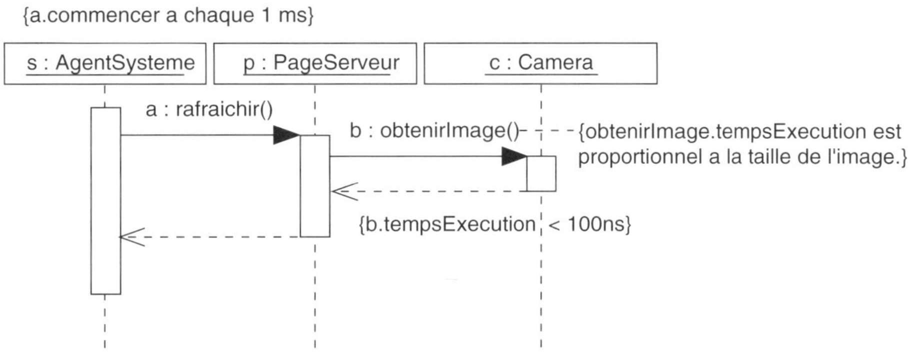

Figure 23-4 : *Modélisation d'une contrainte temporelle*

Remarque : On constate que le `tempsExecution` peut s'appliquer à des actions telles que `obtenirImage`, ainsi qu'à des identifications temporelles telles que `a` et `b`. De plus, les contraintes temporelles comme celles-ci peuvent s'écrire sous une forme de texte libre. Si l'on veut spécifier la sémantique de façon plus précise, on peut utiliser l'Object Constraint Language d'UML (OCL) qui est décrit dans l'ouvrage *UML : Reference Manual.*

La plupart du temps, on choisit des noms courts pour les messages, afin de ne pas les confondre avec les noms d'opérations.

Modélisation de la répartition des objets

La modélisation de la répartition d'un composant est traitée au chapitre 25.

Lorsqu'on modélise la topologie d'un système réparti, on souhaite tenir compte du placement physique des composants et des instances de classe. Si l'on se concentre sur la gestion de la configuration du système déployé, la modélisation de la répartition des composants est particulièrement importante pour visualiser, spécifier, construire et documenter la place des éléments physiques tels que les exécutables, les bibliothèques et les tables. Si l'on est intéressé par la fonctionnalité, la capacité de montée en charge (scability) et la capacité de traitement du système, la modélisation de la répartition des objets est ce qu'il y a de plus important.

La modélisation des processus et des threads est traitée au chapitre 22.

Décider comment répartir des objets dans un système est un problème délicat, ceci pour plusieurs raisons, pas uniquement parce que les problèmes de répartition sont liés aux problèmes de concurrence. Les solutions simplistes ne mènent qu'à des performances très faibles et les solutions de sur-conception ne valent guère mieux. En fait, elles sont probablement pires car elles finissent souvent par être fragiles.

Pour modéliser la répartition des objets, il faut :

- examiner la localisation de référence de chaque classe d'objets intéressante du système. En d'autres termes, il s'agit d'examiner tous ses voisins et leur emplacement. Une localisation à fort couplage comporte des objets voisins très proches. Une localisation à faible couplage comporte des objets distants (il y a donc un temps de latence pour communiquer avec eux). Il faut essayer de placer ces objets aussi près que possible des acteurs qui les manipulent.
- ensuite, examiner les patterns d'interaction entre des ensembles d'objets apparentés. Placer ensemble les groupes d'objets qui ont un fort taux d'interaction, afin de réduire le coût de la communication. Séparer les groupes d'objets qui ont un faible taux d'interaction.
- examiner ensuite la répartition des responsabilités à travers le système. Répartir à nouveau les objets pour équilibrer le chargement de chaque nœud.
- tenir compte des problèmes de sécurité, de volatilité et de qualité du service, puis répartir à nouveau les objets comme il convient.
- présenter ce positionnement selon une des deux manières suivantes :
  - en imbriquant les objets dans les nœuds d'un diagramme de déploiement,
  - en indiquant clairement l'emplacement des objets comme une étiquette.

Les diagrammes d'objets sont traités au chapitre 14.

La figure 23-5 montre un diagramme d'objets qui modélise la répartition de certains objets dans un système de vente au détail. L'intérêt de ce diagramme est qu'il permet de visualiser la répartition physique de certains objets clefs. Comme le montre le diagramme, deux objets se trouvent sur la `StationDeTravail` (`Commande` et `Vente`), deux objets apparaissent sur le `Serveur` (`AgentObservateur` et `Produit`) et un objet est représenté sur `EntrepotDeDonnees` (l'objet `TableProduit`).

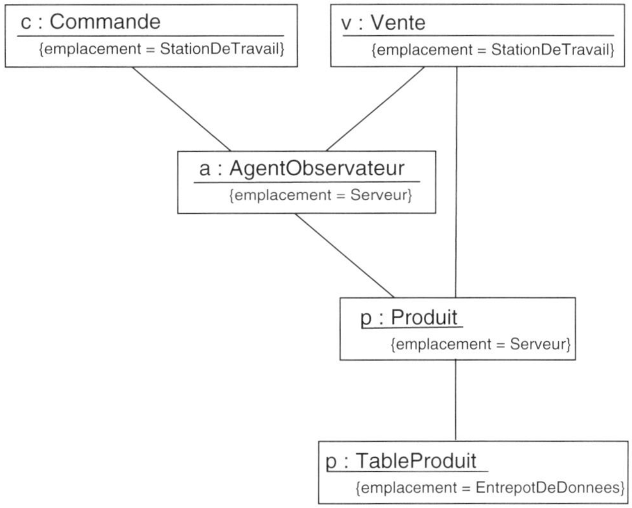

Figure 23-5 : *Modélisation de la répartition d'objets*

Modélisation des objets migrants

Dans de nombreux systèmes répartis, les composants et les objets, une fois chargés sur le système, restent au même endroit. Au cours de leur existence, de leur création à leur destruction, ils ne quittent jamais le nœud sur lequel ils sont nés. Cependant, il existe certaines classes de systèmes répartis dans lesquelles les éléments se déplacent pour l'une des deux raisons suivantes.

Tout d'abord, on voit des objets qui migrent pour se rapprocher des acteurs et d'autres objets avec qui ils ont besoin de collaborer afin d'améliorer leur travail. Par exemple, dans un système global d'expédition, on voit des objets qui représentent des bateaux, des containers et des états de chargement qui se déplacent d'un nœud à un autre pour retrouver leur homologue physique. Si on a un bateau à Hong Kong, on fournit une meilleure localisation de référence en plaçant les objets qui représentent le bateau, ses containers et l'état du chargement sur un nœud à Hong Kong. Lorsque ce bateau ira à San Diego, on déplacera aussi les objets qui s'y rattachent.

Ensuite, on voit des objets qui migrent en réponse à la défaillance d'un nœud ou d'une connexion ou à un déséquilibre de charge sur des nœuds multiples. Par exemple, dans un système de contrôle du trafic aérien, la défaillance d'un nœud ne doit pas risquer de paralyser toutes les opérations d'un pays. Un système tolérant aux pannes permet de déplacer les éléments vers d'autres nœuds. La performance et la capacité de traitement peuvent être réduites, mais le système fonctionne toujours. De la même manière, et plus particulièrement dans les systèmes basés sur le Web qui doivent gérer de grandes quantités imprévisibles de demandes, on construit souvent des mécanismes qui équilibrent automatiquement la charge du traitement, peut-être en faisant migrer des composants et des objets sur des nœuds peu utilisés.

Il est encore plus problématique de décider comment faire migrer les objets dans un système que de gérer une simple répartition statique car la migration pose de sérieux problèmes de synchronisation et de préservation de l'identité.

Pour modéliser la migration des objets, il faut :

Les mécanismes sont traités au chapitre 28.

- choisir un mécanisme sous-jacent pour transporter physiquement les objets d'un nœud à l'autre ;
- représenter l'affectation d'un objet à un nœud en indiquant clairement son emplacement par une étiquette ;

Les stéréotypes become *et* copy *sont traités au chapitre 13.*

- représenter l'affectation d'un objet à un nouveau nœud en utilisant les messages stéréotypés `become` et `copy`.
- examiner les problèmes de synchronisation (garder les objets clonés dans un état cohérent) et d'identité (préserver le nom de l'objet lorsqu'il se déplace).

Les diagrammes de collaboration sont traités au chapitre 18.

La figure 23-6 montre un diagramme de collaboration qui modélise la migration d'un agent Web qui se déplace d'un nœud à l'autre, en récoltant des informations et en interrogeant des ressources afin de fournir automatiquement le billet le moins cher pour un voyage. Ce diagramme montre plus spécialement une instance (appelée `a`) de la classe `AgentDeVoyage` qui migre d'un serveur à un autre. En chemin, l'objet entre en interaction avec des instances anonymes `Voyagiste` sur chaque nœud, qui font finalement une offre pour l'objet `Itineraire`, situé sur le `serveur client`.

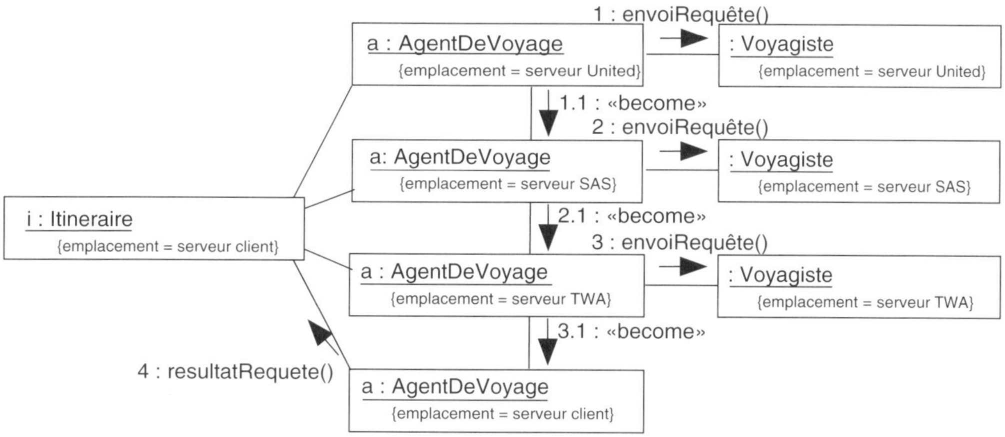

Figure 23-6 : *Modélisation d'objets migrants*

Trucs et astuces

Un modèle bien structuré avec des propriétés de temps et d'espace doit :

- présenter uniquement les propriétés de temps et d'espace nécessaires et suffisantes pour capturer le comportement attendu du système ;
- centraliser l'utilisation de ces propriétés de façon à pouvoir les trouver et les modifier facilement.

Lorsqu'on représente une propriété de temps ou d'espace en UML, il faut :

- donner aux identifications temporelles (les noms des messages) des noms qui ont un sens ;
- différencier clairement les expressions de temps absolu et de temps relatif ;
- représenter d'abord les propriétés d'espace par une étiquette. Utiliser les formes imbriquées seulement lorsqu'il est important de visualiser la place des éléments dans un système déployé.

UNIFIED MODELING LANGUAGE

Chapitre 24
DIAGRAMMES D'ÉTATS-TRANSITIONS

Dans ce chapitre :

- Modélisation d'objets réactifs
- Ingénierie vers l'aval et rétro-ingénierie

Les diagrammes de séquence, les diagrammes de collaboration, les diagrammes d'activités et les diagrammes de cas d'utilisation modélisent également les aspects dynamiques des systèmes. Les diagrammes de séquence et les diagrammes de collaboration sont traités au chapitre 18, les diagrammes d'activités au chapitre 19, les diagrammes de cas d'utilisation au chapitre 17.

Les diagrammes d'états-transitions font partie des cinq diagrammes d'UML qui servent à la modélisation des aspects dynamiques des systèmes. Un diagramme d'états-transitions montre un automate à états finis. Un diagramme d'activités est un diagramme d'états-transitions particulier dans lequel tous les états ou presque sont des états d'activité et où pratiquement toutes les transitions sont déclenchées par la fin de l'exécution d'activités dans l'état source. Ainsi, les diagrammes d'activités et les diagrammes d'états-transitions sont utiles pour la modélisation de l'existence d'un objet. Cependant, alors qu'un diagramme d'activités montre un flot de contrôle d'une activité à une autre, un diagramme d'états-transitions montre un flot de contrôle d'un état à un autre.

On utilise les diagrammes d'états-transitions pour modéliser les aspects dynamiques des systèmes. Cela implique principalement la modélisation du comportement d'objets réactifs. Un objet réactif est un objet dont le comportement se caractérise surtout par sa réponse aux événements envoyés depuis l'extérieur de son contexte. Un objet réactif a une durée de vie bien déterminée dont le comportement en cours est affecté par le passé de l'objet. Les diagrammes d'états-transitions peuvent être liés à des classes, des cas d'utilisation ou des systèmes entiers afin de visualiser, spécifier, construire et documenter la dynamique d'un objet individuel.

Les diagrammes d'états-transitions sont importants non seulement pour la modélisation des aspects dynamiques d'un système mais également pour la construction de systèmes exécutables grâce à l'ingénierie vers l'aval et à la rétro-ingénierie.

Premiers pas

Les différences entre la construction d'une niche et celle d'un immeuble sont traitées au chapitre 1.

Prenons l'exemple d'un investisseur qui finance la construction d'un immeuble. Il y a peu de chances pour qu'il s'intéresse aux détails du processus de construction. Le choix des matériaux, la planification des marchés ainsi que les nombreuses réunions au sujet des détails de construction sont des activités importantes pour le constructeur, mais elles le sont beaucoup moins pour la personne qui contrôle les aspects financiers du projet.

L'investisseur est intéressé par la perspective d'un bon retour sur investissement et cela signifie qu'il s'occupe de protéger l'investissement contre les risques. Un investisseur qui accorde une confiance totale au constructeur lui remet une somme d'argent, puis part quelque temps et ne revient que lorsque le constructeur est en mesure de lui remettre les clefs de l'immeuble. Un tel investisseur n'est intéressé que par l'état final du bâtiment.

Un investisseur plus pragmatique fait également confiance au constructeur, mais veut s'assurer que le projet est en bonne voie de réalisation avant de lui remettre l'argent. Ainsi, au lieu de donner une somme d'argent au promoteur dans laquelle ce dernier peut puiser à tout moment sans avoir de comptes à rendre, l'investisseur prudent établit des étapes précises pour le projet. Chaque étape est liée à l'exécution de certaines activités : l'argent pour la phase B du projet n'est versé que lorsque la phase précédente est terminée. Par exemple, une somme modeste est versée au début du projet, pour financer le travail de l'architecte. Lorsque les plans sont terminés et approuvés, on verse une nouvelle somme un peu plus élevée pour payer le travail d'ingénierie. Quand cette étape est terminée et que les investisseurs sont satisfaits, une autre somme d'argent encore plus importante peut être versée pour que le constructeur puisse commencer à creuser les fondations. Les étapes s'enchaîneront ainsi tout au long de la construction, depuis les fondations jusqu'au certificat d'occupation.

Les diagrammes de Gantt et les diagrammes de Pert sont traités au chapitre 19.

Chacune de ces étapes désigne un état stable du projet : architecture établie, ingénierie réalisée, fondations creusées, infrastructure montée, immeuble protégé, etc. Pour l'investisseur, il est plus important de suivre le changement d'état du bâtiment que le flot des activités, ce que fait le constructeur en utilisant les graphiques de Pert pour modéliser le workflow du projet.

Les diagrammes d'activités et les organigrammes sont traités au chapitre 19, les automates à états finis au chapitre 21.

De même, lorsqu'on modélise des systèmes à forte composante logicielle, on se rend compte que le moyen le plus simple pour visualiser, spécifier, construire et documenter le comportement de certains types d'objets est de se concentrer sur le flot de contrôle d'un état à un autre plutôt que d'une activité à une autre. Suivre le flot d'activités peut se faire à l'aide d'un organigramme (et en UML, à l'aide d'un diagramme d'activités). Imaginons un instant la modélisation du comportement d'un système d'alarme d'une maison. Un tel système fonctionne en continu et réagit aux événements en provenance de l'extérieur, comme la fracture d'une fenêtre par exemple. De plus, l'ordre des événements modifie la façon dont le système se comporte. Par exemple, la détection de la fracture d'une fenêtre déclenche l'alarme uniquement si le système est enclenché au moment de l'effraction. Le comportement d'un tel système se spécifie mieux si l'on modélise ses états stables (par exemple, `Inactif`, `Enclenche`, `Actif`, `Verification`, etc.), les événements qui déclenchent une modification d'un état à un autre et les actions qui se produisent à chaque changement d'état.

En UML, on modélise le comportement d'un objet ordonnancé par les événements avec les diagrammes d'états-transitions. Comme le montre la figure 24-1, un diagramme d'états-transitions est simplement la présentation d'un automate à états finis qui met en évidence le flot de contrôle d'un état à un autre.

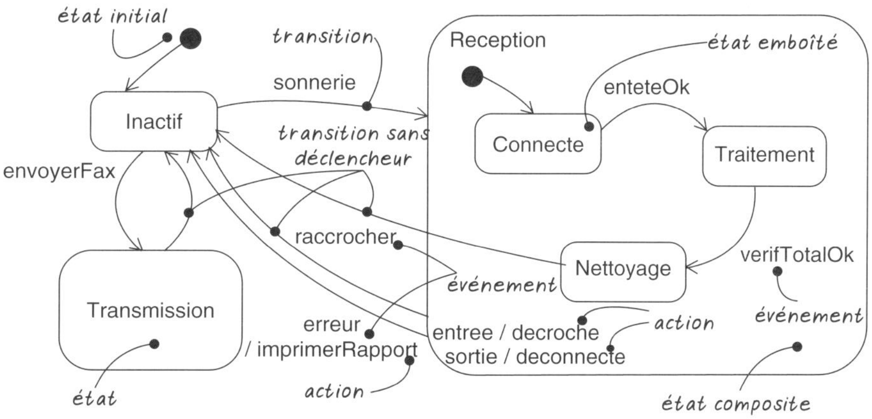

Figure 24-1 : *Diagramme d'états-transitions*

Termes et concepts

Un *diagramme d'états-transitions* montre un automate à états finis et met en évidence le flot de contrôle d'un état à un autre. Un *automate à états* est un comportement qui définit les séquences des états par lesquels un objet passe au cours de son existence en réponse à des événements, ainsi que les réponses de cet objet à ces événements. Un *état* est une condition ou une situation dans la vie d'un objet au cours de laquelle cet objet satisfait à certaines conditions, exécute une activité ou attend un événement. Un *événement* est la spécification d'une occurrence importante qui a un emplacement dans le temps et dans l'espace. Dans le contexte des automates à états finis, un événement est une occurrence d'un stimulus qui peut déclencher une transition d'état. Une *transition* est une relation entre deux états qui indique qu'un objet dans l'état 1 exécute certaines actions puis entre dans l'état 2 lorsqu'un événement défini se produit et que des conditions bien précises sont satisfaites. Une *activité* est une exécution non atomique en cours à l'intérieur d'un automate à états finis. Une *action* est un calcul atomique exécutable qui résulte en un changement dans l'état du modèle ou en une valeur fournie en retour. Un diagramme d'états-transitions est un ensemble d'arcs et de sommets.

Propriétés communes

Les propriétés générales des diagrammes sont traitées au chapitre 7.

Un diagramme d'états-transitions est un diagramme un peu particulier qui a néanmoins les mêmes propriétés que tous les autres diagrammes, à savoir un nom et un contenu graphique qui consistent en une projection dans un modèle. Un diagramme d'états-transitions se distingue des autres diagrammes par son contenu spécifique.

Contenu

Les états simples, les états composés, les transitions, les événements et les actions sont traités au chapitre 21. Les diagrammes d'activités sont traités au chapitre 19.

En règle générale, les diagrammes d'états-transitions contiennent :

- des états simples et desétats composés,
- des transitions, y compris des événements et des actions.

Remarque : Un diagramme d'états-transitions est essentiellement une projection des éléments qui apparaissent dans un automate à états finis. Cela signifie qu'il peut contenir des branches, des points de synchronisation des flots concurrents, des états d'action, des états d'activité, des objets, des états initiaux, des états finals, des états à historique, etc. En effet, un diagramme d'états-transitions peut contenir n'importe quelle caractéristique d'un automate à états finis. Ce qui différencie un diagramme d'activités d'un diagramme d'états-transitions, c'est le fait qu'un diagramme d'activités est principalement une projection des éléments que l'on trouve dans un graphe d'activités, un cas particulier d'un automate à états finis dans lequel tous les états ou presque sont des états d'activité et où pratiquement toutes les transitions sont déclenchées par la fin de l'exécution d'activités dans l'état source.

Les notes et les contraintes sont traitées au chapitre 6.

Comme tous les autres diagrammes, les diagrammes d'états-transitions peuvent également contenir des notes et des contraintes.

Utilisations courantes

Les cinq vues d'une architecture sont traitées au chapitre 2, les instances au chapitre 13, les classes aux chapitres 4 et 9.

On utilise les diagrammes d'états-transitions pour modéliser les aspects dynamiques d'un système. Ces aspects dynamiques peuvent impliquer le comportement ordonnancé par les événements de n'importe quelle sorte d'objets dans n'importe quelle vue de l'architecture d'un système, y compris les classes (dont les classes actives), les interfaces, les composants et les nœuds.

Lorsqu'on utilise un diagramme d'états-transitions pour modéliser les aspects dynamiques d'un système, on le fait dans le contexte de pratiquement n'importe quel élément de modélisation. Cependant, en règle générale, on utilise les diagrammes d'états-transitions dans le contexte du système entier, d'un sous-système ou d'une classe. On peut également lier des diagrammes d'états-transitions à des cas d'utilisation (pour modéliser un scénario).

Les classes actives sont traitées au chapitre 22, les interfaces au chapitre 11, les composants au chapitre 25, les nœuds au chapitre 26, les cas d'utilisation au chapitre 16, les systèmes au chapitre 31.

Lorsqu'on modélise les aspects dynamiques d'un système, d'une classe ou d'un cas d'utilisation, on utilise en général les diagrammes d'états-transitions d'une seule et unique manière :

- pour modéliser les objets réactifs.

Un objet réactif — ou objet guidé par les événements — est un objet dont le comportement se caractérise le mieux par sa réponse aux événements envoyés depuis l'extérieur de son contexte. Un objet réactif est en général inactif jusqu'à ce qu'il reçoive un événement et, lorsqu'il reçoit un événement, sa réponse dépend habituellement des événements précédents. Après avoir répondu à un événement, l'objet redevient inactif et attend l'événement suivant. Pour ces sortes d'objets, on se concentre sur les états stables, les événements qui déclenchent une transition d'un état à un autre et les actions qui se produisent à chaque changement d'état.

Remarque : En revanche, on utilise les diagrammes d'activités pour modéliser un workflow ou une opération. Les diagrammes d'activités conviennent mieux à la modélisation du flot d'activités dans le temps tel qu'on peut le représenter dans un organigramme.

Techniques de modélisation courantes

Modélisation d'objets réactifs

Les Interactions sont traitées au chapitre 15, les diagrammes d'activités au chapitre 19.

En règle générale, on utilise les diagrammes d'états-transitions pour modéliser le comportement d'objets réactifs, plus particulièrement des instances de classes, des cas d'utilisation ou des systèmes dans leur ensemble. Alors que les interactions modélisent le comportement d'un groupe d'objets qui travaillent ensemble, un diagramme d'états-transitions modélise le comportement d'un seul objet au cours de son existence. Tandis qu'un diagramme d'activités modélise le flot de contrôle d'une activité à une autre, un diagramme d'états-transitions modélise le flot de contrôle d'un état à un autre.

La modélisation de l'existence d'un objet est traitée au chapitre 21.

Lorsqu'on modélise le comportement d'un objet réactif, on précise essentiellement trois choses : les états stables dans lesquels cet objet peut exister, les événements qui déclenchent une transition d'un état à un autre et les actions qui se produisent à chaque changement d'état. La modélisation du comportement d'un objet réactif implique également la modélisation de l'existence de cet objet, de sa création jusqu'à sa destruction, avec la mise en évidence des états stables dans lesquels l'objet peut se trouver.

Le temps et l'espace sont traités au chapitre 23.

Un état stable représente une condition dans laquelle un objet peut exister pendant une période identifiable. Lorsqu'un événement se produit, l'objet peut transiter d'un état à un autre. Ces événements peuvent également déclencher des transitions réflexives ou des transitions internes, dans lesquelles la source et la cible sont un seul et même état. En réaction à un événement ou un changement d'état, l'objet peut répondre en envoyant une action.

Remarque : Lorsqu'on modélise le comportement d'un objet réactif, on peut préciser son action en le liant à une transition ou à un changement d'état. En termes techniques, un automate à états finis dont toutes les actions sont liées aux transitions s'appelle un automate de Mealy et un automate à états finis dont toutes les actions sont liées aux états s'appelle un automate de Moore. D'un point de vue mathématique, les deux sont équivalents. Dans la pratique, on développe en général des diagrammes d'états-transitions qui utilisent une combinaison des automates de Mealy et de Moore.

Pour modéliser un objet réactif, il faut :

- choisir le contexte de l'automate à états finis, que ce soit une classe, un cas d'utilisation ou le système entier.

Les préconditions et les postconditions sont traitées au chapitre 10, les interfaces au chapitre 11.

- choisir l'état initial et l'état final de l'objet. Définir éventuellement les préconditions et postconditions de l'état final et de l'état initial, afin de guider le reste du modèle.
- définir les états stables de l'objet en prenant en considération les conditions dans lesquelles l'objet peut exister pendant une période identifiable. Commencer par les états de haut niveau de l'objet et examiner seulement ensuite les sous-états possibles.
- établir l'ordre partiel des états stables au cours de l'existence de l'objet.
- faire le choix des événements qui peuvent déclencher une transition d'un état à un autre. Modéliser ces événements comme des déclencheurs de transitions qui se déplacent d'un agencement légal d'états à un autre.
- lier les actions à ces transitions (comme dans un automate de Mealy) et/ou à ces états (comme dans un automate de Moore).
- examiner les moyens de simplifier l'automate en utilisant des sous-états, des branches, des points de synchronisation des flots concurrents et des états à historique.
- vérifier que tous les états peuvent être atteints par une combinaison d'événements.
- vérifier qu'aucun état n'est une impasse à partir de laquelle aucune combinaison d'événements ne permet à l'objet de transiter hors de l'état.
- vérifier l'automate à états finis, manuellement ou à l'aide d'outils, en se référant aux séquences d'événements attendues et à leurs réponses.

Par exemple, la figure 24-2 montre le diagramme d'états-transitions créé pour l'analyse grammaticale d'un langage sans contexte, comme on peut en trouver dans les systèmes qui font entrer ou sortir de grandes quantités de messages dans XML. Dans ce cas, l'automate est conçu pour faire l'analyse grammaticale d'un flot de caractères qui correspond à la syntaxe

```
message : '<' chaîne'>' chaîne';'
```

La première chaîne représente une étiquette, la seconde représente le corps du message. Si l'on considère un flot de caractères, seuls les messages bien formés qui suivent cette syntaxe peuvent être acceptés.

Les événements sont traités au chapitre 20.

Comme le montre la figure, il n'y a que trois états stables pour cet automate à états finis : `Attente`, `ObtenirJeton`, et `ObtenirCorps`. Cet automate est conçu comme un automate de Mealy, avec des actions liées aux transitions. En fait, il n'y a qu'un seul événement intéressant dans cet automate à états finis, la demande `traiter` avec le paramètre en cours `c` (un caractère). Lorsqu'il est en `Attente`, cet automate rejette tous les caractères qui ne désignent pas le départ d'un jeton (comme le précise la condition de garde). Lorsque le départ d'un jeton est reçu, l'état de l'objet passe à `ObtenirJeton`. Pendant qu'il est dans cet état, l'automate sauvegarde tous les caractères qui ne désignent pas la fin d'un jeton (comme le précise la condition de garde). Lorsqu'il reçoit la fin d'un jeton, l'état de l'objet passe à `ObtenirCorps`. Pendant qu'il est dans cet état, l'automate sauvegarde seulement les caractères qui ne désignent pas la fin du corps d'un message (comme le précise la condition de garde). Enfin, lorsque la fin d'un message arrive, l'état de l'objet revient en `Attente` et on obtient en retour une valeur qui indique que le message a été analysé grammaticalement (et que l'automate est prêt à recevoir un autre message).

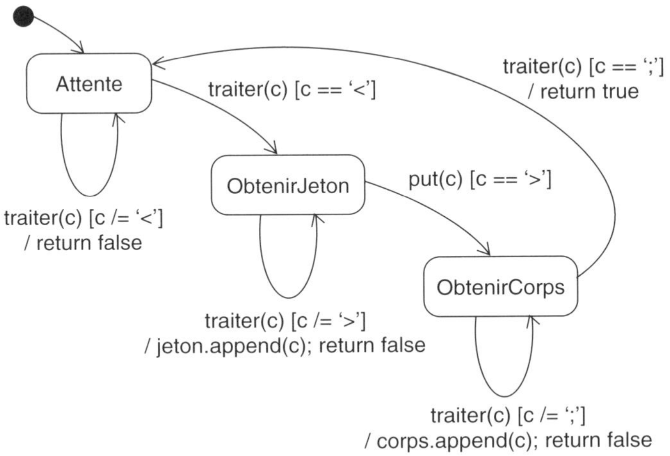

Figure 24-2 : *Modélisation d'objets réactifs*

On remarque que ce diagramme d'états-transitions précise un automate qui fonctionne en continu et n'a donc pas d'état final.

Ingénierie vers l'aval et rétro-ingénierie

L'*ingénierie vers l'aval* (création d'un code à partir d'un modèle) est possible pour les diagrammes d'états-transitions, surtout si le contexte du diagramme est une classe. Par exemple, si l'on reprend le diagramme d'états-transitions précédent, un outil d'ingénierie vers l'aval peut générer le code Java suivant pour la classe `AnalyseurGrammaticalDeMessage`.

```
class AnalyseurGrammaticalDeMessage {
public
   boolean traiter(char c) {
     switch (etat) {
       case Attente :
         if (c == '<') {
            etat = ObtenirJeton;
            jeton = new StringBuffer();
            corps = new StringBuffer();
         }
         break;
       case ObtenirJeton :
         if (c == '>')
            etat = ObtenirCorps;
         else
            jeton.append(c);
         break;
       case ObtenirCorps :
         if (c == ';')
            etat = Attente;
         else
            corps.append(c);
         return true;
     }
     return false;
   }
   StringBuffer obtenirJeton() {
     return jeton;
   }
   StringBuffer obtenirCorps() {
     return corps;
   }
private
   final static int Attente = 0;
   final static int ObtenirJeton = 1;
   final static int ObtenirCorps = 2;
   int etat = Attente;
   StringBuffer jeton, corps;
}
```

Cela nécessite un peu d'ingéniosité. L'outil d'ingénierie vers l'aval doit générer des attributs privés et des constantes statiques finales.

La *rétro-ingénierie* (création d'un modèle à partir d'un code) est possible en théorie, mais en pratique elle n'est pas très utile. Le choix de ce qui constitue un état qui a un sens appartient au concepteur. Les outils de rétro-ingénierie n'ont pas de capacité d'abstraction et ne peuvent donc pas produire automatiquement des diagrammes d'états-transitions qui aient un sens. L'animation d'un modèle par rapport à l'exécution d'un système déployé est plus intéressante que la rétro-ingénierie d'un modèle à partir d'un code. Par exemple, si l'on reprend le diagramme représenté sur la figure 24-2, un outil peut animer les états au sein du diagramme lorsqu'ils sont atteints dans le système en exécution. De même, le déclenchement de transitions peut être animé et représenter la réception des événements et l'envoi des actions qui en résultent. Sous le contrôle d'un débogueur, on peut surveiller la vitesse d'exécution en plaçant des points d'arrêt pour stopper l'action à des états intéressants afin d'examiner les valeurs des attributs des objets individuels.

Trucs et astuces

Lorsqu'on crée un diagramme d'états-transitions en UML, il ne faut pas oublier que chaque diagramme d'états-transitions n'est qu'une projection des aspects dynamiques d'un système sur le même modèle. Un seul diagramme d'états-transitions peut saisir la sémantique d'un seul objet réactif, mais aucun diagramme d'états-transitions ne peut saisir la sémantique d'un système entier important.

Un diagramme d'états-transitions bien structuré :

- est centré sur la communication d'un aspect de la dynamique d'un système ;
- contient uniquement les éléments essentiels à la compréhension de cet aspect ;
- fournit des détails en rapport avec son niveau d'abstraction (ne montre que les caractéristiques indispensables à une bonne compréhension) ;
- utilise un équilibre entre les styles des automates de Mealy et de Moore.

Lorsqu'on représente un diagramme d'états-transitions, il faut :

- lui donner un nom qui indique son but ;
- modéliser d'abord les états stables de l'objet, puis les transitions légales d'état à état. Adresser les branchements, la concurrence et le flot d'objets comme des considérations secondaires, éventuellement dans des diagrammes à part ;
- disposer les éléments de façon à éviter que les lignes ne se croisent.

Partie 6

MODÉLISATION D'ARCHITECTURES

UNIFIED MODELING LANGUAGE

Chapitre 25
COMPOSANTS

Dans ce chapitre :

- Composants, interfaces et réalisations
- Modélisation d'exécutables et de bibliothèques
- Modélisation de tables, de fichiers et de documents
- Modélisation d'une API
- Modélisation de code source
- Mapping entre modèles logiques et modèles physiques

Les composants vivent dans le monde matériel des bits et constituent des briques de base importantes dans la modélisation des aspects physiques d'un système. Un composant est une partie physique remplaçable d'un système qui fournit la réalisation d'un ensemble d'interfaces et s'y conforme.

On utilise les composants pour modéliser les éléments physiques qui peuvent se trouver sur un nœud, comme les exécutables, les bibliothèques, les tables, les fichiers et les documents. Un composant représente en général le regroupement physique d'éléments habituellement logiques, tels que les classes, les interfaces et les collaborations.

Les bons composants déterminent des abstractions bien délimitées à l'aide d'interfaces bien définies, ce qui permet de remplacer facilement les composants plus anciens par des composants plus récents et compatibles.

Premiers pas

Le produit final d'une entreprise de construction est constitué d'un bâtiment physique qui existe dans la réalité. On construit des modèles logiques pour visualiser, spécifier et documenter les décisions prises au sujet du budget du bâtiment, de son aspect, de l'emplacement des murs, des portes et des fenêtres, du circuit électrique et de la plomberie et du style architectural global. Lorsqu'on construit vraiment l'immeuble, les murs, les portes, les fenêtres et les autres éléments conceptuels deviennent des éléments physiques bien réels.

Les différences entre la construction d'une niche et la construction d'un immeuble sont traitées au chapitre 1.

Cette vue logique et cette vue physique sont toutes deux nécessaires. Si l'on réalise une construction provisoire pour laquelle le coût du matériel de récupération et de réparation est pratiquement nul (par exemple, si l'on construit une niche pour un chien), on peut probablement passer directement à la construction physique sans faire de modélisation logique. Si au contraire on construit un bâtiment fait pour durer, dont le coût de remplacement ou de réparation est élevé, il est alors plus pragmatique d'établir des modèles logiques et physiques afin de gérer le risque.

Il en est de même pour la construction d'un système à forte composante logicielle. On se sert de la modélisation logique pour visualiser, spécifier et documenter les décisions qui touchent au vocabulaire du domaine concerné et à la manière dont ces éléments collaborent d'un point de vue structurel et comportemental. On utilise la modélisation physique pour construire le système exécutable. Les éléments logiques vivent dans le monde conceptuel, alors que les éléments physiques existent dans le monde des bits — c'est-à-dire qu'ils finissent par se trouver sur des nœuds physiques et peuvent être exécutés directement ou encore qu'ils peuvent participer à un système en exécution d'une manière indirecte.

Les interfaces sont traitées au chapitre 11.

En UML, tous ces éléments physiques sont modélisés comme des composants. Un composant est un élément physique qui se conforme à un ensemble d'interfaces et les réalise. Les interfaces font donc le lien entre le modèle logique et le modèle physique. Par exemple, on peut préciser une interface pour une classe dans un modèle logique et cette même interface peut se déplacer vers un composant physique qui la réalise.

Dans le monde du logiciel, de nombreux systèmes d'exploitation et langages de programmation supportent directement le concept de composant. Ainsi, les bibliothèques objet, les exécutables, les composants COM+, et les Enterprise Java Beans (ou EJB) peuvent être représentés directement à l'aide des composants UML. Les composants peuvent être utilisés non seulement pour modéliser ce genre d'éléments, mais également pour représenter d'autres éléments qui participent à un système exécutable, comme les tables, les fichiers et les documents.

Les stéréotypes sont traités au chapitre 6.

Comme le montre la figure 25-1, UML fournit une représentation graphique pour les composants. Cette notation canonique permet de visualiser un composant en dehors de tout système d'exploitation ou langage de programmation. En utilisant les stéréotypes, qui font partie des mécanismes d'extensibilité d'UML, on peut adapter cette notation pour représenter des types de composants spécifiques.

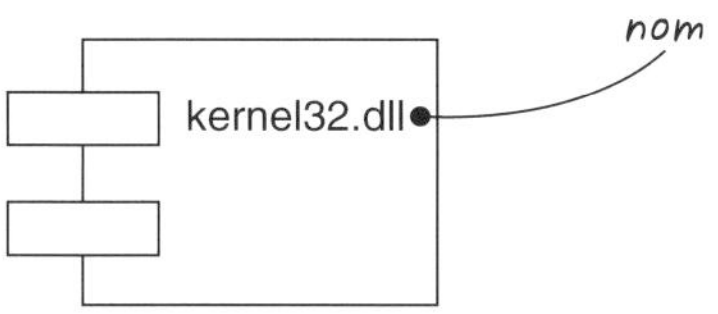

Figure 25-1 : *Composants*

Termes et concepts

Un *composant* est une partie physique remplaçable d'un système qui fournit la réalisation d'un ensemble d'interfaces et s'y conforme. Un composant est représenté par un rectangle avec des onglets.

Noms

Le nom d'un composant doit être unique à l'intérieur de son paquetage (voir chapitre 12). Les étiquettes et les compartiments sont traités au chapitre 6.

Chaque composant doit avoir un nom différent de celui des autres composants. Ce *nom* est composé d'une chaîne de caractères et est appelé *nom simple*. Un *nom complet* est constitué du nom du composant précédé du nom du paquetage dans lequel ce composant réside. En règle générale, un composant est représenté uniquement par son nom. Tout comme pour les classes, on peut lui ajouter des étiquettes ou des compartiments supplémentaires pour faire apparaître les détails, comme cela est illustré par la figure 25-2.

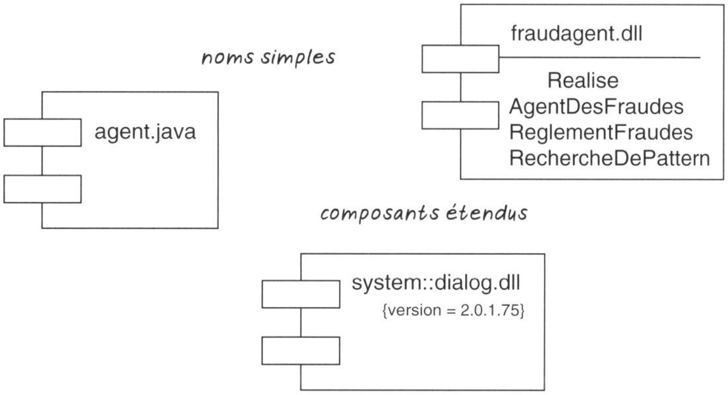

Figure 25-2 : *Composants simples et étendus*

Remarque : Le nom d'un composant se compose d'une chaîne de caractères qui comporte un certain nombre de lettres, de chiffres ou de signes de ponctuation (à l'exception des deux-points " : " utilisés pour séparer le nom du composant du nom de son paquetage) et peut s'étendre sur plusieurs lignes. Dans la pratique, les noms de composants sont des noms courts ou de petites phrases nominales tirés du vocabulaire de l'implémentation avec une extension système d'exploitation cible et des extensions (telle que `java` et `dll`) qui dépend du système d'exploitation cible.

Composants et classes

Les classes sont traitées aux chapitres 4 et 9, les interactions au chapitre 15.

Par de nombreux aspects, les composants sont similaires aux classes : ils ont tous deux un nom, peuvent réaliser un ensemble d'interfaces, participer à des relations de dépendance, de généralisation et d'association, et à des interactions, être emboîtés et avoir des instances. Il existe cependant des différences importantes entre les composants et les classes :

- les classes représentent des abstractions logiques alors que les composants représentent des éléments physiques qui existent dans le monde des bits. Pour résumer, cela signifie que les composants peuvent résider sur des nœuds, mais pas les classes.
- les composants représentent le regroupement physique de ce qu'on pourrait appeler des composants logiques et se situent à un niveau d'abstraction différent.
- les classes peuvent avoir directement des attributs et des opérations. En général, les composants comportent seulement des opérations que l'on peut atteindre uniquement par leur interface.

Les nœuds sont traités au chapitre 26.

La première différence est la plus importante. Lorsqu'on modélise un système, il est facile de choisir entre une classe ou un composant : si l'élément que l'on modélise réside directement sur un nœud on utilise un composant, dans le cas contraire on utilise une classe.

Les relations de dépendance sont traitées aux chapitres 5 et 10, les collaborations au chapitre 27.

La deuxième différence suggère une relation entre les classes et les composants. Plus particulièrement, un composant est l'implémentation physique d'un ensemble d'autres éléments logiques, tels que les classes et les collaborations. Comme le montre la figure 25-3, la relation entre un composant et les classes qu'il implémente peut être représentée clairement avec une relation de dépendance. La plupart du temps, il n'est pas nécessaire de visualiser ces relations. On les gardera comme une partie de la spécification du composant.

Les interfaces sont traitées au chapitre 11.

La troisième différence met en évidence la façon dont les interfaces relient les composants et les classes. Comme cela est expliqué plus en détails dans la prochaine partie de cet ouvrage, les composants et les classes peuvent tous deux réaliser une interface, mais en règle générale les services d'un composant sont disponibles uniquement à travers ses interfaces.

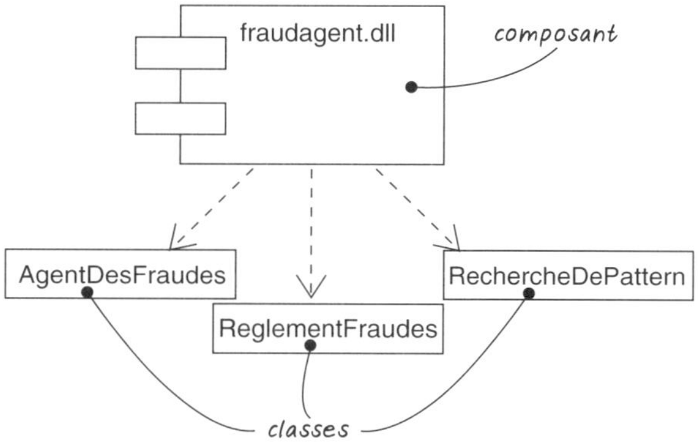

Figure 25-3 : *Composants et classes*

Remarque : Les composants ressemblent également aux classes dans la mesure où (même si on le fait rarement) on peut spécifier leurs attributs et leurs opérations. Mais cela n'est nécessaire que si l'on modélise un système réflexif capable de manipuler ses propres composants.

Composants et interfaces

Les interfaces sont traitées au chapitre 11.

Une interface est un ensemble d'opérations qui servent à spécifier un service d'une classe ou d'un composant. La relation entre un composant et une interface est importante. Les services les plus courants des systèmes d'exploitation basés sur des composants (tels que COM+, CORBA et Enterprise Java Beans) se servent des interfaces pour assembler les composants entre eux.

La modélisation des systèmes répartis est traitée au chapitre 23.

Lorsqu'on utilise un de ces services, on décompose l'implémentation physique en spécifiant les interfaces qui représentent les principaux points de soudure du système. On fournit alors des composants qui réalisent les interfaces, ainsi que d'autres composants qui ont accès aux services à travers leurs interfaces. Ce mécanisme permet de déployer un système dont les services sont en quelque sorte indépendants de l'emplacement et remplaçables, comme cela est expliqué dans la prochaine partie.

La réalisation est traitée au chapitre 10.

Comme le montre la figure 25-4, on peut représenter la relation qui existe entre un composant et ses interfaces de deux manières différentes. La première (qui est aussi la plus courante) représente l'interface sous sa forme simplifiée et iconique. Le composant qui réalise l'interface est connecté à l'interface à l'aide d'une relation de réalisation simplifiée. La seconde représente l'interface sous sa forme étendue où elle peut révéler ses opérations. Le composant qui réalise l'interface est connecté à l'interface par une relation de réalisation complète. Dans les deux cas, le composant qui accède aux services de l'autre composant à travers l'interface est relié à cette dernière par une relation de dépendance.

Une interface réalisée par un composant s'appelle une *interface export*, ce qui signifie que le composant fournit cette interface aux autres composants comme un service. Un composant peut fournir plusieurs interfaces export. L'interface utilisée par un composant s'appelle une *interface import*, ce qui signifie qu'il s'agit d'une interface à laquelle le composant se conforme puis sur laquelle il se construit. Un composant peut se conformer à plusieurs interfaces import et peut à la fois importer et exporter des interfaces.

Une interface donnée peut être exportée par un composant et importée par un autre. Le fait que cette interface se trouve entre les deux composants casse la dépendance directe entre eux. Un composant qui utilise une interface donnée fonctionnera correctement quel que soit le composant qui réalise cette interface. On ne peut bien évidemment utiliser un composant dans un contexte qu'à la condition que toutes ses interfaces import soient fournies par les interfaces export des autres composants.

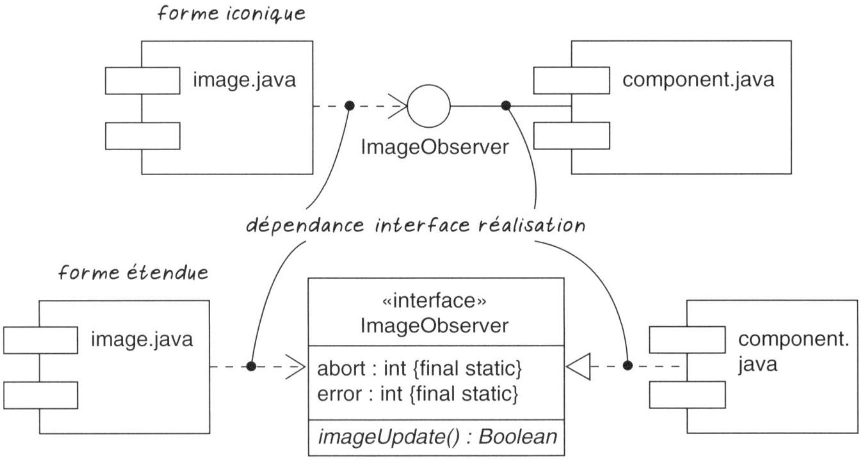

Figure 25-4 : *Composants et interfaces*

Remarque : Les interfaces s'affranchissent des frontières logiques et physiques. On peut avoir une interface utilisée ou réalisée par un composant et retrouver la même interface utilisée ou réalisée par les classes implémentées par le composant.

Remplaçabilité binaire

La principale intention de chaque service de système d'exploitation basé sur des composants est de permettre l'assemblage de systèmes à partir d'éléments binaires remplaçables. Cela signifie que l'on peut créer un système à partir de composants puis faire évoluer ce système en ajoutant de nouveaux composants et en remplaçant les anciens sans avoir à reconstruire le système. Les interfaces sont les éléments principaux de cette évolution. Lorsqu'on spécifie une interface, dans le système exécutable on peut mettre n'importe quel composant qui se conforme à cette interface ou qui la fournit. On peut étendre le système en faisant en sorte que les composants fournissent de nouveaux services à travers d'autres interfaces que d'autres composants peuvent découvrir et utiliser à leur tour. Cette sémantique explique l'intention cachée derrière la définition d'un composant en UML. Un composant est un élément physique remplaçable d'un système qui fournit la réalisation d'un ensemble d'interfaces et s'y conforme.

Premièrement, un composant est *physique*. Il vit dans le monde des bits et non dans celui des concepts.

Deuxièmement, un composant est *remplaçable*. Il peut être remplacé par un autre composant qui se conforme aux mêmes interfaces. En général, le mécanisme d'insertion ou de remplacement d'un composant pour former un système en phase d'exécution est transparent pour l'utilisateur du composant et est réalisé par les modèles d'objets (tels que COM+ et Enterprise Java Beans) qui ne nécessitent que peu de transformations (voire aucune) ou par les outils qui l'automatisent.

Les systèmes et les sous-systèmes sont traités au chapitre 31.

Troisièmement, un composant est un *élément d'un système*. Un composant existe rarement indépendamment des autres. Un composant donné collabore avec d'autres composants et, ce faisant, existe dans le contexte d'architecture ou de technologie dans lequel il est supposé être utilisé. Un composant est logiquement et physiquement cohérent et dénote donc une partie structurelle et/ou comportementale importante d'un plus grand système. De plus il peut être réutilisé à travers de nombreux systèmes. Ainsi, un composant représente un bloc de construction fondamental sur lequel les systèmes peuvent être conçus et réalisés. Cette définition est récursive — un système à un niveau d'abstraction peut n'être qu'un simple composant à un plus haut niveau d'abstraction.

Quatrièmement, comme cela est expliqué dans la partie précédente, un composant *fournit la réalisation d'un ensemble d'interfaces et s'y conforme*.

Types de composants

On distingue trois types de composants.

Premièrement, les *composants de déploiement* qui sont nécessaires et suffisants pour former un système exécutable, comme les bibliothèques dynamiques (DLL) et les exécutables (EXE). La définition d'un composant en UML est suffisamment générale pour adresser des modèles objets classiques, tels que COM+, CORBA et Enterprise Java Beans, ainsi que d'autres modèles objet, comprenant éventuellement des pages web dynamiques, des tables de bases de données et des exécutables qui utilisent des mécanismes de communication propriétaires.

Deuxièmement, les *composants produits par le développement*. Ces composants sont essentiellement le résultat du processus de développement ; ils se composent d'éléments tels que des fichiers code source et des fichiers de données à partir desquels les composants de déploiement sont créés. Ils ne participent pas directement à un système exécutable mais sont les produits du travail de développement qui servent à créer le système exécutable.

Troisièmement, les *composants d'exécution*. Ces composants sont créés en tant que produits d'une exécution, comme par exemple un objet COM+ qui est instancié à partir d'une DLL.

Organisation des composants

Les paquetages sont traités au chapitre 12.

On organise les composants en les groupant dans des paquetages de la même façon que l'on organise les classes.

Les relations sont traitées aux chapitres 5 et 10.

On peut également organiser des composants en spécifiant leurs relations de dépendance, de généralisation, d'association (y compris d'agrégation) et de réalisation.

Eléments standard

Les mécanismes d'extensibilité d'UML sont traités au chapitre 6.

Tous les mécanismes d'extensibilité d'UML s'appliquent aux composants. D'une manière générale, on utilise les étiquettes pour étendre les propriétés du composant (par exemple pour spécifier la version d'un composant de développement) et les stéréotypes pour préciser de nouveaux types de composants (tels que les composants spécifiques d'un système d'exploitation donné).

Les éléments standard d'UML sont résumés dans l'annexe B.

UML définit cinq stéréotypes standard qui s'appliquent aux composants :

- `executable` précise un composant qui peut être exécuté sur un nœud
- `library` précise une bibliothèque objet statique ou dynamique.
- `table` précise un composant qui représente une table de base de données.
- `file` précise un composant qui représente un document contenant un code source ou des données.
- `document` précise un composant qui représente un document.

Remarque : UML ne fournit pas d'icones définies pour ces stéréotypes. Cependant, l'annexe B présente une notation issue de la pratique courante.

Techniques de modélisation courantes

Modélisation d'exécutables et de bibliothèques

Lorsqu'on a recours aux composants, c'est le plus souvent pour modéliser les composants de déploiement (qui constituent l'implémentation). Si l'on déploie un système peu important dont l'implémentation consiste en un seul fichier exécutable, il n'est pas nécessaire de modéliser les composants. Si au contraire le système que l'on déploie se compose de plusieurs exécutables et de bibliothèques objet associées, la modélisation de composants permet de visualiser, spécifier, construire et documenter les décisions prises au sujet du système physique. Il est encore plus important d'avoir recours à la modélisation de composants pour contrôler la gestion des versions et de la configuration de ces éléments au fur et à mesure que le système évolue.

Ces décisions sont également affectées par la topologie du système cible (voir chapitre 26).

Pour la plupart des systèmes, ces composants de déploiement proviennent des décisions prises sur la manière de segmenter l'implémentation physique du système. Ces décisions sont affectées par un certain nombre de problèmes techniques (comme par exemple le choix des services de niveau système d'exploitation basés sur des composants), par des problèmes de gestion de configuration (comme les décisions relatives au choix des éléments susceptibles d'être modifiés dans le temps) et par des problèmes de réutilisation (cela consiste à décider des composants qui seront réutilisés dans ou à partir d'autres systèmes).

Pour modéliser des exécutables et des bibliothèques, il faut :

- identifier le partitionnement du système physique. Examiner l'impact des problèmes techniques, de gestion de configuration et de réutilisation.
- modéliser l'ensemble des exécutables et des bibliothèques comme des composants, en utilisant les éléments standard appropriés. Si l'implémentation introduit de nouveaux types de composants, il faut introduire un nouveau stéréotype qui convient.
- si l'on estime qu'il est important de gérer les points de soudure du système, il faut alors modéliser les interfaces importantes que certains composants utilisent et que d'autres réalisent.
- modéliser les relations entre exécutables, bibliothèques et interfaces dans le but de communiquer une intention. La plupart du temps, on modélise les dépendances entre ces éléments afin de visualiser l'impact du changement.

Les éléments standard d'UML sont résumés dans l'annexe B.

Par exemple, la figure 25-5 montre un ensemble de composants extraits d'un outil personnel de productivité qui fonctionne sur un seul ordinateur portable. Cette figure représente un exécutable (`animator.exe`, avec une étiquette qui indique son numéro de version) et quatre bibliothèques (`dlog.dll`, `wrfrme.dll`, `render.dll`, et `raytrce.dll`), qui utilisent les éléments standard d'UML respectivement pour les exécutables et les bibliothèques. Ce diagramme représente également les dépendances entre ces composants.

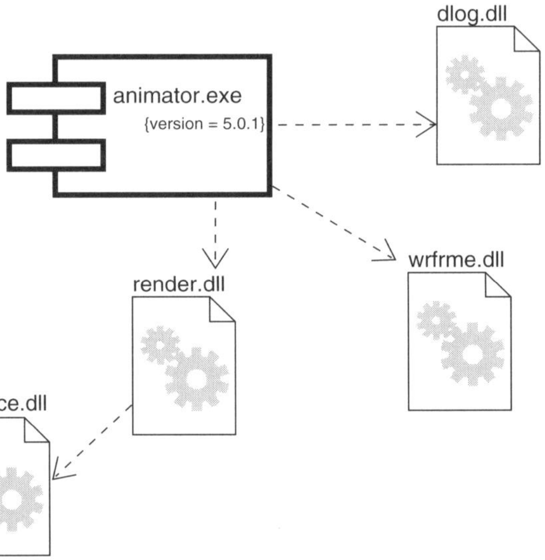

Figure 25-5 : *Modélisation d'exécutables et de bibliothèques*

Remarque : La représentation directe d'une dépendance entre deux composants consiste en une vue simplifiée des véritables relations intercomposants. Il est rare qu'un composant dépende d'un autre composant. Au contraire, il importe une ou plusieurs interfaces exportées par un autre. Par exemple, on peut récrire la figure 25-5 en indiquant clairement les interfaces réalisées (exportées) par render.dll et utilisées (importées) par animator.exe. Pour simplifier, on peut ne pas représenter ces détails et montrer simplement une dépendance entre deux composants.

Les paquetages sont traités au chapitre 12.

Au fur et à mesure que les modèles se développent, on se rend compte que de nombreux composants tendent à se rassembler en groupes liés d'un point de vue conceptuel et sémantique. En UML, on peut utiliser des paquetages pour modéliser ces groupes de composants.

La modélisation du déploiement est traitée au chapitre 26.

Pour les plus grands systèmes déployés sur plusieurs ordinateurs, on modélise la façon dont les composants sont répartis en déterminant les nœuds sur lesquels ils sont situés.

Modélisation de tables, de fichiers et de documents

Il est utile de modéliser les exécutables et les bibliothèques qui réalisent l'implémentation physique du système, mais on découvre souvent qu'il y a une foule de composants de déploiement auxiliaires qui ne sont ni des exécutables, ni des bibliothèques et qui sont pourtant essentiels au déploiement physique du système. Par exemple, l'implémentation peut comporter des fichiers de données, des documents d'aide, des scripts, des fichiers de compte rendu, des fichiers d'initialisation et des fichiers d'installation et de désinstallation. La modélisation de ces composants est un élément important pour contrôler la configuration du système. Heureusement, on peut utiliser les composants d'UML pour modéliser tous ces artefacts.

Pour modéliser les tableaux, les fichiers et les documents, il faut :

- identifier les composants auxiliaires qui font partie de l'implémentation physique du système.
- modéliser ces éléments comme des composants. Si l'implémentation introduit de nouveaux types d'artefacts, il faut alors introduire un nouveau stéréotype approprié.
- modéliser les relations entre ces composants auxiliaires et les exécutables, les bibliothèques et les interfaces dans le but de communiquer une intention. La plupart du temps, on modélise les dépendances entre ces éléments afin de visualiser l'impact du changement.

Par exemple, la figure 25-6 se construit à partir de la figure précédente et représente les tables, les fichiers et les documents qui font partie du système déployé qui entoure l'exécutable `animator.exe`. Cette figure comporte un document (`animator.hlp`), un fichier simple (`animator.ini`) et une table de base de données (`shapes.tbl`), qui utilisent chacun les éléments standard d'UML pour leurs types respectifs.

La modélisation logique et la modélisation physique des bases de données sont traitées respectivement aux chapitres 8 et 29.

La modélisation de bases de données peut s'avérer complexe lorsqu'il y a plusieurs tables, plusieurs déclencheurs et plusieurs procédures stockées. Pour visualiser, spécifier, construire et documenter ces caractéristiques, il faut modéliser le schéma logique ainsi que les bases de données physiques.

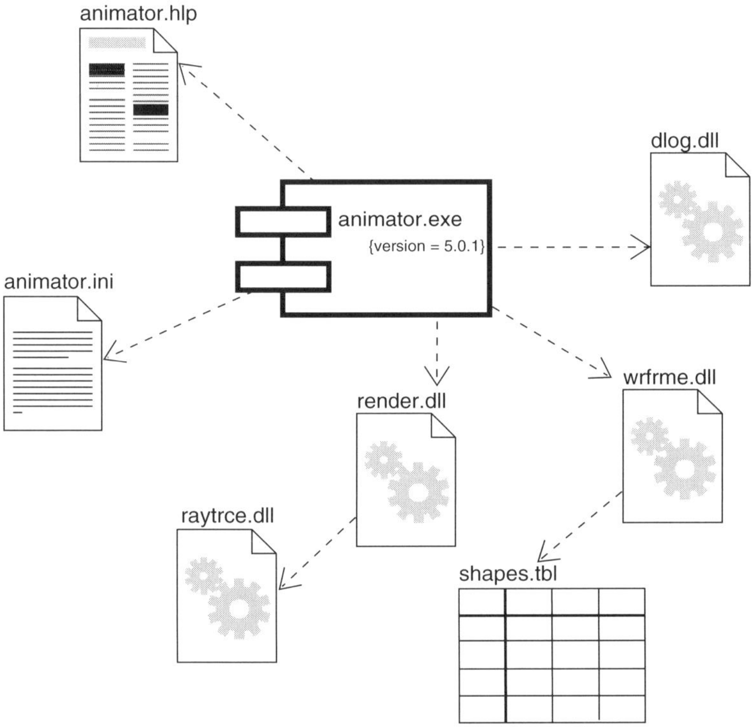

Figure 25-6 : *Modélisation de tables, de fichiers et de documents*

Modélisation d'une API

Un développeur qui assemble un système à partir de composants peut souhaiter que les API (*Application Programming Interface*) dont il se sert soient le ciment entre ces éléments. Les API représentent les points de soudure du système au niveau du programme, points que l'on peut modéliser à l'aide des interfaces et des composants.

Une API est essentiellement une interface réalisée par un ou plusieurs composants. En tant que développeur, on ne doit prêter attention qu'à l'interface même. Peu importe de savoir quel composant réalise les opérations d'une interface du moment que *certains* composants les réalisent. Cependant, du point de vue de la gestion de la configuration d'un système, ces réalisations sont importantes ; lors de la publication d'une API, il faut s'assurer qu'une réalisation disponible exécute les obligations de l'API. Grâce à UML, on peut modéliser ces deux perspectives.

Les interfaces sont traitées au chapitre 11, les cas d'utilisation au chapitre 16.

Les opérations associées à n'importe quelle API sémantiquement riche sont relativement nombreuses, et en règle générale il n'est pas nécessaire de visualiser immédiatement l'ensemble de ces opérations. Au contraire, on peut garder les opérations en arrière plan du modèle et utiliser des interfaces comme des descripteurs à l'aide desquels on peut trouver ces opérations. Si l'on veut construire des systèmes exécutables qui utilisent ces API, il faut fournir au compilateur les informations nécessaires sur les interfaces. Avec les signatures de chaque opération, on inclut également des cas d'utilisation qui expliquent comment utiliser chaque interface.

Pour modéliser une API, il faut :

- identifier les points de soudure au niveau du programme dans le système et modéliser chaque point de soudure comme une interface, en rassemblant les attributs et les opérations qui forment cette facette du système ;
- ne montrer que les propriétés de l'interface importantes dans le contexte donné ou alors cacher ces propriétés en les conservant dans la spécification de l'interface comme référence, si nécessaire ;
- ne modéliser la réalisation de chaque API que s'il est important de montrer la configuration d'une implémentation spécifique.

La figure 25-7 présente les API de l'exécutable vu dans les deux figures précédentes. On voit quatre interfaces qui forment l'API de l'exécutable : `IApplication`, `IModels`, `IRendering` et `IScripts`.

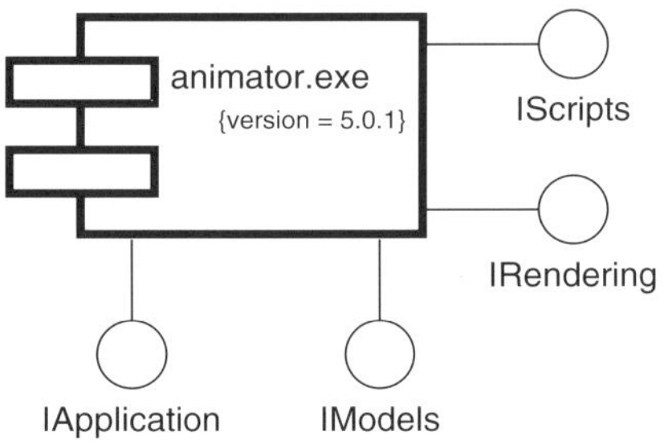

Figure 25-7 : *Modélisation d'une API*

Modélisation du code source

La plupart du temps, les composants sont utilisés pour modéliser des éléments physiques qui mettent l'implémentation en place. Cela inclut aussi la modélisation de tous les éléments auxiliaires du système déployé, parmi lesquels les tables, les fichiers, les documents et les API. On utilise également les composants pour modéliser la configuration de tous les fichiers source utilisés par les outils de développement pour créer ces composants. Cela représente les composants produits par le processus de développement.

La modélisation graphique du code source est particulièrement utile pour visualiser les dépendances de compilation entre les fichiers de code source et pour gérer les segmentations et les fusions des groupes de ces fichiers lors de la synchronisation des flots concurrents de développement. Ainsi, les composants d'UML peuvent être l'interface graphique des outils de gestion de configuration et de contrôle de version.

Dans la plupart des systèmes, la répartition des fichiers de code source dépend de décisions liées à l'environnement de développement utilisé. On utilise ces fichiers pour stocker les détails des classes, des interfaces, des collaborations et des autres éléments logiques. Ils agissent comme une étape intermédiaire pour la création, à l'aide d'outils, de composants physiques et binaires qui proviennent de ces éléments. En général, ces outils imposent un style d'organisation (il est courant d'avoir un ou deux fichiers par classe), mais il est quand même préférable de pouvoir visualiser les relations entre ces fichiers. La manière de regrouper ces fichiers à l'aide des paquetages et la façon de gérer les versions de ces fichiers découlent des décisions relatives à la gestion du changement.

Pour modéliser du code source, il faut :

- en fonction des contraintes imposées par les outils de développement, modéliser les fichiers utilisés pour stocker les détails de tous les éléments logiques, ainsi que leurs dépendances de compilation ;
- si l'on estime qu'il est important de plaquer ces modèles sur les outils de configuration et de contrôle de version, inclure (pour chaque fichier géré en configuration) des étiquettes telles que la version, l'auteur et les informations d'enregistrement et d'extraction (check in/check out) du système de gestion de configuration ;
- laisser le plus possible les outils de développement gérer les relations entre ces fichiers et utiliser UML uniquement pour visualiser et documenter ces relations.

Par exemple, la figure 25-8 montre des fichiers de code source utilisés pour construire la bibliothèque `render.dll` à partir des exemples précédents. Cette figure comporte quatre fichiers d'en-tête (`render.h`, `rengine.h`, `poly.h` et `colortab.h`) qui représentent le code source pour la spécification de certaines classes. Un fichier d'implémentation (`render.cpp`) représente l'implémentation d'un de ces fichiers d'en-tête.

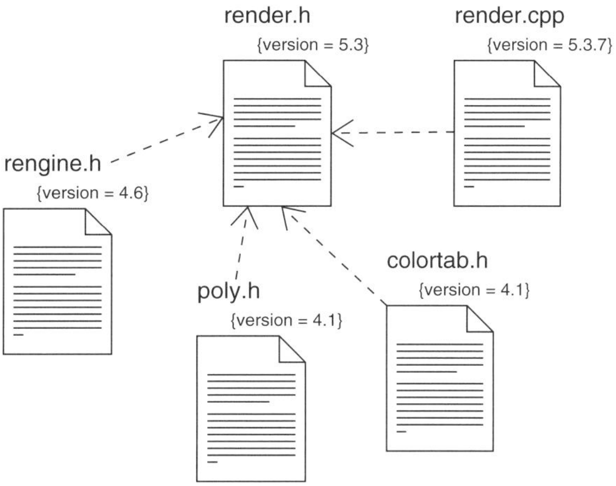

Figure 25-8 : *Modélisation de code source*

Les paquetages sont traités au chapitre 12.

Au fur et à mesure que les modèles s'agrandissent, on s'aperçoit que de nombreux fichiers de code source ont tendance à se rassembler en groupes qui sont liés d'un point de vue conceptuel et sémantique. Le plus souvent, les outils de développement placent ces groupes dans des répertoires différents. En UML, on utilise les paquetages pour modéliser ces groupements de fichiers de code source.

Les relations de `trace` *(un type de dépendance) sont traitées aux chapitres 5 et 10.*

En UML, il est possible de visualiser la relation d'une classe vers son fichier de code source et ensuite de visualiser la relation d'un fichier de code source vers son exécutable ou sa bibliothèque en utilisant les relations de trace. Mais il est rarement nécessaire d'aller aussi loin dans les détails de la modélisation.

Trucs et astuces

Lorsqu'on modélise les composants en UML, il ne faut pas oublier que l'on modélise dans la dimension physique. Un composant bien structuré doit :

- fournir une abstraction bien définie de quelque chose qui provient de l'aspect physique du système ;
- fournir la réalisation d'un petit ensemble d'interfaces bien défini ;
- implémenter directement un groupe de classes qui travaillent ensemble pour développer la sémantique de ces interfaces avec élégance et de façon économique ;
- être faiblement couplé aux autres composants. En général, on modélise les composants uniquement par rapport aux relations de dépendance et de réalisation.

Lorsqu'on représente un composant en UML, il faut :

- utiliser la forme iconique d'une interface à moins qu'il soit nécessaire de représenter de manière explicite les opérations offertes par cette interface ;
- montrer uniquement les interfaces nécessaires à la compréhension du composant dans le contexte donné ;
- révéler les valeurs des étiquettes liées au numéro de version, surtout si l'on utilise des composants pour modéliser des éléments tels que des bibliothèques ou du code source.

UNIFIED MODELING LANGUAGE

Chapitre 26

DÉPLOIEMENT

Dans ce chapitre :

- Nœuds et connexions
- Modélisation de processeurs et de périphériques
- Modélisation de la répartition des composants
- Ingénierie système

Comme les composants, les nœuds vivent dans le monde du matériel et constituent des briques de base importantes pour la modélisation des aspects physiques d'un système. Un nœud est un élément physique qui existe au moment de l'exécution et représente une ressource de calcul. En général, il a au moins de la mémoire et souvent, en plus, des capacités de traitement.

On utilise les nœuds pour modéliser la topologie du matériel sur lequel le système s'exécute. La plupart du temps, un nœud représente un processeur ou un périphérique sur lequel les composants peuvent être déployés.

Les bons nœuds représentent clairement le vocabulaire du matériel dans le domaine de solution concerné.

Premiers pas

La modélisation des éléments non-logiciels est traitée au chapitre 4.

Les composants que l'on développe ou réutilise comme constituants d'un système à forte composante logicielle doivent être déployés sur un ensemble matériel afin de pouvoir être exécutés. C'est une des caractéristiques des *systèmes* à forte composante logicielle : ils intègrent logiciels et matériels.

Les cinq vues d'une architecture sont traitées au chapitre 2.

Lorsqu'on définit l'architecture d'un système à forte composante logicielle, il faut tenir compte de ses dimensions logiques et physiques. Parmi les constituants logiques, on retrouve des constituants tels que les classes, les interfaces, les collaborations, les interactions et les automates à états finis. Les éléments physiques, quant à eux, sont représentés par les composants (qui représentent le regroupement physique de ces constituants logiques) et les nœuds (qui représentent le matériel sur lequel ces composants sont déployés et exécutés).

Les stéréotypes sont traités au chapitre 6.

Comme le montre la figure 26-1, UML propose une représentation graphique des nœuds. Cette notation canonique permet de visualiser un nœud en dehors de tout matériel spécifique. À l'aide des stéréotypes — qui font partie des mécanismes d'extensibilité d'UML — on peut adapter cette notation pour représenter des types spécifiques de processeurs et de périphériques.

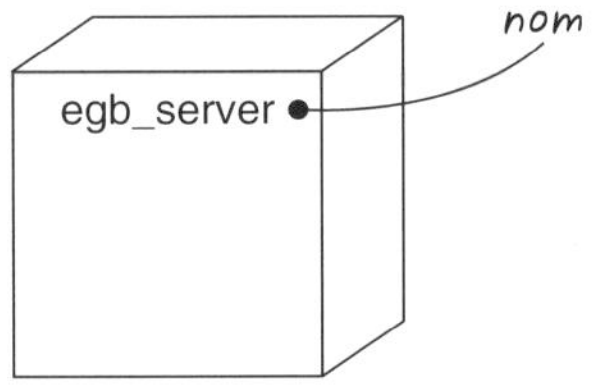

Figure 26-1 : *Nœuds*

Remarque : UML est essentiellement destiné à la modélisation de systèmes à forte composante logicielle, bien qu'il puisse également être assez expressif dans la modélisation de systèmes matériels lorsqu'il est utilisé conjointement avec des langages textuels de modélisation de matériel, tels que VHDL. UML est aussi relativement expressif dans la modélisation des topologies des systèmes autonomes, embarqués, client/serveur et répartis.

Termes et concepts

Un *nœud* est un élément physique qui existe au moment de l'exécution et représente une ressource de calcul. En règle générale, il a au moins de la mémoire et souvent des capacités de traitement. Un nœud est représenté par un cube.

Noms

Le nom d'un nœud doit être unique dans son paquetage (voir chapitre 12).

Chaque nœud doit avoir un nom différent de celui des autres nœuds. Ce *nom* se compose d'une chaîne de caractères et est appelé *nom simple*. Un *nom complet* se compose du nom du nœud précédé du nom du paquetage dans lequel il réside. Comme le montre la figure 26-2, un nœud est généralement représenté par son nom. Tout comme pour les classes, on peut lui ajouter des étiquettes ou utiliser des compartiments supplémentaires pour représenter ses détails.

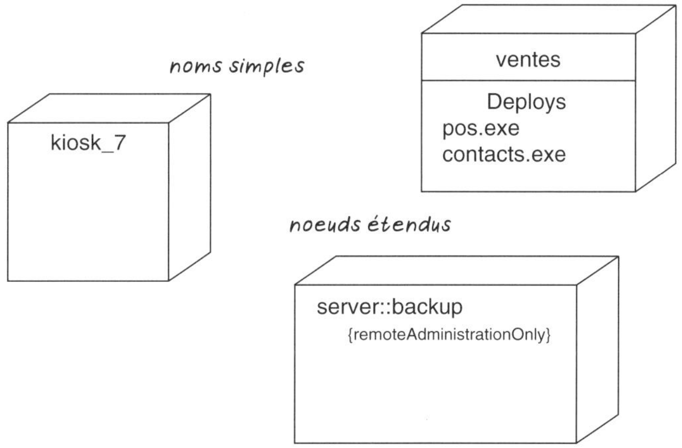

Figure 26-2 : *Nœuds simples et étendus*

Remarque : Le nom d'un nœud se compose d'une chaîne de caractères qui comporte un certain nombre de lettres, de chiffres ou de signes de ponctuation (à l'exception des deux-points " : " utilisés pour séparer le nom d'un nœud du nom de son paquetage) et peut s'étendre sur plusieurs lignes. Dans la pratique, les noms de nœuds sont des noms courts ou de petites phrases nominales tirés du vocabulaire de l'implémentation.

Nœuds et composants

Les composants sont traités au chapitre 25.

Par de nombreux aspects, les nœuds ressemblent aux composants : ils ont tous deux un nom, peuvent participer à des relations de dépendance, de généralisation et d'association, peuvent être emboîtés, avoir des instances et participer à des interactions. Cependant, il existe quand même des différences non négligeables entre eux.

- les composants sont des éléments qui participent à l'exécution d'un système alors que les nœuds sont des éléments qui exécutent les composants ;
- les composants représentent l'emballage physique d'éléments logiques alors que les nœuds représentent le déploiement physique des composants.

La première différence est la plus importante : les nœuds exécutent des composants et les composants sont des éléments exécutés par des nœuds.

Les relations de dépendance sont traitées aux chapitres 5 et 10.

La deuxième différence suggère une relation entre les classes, les composants et les nœuds. Plus précisément, un composant est la matérialisation d'un ensemble d'éléments logiques, tels que des classes et des collaborations, et un nœud est l'emplacement sur lequel les composants sont déployés. Une classe peut être implémentée par un ou plusieurs composants et un composant peut à son tour être déployé par un ou plusieurs nœuds. Comme le montre la figure 26-3, la relation entre un nœud et les composants qu'il déploie peut être représentée de façon explicite au moyen d'une relation de dépendance. La plupart du temps, il n'est pas nécessaire de visualiser ces relations, mais on les garde en tant qu'éléments de la spécification du nœud.

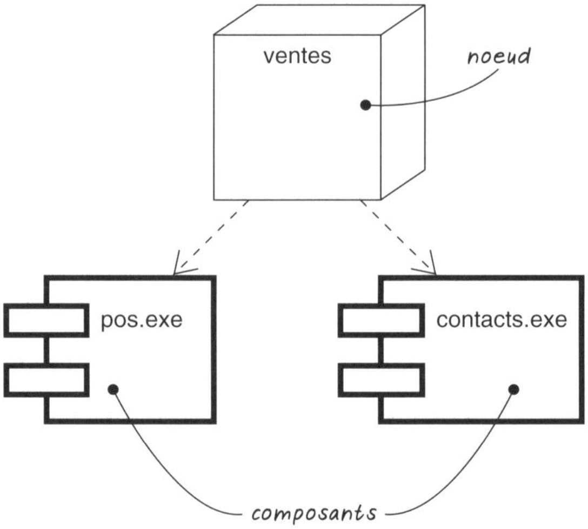

Figure 26-3 : *Nœuds et composants*

Un ensemble d'objets ou de composants situés sur un nœud en tant que groupe s'appelle une *unité de distribution*.

Remarque : Les nœuds ressemblent également aux classes par le fait que l'on peut leur spécifier des attributs et des opérations. Par exemple, on peut spécifier qu'un nœud fournit les attributs `vitesseProcesseur` et `memoire`, ainsi que les opérations `allumer`, `eteindre` et `suspendre`.

Organisation des nœuds

Les paquetages sont traités au chapitre 12.

On peut organiser les nœuds en les groupant en paquetages de la même façon que l'on organise les classes et les composants.

Les relations sont traitées aux chapitres 5 et 10.

Il est également possible d'organiser des nœuds en précisant leurs relations de dépendance, de généralisation et d'association (y compris agrégation).

Connexions

La relation la plus fréquemment utilisée est l'association. Comme le montre la figure 26-4, dans ce contexte, une association représente une connexion physique entre les nœuds, comme une connexion Ethernet, une ligne série ou un bus partagé. On peut même utiliser les associations pour modéliser des connexions indirectes, comme par exemple une liaison satellite entre des processeurs éloignés.

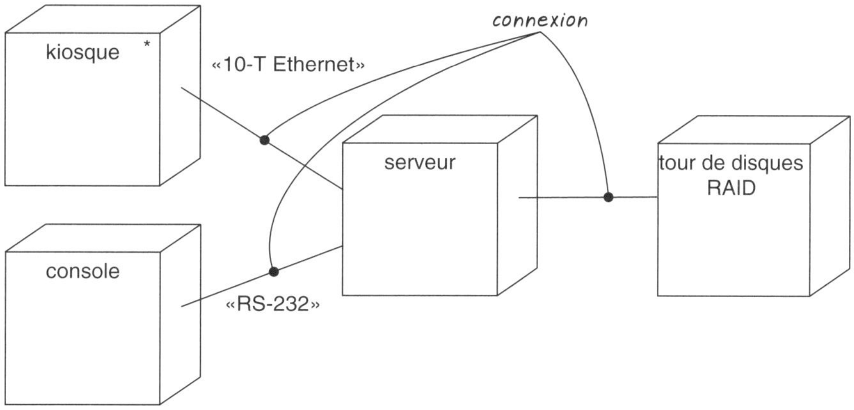

Figure 26-4 : *Connexions*

Étant donné que les nœuds sont semblables aux classes, on dispose de toute la puissance de la relation d'association, ce qui signifie que l'on peut inclure des rôles, des multiplicités et des contraintes. Comme le montre la figure 26-4, pour modéliser de nouveaux types de connexions, il faut stéréotyper ces associations — pour différencier une connexion Ethernet 10-T d'une connexion série RS-232, par exemple.

Techniques de modélisation courantes

Modélisation de processeurs et de périphériques

En règle générale, on utilise les nœuds pour modéliser les processeurs et les périphériques qui forment la topologie d'un système autonome, embarqué, client/serveur ou réparti.

Les mécanismes d'extensibilité d'UML sont traités au chapitre 6.

Étant donné que les mécanismes d'extensibilité d'UML s'appliquent tous aux nœuds, on utilise souvent des stéréotypes pour préciser les nouvelles sortes de nœuds dont on se sert pour représenter des types spécifiques de processeurs et de périphériques. Un *processeur* est un nœud qui a des capacités de traitement, c'est-à-dire qu'il peut exécuter un composant. Un *périphérique* est un nœud qui n'a pas de capacités de traitement (ou du moins, qui n'en a aucune modélisée à ce niveau d'abstraction) et qui représente généralement quelque chose directement en contact avec le monde réel.

Pour modéliser des processeurs et des périphériques, il faut :

- identifier les éléments de calcul de la vue du déploiement du système et modéliser chacun d'eux comme un nœud.
- si ces éléments représentent des processeurs et des périphériques génériques, leur attribuer un stéréotype en tant que tels. S'il s'agit de processeurs et de périphériques qui font partie du vocabulaire du domaine, spécifier un stéréotype approprié avec une icone pour chacun.
- comme pour la modélisation de classe, prendre en considération les attributs et les opérations susceptibles de s'appliquer à chaque nœud.

Par exemple, la figure 26-5 reprend le diagramme précédent et attribue un stéréotype à chaque nœud. Le `serveur` est un nœud stéréotypé comme un processeur générique. Le `kiosque` et la `console` sont des nœuds stéréotypés comme des processeurs spéciaux. La `tour de disques RAID` est un nœud stéréotypé comme un type spécial de périphérique.

Remarque : Les nœuds sont probablement les briques de base les plus stéréotypées en UML. Lorsqu'on modélise, dans le cadre de l'ingénierie système, la vue de déploiement d'un système à forte composante logicielle, il est très intéressant de fournir des repères visuels explicites pour le public auquel ils sont destinés. Si l'on modélise un processeur qui est un ordinateur tout ce qu'il y a de banal, il faut le représenter par une icone qui ressemble à cet ordinateur. Si l'on modélise un périphérique courant, comme un téléphone mobile, un fax, un modem ou une caméra, il faut le représenter par une icone qui ressemble à ce périphérique.

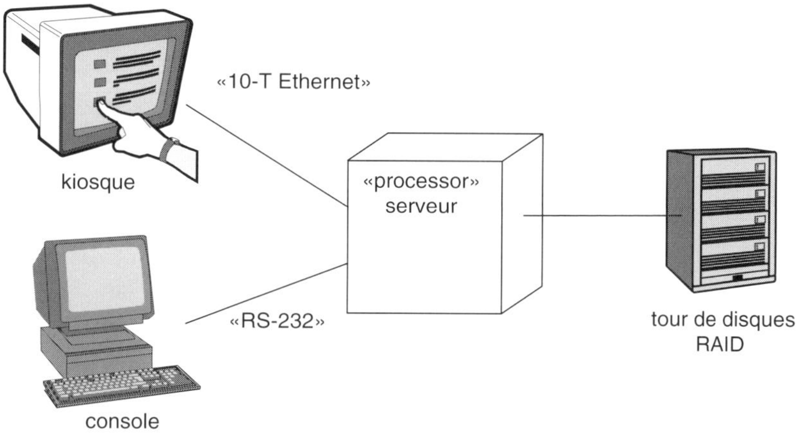

Figure 26-5 : *Processeurs et périphériques*

Modélisation de la répartition de composants

La sémantique de l'emplacement est traitée au chapitre 23.

Lorsqu'on modélise la topologie d'un système, il est souvent utile de visualiser ou de spécifier la répartition physique de ses composants à travers les processeurs et les périphériques qui constituent le système.

Pour modéliser la répartition des composants, il faut :

- attribuer un nœud à chaque composant important du système.
- examiner les duplications d'emplacement pour les composants. Il n'est pas rare que la même sorte de composants (comme les exécutables et les bibliothèques spécifiques) se trouve sur plusieurs nœuds en même temps.

- représenter cette attribution selon une des trois manières suivantes :
  - ne pas montrer cette attribution et la laisser en arrière-plan du modèle – c'est-à-dire dans chaque spécification de nœud.
  - utiliser les relations de dépendance et connecter chaque nœud avec les composants qu'il déploie.
  - lister les composants déployés sur un nœud dans un compartiment supplémentaire.

Les instances sont traitées au chapitre 11, les diagrammes d'objets au chapitre 14.

La figure 26-6 reprend les diagrammes précédents et spécifie les composants exécutables qui résident sur chaque nœud, en se basant sur la troisième approche. Ce diagramme est légèrement différent des diagrammes précédents, car il s'agit d'un diagramme d'objets qui visualise les instances spécifiques de chaque nœud. Dans ce cas, les instances `tour de disques RAID` et `kiosque` sont toutes deux anonymes alors que les deux autres instances sont nommées (`c` pour la `console` et `s` pour le `serveur`). Sur cette figure, chaque processeur est représenté avec un compartiment supplémentaire qui montre les composants qu'il déploie. L'objet `serveur` est également représenté avec ses attributs (`vitesseProcesseur` et `memoire`) dont les valeurs sont apparentes.

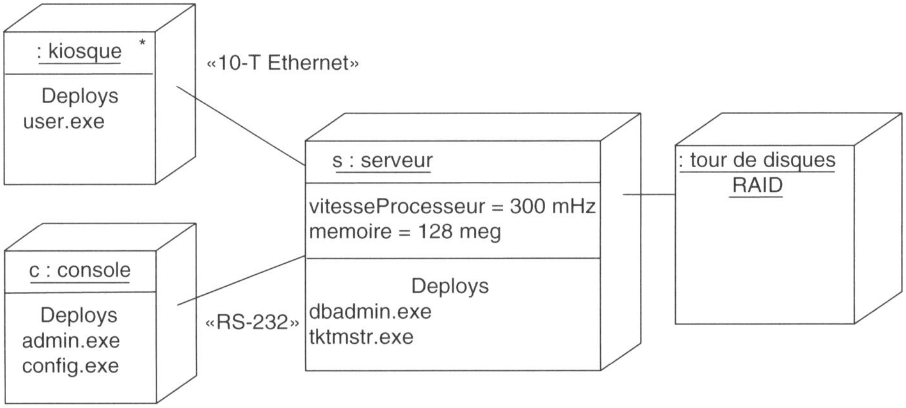

Figure 26-6 : *Modélisation de la répartition de composants*

La migration des composants à travers les nœuds est traitée au chapitre 30.

Dans un système, les composants n'ont pas besoin d'être répartis statiquement à travers les nœuds. En UML, il est possible de modéliser la migration dynamique des composants d'un nœud à l'autre, comme dans un système à agents ou dans un système de haute fiabilité qui implique des serveurs en grappe et des bases de données répliquées.

Trucs et astuces

Un nœud bien structuré doit :

- fournir une abstraction claire de quelque chose qui provient du vocabulaire du matériel dans le domaine de la solution ;
- être décomposé juste au niveau nécessaire pour communiquer son intention au lecteur ;
- montrer uniquement les opérations et les attributs importants pour le domaine que l'on modélise ;
- déployer directement un ensemble de composants qui résident sur le nœud ;
- être connecté aux autres nœuds d'une façon qui reflète la topologie du système dans la réalité.

Lorsqu'on représente un nœud en UML, il faut :

- définir, pour le projet ou l'organisation, un ensemble de stéréotypes avec les icones appropriées, destinées à fournir des repères visuels importants au lecteur ;
- ne montrer (s'il y en a) que les attributs et les opérations nécessaires à la compréhension de la signification de ce nœud dans le contexte donné.

Chapitre 27

COLLABORATIONS

Dans ce chapitre :

- Collaborations, réalisations et interactions
- Modélisation de la réalisation d'un cas d'utilisation
- Modélisation de la réalisation d'une opération
- Modélisation d'un mécanisme
- Réification d'interactions

Dans le contexte de l'architecture d'un système, une collaboration permet de nommer une partie conceptuelle qui comprend à la fois des aspects statiques et dynamiques. Une collaboration désigne un ensemble de classes, d'interfaces et d'autres éléments qui travaillent ensemble et fournissent un comportement de coopération plus important que la somme de toutes ces parties.

On utilise les collaborations pour spécifier la réalisation de cas d'utilisation et d'opérations ainsi que pour modéliser les mécanismes du système importants du point de vue de l'architecture.

Premiers pas

Prenons pour exemple le plus beau bâtiment que l'on puisse trouver — comme le Taj Mahal ou Notre-Dame de Paris. Les deux structures sont d'une qualité telle qu'il est difficile, voire impossible, de les décrire. Sous de nombreux aspects, elles sont simples du point de vue architectural mais elles sont pourtant profondément complexes. Dans chacun des deux bâtiments, on reconnaît immédiatement une symétrie logique. Si l'on regarde de plus près, on découvre des détails magnifiques en eux-mêmes et qui ensemble produisent une beauté et un intérêt bien plus importants que les parties individuelles prises isolément.

Maintenant, si l'on prend l'exemple des bâtiments les plus laids qui existent — comme par exemple le fast-food qui se trouve au coin de la rue. Il s'en dégage une sorte de cacophonie visuelle au niveau des styles architecturaux — une touche de modernisme combinée à un toit en chaume, le tout décoré de façon criarde, avec des couleurs voyantes qui agressent l'œil. Habituellement, ces bâtiments résultent de la combinaison de plusieurs styles différents, avec des fonctions restreintes et sans aucune forme.

Qu'est ce qui différencie ces deux types d'architecture ? Tout d'abord, dans les bâtiments de qualité, on trouve au niveau de la conception une harmonie qui n'existe pas dans l'architecture du fast-food. En effet, l'architecture de qualité utilise un petit ensemble de styles architecturaux appliqués de façon logique. Par exemple, le Taj Mahal est couvert d'éléments géométriques complexes, symétriques et équilibrés. Ensuite, dans les constructions de qualité, on retrouve des styles communs qui transcendent la construction des éléments individuels. Par exemple, dans le cas de Notre-Dame de Paris, certains murs porteurs servent de support au dôme de la cathédrale. Pourtant une partie de ces murs, ainsi que d'autres détails architecturaux, font partie du système d'écoulement des eaux de pluie du bâtiment.

Les cinq vues d'une architecture sont traitées au chapitre 2.

Il en est de même avec les logiciels. Un système à forte composante logicielle de qualité n'est pas solide uniquement du point de vue fonctionnel, mais il dégage aussi une harmonie et une conception équilibrée qui lui permettent de bien résister au changement. La plupart du temps, cette harmonie et cet équilibre proviennent du fait que tous les systèmes orientés objet bien structurés utilisent des patterns. Si l'on prend un système orienté objet de qualité, on voit des éléments qui travaillent ensemble de la même manière pour produire un comportement de coopération plus important que la somme de leurs parties. Dans un système bien structuré, de nombreux éléments, combinés différemment, participent à plusieurs mécanismes.

Les patterns et les frameworks sont traités au chapitre 28.

Remarque : Un pattern fournit une solution commune à un problème commun dans un contexte donné. Dans tous les systèmes bien structurés, on trouve une palette de patterns, parmi lesquels des idiomes (qui représentent des manières de programmer communes), des mécanismes (patterns de conception qui représentent des grandes parties conceptuelles de l'architecture d'un système) et des frameworks (patterns architecturaux qui fournissent des templates extensibles pour des applications à l'intérieur d'un domaine).

La modélisation structurelle est traitée dans les parties 2 et 3, la modélisation comportementale dans les parties 4 et 5, les interactions au chapitre 15.

En UML, on modélise les mécanismes à l'aide des collaborations. Une collaboration donne un nom aux briques de base conceptuelles du système et comprend à la fois des éléments structurels et des éléments comportementaux. Par exemple, on peut avoir un système réparti de gestion de l'information dont les bases de données sont disséminées sur plusieurs nœuds. Si du point de vue de l'utilisateur, la mise à jour des informations semble atomique, du point de vue interne ce n'est pas si simple car une telle action concerne plusieurs machines. Pour simplifier, un mécanisme peut être présenté sous forme d'une seule transaction même s'il fait appel à plusieurs bases de données. Un tel mécanisme implique de nombreuses classes qui travaillent ensemble pour réaliser une transaction. Parmi ces classes, plusieurs sont également impliquées dans d'autres mécanismes, comme des mécanismes qui rendent l'information persistante. Cet ensemble de classes (la partie structurelle), ainsi que leurs interactions (la partie comportementale), forment un mécanisme que l'on représente, en UML, comme une collaboration.

Les cas d'utilisation sont traités au chapitre 16, les opérations aux chapitres 4 et 9.

Les collaborations ne désignent pas seulement les mécanismes d'un système, elles servent également de réalisation aux cas d'utilisation et aux opérations.

Comme le montre la figure 27-1, UML propose une représentation graphique des collaborations. Cette notation permet de visualiser les blocs de construction structurels et comportementaux d'un système, surtout s'ils empiètent sur les classes, les interfaces et d'autres éléments du système.

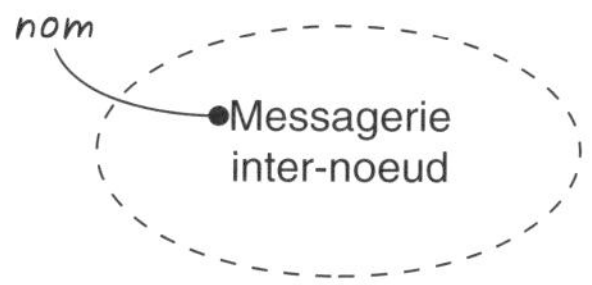

Figure 27-1 : *Collaborations*

Les diagrammes de classes sont traités au chapitre 8, les diagrammes d'interaction au chapitre 18.

Remarque : Cette notation permet de visualiser une collaboration depuis l'extérieur. Souvent, le plus intéressant est ce qui se trouve à l'intérieur de cette notation. Lorsqu'on zoome dans une collaboration, on découvre d'autres diagrammes — principalement des diagrammes de classes pour la partie structurelle de la collaboration et des diagrammes d'interaction pour la partie comportementale.

Termes et concepts

La notation pour les collaborations est volontairement semblable à celle des cas d'utilisation (voir chapitre 16).

Une *collaboration* est un ensemble de classes, d'interfaces et d'autres éléments qui travaillent ensemble pour fournir un comportement de coopération plus important que la somme de toutes ces parties. Une collaboration est également la spécification de la manière dont un élément, tel qu'un classificateur (comme une classe, une interface, un composant, un nœud ou un cas d'utilisation) ou une opération est réalisé par un ensemble de classificateurs et d'associations qui jouent un rôle spécifique et sont utilisés de façon spéciale. Une collaboration est représentée par une ellipse en pointillés.

Noms

Le nom d'une collaboration doit être unique à l'intérieur de son paquetage (voir chapitre 12).

Chaque collaboration doit avoir un nom différent de celui des autres collaborations. Ce nom est composé d'une chaîne de caractères et est appelé *nom simple*. Un *nom complet* se compose du nom d'une collaboration précédé du nom du paquetage dans lequel cette collaboration réside. Comme le montre la figure 27-1, en règle générale, une collaboration est représentée simplement par son nom.

Remarque : Le nom d'une collaboration se compose d'une chaîne de caractères qui comporte un certain nombre de lettres, de chiffres ou de signes de ponctuation (à l'exception des deux-points " : " utilisés pour séparer le nom d'une collaboration du nom de son paquetage) et peut s'étendre sur plusieurs lignes. Dans la pratique, les noms de collaboration sont des noms courts ou de petites phrases nominales tirés du vocabulaire du système en cours de modélisation. En règle générale, la première lettre du premier mot du nom d'une collaboration est une majuscule. Exemples : `Transaction` ou `Chaine de responsabilites`.

Structure

Les éléments structurels sont traités dans les Parties 2 et 3.

Les collaborations comportent deux aspects : une partie structurelle qui précise les classes, les interfaces et les autres éléments qui travaillent ensemble pour réaliser la collaboration désignée et une partie comportementale qui précise la dynamique de l'interaction entre ces éléments.

Les classificateurs sont traités au chapitre 9, les relations aux chapitres 5 et 10.

La partie structurelle d'une collaboration peut comporter n'importe quelle combinaison de classificateurs, tels que des classes, des interfaces, des composants et des nœuds. Au sein d'une collaboration, ces classificateurs peuvent être organisés à l'aide de l'ensemble des relations habituelles d'UML, y compris les associations, les généralisations et les dépendances. En fait, les aspects structurels d'une collaboration peuvent utiliser toutes les possibilités de modélisation structurelle d'UML.

Les paquetages sont traités au chapitre 12, les sous-systèmes au chapitre 31, les cas d'utilisation au chapitre 16.

Cependant, contrairement aux paquetages ou aux sous-systèmes, une collaboration ne possède aucun de ses éléments structurels. Elle se contente simplement de référencer ou d'utiliser les classes, les interfaces, les composants, les nœuds et les autres éléments structurels déclarés ailleurs. C'est la raison pour laquelle une collaboration désigne une partie conceptuelle — et non physique — de l'architecture d'un système. Ainsi, une collaboration peut traverser plusieurs niveaux d'un système et un même élément peut apparaître dans plusieurs collaborations (certains éléments ne sont désignés dans aucune collaboration).

Prenons un système de vente au détail sur le Web décrit par une douzaine de cas d'utilisation environ (tels que `Acheter Marchandises`, `Renvoyer Marchandises` et `Passer Commande`). Chaque cas d'utilisation est réalisé par une seule collaboration. De plus, chacune de ces collaborations partage des éléments structurels identiques (comme les classes `Client` et `Commande`) mais organisés de différentes façons. On trouve également des collaborations situées plus profondément à l'intérieur du système qui représentent des mécanismes importants au niveau de l'architecture. Dans ce même système de vente au détail, on peut par exemple avoir une collaboration appelée `Messagerie inter-noeud` qui précise les détails d'une messagerie sécurisée entre les nœuds.

Les diagrammes de classes sont traités au chapitre 8.

Si l'on prend pour exemple une collaboration qui désigne une partie conceptuelle d'un système, on peut zoomer au sein de cette collaboration pour montrer les détails structurels de ses parties. Par exemple, la figure 27-2 illustre comment le fait de zoomer dans la collaboration `Messagerie inter-noeud` peut révéler l'ensemble de classes représentées dans le diagramme de classes ci-dessous.

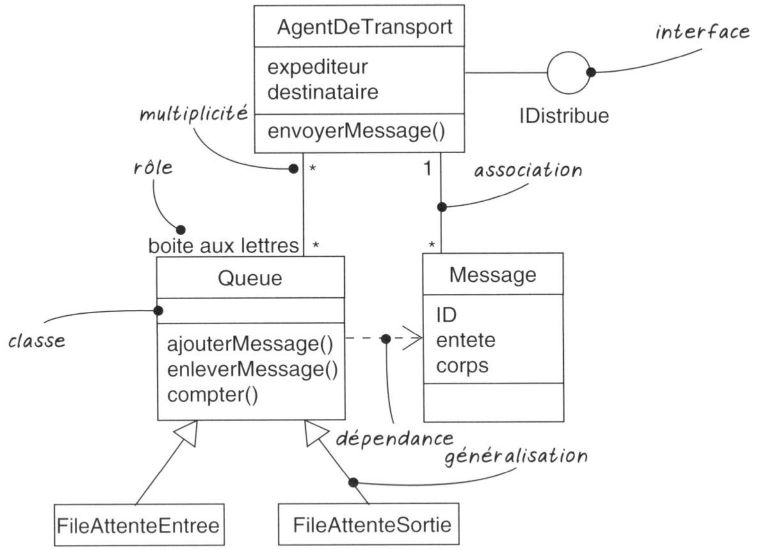

Figure 27-2 : *Aspects structurels d'une collaboration*

Comportement

Les diagrammes d'interaction sont traités au chapitre 18, les instances au chapitre 13.

Alors qu'en règle générale on représente la partie structurelle d'une collaboration à l'aide d'un diagramme de classes, on en représente habituellement la partie comportementale par un diagramme d'interaction. Un diagramme d'interaction précise une interaction qui illustre un comportement composé d'un ensemble de messages échangés à l'intérieur d'un ensemble d'objets dans un contexte donné pour atteindre un objectif spécifique. Le contexte d'une interaction est fourni par sa collaboration englobante qui établit les classes, les interfaces, les composants, les nœuds et d'autres éléments structurels dont les instances peuvent participer à cette interaction.

On peut préciser la partie comportementale d'une collaboration au moyen d'un ou plusieurs diagrammes d'interaction. Pour mettre l'ordre chronologique des messages en évidence, on utilise un diagramme de séquence. Pour faire ressortir les relations structurelles entre ces objets lorsqu'ils collaborent, on se sert d'un diagramme de collaboration. Les deux types de diagrammes conviennent car, dans la plupart des cas, ils sont sémantiquement équivalents.

Cela signifie que, lorsqu'on modélise un ensemble de classes en nommant leur interaction comme une collaboration, on peut zoomer à l'intérieur de cette collaboration pour montrer les détails de leur comportement. Par exemple, le fait de zoomer à l'intérieur de la collaboration `Messagerie inter-noeud` peut révéler le diagramme d'interaction représenté dans la figure 27-3.

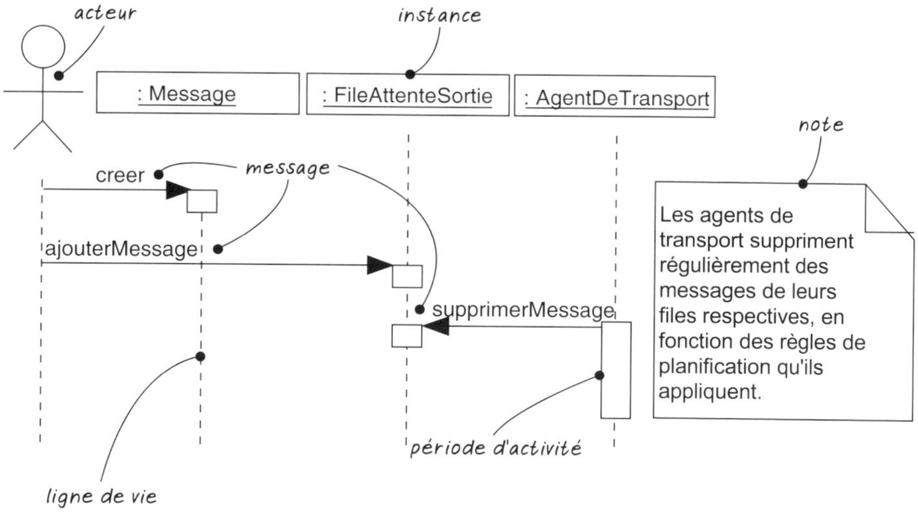

Figure 27-3 : *Aspects comportementaux d'une collaboration*

Remarque : Les parties comportementales et les parties structurelles d'une collaboration doivent être cohérentes, c'est-à-dire que les objets situés dans les interactions d'une collaboration doivent être des instances des classes situées dans la partie structurelle. De même, les messages désignés dans une interaction doivent être reliés à des opérations visibles dans la partie structurelle de la collaboration. Plusieurs interactions peuvent être associées à une collaboration, chacune montrant un aspect différent — mais logique — de son comportement.

Organisation des collaborations

Le cœur de l'architecture d'un système se trouve dans ses collaborations car les mécanismes qui forment un système représentent des décisions de conception importantes. Tous les systèmes objet bien structurés se composent d'un ensemble de collaborations régulier et de taille modeste. C'est la raison pour laquelle il est important de bien organiser les collaborations. Il existe deux sortes de relations à prendre en compte.

Les cas d'utilisation sont traités au chapitre 16, les opérations aux chapitres 4 et 9, les relations de réalisation au chapitre 10.

Tout d'abord, la relation entre une collaboration et l'élément qu'elle réalise. Une collaboration peut réaliser soit un classificateur, soit une opération, ce qui signifie que la collaboration spécifie la réalisation structurelle et comportementale de ce classificateur ou de cette opération. Par exemple, un cas d'utilisation (qui désigne un ensemble de séquences d'actions accomplies par le système) peut être réalisé par une collaboration. Ce cas d'utilisation, ainsi que les cas d'utilisation voisins et les acteurs associés, fournissent un contexte à la collaboration. De même, une collaboration peut réaliser une opération (qui désigne l'implémentation d'un service). Cette opération, ainsi que ses paramètres et les éventuelles valeurs fournies en retour, offre également un contexte pour la collaboration. La relation entre un cas d'utilisation ou une opération et la collaboration qui les réalise est modélisée comme une relation de réalisation.

Les classificateurs sont traités au chapitre 9.

Remarque : Une collaboration peut réaliser n'importe quelle sorte de classificateur, y compris les classes, les cas d'utilisation, les interfaces, les composants et les nœuds. Une collaboration qui modélise un mécanisme du système peut également exister indépendamment des autres. Son contexte est alors le système dans son ensemble.

Ensuite, la relation entre les collaborations. Les collaborations peuvent affiner d'autres collaborations et cette relation doit être modélisée comme un raffinement. En général, les relations de raffinement entre les collaborations reflètent les relations de raffinement entre les cas d'utilisation qu'elles représentent.

La figure 27-4 illustre ces deux types de relations.

Les paquetages sont traités au chapitre 12.

Remarque : Comme n'importe quel autre élément de modélisation d'UML, les collaborations peuvent être regroupées dans des paquetages plus grands, mais en règle générale on ne le fait que dans le cas de très grands systèmes.

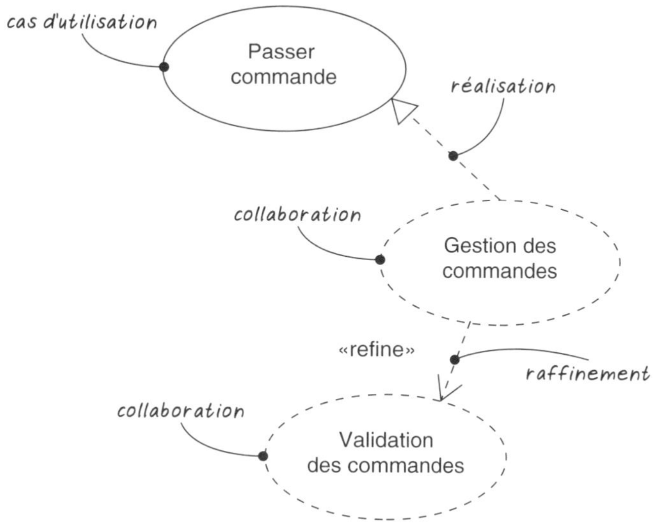

Figure 27-4 : *Organisation des collaborations*

Techniques de modélisation courantes

Modélisation de la réalisation d'un cas d'utilisation

Les cas d'utilisation sont traités au chapitre 16.

La modélisation de la réalisation d'un cas d'utilisation est une des raisons pour lesquelles on utilise les collaborations. On conduit habituellement l'analyse du système en identifiant ses cas d'utilisation, mais lorsqu'on en arrive à l'implémentation, on doit réaliser ces cas d'utilisation à l'aide de structures et de comportements concrets. En général, chaque cas d'utilisation doit être réalisé par une ou plusieurs collaborations. Pour le système dans son ensemble, les classificateurs impliqués dans une collaboration donnée, liée à un cas d'utilisation, participent également à d'autres collaborations. De cette façon, les contenus structurels des collaborations ont tendance à se chevaucher les uns les autres.

Pour modéliser la réalisation d'un cas d'utilisation, il faut :

- identifier les éléments structurels nécessaires et suffisants pour réaliser la sémantique du cas d'utilisation ;
- faire figurer l'organisation de ces éléments structurels dans des diagrammes de classes ;
- examiner les scénarios individuels qui représentent ce cas d'utilisation, chaque scénario représentant un chemin spécifique à travers le cas d'utilisation ;

- représenter la dynamique de ces scénarios dans des diagrammes d'interaction. Utiliser des diagrammes de séquence pour mettre l'ordre chronologique des messages en évidence et les diagrammes de collaboration pour mettre l'accent sur les relations structurelles entre ces objets lorsqu'ils collaborent ;
- organiser les éléments structurels et comportementaux comme une collaboration que l'on peut connecter au cas d'utilisation au moyen de la réalisation.

Par exemple, la figure 27-5 montre un ensemble de cas d'utilisation issus d'un système de validation de carte de crédit, comprenant les cas d'utilisation principaux `Passer commande` et `Generer facture`, ainsi que deux autres cas d'utilisation subalternes `Detecter carte frauduleuse` et `Valider transaction`. Même si, en règle générale, il n'est pas nécessaire de modéliser cette relation de manière explicite (les outils s'en chargent), cette figure modélise explicitement la réalisation du cas d'utilisation `Passer commande` par la collaboration `Gestion des commandes`. Cette collaboration peut à son tour être étendue dans ses aspects structurels et comportementaux, ce qui donne lieu à des diagrammes de classes et des diagrammes d'interaction. C'est grâce à la relation de réalisation que l'on relie un cas d'utilisation à ses scénarios. La plupart du temps, il n'est pas nécessaire de modéliser de manière explicite la relation entre un cas d'utilisation et la collaboration qui le réalise. On a même tendance à laisser tout cela à l'arrière-plan du modèle.

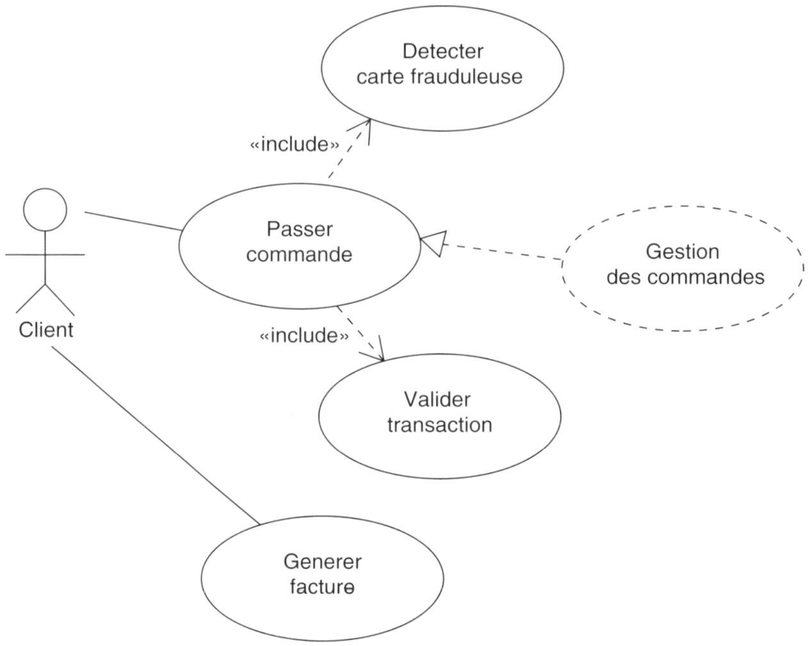

Figure 27-5 : *Modélisation de la réalisation d'un cas d'utilisation*

Ensuite, on laisse les outils utiliser cette connexion pour faciliter la navigation entre un cas d'utilisation et sa réalisation.

Modélisation de la réalisation d'une opération

Les opérations sont traitées aux chapitres 4 et 9.

La modélisation de la réalisation d'une opération est un autre objectif de l'utilisation des collaborations. Dans de nombreux cas, il est possible de préciser la réalisation d'une opération en intervenant directement dans le code source. Cependant, pour les opérations qui nécessitent la collaboration d'un certain nombre d'objets, il est préférable de modéliser leur implémentation au moyen des collaborations avant de se plonger dans le code.

Les diagrammes d'activités sont traités au chapitre 19.

Remarque : On peut également modéliser une opération à l'aide des diagrammes d'activités qui sont essentiellement des organigrammes. Ainsi, pour modéliser explicitement des opérations à forte composante algorithmique, on choisit habituellement les diagrammes d'activités. Cependant, si l'opération nécessite la participation d'un nombre important d'objets, on utilise les collaborations, car elles permettent de modéliser à la fois les aspects structurels et comportementaux d'une opération.

Les paramètres, la valeur fournie en retour et les objets locaux dans une opération fournissent le contexte de sa réalisation. Ainsi, ces éléments sont visibles depuis l'aspect structurel de la collaboration qui réalise l'opération, tout comme les acteurs sont visibles depuis l'aspect structurel d'une collaboration qui réalise un cas d'utilisation. On peut modéliser la relation entre ces parties en utilisant des diagrammes de classes qui précisent la partie structurelle d'une collaboration.

Pour modéliser l'implémentation d'une opération, il faut :

- identifier les paramètres, la valeur fournie en retour et les autres objets visibles depuis l'opération.

Les notes sont traitées au chapitre 6.

- dans le cas d'une opération triviale, représenter son implémentation directement dans le code source et la laisser à l'arrière-plan du modèle ou alors la visualiser de façon explicite dans une note.
- si l'opération est à forte composante algorithmique, modéliser sa réalisation à l'aide d'un diagramme d'activités.
- si l'opération est complexe ou nécessite un travail de conception détaillée, représenter son implémentation comme une collaboration. Il est possible d'étendre encore plus la partie structurelle et comportementale de cette collaboration en utilisant respectivement un diagramme de classes et un diagramme d'interaction.

Les classes actives sont traitées au chapitre 22.

Par exemple, la figure 27-6 montre la classe active `RepresenterCadre` avec trois de ses opérations. La fonction `etatDAvancement` est suffisamment simple pour être implémentée directement en code, comme cela est précisé dans la note jointe. Cependant, l'opération `representer` est beaucoup plus compliquée, c'est la raison pour laquelle son implémentation est réalisée par la collaboration `Traceur geometrique`. Bien que cela ne soit pas représenté ici, on peut également zoomer à l'intérieur de la collaboration pour voir ses aspects structurels et comportementaux.

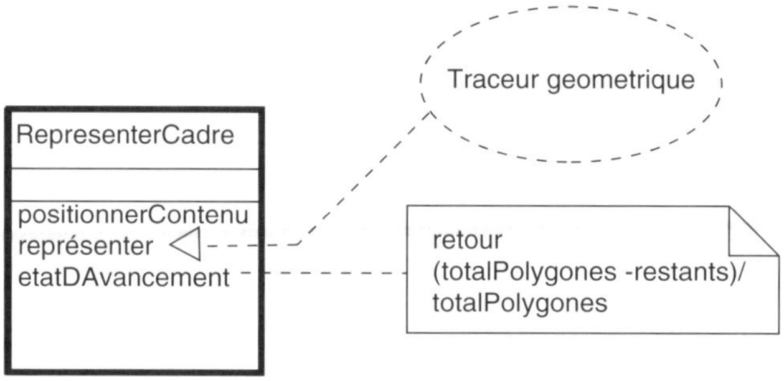

Figure 27-6 : *Modélisation de la réalisation d'une opération*

Modélisation d'un mécanisme

Les patterns et les frameworks sont traités au chapitre 28. Un exemple de modélisation d'un mécanisme est présenté dans le même chapitre.

Dans tous les systèmes orientés objet bien structurés, on trouve un éventail de patterns. D'un côté, on trouve des idiomes qui représentent les patterns d'utilisation du langage d'implémentation, de l'autre, les patterns et les frameworks architecturaux qui forment le système dans son ensemble et imposent un style particulier. Entre les deux, se trouvent des mécanismes qui représentent des patterns de conception par lesquels les constituants du système interagissent. En UML, on peut représenter un mécanisme comme une collaboration.

Les mécanismes sont des collaborations qui existent indépendamment des autres. Leur contexte ne se limite pas à un seul cas d'utilisation ou à une opération mais au système dans son ensemble. Tout élément visible dans le système est candidat pour participer à un mécanisme.

De tels mécanismes représentent des décisions de conception importantes du point de vue de l'architecture et il faut en tenir compte. En général, l'architecte d'un système en imagine les mécanismes et ensuite on fait évoluer ces mécanismes à chaque nouvelle mise à jour. À la fin, le système est simple (car ces mécanismes réifient les interactions communes), compréhensible (on peut approcher le système à partir de ses mécanismes) et réagit bien au changement (lorsqu'on règle chaque mécanisme, on règle tout le système).

Pour modéliser un mécanisme, il faut :

- identifier les principaux mécanismes qui forment l'architecture du système et sont imposés par le style architectural global choisi dans l'implémentation, ainsi que par le style qui convient au domaine du problème.
- représenter chacun de ces mécanismes comme une collaboration.
- étendre la partie structurelle et comportementale de chaque collaboration et rechercher les partages, lorsqu'ils sont possibles.
- valider ces mécanismes au début du cycle de vie du développement (leur importance est stratégique), mais les faire évoluer à chaque nouvelle mise à jour, au fur et à mesure que l'on découvre les détails de l'implémentation.

Trucs et astuces

Lorsqu'on modélise des collaborations en UML, il ne faut pas oublier que chaque collaboration doit représenter la réalisation d'un cas d'utilisation ou d'une opération ou doit être indépendante en tant que mécanisme du système. Une collaboration bien structurée doit :

- se composer à la fois d'aspects structurels et d'aspects comportementaux ;
- fournir une abstraction bien claire d'une interaction identifiable dans le système ;
- être rarement entièrement indépendante et, donc, empiéter sur les éléments structurels d'autres collaborations ;
- être compréhensible et simple.

Lorsqu'on représente une collaboration en UML, il faut :

- ne représenter une collaboration de manière explicite que lorsque c'est nécessaire à la compréhension de sa relation avec les autres collaborations, classificateurs, opérations ou avec le système dans son ensemble. Sinon, utiliser les collaborations, mais les laisser à l'arrière-plan.
- organiser les collaborations en fonction du classificateur ou de l'opération qu'elles représentent ou dans des paquetages associés au système dans son ensemble.

UNIFIED MODELING LANGUAGE

Chapitre 28 PATTERNS ET FRAMEWORKS

Dans ce chapitre :

- Patterns et frameworks
- Modélisation des patterns de conception
- Modélisation des patterns architecturaux
- Rendre les patterns accessibles

Tous les systèmes bien structurés contiennent des patterns. Un pattern fournit une solution courante à un problème récurrent dans un contexte donné. Un mécanisme est un pattern de conception qui s'applique à une société de classes. Un framework est généralement un pattern architectural qui fournit un canevas extensible pour des applications à l'intérieur d'un domaine. On utilise les patterns pour spécifier des mécanismes et des frameworks pour donner une forme à l'architecture du système. On rend un pattern accessible en identifiant clairement les connecteurs, les onglets, les boutons et les cadrans ; l'utilisateur peut paramétrer ces éléments pour personnaliser ce pattern dans un contexte particulier.

Premiers pas

Le nombre de possibilités d'assemblage offertes par un simple tas de moellons est étonnant. Ainsi, un maître d'œuvre de San Francisco le transformera en maison de style victorien, avec un toit gable et un revêtement extérieur aux couleurs vives et romantiques, alors qu'un maître d'œuvre du Maine en fera une maison à deux étages au toit dissymétrique, avec un revêtement extérieur en bardeaux.

De l'extérieur, ces deux maisons représentent des styles architecturaux nettement différents. En s'appuyant sur son expérience, chaque constructeur choisit le style qui convient aux besoins de son client puis l'adapte en fonction des souhaits de ce dernier, des contraintes du lieu de construction et des conventions locales.

À l'intérieur, chaque constructeur doit également concevoir la maison pour résoudre des problèmes courants. Il y a tellement de façons différentes et éprouvées de renforcer un toit ou de concevoir un mur porteur qui comporte aussi des ouvertures pour les portes et les fenêtres. Pour résoudre ces problèmes, chaque constructeur doit choisir les mécanismes appropriés les mieux adaptés à un style architectural général et aux contraintes des règles de constructions locales.

Il en est de même pour la construction d'un système à forte composante logicielle. Lorsqu'on regarde les lignes de code des développeurs, on retrouve des mécanismes courants qui permettent d'organiser les classes et les autres abstractions. Par exemple, dans un système ordonnancé par les événements, l'utilisation du pattern chaîne de responsabilité est une technique courante pour organiser la gestion des événements. Si l'on regarde au-dessus du niveau de ces mécanismes, on observe des frameworks courants qui donnent une forme à l'architecture entière du système. Par exemple, dans les systèmes d'information, l'utilisation d'une architecture multiniveaux (3-tier) est un moyen courant pour réaliser une séparation claire des préoccupations entre l'interface utilisateur du système, ses informations persistantes et ses règles et objets " métier ".

Les collaborations sont traitées au chapitre 27, les paquetages au chapitre 12.

En UML, on modélise généralement des patterns de conception – également appelés mécanismes – que l'on peut représenter comme des collaborations. De même, on modélise souvent des patterns architecturaux comme des frameworks que l'on peut représenter comme des paquetages stéréotypés.

Comme le montre la figure 28-1, UML propose une représentation graphique pour ces deux types de patterns.

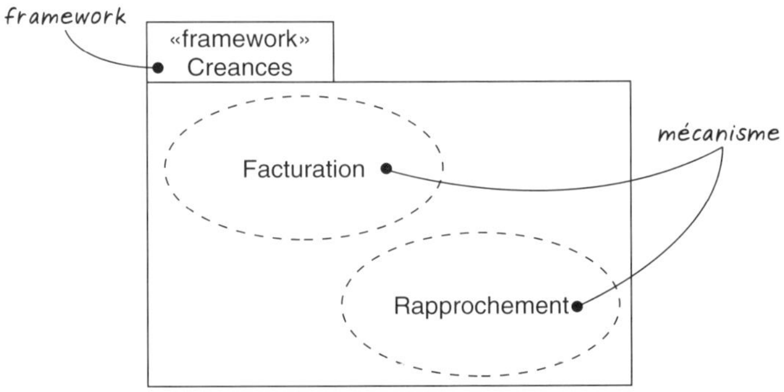

Figure 28-1 : *Mécanismes et frameworks*

Termes et concepts

Un *pattern* est une solution courante à un problème récurrent dans un contexte donné. Un *mécanisme* est un pattern de conception qui s'applique à un ensemble de classes. Un *framework* est un pattern architectural qui fournit un canevas extensible pour des applications spécifiques à un domaine.

Patterns et architecture

L'architecture logicielle est traitée au chapitre 2.

Que l'on construise l'architecture d'un nouveau système ou que l'on en fasse évoluer un qui existe déjà, on ne part jamais vraiment de zéro car l'expérience et les conventions conduisent à appliquer des solutions courantes pour résoudre des problèmes fréquents. Par exemple, lors de la construction d'un système à forte composante IHM (Interface Homme-Machine), un des moyens éprouvés pour organiser les abstractions consiste à utiliser un pattern modèle-vue-contrôleur, dans lequel on sépare clairement les objets (le modèle) de leur présentation (la vue) et les agents qui permettent de synchroniser les deux (le contrôleur). De même, lorsqu'on construit un système de résolution de cryptogrammes, un des moyens habituels utilisés pour organiser le système est l'architecture de tableau noir, qui convient parfaitement pour s'attaquer à des problèmes insolubles de façon non déterministe.

Ces deux moyens sont des exemples de patterns, c'est-à-dire des solutions courantes à des problèmes récurrents dans un contexte donné. Tous les systèmes bien structurés contiennent de nombreux patterns à différents niveaux d'abstraction. Les patterns de conception précisent la structure et le comportement d'un ensemble de classes tandis que les patterns architecturaux précisent la structure et le comportement d'un système entier.

Les patterns font partie d'UML, car ils appartiennent au vocabulaire du développeur. La création de patterns explicites dans le système rend celui-ci beaucoup plus compréhensible, ainsi que plus facile à faire évoluer et à maintenir. Supposons par exemple que l'on reçoive un nouveau code brut avec pour mission de l'étendre. Il faudra sans aucun doute consacrer un bon moment pour comprendre comment s'assemble le tout. Si le même code est fourni avec l'information suivante : " Ces classes collaborent en utilisant un mécanisme de diffusion-souscription ", son fonctionnement sera beaucoup plus compréhensible. La même idée s'applique à un système dans son ensemble. Le fait de dire : " Ce système est organisé comme un ensemble de tubes et de filtres " renseigne à propos de l'architecture du système, laquelle serait beaucoup plus difficile à comprendre si on partait simplement de classes individuelles.

Les patterns permettent de visualiser, spécifier, construire et documenter les artefacts d'un système à forte composante logicielle. On peut appliquer l'ingénierie vers l'aval à un système en sélectionnant un ensemble approprié de patterns et en les appliquant aux abstractions spécifiques au domaine concerné. On peut également utiliser la rétro-ingénierie sur un système en découvrant les patterns qu'il renferme, même s'il s'agit d'un procédé imparfait. Mieux, lorsqu'on livre un système, on peut préciser les patterns qu'il renferme de façon que, lors de la réutilisation ou de l'adaptation de ce système, ses patterns soient clairement identifiés.

Dans la pratique, deux sortes de patterns sont intéressants : les patterns de conception (design pattern) et les frameworks. UML permet de modéliser les deux. Lorsqu'on modélise ces patterns, on s'aperçoit qu'ils sont en général indépendants dans le contexte d'un plus grand paquetage, sauf quand des relations de dépendance les rattachent aux autres éléments du système.

Mécanismes

Un mécanisme est simplement un autre nom pour désigner les patterns de conception qui s'appliquent à une société de classes. Par exemple, un des problèmes de conception que l'on rencontre fréquemment dans Java consiste à adapter une classe de manière qu'elle puisse répondre à un ensemble d'événements qui diffèrent quelque peu de ceux auxquels elle répond habituellement, sans que la classe d'origine soit altérée. Le pattern adaptateur est une solution à laquelle on a souvent recours pour résoudre ce problème. Il s'agit d'un pattern de conception structurel qui convertit une interface en une autre interface. Ce pattern est tellement courant qu'il semble normal de le nommer et de le modéliser afin de l'utiliser chaque fois que l'on rencontre un problème similaire.

Dans la modélisation, ces mécanismes se présentent de deux façons.

Les collaborations sont traitées au chapitre 27.

Tout d'abord, comme le montre la figure précédente, un mécanisme désigne simplement des abstractions qui coopèrent pour exécuter un comportement courant et intéressant. On modélise ces mécanismes comme des collaborations ordinaires car ils désignent un ensemble de classes. Si l'on regarde cette collaboration de plus près, on voit ses aspects structurels (représentés en général par des diagrammes de classes) ainsi que ses aspects comportementaux (représentés en général par des diagrammes d'interaction). De telles collaborations transcendent les abstractions individuelles dans le système. Une classe donnée a de fortes chances d'appartenir à plusieurs collaborations.

Les classes template sont traitées au chapitre 9.

Ensuite, comme le montre la figure 28-2, un mécanisme désigne un canevas s'appliquant à des abstractions, qui coopèrent pour exécuter un comportement courant et intéressant. On modélise ces mécanismes comme des collaborations paramétrées, qui, en UML, sont représentées de façon similaire aux classes template. Si l'on regarde cette collaboration de plus près, on découvre ses aspects structurels et comportementaux. Si on la regarde de plus loin, on voit comment ce pattern est appliqué au système en rattachant les parties ajustables de la collaboration aux abstractions existantes du système. Lorsqu'on modélise un mécanisme comme une collaboration paramétrée, on identifie les connecteurs, les onglets, les boutons et les cadrans pour adapter ce pattern, grâce aux paramètres du template. Ces collaborations peuvent apparaître régulièrement dans le système, en étant rattachées à différents ensembles d'abstractions. Dans cet exemple les rôles `Sujet` et `Observateur` du pattern sont respectivement rattachés aux classes concrètes `FileDeTaches` et `BarreDeDefilement`.

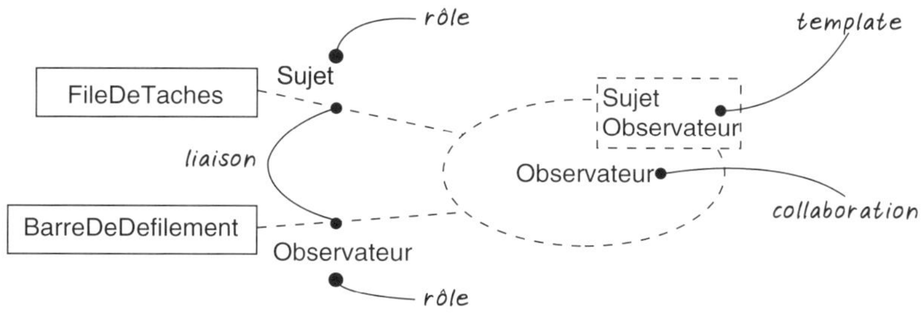

Figure 28-2 : *Mécanismes*

Remarque : Il est facile de décider si un mécanisme doit être modélisé comme une collaboration simple ou comme une collaboration paramétrée. On utilise une collaboration simple si on ne fait que désigner une société spécifique de classes qui travaillent ensemble dans le système. On utilise une collaboration paramétrée si l'on peut abstraire les aspects structurels et comportementaux essentiels du mécanisme d'une façon totalement indépendante du domaine concerné, que l'on peut ensuite rattacher aux abstractions dans un contexte donné.

Frameworks

Un framework est un pattern architectural qui fournit un canevas extensible aux applications d'un domaine. Par exemple, un superviseur cyclique est un pattern architectural courant, que l'on rencontre fréquemment dans les systèmes temps réel. Ce pattern divise le temps en tranches et en sous-tranches, pendant lesquelles le traitement a lieu dans des délais stricts. Le choix de ce pattern ou, à l'inverse, d'une architecture ordonnancée par les événements a des conséquences sur tout le système. Ce pattern (ainsi que l'architecture ordonnancée par les événements) est très courant, il est normal de le désigner comme un framework.

Les cinq vues d'une architecture sont traitées au chapitre 2.

Un framework est plus grand qu'un mécanisme. En fait, on peut se représenter un framework comme une sorte de micro-architecture qui comprend plusieurs mécanismes travaillant ensemble pour résoudre un problème récurrent dans un domaine courant. Lorsqu'on définit un framework, on précise l'armature d'une architecture, ainsi que les connecteurs, les onglets, les boutons et les cadrans que l'on expose aux utilisateurs qui souhaitent adapter ce framework à leur propre contexte.

Les paquetages sont traités au chapitre 12, les stéréotypes au chapitre 6.

En UML, on modélise un framework comme un paquetage stéréotypé. Si l'on détaille ce paquetage, on découvre des mécanismes qui résident dans de nombreuses vues de l'architecture d'un système. Par exemple, on trouve non seulement des collaborations paramétrées, mais également des cas d'utilisation (qui expliquent comment utiliser le framework) ainsi que des collaborations ordinaires (qui fournissent un ensemble d'abstractions sur lesquelles on peut s'appuyer — par exemple en les spécialisant).

Les événements sont traités au chapitre 20.

La figure 28-3 illustre un framework de ce genre, appelé `SuperviseurCyclique`. Ce framework comporte, entre autres, une collaboration (`EvenementsCourants`) qui englobe un ensemble de classes d'événement, ainsi qu'un mécanisme (`GestionnaireEvenements`) qui permet de traiter ces événements selon un mode cyclique. Un client (comme `Stimulateur`) qui se construit sur ce framework pourrait se construire sur les abstractions dans `EvenementsCourants` par une spécialisation et pourrait également appliquer une instance du mécanisme `GestionnaireEvenements`.

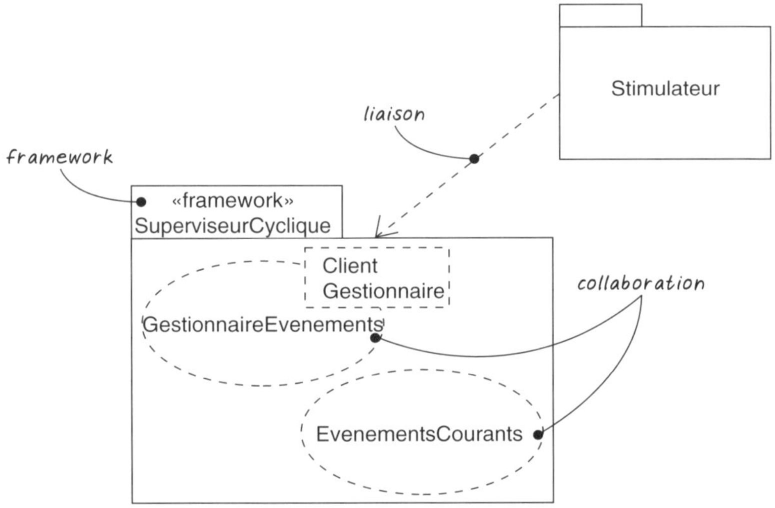

Figure 28-3 : *Frameworks*

Remarque : On peut différencier les frameworks des bibliothèques de classes ordinaires. Une bibliothèque de classes comporte des abstractions que les abstractions du système instancient ou invoquent. Un framework comporte des abstractions qui peuvent instancier ou invoquer les abstractions du système. Ces deux sortes de connexions constituent les connecteurs, les onglets, les boutons et les cadrans du framework que l'on doit ajuster afin d'adapter le framework au contexte.

Techniques de modélisation courantes

Modélisation des patterns de conception

Lors de la modélisation d'un pattern de conception (design pattern), on doit prendre en compte sa vue interne et sa vue externe.

Vu de l'extérieur, un pattern de conception est représenté par une collaboration paramétrée. Comme une collaboration, un pattern fournit un ensemble d'abstractions dont la structure et le comportement coopèrent pour exécuter une fonction utile. Les paramètres de la collaboration désignent les éléments qu'un utilisateur de ce pattern doit lier. Le pattern de conception devient alors un canevas que l'on utilise dans un contexte particulier en fournissant des éléments qui correspondent aux paramètres du canevas.

Vu de l'intérieur, un pattern de conception est simplement une collaboration et est représenté avec ses parties structurelles et comportementales. En général, on modélise l'intérieur de cette collaboration à l'aide d'un ensemble de diagrammes de classes (pour l'aspect structurel) et d'un ensemble d'interactions (pour l'aspect comportemental). Les paramètres de la collaboration désignent certains de ces éléments structurels, qui, lorsque le pattern de conception est rattaché dans un contexte particulier, sont instanciés à l'aide d'abstractions tirées de ce contexte.

Pour modéliser un pattern de conception, il faut :

L'utilisation des collaborations pour modéliser un mécanisme est traitée au chapitre 27.

- identifier la solution courante du problème récurrent et la réifier comme un mécanisme ;
- modéliser le mécanisme comme une collaboration en fournissant ses aspects structurels et comportementaux ;
- identifier les éléments du pattern de conception qui doivent être rattachés à des éléments dans un contexte spécifique et les représenter comme des paramètres de la collaboration.

Par exemple, la figure 28-4 illustre une utilisation du pattern de conception `Commande` (comme cela est expliqué dans Gamma et al., *Design Patterns*, Reading, Massachusetts, Addison-Wesley, 1995). La documentation de ce pattern établit qu'il " encapsule une requête par objet, ce qui permet ainsi de paramétrer des clients à l'aide de différentes requêtes, de mettre les requêtes en file d'attente ou de les enregistrer et de supporter des opérations réversibles ". Le modèle indique que ce pattern de conception dispose de quatre paramètres qui doivent être rattachés aux éléments dans un contexte donné lorsqu'on applique le pattern. Ce modèle montre comment `Application`, `Coller`, `Ouvrir`, `ElementDuMenu` et `Document` sont rattachés aux paramètres du pattern de conception. Il convient de noter que les commandes `Coller` et `Ouvrir` sont rattachées de façon légèrement différente des autres. Toutes deux sont des sous-classes de la classe `Commande`, fournie par le pattern de conception. Si l'on comprend comment fonctionne le pattern de conception, en regardant ce modèle, on saisit alors exactement comment ces cinq classes coopèrent. Le système que l'on modélise utilisera très probablement ce pattern à de nombreuses reprises, peut-être avec des rattachements différents. C'est la capacité de réutiliser un pattern de conception de ce genre comme un élément de modélisation à part entière qui rend le développement avec des patterns si puissant.

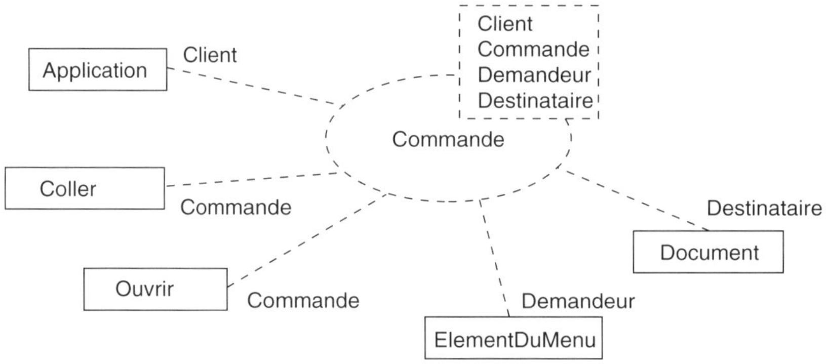

Figure 28-4 : *Modélisation d'un pattern de conception*

Remarque : Comme le montre la figure 28-5, même si on ne le voit pas ici, les classificateurs qui sont la manifestation concrète de ce pattern de conception (`Application`, `Coller`, `Ouvrir`, `ElementDuMenu` et `Document`) sont structurés pour être isomorphes avec le pattern de conception générique. Ainsi, à l'endroit où il y a une association de `Client` à `Destinataire` dans le pattern de conception générique par exemple, il existe également une association de `Application` à `Document`. L'application d'un pattern concerne à la fois les éléments et les relations du pattern.

Les collaborations sont traitées au chapitre 27, les diagrammes de classes au chapitre 8, les diagrammes d'interaction au chapitre 18.

Pour compléter un modèle de pattern de conception, il est nécessaire de spécifier ses parties structurelles et comportementales qui représentent le noyau de la collaboration.

Par exemple, la figure 28-5 montre un diagramme de classes qui représente la structure de ce pattern de conception. Remarquons au passage que les classes représentées portent les noms des paramètres formels du pattern.

La figure 28-6 montre un diagramme de séquence qui représente le comportement de ce pattern de conception.

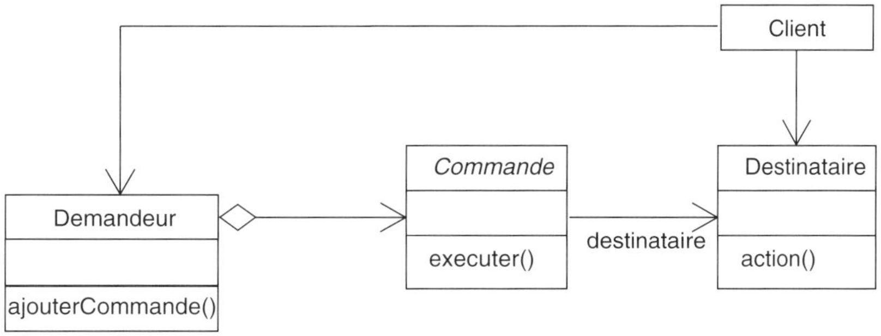

Figure 28-5 : *Modélisation de l'aspect structurel d'un pattern de conception*

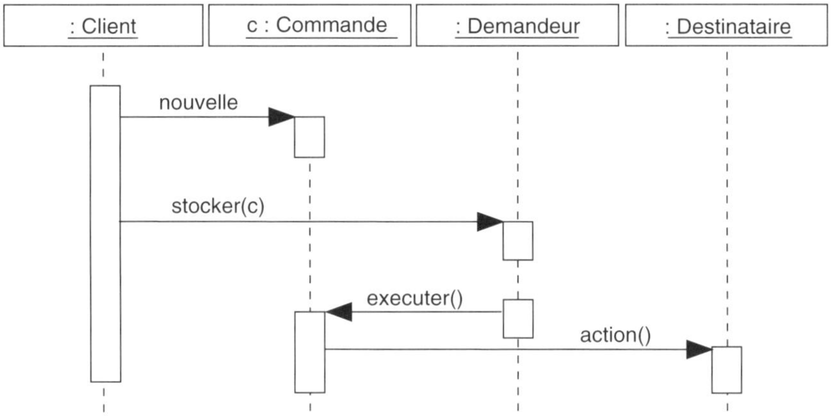

Figure 28-6 : *Modélisation de l'aspect comportemental d'un pattern de conception*

Modélisation des patterns architecturaux

La modélisation de patterns architecturaux est l'autre raison pour laquelle on utilise des patterns. En effet, lorsqu'on modélise un tel framework, c'est-à-dire un pattern architectural, on modélise l'infrastructure d'une architecture complète que l'on projette de réutiliser et d'adapter à un certain contexte.

Les paquetages sont traités au chapitre 12.

On représente un framework par un paquetage stéréotypé. Tout comme un paquetage, un framework fournit un ensemble d'éléments, parmi lesquels se trouvent (liste non exhaustive) des classes, des interfaces, des cas d'utilisation, des composants, des nœuds, des collaborations et même d'autres frameworks. En fait, dans un framework, on met toutes les abstractions qui coopèrent pour fournir un canevas extensible pour des applications spécifiques à un domaine. Certains de ces éléments sont publics et représentent des ressources sur lesquelles les clients peuvent s'appuyer. Ce sont les " onglets " du framework que l'on peut connecter aux abstractions dans le contexte. Certains de ces éléments publics sont des patterns de conception et représentent des ressources auxquelles les clients se raccrochent. Ce sont les " connecteurs " du framework que l'on remplit lorsqu'on se raccroche au pattern de conception. Enfin, certains de ces éléments sont protégés ou privés et représentent des éléments encapsulés du framework, visibles uniquement de l'intérieur.

L'architecture logicielle est traitée au chapitre 2.

Lorsqu'on modélise un pattern architectural, il ne faut pas oublier qu'un framework est en fait une description d'une architecture, bien qu'elle soit incomplète et probablement paramétrée. Par conséquent, tout ce que l'on sait sur la modélisation d'une architecture bien structurée s'applique à la modélisation de frameworks bien structurés. Les meilleurs frameworks ne sont pas conçus de manière isolée, (sinon l'échec est inévitable), mais sont au contraire issus d'architectures existantes qui ont fait leurs preuves. Les frameworks évoluent pour trouver les connecteurs, les onglets, les boutons et les cadrans nécessaires et suffisants pour que le framework s'adapte à d'autres domaines.

Pour modéliser un pattern architectural, il faut :

- extraire le framework d'une architecture existante et éprouvée ;
- modeliser le framework comme un paquetage stéréotypé qui contient tous les éléments (et en particulier les patterns de conception) nécessaires et suffisants pour décrire les différentes vues de ce framework ;
- exposer les connecteurs, les onglets, les boutons et les cadrans nécessaires à l'adaptation du framework sous la forme de patterns de conception et de collaborations. Pour l'essentiel, cela signifie qu'il est nécessaire que l'utilisateur du pattern sache clairement quelles classes doivent être étendues, quelles opérations doivent être implémentées et quels signaux doivent être manipulés.

Par exemple, la figure 28-7 montre une spécification du pattern architectural `TableauNoir` (comme cela est expliqué dans Buschmann, et al., *Pattern-Oriented Software Architecture*, New York, New York : Wiley, 1996). La documentation de ce pattern établit qu'il “ s'attaque à des problèmes qui n'ont pas de solution déterministe réalisable pour la transformation des données brutes en structures de données de haut niveau ”. Le cœur de cette architecture est le pattern de conception `TableauNoir`, qui détermine comment collaborent des `SourcesDeConnaissances`, un `tableau noir` et un `contrôleur`. Ce framework inclut aussi le pattern de conception `Moteur d'inferences`, qui spécifie un mécanisme général pour la conduite de `SourcesDeConnaissances`. Enfin, comme le montre la figure 28-7, ce framework présente un cas d'utilisation, `Appliquer nouvelles sources de connaissances`, qui explique à un client comment adapter le framework.

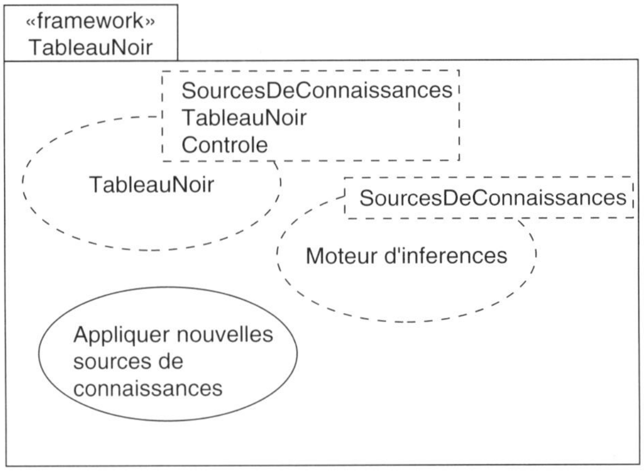

Figure 28-7 : *Modélisation d'un pattern architectural*

Remarque : En pratique, la modélisation complète d'un framework n'est pas plus facile que la modélisation complète de l'architecture d'un système. D'une certaine manière, la tâche est même plus difficile car, pour rendre le framework accessible, il faut également exposer les connecteurs, les onglets, les boutons et les cadrans du framework et probablement même fournir des méta-cas d'utilisation (tels que `Appliquer nouvelles sources de connaissances`) qui expliquent comment adapter le framework, ainsi que des cas d'utilisation ordinaires qui expliquent comment le framework se comporte.

Trucs et astuces

Lorsqu'on modélise des patterns en UML, il ne faut pas oublier qu'ils travaillent à différents niveaux d'abstraction, depuis les classes individuelles jusqu'au système dans son ensemble. Les patterns les plus intéressants sont les mécanismes et les frameworks.

Un pattern bien structuré doit :

- résoudre un problème récurrent par une solution courante ;
- comporter des aspects structurels et comportementaux ;
- exposer les connecteurs, les onglets, les boutons et les cadrans avec lesquels on adapte ces aspects pour les appliquer à un contexte donné ;
- être atomique, c'est-à-dire être difficilement divisible en patterns plus petits ;

- avoir tendance à traverser les abstractions individuelles dans le système.

Lorsqu'on représente un pattern en UML, il faut :

- exposer les éléments du pattern que l'on doit adapter pour l'appliquer dans le contexte ;
- rendre le pattern accessible, en fournissant des cas d'utilisation qui permettent de se servir du pattern et de l'adapter.

Chapitre 29

DIAGRAMMES DE COMPOSANTS

Dans ce chapitre :

- Modélisation de code source
- Modélisation de versions exécutables
- Modélisation de bases de données physiques
- Modélisation de systèmes adaptables
- Ingénierie vers l'aval et rétro-ingénierie

Les diagrammes de déploiement, l'autre sorte de diagramme utilisé dans la modélisation des aspects physiques d'un système orienté objet, sont traités au chapitre 30.

Les diagrammes de composants sont une des deux sortes de diagrammes que l'on trouve dans la modélisation des aspects physiques des systèmes orientés objet. Un diagramme de composants montre l'organisation et les dépendances au sein d'un groupe de composants.

On utilise les diagrammes de composants pour modéliser la vue d'implémentation statique d'un système. Cela implique de modéliser les éléments physiques qui résident sur un nœud, comme les exécutables, les bibliothèques, les tables, les fichiers et les documents. Les diagrammes de composants sont essentiellement des diagrammes de classes centrés sur les composants d'un système.

Les diagrammes de composants sont importants non seulement pour visualiser, spécifier et documenter des systèmes basés sur des composants, mais aussi pour construire des systèmes exécutables à travers l'ingénierie vers l'aval et la rétro-ingénierie.

Premiers pas

Lorsqu'on construit une maison, on ne se limite pas à l'élaboration des plans, même si les plans sont évidemment importants car ils permettent de visualiser, spécifier et documenter la maison que l'on veut construire à un moment donné et au meilleur prix. Mais il faut ensuite transformer ces plans en vrais murs, vraies portes et vrais plafonds, faits en bois, en pierre ou en métal. On doit non seulement construire sa maison à partir de ces matériaux bruts, mais également incorporer des composants préfabriqués, tels que des placards, des fenêtres, des portes et des conduits d'aération. Si on restaure une vieille maison, on doit intégrer des composants encore plus importants, comme des pièces entières et des charpentes.

Il en est de même pour un logiciel. On crée des diagrammes de cas d'utilisation pour réfléchir au comportement souhaité du système. On précise le vocabulaire du domaine concerné à l'aide des diagrammes de classes. On crée des diagrammes de séquence, des diagrammes de collaboration, des diagrammes d'états-transitions et des diagrammes d'activités pour préciser la façon dont les éléments du vocabulaire coopèrent pour réaliser ce comportement. Enfin, on transforme ces plans d'élaboration et de construction logiques en éléments qui appartiennent au monde des bits, comme des exécutables, des bibliothèques, des tables, des fichiers et des documents. Dans certains cas il est nécessaire de construire certains de ces composants en partant de zéro, mais on peut aussi réutiliser d'une autre manière des composants plus anciens.

Comme le montre la figure 29-1, avec UML, on utilise des diagrammes de composants pour visualiser les aspects statiques de ces composants physiques et leurs relations ainsi que pour spécifier leurs détails pour la construction.

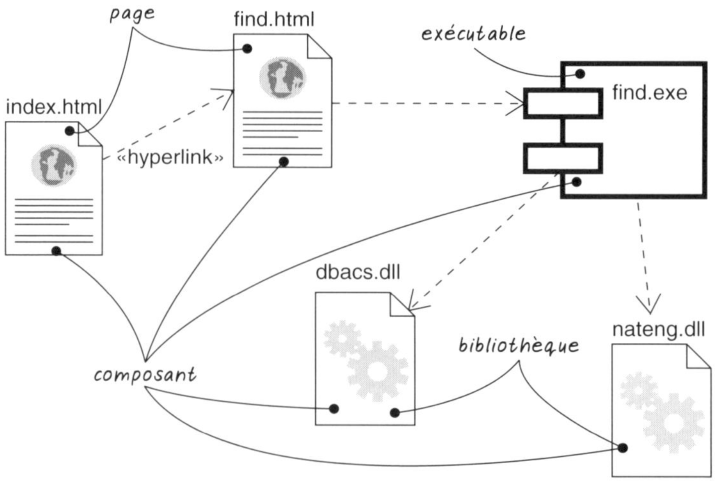

Figure 29-1 : *Diagramme de composants*

Termes et concepts

Un *diagramme de composants* montre un ensemble de composants et leurs relations. Un diagramme de composants est constitué d'un ensemble d'arcs et de sommets.

Propriétés communes

Les propriétés générales des diagrammes sont traitées au chapitre 7.

Un diagramme de composants est un diagramme un peu particulier qui a néanmoins les mêmes propriétés que tous les autres diagrammes, à savoir un nom et un contenu graphique qui consistent en une projection dans un modèle. Un diagramme de composants se distingue des autres diagrammes par son contenu spécifique.

Contenu

Les composants sont traités au chapitre 25, les interfaces au chapitre 11, les relations aux chapitres 5 et 10, les paquetages au chapitre 12, les sous-systèmes au chapitre 31, les instances au chapitre 13, les diagrammes de classes au chapitre 8.

En règle générale, les diagrammes de composants contiennent :

- des composants ;
- des interfaces ;
- des relations de dépendance, de généralisation, d'association et de réalisation.

Comme tous les autres diagrammes, les diagrammes de composants peuvent également contenir des notes et des contraintes.

Les diagrammes de composants peuvent aussi comporter des paquetages ou des sous-systèmes, lesquels regroupent des éléments du modèle en de plus grands ensembles. Parfois, on place aussi des instances dans les diagrammes de composants, surtout lorsqu'on veut visualiser une instance d'une famille de systèmes basés sur des composants.

Remarque : Par de nombreux aspects, un diagramme de composants n'est qu'une version spécifique d'un diagramme de classes centré sur les composants d'un système.

Utilisation courante

Les vues d'Implémentation, dans le contexte de l'architecture logicielle, sont traitées au chapitre 2.

On utilise les diagrammes de composants pour modéliser la vue d'implémentation statique d'un système. Cette vue supporte principalement la gestion de configuration des parties d'un système, constituée de composants qui peuvent être assemblés de plusieurs manières pour produire un système opérationnel.

Il existe quatre façons de modéliser la vue d'implémentation statique d'un système à l'aide des diagrammes de composants :

1. modélisation du code source

Avec la plupart des langages de programmation orientés objets actuels, on découpe le code à l'aide d'environnements de développement intégrés qui stockent le code source dans des fichiers. On peut utiliser des diagrammes de composants pour modéliser la gestion de configuration de ces fichiers, lesquels représentent des composants produits par le développement.

2. modélisation des versions exécutables

Une version est un ensemble relativement complet et cohérent d'artefacts remis à un utilisateur interne ou externe. Dans le contexte des composants, une version est centrée sur les parties nécessaires à la livraison d'un système opérationnel. Lorsqu'on modélise une version en utilisant des diagrammes de composants, on visualise, spécifie et documente les décisions relatives aux parties physiques qui constituent le logiciel — c'est-à-dire ses composants de déploiement.

La persistance est traitée au chapitre 23, la modélisation de schémas de base de données logiques au chapitre 8.

3. modélisation des bases de données physiques

On considère qu'une base de données physique est la réalisation concrète d'un schéma ; elle réside dans le monde des bits. En effet, les schémas offrent une API de l'information persistante. Le modèle d'une base de données physique représente le stockage de cette information dans les tables d'une base de données relationnelle ou les pages d'une base de données orientée objet. On utilise les diagrammes de composants pour représenter, entre autres, ces types de bases de données physiques.

4. modélisation des systèmes adaptables

Certains systèmes sont complètement statiques. Leurs composants entrent en scène, participent à l'exécution puis repartent. D'autres systèmes sont plus dynamiques et impliquent des agents ou des composants mobiles qui migrent dans le but d'équilibrer une charge ou de réparer une panne. On utilise les diagrammes de composants en conjonction avec d'autres diagrammes d'UML pour modéliser le comportement qui représente ces types de systèmes.

Techniques de modélisation courantes

Modélisation de code source

Lorsqu'on développe un logiciel en Java, on sauvegarde le code source en fichiers `.java`. Lorsqu'on développe un logiciel en C++, on stocke généralement le code source dans des fichiers d'en-tête (fichiers `.h`) et des corps (fichiers `.cpp`). Lorsqu'on utilise IDL pour développer des applications COM+ ou CORBA, une interface de la vue de conception s'étend souvent sur quatre fichiers de code source : l'interface elle-même, le mandataire (proxy) client, l'accès côté serveur (stub) et une classe pont. Quel que soit le langage utilisé, au fur et à mesure que l'application évolue, on en vient à organiser ces fichiers en groupes plus grands. De plus, au cours de la phase de construction du développement, on crée souvent de nouvelles versions de certains fichiers pour chaque nouvelle version incrémentale que l'on produit et on place ces versions sous le contrôle d'un système de gestion de configuration.

Le stéréotype file *pour les composants est traité au chapitre 25.*

La plupart du temps, il n'est pas nécessaire de modéliser directement cet aspect d'un système. Au contraire, on laisse l'environnement de développement conserver une trace de ces fichiers et de leurs relations. Cependant, il est parfois utile de visualiser ces fichiers de code source et leurs relations à l'aide des diagrammes de composants. En général, les diagrammes de composants utilisés ainsi contiennent seulement des composants produits par le développement et stéréotypés comme des fichiers, ainsi que des relations de dépendance. Par exemple, on peut appliquer la rétro-ingénierie sur un ensemble de fichiers de code source afin de visualiser leur réseau de dépendances de compilation. On peut aller dans le sens contraire en précisant les relations entre les fichiers de code source puis en utilisant ces modèles comme entrées pour les outils de compilation, tels que `make` sous Unix. De même, on utilise parfois des diagrammes de composants afin de visualiser l'historique d'un ensemble de fichiers de code source qui sont gérés en configuration. En extrayant des informations du système de gestion de configuration, comme le nombre de validations effectuées sur un fichier de code source dans un laps de temps donné, on peut enrichir les diagrammes de composants en mettant des couleurs. On fait alors ressortir les parties de code qui changent beaucoup ainsi que les bouleversements de l'architecture.

Pour modéliser le code source d'un système, il faut :

- identifier l'ensemble des fichiers de code source importants au moyen de l'ingénierie vers l'aval ou de la rétro-ingénierie et les modéliser en tant que composants stéréotypés comme des fichiers.
- pour les plus grands systèmes, utiliser les paquetages afin de montrer des groupes de fichiers de code source.

- fournir des informations telles que le numéro de version du fichier de code source, son auteur et la date de sa dernière modification à l'aide d'une étiquette. Utiliser des outils pour gérer la valeur de cette étiquette (tag).
- modéliser les dépendances de compilation au sein de ces fichiers à l'aide des dépendances. Là encore, utiliser les outils pour générer et gérer ces dépendances.

Le stéréotype de dépendance `trace` est traité au chapitre 10.

Par exemple, la figure 29-2 montre cinq fichiers de code source. `signal.h` est un fichier d'en-tête. Trois de ses versions sont représentées, en partant des versions les plus récentes et en remontant aux versions précédentes. On représente chaque variante de ce fichier de code source par une étiquette qui indique son numéro de version.

Ce fichier d'en-tête (`signal.h`) est utilisé par deux autres fichiers (`interp.cpp` et.`signal.cpp`), qui sont tous deux des corps de ce module. Un de ces fichiers (`interp.cpp`) a une dépendance de compilation avec un autre fichier d'en-tête (`irq.h`). À son tour, `device.cpp` a une dépendance de compilation avec `interp.cpp`. Il est facile de tracer l'impact des modifications avec ce diagramme de composants. Par exemple, la modification du fichier de code source `signal.h` nécessite la recompilation de trois autres fichiers : `signal.cpp`, `interp.cpp` et, de façon transitive, `device.cpp`. Ce diagramme indique également que le fichier `irq.h` n'est pas affecté.

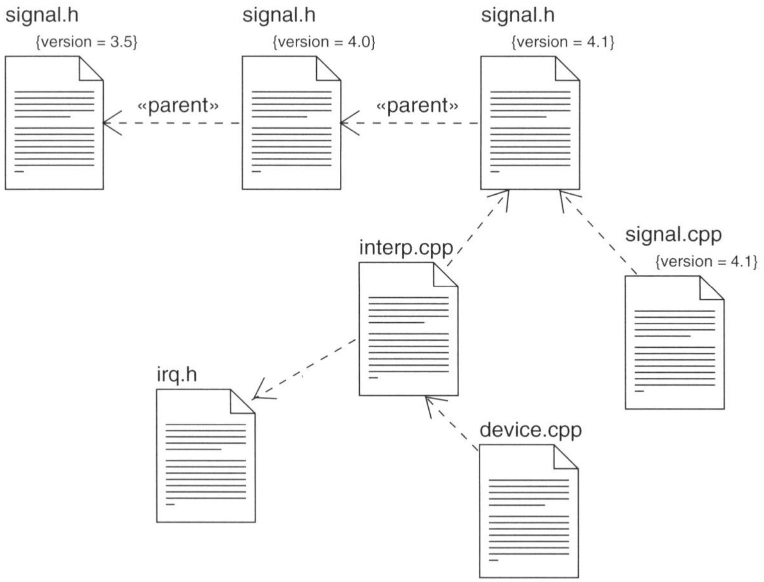

Figure 29-2 : *Modélisation de code source*

Les diagrammes tels que celui-ci peuvent être facilement générés par rétro-ingénierie à partir de l'information détenue par les outils de gestion de configuration de l'environnement de développement.

Modélisation d'une version exécutable

Il est très facile de founir une version exécutable d'une application simple : il suffit d'écrire les bits d'un seul fichier exécutable sur un disque et l'utilisateur n'a qu'à lancer cet exécutable. Pour ce genre d'application, les diagrammes de composants ne sont pas nécessaires, car rien n'est particulièrement difficile à visualiser, spécifier, construire ou documenter.

Il est un peu plus compliqué de sortir une version d'une application moins simple. En effet, on a besoin non seulement de l'exécutable principal (en règle générale un fichier `.exe`) mais également de ses parties annexes, comme des bibliothèques (habituellement des fichiers `.dll` si l'on travaille dans le contexte de COM+ ou des fichiers `.class` et `.jar` si l'on travaille dans le contexte de Java), des bases de données, des fichiers d'aide et des fichiers ressources. Pour les systèmes répartis, on risque d'avoir de nombreux exécutables et autres parties répartis sur plusieurs nœuds. Si l'on travaille avec un ensemble d'applications, on s'aperçoit que certains des composants sont uniques dans chaque application mais qu'une partie d'entre eux sont partagés. Au fur et à mesure que le système évolue, le contrôle de la configuration de ces nombreux composants devient une activité importante — et plus difficile car les modifications des composants associés à une application peuvent affecter le déroulement d'autres applications.

C'est la raison pour laquelle on utilise des diagrammes de composants pour visualiser, spécifier, construire et documenter la configuration des versions exécutables, y compris les composants de déploiement de chaque version ainsi que les relations qui existent entre eux. On peut utiliser des diagrammes de composants pour appliquer l'ingénierie vers l'aval à un nouveau système et la rétro-ingénierie à un système existant.

Lorsqu'on crée ces diagrammes de composants, on ne modélise en fait qu'une partie des éléments et des relations qui constituent la vue d'implémentation du système. C'est pourquoi chaque diagramme de composants doit être centré sur un seul ensemble de composants à la fois.

Pour modéliser une version exécutable, il faut :

- identifier l'ensemble des composants que l'on souhaite modéliser. En général, cela implique certains composants ou l'ensemble des composants qui résident sur un nœud, ou alors la répartition de ces ensembles de composants sur tous les nœuds du système.

Les mécanismes d'extensibilité d'UML sont traités au chapitre 6, les interfaces au chapitre 11.

- examiner le stéréotype de chaque composant de cet ensemble. Dans la plupart des systèmes, on ne trouve qu'un petit nombre de composants différents (comme les exécutables, les bibliothèques, les tables, les fichiers et les documents). On peut utiliser les mécanismes d'extensibilité d'UML afin de fournir des repères visuels pour ces stéréotypes.
- examiner les relations que chaque composant de cet ensemble a avec ses voisins. En général, cela implique des interfaces exportées (réalisées) par certains composants puis importées (utilisées) par d'autres. Si l'on veut montrer les points de soudure du système, il faut modéliser ces interfaces de façon explicite. Si l'on veut modéliser à un niveau d'abstraction plus élevé, il faut supprimer ces relations de la représentation graphique et ne montrer que les dépendances entre les composants.

Par exemple, la figure 29-3 modélise des parties de la version exécutable d'un robot autonome. Cette figure est centrée sur les composants de déploiement associés aux fonctions de conduite et de calcul du robot. On a un composant (`driver.dll`) qui exporte une interface (`IDrive`) qui est à son tour importée par un autre composant (`path.dll`). `driver.dll` exporte une autre interface (`IAutoTest`) qui est certainement utilisée par d'autres composants dans le système, bien qu'on ne les voie pas ici. Un autre composant apparaît également sur ce diagramme (`collision.dll`), lequel exporte aussi un ensemble d'interfaces, même si ces détails ne sont pas indiqués graphiquement : `path.dll` est représenté avec une dépendance directe vis-à-vis de `collision.dll`.

De nombreux autres composants sont impliqués dans ce système. Cependant, ce diagramme n'est centré que sur les composants de déploiement impliqués directement dans le déplacement du robot. On remarque que dans cette architecture basée sur les composants, on peut remplacer une version spécifique de `driver.dll` par une autre version qui réalise les mêmes interfaces (et peut-être d'autres) sans pour autant que `path.dll` cesse de fonctionner correctement. Si l'on veut expliciter les opérations réalisées par `driver.dll`, on peut toujours représenter son interface à l'aide d'une notation de classe, stéréotypée comme "`interface`".

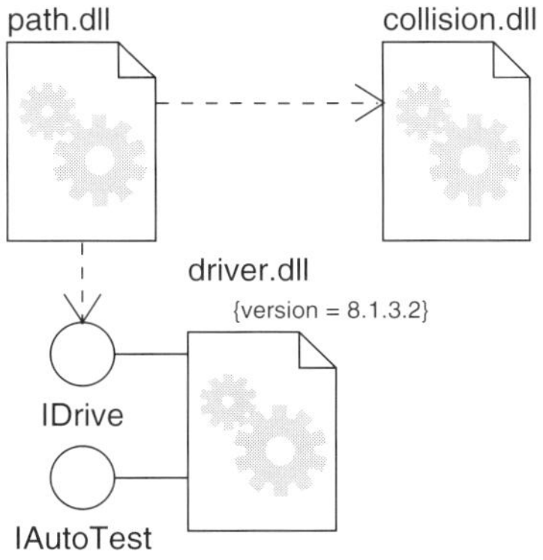

Figure 29-3 : *Modélisation d'une version exécutable*

Modélisation d'une base de données physique

La modélisation d'un schéma de base de données logique est traitée au chapitre 8.

Un schéma de base de données logique capture le vocabulaire des données persistantes d'un système, ainsi que la sémantique de leurs relations. D'un point de vue physique, ces éléments sont stockés dans une base de données dans laquelle ils seront récupérés ultérieurement. Il s'agit soit d'une base de données relationnelle, soit d'une base orientée objet, soit encore d'une base de données hybride relationnelle/objet. UML convient parfaitement à la modélisation des bases de données physiques et des schémas de bases de données logiques.

La conception des bases de données physiques ne rentre pas dans le cadre de cet ouvrage. L'objectif consiste ici simplement à montrer au lecteur comment modéliser des bases de données et des tables en utilisant UML.

Faire correspondre le schéma d'une base de données logique à une base de données orientée objet est direct car on peut rendre des graphes d'héritage (même complexes) directement persistants. Cependant, le mapping d'un schéma d'une base de données logique en une base de données relationnelle n'est pas aussi simple. En présence d'héritage, on doit prendre des décisions sur la façon de faire correspondre des classes à des tables. En général, on applique une stratégie parmi les trois ci-dessous ou bien une combinaison de ces trois stratégies.

1. Définir une table à part pour chaque classe. Il s'agit d'une approche simple et naïve car elle introduit des problèmes de maintenance lorsqu'on ajoute de nouvelles classes filles ou lorsqu'on modifie des classes mères.
2. Condenser les graphes d'héritage afin que l'ensemble des instances d'une classe (quelle qu'elle soit) dans une hiérarchie aient le même état. L'inconvénient de cette approche est que l'on finit par stocker des informations superflues pour de nombreuses instances.
3. Séparer les états parent et enfant dans des tables différentes. C'est l'approche qui reflète le mieux le graphe d'héritage mais l'inconvénient est que la

traversée des données nécessite de nombreuses jointures à travers les tables.

Lors de la conception d'une base de données physique, il faut aussi établir la correspondance des opérations dans le schéma de la base de données logique. Pour les bases de données orientées objet, la conversion est assez facile. Mais, avec les bases de données relationnelles, il faut choisir la manière d'implémenter ces opérations logiques. Deux choix sont possibles :

- dans le cas de simples opérations CRUD (Create, Read, Update, Delete), les opérations créer, lire, mettre à jour, effacer sont implémentées avec des appels SQL ou ODBC standard.
- dans le cas de comportements plus complexes (comme des règles métier), les opérations sont converties en déclencheurs ou procédures stockées.

Pour modéliser une base de données physique en tenant compte de ces lignes directrices, on doit :

- identifier les classes du modèle qui représentent le schéma de la base de données logique.
- choisir une stratégie pour faire correspondre ces classes aux tables. Il faut aussi tenir compte de la répartition physique des bases de données. La stratégie de mapping dépend du lieu de stockage des données dans le système déployé.
- créer un diagramme de composants qui contient des composants stéréotypés comme des tables afin de visualiser, spécifier, construire et documenter le mapping.
- lorsque c'est possible, utiliser des outils adaptés à la transformation de la conception logique en conception physique.

Les éléments standard d'UML sont résumés dans l'annexe B.

La figure 29-4 montre un ensemble de tables de base de données tiré d'un système d'information destiné à une école. On a une base de données (`ecole.db`, représentée par un composant stéréotypé comme `base de donnees`) qui se compose de cinq tables : `etudiant`, `ecole`, `professeur`, `departement` et `cours` (représenté par un composant stéréotypé comme une `interface`, un des éléments standard d'UML). Étant donné qu'il n'y avait pas d'héritage dans le schéma de la base de données logique correspondante, le mapping en base de données physique est direct.

Bien qu'on ne le voie pas dans cet exemple, on peut préciser le contenu de chaque table. Les composants peuvent avoir des attributs. Lorsqu'on modélise des bases de données physiques, une des structures idiomatiques courantes consiste à utiliser ces attributs pour spécifier les colonnes de chaque table. De même, les composants peuvent avoir des opérations qui vont spécifier des procédures stockées.

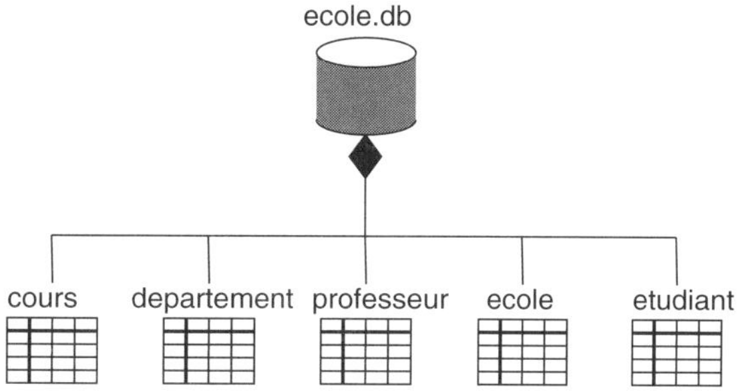

Figure 29-4 : *Modélisation d'une base de données physique*

Modélisation de systèmes adaptables

Tous les diagrammes de composants vus jusqu'ici ont servi à modéliser des vues statiques. Leurs composants restent toute leur vie sur un seul et même nœud. Cette situation est la plus courante mais on a parfois besoin de modéliser des vues dynamiques, notamment dans le domaine des systèmes répartis complexes. Par exemple, on peut avoir un système qui réplique ses bases de données sur plusieurs nœuds, en changeant celui qui représente la base de données principale lorsqu'un serveur tombe en panne. De même, si l'on modélise une opération 24×7 répartie globalement (c'est-à-dire un système qui fonctionne 24 heures sur 24 et 7 jours sur 7), on trouvera des agents mobiles, des composants qui migrent d'un nœud à l'autre pour réaliser une transaction. Pour modéliser ces vues dynamiques, on utilise une combinaison de diagrammes de composants, diagrammes d'objets et diagrammes d'interaction.

Pour modéliser un système adaptable, il faut :

L'étiquette `emplacement` *est traitée au chapitre 23. Les diagrammes d'objets sont traités au chapitre 15.*

- examiner la répartition physique des composants qui peuvent migrer d'un nœud à un autre. On peut préciser l'emplacement de l'instance d'un composant à l'aide d'une étiquette `emplacement` que l'on peut représenter dans un diagramme de composants (même si, d'un point de vue technique, un diagramme qui contient uniquement des instances est un diagramme d'objets).
- si l'on veut modéliser les actions responsables de la migration d'un composant, créer un diagramme d'interaction correspondant qui contient des instances de composant. On peut illustrer un changement d'emplacement en représentant la même instance plusieurs fois, mais avec des valeurs différentes pour son étiquette emplacement.

Par exemple, la figure 29-5 modélise la réplication de la base de données de la figure précédente. On montre deux instances du composant `ecole.db`. Ces deux instances sont anonymes et ont des valeurs différentes pour leur étiquette emplacement. Une note précise de façon explicite quelle instance réplique l'autre.

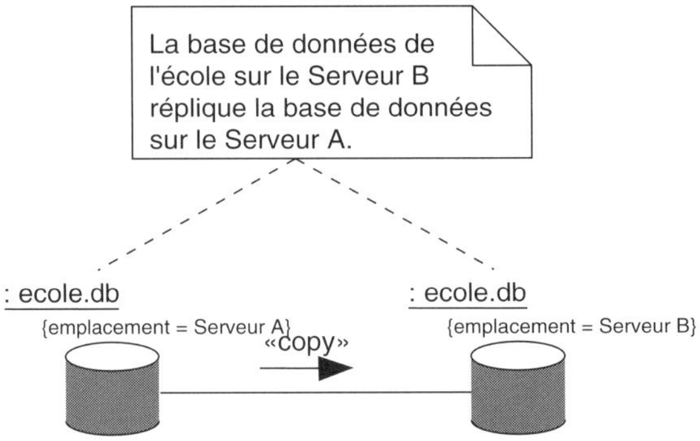

Figure 29-5 : *Modélisation de systèmes adaptables*

Si l'on veut montrer les détails de chaque base de données, on peut les représenter sous leur forme canonique – c'est-à-dire un composant stéréotypé comme une `base de données`.

Les diagrammes d'interaction sont traités au chapitre 18.

Même si cela ne figure pas ici, on peut utiliser un diagramme d'interaction pour modéliser la dynamique du passage d'une base de données principale à une autre.

Ingénierie vers l'aval et rétro-ingénierie

L'ingénierie vers l'aval et la rétro-ingénierie des composants sont assez directes parce que les composants sont des éléments physiques (exécutables, bibliothèques, tables, fichiers et documents) et que, par conséquent, ils sont proches du système opérationnel. Lorsqu'on applique l'ingénierie vers l'aval à une classe ou une collaboration, cette ingénierie s'applique en fait vers un composant qui représente le code source, la bibliothèque binaire ou l'exécutable de cette classe ou collaboration. De même, lorsqu'on applique la rétro-ingénierie à un code source, des bibliothèques binaires ou des exécutables, cette ingénierie s'applique en fait vers un composant ou un ensemble de composants qui, à leur tour, remontent à des classes ou des collaborations.

Le choix d'appliquer l'ingénierie vers l'aval (la création de code à partir d'un modèle) à une classe ou une collaboration pour en faire du code source, une bibliothèque binaire ou un exécutable relève d'une décision de mapping. Il est possible de transformer les modèles logiques en code source si l'on s'intéresse au contrôle de la gestion de configuration de fichiers qui sont ensuite manipulés par un environnement de développement. Il est également possible de transformer les modèles logiques directement en bibliothèques binaires ou exécutables si l'on s'intéresse à la gestion des composants que l'on déploie effectivement sur un système en exécution. Dans certains cas, on peut faire les deux. Une classe ou une collaboration peut être indiquée par du code source ainsi que par une bibliothèque binaire ou un exécutable.

Pour appliquer une ingénierie vers l'aval à un diagramme de composants, il faut :

- pour chaque composant, identifier les classes ou les collaborations que le composant implémente.
- choisir la cible pour chaque composant. On choisit principalement entre du code source (une forme qui peut être manipulée par des outils de développement) ou une bibliothèque binaire ou un exécutable (une forme qui peut être intégrée dans un système opérationnel).
- utiliser des outils pour appliquer l'ingénierie vers l'aval aux modèles.

La rétro-ingénierie des diagrammes de classes est traitée au chapitre 8.

La rétro-ingénierie (création d'un modèle à partie de code) d'un diagramme de composants n'est pas un processus parfait car il y a toujours une perte d'informations. À partir du code source, on peut appliquer la rétro-ingénierie vers des classes, c'est ce qui se pratique le plus souvent. La rétro-ingénierie de code source vers des composants fait apparaître des dépendances de compilation entre ces fichiers. En ce qui concerne les bibliothèques binaires, la seule action possible est de considérer la bibliothèque comme un composant puis à découvrir ses interfaces par la rétro-ingénierie. C'est la deuxième chose que l'on peut mettre en application avec les diagrammes de composants. Ce moyen se révèle utile pour approcher un ensemble de nouvelles bibliothèques qui, sinon, seraient faiblement documentées. En ce qui concerne les exécutables, la seule chose que l'on puisse faire est de considérer l'exécutable comme un composant et de désassembler son code — ce qui est plutôt rare, à moins de travailler dans un langage assembleur.

Pour appliquer une rétro-ingénierie à un diagramme de composants, il faut :

- choisir la cible sur laquelle on veut appliquer la rétro-ingénierie. On peut l'appliquer à partir du code source vers des composants puis des classes, mais également à partir de bibliothèques binaires pour faire apparaître leurs interfaces. On l'applique beaucoup moins aux exécutables.
- à l'aide d'un outil, pointer le code sur lequel on veut appliquer la rétro-ingénierie. Utiliser l'outil pour générer un nouveau modèle ou pour modifier un modèle existant sur lequel l'ingénierie vers l'aval avait déjà été appliquée.
- créer un diagramme de composants à l'aide de l'outil en interrogeant le modèle. Par exemple, on peut commencer avec un ou plusieurs composants, puis étendre le diagramme en suivant les relations ou les composants voisins. Montrer ou cacher les détails du contenu de ce diagramme de composants de façon à communiquer l'intention que l'on a.

Par exemple, la figure 29-6 présente un diagramme de composants qui représente la rétro-ingénierie du composant ActiveX `vbrun.dll`. Elle montre que le composant réalise 11 interfaces. Grâce à ce diagramme, on commence à comprendre la sémantique du composant en explorant ensuite les détails de ses interfaces.

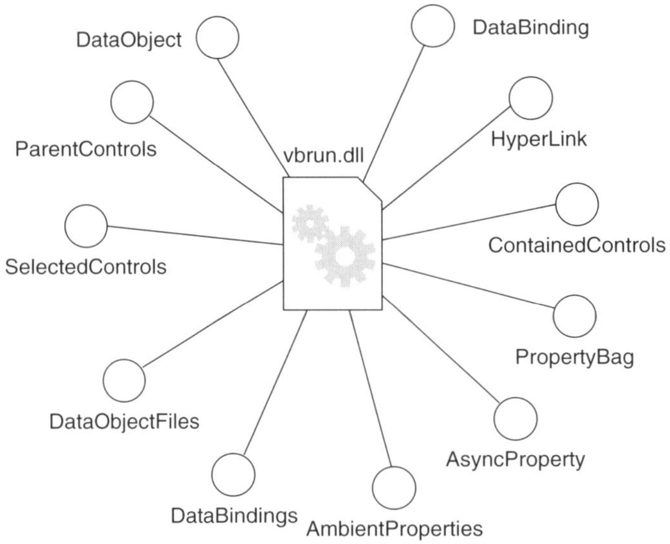

Figure 29-6 : *Rétro-ingénierie*

La rétro-ingénierie est utilisée généralement dans le contexte d'un système de gestion de configuration, surtout lors de l'application à du code source et parfois à des bibliothèques binaires ou des exécutables. Le travail s'effectue alors avec les versions spécifiques de fichiers ou de bibliothèques, toutes les versions d'une configuration devant être compatibles entre elles. L'utilisation d'étiquettes permet de spécifier la version du composant (à partir du système de gestion de configuration), ce qui permet de suivre, en UML, l'évolution d'un composant à travers différentes versions.

Trucs et astuces

Lorsqu'on crée des diagrammes de composants en UML, il ne faut pas oublier que chaque diagramme de composants n'est qu'une représentation graphique de la vue statique d'implémentation d'un système. Cela signifie qu'aucun diagramme de composants n'a besoin de capturer la totalité de la vue d'implémentation d'un système. Pris ensemble, tous les diagrammes de composants d'un système représentent la totalité de la vue d'implémentation statique du système. Individuellement, chacun n'en représente qu'un aspect.

Un diagramme de composants bien structuré :

- ne fournit qu'un aspect de la vue d'implémentation statique d'un système ;
- ne contient que les éléments essentiels à la compréhension de cet aspect ;
- fournit des détails en rapport avec son niveau d'abstraction, qui se limitent aux décorations nécessaires à la compréhension de ce qui est représenté ;
- compte suffisamment d'informations pour que le lecteur comprenne la sémantique.

Lorsqu'on dessine un diagramme de composants, il faut :

- lui donner un nom qui communique son objectif ;
- disposer ses éléments en évitant que les lignes ne se croisent ;
- organiser ses éléments dans l'espace de façon que les éléments proches du point de vue sémantique soient également proches du point de vue physique ;
- utiliser les notes et les couleurs comme repères visuels pour attirer l'attention sur des caractéristiques importantes du diagramme ;
- utiliser les éléments stéréotypés avec précaution. Choisir un petit ensemble d'icones courantes pour le projet ou l'organisation et les utiliser de manière cohérente.

UNIFIED MODELING LANGUAGE

Chapitre 30

Diagrammes de déploiement

Dans ce chapitre :

- Modélisation d'un système embarqué
- Modélisation d'un système client/serveur
- Modélisation d'un système totalement réparti
- Ingénierie vers l'aval et rétro-ingénierie

Les diagrammes de composants, l'autre sorte de diagramme utilisé dans la modélisation des aspects physiques d'un système orienté objet, sont traités au chapitre 29.

Les diagrammes de déploiement sont une des deux sortes de diagrammes utilisés dans la modélisation des aspects physiques d'un système orienté objet. Un diagramme de déploiement montre la configuration de nœuds de traitement en phase d'exécution ainsi que les composants qui se trouvent sur ces nœuds.

On utilise des diagrammes de déploiement pour modéliser la vue de déploiement statique d'un système. La plupart du temps, cela implique la modélisation de la topologie du matériel sur lequel le système fonctionne. Les diagrammes de déploiement sont principalement des diagrammes de classes centrés sur les nœuds d'un système.

Les diagrammes de déploiement sont importants non seulement pour visualiser, spécifier et documenter des systèmes embarqués, client/serveur et répartis, mais également pour gérer des systèmes exécutables grâce à l'ingénierie vers l'aval et la rétro-ingénierie.

Premiers pas

Lorsqu'il crée un système à forte composante logicielle, un développeur logiciel se concentre principalement sur l'architecture et le déploiement de son logiciel. Un ingénieur système, au contraire, se concentre sur le matériel *et* le logiciel du système ainsi que sur la gestion des échanges entre les deux. Alors que le développeur logiciel travaille avec des artefacts quelque peu intangibles, tels que des modèles et du code, le développeur de systèmes travaille avec du matériel relativement tangible.

UML est particulièrement adapté à la visualisation, la spécification, la construction et la documentation des artefacts logiciels, mais il est aussi conçu pour des artefacts matériels. Cela ne signifie pas qu'UML est un langage de description de matériel généraliste tel que VHDL, mais qu'il est conçu pour modéliser de nombreux aspects matériels d'un système nécessaires à un ingénieur logiciel pour préciser la plate-forme sur laquelle le logiciel du système est exécuté et à un ingénieur système pour gérer les rouages logiciel/matériel du système.

En UML, on utilise des diagrammes de classes et des diagrammes de composants pour réfléchir à la structure du logiciel. On utilise des diagrammes de séquence, des diagrammes de collaboration, des diagrammes d'états-transitions et des diagrammes d'activités pour spécifier le comportement du logiciel. À la frontière logiciel/matériel du système, on utilise des diagrammes de déploiement pour planifier la topologie des processeurs et des périphériques sur lesquels le système tourne.

Comme le montre la figure 30-1, en UML on utilise des diagrammes de déploiement pour visualiser l'aspect statique de ces nœuds physiques et leurs relations ainsi que pour préciser leurs détails pour la construction.

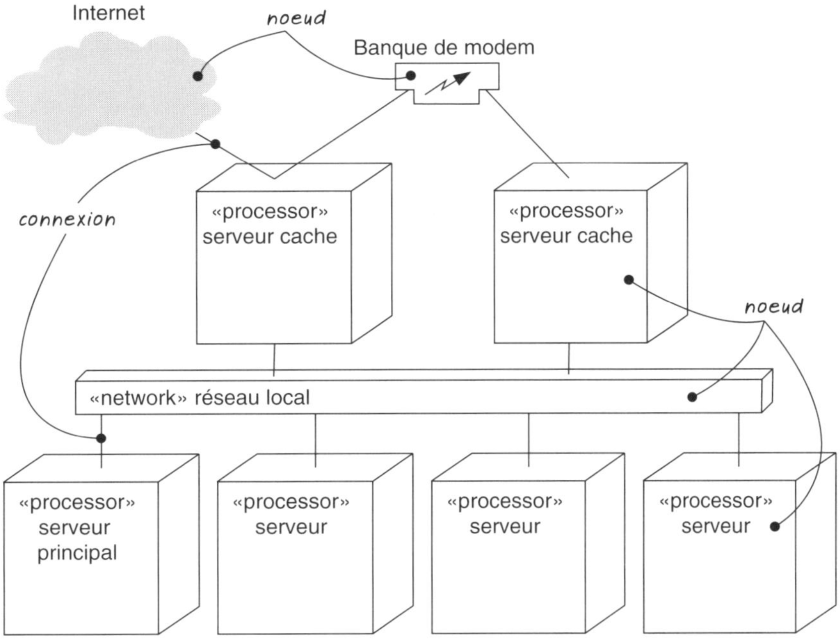

Figure 30-1 : *Diagramme de déploiement*

Termes et concepts

Un *diagramme de déploiement* est un diagramme qui montre la configuration de nœuds de traitement en phase d'exécution ainsi que les composants qui se trouvent sur ces nœuds. Un diagramme de déploiement est un ensemble de sommets et d'arcs.

Propriétés communes

Les propriétés générales des diagrammes sont traitées au chapitre 7.

Un diagramme de déploiement est un diagramme un peu particulier qui a néanmoins les mêmes propriétés que tous les autres diagrammes, à savoir un nom et un contenu graphique qui consistent en une projection dans un modèle. Un diagramme de déploiement se distingue des autres diagrammes par son contenu spécifique.

Contenu

Les nœuds sont traités au chapitre 26, les relations aux chapitres 5 et 10, les composants au chapitre 25, les paquetages au chapitre 12, les sous-systèmes au chapitre 31, les instances au chapitre 13 et les diagrammes de classes au chapitre 8.

Les diagrammes de déploiement contiennent en général :

- des nœuds,
- des relations de dépendance et d'association.

Comme tous les autres diagrammes, les diagrammes de déploiement peuvent également contenir des notes et des contraintes.

Les diagrammes de déploiement peuvent aussi comporter des composants, qui doivent résider sur un nœud, et des paquetages ou des sous-systèmes qui permettent de rassembler des éléments du modèle en de plus grands ensembles. Parfois, on y place également des instances, surtout lorsqu'on veut visualiser une instance d'un type de matériels.

Remarque : Par de nombreux aspects, un diagramme de déploiement n'est qu'un type particulier de diagramme de classes, centré sur les nœuds d'un système.

Utilisation courante

Les vues de déploiement dans le contexte de l'architecture logicielle sont traitées au chapitre 2.

Les diagrammes de déploiement servent à modéliser la vue de déploiement statique d'un système. Cette vue s'adresse principalement à la distribution, la livraison et l'installation des parties qui constituent le système physique.

Pour certains types de systèmes, les diagrammes de déploiement ne sont pas nécessaires. Si l'on développe un logiciel qui se trouve sur une seule machine et n'est en interface qu'avec des périphériques standard déjà gérés par le système d'exploitation hôte (par exemple le clavier, l'affichage ou le modem d'un ordinateur individuel), on peut se passer des diagrammes de déploiement. En revanche, si l'on développe un logiciel en interaction avec des périphériques que le système d'exploitation de l'hôte ne gère pas habituellement ou qui est réparti physiquement sur plusieurs processeurs, l'utilisation des diagrammes de déploiement permet alors de réfléchir au mapping entre le logiciel et le matériel du système.

Lorsqu'on modélise la vue de déploiement statique d'un système, on utilise habituellement des diagrammes de déploiement selon une des trois manières suivantes.

1. pour modéliser des systèmes embarqués

Un système embarqué est un ensemble de matériels à forte composante logicielle qui est interfacé avec le monde physique. Les systèmes embarqués impliquent un logiciel qui contrôle des périphériques tels que des moteurs, des actionneurs et des afficheurs tout en étant lui-même contrôlé par des stimuli externes comme une entrée capteur, des mouvements et des changements de température. On peut utiliser des diagrammes de déploiement pour modéliser les périphériques et les processeurs qui composent un système embarqué.

2. pour modéliser des systèmes client/serveur

La modélisation de la répartition des composants est traitée au chapitre 26.

Un système client/serveur est une architecture courante centrée sur une séparation claire des préoccupations entre l'interface utilisateur du système (qui réside sur le client) et les données persistantes du système (qui résident sur le serveur). Les systèmes client/serveur sont une des extrémités du continuum des systèmes répartis et impliquent une prise de décision au sujet de la connectivité réseau des clients aux serveurs ainsi qu'au sujet de la répartition physique des composants logiciels du système sur les nœuds. On peut modéliser la topologie de ces systèmes à l'aide des diagrammes de déploiement.

3. pour modéliser des systèmes totalement répartis

A l'autre extrémité du continuum des systèmes répartis, on trouve les systèmes fortement répartis, si ce n'est totalement, et qui comprennent des serveurs à plusieurs niveaux. Ces systèmes sont souvent les hôtes de nombreuses versions de composants logiciels, dont certains peuvent même migrer d'un nœud à un autre. La réalisation de tels systèmes nécessite la prise de décisions qui permettent la modification continue de la topologie du système. On peut utiliser des diagrammes de déploiement pour visualiser la topologie actuelle et la répartition des composants d'un système afin de réfléchir à l'incidence des changements sur cette topologie.

Techniques de modélisation courantes

Modélisation d'un système embarqué

Les nœuds et les périphériques sont traités au chapitre 26.

Le développement d'un système embarqué n'est pas uniquement une question logicielle. En effet, il faut gérer le monde physique dans lequel des parties mobiles cassent, des signaux sont bruités et des comportements ne sont pas linéaires. Lorsqu'on modélise un tel système, on doit tenir compte de son interface avec la réalité, ce qui signifie qu'il faut réfléchir aussi bien à des périphériques inhabituels qu'à des nœuds.

Les mécanismes d'extensibilité d'UML sont traités au chapitre 6.

Les diagrammes de déploiement facilitent la communication entre les ingénieurs chargés du matériel et les développeurs logiciels d'un projet. À l'aide des nœuds, stéréotypés pour ressembler à des périphériques courants, on peut créer des diagrammes compréhensibles par les deux groupes de concepteurs. Les diagrammes de déploiement sont également utiles pour réfléchir aux échanges matériel/logiciel. On utilise des diagrammes de déploiement pour visualiser, spécifier, construire et documenter les décisions relatives à l'ingénierie du système.

Pour modéliser un système embarqué, il faut :

- identifier les périphériques et les nœuds propres au système.
- fournir des repères visuels pour les périphériques inhabituels à l'aide des mécanismes d'extensibilité d'UML, afin de définir des stéréotypes spécifiques au système avec des icones appropriées. Enfin, différencier les processeurs (qui contiennent des composants logiciels) des périphériques (qui, à ce niveau d'abstraction, ne contiennent pas directement de logiciel).
- modéliser les relations entre ces processeurs et périphériques dans un diagramme de déploiement. De même, préciser les relations entre les composants de la vue d'implémentation du système et les nœuds de la vue de déploiement du système.
- si nécessaire, revenir sur les périphériques intelligents en modélisant leur structure à l'aide d'un diagramme de déploiement plus détaillé.

Par exemple, la figure 30-2 montre le matériel d'un robot autonome simple. Un des nœuds (`Pentium carte mere`) est stéréotypé comme un processeur. Huit périphériques entourent ce nœud, tous sont stéréotypés comme des périphériques et représentés par une icone qui offre un repère visuel clair de son équivalent dans la réalité.

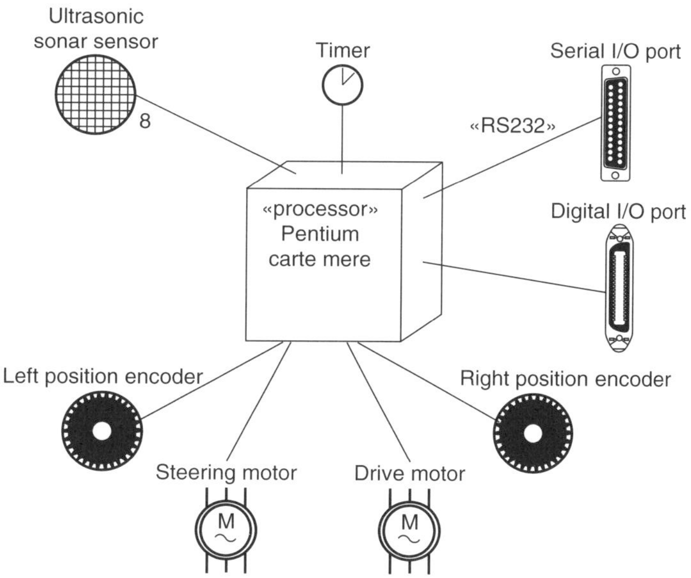

Figure 30-2 : *Modélisation d'un système embarqué*

Modélisation d'un système client/serveur

Dès que l'on commence à développer un système dont le logiciel ne tient plus sur un processeur unique, on est amené à prendre plusieurs décisions sur les points suivants : comment répartir au mieux les composants logiciels sur les nœuds? Comment communiquent-ils ? Comment gérer les pannes et le bruit ? À l'une des extrémités du spectre des systèmes répartis, se trouvent les systèmes client/serveur dans lesquels les préoccupations sur l'interface utilisateur du système (habituellement gérée par le client) et sur ses données (habituellement gérées par les serveurs) sont clairement séparées.

Il existe de nombreuses variations sur ce thème. Par exemple, on peut choisir d'avoir un client léger, c'est-à-dire un client dont la capacité de calcul est limitée et qui ne fait que gérer l'interface utilisateur et la visualisation de l'information. Les clients légers peuvent contenir peu de composants, mais être conçus pour charger, si besoin est, des composants depuis le serveur — comme avec Enterprise Java Beans. On peut également choisir d'avoir un client lourd, c'est-à-dire un client qui a une grande capacité de calcul et qui offre d'autres possibilités que la visualisation. En général, un client lourd exécute certaines règles logiques et certaines règles “ métier ” du système. Le choix entre un client léger et un client lourd relève d'une décision d'architecture conditionnée par un certain nombre de facteurs techniques, économiques et politiques.

Quoi qu'il en soit, la partition d'un système en parties client et serveur implique la prise de décisions difficiles relatives à l'emplacement physique des composants logiciels et à la façon d'imposer une répartition équilibrée des responsabilités entre ces composants. Par exemple, la plupart des systèmes de gestion de l'information sont principalement des architectures multiniveaux (3-tier), ce qui signifie que l'interface graphique utilisateur, la logique métier et la base de données d'un système sont réparties physiquement. Le choix de l'emplacement de l'interface graphique utilisateur et de la base de données du système est habituellement assez évident, alors que celui de la logique métier est plus difficile.

On peut utiliser les diagrammes de déploiement d'UML pour visualiser, spécifier et documenter les décisions au sujet de la topologie d'un système client/serveur et de la manière dont les composants logiciels sont répartis entre le client et le serveur. En règle générale, on crée un diagramme de déploiement pour le système entier, ainsi que d'autres diagrammes plus détaillés qui vont jusqu'aux segments individuels du système.

Pour modéliser un système client/serveur, il faut :

- identifier les nœuds qui représentent les processeurs client et serveur du système.
- mettre en évidence les périphériques qui se rapportent au comportement du système. Par exemple, on modélise des périphériques spéciaux, comme des lecteurs de cartes de crédit, des lecteurs de badges et des périphériques d'affichage autres que des moniteurs car leur emplacement dans la topologie matérielle du système est probablement important du point de vue de l'architecture.
- fournir des repères visuels pour ces processeurs et périphériques en utilisant les stéréotypes.
- modéliser la topologie des nœuds dans un diagramme de déploiement. De même, préciser la relation entre composants de la vue d'implémentation du système et nœuds dans la vue de déploiement du système.

Les paquetages sont traités au chapitre 12, la multiplicité au chapitre 10.

La figure 30-3 montre la topologie d'un système de ressources humaines, suivant une architecture client/serveur classique. Cette figure illustre la séparation client/serveur de manière explicite, à l'aide des paquetages `clients` et `serveurs`. Le paquetage client contient deux nœuds stéréotypés (`console` et `kiosque`) et distincts visuellement. Le paquetage serveur comporte deux sortes de nœuds (`serveur cache` et `serveur`) qui ont tous deux été décorés avec certains des composants qu'ils comportent. On remarque que `serveur cache` et `serveur` sont marqués par des multiplicités explicites, qui précisent combien d'instances sont attendues pour chacun dans une configuration déployée particulière. Par exemple, ce diagramme indique qu'il peut y avoir deux `serveurs cache` ou plus dans n'importe quelle instance déployée du système.

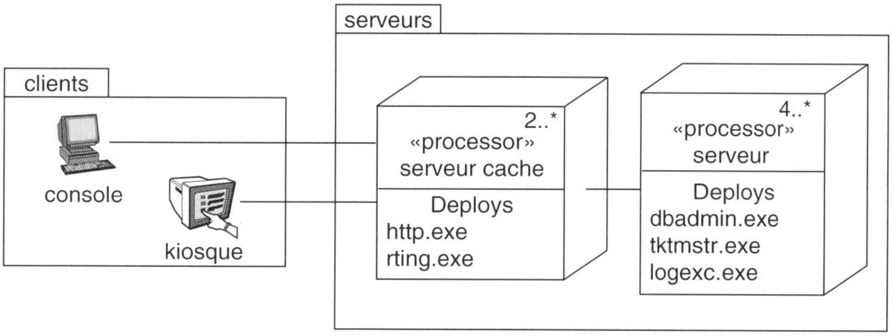

Figure 30-3 : *Modélisation d'un système client/serveur*

Modélisation d'un système totalement réparti

Les systèmes répartis se présentent sous plusieurs formes qui vont des systèmes simples à deux processeurs à ceux qui traversent de nombreux nœuds géographiquement dispersés. Ces derniers ne sont généralement jamais statiques : des nœuds sont ajoutés ou enlevés au fur et à mesure que le trafic change et que les processeurs tombent en panne, de nouveaux chemins de communication plus rapides peuvent être établis parallèlement aux plus anciens, des voies de transmission plus lentes sont finalement supprimées. On change non seulement la topologie de ces systèmes, mais également la répartition de leurs composants logiciels. Par exemple, on peut dupliquer des tables de base de données à travers des serveurs uniquement pour les déplacer en fonction du trafic. Pour certains systèmes globaux, des composants se déplacent en même temps que le soleil et migrent d'un serveur à un autre lorsque la journée de travail commence dans une partie du monde et se termine dans une autre.

La visualisation, la spécification et la documentation de la topologie de ces systèmes répartis représentent une partie importante de l'activité de l'administrateur système qui doit veiller sur le capital informatique d'une entreprise. On peut utiliser les diagrammes de déploiement d'UML pour réfléchir à la topologie de ces systèmes. Lorsqu'on documente des systèmes totalement répartis à l'aide de diagrammes de déploiement, on s'étend sur les détails des périphériques de réseau du système, qui sont tous représentés par un nœud stéréotypé.

Pour modéliser un système totalement réparti, il faut :

- identifier les périphériques et les processeurs du système de la même manière que pour les systèmes client/serveur plus simples.
- si l'on doit réfléchir aux performances du réseau du système ou à l'incidence des changements sur le réseau, s'assurer que ces périphériques de communi-

cation sont modélisés à un niveau de détail suffisant pour effectuer ce type d'estimation.

Les paquetages sont traités au chapitre 12.

- être attentif aux regroupements logiques de nœuds, que l'on peut préciser à l'aide des paquetages.
- modéliser ces périphériques et ces processeurs à l'aide des diagrammes de déploiement. Lorsque c'est possible, utiliser des outils pour découvrir la topologie du système en parcourant le réseau du système.

Les cas d'utilisation sont traités au chapitre 16, les diagrammes d'interaction au chapitre 20, les instances au chapitre 13.

- si l'on a besoin de se concentrer sur la dynamique du système, introduire des diagrammes de cas d'utilisation pour déterminer les types de comportements intéressants et élargir ces cas d'utilisation avec des diagrammes d'interaction.

Remarque : Lorsqu'on modélise un système totalement réparti, il est courant de réifier le réseau comme un nœud. Par exemple, on peut représenter Internet comme un nœud (comme dans la figure 30-1 où il est représenté comme un nœud stéréotypé). On peut également réifier un réseau local (LAN : Local Area Network) ou un réseau distant (WAN : Wide Area Network) de la même manière (voir figure 30-1). Dans ces deux cas, on peut utiliser les attributs et les opérations des nœuds pour saisir des propriétés sur le réseau.

La figure 30-4 montre la topologie d'un système totalement réparti. Ce diagramme de déploiement particulier est aussi un diagramme d'objets car il ne contient que des instances. On voit trois consoles (instances anonymes du nœud stéréotypé `console`) qui sont liées à `Internet` (visiblement un nœud singleton). Il y a ensuite trois instances de `serveur regional` qui servent de têtes de réseau aux `serveur national`, dont on ne voit qu'un seul exemple. Comme l'indique la note, les serveurs nationaux sont connectés entre eux, mais leur relation n'apparaît pas dans ce diagramme.

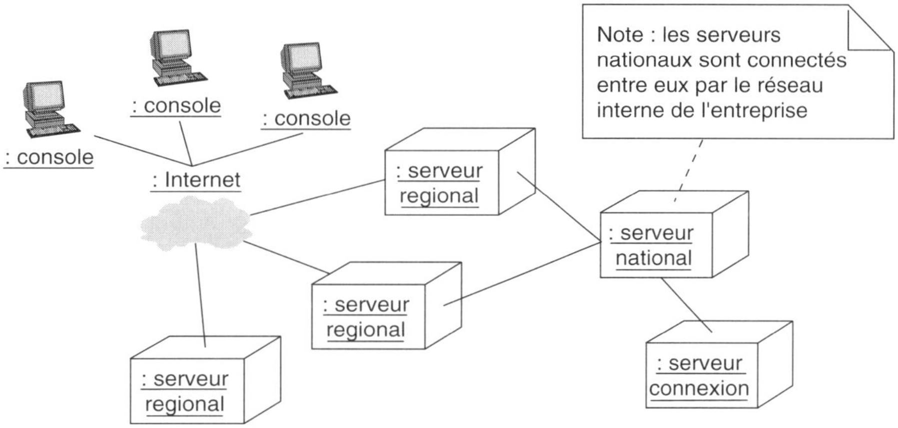

Figure 30-4 : *Modélisation d'un système totalement réparti*

Dans ce diagramme, Internet a été réifié comme un nœud stéréotypé.

Ingénierie vers l'aval et rétro-ingénierie

On réalise peu d'ingénierie vers l'aval (la création de code à partir de modèles) avec les diagrammes de déploiement. Par exemple, après avoir spécifié la répartition physique des composants à travers les nœuds dans un diagramme de déploiement, il est possible d'utiliser des outils qui installent ensuite ces composants dans le monde réel. Pour les administrateurs système, cette utilisation d'UML permet de visualiser une tâche qui peut être très compliquée.

La rétro-ingénierie (la création de modèles à partir du code) depuis la réalité vers les diagrammes de déploiement est nettement plus importante, surtout dans le cas de systèmes répartis en constante évolution. On fournit un ensemble de nœuds stéréotypés parlant le langage des administrateurs réseau afin d'adapter UML à leur domaine. UML présente l'avantage d'offrir un langage standard qui s'adresse non seulement à leurs besoins, mais également aux besoins des développeurs logiciels du système.

Pour appliquer la rétro-ingénierie à un diagramme de déploiement, il faut :

- choisir la cible sur laquelle on veut l'appliquer. Parfois on balaie tout le réseau, mais on peut aussi limiter la recherche.
- choisir également le degré de fidélité de la rétro-ingénierie. Dans certains cas, il suffit d'appliquer une rétro-ingénierie uniquement au niveau de tous les

processeurs du système. Dans d'autres cas, on l'applique aussi aux périphériques réseau du système.

- utiliser un outil qui se déplace dans le système et fait apparaître sa topologie matérielle. Enregistrer cette topologie dans un modèle de déploiement.
- en chemin, on peut utiliser des outils pour faire apparaître les composants qui résident sur chaque nœud et on peut aussi les enregistrer dans un modèle de déploiement. La recherche doit être intelligente, car même de simples ordinateurs personnels peuvent contenir des giga-octets de composants, dont beaucoup ne sont pas importants pour le système.
- créer, à l'aide des outils de modélisation, un diagramme de déploiement en interrogeant le modèle. Par exemple, on peut commencer en visualisant la topologie client/serveur de base, puis étendre le diagramme en peuplant certains nœuds avec des composants importants. Montrer ou cacher les détails du contenu de ce diagramme de déploiement de façon à communiquer l'intention que l'on a.

Trucs et astuces

Lorsqu'on crée des diagrammes de déploiement en UML, il ne faut pas oublier que chaque diagramme de déploiement n'est qu'une représentation de la vue de déploiement statique d'un système. Cela signifie qu'aucun diagramme de déploiement n'a besoin de saisir toute la vue de déploiement d'un système. Ensemble, tous les diagrammes de déploiement d'un système représentent la vue de déploiement statique complète du système. Individuellement, chacun n'en représente qu'un aspect.

Un diagramme de déploiement bien structuré :

- est centré sur la communication d'un aspect de la vue de déploiement d'un système ;
- ne contient que les éléments essentiels à la compréhension de cet aspect ;
- fournit des détails en rapport avec son niveau d'abstraction et ne montre que les décorations essentielles à la compréhension de ce qui est représenté ;
- compte suffisamment d'informations pour que le lecteur comprenne des points sémantiques importants.

Lorsqu'on représente un diagramme de déploiement, il faut :

- lui donner un nom qui communique son objectif ;
- disposer ses éléments en évitant que les lignes se croisent ;

- organiser ses éléments dans l'espace en faisant en sorte que les éléments proches du point de vue sémantique le soient également du point de vue physique ;
- utiliser les notes et les couleurs comme repères visuels pour attirer l'attention sur des caractéristiques importantes du diagramme ;
- utiliser les éléments stéréotypés avec précaution. Choisir un petit ensemble d'icones courantes pour le projet et l'organisation et les utiliser de manière cohérente.

Chapitre 31

Systèmes et modèles

Dans ce chapitre :

- Systèmes, sous-systèmes, modèles et vues
- Modélisation de l'architecture d'un système
- Modélisation de systèmes de systèmes
- Organisation d'artefacts de développement

UML est un langage graphique qui permet de visualiser, spécifier, construire et documenter les artefacts d'un système à forte composante logicielle. On utilise UML pour modéliser des systèmes. Un modèle est une simplification de la réalité — une abstraction d'un système — créé dans le but de mieux comprendre le système. Un système, probablement décomposé en sous-systèmes, est un ensemble d'éléments organisés afin d'atteindre un objectif et décrits par un ensemble de modèles, à partir de différents points de vue. Les éléments, comme les classes, les interfaces, les composants et les nœuds sont des parties importantes du modèle d'un système. En UML, on utilise des modèles pour les organiser ainsi que pour organiser toutes les autres abstractions d'un système. Lorsqu'on va vers des domaines plus complexes, on s'aperçoit qu'un système, à un niveau d'abstraction donné, ressemble à un sous-système à un niveau d'abstraction plus élevé. UML permet de modéliser des systèmes et des sous-systèmes comme un tout, ce qui permet d'aborder sans difficulté les problèmes de changement d'échelle.

Les modèles bien structurés permettent de visualiser, spécifier, construire et documenter un système complexe à partir d'aspects différents et pourtant étroitement liés. Les systèmes bien structurés sont cohérents du point de vue fonctionnel, logique et physique et formés de sous-systèmes faiblement couplés entre eux.

Premiers pas

La construction d'une niche ne nécessite pas une intense réflexion. Les besoins d'un chien sont simples et, pour satisfaire le chien (sauf s'il est très exigeant), on peut très bien construire la niche directement.

Les différences entre la construction d'une niche et celle d'un immeuble sont traitées au chapitre 1.

La construction d'une maison ou d'un immeuble nécessite beaucoup plus de réflexion. Les besoins d'une famille ou du propriétaire d'un immeuble ne sont pas aussi simples et, pour satisfaire même le moins exigeant des clients, on ne peut pas construire directement. On doit modéliser. Plusieurs intervenants examineront le problème sous des angles et avec des intérêts différents. C'est la raison pour laquelle, pour les bâtiments complexes, on crée des plans de niveau, des plans d'élévation, des plans du système de chauffage, du système électrique, de la plomberie et parfois des plans de réseau. Aucun modèle ne peut représenter à lui seul tous les aspects intéressants d'un bâtiment complexe de façon adéquate.

Les diagrammes sont traités au chapitre 7, les cinq vues de l'architecture logicielle au chapitre 2.

En UML, on organise toutes les abstractions d'un système à forte composante logicielle en modèles, chaque modèle représentant un aspect relativement indépendant, mais important du système que l'on développe. Ensuite, on utilise des diagrammes pour visualiser les groupes d'abstractions intéressants. Il est particulièrement utile de considérer les cinq vues d'une architecture afin d'orienter l'attention des différents intervenants du système logiciel. L'ensemble de ces modèles fournit un exposé complet de la structure et du comportement d'un système.

De grands systèmes peuvent être décomposés en sous-systèmes distincts qui ressemblent tous à des systèmes plus petits vus d'un niveau d'abstraction plus bas.

Les mécanismes d'extensibilité d'UML sont traités au chapitre 6, les paquetages au chapitre 12.

Comme le montre la figure 31-1, UML propose une représentation graphique des systèmes et des sous-systèmes. Cette notation permet de visualiser la décomposition d'un système en sous-systèmes plus petits. Un système et un sous-système sont représentés par une icone de paquetage stéréotypé ; il n'existe pas en effet de représentation graphique particulière pour les modèles et les vues car ce sont principalement des éléments manipulés par les outils dont on se sert pour organiser les différents aspects d'un système.

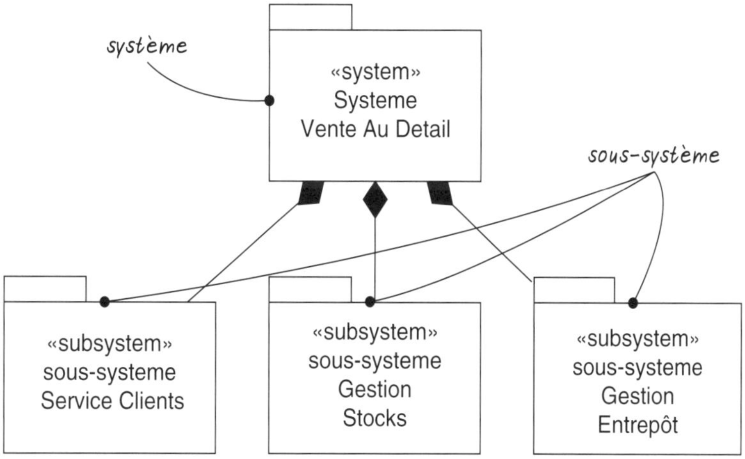

Figure 31-1 : *Systèmes et sous-systèmes*

Termes et concepts

Un *système*, probablement décomposé en sous-systèmes, est un ensemble d'éléments organisés pour atteindre un objectif et décrits par un ensemble de modèles, éventuellement depuis plusieurs points de vue. Un *sous-système* est un regroupement d'éléments parmi lesquels certains constituent une spécification du comportement offert par d'autres éléments qu'il contient. Un système et un sous-système sont représentés par une icone de paquetage stéréotypé. Un *modèle* est une simplification de la réalité, une abstraction d'un système, créée afin de mieux comprendre le système. Une *vue* est une projection d'un modèle depuis une perspective ou un point de vue particulier et qui ignore certaines entités sans importance dans cette perspective.

Les systèmes et les sous-systèmes

Un système est l'élément que l'on développe et pour lequel on construit des modèles. Il comprend tous les artefacts qui constituent cet élément, ainsi que tous ses modèles et éléments de modélisation, tels que des classes, des interfaces, des composants, des nœuds et leurs relations. Tout ce qui est nécessaire pour visualiser, spécifier, construire et documenter un système fait partie intégrante de ce système et tout ce qui n'est pas nécessaire est à l'extérieur de ce même système.

Les stéréotypes sont traités au chapitre 6, les paquetages au chapitre 12, les classes aux chapitres 4 et 9, les cas d'utilisation au chapitre 16, les automates à états finis au chapitre 21, les collaborations au chapitre 27.

Comme le montre la figure 31-1, en UML, un système est représenté par un paquetage stéréotypé. De la même manière qu'un paquetage stéréotypé, un système possède ses propres éléments. Si l'on examine de plus près l'intérieur d'un système, on voit tous ses modèles et ses éléments de modélisation individuels (y compris les diagrammes), qui sont probablement décomposés en sous-systèmes. De la même manière qu'un classificateur, un système peut comporter des instances (un système peut se déployer en de multiples instances dans la réalité), des attributs et des opérations (les acteurs à l'extérieur du système peuvent agir sur le système dans son ensemble), des cas d'utilisation, des automates à états finis et des collaborations, qui peuvent tous préciser son comportement. Un système peut même réaliser des interfaces, ce qui est important lorsqu'on construit des systèmes de systèmes.

Un sous-système est simplement une partie d'un système ; un système complexe peut ainsi être décomposé en parties presque indépendantes. Un système à un certain niveau d'abstraction peut être un sous-système d'un autre système à un niveau d'abstraction plus élevé. Comme le montre également la figure 31-1, en UML, un sous-système est représenté par une icone de paquetage stéréotypé. Du point de vue sémantique, un sous-système est à la fois un type de paquetage et un type de classificateur.

L'agrégation et la généralisation sont traitées aux chapitres 5 et 10.

L'agrégation est la principale relation entre les systèmes et les sous-systèmes. Un système (le “ tout ”) peut contenir zéro ou plusieurs sous-systèmes (les “ parties ”). On peut également avoir des relations de généralisation entre systèmes et sous-systèmes. Avec la généralisation, on peut modéliser des familles de systèmes et de sous-systèmes, dont certaines représentent des types généraux de systèmes et d'autres des adaptations spécifiques de ces systèmes.

Remarque : Un système représente l'élément de plus haut niveau dans un contexte donné. Les sous-systèmes qui composent un système fournissent une partition complète et sans chevauchement du système dans son ensemble.

Modèles et vues

Un modèle est une simplification de la réalité, la réalité étant définie dans le contexte du système en cours de modélisation. Pour résumer, un modèle est une abstraction d'un système. Un sous-système représente une partition des éléments d'un plus grand système en parties indépendantes. Un modèle est une partition des abstractions qui visualisent, spécifient, construisent et documentent ce système. La différence est subtile mais importante. On décompose un système en sous-systèmes afin de développer et déployer quasi indépendamment ces parties. On partitionne les abstractions d'un système ou d'un sous-système en modèles afin de mieux comprendre l'élément développé et déployé. Tout comme un système complexe, tel un avion, qui peut comporter plusieurs parties (sous-systèmes cellule, propulsion, avionique, et passagers), ces sous-systèmes et le système dans son intégralité peuvent être modélisés à partir de différents points de vue (comme par exemple la vue des modèles structurels, dynamiques, électriques, de chauffage et de climatisation).

Les paquetages sont traités au chapitre 12.

Un modèle est un paquetage spécial. Il n'y a pas de représentation graphique définie pour les modèles en UML parce que l'on n'a pas besoin de modéliser des modèles de manière explicite. Les outils, eux, ont besoin de gérer des modèles, mais utiliseront généralement une notation de paquetage pour représenter un modèle tel qu'ils le voient.

Les cinq vues de l'architecture logicielle sont traitées au chapitre 2.

Tout comme un paquetage, un modèle possède des éléments. Les modèles associés à un système ou à un sous-système partitionnent complètement les éléments de ce système ou sous-système, ce qui signifie que chaque élément appartient à un seul et unique paquetage. En règle générale, on organise les artefacts d'un système ou d'un sous-système en un ensemble de modèles qui ne se chevauchent pas et qui sont couverts par les cinq vues de l'architecture logicielle décrites par ailleurs.

Les diagrammes sont traités au chapitre 7.

Un modèle (par exemple, un modèle de " process ") peut comporter des artefacts si nombreux (comme des classes actives, des relations et des interactions) que, dans les systèmes de taille importante, on ne peut pas les appréhender en une seule fois. Il faut imaginer une vue comme une projection dans un modèle. Pour chaque modèle, on dispose d'un certain nombre de diagrammes qui existent pour que l'on puisse garder un œil sur les éléments qui appartiennent au modèle. Une vue comprend un sous-ensemble d'éléments qui appartiennent à un modèle. Généralement, une vue ne doit pas franchir les limites du modèle. Comme cela est expliqué dans la section suivante, il n'y a pas de relations directes entre les modèles, même si l'on trouve des relations de traçabilité entre les éléments contenus dans différents modèles.

Remarque : UML n'impose pas le choix des modèles à utiliser pour visualiser, spécifier, construire et documenter un système, mais le Rational Unified Process suggère un ensemble de modèles éprouvés.

Traçabilité

Les relations sont traitées aux chapitres 5 et 10.

La spécification des relations entre des éléments tels que les classes, les interfaces, les composants et les nœuds est une partie structurelle importante d'un modèle. La spécification des relations entre des éléments tels que les documents, les diagrammes et les paquetages qui résident dans différents modèles est une partie importante de la gestion des artefacts de développement des systèmes complexes. Parmi ces éléments, nombreux sont ceux qui existent en de multiples versions.

Les dépendances sont traitées au chapitre 5, les stéréotypes au chapitre 6.

En UML, il est possible de modéliser la relation conceptuelle entre les éléments qui se trouvent dans différents modèles par une relation de traçabilité. Une traçabilité ne peut s'appliquer qu'à des éléments de modèles différents et est représentée par une dépendance stéréotypée. On peut souvent ignorer la direction de cette dépendance, même si, généralement, elle se fait vers l'élément le plus ancien ou le plus spécifique, comme sur la figure 31-2. Le plus souvent, la relation de traçabilité est utilisée pour suivre l'évolution d'un système depuis les besoins vers l'implémentation (et tous les artefacts intermédiaires) ou le passage d'une version à une autre.

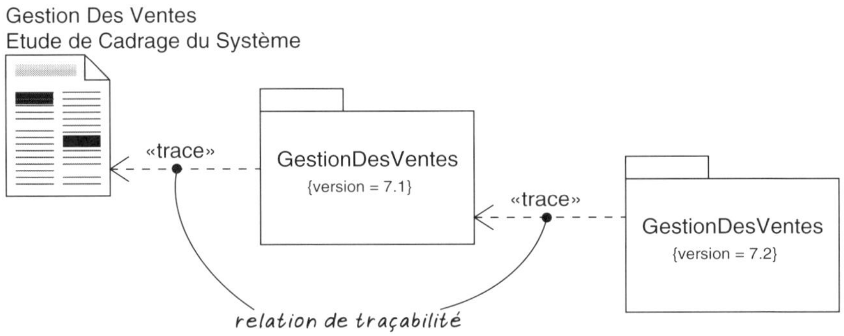

Figure 31-2 : *Relations de traçabilité*

Remarque : La plupart du temps, on ne représente pas les relations de traçabilité de façon explicite. On les traite plutôt comme des hyperliens.

Techniques de modélisation courantes

Modélisation de l'architecture d'un système

L'architecture et la modélisation sont traitées au chapitre 1.

On applique généralement des systèmes et des modèles afin d'organiser les éléments qui servent à visualiser, spécifier, construire et documenter l'architecture d'un système. En dernier lieu, cela touche virtuellement tous les artefacts que l'on trouve dans un projet de développement logiciel. Lorsqu'on modélise l'architecture d'un système, on fixe des décisions à propos des exigences associées au système, de ses éléments logiques et physiques. On modélise également les aspects à la fois structurels et comportementaux des systèmes et des patterns qui donnent forme à ces vues. Enfin, on se concentre sur les points de soudure entre sous-systèmes et la traçabilité depuis les exigences jusqu'au déploiement.

Pour modéliser l'architecture d'un système, il faut :

Les cinq vues de l'architecture logicielle sont traitées au chapitre 2, les diagrammes au chapitre 7.

- définir les vues que l'on veut utiliser pour représenter l'architecture. Comme le montre la figure 31-3, la plupart du temps, on inclut une vue de cas d'utilisation, une vue de conception, une vue de processus, une vue d'implémentation et une vue de déploiement.
- préciser le contexte de ce système, ainsi que les acteurs qui l'entourent.
- si nécessaire, décomposer, le système en sous-systèmes élémentaires.

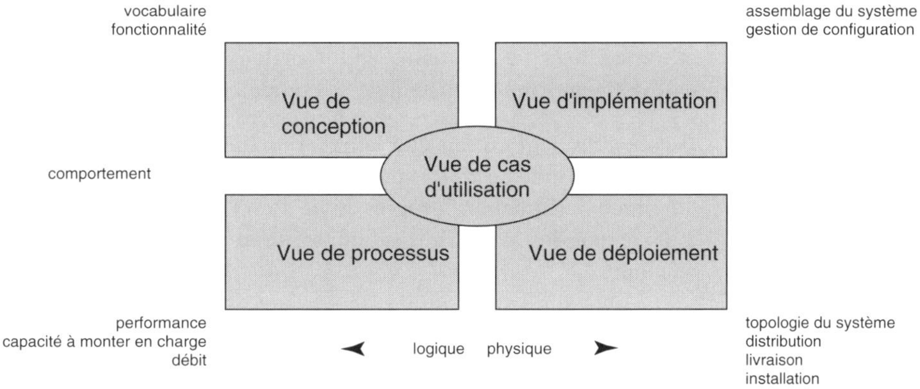

Figure 31-3 : *Modélisation de l'architecture d'un système*

Les activités suivantes s'appliquent au système, ainsi qu'à ses sous-systèmes :

- déterminer une vue de cas d'utilisation du système qui englobe les cas d'utilisation décrivant le comportement du système vu par les utilisateurs finals, les analystes programmeurs et les testeurs. Appliquer les diagrammes de cas d'utilisation pour modéliser les aspects statiques et les diagrammes d'interaction, les diagrammes d'états-transitions et les diagrammes d'activités pour modéliser les aspects dynamiques.
- déterminer une vue de conception du système, qui englobe les classes, les interfaces et les collaborations qui composent le vocabulaire du problème et sa solution. Appliquer les diagrammes de classes et les diagrammes d'objets pour modéliser les aspects statiques et les diagrammes d'interaction, les diagrammes d'états-transitions et les diagrammes d'activités pour modéliser les aspects dynamiques.

- déterminer une vue de processus du système, qui englobe les threads et les processus formant les mécanismes de parallélisme et de synchronisation du système. Appliquer les mêmes diagrammes que pour la vue de conception, mais en se concentrant plus particulièrement sur les classes actives et les objets actifs qui représentent des threads et des processus.
- déterminer une vue d'implémentation du système qui englobe les composants utilisés pour assembler le système physique et le livrer. Appliquer les diagrammes de composants pour modéliser les aspects statiques et les diagrammes d'interaction, les diagrammes d'états-transitions et les diagrammes d'activités pour modéliser les aspects dynamiques.
- déterminer une vue de déploiement du système qui englobe les nœuds formant la topologie matérielle du système sur laquelle le système s'exécute. Appliquer les diagrammes de déploiement pour modéliser les aspects statiques et les diagrammes d'interaction, les diagrammes d'états-transitions et des diagrammes d'activités pour modéliser les aspects dynamiques.
- modéliser les patterns architecturaux et les patterns de conception qui donnent forme à chacun de ces modèles à l'aide des collaborations.

Le Rational Unified Process est traité au chapitre 2.

Soyez conscient du fait que jamais l'architecture d'un système n'est créée en un seul jour. Bien au contraire, un processus correctement structuré pour UML implique l'affinement progressif de l'architecture d'un système d'une manière pilotée par les cas d'utilisation, centrée sur l'architecture, itérative et incrémentale.

Les mécanismes d'extensibilité d'UML sont traités au chapitre 6.

Pour tous les systèmes, à l'exception peut-être des plus simples, il est nécessaire de gérer les différentes versions des artefacts du système. On peut utiliser les mécanismes d'extensibilité d'UML – et plus particulièrement les étiquettes – pour fixer les décisions au sujet de la version de chaque élément.

Modélisation de systèmes de systèmes

Un système, à un niveau d'abstraction donné, ressemble à un sous-système à un niveau d'abstraction plus élevé. De même, un sous-système à un niveau d'abstraction donné ressemble à un système à part entière du point de vue de l'équipe responsable de sa création.

Tous les systèmes complexes présentent cette sorte de hiérarchie. Au fur et à mesure que l'on va vers des systèmes toujours plus complexes, il apparaît vraiment nécessaire de décomposer les efforts fournis en sous-systèmes, lesquels peuvent être développés de manière indépendante et croître de manière itérative et incrémentale au sein du système complet. Le développement d'un sous-système est identique au développement d'un système.

Pour modéliser un système ou un sous-système, il faut :

- identifier les principales parties fonctionnelles du système susceptibles d'être développées, livrées et déployées de manière quasi indépendante. Des considérations techniques, politiques et légales, ainsi que des contraintes de réutilisation de systèmes existants détermineront souvent la façon dont sont dessinés les contours de chaque sous-système.
- spécifier le contexte de chaque sous-système, tout comme on le fait pour un système entier. Les acteurs qui entourent un sous-système comprennent tous les sous-systèmes voisins et doivent donc être conçus pour collaborer.
- modéliser l'architecture de chaque sous-système de la même manière que pour un système entier.

Trucs et astuces

Il est important de choisir le bon groupe de modèles pour visualiser, spécifier, construire et documenter un système. Un modèle bien structuré doit :

- fournir une simplification de la réalité à partir d'un point de vue distinct et relativement indépendant ;
- se suffire à lui-même au niveau du contenu, en ce sens qu'un autre contenu n'est pas nécessaire pour que l'on en comprenne la sémantique ;
- être faiblement couplé à d'autres modèles par les relations de traçabilité ;
- fournir de manière collective (avec les autres modèles voisins) un exposé complet des artefacts du système.

De même, il est important de décomposer les systèmes complexes en sous-systèmes bien structurés. Un système bien structuré :

- est cohérent sur le plan fonctionnel, logique et physique ;
- peut être décomposé en sous-systèmes pratiquement indépendants qui sont eux-mêmes des systèmes à un niveau d'abstraction inférieur ;
- peut être visualisé, spécifié, construit et documenté au moyen d'un ensemble de modèles étroitement liés qui ne se chevauchent pas.

Les modèles n'ont pas de représentation graphique particulière en UML (à part celle d'icones de paquetage stéréotypé), même si généralement ils sont représentés dans les outils comme des paquetages, représentant chacun une partition des éléments d'un système à partir d'un point de vue particulier.

Lorsqu'on représente un système et/ou un sous-système en UML, on doit :

- les utiliser comme point de départ pour tous les artefacts associés à ce système ou sous-système ;
- ne montrer que l'agrégation simple entre le système et ses sous-systèmes. En règle générale, on laisse les détails de leurs connexions pour les diagrammes de niveau inférieur.

Partie 7

Conclusion

Chapitre 32

Appliquer UML

Dans ce chapitre :

- La transition vers UML
- Pour en savoir plus

Avec UML, les problèmes simples sont faciles à modéliser, tout comme les problèmes compliqués surtout lorsqu'on maîtrise ce langage.

Lire la documentation sur UML est une chose, mais c'est seulement en *utilisant* ce langage que l'on peut le maîtriser. UML peut être abordé de différentes façons, selon son expérience personnelle antérieure. Plus on accumule d'expérience, plus on est à même de comprendre ce langage et d'en apprécier les caractéristiques les plus subtiles.

Si l'on est capable d'imaginer un projet, UML peut le modéliser.

La transition vers UML

On peut modéliser 80 % de la plupart des problèmes en utilisant 20 % d'UML. Les éléments structurels simples, comme les classes, les attributs, les opérations, les cas d'utilisation, les composants et les paquetages ainsi que les relations structurelles simples, telles que la dépendance, la généralisation et l'association, suffisent pour créer des modèles statiques dans de nombreux domaines. Si l'on ajoute à cette liste les éléments comportementaux de base, comme les automates à états finis et les interactions simples, on peut modéliser de nombreux aspects dynamiques d'un système. Il suffit simplement d'utiliser les caractéristiques les plus avancées d'UML dès que l'on commence à modéliser les éléments que l'on rencontre dans les situations les plus complexes, comme la modélisation de la concurrence et de la répartition.

Un modèle conceptuel d'UML est traité au chapitre 2.

Pour commencer avec UML, il suffit de modéliser certaines abstractions ou comportements simples qui existent déjà dans un des systèmes que l'on a réalisés. On développe ensuite un modèle conceptuel d'UML pour se constituer un cadre de travail propre à améliorer la compréhension que l'on a du langage. Ensuite, vient la compréhension des rouages d'UML. Enfin, au moment d'aborder des problèmes plus ardus, l'étude des techniques de modélisation courantes du présent ouvrage vous familiarisera avec les caractéristiques spécifiques d'UML.

Si vous débutez dans le domaine de l'orienté objet :

- commencez par vous familiariser avec l'idée d'abstraction. Des exercices d'équipe avec des cartes CRC et l'analyse de cas d'utilisation sont d'excellents moyens pour développer ses compétences en matière d'identification d'abstractions épurées.
- modélisez une partie statique simple d'un problème à l'aide de classes, de dépendances, de généralisations et d'associations pour vous familiariser avec la visualisation de sociétés d'abstractions.
- utilisez des diagrammes de séquence ou de collaboration simples pour modéliser une partie dynamique du problème. La construction d'un modèle d'interaction utilisateur avec le système constitue un bon point de départ et permet d'avoir un retour immédiat en facilitant la réflexion à travers certains cas d'utilisation parmi les plus importants du système.

Si vous débutez dans la modélisation :

- commencez en prenant une partie d'un système que vous avez déjà construit – de préférence implémenté dans un langage de programmation orienté objet, tel que Java ou C++ – et construisez un modèle UML de ces classes et de leurs relations.
- à l'aide d'UML, essayez de saisir certains détails de la structure idiomatique de programmation ou des mécanismes utilisés dans ce système et que vous avez en tête, mais que vous ne pouvez pas mettre directement dans le code.
- essayez, surtout si l'application est importante, de reconstruire un modèle de son architecture à l'aide des paquetages d'UML pour représenter ses principaux éléments structurels.
- lorsque vous connaîtrez mieux le vocabulaire d'UML et avant de commencer à générer du code sur le projet suivant, construisez un modèle UML de cette partie du système. Réfléchissez à la structure ou au comportement que vous avez spécifié, et seulement lorsque vous serez satisfait de sa taille, de sa forme et de sa sémantique, utilisez ce modèle comme un framework pour une implémentation simple.

Si vous avez déjà l'expérience d'une autre méthode orientée objet :

- considérez votre langage de modélisation habituel et construisez un mapping de ses éléments vers les éléments d'UML. Dans la plupart des cas — surtout si vous utilisez les méthodes Booch, OOSE ou OMT — vous réaliserez qu'il existe un mapping un à un de ces éléments et que la plupart des modifications n'affectent réellement que l'aspect visuel.
- reprenez certains problèmes de modélisation coriaces qui semblaient difficiles voire impossibles à modéliser avec le langage de modélisation utilisé habituellement. Examinez quelques caractéristiques avancées d'UML qui pourraient régler ce problème plus clairement ou plus simplement.

Si vous êtes un utilisateur averti :

- commencez par développer d'abord un modèle conceptuel d'UML. Son harmonie de concept risque de faire défaut si vous abordez les concepts les plus sophistiqués du langage sans avoir d'abord compris son vocabulaire de base.
- étudiez attentivement les caractéristiques d'UML concernant la modélisation de composants, de concurrence, de répartition et de patterns, car elles impliquent souvent une sémantique complexe et subtile.
- examinez aussi les mécanismes d'extensibilité d'UML et voyez comment il est possible d'adapter UML afin d'employer directement le vocabulaire du domaine concerné. Résistez à la tentation de pousser les choses à l'extrême et d'obtenir un modèle UML que seuls d'autres utilisateurs avertis seront en mesure de reconnaître.

Pour en savoir plus

Ce manuel utilisateur fait partie d'un ensemble d'ouvrages qui offrent au lecteur un bon apprentissage d'UML.

Deux autres ouvrages complètent celui-ci :

- Rumbaugh, J., Jacobson, I., Booch, G. *The Unified Modeling Language Reference Manual*, Addison-Wesley Publishing Company, 1998, à paraître en français aux Éditions Eyrolles dans les mois à venir.

Cet ouvrage présente la syntaxe et la sémantique complète d'UML.

- Jacobson, I., Booch, G., Rumbaugh, J., *The Unified Software Development Process*, Addison-Wesley Publishing Company, 1999, à paraître en français aux Éditions Eyrolles dans les mois à venir.

Cet ouvrage présente un processus de développement préconisé pour UML.

Pour en savoir plus sur la modélisation vue par les principaux auteurs d'UML, voici quelques références :

- Booch, G. *Object-Oriented Analysis and Design with Applications*, 2nd ed. Redwood City, California, Addison-Wesley Publishing Company, 1993.
- Jacobson, I., Christerson, M., Jonsson, P., and Overgaard, G. *Object-Oriented Software Engineering: A Use Case Driven Approach*. Wokingham, England, Addison-Wesley Publishing Company, 1992.
- Rumbaugh, J., Blaha, M., Premerlani, W., Eddy, F., and Lorensen, W. *Object-Oriented Modeling and Design*. Englewood Cliffs, New Jersey, Prentice-Hall, 1991.

Pour trouver les informations les plus récentes sur UML, consultez le site Web `www.rational.com`. La dernière version de UML standard est disponible sur ce site, ainsi que sur le site `www.omg.org`.

Annexe A

Notation d'UML

Une vue d'ensemble d'UML est traitée au chapitre 2.

UML est un langage qui permet de visualiser, spécifier, construire et documenter les artefacts d'un système à forte composante logicielle. Comme tout langage, UML dispose d'une syntaxe et d'une sémantique bien définies. La partie la plus visible de la syntaxe d'UML est sa notation graphique.

Cette annexe résume les éléments de la notation d'UML.

Éléments

Éléments structurels

Les éléments structurels sont les noms des modèles UML. Ils comprennent les classes, les interfaces, les collaborations, les cas d'utilisation, les classes actives, les composants et les nœuds.

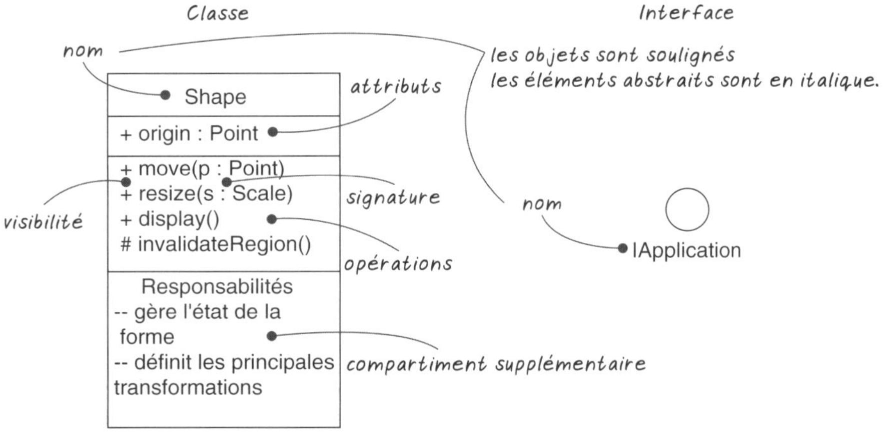

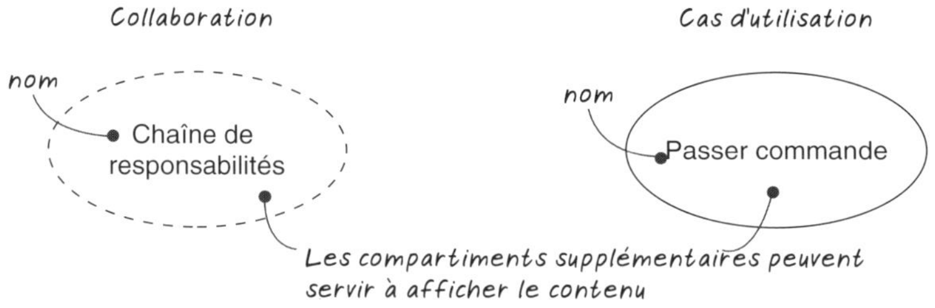

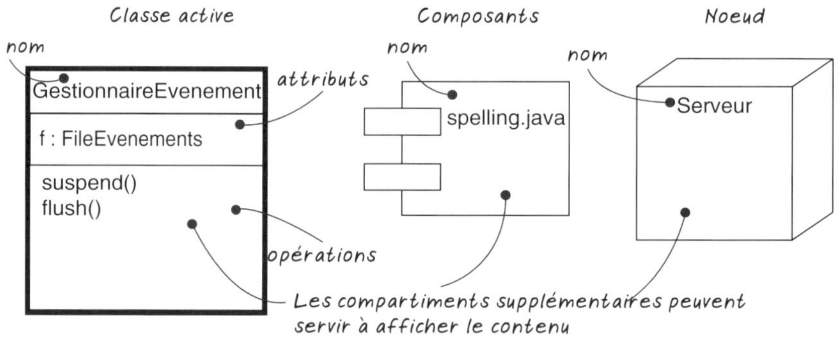

Éléments comportementaux

Les éléments comportementaux sont les parties dynamiques des modèles UML. Ils comprennent les interactions et les automates à états finis.

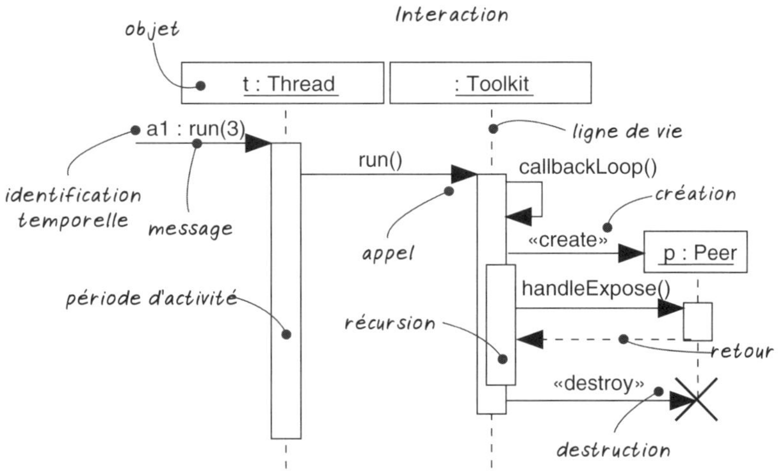

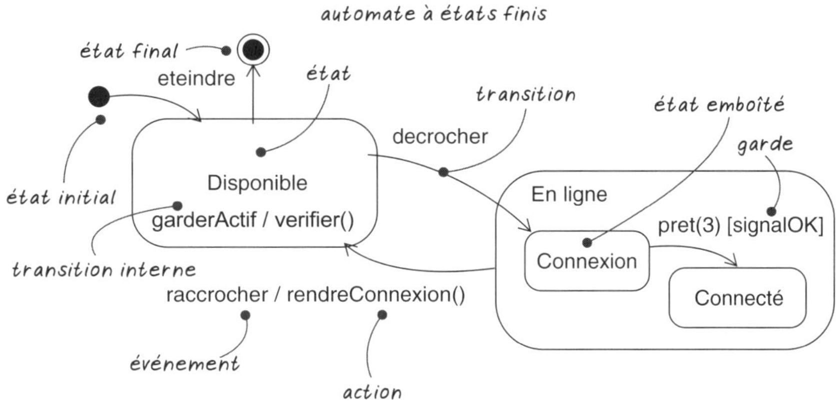

Éléments de regroupement

Les éléments de regroupement sont les parties organisationnelles des modèles UML. Ils comprennent les paquetages.

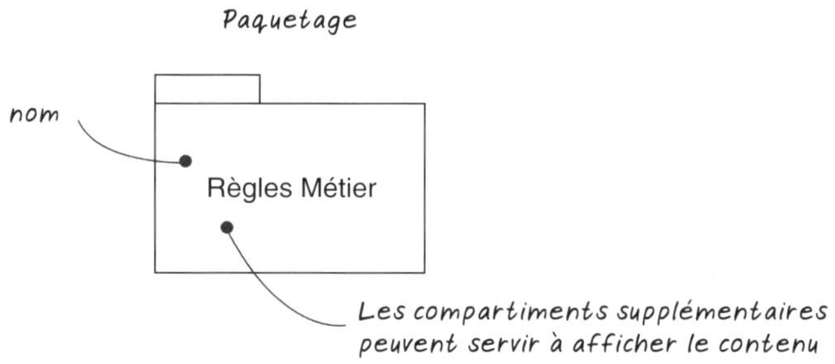

Éléments d'annotation

Les éléments d'annotation sont les parties explicatives des modèles UML. Ils comprennent les notes.

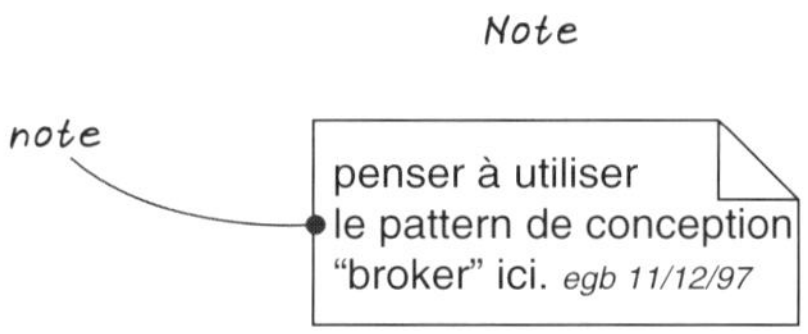

Relations

Dépendance

Une dépendance est une relation sémantique entre deux éléments dans laquelle la modification d'un élément (l'élément indépendant) peut affecter la sémantique de l'autre élément (l'élément dépendant).

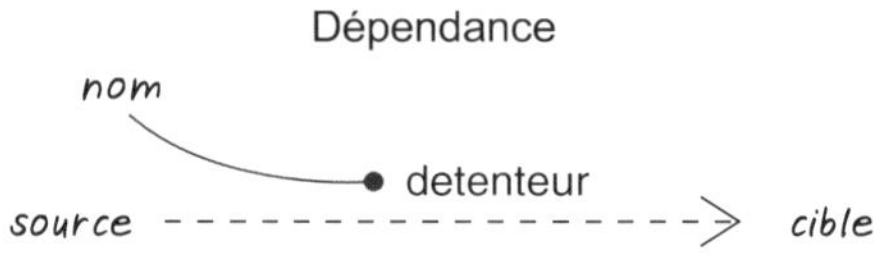

Association

Une association est une relation structurelle qui décrit un ensemble de liens. Un lien est une connexion entre des objets.

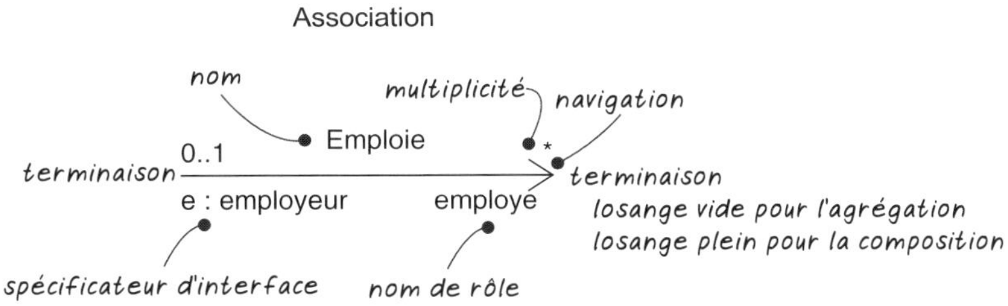

Généralisation

La généralisation est une relation de spécialisation/généralisation dans laquelle les objets de l'élément spécialisé (l'enfant) peuvent remplacer des objets de l'élément généralisé (le parent).

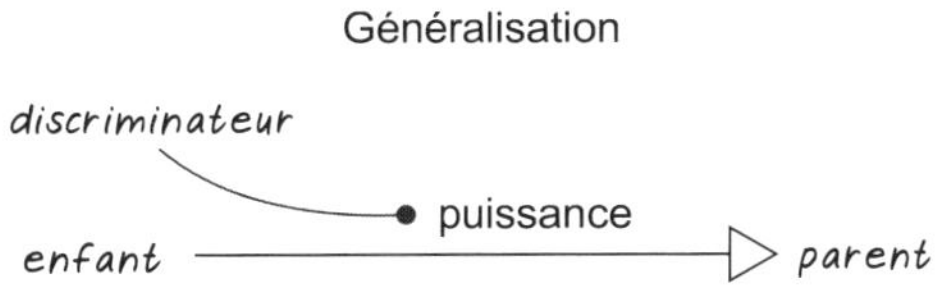

Extensibilité

UML comporte trois mécanismes qui permettent d'étendre la syntaxe et la sémantique du langage : les stéréotypes (qui représentent de nouveaux éléments de modélisation), les étiquettes (qui représentent de nouveaux attributs de modélisation) et les contraintes (qui représentent une nouvelle sémantique de modélisation).

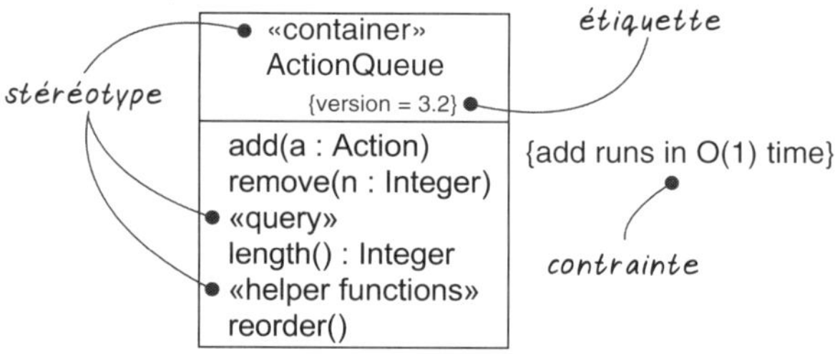

Diagrammes

Un diagramme est la représentation graphique d'un ensemble d'éléments que l'on représente en général par un graphe relié de sommets (éléments) et d'arcs (relations). Un diagramme est une projection dans un système. UML comporte neuf diagrammes.

1.	Le diagramme de classes	diagramme structurel qui montre un ensemble de classes, d'interfaces, de collaborations ainsi que leurs relations.
2.	Le diagramme d'objets	diagramme structurel qui montre un ensemble d'objets ainsi que leurs relations.
3.	Le diagramme de cas d'utilisation	diagramme comportemental qui montre un ensemble de cas d'utilisation et d'acteurs ainsi que leurs relations.
4.	Le diagramme de séquence	diagramme comportemental qui montre une interaction et met l'accent sur l'ordre chronologique des messages.
5.	Le diagramme de collaboration	diagramme comportemental qui montre une interaction et met l'accent sur l'organisation structurelle des objets qui envoient et reçoivent des messages.
6.	Le diagramme d'états-transitions	diagramme comportemental qui montre un automate à états finis et met l'accent sur le comportement d'un objet ordonnancé par les événements.

7.	Le diagramme d'activités	diagramme comportemental qui montre un automate à états finis et met l'accent sur le flot d'une activité à l'autre.
8.	Le diagramme de composants	diagramme structurel qui montre un ensemble de composants ainsi que leurs relations.
9.	Le diagramme de déploiement	diagramme structurel qui montre un ensemble de nœuds ainsi que leurs relations.

Annexe B

ÉLÉMENTS STANDARD D'UML

Les mécanismes d'extensibilité d'UML sont traités au chapitre 6.

UML fournit un langage standard pour l'écriture des plans d'élaboration des logiciels. Cependant, aucun langage ne saurait être suffisant pour exprimer à tout jamais toutes les nuances de tous les modèles dans tous les domaines. UML a été conçu de manière ouverte, afin de permettre l'extension du langage de manière contrôlée. Les mécanismes d'extensibilité d'UML comprennent :

- les stéréotypes,
- les étiquettes,
- les contraintes.

Un *stéréotype* étend le vocabulaire d'UML et permet de créer de nouvelles sortes de briques de base dérivées des briques existantes mais spécifiques au problème traité. Une *étiquette* étend les propriétés d'une brique de base d'UML et permet de créer de nouvelles informations dans les spécifications de cet élément. Une *contrainte* étend la sémantique d'une brique de base d'UML et permet d'ajouter de nouvelles règles ou de modifier des règles existantes.

Ensemble, ces trois mécanismes d'extensibilité permettent de façonner et d'étendre UML pour l'adapter à des besoins particuliers. Ces mécanismes permettent également d'adapter UML à de nouvelles technologies logicielles, notamment aux probables futurs langages de programmation répartis plus puissants et aux langages de modélisation matérielle de systèmes. On peut ajouter de nouvelles briques de base, modifier la spécification de briques existantes et même changer leur sémantique. Il est important de contrôler le mécanisme d'extension pour préserver l'objectif d'UML, à savoir la communication de l'information.

On peut utiliser UML sans recourir à ces mécanismes d'extensibilité. En fait, en traitant les variantes des briques de base d'UML comme des extensions, on rend le noyau d'UML plus petit et plus simple.

Toutefois, lors de la construction de modèles plus complexes, on a parfois besoin de visualiser ou spécifier une sémantique plus subtile et plus riche, on utilise alors sans arrêt les mêmes stéréotypes, les mêmes étiquettes et les mêmes contraintes.

Certaines extensions sont tellement courantes qu'elles ont été définies dans UML comme des éléments standard.

Cette annexe décrit ces éléments standard.

Stéréotypes

Les stéréotypes suivants sont définis comme des éléments standard d'UML. Dans le tableau ci-dessous figurent, pour chaque stéréotype, son nom, le symbole d'UML auquel il s'applique et sa signification.

Remarque : Techniquement parlant, certains éléments de ce tableau ne sont pas des stéréotypes. Ce sont des mots clés. La différence est subtile. Dans le métamodèle d'UML, des éléments comme traçabilité sont manifestes, c'est-à-dire qu'ils sont une partie explicite du métamodèle et ne sont donc pas vraiment des stéréotypes. Cependant, du point de vue du développeur, on continue de les représenter à l'aide d'une notation de stéréotype. Ces éléments sont spécifiés comme des mots clés standard afin que l'utilisation de leur nom soit cohérente avec le métamodèle d'UML. Dans le tableau suivant, les mots clés sont en italique.

En règle générale, on représente un élément stéréotypé en plaçant le nom du stéréotype au dessus du nom de l'élément et en mettant le nom du stéréotype entre guillemets, comme dans «`trace`». Une icone peut être associée à chaque stéréotype et être utilisée comme une forme alternative de visualisation de l'élément. Même si UML ne précise ces icones pour aucun des stéréotypes standard, ce tableau propose quelques suggestions de notation issues de la pratique courante.

Stéréotype/ *Mot clé*	**S'applique au symbole**	**Signification**
actor	classe	Indique un ensemble cohérent de rôles que les utilisateurs de cas d'utilisation jouent lorsqu'ils sont en interaction avec ces cas d'utilisation.
access	dépendance	Indique que le contenu public du paquetage cible est accessible à l'espace nom du paquetage source.
association	terminaison de lien	Indique que l'objet correspondant est visible par association.

Stéréotype/ ***Mot clé***	**S'applique au symbole**	**Signification**
become	message	Indique que la cible est le même objet que la source mais à un moment ultérieur dans le temps et éventuellement avec des valeurs, un état ou des rôles différents.
bind	dépendance	Indique que la source instancie le template cible à l'aide des paramètres réels donnés.
call	dépendance	Indique que l'opération source invoque l'opération cible.
copy	message	Indique que l'objet cible est une copie exacte mais indépendante de la source.
create	événement message	Indique que l'objet cible est créé par l'événement ou le message.
derive	dépendance	Indique que la source peut être calculée à partir de la cible.
destroy	événement message	Indique que l'objet cible est détruit par l'événement ou le message.
document 	composant	Spécifie un composant qui représente un document
enumeration	classe	Indique un type énuméré, ainsi que ses valeurs possibles comme un ensemble d'identificateurs.
exception	classe	Indique un événement qui peut être lancé ou attrapé par une opération.
executable 	composant	Indique un composant qui peut être exécuté sur un nœud.
extend	dépendance	Indique que le cas d'utilisation cible étend le comportement du cas d'utilisation source à un point d'extension donné.
facade	paquetage	Indique un paquetage qui n'est qu'une vue sur un autre paquetage.
file 	composant	Indique un composant qui représente un document qui contient du code source ou des données.

Stéréotype/ *Mot clé*	**S'applique au symbole**	**Signification**
framework	paquetage	Indique un paquetage composé essentiellement de patterns.
friend	dépendance	Indique que l'on accorde une visibilité spéciale de la source dans la cible.
global	terminaison de lien	Indique que l'objet correspondant est visible car il est dans une portée englobante.
import	dépendance	Indique que le contenu public du paquetage cible entre dans l'espace de nommage plat de la source, comme s'il avait été déclaré dans la source.
implementation	généralisation	Indique que l'enfant hérite de l'implémentation du parent mais qu'il ne rend pas ses interfaces publiques et qu'il ne les supporte pas non plus, violant ainsi le principe de remplaçabilité.
implementation-Class	classe	Indique l'implémentation d'une classe dans un langage de programmation.
include	dépendance	Indique que le cas d'utilisation source incorpore explicitement le comportement d'un autre cas d'utilisation à un emplacement précisé par la source.
instanceOf	dépendance	Indique que l'objet source est une instance du classificateur cible.
instantiate	dépendance	Indique que les opérations sur la classe source créent des instances de la classe cible.
interface	classe	Indique un ensemble d'opérations utilisées pour spécifier un service d'une classe ou d'un composant.
invariant	contrainte	Indique une contrainte qui doit toujours être respectée pour l'élément associé.
library 	composant	Indique une bibliothèque objet statique ou dynamique.
local	terminaison de lien	Indique que l'objet correspondant est visible car il est dans une portée locale.
metaclass	classificateur	Indique un classificateur dont les objets sont tous des classes.

Stéréotype/ *Mot clé*	**S'applique au symbole**	**Signification**
model	paquetage	Indique une abstraction du système fermée du point de vue sémantique.
parameter	terminaison de lien	Indique que l'objet correspondant est visible car c'est un paramètre.
postcondition	contrainte	Indique une contrainte qui doit être respectée après la déclenchement d'une opération.
powertype	classe dépendance	Indique un classificateur dont les objets sont des enfants d'un parent donné. Indique que la cible est un powertype de la source.
precondition	contrainte	Indique une contrainte qui doit être respectée avant la déclenchement d'une opération.
process	classe	Indique un classificateur dont les instances représentent un flot poids lourd.
refine	dépendance	Indique que le degré d'abstraction de la source est plus fin que celui de la cible.
requirement	commentaire	Indique une caractéristique, une propriété ou un comportement attendus d'un système.
responsibility	commentaire	Indique un contrat ou une obligation de la classe.
self	fin de lien	Indique que l'objet correspondant est visible car c'est lui qui envoie le message.
send	dépendance	Indique que l'opération source envoie l'événement cible.
signal	classe	Indique un stimulus asynchrone communiqué entre les instances.
stereotype	classe	Indique que le classificateur est un stéréotype qui peut s'appliquer à d'autres éléments.
stub	paquetage	Indique un paquetage qui sert de mandataire (proxy) pour le contenu public d'un autre paquetage.
subsystem	paquetage	Indique un regroupement d'éléments dont certains constituent une spécification du comportement offert par les autres éléments contenus.

Stéréotype/ *Mot clé*	**S'applique au symbole**	**Signification**
system	paquetage	Indique un paquetage qui représente le système en cours de modélisation dans son intégralité.
table 	composant	Indique un composant qui représente une table de base de données.
thread	classe	Indique un classificateur dont les instances représentent un flot de contrôle léger.
trace	dépendance	Indique que la cible est une version précédente de la source.
type	classe	Indique une classe abstraite utilisée uniquement pour spécifier la structure et le comportement (mais pas l'implémentation) d'un ensemble d'objets.
use	dépendance	Indique que la sémantique de l'élément source dépend de la sémantique de la partie publique de la cible.
utility	classe	Indique une classe dont les attributs et les opérations sont tous de portée classe.

Étiquettes

Les. étiquettes suivantes sont définies comme des éléments standard d'UML. Dans le tableau ci-dessous figurent, pour chaque étiquette, son nom, les éléments d'UML auxquels elle s'applique et sa signification.

Dans la plupart des cas, on représente une étiquette en plaçant le nom du marqueur et sa valeur sous le nom de l'élément auquel elle est attachée et en mettant l'étiquette entre accolades, comme dans `{emplacement = client}`. On peut représenter les étiquettes qui comportent des valeurs dont le texte est long dans un compartiment à part en bas de l'icone du classificateur.

Étiquette	S'applique au symbole	Signification
documentation (documentation)	tous les éléments	Indique un commentaire, une description ou une explication de l'élément auquel elle est attachée.
emplacement (location)	la plupart des éléments	Indique le nœud ou le composant sur lequel se trouve l'élément.
persistance (persistence)	classe association attribut	Indique si l'état de l'instance est préservé une fois que le processus qui a créé l'instance est terminé. Les valeurs possibles sont " persistant " et " transitoire ".
sémantique (semantics)	classe opération	Indique la signification de la classe ou de l'opération.

Contraintes

Les contraintes suivantes sont définies comme des éléments standard d'UML. Dans ce tableau figurent, pour chaque contrainte, son nom, l'élément d'UML auquel elle s'applique et sa signification.

Dans la plupart des cas, on représente une contrainte en la plaçant à côté d'un élément entre accolades, comme dans `{complet}`. On peut également représenter une contrainte en la plaçant dans une note reliée à son élément par une dépendance.

Contrainte	S'applique au symbole	Signification
complet (complete)	généralisation	Indique que tous les enfants de la généralisation ont été décrits dans le modèle (même si certains ne sont pas représentés sur le diagramme) et que les enfants supplémentaires sont interdits.
détruit (destroyed)	instance lien	Indique que l'instance ou le lien est détruit avant la réalisation de l'exécution des interactions englobantes.
disjoint (disjoint)	généralisation	Indique que les objets d'un parent donné ne peuvent pas avoir plus d'un enfant donné comme type.
implicite (implicit)	association	Indique que la relation n'est pas manifeste, mais seulement conceptuelle.

Contrainte	S'applique au symbole	Signification
incomplet (incomplete)	généralisation	Indique que les enfants de la généralisation n'ont pas tous été décrits dans le modèle (même si certains ne sont pas représentés sur le diagramme) et que les enfants supplémentaires sont autorisés.
nouveau (new)	instance lien	Indique que l'instance ou le lien est créé au cours de l'exécution de l'interaction englobante.
ou (or)	association	Indique que, sur un ensemble d'associations, il n'y en a qu'une seule qui est manifeste pour chaque objet associé.
chevauchement (overlapping)	généralisation	Indique que les objets du parent donné peuvent avoir plusieurs enfants donnés comme type.
transitoire (transient)	instance lien	Indique que l'instance ou le lien est créé lors de l'exécution de l'interaction englobante mais est détruit avant la fin.

Annexe C

Rational Unified Process

Un processus est un ensemble d'étapes plus ou moins ordonnées, destinées à atteindre un objectif. Dans le domaine de l'ingénierie logicielle, l'objectif est de livrer efficacement et dans les délais un produit logiciel qui réponde aux besoins exprimés.

UML est largement indépendant des processus, c'est-à-dire qu'il peut être utilisé avec de nombreux processus d'ingénierie logicielle. Le Rational Unified Process est l'une des approches de cycle de vie particulièrement bien adaptée à UML. Son objectif est de permettre la production d'un logiciel d'un haut niveau de qualité, correspondant aux besoins de l'utilisateur final dans le cadre de programmes et de budgets prévisibles. Le Rational Unified Process saisit certaines des meilleures pratiques actuelles de développement sous une forme qui s'adapte à un grand nombre de projets et d'organisations. En matière de gestion de projet, le Rational Unified Process fournit une approche disciplinée sur la manière d'attribuer des tâches et des responsabilités à l'intérieur de l'organisation du développement d'un logiciel.

Cette annexe résume les éléments du Rational Unified Process.

Caractéristiques du processus

Le Rational Unified Process est un processus *itératif*. Pour des systèmes simples, on pourrait penser qu'il est logique de définir l'intégralité du problème de façon séquentielle, de concevoir la solution dans sa totalité, de construire le logiciel puis de tester le produit final. Cependant, étant donné la complexité et le degré de sophistication requis par les systèmes actuels, cette approche linéaire du développement système n'est pas réaliste. L'approche itérative préconise une compréhension plus complète du problème par des raffinements successifs ainsi qu'une croissance incrémentale d'une solution efficace au cours de cycles multiples. L'approche itérative offre une flexibilité qui permet de prendre en compte de nouvelles exigences ou des changements tactiques aux objectifs commerciaux. Elle permet également d'identifier et d'éliminer les risques plus tôt.

Les activités du Rational Unified Process mettent en valeur la création et la maintenance de *modèles* plutôt que celles des documents papier. Les modèles — surtout ceux spécifiés avec UML — fournissent des représentations du système logiciel en cours de développement qui sont riches du point de vue sémantique. On peut les visionner de plusieurs manières et l'information représentée peut être saisie et contrôlée électroniquement. Le Rational Unified Process est concentré sur les modèles plutôt que sur les documents papier, ce qui permet de minimiser les frais généraux associés à la création et la gestion de documents et de maximiser la pertinence de l'information.

Le développement sous le Rational Unified Process est *centré sur l'architecture*. Le processus est centré sur le développement de départ et la détermination de lignes de base de l'architecture logicielle. Une architecture solide facilite le développement en parallèle, réduit le travail de révision et augmente la probabilité de réutiliser un composant ainsi que la maintenabilité finale du système. Ce plan architectural d'élaboration et de construction_est une base solide sur laquelle on peut planifier et gérer le développement basé sur des composants logiciels.

Les activités de développement sous le Rational Unified Process sont *pilotées par les cas d'utilisation*. Le Rational Unified Process met fortement l'accent sur la construction de systèmes basés sur une compréhension approfondie de la façon dont le système livré sera utilisé. Les notions de cas d'utilisation et de scénarios permettent d'apporter une cohérence à tout le processus depuis la définition des exigences jusqu'aux tests ainsi que de fournir des cheminements traçables au sein du développement jusqu'au système livré.

Le Rational Unified Process supporte des *techniques orientées objet*. Chaque modèle est orienté objet. Les modèles du Rational Unified Process sont basés sur les concepts des objets et des classes ainsi que sur leurs relations et utilisent UML comme notation commune.

Le Rational Unified Process est un processus *configurable*. Même si aucun processus ne convient à toutes les entreprises qui développent des logiciels, le Rational Unified Process est adaptable et peut être ajusté aux besoins des différents projets qui vont des petites équipes de développement logiciel aux grandes entreprises. Le Rational Unified Process est fondé sur une architecture de processus simple et claire, qui offre une standardisation à travers une famille de processus et qui peut pourtant être diversifiée pour s'adapter à différentes situations. Le Rational Unified Process comporte des conseils sur la façon de configurer le processus pour répondre aux besoins d'une organisation.

Le Rational Unified Process encourage le *contrôle qualité* et la *gestion du risque* en continu. Le contrôle qualité fait partie intégrante du processus, quels que soient les activités et les participants et utilise des outils de mesure et des critères objectifs. On ne le traite pas comme une activité après coup ou à part. La gestion du risque fait partie du processus afin que les risques pour la réussite du projet soient identifiés et éliminés très tôt au cours du processus de développement, quand il est encore temps d'agir.

Phases et itérations

Une *phase* est le laps de temps écoulé entre deux jalons importants du processus et au cours duquel un ensemble d'objectifs bien définis est atteint, des artefacts sont effectués et des décisions de passer à la phase suivante ou non sont prises. Comme le montre la figure C-1, le Rational Unified Process comporte quatre phases :

1.- inception	définir le cadre du projet
2.- élaboration	établir un plan du projet et une architecture solide
3.- construction	développer le système
4.- transition	fournir le système aux utilisateurs finals

La création et l'élaboration comprennent les activités d'ingénierie du cycle de vie du développement alors que la construction et la transition constituent sa production.

Il existe un certain nombre d'itérations à l'intérieur de chaque phase. Une *itération* représente un cycle de développement logiciel complet, depuis la saisie des besoins dans l'analyse jusqu'à l'implémentation et au test, et se termine par la sortie d'une version d'un projet exécutable.

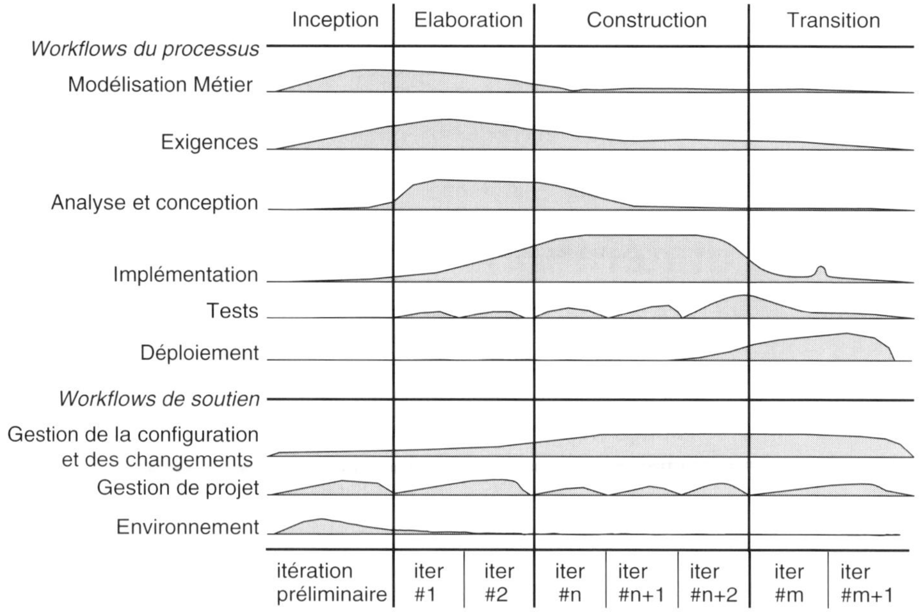

Figure C-1 : *Le cycle de développement logiciel*

Chaque phase et chaque itération se concentrent sur la limitation des risques et se terminent par un jalon déterminant bien défini. La revue des jalons fournit un point dans le temps qui confirme si les points clefs ont été atteints et si le projet a besoin d'être reconstruit de telle ou telle manière pour que l'on puisse continuer.

Phases

Inception

Au cours de la phase d'inception, on définit le cadre du système et on délimite la portée du projet. Le cadre comprend les critères de réussite, la mise en évidence des risques, les estimations des ressources nécessaires et un plan de phase qui contient un planning des principaux jalons. Lors de cette phase, on crée généralement un prototype exécutable qui sert de preuve pour la validité du concept.

A l'issue de la phase d'inception, on examine les objectifs de cycle de vie du projet et on décide si l'on est en mesure de passer au développement à grande échelle.

Élaboration

Les objectifs de la phase d'élaboration consistent à analyser le domaine du problème, établir une base architecturale solide, développer le plan du projet et éliminer les éléments qui présentent le plus de risques pour le projet. On prend des décisions relatives à l'architecture, ce qui implique d'avoir une compréhension du système dans son intégralité. Cela implique la description des exigences du système. Afin de vérifier l'architecture, on implémente un système qui démontre les choix architecturaux et exécute des cas d'utilisation importants.

À l'issue de cette phase, on examine en détails les objectifs et la portée du système, le choix de l'architecture et la résolution des principaux risques, puis on décide de passer ou non à la construction.

Construction

Au cours de la phase de construction, on développe un produit complet et prêt à transiter vers les utilisateurs, de manière itérative et incrémentale. Cela implique de décrire les exigences restantes ainsi que les critères d'acceptation, d'étoffer la conception et de compléter l'implémentation avant de tester le logiciel.

À l'issue de la phase de construction, on décide si le logiciel, le site et les utilisateurs sont opérationnels.

Transition

Au cours de la phase de transition, on déploie le logiciel pour les utilisateurs. Lorsque les utilisateurs finals disposent du système, souvent des problèmes surgissent. Il est alors nécessaire de développer à nouveau afin d'ajuster le système, de corriger certains problèmes non détectés ou d'achever certaines fonctionnalités qui avaient été remises à plus tard. Cette phase commence en général avec une version beta du système, que l'on remplace ensuite par le système définitif.

À l'issue de cette phase, on décide si les objectifs du cycle de vie du projet sont atteints et on détermine si l'on doit commencer un autre cycle de développement. C'est également à ce moment là que l'on rassemble les enseignements tirés du projet afin d'améliorer le processus de développement et appliquer tout cela au projet suivant.

Itérations

Chaque phase du Rational Unified Process peut être divisée en itérations. Une itération est une boucle de développement complète qui aboutit à la sortie d'une version (interne ou externe) d'un produit exécutable qui constitue un sous-ensemble du produit final en cours de développement. Cette version est ensuite enrichie d'itération en itération avant d'aboutir au système final. Chaque itération passe par les différents workflows du processus, même si l'importance des workflows varie en fonction des phases. Au cours de la phase de création, on se concentre surtout sur la saisie des exigences. Lors de l'élaboration, on se concentre plutôt sur l'analyse et la conception. Au moment de la construction, l'implémentation est l'activité principale alors que la transition est centrée sur le déploiement.

Cycles de développement

Le passage par les quatre phases principales s'appelle le cycle de développement. Il aboutit à une génération du logiciel. Le premier passage par les quatre phases s'appelle le cycle de développement initial. À moins que sa vie ne s'arrête, un produit existant évoluera vers sa prochaine génération en suivant la même séquence de phases de création, d'élaboration, de construction et de transition. Il s'agit là de l'évolution du système : c'est la raison pour laquelle on appelle cycles d'évolution les cycles de développement qui suivent le cycle de développement initial.

Workflows de processus

Le Rational Unified Process est composé de neuf workflows de processus.

1.- modélisation métier	décrit la structure et la dynamique de l'entreprise.
2.- exigences	décrit la méthode basée sur les cas d'utilisation pour saisir et organiser les exigences.
3.- analyse et conception	décrit les différentes vues d'une architecture.
4.- implémentation	prend en compte le développement logiciel, le test unitaire et l'intégration.
5.- test	décrit les cas de test, les procédures et les métriques de recherche d'erreur.
6.- déploiement	couvre la configuration du système à livrer.
7.- gestion de configuration	contrôle les modifications et maintient l'intégrité des artefacts d'un projet.
8.- gestion de projet	décrit différentes stratégies de travail avec un processus itératif.
9.- environnement	couvre l'infrastructure nécessaire demandée pour développer un système.

À l'intérieur de chaque workflow de processus se trouve un ensemble d'artefacts et d'activités corrélés. Un *artefact* est un document, un compte rendu ou un exécutable qui est produit, manipulé ou consommé. Une *activité* décrit les tâches — réflexion, exécution et révision — réalisées par les différents intervenants afin de créer ou modifier des artefacts, ainsi que les techniques et les lignes directrices qui permettent de mener à bien ces tâches y compris l'éventuelle utilisation d'outils pour automatiser certaines tâches.

Des connexions importantes parmi les artefacts sont associées à certains de ces workflows de processus. Par exemple, le modèle de cas d'utilisation généré lors de la saisie des exigences est *réalisé par* le modèle de conception tiré du processus d'analyse et de conception, *implémenté par* le modèle d'implémentation à partir du processus d'implémentation et *vérifié par* le modèle de test à partir du processus de test.

Artefacts

Chaque activité du Rational Unified Process a des artefacts associés qui sont soit demandés comme entrée, soit générés comme sortie. Certains artefacts sont utilisés pour diriger une entrée vers des activités ultérieures, conservés comme ressources de référence sur le projet ou générés dans un format précis comme des artefacts livrables contractuellement.

Modèles

La modélisation est traitée au chapitre 1.

Les modèles sont les principaux artefacts du Rational Unified Process. Un modèle est une simplification de la réalité, créée pour que l'on comprenne mieux le système en cours de développement. Dans le Rational Unified Process, il existe neuf modèles qui, ensemble, couvrent toutes les décisions importantes en matière de visualisation, spécification, construction et documentation d'un système à forte composante logicielle.

1.- modèle métier	établit une abstraction de l'organisation.
2.- modèle du domaine	définit le contexte du système.
3.- modèle de cas d'utilisation	définit les exigences fonctionnelles du système.
4.- modèle d'analyse (option)	établit une première ébauche de conception.
5.- modèle de conception	définit le vocabulaire du problème ainsi que sa solution.

6.- modèle de processus (option)	établit les mécanismes de concurrence et de synchronisation du système.
7.- modèle de déploiement	définit la topologie matérielle sur laquelle le système est exécuté.
8.- modèle d'implémentation	établit les parties utilisées pour assembler et sortir une version du système physique.
9.- modèle de test	définit les chemins par lesquels le système est validé et vérifié.

L'architecture est traitée au chapitre 2.

Une vue est une projection dans un modèle. Dans le Rational Unified Process, l'architecture d'un système est saisie par cinq vues interdépendantes : la vue de conception, la vue de processus, la vue de déploiement, la vue d'implémentation et la vue de cas d'utilisation.

Autres artefacts

Les artefacts du Rational Unified Process sont classés soit parmi les artefacts de gestion, soit parmi les artefacts techniques. Les artefacts techniques sont divisés en quatre principaux ensembles.

1.- ensemble des exigences	décrit ce que le système doit faire.
2.- ensemble de conception	décrit comment le système doit être construit.
3.- ensemble d'implémentation	décrit l'assemblage des composants logiciels développés.
4.- ensemble de déploiement	fournit toutes les données pour la configuration à livrer.

Ensemble des exigences

Cet ensemble regroupe toutes les informations qui décrivent ce que le système doit faire. Il peut comprendre un modèle de cas d'utilisation, un modèle de exigences non fonctionnelles, un modèle du domaine, un modèle d'analyse et d'autres formes d'expression des besoins de l'utilisateur, y compris des maquettes, des prototypes d'interface, des contraintes de régulation, etc.

Ensemble de conception

Cet ensemble regroupe des informations qui décrivent comment le système doit être construit et saisit les décisions relatives à sa construction en tenant compte de toutes les contraintes de temps, de budget, de reprise de l'existant, de réutilisation, d'objectifs de qualité, etc. Il peut comprendre un modèle de conception, un modèle de test et d'autres formes d'expression de la nature du système, y compris des prototypes et des architectures exécutables.

Ensemble d'implémentation

Cet ensemble regroupe toutes les informations relatives aux différents éléments du logiciel que comprend le système, y compris du code source dans plusieurs langages de programmation, des fichiers de configuration, des fichiers de données, des composants logiciels, etc. ainsi que les informations qui décrivent comment assembler le système.

Ensemble de déploiement

Cet ensemble regroupe toutes les informations relatives à la façon dont le logiciel est effectivement emballé, expédié, installé et démarré dans l'environnement cible.

GLOSSAIRE

Présentation du glossaire :

- La 1re colonne indique le terme français ; certaines cellules contiennent l'équivalent français parfois utilisé dans le langage UML mais qui n'a pas été retenu lors de la traduction de cet ouvrage.
- La 2e colonne indique le terme anglais.
- La 3e colonne donne une définition du terme français et
- La 4e colonne signale le cas échéant les termes qui s'opposent au terme défini.

Terme français	**Terme anglais**	Définition	S'oppose à
abstraction	abstraction	Caractéristiques essentielles d'une entité qui la distinguent de toutes les autres sortes d'entités, définissant ainsi une frontière claire par rapport à l'observateur.	
acteur	actor	Ensemble cohérent de rôles que les utilisateurs de cas d'utilisation jouent lorsqu'ils interagissent avec les cas d'utilisation.	
action	action	Calcul atomique exécutable qui a pour conséquence un changement d'état du modèle ou une valeur fournie en retour.	
action synchrone	synchronous action	Requête dans laquelle l'objet émetteur attend une réponse.	action asynchrone

Terme français	**Terme anglais**	Définition	S'oppose à
action asynchrone syn : requête asynchrone	asynchronous action	Requête dans laquelle l'objet émetteur n'attend pas le résultat.	action synchrone requête synchrone
activation	activation	Exécution d'une opération.	
activité	activity	Opération non-atomique exécutée au sein d'un automate à états finis.	
agrégat	aggregate	Classe qui représente le " tout " dans une relation d'agrégation.	
agrégation	aggregation	Forme spéciale d'association qui définit une relation tout-partie entre l'agrégat (le tout) et un composant (la partie).	composition
architecture	architecture	Ensemble de décisions importantes relatives à l'organisation d'un système logiciel, à la sélection des éléments structurels et des interfaces qui composent ce système, ainsi qu'à leur comportement spécifié dans les collaborations entre ces éléments, à la composition des éléments structurels et comportementaux pour réaliser des sous-systèmes toujours plus grands et au style architectural qui guide ces éléments ainsi que leurs interfaces, leurs collaborations et leur composition. L'architecture logicielle traite non seulement de la structure et du comportement mais également de l'utilisation, de la fonctionnalité, de la performance, de la solidité, de la réutilisation, de l'adaptabilité, de la facilité de compréhension, des contraintes et des compromis technologiques et économiques et enfin des problèmes d'esthétique.	
argument syn : paramètre effectif	argument	Valeur spécifique qui correspond à un paramètre.	paramètre formel
artefact	artifact	Information utilisée ou produite par un processus de développement logiciel.	

Terme français	**Terme anglais**	Définition	S'oppose à
association	association	Relation structurelle qui décrit un ensemble de liens, un lien représentant une connexion entre les objets. Relation sémantique entre deux classificateurs ou plus, qui implique des connexions entre leurs instances.	
association binaire	binary association	Association entre deux classes.	
association n-aire	n-ary association	Association entre trois classes ou plus.	association binaire
attribut	attribute	Propriété nommée d'un classificateur qui décrit une plage de valeurs que les instances du classificateur peuvent prendre.	
automate à états finis	state machine	Comportement qui indique les séquences d'états traversées par un objet au cours de sa durée de vie en réponse à des événements, ainsi que la réponse à ces événements.	
booléen	boolean	Énumération dont les valeurs sont " True " (" vrai ") et " False " (" faux ").	
caractéristique	feature	Propriété telle qu'une opération ou un attribut, encapsulée dans une autre entité, comme une interface, une classe ou un type de données.	
caractéristique comportementale	behavioral feature	Caractéristiques dynamiques d'un élément de modélisation, telles qu'une méthode ou une opération.	
caractéristique structurelle	structural feature	Caractéristique statique d'un élément.	
cardinalité	cardinality	Nombre d'éléments contenus dans un ensemble.	multiplicité
cas d'utilisation	use case	Description d'un ensemble de séquences d'actions, y compris des variantes, qu'un système exécute et qui produit un résultat observable par un acteur.	

Terme français	**Terme anglais**	Définition	S'oppose à
centré sur l'architecture	architecture-centric	Dans le contexte du cycle de développement logiciel, processus qui se concentre sur le développement initial et la ligne de base du logiciel, avant d'utiliser l'architecture logicielle comme un artefact essentiel pour conceptualiser, construire, gérer et faire évoluer le système en cours de développement.	
chaîne	string	Suite de caractères.	
classe	class	Description d'un ensemble d'objets qui partagent les mêmes attributs, les mêmes opérations, les mêmes relations et la même sémantique.	
classe abstraite	abstract class	Classe qui ne peut pas être instanciée directement.	classe concrète
classe active	active class	Classe dont les instances sont des objets actifs.	
classe concrète	concrete class	Classe qui peut être instanciée directement.	classe abstraite
classe-association	association class	Élément de modélisation qui possède à la fois des propriétés d'association et des propriétés de classe. Une classe-association peut être vue comme une association qui a également des propriétés de classe ou comme une classe qui a également des propriétés d'association.	
classificateur	classifier	Mécanisme qui décrit des caractéristiques structurelles et comportementales. Les classificateurs comprennent les classes, les interfaces, les types de données, les signaux, les composants, les nœuds, les cas d'utilisation et les sous-systèmes.	
classification dynamique	dynamic classification	Variation sémantique de généralisation dans laquelle un objet peut changer de type ou de rôle.	classification statique
classification multiple	multiple classification	Variation sémantique de généralisation dans laquelle un objet peut directement appartenir à plus d'une classe.	
classification statique	static classification	Variation sémantique d'une généralisation dans laquelle un objet ne peut changer ni de type ni de rôle.	classification dynamique

Terme français	Terme anglais	Définition	S'oppose à
client	client	Classificateur qui formule une requête de service auprès d'un autre classificateur.	fournisseur
collaboration	collaboration	Société de rôles et d'autres éléments qui travaillent ensemble pour fournir un comportement coopératif spécifique et plus important que la somme de ces parties. Spécification de la manière dont un élément, comme un cas d'utilisation ou une opération, est réalisé par un ensemble de classificateurs et d'associations qui jouent des rôles spécifiques et sont utilisés de façon particulière.	
commentaire	comment	Annotation attachée à un élément ou à une collection d'éléments.	
comportement	behavior	Effets d'un événement qui peuvent être observés, résultats compris.	
composant	component	Partie physique et remplaçable d'un système qui réalise un ensemble d'interfaces et s'y conforme.	
composite	composite	Classe reliée avec une ou plusieurs classes par une relation de composition.	
composition syn : agrégation composite	composition	Forme d'agrégation qui véhicule des notions de forte propriété et de vie coïncidente des parties par rapport au tout. Les parties dont la multiplicité n'est pas fixe peuvent être créées après le composite, mais une fois créées elles vivent et meurent avec lui. Elles peuvent également être supprimées de manière explicite avant la mort du composite.	
concurrence	concurrency	Occurrence de deux activités ou plus au cours du même intervalle de temps. La concurrence peut être obtenue par l'exécution simultanée ou partagée de deux threads ou plus.	
condition de garde	guard condition	Condition qui doit obligatoirement être satisfaite pour que la transition qui lui est associée puisse être déclenchée.	

Terme français	**Terme anglais**	Définition	S'oppose à
construction	construction	Troisième phase du cycle de développement logiciel, au cours de laquelle ce dernier passe de l'état de simple architecture exécutable à l'état “ prêt à être mis entre les mains des utilisateurs ”.	
conteneur	container	Objet qui contient d'autres objets et fournit des opérations pour itérer sur son contenu ou y accéder.	
contexte	context	Ensemble d'éléments reliés dans un but précis, telle que la spécification d'une opération.	
contrainte	constraint	Extension de la sémantique d'un élément UML, qui permet d'ajouter de nouvelles règles ou de modifier celles qui existent déjà.	
contrainte temporelle	timing constraint	Déclaration sémantique à propos de la valeur relative ou absolue du temps ou de la durée.	
création	inception	Première phase du cycle de développement logiciel au cours de laquelle l'idée de départ est suffisamment au point pour permettre le passage à la phase d'élaboration.	
destinataire syn : récepteur	receiver	Objet qui reçoit une instance de message transmise par un objet émetteur.	émetteur
déclencher	fire	Exécuter une transition d'état.	
décoration	adornment	Détail de la spécification d'un élément que l'on ajoute à sa notation graphique de base.	
délégation	delegation	Capacité d'un objet de répondre à un message reçu par l'envoi d'un message à un autre objet.	héritage
dépendance	dependency	Relation sémantique entre deux éléments pour lesquels la modification de l'un peut influer sur la sémantique de l'autre.	
diagramme	diagram	Représentation graphique d'un ensemble d'éléments, la plupart du temps sous forme de graphe où les sommets correspondent à des éléments et les arcs à des relations.	
diagramme de cas d'utilisation	use case diagram	Diagramme qui représente un ensemble de cas d'utilisation et d'acteurs ainsi que leurs relations. Un diagramme de cas d'utilisation représente la vue de cas d'utilisation statique d'un système.	

Terme français	**Terme anglais**	Définition	S'oppose à
diagramme de classes	class diagram	Diagramme qui représente un ensemble de classes, d'interfaces et de collaborations ainsi que leurs relations. Un diagramme de classes représente la vue de conception statique d'un système. Diagramme qui représente une collection d'éléments déclaratifs statiques.	
diagramme de collaboration	collaboration diagram	Diagramme d'interaction qui met l'accent sur l'organisation structurelle des objets qui envoient et reçoivent des messages. Diagramme qui représente les interactions organisées entre les instances et les différents liens qui existent entre elles.	
diagramme de composants	component diagram	Diagramme qui représente l'organisation d'un ensemble de composants et leurs dépendances. Un diagramme de composants représente la vue d'implémentation statique d'un système.	
diagramme de déploiement	deployment diagram	Diagramme qui représente la configuration des nœuds d'exécution et des composants qui résident sur eux. Un diagramme de déploiement représente la vue de déploiement statique d'un système.	
diagramme de séquence	sequence diagram	Diagramme d'interaction qui met l'accent sur le classement des messages par ordre chronologique.	
diagramme d'activités	activity diagram	Diagramme qui représente le flot d'une activité à l'autre. Ce diagramme fait partie de la vue dynamique d'un système. Cas particulier de diagramme d'états-transitions dans lequel tous les états (ou presque) sont des états d'activités et toutes les transitions (ou presque) sont déclenchées par l'achèvement des activités dans les états sources.	diagramme d'états-transitions

Terme français	Terme anglais	Définition	S'oppose à
diagramme d'interaction	interaction diagram	Diagramme qui représente une interaction, qui contient un ensemble d'objets et leurs relations, y compris les messages qui peuvent circuler entre eux. Un diagramme d'interaction représente la vue dynamique d'un système. Terme générique qui s'applique à différents types de diagrammes qui mettent l'accent sur les interactions entre objets, tels que les diagrammes de collaboration et les diagrammes de séquence.	
diagramme d'objets	object diagram	Diagramme qui représente un ensemble d'objets et leurs relations à un moment donné. Un diagramme d'objets représente la vue de conception ou la vue de processus statiques d'un système.	
diagramme d'états-transitions	statechart diagram	Diagramme qui représente un automate à états finis. Un diagramme d'états-transitions représente la vue dynamique d'un système	
domaine	domain	Secteur de connaissances ou d'activités caractérisé par un ensemble de concepts et une terminologie propres aux spécialistes de ce secteur.	
élaboration	elaboration	Deuxième phase du cycle de développement logiciel au cours de laquelle la vision et l'architecture du produit sont définies.	
élément	element	Constituant atomique d'un modèle.	
élément dérivé	derived element	Élément de modélisation qui peut être calculé à partir d'autres éléments, représenté pour des raisons de clarté du modèle ou inclus dans un but de conception, même s'il n'ajoute aucune information sémantique.	
élément incomplet	incomplete	Élément modélisé mais dont certaines parties sont manquantes.	
élément paramétré	parameterized element	Descripteur d'un élément avec un ou plusieurs paramètres non délimités.	

Terme français	**Terme anglais**	Définition	S'oppose à
élision	elision	Modélisation d'éléments dont certaines parties sont cachées afin de simplifier la représentation graphique.	
émetteur	sender	Objet qui envoie une instance de message à un objet destinataire.	destinataire récepteur
emplacement	location	Situation d'un composant sur un nœud.	
enfant	child	Sous-classe.	
énumération	enumeration	Liste de valeurs nommées qui servent de domaine de définition à un type d'attribut particulier.	
envoi	send	Transmission d'une instance de message de l'objet émetteur vers l'objet destinataire.	réception
espace de nommage	namespace	Partie du modèle dans laquelle les noms peuvent être définis et utilisés. Dans un espace de nommage chaque nom désigne un seul élément.	
état	state	Condition ou situation qui se produit lors de la vie d'un objet et au cours de laquelle l'objet concerné satisfait une condition, réalise une activité ou attend qu'un événement survienne.	
état composé	composite state	État composé soit de sous-états concurrents, soit de sous-états disjoints.	sous-état
état d'action	action state	État qui représente l'exécution d'une action atomique, en règle générale l'invocation d'une opération.	
étiquette syn : valeur marquée	tagged value	Extension des propriétés d'un élément UML qui permet de créer de nouvelles informations dans la spécification de cet élément.	
événement	event	Spécification d'une occurrence importante localisée dans le temps et dans l'espace. Dans le contexte des automates à états finis, occurrence d'un stimulus qui peut déclencher une transition.	
événement temporel	time event	Événement qui indique le temps écoulé depuis l'activation de l'état en cours.	
exécution	execution	Déroulement d'un modèle dynamique.	

Glossaire

Terme français	Terme anglais	Définition	S'oppose à
exigence	requirement	Caractéristique, propriété ou comportement attendus d'un système.	
exportation	export	Dans le contexte des paquetages, rendre un élément visible à l'extérieur de son espace de nommage englobant.	importer
expression	expression	Chaîne de caractères qui détermine la valeur d'un type particulier.	
expression booléenne	boolean expression	Expression dont l'évaluation donne une valeur booléenne.	
expression de type	type expression	Expression dont l'évaluation donne une référence à un ou plusieurs types.	
expression d'actions	action expression	Expression qui représente un ensemble d'actions.	
expression temporelle	time expression	Expression qui renvoie une valeur de temps relative ou absolue.	
fournisseur	supplier	Type, classe ou composant qui fournit des services qui peuvent être invoqués par d'autres types, classes ou composants.	
framework	framework	Pattern architectural qui fournit un canevas extensible pour des applications au sein d'un domaine précis.	
généralisation syn : héritage	generalization	Relation de spécialisation/généralisation, dans laquelle les objets de l'élément spécialisé (l'enfant) peuvent remplacer les objets de l'élément général (le parent).	
héritage	inheritance	Mécanisme au moyen duquel les éléments les plus spécifiques incorporent la structure et le comportement d'éléments plus généraux.	
héritage d'implémentation	implementation inheritance	Héritage de la réalisation d'éléments plus spécifiques, qui inclut également l'héritage de l'interface.	héritage d'interface
héritage d'interface	interface inheritance	Héritage de l'interface d'un élément plus spécifique qui n'inclut pas l'héritage d'implémentation.	héritage de réalisation héritage d'implémentation
héritage multiple	multiple inheritance	Variation sémantique de la généralisation dans laquelle un enfant peut avoir plusieurs parents.	héritage simple

Terme français	**Terme anglais**	Définition	S'oppose à
héritage simple	single inheritance	Variation sémantique d'une généralisation dans laquelle un enfant ne peut avoir qu'un seul parent	héritage multiple
hiérarchie de contenance	containment hierarchy	Hiérarchie d'espaces de nommage composée d'éléments et des relations d'agrégation qui existent entre eux.	
identification temporelle	timing mark	Désignation du moment auquel un événement a lieu.	
implémentation syn : réalisation	implementation	Exécution concrète d'un contrat déclaré par une interface. Définition de la manière dont quelque chose est construit ou calculé.	
importation	import	Dans le contexte des paquetages, dépendance qui représente les paquetages dont les classes peuvent être référencées au sein d'un paquetage donné (y compris les paquetages imbriqués de manière récursive).	exporter
incohérence	inconsistent	Modélisation d'un élément pour lequel l'intégrité du modèle n'est pas garantie.	
ingénierie vers l'aval ou Ingénierie aval	forward engineering	Processus qui consiste à transformer un modèle en code grâce à une correspondance dans un langage d'implémentation donné.	
instance	instance	Manifestation concrète d'une abstraction. Entité à laquelle un ensemble d'opérations peuvent être appliquées et dont un état contient le résultat des opérations.	
intégrité	integrity	Manière correcte et cohérente suivant laquelle des éléments sont reliés.	
interaction	interaction	Comportement qui inclut un ensemble de messages échangés au sein d'un ensemble d'objets, dans un contexte particulier, afin d'atteindre un but précis.	
interface	interface	Collection d'opérations utilisées pour spécifier un service d'une classe ou d'un composant.	
itération	iteration	Ensemble d'activités dont le plan de base et les critères d'évaluation ont pour résultat la sortie d'une nouvelle version, interne ou externe.	

Terme français	**Terme anglais**	Définition	S'oppose à
liaison	binding	Création d'un élément à partir d'un canevas (template), à l'aide d'arguments pour les paramètres du canevas.	
lien	link	Connexion sémantique entre objets. Instance d'une association.	
ligne de vie d'un objet	object lifeline	Dans un diagramme de séquence, ligne qui représente l'existence d'un objet sur une période donnée.	
mécanisme	mechanism	Pattern de conception qui s'applique à une société de classes.	
mécanisme d'extensibilité	extensibility mechanism	Moyen d'étendre UML de manière contrôlée (à l'aide des stéréotypes, des étiquettes et/ou des contraintes).	
message	message	Spécification d'une communication entre objets qui transporte des informations dans le but de déclencher une activité. En règle générale, la réception du message est considérée comme une instance d'événement.	
métaclasse	metaclass	Classe dont les instances sont des classes.	
méthode	method	Implémentation d'une opération.	
modèle	model	Simplification de la réalité, créée dans le but de mieux comprendre le système en cours de création. Abstraction d'un système, sémantiquement fermée.	
multiplicité	multiplicity	Spécification des valeurs de cardinalité admissibles pour un ensemble.	cardinalité
niveau d'abstraction	level of abstraction	Dans une hiérarchie d'abstractions, gamme qui s'étend des hauts niveaux d'abstraction (très abstraits) aux bas niveaux d'abstraction (très concrets).	
nœud	node	Élément physique qui existe lors de l'exécution du système, qui représente une source de calcul, qui a en général au moins de la mémoire et qui, la plupart du temps, a également des capacités de traitement.	

Terme français	**Terme anglais**	Définition	S'oppose à
nom	name	Appellation donnée à un élément, une relation ou un diagramme. Chaîne de caractères qui sert à identifier un élément.	
note	note	Symbole graphique qui sert à représenter les contraintes ou les commentaires attachés à un élément ou à une collection d'éléments.	
Object Constraint Language (OCL)	object constraint language (ocl)	Langage formel utilisé pour exprimer des contraintes sans effets de bord.	
objet	object	Manifestation concrète d'une abstraction. Entité avec une limite et une identité bien définies, qui encapsule un état et un comportement. Instance d'une classe.	
objet actif	active object	Objet qui possède un processus ou un thread et qui peut lancer une activité de contrôle.	
objet persistant	persistent object	Objet qui continue d'exister après l'arrêt du processus ou du thread qui l'a créé.	
objet transitoire syn : objet éphémère	transient object	Objet qui existe uniquement pendant l'exécution du thread ou du processus qui l'a créé.	
opération	operation	Implémentation d'un service qui peut être demandé à n'importe quel objet d'une classe pour qu'il agisse sur son propre comportement.	
ordonnancé par le risque	risk-driven	Dans le contexte du cycle de développement logiciel, processus suivant lequel chaque nouvelle version vise à réduire les risques qui menacent le plus la réussite du projet.	
paquetage	package	Mécanisme général qui permet d'organiser des éléments en groupes.	
paramètre formel	formal parameter	Paramètre.	paramètre effectif

Terme français	**Terme anglais**	Définition	S'oppose à
paramètre ou paramètre formel	parameter	Spécification d'une variable qui peut être changée, transmise ou retournée.	argument
paramètre effectif syn : argument	actual parameter	Argument de fonction ou de procédure.	paramètre formel
parent	parent	Super classe.	
pattern	pattern	Solution courante à un problème récurrent dans un contexte précis.	
période d'activité	focus of control	Sur un diagramme de séquence, symbole qui représente le laps de temps au cours duquel un objet accomplit une action directement ou au moyen d'une opération subordonnée.	
phase	phase	Laps de temps qui s'écoule entre deux étapes importantes du développement, au cours duquel un ensemble d'objectifs bien définis est atteint, les artefacts sont terminés et la décision de passer ou non à l'étape suivante est prise.	
piloté par les cas d'utilisation	use-case driven	Dans le contexte du cycle de développement logiciel, processus dans lequel les cas d'utilisation sont utilisés comme des artefacts essentiels pour définir le comportement attendu du système, pour vérifier et valider l'architecture du système, pour tester et pour permettre la communication entre les différents intervenants du projet.	
portée	scope	Contexte qui donne une signification à un nom.	
postcondition	postcondition	Contrainte qui doit se vérifier après l'achèvement d'une opération.	
précondition	precondition	Contrainte qui doit se vérifier lors de l'invocation d'une opération.	
processus	process	Flot de contrôle qui peut être exécuté en même temps que d'autres.	
processus incrémental	incremental	Dans le contexte du cycle de développement du logiciel, processus qui implique l'intégration continue de l'architecture du système pour produire des versions, chaque nouvelle version devant contenir des améliorations incrémentales par rapport à la précédente.	

Terme français	Terme anglais	Définition	S'oppose à
processus itératif	iterative	Dans le contexte du cycle de développement logiciel, processus qui implique la gestion d'un flux de versions exécutables.	
produit	product	Artefacts de développement tels que les modèles, le code, la documentation et les plans de travail.	
projection	projection	Correspondance entre un ensemble et un de ses sous-ensembles.	
propriété	property	Valeur nommée qui désigne une caractéristique d'un élément.	
précondition	precondition	Contrainte qui doit se vérifier lors de l'invocation d'une opération.	
pseudo-état	pseudostate	Sommet d'un automate à états finis qui a la forme d'un état mais ne se comporte pas comme tel. Un pseudo-état peut être un état historique, un état initial ou un état final.	
qualificateur	qualifier	Attribut d'association dont les valeurs partitionnent les ensembles d'objets reliés à un autre objet par l'intermédiaire d'une association.	
raffinement	refinement	Relation qui représente une spécification plus complète d'une chose qui a déjà été spécifiée à un certain niveau de détails.	
réalisation	realization	Relation sémantique entre classificateurs, dans laquelle un classificateur définit un contrat dont l'autre classificateur garantit l'exécution.	
réception	receive	Traitement d'une instance de message envoyé par un objet émetteur.	envoi
relation	relationship	Connexion sémantique entre éléments.	
requête	request	Spécification d'un stimulus envoyé à un objet.	
responsabilité	responsibility	Contrat ou obligation d'un type ou d'une classe.	
rétro-ingénierie	reverse engineering	Processus qui consiste à transformer un code en modèle grâce à une correspondance depuis un langage d'implémentation donné.	
rôle	role	Comportement d'une entité active dans un contexte donné.	
scénario	scenario	Séquence spécifique d'actions qui illustre un comportement.	

Terme français	**Terme anglais**	Définition	S'oppose à
signal	signal	Spécification d'un stimulus asynchrone communiqué entre instances.	
signature	signature	Nom et paramètres d'une opération.	
sous-classe	subclass	Dans une relation de généralisation, spécialisation d'une autre classe, la classe mère.	super classe
sous-système	subsystem	Regroupement d'éléments parmi lesquels certains constituent une spécification du comportement proposé par les autres éléments.	système
sous-état	substate	État qui appartient à un état composite.	état composite
sous-état concurrent	concurrent substate	Sous-état qui peut exister simultanément avec d'autres sous-états contenus dans le même état composite.	Sous-état disjoint
sous-état disjoint	disjoint substate	Sous-état qui ne peut pas être actif en même temps que d'autres sous-états contenus dans le même état composite.	sous–état concurrent
spécification	specification	Description textuelle de la syntaxe et de la sémantique de briques de base particulières. Description déclarative de ce qu'est ou fait une chose.	Implémentation réalisation
stéréotype	stereotype	Extension du vocabulaire d'UML, qui permet de créer de nouvelles briques de base dérivées de celles qui existent déjà mais spécifiques à un problème donné.	
stimulus	stimulus	Opération ou signal.	
super-classe	superclass	Dans une relation de généralisation, généralisation d'une autre classe, la classe enfant.	sous-classe
système	system	Ensemble d'éléments, éventuellement décomposés en sous-systèmes, organisés pour atteindre un but précis et décrits par un ensemble de modèles, selon différents points de vue.	sous-système
tâche	task	Chemin d'exécution unique dans un programme, un modèle dynamique ou d'autres représentations de flot de contrôle. Thread ou processus.	
template syn : canevas	template	Élément paramétré.	

Terme français	**Terme anglais**	Définition	S'oppose à
temps	time	Valeur qui représente un moment relatif ou absolu.	
terminaison de lien	link end	Instance d'une terminaison d'association.	
terminaison d'association	association end	Point terminal d'une association qui connecte l'association concernée à un classificateur.	
thread	thread	Flot de contrôle léger qui peut être exécuté en même temps que d'autres threads dans un même processus.	
trace	trace	Dépendance qui indique une relation historique ou une relation de processus entre deux éléments qui représentent le même concept, sans définir de règles pour dériver l'un à partir de l'autre.	
transition	transition	Quatrième phase du cycle de développement logiciel, au cours de laquelle le logiciel est mis entre les mains de la communauté des utilisateurs. Relation entre deux états, qui indique qu'un objet dans le premier état accomplira certaines actions et passera dans l'état suivant lorsqu'un événement précis se produira et que certaines conditions seront satisfaites.	
travée	swimlane	Partition d'un diagramme d'activités pour organiser les responsabilités des actions.	
type	type	Stéréotype d'une classe qui sert à spécifier un domaine d'objets, ainsi que les opérations (mais pas les méthodes) qui peuvent être appliquées à ces objets.	interface
type de données	datatype	Un type dont les valeurs n'ont pas d'identité. Les types de données incluent des types constructeurs primitifs (tels que les nombres et les chaînes) ainsi que les types d'énumération (tels que les booléens).	
type primitif	primitive type	Type de base tel qu'un entier ou une chaîne.	
UML	UML	Unified Modeling Language, langage pour visualiser, spécifier, construire et documenter les artefacts d'un système à forte composante logicielle.	

Terme français	**Terme anglais**	Définition	S'oppose à
unité de répartition	distribution unit	Ensemble d'objets ou de composants attribués à un nœud en tant que groupe.	
utilisation	usage	Dépendance dans laquelle un élément (le client) exige la présence d'un autre élément (le fournisseur) pour pouvoir fonctionner ou être implémenté correctement.	
valeur	value	Élément d'un domaine de type.	
version	release	Ensemble relativement complet et cohérent d'artefacts, livré aux utilisateurs internes ou externes. Livraison d'un tel ensemble.	
visibilité	visibility	Manière dont un nom peut être vu et utilisé par les autres.	
vue	view	Projection dans un modèle, vue à partir d'une perspective donnée ou d'une position avantageuse, qui masque les entités qui ne présentent pas d'intérêts pour cette perspective.	
vue de déploiement	deployment view	Vue de l'architecture d'un système qui englobe les nœuds qui forment la topologie matérielle du système sur lesquels le système s'exécute. La vue de déploiement représente la répartition, la livraison et l'installation des parties qui constituent le système physique.	
vue de cas d'utilisation	use-case view	Vue de l'architecture d'un système qui englobe les cas d'utilisation qui décrivent le comportement du système tel qu'il est perçu par ses utilisateurs finals, ses analystes et ses testeurs.	
vue de conception	design view	Vue de l'architecture d'un système qui englobe les classes, les interfaces et les collaborations qui composent le vocabulaire du problème et de sa solution. La vue de conception répond aux exigences fonctionnelles d'un système.	

Terme français	**Terme anglais**	Définition	S'oppose à
vue de processus	process view	Vue de l'architecture d'un système qui représente les threads et les processus qui forment la concurrence au sein du système et les mécanismes de synchronisation. La vue de processus prend en compte les aspects performance, capacité de monter en charge et débit du système.	
vue dynamique	dynamic view	Aspect d'un système qui met l'accent sur son comportement.	vue statique
vue d'implémentation	implementation view	Vue de l'architecture d'un système qui englobe les composants utilisés pour assembler le système physique et en sortir une version La vue d'implémentation concerne la gestion de configuration des versions du système, fait de composants indépendants qui peuvent être assemblés de différentes manières pour produire un système en exécution.	
vue statique	static view	Aspect d'un système qui met l'accent sur sa structure.	vue dynamique

INDEX

A

abstraction 56, 195–197, 211, 337, 501
- définition 501
- logique 171, 378
- niveau d'~ 512
- physique 171

access, dépendance 185
access, stéréotype 149, 185, 484
acteur 22, 235, 245, 249, 251, 462
- définition 237, 501
- représentation graphique 238

action 22, 223, 233, 313, 315, 320, 322, 353, 366
- asynchrone 502
- d'entrée 318, 323
- de sortie 323
- définition d'une 279, 316, 366, 501
- genres d' 223
- synchrone 501

activation
- définition 502

ActiveX 442
activité 23, 277–278, 313, 363, 364
- définition 279, 316, 366, 497, 502

actor 484
Ada 132, 338
addOnly 137, 160
agent 398
agrégat 502
agrégation 25, 157, 222, 462
- définition 70, 502
- représentation graphique 70

algorithme 217, 294, 295, 314
analyse 57, 235, 496
analyste 34
API 387, 432
appel 280, 301, 303–304, 306
applet 40, 56
application 22
arc 480
architecte 98
architecture 14, 16, 401, 492
- de tableau noir 417
- définition 33, 502
- documentation d'une 17
- du système 415
- intégration continue de l'~ 36
- pattern 416
- résistance 402
- style 415
- vues d'une 34, 98, 163, 460, 496, 498

argument 227
- définition 502

arrière-plan 305
artefact 13, 14, 464, 497
- définition 497, 502
- technique 498

association 25, 63, 90, 97, 115, 145, 195, 197, 222, 251, 340, 395, 431, 448, 479, 484
- agrégation 70
- binaire 503
- composition 157
- définition 68, 153, 503
- instance d'une 195, 202
- multiplicité 69
- n-aire 68, 503
- navigabilité 153
- nom 68
- qualification 155
- représentation graphique 25
- rôle 69
- spécificateur d'interface 156
- visibilité 154

association, stéréotype 222
asynchrone 303–304, 317, 342

attribut 18, 52, 127, 133, 136, 200, 228, 289, 462
  définition d'un 52, 503
  et étiquettes (tagged values) 86
  multiplicité 136
  nom 52
  organiser un 54
  portée 136
  représentation symbolique 52
  statique 133
  visibilité 136
automate
  de Mealy 368, 372
  de Moore 368, 372
automate à états finis 22, 200, 301, 303–304, 308, 313, 315, 317, 363, 392, 462, 476
  bien structuré 335
  définition 316, 365, 503
  et graphes d'activités 280
  représentation 335
autotransition 324

B

base de données 118, 383, 435, 437, 438, 439
  logique 116, 118, 437
  modélisation 148
  orientée objet 16, 432
  relationnelle 16
  réplication 398
  reproduction 439
become, stéréotype 149, 202, 485
besoin 16, 37, 464
  fonctionnel 34
bibliothèque 22, 384, 429
  dynamique 382
bind, dépendance 148
bind, stéréotype 148, 485
boîte aux lettres 342
booléen
  définition 503
branchement conditionnel 267, 284
  représentation graphique 284
broadcasting. *Voir* diffusion générale
b-tree 156

C

C 39, 61
C++ 16, 32, 61, 132–133, 152, 224, 338, 433
calcul 280, 281
call, action 223, 224
call, stéréotype 150, 485
canevas 418
  définition 516
capacité à monter en charge 35
caractéristique
  comportementale 130, 503
  définition 503
  structurelle 130, 503
cardinalité
  définition 503
cartes CRC 55, 57, 75
cas d'utilisation 20, 34, 109, 127, 129–130, 182, 195–197, 218, 221, 233–234, 240, 249, 251, 290, 293, 313, 315, 317, 404, 408–409, 424, 462, 475, 492
  bien structuré 246
  définition 236, 503
  instance d'un 195
  nom 236
  recommandations 247
  représentation graphique 20, 236
  variante 235
chaîne de caractères
  définition d'une 504
changeable
  contrainte 160
  propriété 137
changement d'état 303
chemin 222, 266, 347
chevauchement, contrainte 490
classe 18, 34, 40, 90, 97, 102, 113, 115, 129, 182, 196, 218, 220, 235, 249, 268–269, 290, 293, 313, 315, 340, 377, 392, 394, 404, 408, 424, 459, 475
  abstraite 134, 171, 504
  alléger la représentation graphique d'une 54
  attribut 52
  base 67
  bien structurée 49, 62

caractéristiques avancées 127
caractéristiques principales 49
concrète 134, 504
d'utilité 135
de base 67
définition 51, 504
et composants 378
feuille 67
hiérarchie de 134
nom 51, 52
opération 53
passive 346
racine 67, 134
recommandations 62
représentation graphique 19, 51
singleton 136
template 139, 310
terminale 134
utilité 135
classe active 20, 35, 102, 201, 339, 340, 346, 412, 475
bien structurée 349
définition 339, 504
représentation 349
représentation graphique 20, 339
classe-association 71, 158, 504
classificateur 127, 130, 132–133, 198, 244, 408, 423, 462
définition d'un 129, 504
classification
dynamique 153, 504
multiple 504
statique 153, 504
client 452
définition 505
léger 451
lourd 451
code source 17, 388–389, 433, 446
collaboration 19, 34, 90, 97, 102, 109, 113, 115–117, 145, 161, 182, 217, 220–221, 290, 293, 392, 424, 462, 475
bien structurée 413
définition 404, 505
nom 404
organisation 407
recommandations 413
représentation graphique 19, 404
structure 404
collection 199
COM 11, 56
COM+ 174, 376, 382, 433, 435
commentaire 24, 89, 505
communication inter-processus 349
compartiment supplémentaire 84, 243, 377
compilation 388
complet, contrainte 489
complete, contrainte 152
comportement 19, 34, 99, 103, 166, 217, 233–234, 244, 249–250, 303, 313–317, 353, 406, 446, 462, 465
définition 505
composant 19, 20, 21, 35, 90, 97, 102, 109, 127, 129, 130, 145, 160, 173, 182, 196–197, 218, 221, 293, 315, 355, 375, 391, 392, 394, 404, 408, 424, 429, 431, 436, 459, 475
bien structuré 390
d'exécution 382
de déploiement 382
définition d'un 377, 505
et classes 378
et interfaces 379
et nœuds 393
migration 355, 359, 398
nom 377
produit par le développement 382
recherche d'informations sur un 174
recommandations 390
répartition d'un 397
représentation graphique 21, 377
composite 505
composition 71, 145, 157
définition 505
conception 17, 496
équilibrée 402
conclusion 469
concurrence 138, 285, 287, 320, 330, 338, 340
définition d'une 505
concurrent 345–346
concurrent, propriété prédéfinie 139
condition
de garde 320, 322, 505
modéliser une 267

configurable 492
conformité 172
connexion 395, 479
constante 354
construction
définition d'une 506
phase de 36, 37, 495
phase du RUP 493
conteneur
définition 506
contexte 28, 252
définition 506
contrainte 24, 32, 61, 79, 203, 280, 340, 351, 479, 483, 489
bien structurée 95
définition 82, 506
recommandations 96
représentation symbolique 82, 489
contrainte temporelle 353, 356, 506
définition 353
représentation symbolique 353
contrat 31, 167, 169
contrôle
de version 388
qualité 492
copy, stéréotype 150, 202, 485
CORBA 167, 348, 382, 433
coroutine 286
couleur 85
create, action 223, 485
création 36, 228, 280, 317, 494
définition de la 506
croissance incrémentale 491
CRUD 438
cycle 491
de développement 496
de vie 36, 494

D

datatype 130
débit 35
débogueur 203
déclencher
définition 506
une transition d'état 301, 304
déclencheur 320–321
polymorphe 321
décoration 30, 79, 83, 108
définition 506
délégation
définition 506
dépendance 24, 63, 97, 115, 145, 169, 202, 251, 303, 340, 378, 385, 431, 448, 464, 478
définition 65, 147, 506
nom de 66
représentation graphique 24, 65
stéréotypée 141
déploiement 496
derive, stéréotype 148, 485
dessiner le flot de contrôle 295
destinataire
définition 506
destroy, action 223, 485
destroyed, contrainte 228
destruction 228, 280, 317
détruit, contrainte 489
diagramme 18, 26, 97, 100, 182, 480
bien structuré 112
comportemental 103
couleur dans un 85
création 111
définition 506
dessin 112
représentation graphique 99
structurel 101, 103
tridimensionnel 101
diagramme d'activités 27, 34–35, 100, 103, 198, 249, 277–278, 290, 313, 367, 411, 446, 481
bien structuré 296
définition 105, 279, 507
recommandations 297
représentation graphique 280
diagramme d'états-transitions 27, 34, 35, 100, 103, 249, 313, 363, 446, 480
bien structuré 372
définition 104, 365, 508
recommandations 372
représentation graphique 366
diagramme d'interaction 27, 34–35, 104, 198, 205, 208, 210, 228, 261, 268, 271, 339, 346–347, 406, 440
bien structuré 275

définition 104, 263, 508
recommandations 275
diagramme d'objets 27, 35, 100, 102, 198, 207–208, 218, 221, 315, 454, 480
bien structuré 214
définition 102, 209, 508
représentation graphique 209, 214
diagramme de cas d'utilisation 27, 34, 100, 103, 249–250, 480
bien structuré 258
définition 103, 251, 506
représentation graphique 258
diagramme de classes 27, 35, 100, 102, 113, 148, 198, 207–208, 210, 218, 315, 423, 431, 446, 448, 480
bien structuré 123
définition 102, 115, 507
dessin 124
représentation graphique 115
diagramme de collaboration 100, 103, 228, 249, 261, 266, 269, 273, 446, 480
définition 104, 263, 507
représentation graphique 263
diagramme de composants 27, 35, 100, 102, 113, 115, 210–211, 429, 431, 435, 442, 446, 481
bien structuré 443
définition 102, 431, 507
représentation graphique 431, 443
diagramme de déploiement 28, 35, 100, 102, 113, 115, 203, 210–211, 355, 445–446, 448, 452, 455, 481, 507
bien structuré 456
définition d'un 102, 447
recommandations 456
représentation graphique 447
diagramme de séquence 100, 103, 228, 249, 261, 264, 268, 423, 446, 480
définition 104, 263, 507
représentation graphique 263
dichotomie classe/objet 31, 195
diffusion générale 306
diffusion multiple 306
discriminant
caractéristique 71
disjoint, contrainte 153, 489
distribution 35
DLL 382
document 22, 383, 385, 429, 485, 492
représentation graphique 485
documentation 89, 489
domaine
définition d'un 508
dynamique 103, 198, 200, 217–218, 221, 261, 262, 268, 278, 290, 313, 363, 401, 471

E

échafaudage 101
échange matériel/logiciel 450
Eiffel, langage 132
élaboration 495
définition 508
phase d'~ 36–37
phase du RUP 493
élément 18, 180, 196, 218, 429, 475, 480
comportemental 22, 471, 476
d'annotation 24, 478
de regroupement 23, 477
définition d'un 508
dérivé,définition 508
incomplet,définition 508
non-logiciel 49, 59
paramétré,définition 508
structurel 18, 102, 471, 475
élision
définition d'une 509
else, mot clé 284
émetteur
définition 509
emplacement 355, 489
définition 353, 509
représentation graphique 353
emplacement, étiquette 355
enfant 25, 151, 479
définition 509
ensemble
d'implémentation 498–499
de conception 498
de déploiement 498–499
des besoins 498
des exigences 498
énumération 61
définition 509

enumeration, stéréotype 485
environnement 496
envoi 280
  définition 509
espace 22, 281, 351
  bien structuré 361
  de nommage 182, 509
  représentation 361
état 23, 103, 195, 200, 204, 207, 223, 228, 277, 289, 313, 315, 318, 363
  à historique 328
  cible 320
  composé 326, 366, 509
  composite,définition 505
  d'action 280, 280–281, 509
  d'action, représentation graphique 281
  d'activité 280–282, 363
  définition d'un 316, 365, 509
  final 319
  initial 319
  instantané 208
  parties d'un 318
  représentation graphique 23, 316
  simple 366
  source 320
  sous-état 326
Ethernet 395
étiquette 32, 79, 86, 92, 340, 351, 355, 479, 483, 488
  bien structurée 95
  définition 82, 509
  et attributs 86
  recommandations 96
  représentation symbolique 82, 488
événement 23, 103, 301–302, 313–315, 366–367
  de modification 322
  déclencheur 320–321
  définition d'un 302, 316, 365, 509
  différé 318, 325
  envoi 306
  externe 303
  interne 303
  modélisation 311
  réception 306
  recommandations 311
  sorte d' 303
  temporel, définition 509
exception 304, 309, 485
EXE 382
exécutable 383–384, 429, 432, 435
  représentation graphique 485
executable, stéréotype 485
exécution 28, 340
  définition 509
exigence 89, 249, 254, 496
  définition 510
  fonctionnelle 235
existence
  d'un objet 317, 332, 363
  d'une classe 333
exportation
  définition 510
expression 280, 284
  booléenne, définition 510
  d'action 510
  de temps 351, 353, 510
  de type 510
  définition 510
extend, stéréotype 149, 485
Extended Markup Language 369
extensibilité 479, 483
extension 243, 244

F

facade, stéréotype 187
fichier 22, 35, 56, 385, 429
  représentation graphique 485
file 383, 485
fille 64, 66, 85
flot 108
flot d'objets 288
flot de contrôle 218, 225, 229, 238, 267–269, 272, 277, 285, 287, 313, 337, 339, 346, 364
  emboîté 225
  indépendant 338
  multiple 227, 340
  organisationnel 230
  par ordre chronologique 230
  plat 226
  procédural 225
  synchronisation d'un 344
forward engineering 213

fournisseur
définition 510
framework 24, 415–416, 419, 424, 486
définition 417, 510
framework, stéréotype 187
friend, stéréotype 148, 486
frozen, stéréotype 137, 160

G

Gantt
graphique de 278
garde 344, 346
généralisation 25, 63, 74, 85, 97, 115, 145, 186, 241, 251, 340, 431, 479
définition 66, 151, 510
nom 67
relations de 134
représentation symbolique 25, 66
génération de logiciel 496
gestion 491
de configuration 35, 388, 435, 496
de projet 496
du risque 492
global, stéréotype 222, 486
glossaire
présentation du 501
grand ensemble 431
graphe 134, 138
graphe d'activités 280
graphique de Pert 278
guarded, propriété prédéfinie 139

H

harmonie 402
hash table 156
Hello, World! 39
héritage 72, 138
d'implémentation 510
d'interface 510
définition 510
graphe d' 152
multiple 67, 74, 145, 151, 510
simple 73, 151, 511
hiérarchie 134
contenance 511
hyperlien 464

I

icone 85
identification temporelle 511
définition d'une 353
représentation symbolique 353
identité 360
IDL 167, 433
implémentation 31, 464, 496
définition 511
implementation, stéréotype 152, 486
implementationClass, stéréotype 173, 486
implicit, contrainte 159
implicite, contrainte 489
import, dépendance 185
import, stéréotype 149, 185, 486
importation 184, 511
in, direction 138
inception
phase du RUP 493
include, stéréotype 149, 486
inclusion 242, 244
incohérence
définition 511
incomplet, contrainte 490
incomplete, contrainte 152
indication de contrainte 351, 353
ingénierie logicielle
objectif de 491
ingénierie vers l'aval 16, 99, 121, 128, 213, 256–257, 274, 295, 370, 440–441, 455
définition 511
inout, direction 138
installation du système physique 35
instance 130, 133–135, 172, 195, 208, 210, 218, 221, 306, 313, 315, 340, 355, 448, 462
anonyme 196, 203
bien structurée 206
concrète 195, 203
définition 511
directe 134, 197
indirecte 197
prototype 195, 197, 205

recommandations 206
Voir également objet 195
instanceOf, stéréotype 148, 202, 486
instantiate, stéréotype 148, 202, 486
intégrité 28
définition 511
interaction 22, 217–218, 228–229, 313, 342, 392, 476
contexte d'une 220
définition 219, 511
des éléments 235
interface 18, 19, 31, 34, 90, 97, 102, 113, 115, 127, 129, 130, 160, 165–166, 168, 177, 182, 197, 218, 225, 235, 293, 307, 315, 392, 404, 408, 424, 431, 438, 459, 462, 475, 486
bien structurée 177
définition 167, 511
dessin 178
et composants 379
export 380
import 380
nom 168
représentation graphique 19, 167
Internet 454
intervenant 35
invariant 142
isQuery, propriété prédéfinie 139
itération 38, 267, 340, 495
définition 493, 511

J

Java 11, 16, 32, 40, 56, 121–123, 132, 174, 338, 370, 376, 382, 433, 435

L

LAN 454
lecteur 345
liaison 63
définition 512
library
représentation graphique 486
library, stéréotype 383, 486
lien 22, 197, 202, 210, 223, 267, 272, 479
définition 221, 512
ligne de vie 228, 265
définition 512
limite matériel/logiciel 446
livraison 35
local, stéréotype 222, 486
logiciel 49, 445, 450

M

maison
modélisation 234
mandataire 204, 433
manifestation 196
matériel 49, 56, 391–392, 445, 450
mécanisme 117, 211, 360, 402–403, 412, 415–416, 418
d'extensibilité 79, 512
définition 417, 512
mère 64, 66, 85
message 22, 202, 217–218, 222–225, 228, 261–264, 338, 342, 353, 355
définition 219, 512
représentation graphique 22
metaclass, stéréotype 141, 486
métaclasse
définition 512
métamodèle 85
méthode 40, 138, 168
de développement logiciel 13, 36
définition 512
migration 355, 359–360, 398
model, stéréotype 487
modèle 14, 24, 150, 446, 462, 492, 497, 498
bien formé 224
bien structuré 467
d'analyse 497
d'implémentation 498
de cas d'utilisation 497
de conception 497
de déploiement 498
de processus 498
de test 498
définition 6, 99, 461, 512
du domaine 497
exécution d'un 16
métier 497
simulation d'un 16

modélisation 14–15, 49, 97, 120, 459, 471, 474
algorithmique 10
comportementale 99
de structures élémentaires 47
du matériel 60
immeuble 4, 180, 218, 338, 364, 460
logiciel 5
logique 392
maison 4, 49, 64, 98, 101, 113, 128, 146, 165, 180, 195, 278, 314, 338, 429, 460
métier 496
niche 180, 218, 460
objectifs de la 6
orientée objet 10–11
physique 392
principes de la 8
réalité 337
structure de données 211
structurelle 98
système non-logiciel 17
temps et espace 351
modification 228, 305
multicasting 306
multiobjet 203
multiplicité 69, 127, 135–136, 222
définition 512

N

navigabilité 68, 145, 153, 222
navigation 71
new, contrainte 228
niveau d'abstraction
définition d'un 512
nœud 21, 35, 90, 97, 102, 109, 127, 129–130, 182, 195–197, 218, 221, 293, 315, 341, 355, 391–392, 404, 408, 424, 429, 435, 448, 450, 459, 475
bien structuré 399
définition d'un 392, 512
et composants 393
instance d'un 195
nom 393
recommandations 399
représentation graphique 21, 392
nom 28, 197, 222, 236, 318
complet 51, 168, 181, 198, 236
définition 513
simple 51, 168, 181, 198
note 24, 40, 79, 83, 280, 348, 478
bien structurée 95
définition d'une 82, 513
recommandations 95
représentation graphique 24, 82
nouveau, contrainte 490

O

Object Constraint Language 88, 94, 142–143, 171
définition de l'~ 513
objectif commercial 492
objet 22, 56, 102, 104, 195, 197, 210, 217, 221, 228, 280, 475, 479
anonyme 198
bien structuré 206
conceptuel 204
concret 221
création 218
définition 513
destruction 218
état d'un 200
existence d'un 313, 363
migration d'un 359
multiple 199, 212
nom d'un 198
orphelin 198
passif 343
persistant 513
prototype 221
réactif 363, 367, 369
recommandations 206
transitoire 513
Voir également instance. 195
objet actif 317, 330, 343
bien structuré 349
définition 339, 513
recommandations 349
OCL. *Voir également* Object Constraint Language. 88
ODBC 438
opération 22, 53, 127, 133–134, 137–138, 168, 195, 199, 218, 220, 225, 227, 269, 280, 290, 293, 303, 313, 354, 411, 462

abstraite 134
définition 53, 513
nom 54
organiser 54
polymorphe 134
représentation symbolique 53
statique 133
terminale 134
ordered, contrainte 159
ordonnancé par le risque
définition d' 513
ordre chronologique 262, 264, 268, 269
organigramme 277, 278, 290, 411
organisation 230, 269
orphelin 198
ou, contrainte 490
out, direction 138
overlapping, contrainte 153

P

page 22
pages web 56
paquetage 23, 40, 115, 130, 180, 210, 241, 382, 395, 408, 424, 431, 433, 448, 462, 477
ami 184
bien structuré 192
définition 181, 513
éléments d'un 182
nom 181
racine 183
recommandations 192
représentation graphique 23
parameter, stéréotype 222, 487
paramètre 40, 138, 220
définition 513
effectif 514
formel 513–514
parent 25, 151, 479
définition 514
partie 70, 157, 405, 462
pattern 122, 402, 415
architectural 416, 424–425, 466
bien structuré 426
de conception 416, 421, 466
définition 402, 417, 514
recommandations 427
performance 35
période d'activité
définition 514
périphérique 396, 446, 450
persistance 489
Pert, diagramme de 278
phase 36, 494, 514
définition d'une 493, 514
piloté par les cas d'utilisation 492
planning du projet 17
plans d'élaboration et de construction 14
point d'exécution 340
point de soudure 169, 173
point de vue 49
polymorphisme 66, 127, 138, 199, 321
portée 133, 136
classificateur 133
définition 514
possession 182
postcondition 142, 294, 487
définition 514
powertype, stéréotype 141, 148, 487
précondition
définition d'une 514–515
precondition, stéréotype 487
private, niveau de visibilité 132
processeur 396, 446
processus 22, 35, 201, 227, 337, 339–340, 487, 491, 515
centré sur l'architecture 36, 492, 504
centré sur les risques 36
configurable 492
définition 514
fondé sur les cas d'utilisation 36
incrémental 36, 514
itératif 36, 491, 515
orienté objet 492
piloté par les cas d'utilisation 492, 514
workflow 496
produit, définition 515
projection 498, 515
propriété 52, 92, 515
protected, niveau de visibilité 132
prototype 17, 195, 197, 205
proxy 204

pseudo-état 319
- définition 515

public, niveau de visibilité 132

Q

qualificateur 515
qualification 155

R

racine 67, 134
raffinement 63, 145
- définition 515
- successif 491

Rational Unified Process 85, 491
réalisation 25, 31, 109, 145, 169, 172, 408, 409, 411, 431
- définition 160, 515
- représentation graphique 25

réception
- définition 515

recherche d'informations 174
récursion 340
refine, stéréotype 148, 487
regroupement physique 378
regrouper 285
réifier 346, 454
relation 18, 24, 63, 145, 431, 478, 480
- bien structurée 77, 163
- d'utilisation 64
- de généralisation 130
- définition 65, 147, 515
- est-une-sorte-de 66
- et stéréotypes 85
- établissement 77
- mère/fille 64
- possède 70
- recommandations 163
- représentation graphique 65, 147
- réseau de 63, 145, 162
- structurelle 64
- tout/partie 70

remplaçabilité 479
rendez-vous 306, 342
- non souhaité 344

répartition 348, 351, 397, 449
- des responsabilités 58, 346

requête
- définition 515

requirement 487
réseau 203, 352, 454
- distant 454
- local 454

résistance 402
responsabilité 55, 270
- définition 55, 515
- répartition des 58
- représentation graphique 55

responsibility, stéréotype 487
retour 138, 227, 265
rétro-ingénierie 16, 99, 123, 128, 213, 256, 257, 274, 296, 372, 440–441, 455
- définition 515

return, action 223
rôle 172, 204, 217, 228, 289, 404
- définition 167, 515

round-trip engineering 16
RS-232 396

S

Scalability. *Voir* capacité à monter en charge.
scénario 205, 221, 278, 290, 492
- définition 515

schéma 116, 118, 432, 437
self, stéréotype 222, 487
semantics, stéréotype 142
sémantique 18, 87, 94, 479, 489
send, action 223
send, stéréotype 150, 304, 322, 487
séparation des préoccupations 62, 166
séquence 225, 235, 267, 339
- emboîtée 227
- plate 227
- procédurale 227

sequential, propriété prédéfinie 139
séquentiel 344, 346
serveur 398, 452
signal 22, 127, 129, 130, 137, 218, 280, 301, 303, 306, 313, 317, 487
- définition 302, 516
- et classes 303

famille d'un 308, 321
hiérarchie d'un 308
paramètres d'un 303
signature 72, 127, 134, 138
définition 516
singleton, classe 136
Smalltalk 59, 224, 338
société 223, 240, 313
sommet 480
sous-classe 66
définition 516
sous-état 318
concurrent 326, 330
concurrent, définition 516
définition 516
disjoint 326, 516
orthogonal 326
séquentiel 326
sous-état séquentiel 326
sous-système 24, 102, 115, 127, 129–130, 167, 210, 220, 249, 269, 290, 431, 448, 460, 462
définition 461, 516
recommandations 468
représentation symbolique 461
sous-système de 99
spécialisation 74, 479
spécification 29
définition 516
SQL 438
statique 98, 101, 198, 200, 218, 221, 301, 315, 401, 446, 448, 471
stéréotype 32, 54, 60, 61, 79, 147, 185, 202, 304, 339–340, 348, 392, 424, 462, 479, 483, 484
bien structuré 95
définition 82, 516
et généralisation 85
hiérarchie de 91
recommandations 96
représentation symbolique 82, 484
stereotype, stéréotype 89, 141, 487
stimulus 301
définition 516
story-board 210, 262, 278
structure 98, 223, 404, 446, 465
structure de données 211
stub, stéréotype 187, 487
subsystem, stéréotype 187, 487
super-classe 66
définition 516
synchrone 342
synchrone, événement appel 304, 306
synchronisation 360
des états concurrents 320
syntaxe 479
system, stéréotype 188, 488
système 150, 220, 233, 235, 249, 252, 269, 290, 313, 391, 402, 459–461
à forte composante logicielle 17, 218, 250, 376, 445
adaptable 432, 439
autonome 392
bien structuré 415, 467
client/serveur 392, 449, 451–452
d'exécution 341
de systèmes 462, 466
définition 99, 461, 516
embarqué 392, 449
frontière 446
haute fiabilité 398
idéal 351
limite matériel/logiciel 446
logiciel 445
matériel 445
ordonnancé par les événements 200
patterns dans un 418
point de soudure 169, 173
réactif 106
recommandations 468
réparti 351–352, 355, 392, 435, 449, 453
représentation symbolique 461
séquentiel 339
temps réel 351–352
topologie 446
vocabulaire 49, 57, 116

T

table 22, 383, 429, 437
définition 488
représentation graphique 488
tableau 385

tâche 516
technique orientée objet 492
template 516
temps 22, 208, 223, 230, 281, 301, 303, 305, 313, 351, 353, 354
 bien structuré 361
 de latence 344
 définition 517
 recommandations 361
tempsarrêt 353
tempsdépart 353
tempsexécution 353
terminaison d'association 517
terminaison de lien 517
terminale 134
test 17, 496
 de non-régression 236
testeur 34
thread 22, 35, 201, 227, 337, 339, 340, 488
 définition 517
topologie 203, 446, 452, 454
tout 70, 157
traçabilité 464
trace 63, 390, 434, 488
 définition 517
trace, stéréotype 150
transient, contrainte 203, 228
transition 23, 36, 37, 202, 280, 301, 313, 315, 319, 363, 366
 d'état 301, 303, 304
 de terminaison 283, 321
 définition d'une 316, 366, 517
 interne 318
 parties d'une 320
 phase de 495
 phase du RUP 493
 représentation graphique 316
 sans déclencheur 283, 321
transitoire, contrainte 490
travail 235
travée 517
type 60, 488
 de données 127, 129, 517
 définition 167, 517
 dynamique 224
 primitif 60, 517
 statique 173, 224
typés dynamiquement 224
typés statiquement 224

U

UML
 brique de base d'~ 18
 définition d'~ 517
 diagrammes dans 26
 élément dans 18
 et systèmes logiciels 60
 et systèmes matériels 60
 étendre 79
 mécanismes d'~ 29, 79
 mécanismes d'extensibilité d'~ 32
 métamodèle 85
 modèle conceptuel d'~ 472
 notation 475
 objectif d'~ 11
 règles d'~ 28
 relations dans 24
 spécification 474
 transition vers 471
 vue d'ensemble d'~ 14
unité de distribution 394
unité de répartition 518
Unix 433
URL 83
use, stéréotype 149, 488
utilisateur final 34
utilisation 518
utilitaire 22
utility, stéréotype 141, 488

V

valeur 518
version 17, 36, 432, 464
 d'un système 35
 définition 518
 exécutable 435
VHDL 60, 392, 446
visibilité 28, 127, 131, 136, 154, 183, 186
 définition 518
Visual Basic 16
vocabulaire 49, 57, 116, 129, 145, 162, 417, 437

102173

vue 98, 105, 111, 461, 463, 465, 498
d'implémentation 35, 98, 106, 429, 432, 465, 466, 498, 519
d'une architecture 460
de cas d'utilisation 34, 98, 106, 465, 498, 518
de conception 34, 98, 106, 116, 207, 210, 465, 498, 518
de déploiement 35, 98, 355, 465–466, 498, 518
de processus 35, 98, 106, 207, 210, 345, 465–466, 498, 519
définition 518
définition d'une 99
dynamique 519
imbriquée 34
implémentation 466, 498
logique 376
physique 376
statique,définition 519

W

WAN 454
Web 10, 13, 40
workflow 278, 290–291, 367, 496

X

XML 369

Dépôt légal : février 2000
N° d'éditeur : 6066

Achevé d'imprimer le 7 février 2000
sur les presses de l'imprimerie «La Source d'Or»
63200 Marsat
Imprimeur n° 8408